Rolf Hosfeld Hermann Pölking

DIE DEUTSCHEN

1815 bis 1918

Fürstenherrlichkeit und Bürgerwelten

ZEITREISE
in Bildern
und 3 DVDs

Rolf Hosfeld Hermann Pölking

DIE DEUTSCHEN
1815 bis 1918
Fürstenherrlichkeit und Bürgerwelten

Mit 353 Abbildungen, 15 Grafiken und 13 Karten

Piper
München Zürich

Autor Buch Rolf Hosfeld
Autor Film Hermann Pölking
Produzenten Tammo F. Bruns, Patrick Lithander, Hermann Pölking

Redaktion Buch Hermann Pölking (Leitung), Rolf Böttcher, Nicole Möser, Frank Wendler
Co-Autorinnen Film Nina Mütze, Svea Lang
Redaktion und Recherche Film Ralf Graumann, Sabine Herpich, Svea Lang, Nina Mütze, Michael Nordmann, Frank Wendler
Redaktion Interviews Film Rolf Hosfeld, Hermann Pölking
Bildgestaltung Film Julio Olmo Poranzke, Martin Sündermann
Bildanimation kleiner und bold GmbH, Julio Olmo Poranzke
Schnitt Torsten Büsing, Thomas Golüke, Ralf Graumann, Claudius Grimme, Sabine Herpich,
Ton Torsten Büsing, Martin Sündermann, Christian Wilmes
Kamera Klaus Kurth, Martin Sündermann
Gestaltung und Satz kleiner und bold GmbH
Lithografie kleiner und bold GmbH
DVD-Verpackung Achilles, Celle
Schuber seismografics, Unterschleißheim
Druck und Bindung Kösel, Krugzell

ISBN 978-3-492-04924-5

Printed in Germany

www.piper.de

Inhaltsverzeichnis

Das Projekt »Zeitreise«

»Zeitreise« erzählt die Geschichte der Deutschen in einer neuen Form. Alle Quellen, aus denen Vergangenheit anschaulich werden kann, sind zu einem multimedialen Projekt verbunden, dessen einzelne Teile sich ergänzen. Man kann Geschichte lesen, sehen und hören. »Zeitreise« ist ein aufregender Zugang zu den Ereignissen, die unsere Gegenwart geformt haben. Das Buch bietet eine spannende Geschichtsdarstellung, die politische, wirtschaftliche und kulturelle Zusammenhänge deutlich werden läßt, mit selten gesehenen Fotos und Bildern, die die Alltagsgeschichte hinzufügen. Die DVDs bieten ein filmisches Kaleidoskop deutschen Lebens, wie es so noch nie gezeigt wurde. Die Filme entstammen weitgehend unbekannten regionalen und privaten Quellen, Firmen- und Verbandsarchiven aus ganz Deutschland und Europa und sind in den letzten zwanzig Jahren systematisch und in akribischer Kleinarbeit zusammengetragen und konserviert worden. Gefilmte Interviews mit bekannten Historikern runden das Projekt »Zeitreise« ab.

Linke Seite: Der Bildhauermeister Nikolaus Geiger mit seinen Steinmetzen kurz vor der Fertigstellung des Kyffhäuser-Denkmals im Herbst 1895. Die Skulptur zeigt den Kaiser Friedrich Barbarossa, der angeblich im Kyffhäuser-Gebirge schläft. Zweifel am Tode des Staufer-Kaisers Friedrich I., der fernab von Deutschland auf einem Kreuzzug beim Baden in Kleinasien 1190 ertrinkt, führen zur Barbarossa- oder Kyffhäusersage. In der sächsischen Weltchronik von 1521 heißt es : »Zu diesen Zeiten sagte man, daß Kaiser Friedrich gestorben sei. Ein Teil des Volkes sagte, er lebe noch. Der Zweifel währte lange Zeit.« Die Kaisersage berichtet, daß der »wiederkehrende Kaiser« zunächst »überall« als Waller (Wanderer) oder Pilgerer umherwandere. Im 15. Jahrhundert konzentrierte sich die Sage vornehmlich auf das Kyffhäuser-Gebirge, wo ihrzufolge der Kaiser schläft und eines Tages wiederkehrt und dem Reich zur alten Größe verhilft.

DEUTSCHE PERSPEKTIVEN

Napoléon ist besiegt

Im Frühjahr 1814 gehen die Napoléonischen Kriege, die über Jahre den Kontinent in Atem gehalten haben, mit der Abdankung des französischen Kaisers am 6. April zu Ende. Grenzen waren in großem Stil verschoben, Territorien neu geordnet worden, Loyalitäten hatten je nach Kriegsglück die Seiten gewechselt. Das tausendjährige Heilige Römische Reich Deutscher Nation war bereits 1806 dem Ansturm der napoléonischen Heere für immer erlegen, die nun, fast zwei Jahre nach einem desaströsen Rußlandfeldzug, die Waffen strecken müssen. »Deutschland hat große Erwartungen von diesem Krieg gehabt«, schreibt im Juni der Publizist Joseph von Görres in der Zeitung *Rheinischer Merkur* kurz nach der Unterzeichnung des Friedens von Paris, durch den alle Eroberungen, die Napoléon in Europa gemacht hatte, mit einem Federstrich ausgelöscht wurden. Die Politik, so meint er, müsse sich jetzt verjüngen, »und der Quell frischer Jugendkraft nicht länger in die Wüste geleitet werden, daß er die Höfe tränke«. Deutschland, so Görres, müsse jetzt »ein Staat und die Deutschen ein Volk« werden.

Doch kaum ein Jahr später, nach dem Ende des Wiener Kongresses im Sommer 1815, auf dem die neue, nachnapoléonische Friedensordnung Europas unter den Großmächten ausgehandelt worden war, hat Görres eine große Resignation erfaßt. »Was hat der Kongreß von allem Versprochenen dem Volke geleistet?« fragt er. »Er hat den mit seinem Herzblut erkauften Besitz unter die Fürsten verteilt, und die Völker sind leer ausgegangen.«

Joseph Görres, einer der begabtesten Journalisten seiner Zeit, war einmal ein begeisterter Anhänger der Französischen Revolution gewesen. Als 1794 die französische Revolutionsarmee in seine Heimatstadt Koblenz einrückte, ge-

Linke Seite: »Auf Vorposten«. Der Dichter Theodor Körner (*1791, †1813) und der Turnpionier Karl Friedrich Friesen (*1785, †1814), ausstaffiert im Schwarz-Rot-Gold als antinapoléonische Lützower Jäger. Gemälde von 1815 von Georg Friedrich Kersting (*1783, †1847). Friesen, der Gründer einer der ersten deutschen Schwimmanstalten an der Berliner Unterbaumbrücke, ist 1813 zusammen mit Adolf Freiherr von Lützow einer der Gestalter von dessen Freischar. Er gehört ihr als Offizier und Adjutant Lützows an. Theodor Körner stirbt am 26. August 1813 bei Gadebusch in Mecklenburg in Friesens Armen. Friesen wird am 16. März bei dem Dorf La Lobbe bei Rethel in den Ardennen im Nahkampf mit französischen Soldaten getötet.

Fürstin Pauline zur Lippe wird als Prinzessin Paulina Christine Wilhelmine von Anhalt-Bernburg im Jahr 1769 geboren. Bereits mit 13 Jahren wird sie von ihrem Vater am Regierungsgeschäft von Anhalt-Bernburg beteiligt. Als sie 1796 den Fürsten Leopold zur Lippe heiratet, besetzt die Fürstin Pauline im Fürstentum Lippe das Amt einer Kabinettssekretärin und vertritt häufig ihren unpäßlichen Ehemann als Oberhaupt der Regierung. Nach dem frühen Tod ihres Mannes übernimmt sie von 1802 bis 1820 die alleinige Herrschaft über das Fürstentum Lippe.

Lippe-Detmold: Der erste deutsche Kindergarten

Prinzessin Pauline von Anhalt-Bernburg kommt im Februar 1769 in Ballenstedt zur Welt. Ihre Ehe mit dem Fürsten zur Lippe-Detmold, der zwei Söhne entstammen, dauert nur sechs Jahre. Nach dem Tod des Fürsten übernimmt sie als Fürstin die Regierungsgeschäfte für den minderjährigen Erbprinzen und zeigt nicht nur politisches Fingerspitzengefühl im Umgang mit den Mächtigen der Zeit, sondern auch großes Engagement für die Schwachen in ihrem kleinen Fürstentum.

An die bereits von der Fürstin zur Lippe ins Leben gerufene »Pflegeanstalt« mit Krankenhaus, Arbeitshaus, Waisenhaus und Erwerbsschule für Mädchen wird die »Aufbewahrungs-Anstalt für Säuglinge und Kinder bis zu vier Jahren« angegliedert. Entsprechend den Arbeitsbedingungen in der damaligen Landwirtschaft ist die Einrichtung nur in den Sommermonaten geöffnet, und zwar täglich von 6 bis 20 Uhr. Unbezahlte freiwillige Aufseherinnen sind junge Mädchen der Detmolder Erwerbsschule und des Waisenhauses. Pauline schreibt über ihre Gründung: »Mir dünkt, es wäre … jeder Bewohnerin Detmolds, ein angenehmer Gedanke … einen Ort zu wissen der Zuflucht der kleinen verlassenen Hilflosen … und … so verlange ich die Belohnung, das Ganze einrichten und alle Kosten übernehmen zu dürfen.«

Die Anstalt wird berühmt durch die 1805 erschienene Kurze Erziehungslehre *von Christian Heinrich Wolke, der die fürstliche Gründung als wichtigen Schritt zur Verwirklichung seines Planes sieht, »Bewahr- und Vorbereitungsanstalten für junge Kinder beiderlei Geschlechts« einzurichten. Dank dieser Schrift kommen viele Besucher aus dem In- und Ausland nach Detmold, um den ersten deutschen Kindergarten kennenzulernen.*

hörte der damals 18jährige zu den zahlreichen rheinischen Freunden der Freiheit, denen die »Franken« als Brüder im Geist erschienen waren und von denen sie sich nun eine demokratisch-republikanische Neugestaltung erhofften. Görres mußte schnell die Erfahrung machen, daß die republikanischen Truppen auch Besatzungsarmeen waren, die bei Requirierungen in den eroberten deutschen Gebieten vor allem an ihre eigenen Bedürfnisse und Notwendigkeiten dachten und dabei, unterstützt von einer korruptionsanfälligen französischen Verwaltung, nicht gerade zimperlich vorgingen. Er glaubte anfangs, daß dies nur Auswüchse eines Regimes seien, das sich noch nicht lange zuvor die Herrschaft der Tugend auf sein Banner geschrieben hatte. »Ewiger Krieg allen Spitzbuben, die Hand den tugendhaften Männern!« rief er 1797 in seiner ersten politischen Zeitschrift, dem *Roten Blatt,* aus. Er war ein »wahrer Republikaner«, was man im Paris der nach dem Sturz Robespierres herrschenden Direktorialregierung mit einigem Mißbehagen beobachtete.

»Völcker-Schlacht bey Leipzig den 19. October 1813« nennt Lorenz Rugendas (*1775, †1826) diese Farbradierung, eine geographisch präzise und genaue Darstellung der napoléonischen Schlacht. Der Stich zeigt die Kämpfe in der östlichen Leipziger Vorstadt bei einer Postmeilensäule in topographisch exakter Darstellung der Örtlichkeit. »Die Gegend ist nach der Natur gezeichnet von J. Wagner in Leipzig«, teilt Rugendas mit. Im Hintergrund der Völkerschlacht sieht man das östliche Panorama Leipzigs, das Grimmaische Tor mit dem vorgelagerten Zwinger, den Giebel der Paulinerkirche und das südliche Zwingerhaus.

Maximilian Joseph von Montgelas (*1759, †1838) in der Tracht des Hubertus-Ordens in einem Porträt des Malers und Kupferstechers Joseph Hauber (*1766, †1834). Als erster Minister und als der eigentliche Gestalter der bayerischen Politik lenkt der Reformer Montgelas, dessen Vater aus Savoyen stammt und bayerischer General ist, von 1799 bis zu seiner Absetzung 1817 das Kurfürstentum, ab 1805 Königtum Bayern auf dem Weg zu einem modernen Staat, teilweise im Bündnis mit Napoléon.

Dennoch setzte sich Joseph Görres 1799 an die Spitze einer Delegation nach Paris, um dort den Anschluß der linksrheinischen Gebiete Deutschlands an Frankreich zu verhandeln. Bei aller Kritik war ihm die unvollständige Republik immer noch näher als der Zustand des Despotismus, den die Franzosen mit ihren Besatzungsarmeen in seiner deutschen Heimat beseitigt hatten.

Während dieser Reise mußte er in Paris am 18. Brumaire, dem 9. November 1799, den Staatsstreich Napoléon Bonapartes miterleben, durch den die Republik zu Grabe getragen wurde. Der gerade von seinem Ägyptenfeldzug zurückgekehrte korsische Feldherr hatte sich nach einer tiefen politischen Krise des in Paris regierenden Direktoriums als Erster Konsul an die Spitze des Staates gestellt und war damit zum Militärdiktator der Französischen Republik geworden. Görres reiste tief enttäuscht wieder ab.

Napoléon wurde sein Feind um so mehr, als er sich in den folgenden Jahren zum Diktator Europas emporschwang. Als nach den Niederlagen der Franzosen in Rußland 1813 sich auch die deutschen Länder gegen Napoléon zu erheben beginnen, ist Joseph Görres als Publizist in der ersten Reihe dabei. Seit Neujahr 1814 gibt er den *Rheinischen Merkur* heraus, der jeden zweiten Tag erscheint und bald einen solchen Einfluß gewinnt, daß Napoléon die Zeitung voller Wut als »fünfte Großmacht« bezeichnet.

Eine solche Zeitung, schrieb damals der Germanist und Märchensammler Wilhelm Grimm an den romantischen Dichter Achim von Arnim, sei noch nie in Deutschland geschrieben worden. »Diese Zeitung, die schon nicht mehr unterdrückt werden kann«, so Grimm, »ist eine Stütze deutscher Freiheit und kann noch Herrliches wirken.« Die preußische Armee hatte mit der Konvention von Tauroggen im Dezember 1812 die Fronten gewechselt und war auf die Seite Rußlands übergetreten. Eigentlich war dies anfangs nur eine ungeheuerliche Befehlsverweigerung des Gra-

fen Yorck von Wartenburg, der ohne königliche Ermächtigung gehandelt hatte, doch die Stimmung im Land war so gegen Napoléon eingestellt, daß ihm Friedrich Wilhelm III. Ende Februar 1813 mit dem formellen Abschluß eines Bündnisses zwischen Preußen und Rußland folgen mußte.

Linkes Bild: Der in Nassau geborene Heinrich Friedrich Karl Reichsfreiherr vom und zum Stein (*1757, †1831) wird im Juli 1807 zum preußischen Staatsminister berufen und leitet gemeinsam mit Hardenberg die preußischen Reformen ein. 1826 sitzt er als Präsident den ersten drei westfälischen Provinziallandtagen vor.

Rechtes Bild: Nach Steins Entlassung 1810 wird Karl August Fürst von Hardenberg zum preußischen Staatskanzler ernannt. Er setzt die von Stein begonnenen Reformen in Preußen fort. 1812 schließt er mit Napoléon ein Bündnis gegen Rußland. Nach Napoléons Niederlage vor Moskau geht er im Befreiungskrieg ein Bündnis mit Rußland gegen Frankreich ein.

Die »Proklamation von Kalisch«, verfaßt von einem Mitarbeiter des preußischen Reformers Freiherr vom Stein und verkündet vom russischen Oberbefehlshaber General Kutusow, hatte dabei den »Fürsten und Völkern Deutschlands« die Rückkehr zur Freiheit und Unabhängigkeit und die »Wiederkehr eines ehrwürdigen Reiches« versprochen, das nach der Befreiung von Napoléon sogar eine Verfassung »aus dem ureigensten Geiste des deutschen Volkes« erhalten sollte.

Preußen schien, nachdem es gezögert hatte, bis die Franzosen geschlagen aus Rußland zurückgekehrt waren, nun plötzlich die nationale deutsche Freiheitsbewegung anführen zu wollen. Der Freiherr vom Stein, seit

Der Philosoph Johann Gottlieb Fichte (*1762, †1814) in, wie der Text der aquarellierten Karikatur von Carl Friedrich Zimmermann uns berichtet, »Reih und Glied des Berliner Landsturms im Jahre 1813«. Als Fichte sich der Truppe anschließt, macht er den letzten Eintrag in sein Tagebuch: »Und nun alles gereinigt, – geheiligt!« Der 62jährige tritt als eine Art »philosophischer Feldprediger« in die Freiwilligeneinheit ein.

Mai 1812 in Moskau, hatte nach dem Abschluß der Konvention von Tauroggen dort mit dem Aufbau einer »Deutschen Legion« begonnen und mit Hilfe des Schriftstellers Ernst Moritz Arndt einen Strom von Appellen nach Deutschland verschickt, der dort eine große antinapoléonische Volkserhebung entfachen sollte. In seinem auf russische Kosten gedruckten *Kurzen Katechismus für teutsche Soldaten* sprach Arndt alle, die im Dienst von mit Napoléon verbündeten deutschen Fürsten standen, von ihrer Verpflichtung durch den Fahneneid frei. Wenn ein Fürst, so Arndt, seine Soldaten »den Feinden des Vaterlandes gegen das Vaterland zu Hilfe« schickt, dann müßten sie »nimmer gehorchen«, denn solche Befehle seien »wider das Gebot Gottes«.

Der Ton in Arndts Aufrufen war radikal und republikanisch, doch seine Aufrufe fanden in Deutschland anfangs nur wenig Gehör. Erst als nach dem Abschluß der Tauroggener Konvention der vom Zaren als Bevollmächtigter in Ostpreußen eingesetzte Freiherr vom Stein Alexander I. dazu überreden konnte, nicht an den russischen Grenzen stehenzubleiben, sondern einen allgemeinen Befreiungskrieg einzuleiten, begann sich die Stimmung merklich zu ändern.

Stein stellte in Ostpreußen Landwehren und Landsturm auf, und bald folgten ihm auch die anderen Teile des Königreichs Preußen, wo durch Einberufungsbefehle an Landwehr und Landsturm Anfang 1813 so etwas wie die allgemeine Wehrpflicht eingeführt wurde. Am 17. März 1813 erließ König Friedrich Wilhelm den Aufruf »An mein Volk«, in dem er an die alten Traditionen Preußens erinnerte und den heroischen Kampf anderer europäischer Nationen gegen die französische Unterdrückung als beispielhaft anführte. Ungewöhnlich war auch das Versprechen der »Proklamation von Kalisch«, den Despotismus Napoléons im Namen einer künftigen Verfassung bekämpfen zu wollen.

Preußen schien sich damit tatsächlich an die Spitze des nationalen Befreiungskampfs in Deutschland gestellt zu haben. »Das Vaterland ist in

Gefahr«, hatte Ernst Moritz Arndt ausgerufen. Johann Gottlieb Fichte, der in früheren Tagen als Jakobiner und Freund der revolutionären Franzosen verschriene Philosoph, hatte deshalb in seinem »Entwurf zu einer politischen Schrift im Frühlinge 1813« Preußen zur Führungsmacht in Deutschland erklärt, weil es, anders als Österreich, aufgrund seiner eigenen Bestimmung und seines historischen Werdegangs die deutsche Macht nicht nur für den Ausbau seiner egoistischen Hausinteressen gebrauchen würde. Preußen, meinte Fichte, sei unter den vielen deutschen Fürstentümern und Königreichen der eigentliche deutsche Staat. »Der Geist seiner bisherigen Geschichte«, so der Philosoph, »zwingt es aber, fortzuschreiten in seinen Schritten zum Reiche, nur so kann es fortexistieren. Sonst geht es zu Grunde.« Das waren, gemessen an dem

Gebhard Leberecht von Blüchers Truppen beim Rheinübergang bei Kaub am Neujahrstag 1814. Das detailreiche Gemälde des Schlachtenmalers Wilhelm Camphausen (*1818, †1885) hält einen entscheidenden Moment des Sieges über Napoléon fest. Auf dem Vormarsch nach Frankreich sammelt sich die von Blücher geführte Schlesische Armee im Dezember 1813 auf der rechten Rheinseite zwischen Mannheim und Neuwied. In der Neujahrsnacht auf 1814 setzen erste Truppen in Nachen über den Rhein, während russische Pioniere eine Brücke aus Leinwandpontons bauen. Der Weg nach Paris ist für die verbündeten Russen, Preußen, Österreicher und Schweden frei.

Eine etwas idealisierte Darstellung des damals schon 74jährigen Alexander von Humboldt (*1769, †1859) in einem Gemälde des Münchener Hofmalers Joseph Stieler (*1781, †1858) aus dem Jahr 1843. Er und sein Bruder Wilhelm (*1767, †1835) wachsen auf Gut und Schloß Tegel auf. Das Hauptaugenmerk ihres Vaters, einst preußischer Offizier und Kammerherr der Kronprinzessin, richtet sich auf eine bestmögliche Erziehung und Ausbildung seiner Söhne. Nach seinem plötzlichen Tode 1779 setzt die Mutter alle finanziellen Mittel der Familie ebenfalls für die Bildung der beiden Söhne ein.

Alexander von Humboldt: Der Universalgelehrte

Der größte Wunsch des 1769 in Berlin geborenen Alexander von Humboldt ist ein Leben als Naturforscher. Aber erst nach dem Tod seiner vermögenden Mutter kann er 1796 die Anstellung bei der preußischen Bergwerks- und Hüttengesellschaft aufgeben und fortan als Naturforscher und Wissenschaftler leben.

1799 reist er von Spanien über die Kanarischen Inseln nach Südamerika, wo er fast fünf Jahre verbringt, um die Flora, Fauna und Geologie des Kontinents zu erforschen. Auf der ersten Etappe folgt er dem Lauf von Orinoko und Amazonas. Der zweite Teil seiner Reise führt ihn nach einem Kuba-Aufenthalt in die Anden, wo er vor allem die Vulkane erkundet. Am Ende steht ein zwölfmonatiger Aufenthalt in Mexiko, wo er Material für ein landeskundliches Werk über die damalige Kolonie (das Königreich Neu-Spanien) sammelt.

Wieder in Europa, veröffentlicht Humboldt seine Erfahrungen in einem 30bändigen Werk. Sein Bruder Wilhelm schreibt über ihn: »Ich halte ihn unbedingt und ohne alle Ausnahme für den größten Kopf … Er ist gemacht, Ideen zu verbinden, Ketten von Dingen zu erblicken, die Menschenalter hindurch, ohne ihn, unentdeckt geblieben wären.«

1829 bricht Alexander von Humboldt zu einer weiteren großen Erkundungsreise auf, diesmal in den asiatischen Teil Rußlands. Nach seiner Rückkehr arbeitet er ein Vierteljahrhundert an einem fünfbändigen Werk, das er Kosmos *nennt. Es ist die Bilanz seines Lebens, eine Bestandsaufnahme des Wissens über die Erde bis zur Mitte des 19. Jahrhunderts.*

Am 6. Mai 1859 stirbt der leidenschaftliche Forscher Alexander Freiherr von Humboldt in Berlin.

weiteren Verlauf der deutschen Geschichte im 19. Jahrhundert, die in der Reichsgründung unter preußischer Vorherrschaft 1871 kulminierte, prophetische Worte.

Die Völkerschlacht bei Leipzig: Die Erstürmung der französischen Stellungen vor dem Grimmaischen Tor durch das 1. Ostpreußische Landwehrbataillon unter Major Karl Friedrich Friccius am 19. Oktober 1813 zeigt das Gemälde von Ernst Wilhelm Straßberger. Hier wird ein eindrückliches Bild der Völkerschlacht und der daran beteiligten Nationen gezeichnet. Eine halbe Million Soldaten aus ganz Europa kämpfen in einer der schrecklichsten Massenschlachten des 19. Jahrhunderts um die politische Zukunft des Kontinents.

Auch der Schriftsteller Ernst Moritz Arndt sah in Preußen die künftige führende Kraft Deutschlands. »Alle Unterschiede von Ständen und Klassen, von Altern und Stufen«, meinte er besonders nach der allgemeinen Mobilmachung von Landwehr und Landsturm, seien in Preußen nun »vergessen und aufgehoben«, während das »eine große Gefühl des Vaterlandes und seiner Freiheit und Ehre« alle Herzen erfaßt habe. Nationale und demokratische Hoffnungen knüpften sich an Preußen, nicht nur wegen Friedrich Wilhelms Aufruf »An mein Volk«, sondern auch wegen der romantischen Geschichten, die man sich bald über die unter dem Kommando des Generals Gerhard Johann David Scharnhorst stehenden Partisanentrupps der Lützowschen Freikorps erzählte. Sie trugen schwarze Röcke mit roten Aufschlägen und goldenen Knöpfen und sollten die Farben Schwarz-Rot-Gold bald zu einem Symbol der nationalen Einheit werden lassen.

Joseph Görres (*1776, †1848), Sohn eines Koblenzer Holzhändlers, verbringt seine Schulzeit auf dem ehemaligen Jesuitengymnasium in Koblenz. Nach 1818 gerät er in Konflikt mit den restaurativen Mächten und muß nach dem Erscheinen seiner nationalen und zugleich liberalen Kritik in der Schrift »Teutschland und die Revolution« (1818) nach Straßburg und später in die Schweiz fliehen. Im Exil mußte er in armen Verhältnissen leben. Diese Erfahrung wird Auslöser für seine Zuwendung zum Katholizismus, der auch Thema seines Hauptwerks »Die christliche Mystik« ist.

Joseph Görres: Freiheitskämpfer und Katholik

Als Joseph Görres 1827 Professor der Geschichte in München wird, sagt er, daß jetzt sein sechstes oder siebtes Leben beginne. In der Tat gibt es kaum einen deutschen Intellektuellen, der in den Jahren der Restauration so oft und so radikal seine Überzeugungen wechselt - ohne jemals in den Ruf eines Opportunisten zu geraten.

Man kann mit gleichem Recht behaupten, daß der Rheinländer Görres ein Revolutionär ist, der für die Ideale der Französischen Revolution schwärmt, wie ihn als einen überzeugten Monarchisten charakterisieren. Er ist für den Anschluß der linksrheinischen Gebiete an Frankreich und hofft später auf die Erneuerung der deutschen Nation. Er ist Lehrer und Privatdozent, Abgeordneter und Publizist, Literaturkritiker und Autor, ein bitterarmer Exilant und angesehener Professor, ein Landesverräter (aus preußischer Sicht) und ein vom bayerischen König in den Adelsstand erhobener Bürger. »Ein Mann, der aus Männern besteht«, hat ihn Jean Paul einmal genannt.

Als Heranwachsender schwärmt Görres für die Revolution in Frankreich und wird enttäuscht. Als Erwachsener kämpft er für die Erneuerung der deutschen Nation und scheitert. Als in Europa die Reaktion herrscht, wird er zum »Artilleriedirektor der katholischen Sache« (Clemens Brentano). Das ist seine Natur: Er lebt von der Begeisterung.

Joseph Görres ist dem Zeitgeist immer eng verhaftet: Jakobinertum, deutsche Emanzipation, Romantizismus und Katholizismus: alles vertritt er jeweils ganz. So sehr ihm selbst sein Leben als Einheit erscheinen mag: Viele Zeitgenossen sind verwirrt angesichts solcher Wandlungen. »Was Görres eigentlich will«, schreibt Carl von Clausewitz, »scheint er, nach seinen Schriften zu urteilen, selbst nicht klar zu wissen.«

Einwohnerzahlen Deutschland in den Grenzen von 1919

Innerhalb von 75 Jahren verdoppelt sich zwischen 1816 und 1891 die Bevölkerung auf dem Gebiet des späteren Deutschen Reichs und wächst in den nächsten 20 Jahren noch einmal um mehr als 30 Prozent.

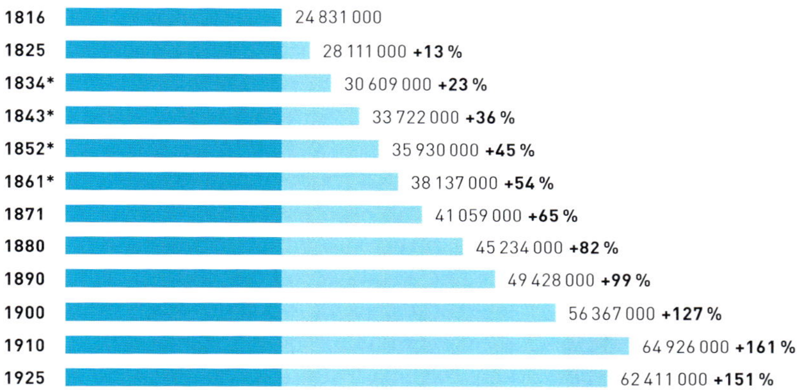

* In den Grenzen des Deutschen Reiches von 1919
Quelle: Hagen Schulze, Weimar. Deutschland 1917–1933, München 1994 S. 49

Eigene Darstellung aus folgenden Quellen:
Statistik des Deutschen Reichs. Band 240: Die Volkszählung im Deutschen Reiche am 1. 12. 1910. Berlin 1915. Deutsches Reich nach den Ergebnissen der Volkszählung 1925. Teil I: Einführung in die Volkszählung 1925. Tabellenwerk, Berlin, 1928 und Politische Bildung, Heft 261, S. 36, hrsg. von der Bundeszentrale für politische Bildung.

»Deutschland steht auf«, hatte der junge Dichter Theodor Körner am 10. März 1813 an seinen Vater geschrieben. »Meine Kunst seufzt nach ihrem Vaterlande.« Er wurde zum jugendlichen Helden der Befreiungskriege schlechthin. In Dresden geboren, war Körner im März 1813 in Wien, als er davon erfuhr, daß der Major von Lützow in Breslau mit der Aufstellung seiner Freikorps beschäftigt sein sollte. Er war Sachse, und sein König sollte bis zum Ende am Bündnis mit Napoléon festhalten. Gerade deshalb war ihm die Demonstration seines deutschen Patriotismus besonders wichtig. »Was will des Sängers Vaterland?« dichtete er. »Die Knechte will es niederschlagen, / Den Bluthund aus den Grenzen jagen / Und frei die freien Söhne tragen.« Nach Breslau eilten zu dieser Zeit Scharen von Freiwilligen, nicht nur aus Preußen, sondern aus allen Teilen Deutschlands – Studenten, Offiziere und Beamte, unter ihnen der »Turnvater« Friedrich Ludwig Jahn und der schlesische Dichter Joseph von Eichendorff. Kaum war Theodor Körner zu ihnen gestoßen, erhielt Lützow einen Befehl Scharnhorsts, in

Dieses Porträt von Friedrich Ludwig Jahn wird zwischen 1820 und 1822 während der preußischen Festungshaft von Friedrich Ludwig Heine gemalt. In der Nacht vom 13. zum 14. Juli 1819 wird Friedrich Ludwig Jahn als »geheimer, hochverräterischer Verbindungen Verdächtiger« in seiner Wohnung in Berlin verhaftet. Nach den Verhören 1819 in der Festung Spandau leitet 1820 in Berlin der Kammergerichtsrat und Dichter E. T. A. Hoffmann die Untersuchungen gegen Jahn. In einem Bericht hält er fest, daß die gegen Jahn erhobenen Vorwürfe unhaltbar seien, und beantragt seine Freilassung. Am 31. Mai 1820 wird Jahn aus der Haft zwar entlassen, muß aber, unter Aufsicht, in der Festung Kolberg bleiben.

Friedrich Ludwig Jahn: Der »Turnvater«

Im August 1778 in Lanz im heutigen Brandenburg geboren, besucht Jahn mehrere Universitäten. Er bleibt ohne Abschluß, sieht seine Zukunft dennoch als Lehrer an einer Hochschule, was ihm der preußische Kultusminister Wilhelm von Humboldt verwehrt. Jahn schlägt sich lange Jahre als Hauslehrer durch, bis er 1810 endlich eine Anstellung in Berlin findet. 1811 eröffnet er den ersten Turnplatz auf der Hasenheide in Berlin.

Jahn ist ein entschiedener Gegner Napoléons. Er gründet 1810 den Deutschen Bund, einen Vorläufer der Burschenschaften, und tritt mit seinen Turnern dem Lützowschen Freikorps bei. Unter seinem Befehl kämpfen sie in der Völkerschlacht bei Leipzig. Nach 1814 übernimmt Jahn die Leitung der Turnanstalt in Berlin und setzt sich politisch für die deutsche Einheit in einem Rechtsstaat ein. Der österreichische Staatskanzler Metternich sieht im Turnwesen vor allem eine Demagogenversammlung, es gilt ihm als »Vorbereitungsschule zu dem Universitätsunfug«.

Auch der preußische König Friedrich Wilhelm III. betrachtet das Treiben der Turner mit Argwohn. Als die Studenten 1817 auf die Wartburg ziehen, stellt der König die Freikörperkultur unter Polizeiaufsicht und läßt sie 1819 ganz verbieten. Im Zuge der Demagogenverfolgung landet Jahn für fünf Jahre im Gefängnis. Nach seiner Freilassung 1820 ist ihm untersagt, in Städten mit einem Gymnasium oder einer Universität zu leben. Erst Friedrich Wilhelm IV. hebt 1842 das Turnverbot auf.

Jahn tritt nur noch einmal, als Abgeordneter im Frankfurter Parlament 1848, hervor. Er lebt bis zu seinem Tod 1852 in Sachsen.

das französisch besetzte Sachsen einzudringen und dort patriotische Volksaufstände anzuzetteln.

»Sammle Dich zu uns, wehrbare Jugend des unterjochten Sachsenlandes«, schrieb Körner am 12. April in einem Aufruf an seine Landsleute. »Es ist in unserer Schar kein Unterschied der Geburt, des Standes, des Landes. Wir sind alle freie Männer, trotzen der Hölle und ihren Bundesgenossen und wollen sie ersäufen, wär's auch mit unserem eigenen Blute.« Über Dresden, Waldheim und Grimma drang das Freikorps nach Leipzig vor, wo es am 17. April eintraf, unterwegs aufgefüllt durch sächsische Freiwillige, die sich Körners Aufruf zum Kampf angeschlossen hatten. Ende Mai ernannte Lützow Körner zu seinem Adjutanten im Rang eines Leutnants. »Drum lasst den Blitz nur lodern! / Durch! – Dort ist's Vaterland«, war seine Devise, bevor ihn, kaum 22 Jahre alt, in Mecklenburg aus dem Hinterhalt eine tödliche Kugel traf. Körner war dabei, als Lützow Ende August 1813 einen Munitionstransport von Gadebusch nach Schwerin ausheben wollte und dabei in ein heftiges Gefecht verwickelt wurde. Unter einer »deutschen« Eiche in Wöbbelin wurde er beigesetzt, wegen der Nähe des Feindes ohne Ehrensalve, aber mit dem Chorgesang des Liedes: »Das war Lützows wilde verwegene Jagd.«

Friedrich Wilhelm von Braunschweig-Lüneburg-Oels, bekannt als der »schwarze Herzog« (*1771, †1815), wird 1806 auf dem Totenbett seines verwundeten Vaters, des Oberbefehlshabers der preußischen Armee, zum Thronfolger bestimmt. Friedrich Wilhelm verliert sein selbständiges Herzogtum im Frieden von Tilsit (1807). Unter dem Schutz Österreichs stellt er ein eigenes, 2300 Mann starkes Freikorps auf. Nach ihren schwarzen Uniformen wird es »Schwarze Schaar« genannt. Es kämpft 1809 auf deutschem Boden gegen Napoléon. Zwei Tage vor der Schlacht bei Waterloo trifft ihn am 16. Juni 1815 eine tödliche Kugel bei Quatre-Bras in Belgien.

Bei der alles entscheidenden Völkerschlacht von Leipzig zwischen dem 16. und 19. Oktober 1813 spielten Lützows Jäger jedoch kaum eine Rolle. Die Schlacht wurde von den alliierten Armeen der Schweden, Preußen, Russen und Österreicher ausgefochten und nicht unwesentlich durch die Tatsache entschieden, daß am 18. Oktober die bis dahin mit Napoléon verbündeten sächsischen und württembergischen Hilfstruppen die Seite wechselten. Am 31. März 1814 zogen die Alliierten in Paris ein.

Österreich hatte sich im August 1813 dem Bündnis gegen Napoléon angeschlossen. Damit hatte es zwar einiges an Stärke gewonnen, doch vieles von der Kraft verloren, die durch die von Preußen ausgehende nationale Erhebung in den ersten Monaten des Jahres 1813 entstanden war. Ausdrücklich hatte Clemens Graf von Metternich für die Habsburger Krone darauf bestanden, daß nach dem Sieg über Napoléon mit Ausnahme Sachsens die Autorität der legitimen Herrscher in Europa wiederhergestellt und respektiert werden sollte. Das war für viele, unter ihnen Joseph Görres, für den »Fürsten ohne Charakter und Gesinnung, ein Adel ohne Stolz und Kraft« ein Greuel waren, kein gutes Vorzeichen. »Etwas Ganzes und Rechtes soll da werden, und man soll dabei die Stimme des Volkes befragen, die vernehmlich und deutlich an allen Orten spricht«, hatte Görres im *Rheinischen Merkur* vor dem Beginn der Verhandlungen in Wien noch optimistisch gefordert. Doch der Kongreß der europäischen Fürsten ist für ihn, als er im Herbst 1814 tatsächlich eröffnet wird, eine große Enttäuschung.

25. September 1813. Kaiser Franz Josef I. von Österreich empfängt Alexander I., den Zaren und den preußischen König Friedrich Wilhelm III. an den Toren der Stadt Wien. In der tagt bereits seit dem 18. September ein europäischer Friedenskongreß, den man nach seinem Tagungsort benennen wird. Der Wiener Kongreß ist das bedeutendste diplomatische Ereignis des 19. Jahrhundert. Auf ihm wird eine europäische Ordnung des Ausgleichs zwischen dem Zarenreich, Habsburg-Österreich, Preußen, Frankreich und Großbritannien gefunden, die ein halbes Jahrhundert Bestand hat.

Der Wiener Kongreß

In Wien triumphiert die Restauration mit einer Selbstgefälligkeit, die viele Zeitgenossen staunen läßt. Es ist, als sei die alte Zeit des Ancien régime vor der Revolution, vor allem aber die aristokratische Vergnügungssucht des Rokokos, jetzt, da Napoléon am Boden liegt, noch einmal mit aller Kraft zu neuem Leben erwacht. Clemens von Metternich, der mondäne österreichische Ministre Papillon, führt Regie, und kaum etwas setzt für den Zeitgeist, den er sich wünscht, ein deutlicheres Zeichen als der Empfang, den er zum Jahrestag der Völkerschlacht bei Leipzig in seinem Haus auf dem Wiener Rennweg ausrichten läßt. Es ist eine Art Kostümfest, und der Andrang ist so groß, daß die dänische Gräfin Bernstorff zwei Stunden in ihrer Kutsche verharren muß, bevor sie eingelassen werden kann. Die Damen tragen Blau, und jeder weiß, was damit gemeint ist. Es ist eine unübersehbare Huldigung an die Bourbonen, die in Paris von den Revolutionären von ihrem Thron gejagt worden waren und deren legitimer Nachfahr, der »Usurpator« Napoléon, sich jetzt auf Elba im Exil befindet. Endlich, so vergewissert sich der europäische Adel auf dem

»Der große Wiener Friedens Congress zur Wiederherstellung von Frieden und Freiheit in Europa« ist diese zeitgenössische kolorierte Lithographie betitelt. Sie zeigt in der Mitte die Monarchen von Preußen, Österreich und Rußland und stehend links den 2,11 Meter großen und 200 Kilo schweren König Friedrich I. von Württemberg (*1754, †1816).

Kongreß in Wien, ist Schluß mit den Wirrungen des Zeitgeists, und man kann sich in der alten Ordnung, die über zwei Jahrzehnte wie hinweggefegt schien, auf eine kommode Weise wieder einrichten.

Nicht für die Befreiung der europäischen Völker war in seinen Augen der Krieg geführt worden, sondern für die legitimen Rechte der Throne und des Adels. Großer Pomp herrscht so auch, als am 21. Januar 1815 der Fürst von Talleyrand unter der Teilnahme des gesamten in Wien versammelten europäischen Adels einen Gedenkgottesdienst für den von den Jakobinern hingerichteten Ludwig XVI. ausrichten läßt. »Nichts hat bei diese Zeremonie gefehlt«, schreibt er an Ludwig XVIII. in Paris, der seinen neu erworbenen Bourbonenthron dem Sieg der Alliierten bei Leipzig verdankt, »weder der diesem Anlaß geziemende Pomp noch die Auswahl der Teilnehmer, noch der Schmerz über das Ereignis, an das sie erinnerte, der Schmerz, den sie ewig hervorrufen soll.« Eine ganze Epoche sollte möglichst vollständig aus dem Gedächtnis gelöscht werden.

Clemens Wenzel Lothar Graf Metternich wird am 15. Mai 1773 in Koblenz geboren. Er studiert Rechts-, Staats- und Naturwissenschaften in Straßburg, Mainz und Wien. 1794 flieht er mit seiner Familie vor der französischen Revolutionsarmee nach Wien und tritt in habsburgische Dienste ein. Auf dem Wiener Kongreß sichert Fürst von Metternich (ab 1813) den süddeutschen Rheinbundfürsten ihren von Napoléon verliehenen Status und gewinnt sie so als Bundesgenossen gegen Preußen.

Es war jedoch eine riesige demokratische Kraftanstrengung gewesen, die Europa unternommen hatte, um Napoléon loszuwerden. Im Laufe des Krieges hatten sich Nationalbewegungen formiert, deren Ansprüche man nun aus den gleichen Gründen fürchtete, aus denen man zuvor den Geist der Französischen Revolution bekämpft hatte. Europa war in den letzten zweieinhalb Jahrzehnten modern geworden. »Der letzte Krieg«, schreibt Caroline von Humboldt während des Kongresses an ihren Mann, »hat der Masse überlaut gesagt, was sie vermag.« Besonders in Preußen, meint sie, sei die »nationale Deutschheit«, das vom Volk ausgehende Nationalbewußtsein, offenbar noch im Wachsen, »und damit hält Österreich nicht Schritt«. Sie hat damit einen entscheidenden Konflikt der Zukunft klar erkannt.

Wesentliche Bemühungen Metternichs, oft im Hintergrund sekundiert von dem umtriebigen Talleyrand, beschäftigen sich in den ersten Monaten des Kongresses damit, die Ansprüche Preußens nicht ins Kraut schießen zu lassen, das im Völkerkrieg gegen Napoléon eine führende Rolle gespielt hatte. Preußen fordert die Annexion Sachsens. Es erhält die Rheinprovinzen und damit eine Grenze zu Frankreich, von Sachsen jedoch nur einen Teil. In Wien wird skrupellos um die europäische Beute geschachert.

»In tausend widerstreitenden Richtungen windet sich die Politik der europäischen Mächte mühsam durch die Arbeiten des Wiener Kongresses«, notiert Ende März 1815 der preußische Diplomat Karl August Varnhagen von Ense, »tief herabgesunken sind die Erwartungen der Völker im allgemeinen, nur gering die Hoffnungen der einzelnen Staaten. Schon sind die klugen Leute in Sorgen, wie die Sache endigen solle, die meisten verzweifeln, daß aus diesen verworrenen Verhältnissen auf eine friedliche Weise herauszukommen sei, und die kräftigsten haben schon mehrmals an die Entscheidung der Waffen gemahnt, die allein einen hellen Ausgang aus diesem Labyrinth zu verheißen scheint.« Die preußischen Ansprüche auf ganz Sachsen hätten den Kongreß beinahe an den Rand eines neuen Krieges geführt. Doch da, so Varnhagen von Ense, tritt plötzlich ein Ereignis ein, vor welchem der »zusammengehäufte Lug« auf einmal in sich zusammenfällt. Die Liga gegen Napoléon durchlebt eine ernsthafte Krise, als unvermutet der ehemalige Kaiser der Franzosen wieder auf den Plan tritt.

Fast alle anwesenden Monarchen nehmen am 22. Januar 1814 an einer festlichen Schlittenfahrt teil. Der Wiener Kongreß ist von vielen gesellschaftlichen Veranstaltungen begleitet. Das veranlaßt den Fürsten Charles Joseph de Ligne zu dem berühmten Bonmot: »Der Kongreß tanzt, aber er geht nicht weiter.«

Napoléons Rückkehr

Am 1. März 1815 war Napoléon von Elba aufgebrochen, in Golfe-Juan bei Cannes an Land gegangen und hatte verkündet: »Der Kongreß ist aufgelöst.« Ein Siegeszug durch Frankreich folgt, wie ihn die Welt weder vorher noch nachher jemals erlebt hat. Über die Alpen zieht er nach Grenoble und Lyon, wo er am 10. März mit Begeisterung empfangen wird. Überall auf seinem Weg sind Bataillone und Regimenter, selbst ganze Divisionen zu ihm übergelaufen und haben den Bourbonen wieder abgeschworen. An der Spitze seiner Truppen bewegt er sich bald auf Paris zu. Der Bourbonenkönig schickt ihm seine Armee entgegen, mit ihr Marschall Ney, den alten Kampfgefährten Bonapartes, der sich scheinbar mit den neuen Verhältnissen arrangiert hatte. Doch Ney läuft, als die Kunde des herannahenden Kaisers ihn erreicht, sofort mit fliegenden Fahnen zu ihm über. Allerorts wiederholen sich solche Szenen. Frankreich ist über Nacht wieder napoléonisch geworden. Hatten die Bourbonenblätter vor Napoléons Landung in Cannes noch gemeldet: »Das

Zeichnung des Grabens, der berühmtesten Straße in der Wiener Innenstadt, um 1820. Wien erlebt bereits seit dem Ende des 18. Jahrhunderts einen Bevölkerungszustrom. Die Stadt hat 1830 mehr als 401 000 Einwohner. Wien ist bis zum österreichisch-ungarischen Ausgleich von 1867 als Sitz der Habsburger Erbmonarchie faktisch Hauptstadt des Kaisertums Österreich.

Ungeheuer ist aus Elba ausgebrochen«, so ist die Presse, als er am 20. März in Paris einzieht, bereits wieder ganz auf Napoléons Linie eingeschwenkt. »Der Kaiser in Paris!« In dieser Nacht schläft Napoléon im Bett des Königs in den Tuilerien, die Ludwig XVIII. in letzter Minute Hals über Kopf verlassen hatte. In Wien herrscht zu dieser Zeit eine Stimmung des »Rette sich, wer kann«.

Die Ballsäle leeren sich, während sich die Kirchen füllen. Lord Stewart, der englische Gesandte, gibt sich dem Trunk hin und ruft beim Diplomatendinner hysterisch aus, er werde »diesen Narren Bonaparte« mit seiner Gabel persönlich aufspießen. Doch das Bedrohlichste war, daß der alte Haß gegen Frankreich wieder aufzuflammen drohte, den Clemens von Metternich durch die Legende, die Zeiten des »Usurpators« seien durch die Wiedereinsetzung der »legitimen« Bourbonen ein für allemal vorbei, zu besänftigen versucht hatte. Nur der Fürst von Talleyrand, der seine politische Karriere als Präsident der französischen Nationalversammlung 1790 begonnen hatte und der lange Zeit

Im Jahr 1834 malt der Berliner Architekturmaler Eduard Gaertner (*1801; †1877) eine wirklichkeitsgetreue Ansicht der Straße Unter den Linden mit der Königlichen Hofoper. Im Hintergrund ist die Kuppel des Stadtschlosses zu sehen. Gaertners Vedute bietet ein Bild der biedermeierlichen Residenzstadt. Von Berlin aus wird das Königreich Preußen regiert. 1830 hat Preußen fast 13 Mio. Einwohner, davon gehören aber etwa 3,5 Mio. in den Provinzen Posen, Ost- und Westpreußen nicht zum Deutschen Bund.

Napoléon Bonaparte gedient hatte, bevor er zu den Bourbonen überlief, behält einen klaren Kopf. »Es ist eine Frage weniger Wochen«, sagt er, »er wird schnell am Ende sein.« Es sollten genau hundert Tage werden. Die Zeiten Napoléons, das wußte Talleyrand, waren so sehr vorbei wie die Zeiten der »legitimen« Fürsten, denen man in den ersten Monaten des Wiener Kongresses ein seichtes Fest zelebriert hatte.

Doch erst einmal steht Europa unter Schock. »Noch einmal hat es sich begeben, daß, als die Zeit weit ausholend aufs Große, Tragische sich hat verlegen wollen, alles unter den Händen ihr zum Gaukelspiele ausgeschlagen«, schreibt Joseph Görres im *Rheinischen Merkur*. »Es gibt Dinge, so fabelhaft und unglaublich anzuhören, daß man den Teufel mit ihrer Erzählung zum Narren halten könnte. Dahin gehört, was die Franzosen uns geliefert, gegen den mit hellen Worten ausgerufenen Willen von 24 Millionen Menschen ein Reich an einen Wüterich, den alle verwünschten und verfluchten, und der mit nur tausend Mann aus der Verbannung herangefahren, binnen 20 Tagen ohne Schwertstreich zu verlieren. Es ist nicht möglich, die Virtuosität der Schlechtigkeit höher hinaufzutreiben, und haben wir Deutsche in anderm Fach gleichfalls manches schöne Werk geliefert, so ist jetzt alles übertroffen und verdunkelt.« Was Görres da schrieb, spiegelte die allgemeine Stimmung in Deutschland wider. Ernst Moritz Arndt hatte im ersten Band seines Hauptwerks *Geist der Zeit* bereits 1806 den Haß auf Frankreich, auf das französische Wesen und die französische Kultur gepredigt, deren negative Eigenheiten für ihn in der Person Napoléons wie in einer Karikatur zusammengekommen schienen. Er hatte damit das für Deutschland folgenschwere Klischee vom »Erbfeind Frankreich« in die Welt gesetzt. Jetzt, während der hundert Tage, kocht das antifranzösische Sentiment wieder hoch. Ein bedeutender Teil der öffentlichen Meinung nicht nur in Deutschland fordert nun die Zerstückelung Frankreichs.

Es ist Talleyrand, dem es gelingt, in einem diplomatischen Meisterstück die Sache Napoléons von der Sache Frankreichs zu trennen, und dies wäre ihm kaum gelungen, wenn er dabei nicht die Unterstützung Metternichs und seines Beraters Friedrich von Gentz gehabt hätte. Österreich hatte kein Interesse daran, Frankreich als Großmacht auszulöschen, weil dies das europäische Gleichgewicht der Kräfte gestört hätte. Die Kriegserklärung, die Gentz nun in diesem Geiste entwirft, ist ein Taschenspielertrick, der Frankreich schützen soll. Europa einschließlich des nur virtuell existierenden bourbonischen Frankreich erklärt einem einzigen Mann den Krieg: Napoléon.

In dieser Zeit ist der auferstandene französische Kaiser in Paris darauf vorbereitet, sich nach Norden Richtung Brüssel zu begeben, wo der Bri-

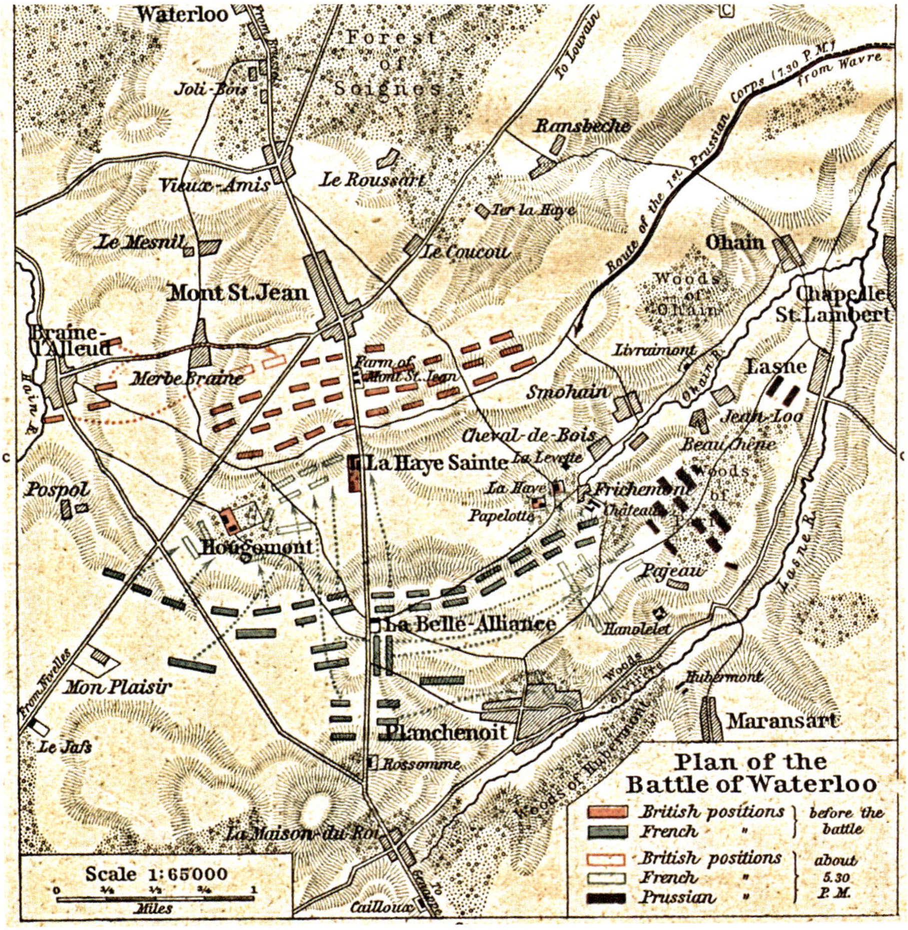

te Wellington und der Preuße Blücher mit ihren Truppen gegen ihn aufmarschiert sind und die Österreicher noch auf sich warten lassen. Er will mit einer gewaltigen Kraftanstrengung sämtliche Entscheidungen des letzten Jahres wieder rückgängig machen und dort in einer neuen Völkerschlacht zum vielleicht letzten Mal alles auf eine Karte setzen. Dazu, das weiß er aber spätestens seit seiner Niederlage bei Leipzig, muß er die europäischen Heere diesmal voneinander trennen und ihnen einzeln entgegentreten können.

Karte mit der Schlachtaufstellung der »Battle of Waterloo« am 18. Juni 1815. Die Preußen nennen sie nach dem Gasthaus, das im Zentrum des Geschehens steht, die Schlacht von »Belle Alliance«. Bei Waterloo kämpfen 23 000 Briten und 18 000 Niederländer unter dem Herzog von Wellington gegen 70 000 Franzosen. 30 000 Mann preußische Truppen unter Blücher treffen um 16.00 Uhr auf dem Schlachtfeld ein.

»Napoléon übersieht mit einem Ruck die tödliche Gefahr«, schreibt Stefan Zweig in den *Sternstunden der Menschheit* über die alles entscheidenden Tage vor Waterloo, die nun folgen: »Er weiß, keine Zeit bleibt, zu warten, bis die Meute sich sammelt. Er muß sie zerteilen, muß sie einzeln anfallen, die Preußen, die Engländer, die Österreicher, ehe sie zur europäischen Armee werden und zum Untergang seines Kaiserreichs.« Am 15. Juni überschreitet Napoléons Armee die Grenze. Am 16. wirft sie bei Ligny die Preußen zurück, die sich erst bei Brüssel wieder sammeln können. Am 17. marschiert Napoléon gegen die Höhen von Quatre-Bras südlich von Waterloo, wo sich Wellington mit seiner Armee verschanzt hat. Ein Schlag gegen die Briten, das weiß er, kann hier nur erfolgreich verlaufen, wenn es gelingt zu verhindern, daß sich die abgeschlagenen preußischen Truppen Blüchers mit Wellingtons Armee vereinen. Napoléon gibt deshalb den Befehl, daß ein Teil seiner Armee die Preußen verfolgen und unnachgiebig vor sich herjagen sollte, um sie im entscheidenden Augenblick von den Briten fernzuhalten.

Marschall Grouchy soll die Aufgabe übernehmen. Er ist jedoch, wie Stefan Zweig ihn anschaulich porträtiert, ein Pedant ohne jede Fähigkeit zu eigener Initiative. Als am 18. Juni 1814 die Schlacht bei Waterloo mit der Kanonade von Saint-Jean beginnt, ist Grouchy auf der Suche nach den Preußen, doch er kann sie nicht finden. Offensichtlich haben sie ihre Marschroute verändert. Einen Augenblick lang zögert Grouchy, als er das Donnern der Kanonen vor Waterloo vernimmt, ob er nicht aus eigenem Entschluß die Verfolgung beenden und dem Kaiser zu Hilfe eilen soll. Doch trotz heftigen Drängens seiner Offiziere tut er es nicht. Pflichtbewußt, wie er ist, hält er sich an den Wortlaut des Befehls von Napoléon, die Preußen zu verfolgen.

Der läßt am Mittag des 18. gerade die Batterien vor Belle Alliance verstärken, als er nordöstlich schemenhaft am Horizont eine unerwartete Truppenbewegung wahrnimmt. In diesem Augenblick hätte er Grouchys Armee dringend benötigt, um mit geeinter Kraft einen Vorteil gegenüber Wellington erzielen zu können. Doch es ist nicht Grouchy, der dort am Horizont erscheint, es sind Blüchers Preußen, deren Kavallerie nur wenig später die ermattete und überraschte Armee Napoléons attackiert und dort eine solche Verwirrung erzeugt, daß bald überall nur noch die Schreie *sauve qui peut*, »rette sich, wer kann«, zu hören sind. Nie zuvor hatte sich die Armee des Kaisers in so chaotischer Auflösung befunden wie an diesem Abend. Napoléon muß ein zweites Mal abdanken, diesmal für immer.

Die Heilige Allianz

Am 8. Juli 1815 kehrt Ludwig XVIII. nach Paris zurück. Doch er muß feststellen, daß man ihn dort nicht haben will. In den Tuilerien kampieren die Truppen Blüchers, der gefordert hatte, die Seinebrücke, die nach der Schlacht bei Jena benannt worden war, in der Preußen 1808 eine vernichtende Niederlage erlitten hatte, in die Luft zu sprengen. Die Kammern in Paris hatten den Sohn Napoléons zum Kaiser proklamiert. Der Herzog von Wellington muß ihnen aber klarmachen, daß Frankreich unter Besatzungsrecht steht und daß die Alliierten nur den legitimen Bourbonen Ludwig XVIII. als Herrscher akzeptieren würden. Talleyrand versucht Ludwig wenigstens zum Anschein eines historischen Kompromisses zu bewegen, indem er ihm den Rat gibt, die Trikolore als nationales Banner beizubehalten, doch der ist so sehr auf die Wiedererlangung seiner legitimen Rechte bedacht, daß er rundweg ablehnt und, durch keine Einsicht getrübt, auf der weißen Fahne mit der Bourbonenlilie besteht. »Messieurs,

Die drei Monarchen, die die Heilige Allianz am 26. September 1815 in Paris eingehen (v. l. n. r.): König Friedrich Wilhelm III. von Preußen, Kaiser Franz I. von Österreich und Zar Alexander I. Die Unterzeichner verpflichten sich zu gegenseitigem Beistand zum Schutz der bestehenden Ordnung gegen alle Umwälzungen.

Sie wollen das Ancien régime wieder einführen, das ist nicht möglich«, hatte Talleyrand auch des Königs royalistischen Klüngel gewarnt, der bereits damit begonnen hatte, unter dem Schutz der Besatzungsmächte das Land mit einem unerbittlichen weißen Terror zu überziehen. Niemand wollte das hören.

Als der Kongreß während der Kämpfe in Frankreich und Belgien in Wien wieder zusammentritt, steht er bereits ganz im Zeichen der »Heiligen Allianz«. Sie war eine Erfindung Alexanders I., der dazu durch eine unglückselige Liaison mit der frömmelnden Madame de Krüdener inspiriert worden war. Dem Zaren schwebt die Vision einer auf christlichen Grundsätzen beruhenden Staatengemeinschaft vor, in der die Untertanen gottgefällig auf dem ihnen zugewiesenen Platz in der Gesellschaft verharren und legitime Regenten von Gottes Gnaden herrschen würden. Obzwar weniger fromm, wollte Metternich im Prinzip das gleiche. Sein Berater Friedrich von Gentz allerdings denkt darüber, wenn auch nicht öffentlich, ein wenig anders. »Die sogenannte Heilige Allianz«, notiert er ganz privatim, sei, »was man eine politische Nullität nennt, ohne realen Gegenstand, ohne wirklichen Sinn; eine Theaterdekoration, welche mißverstandene, mindestens sehr übel ausgedrückte Frömmigkeit, wo nicht gewöhnliche Eitelkeit erdacht hat.«Eines Tages, so Gentz, werde man in der Heiligen Allianz kaum mehr als ein »Denkmal menschlicher und fürstlicher Sonderbarkeit« erblicken. »Die Französische Revolution hat Grundsätze aufgestellt, Vorurteile zerstört, Mißbräuche abgeschafft, Verbesserungen eingeführt, Verhältnisse gestiftet und dem ganzen Leben eine veränderte Gestalt gegeben«, meint auch Varnhagen von Ense, »die in tausend Rücksichten unwidersprechlich besser, vorteilhafter und schöner, in jedem Fall aber frischer und kräftiger ist als die vorige Gestalt, in welcher Lebendiges mit Absterbendem und längst schon Abgestorbenem trostlos zusammenhielt.«

Doch der Zar und Clemens von Metternich wollen mit der Idee eines Bündnisses christlicher Fürsten die Zeit anhalten, Europa nach dem Zeitalter der Vorherrschaft Frankreichs im alten Sinn neu ordnen und mit ihrem Restaurationsfeldzug um jeden Preis verhindern, daß eine weitere Revolution oder ein neuer Napoléon nochmals die Monarchien des Kontinents in Angst und Schrecken versetzen könnte. Europa soll ein stabiler Hort des Konservatismus bleiben.

Fünf Prinzipien haben die Arbeit des Wiener Kongresses bestimmt. Erstens soll die alte politische Ordnung »restauriert« werden. Zweitens sollen die »legitimen« Dynastien, die zum Teil vertrieben worden waren, wieder in ihre Rechte eingesetzt werden. Drittens wird das monarchische Prinzip wieder eingeführt. Viertens verpflichten sich die Kongreßteilnehmer zur Solidarität bei der gemeinsamen Abwehr revolutionärer Bewe-

Die Brüder Grimm:
»Wir wollen uns einmal nie trennen«

Fotografie der Brüder Grimm aus der Mitte der 1850er Jahre. Die Brüder Grimm werden vom neuen Landesherrn des Königreichs Hannover, dem früheren Herzog von Cumberland, Ernst August I,. entlassen. Der hat bei seinem Amtsantritt als König von Hannover die relativ freiheitliche Verfassung von 1833 aufgehoben. Dagegen protestieren mit fünf weiteren Professoren die Grimms.

Die Brüder Jacob und Wilhelm Grimm leben über fünf Jahrzehnte symbiotisch eng zusammen. Sie ertragen es nicht, ohne den anderen zu sein, und lassen sich nie von ihrem 1805 gefaßten Vorsatz abbringen: »Wir wollen uns einmal nie trennen.«

Die Brüder werden im Januar 1785 (Jacob) und Februar 1786 (Wilhelm) in Hanau in einer kalvinistischen Familie geboren. Auf Wunsch des Vaters studieren sie an der Universität Marburg Jura. Jacob wird Kriegssekretär, später Privatbibliothekar beim französischen König von Westfalen, Jérôme Bonaparte, und Sekretär in Kassel; Wilhelm bleibt bis 1814 wegen seiner labilen Gesundheit ohne Anstellung. Nach ihrem Studienabschluß beginnen sie mit ihrem Sammeln überlieferter Märchen und Sagen. 1812 und 1815 erscheinen die beiden Bände ihrer Kinder- und Hausmärchen. *1825 folgt eine einbändige Auswahledition, die immer wieder neu aufgelegt wird.*

Ab 1830 als Professoren an der Universität Göttingen, werden die Brüder Grimm wegen der Beteiligung am Protest der »Göttinger Sieben« 1837 des Amtes enthoben und Jacob sogar ausgewiesen. Bis zu ihrer Ernennung zu Mitgliedern der Berliner Akademie der Wissenschaften durch den preußischen König Friedrich Wilhelm IV. im Jahr 1840 lebt Jacob mit seinem Bruder und dessen Familie in Kassel.

Beide beginnen 1838 mit dem Deutschen Wörterbuch. *Dieses Werk ist höchst ambitioniert: Es will Herkunft und Gebrauch eines jeden deutschen Wortes erläutern und soll den Deutschen ihre Sprache als identitätsstiftende Gemeinsamkeit bewußt machen. Vier der zehn geplanten Bände können die Brüder zusammen abschließen. Dann muß Jacob in die Familienbibel schreiben: »Den 16. Dezember 1859, nachmittags 3 Uhr, starb mein lieber Bruder Wilhelm.« Jacob selbst stirbt am 20. September 1863. Er bearbeitet im Wörterbuch gerade das Stichwort »Frucht«.*

gungen und fünftens zu einer Politik des europäischen Gleichgewichts.

Europa wird territorial neu geordnet. Frankreich hat alle von Napoléon eroberten Gebiete verloren. Norwegen und Schweden werden unter Karl XIV. Johann von Schweden vereint, die vormals habsburgischen Gebiete des heutigen Belgien dem Vereinigten Königreich der Niederlande zugeschlagen. Die Schweiz erlangt die Anerkennung ihrer Unabhängigkeit und Neutralität als Gesamtstaat auf föderativer Grundlage. Rußland erhält den größten Teil des Herzogtums Warschau, dem Zar Alexander I. als König vorstehen soll. Preußen erhält Schwedisch-Pommern, außerdem die nördliche Hälfte des Königreiches Sachsen und den größten Teil von Westfalen und dem Rheinland. Österreich bekommt die meisten im Krieg verlorenen Gebiete zurückerstattet. Als Entschädigung für den Verlust der Österreichischen Niederlande erhält es zusätzlich die Lombardei und Venetien sowie den ehemals venezianischen Teil von Kroatien. Italien bleibt geteilt.

Karl August Varnhagen von Ense (*1785, †1858), Stahlstich um 1840. Zunächst als Hauptmann in österreichischen, dann in russischen Diensten, nimmt Varnhagen von Ense an den Befreiungskriegen gegen Napoléon teil. Den preußischen Kanzler Hardenberg begleitet er im preußischen Dienst zum Wiener Kongreß. Er wird zum Vertreter Preußens im Großherzogtum Baden berufen, aber 1819 wegen »demokratischer Neigungen« abberufen.

Für die künftige Entwicklung in Deutschland ist das folgenschwerste Ergebnis des Kongresses die Entstehung der beiden preußischen Provinzen Rheinland und Westfalen. Gegen seinen Willen wurde Preußen damals in den Westen verwiesen. Es hatte das ganze Königreich Sachsen angestrebt, erhält aber nur einen Teil und muß sich dafür mit Rheinland und Westfalen abfinden lassen.

Eine am 30. April 1815 in Wien erlassene Verordnung schafft im Westen zunächst die drei preußischen Provinzen Jülich-Kleve-Berg, das Großherzogtum Niederrhein und Westfalen als eigenständige Verwaltungskörper mit einem Oberpräsidenten als Vertreter der obersten Staatsbehörden. Anfangs war das Mißtrauen gegenüber den neuen Herren oft groß. Man heirate in eine arme Familie, wird der Kölner Bankier Schaafhausen gern zitiert. Das Rheinland und Westfalen verkörpern gegenüber den durch Gutsherrschaft bestimmten preußischen Kernlanden ein fortschrittliches, modernes Wirtschaftspotential. Im Siegerland wird Eisenerz abgebaut, Eisengewerbe ist in Solingen und Ratingen auf rheinischer, in Lüdenscheid, Altena, Iserlohn auf westfälischer Seite vertreten, und in Wuppertal gibt es Garnbleichgewerbe.

Durch die einsetzende industrielle Revolution und besonders den großen Industrialisierungsprozeß an der Ruhr in den folgenden Jahrzehnten sollte aber gerade durch diesen Zugewinn das Gewicht Preußens in Deutschland immer mehr wachsen. Daß Preußens Machtzuwachs auf wirtschaftlichem Gebiet, der einen militärischen und politischen Machtzuwachs mit sich führen wird, ein zwangsläufiges Ergebnis dieser Territorialentscheidungen sein würde, ist kaum einem der Delegierten in Wien bewußt, selbst wenn die Rede von einer »deutschen Mission Preußens« schon während der Befreiungskriege landauf, landab zu einer geflügelten Parole geworden war. Den um Restauration und europäisches Gleichgewicht bemühten Kongreßdiplomaten war in erster Linie daran gelegen, Frankreich in Zukunft in seinen Schranken halten zu können, und dafür mußten sie einen preußischen Machtzuwachs im Westen nicht nur einkalkulieren, sondern geradezu fordern.

Friedrich von Gentz (*1764, †1832) nach einer Zeichnung von 1786. Zunächst ein Befürworter der Revolution, wird der junge Gentz schon bald zu einem Gegner von Revolution und Aufklärung. Friedrich von Gentz, der von 1793 bis 1802 dem preußischen Kriegsrat angehört, wechselt aufgrund seiner sich immer mehr ausprägenden antifranzösischen Haltung in österreichische Dienste. 1813 macht ihn Metternich zu seinem Berater und bald schon zum außerordentlichen Hofrat.

Für ein »ganzes Deutschland«, das viele im Pathos der Befreiungskriege gefordert hatten, war dabei kein Raum. Ein deutscher Gesamtstaat hätte aufgrund seiner Größe und Macht das europäische Gleichgewicht sofort wieder in Frage gestellt. Zwar hatten Metternich und Hardenberg dem Kongreß den Plan eines Bundesstaats mit starken Zentralorganen und einer kollektiven Exekutive vorgelegt, doch sie fanden dabei wenig Gegenliebe bei den deutschen Mittel- und Kleinstaaten, die befürchten mußten, dadurch von Österreich und Preußen an die Wand gedrückt zu werden. Das Ergebnis des Wiener Kongresses ist der »Deutsche Bund«, ein föderativer Zusammenschluß von zunächst 41 souveränen deutschen Einzelstaaten, der das 1806 aufgelöste »Heilige Römische Reich Deutscher Nation« beerben sollte. Er ist als Puffer in der Mitte Europas zwischen den

Gebietsgewinne Preußens 1815

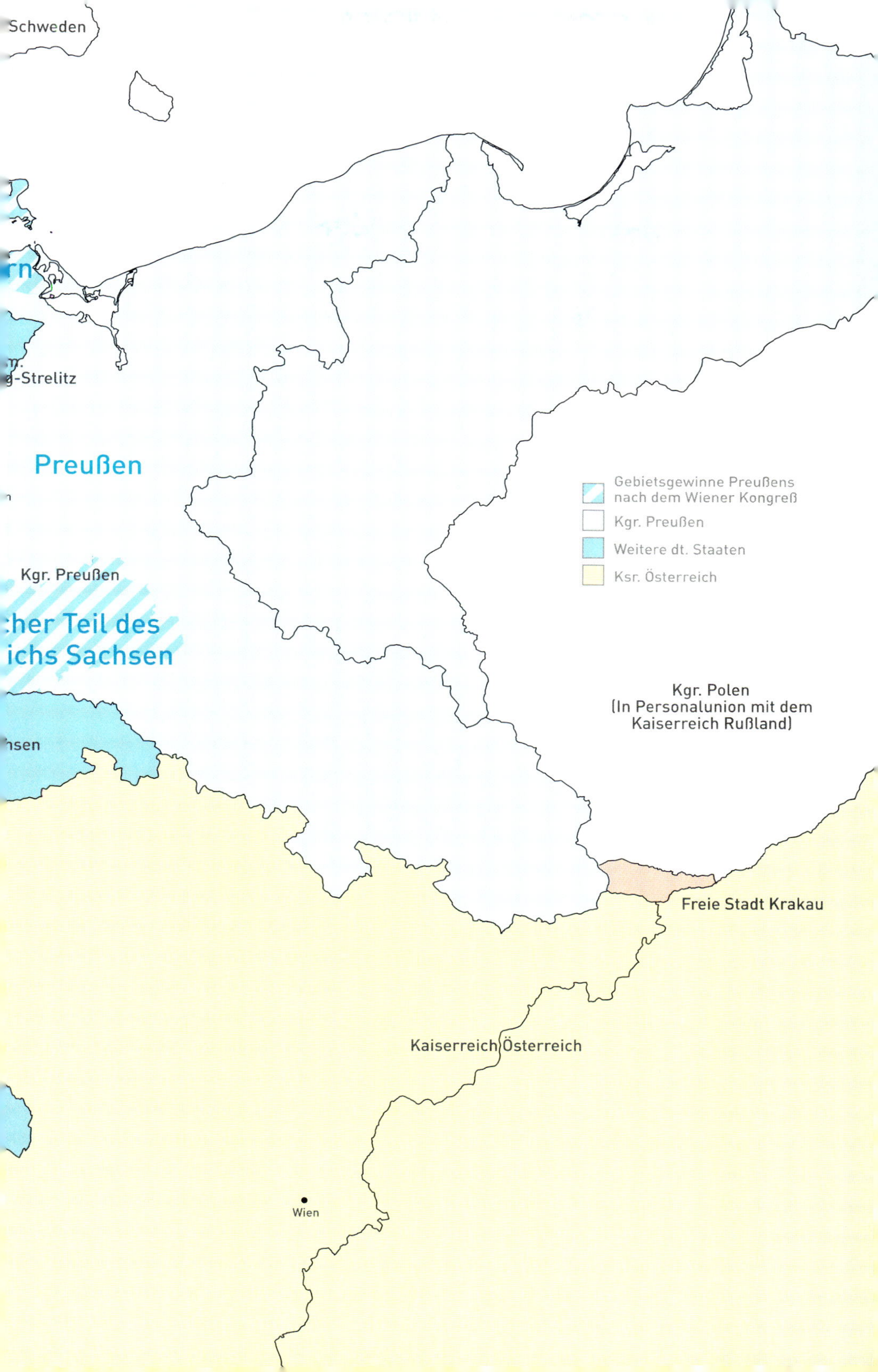

Schweden
rn
g-Strelitz
Preußen
Kgr. Preußen
cher Teil des
ichs Sachsen
hsen
Gebietsgewinne Preußens nach dem Wiener Kongreß
Kgr. Preußen
Weitere dt. Staaten
Ksr. Österreich
Kgr. Polen
(In Personalunion mit dem
Kaiserreich Rußland)
Freie Stadt Krakau
Kaiserreich Österreich
Wien

West- und Ostmächten gedacht und durch internationale Garantien vor äußeren Angriffen geschützt. Doch der »Deutsche Bund« war nicht das »ganze Deutschland«, das sich die nationalen Aktivisten der Befreiungskriege erhofft hatten. Ausländische Mächte wie die Könige von Großbritannien, Dänemark und den Niederlanden gehören beispielsweise durch ihre Personalunion als Landesfürsten von Hannover, Holstein und Limburg ebenfalls dem Deutschen Bund an. Für den Kongreß war das ein willkommener Bestandteil der europäischen Garantie des Bundes, der auch durch diese Personalunionen Europa verpflichtet blieb. Der Deutsche Bund sollte, wie es in der Präambel der Deutschen Bundesakte vom 8. Juni 1815 heißt, »für die Ruhe und das Gleichgewicht Europas« bürgen. Dafür war nicht nur die Bändigung des napoléonischen Frankreich, sondern auch die Einbindung der deutschen Länder in ein nach dem Prinzip des Gleichgewichts der Mächte ausbalanciertes europäisches Mächtekonzert notwendig.

Der Nationalismus

Der deutsche Nationalismus hätte dieses Konzert sofort zerstört, das wußte Metternich, auch wenn das nicht der einzige Grund war, weshalb er ihn ablehnte. Er entstammte noch der Welt einer kosmopolitisch ausgerichteten Adelsgesellschaft, die mit den nationalen Ambitionen des aufsteigenden Bürgertums ohnehin kaum etwas anfangen konnte und für die der Nationalstaatsgedanke der Französischen Revolution gerade erst seine Schrecken und aggressiven Expansionstendenzen unter Beweis gestellt hatte. Man hatte Napoléon nicht besiegt, nur um in anderen europäischen Ländern, voran Deutschland, die Hydra des Nationalismus wieder auferstehen zu lassen. Für Metternich war Nationalismus gleich Jakobinertum. »Für den Fürsten Metternich gab es kein Nationalproblem«, hat Golo Mann in einer Studie über Friedrich von Gentz vermerkt. »Jene, denen es auf den Nägeln brannte, mußten ihn daher für einen frivolen Menschen halten. Dieser rheinische Aristokrat, der das Französische besser als das Deutsche sprach, lebte in einer nationslosen Kultur der Vorzeit.« Um so mehr mußten ihn die schrillen Töne aufgeschreckt haben, die insbesondere aus Preußen während der Befreiungskriege zu hören waren.

»Das ist des Deutschen Vaterland«, hatte Ernst Moritz Arndt 1813 gedichtet. »Wo Zorn vertilgt den welschen Tand, / Wo jeder Franzmann heißet Feind, / Wo jeder Deutsche heißet Freund / Das soll es sein! / Das ganze Deutschland soll es sein!« Solche aus dem Geist eines totalen Krieges hervorgegangenen nationalen Erweckungsphantasien mußten bei einem Aristokraten wie Metternich Entsetzen hervorrufen. »Es ist kein Krieg, von

dem die Kronen wissen«, sang Theodor Körner. »Es ist ein Kreuzzug, s' ist ein heiliger Krieg.« In Heinrich von Kleists nationalem Agitationsdrama »*Die Hermannsschlacht*«, das er 1808 unter dem Eindruck der Niederlage Preußens in der Doppelschlacht bei Jena und Auerstedt verfaßte, wird das Pathos der nationalen Erhebung zu einem regelrechten Pathos des Mordens in einer machterfüllten Welt, des »fessellosen Krieges«, in der es nur noch um Sein oder Nichtsein jenseits von Gut und Böse geht. Der germanische Cheruskerfürst Hermann steht für das deutsche Volk, der römische Feldherr Quintilius Varus für Napoléon. »In welcher Gegend hier befind ich mich?« fragt Varus eine alte Alraune bei Kleist und erhält die Antwort: »Zwei Schritt vom Grab, Quintilius Varus, hart zwischen Nichts und Nichts.« Phantasien, gewiß. Aber was für welche. Kleist, bemerkte einmal ein bekannter Literaturkritiker, rufe nicht zum gerechten Krieg auf, sondern zur Ausrottung der Franzosen.

Die Hamburger bejubeln den Einzug russischer Kosaken. Am 18. März 1813 nimmt der Kosakengeneral Tettenborn mit 2000 Mann Kavallerie Hamburg ein. Die Stadt ist zu dieser Zeit noch, ebenso wie Bremen und Lübeck, Teil des französischen Kaiserreichs. Am 31. Mai 1813 besetzt der von Napoléon beauftragte Marschall Louis-Nicolas Davoût Hamburg wieder und baut die Stadt gegen mögliche neue Angriffe zur Festung aus.

Wie für Kleist ist auch für den bei Wittenberge an der Elbe geborenen »Turnvater« Friedrich Ludwig Jahn der Cheruskerfürst Arminius, den man

Einzug der Hanseatischen Legion am 30. Juni 1814 in Hamburg. Die Hanseatische Legion bildet sich auf Anregung des russischen Generals Tettenborn 1813, um am Befreiungskrieg teilzunehmen. Sie kämpft 1813 und 1814 in Mecklenburg und Schleswig. Marschall Davoût verteidigt derweil das belagerte Hamburg erfolgreich bis zum 30. Mai 1814. Der Bourbonenkönig Ludwig XVIII. erteilt dem Marschall Davoût den Befehl zur Übergabe. 27000 französische Besatzer verlassen Hamburg.

damals anfing Hermann zu nennen, ein »Volksheiland«, neben dem er bestenfalls noch den Sachsenkönig Heinrich I. und Martin Luther gelten läßt. Friedrich der Große von Preußen dagegen habe zwar einen Staat aufgebaut, aber kein Volk in ihm gestiftet. Ohne Volk, so Jahn, sei der Staat jedoch nichts als ein »seelenloses Kunstwerk«, wie umgekehrt ein Volk ohne Staat nicht mehr Geltung für sich beanspruchen könne, als ein »leibloser, luftiger Schemen« zu sein »wie die weltflüchtigen Zigeuner oder Juden«. Ein Volk, lehrt zu dieser Zeit Heinrich von Kleists Kampfgenosse Adam Müller, sei »die erhabene Gemeinschaft einer langen Reihe von vergangenen, jetzt lebenden und noch kommenden Geschlechtern, die alle in einem großen innigen Verbande zu Leben und bis zum Tod zusammenhängen«. Das, so Müller, seien die Deutschen, die im Unterschied zu der zufälligen Ansammlung »auf der Erdfläche, die man Frankreich nennt«, sich als wirkliche »Raumgenossen« fühlen könnten.

Die Deutschen hatte Johann Gottlieb Fichte in seinen *Reden an die deutsche Nation* von 1808 bereits zu einem »Urvolk« erhoben, das seine Sprache, anders als die Franzosen, gegenüber dem Lateinischen und sich selbst

Hermann Fürst von Pückler-Muskau: Der grüne Fürst

1811 erbt Hermann Fürst von Pückler-Muskau eine Standesherrschaft in der Oberlausitz. Nördlich von Görlitz durchfließt die Neiße eine wundervolle Landschaft. Der Fürst legt hier seit 1815 eine einzigartige Gartenanlage mit idealisierten Landschaftsbildern nach englischem Vorbild an.

Pückler-Muskau wird 1785 im Schloß zu Muskau geboren. Zwischen 1794 und 1804 ist der »kaum zu bändigende Junge« Internatsschüler der Herrnhuter Brüdergemeine, später Jurastudent an der Leipziger Universität und Rittmeister im Regiment »Garde du Corps« in Dresden, wo er sich den Ruf des »tollen Pückler« erwirbt. Schon jetzt redet ganz Sachsen von dem exzentrischen Adligen, der zwischen 1807 und 1810 auf Reisen geht. Pückler wird ein ebenso produktiver wie beliebter Reiseschriftsteller.

Hermann Fürst von Pückler-Muskau ist ein Feinschmecker, liebt den Luxus und den großen Auftritt. So kutschiert er mit einem Gespann zahmer Hirsche Unter den Linden daher. Da Pückler zu seiner Zeit sehr in Mode ist, nennt ein Konditor in Cottbus-Branitz die Erfindung seines Berliner Kollegen Schulz, eine dreischichtige und dreifarbige Eisbombe mit Maraschino, Makronen und Schlagsahne, mit Zustimmung des Fürsten nach ihm: Fürst-Pückler-Eis.

In den Befreiungskriegen dient der Fürst im preußischen Heer. 1814 reist er nach England, um berühmte Gartenanlagen zu studieren. (Sein Grundbesitz gehört jetzt zu einem der 15 größten in Preußen.) 1817 heiratet er die Tochter des preußischen Staatskanzlers Hardenberg. Ohne zu zögern, setzt er nicht nur sein eigenes Erbe, sondern auch die Mitgift seiner jungen Frau Lucie ein, um seinen Traum eines »Kunstwerkes aus Natur« zu verwirklichen. Das Paar läßt sich sogar scheiden, damit Pückler in England um eine neue, zahlungskräftige Braut werben kann - was die beiden nicht daran hindert, nach der erfolglosen Werbung weiter zusammenzuleben.

Angesichts akuter Finanznöte muß Pückler sein Anwesen Muskau 1845 verkaufen. Zusammen mit Lucie zieht er sich auf den Erbsitz Schloß Branitz bei Cottbus zurück, wo er wieder einen grandiosen Landschaftspark anlegt. Lucies Tod stürzt ihn in tiefe Trauer. An ihrer Seite wird er 1871 in der Seepyramide im Branitzer Park beigesetzt.

Seit 1810 ist Friedrich Ludwig Jahn in Berlin als Lehrer tätig. 1811 beginnt er vor den Toren der Stadt in der Hasenheide einen Turnplatz anzulegen. Hier führt der Systematisierer der Leibesübungen mit seinen Schülern alle damals bekannten Leibesübungen wie Laufen, Springen und Werfen, das Turnen an Geräten, Ringen und Ballspiel ein.

gegenüber der römischen Weltherrschaft behauptet und mit Luthers Reformation »die letzte große, und in gewissem Sinne vollendete Welttat des deutschen Volkes« vollbracht habe. An diesem deutschen Geist sollte nun im Kampf gegen Napoléon die Welt genesen. »An euch ist's«, ruft Fichte den Deutschen zu, »indem ihr diesen Geist einsetzt in die ihm bestimmte Weltherrschaft.« Der deutsche Geist, darin bleibt Fichte auch in seinen nationalen Agitationsreden der Idealist, als der er sich im Philosophenamt einen Namen gemacht hatte, könne eine »Umschaffung des Menschengeschlechts« bewirken, »aus irdischen und sinnlichen Geschöpfen zu reinen und edlen Geistern«. Ähnlich dachte Jahn. »Deutschland, wenn es einig mit sich, als Deutsches Gemeinwesen, seine ungeheuren, nie gebrauchten Kräfte entwickelt«, schreibt er in seinem 1810 erschienenen Buch *Deutsches Volkstum*, »kann einst der Begründer des ewigen Friedens in Europa, der Schutzengel der Menschheit sein.« Das sind allerdings Friedensvisionen, die tödlich sein können, weil sie in ihrer Konsequenz einen Machtanspruch voraussetzen, dem sich kaum jemand in Europa ohne blutige Kriege beugen würde.

»Als die zu spät gekommene, von vornherein auf den Gegensatz zu ihren Vorbildern verwiesene Nation«, schrieb der Kulturphilosoph Helmuth Plessner in seinem Buch *Die verspätete Nation*, das er während der Nazizeit im holländischen Exil verfaßte, »distanziert sich das deutsche Volk von den (gleichwohl als maßgeblich empfundenen) Normen der Latinität und Urbanität, indem es seinem eigenen Elan ein Vorrecht auf Ursprünglichkeit, Urtümlichkeit, damit aber auch auf Tiefe im Innern einräumt, d. h. sich in der Rolle eines Vulkans gefällt, zu dessen eruptiven Äußerungen nun einmal Maßlosigkeit und Wildheit gehören; ein angebliches Vorrecht aus natürlicher Anlage, die ihm schon von den Römern als *furor teutonicus* bezeugt worden ist.«

Als diese Lithographie 1850 erscheint, ist aus Friedrich Ludwig Jahn schon der »Turnvater Jahn« geworden. Das 23 Jahre lang von 1819 bis 1842 in Preußen geltende Turnverbot ist aufgehoben, und Leibesübungen werden offiziell als Erziehungsmittel anerkannt. Schon 1840 ist Jahn rehabilitiert und ihm das aberkannte und vorenthaltene Eiserne Kreuz aus den Befreiungskriegen erneut verliehen worden.

Zum ersten Mal haben die Befreiungskriege gegen Napoléon solche Vorstellungen popularisiert. Ein Volk zu sein, ein Gefühl zu haben für eine Sache, verbunden mit dem »blutigen Schwert der Rache«, so der protestantische Theologe und Schriftsteller Ernst Moritz Arndt, sei »die Religion unserer Zeit«, in der der »alte liebe deutsche Gott« sich schützend hinter den »deutschen Kriegs- und Wehrmann« stellt. Von niemandem ist damals so deutlich ausgesprochen worden, daß der Nationalismus schnell zu einer Art Ersatzreligion geworden ist, die sich der Deutschen mit den Befreiungskriegen immer stärker bemächtigt hat. Die Nation wird zu einer geradezu kultischen Größe, und es bereitet Arndt keine Probleme, seine Todfeindschaft mit den Franzosen mit dem christlichen Liebesgebot zu vereinbaren, indem er Frankreich zu einem Reich des Bösen erklärt, das bis in den Tod zu hassen Gott regelrecht gebiete. »Ich will den Haß gegen die Franzosen, nicht bloß für diesen Krieg, ich will ihn für lange Zeit, ich will ihn für immer«, schreibt er 1813 in dem Aufsatz »Über Volkshaß«. »Dieser Haß glühe als die Religion des deutschen Volkes, als ein heiliger Wahn in allen Herzen und erhalte uns immer in unserer Treue, Redlichkeit und Tapferkeit; er mache Deutschland den Franzosen zu einem unangenehmen Lande.« Es waren solche Leute wie Arndt, die nach dem Wiener Kongreß und seinen auf das europäische Gleichgewicht zielenden Beschlüssen am deutlichsten ihre Stimme erhoben.

Ohnehin erschien den deutschen Nationalisten dieser Zeit der Gedanke eines europäischen Gleichgewichts als ein »durchaus ausländisches Erzeugnis«, wie Fichte schon 1810 schrieb. Für Ernst Moritz Arndt war die Rede vom Gleichgewicht 1815 nichts als »blutiges Puppentheater«, auf dem der »deutsche Dummkopf« als »Europas Hanswurst« vorgeführt werden sollte. »Das Volk ist nicht auferstanden«, schreibt er 1818 im vierten Teil seines *Geistes der Zeit* gegen alle »Hasen, Schlangen, Füchse, Schöpse, Rückschreiter, Rückschleicher und Rückmäuser, (...) um abermals mundtot und rechtlos der Willkür des Despotismus ausgeliefert zu werden. Nationale Einheit und politische Mitbestimmung sind keine Gnade, die das Volk von den Fürsten erbitten muß, sondern ein Recht, auf das es einen unabdingbaren Anspruch hat.« Das klingt radikal demokratisch und ist auch so gemeint. Aber es ist zugleich, weil es exklusiv auf die Deutschen bezogen ist, eine erste Aufwallung von »völkischem« Radikalismus. Der Rhein, lehrt Arndt, sei »Teutschlands Strom, aber nicht Teutschlands Grenze«, und er meint damit ein Recht auf Elsaß und Lothringen zu begründen, ohne die Elsässer und Lothringer zu fragen, nur weil sie in seinen Augen im »völkischen« Sinne Deutsche waren. Die Schweizer will er durch einen Handelskrieg wieder zu Deutschen machen, den Holländern und Flamen gerade einmal eine begrenzte Autonomie gewähren. Selbst die Idee einer Germania magna unter Einschluß Skandinaviens und unter deutscher Führung ist ihm nicht fremd.

In Ernst Moritz Arndts großdeutschen und großgermanischen Phantasien haben die Juden keinen Platz. »Die Juden als Juden passen nicht in diese Welt und in diese Staaten hinein, und darum will ich nicht, daß sie auf eine ungebührliche Weise in Deutschland vermehrt werden«, schreibt er. »Ich will es auch deswegen nicht, weil sie ein durchaus fremdes Volk sind und weil ich den germanischen Stamm von fremdartigen Bestandteilen rein zu erhalten wünsche.« Schon früh hatte sich der Explosion des deutschen Nationalismus während der Befreiungskriege ein »moderner«, nationalistischer Antisemitismus hinzugesellt. Das Judentum, hatte Fichte bereits 1793 gelehrt, als er noch als Jakobiner galt, sei »ein mächtiger, feindseliger Staat, der mit allen übrigen in beständigem Krieg« stehe. Schon damals hatte er die Vorstellung, daß ein nationaler Staat nur durch eine ethnisch und kulturell homogene Bevölkerung entstehen könnte, die es notfalls durch Maßnahmen herzustellen gelte, die man heute als »ethnische Säuberungen« bezeichnen würde. »Um uns vor ihnen (den Juden) zu schützen«, meint Fichte, »sehe ich wieder kein anderes Mittel, als ihnen ihr gelobtes Land zu erobern und sie alle dahin zu schicken.« Mit diesen deutschnationalistischen Säuberungsphantasien unterschied er sich allerdings von den wirklichen Jakobinern in Paris, die im September 1791 die völlige rechtliche Gleichstellung der Juden dekretiert hatten.

Der Großherzog in Weimar: Ein aufgeklärter Monarch

Artikel 13 der Deutschen Bundesakte, wie sie der Wiener Kongreß 1815 beschließt, legt fest, daß sich alle Bundesstaaten eine neue Verfassung zu geben haben. Als erster deutscher Staat beschließt das Großherzogtum Sachsen-Weimar-Eisenach im Mai 1816 ein »Grundgesetz über die Landständische Verfassung«. Von jetzt an ist das kleine Land eine konstitutionelle Monarchie, Herrscher und Parlament verantworten gemeinsam die Gesetzgebung – ein absolutes Novum im überwiegend kleinstaatlichen Deutschland.

Herzog Karl August, mit dem Goethe eng befreundet ist, regiert schon vor der Restauration im Sinne eines aufgeklärten Absolutismus. Seit 1815 Großherzog, steht er als einer der ganz wenigen deutschen Herrscher den Einschränkungen seiner Macht durch eine Verfassung nicht negativ gegenüber. Bereits 1815 läßt er ein Staatsministerium einrichten, in dem die Minister eigenverantwortlich handeln können.

Wichtigste Neuerung im Großherzogtum nach Einführung der neuen Verfassung ist die Freiheit der Presse und der Meinungsäußerung. Schon bald hält der Historiker Heinrich Luden an der Universität Jena den Studenten vaterländische Reden und feiern die Burschenschaften das Wartburgfest – alles mit Billigung des Großherzogs.

Der liberale Monarch vermag aber dem Druck der mächtigen Fürsten im Deutschen Bund nur bis zur Ermordung des Dichters August von Kotzebue durch einen Jenenser Studenten im Jahr 1819 standzuhalten. Als Gerüchte aufkommen, sein Land solle von preußischen Truppen besetzt und die Universität Jena geschlossen werden, knickt Karl August ein: Auch in seinem Großherzogtum treten nun die restaurativen Karlsbader Beschlüsse in Kraft.

Karl August von Sachsen-Weimar-Eisenach regiert das größte der vier ernestinischen Herzogtümer der Wettiner in Thüringen, das während des Wiener Kongresses zum Großherzogtum erhoben wird. Sein in Größe und Einwohnerzahl unbedeutendes Land hat durch die Ausstrahlung Weimars und durch die Universität von Jena aber einen großen kulturellen Einfluß auf ganz Deutschland. Die Dynastie von Sachsen-Weimar-Eisenach geht durch Heirat enge Verbindungen mit dem russischen Zaren- und dem preußischen Königshaus ein.

Deutsche Widersprüche

In dem von Napoléon gegründeten Königreich Westfalen, das weite Teile Nordhessens, Hannovers und des heutigen Sachsen-Anhalt umfaßte, waren die in Frankreich geltenden Bestimmungen der Judenemanzipation vollständig übernommen worden, ebenso in den linksrheinischen Gebieten und teilweise auch in den mit Napoléon verbündeten Rheinbundstaaten. Doch am 9. März 1815 muß der beamtete Frankfurter Polizeiaktuar Löw Baruch, der sich später als Schriftsteller unter dem Namen Ludwig Börne einen Namen machte, erleben, daß er wieder auf die Straße gesetzt wird, nur weil er Jude ist. Die Dekrete zur Gleichberechtigung der Juden waren dem Bemühen der Heiligen Allianz, die Verhältnisse vor der Französischen Revolution wiederherzustellen, zum Opfer gefallen. »Mein eigener Bruder war unter den Frankfurter Freiwilligen nach Frankreich gezogen«, erzählt Börne, »während meine Mutter in Angst und Kümmernis war, ihr geliebter Philipp – so heißt er, ich bitte Seine Majestät den König von Preußen ganz untertänig um Entschuldigung – möchte für die deutsche Freiheit totgeschossen werden, entsetzte man mich meines Amtes, weil ich ein Jude war.« In Preußen

Intellektueller Rückzug in das Restaurant von Lutter & Wegner am Berliner Gendarmenmarkt in Zeiten der Restauration. Der Schauspieler Ludwig Devrient (*1784, †1832) und der Schriftsteller, Komponist, Zeichner und Kammergerichtsrat Ernst Theodor Wilhelm Hoffmann (*1776, †1822), der sich als Mozart-Verehrer Ernst Theodor Amadeus nennt, beim Zechgelage.

waren während der Befreiungskriege 23 jüdische Freiwillige zu Offizieren ernannt und 82 mit dem Eisernen Kreuz ausgezeichnet worden, doch ihre Witwen erhielten keine Rente, weil nach 1815 der Anspruch jüdischer Freiwilliger auf staatliche Versorgung wieder entfallen sollte. Die Restaurationspolitik des Wiener Kongresses hat auf diesem Gebiet besonders schnell gegriffen.

Auf anderen Gebieten war sie nicht überall gleich wirksam. Besonders die durch Napoléons Code Civil beeinflußten ehemaligen süddeutschen Rheinbundstaaten Bayern, Württemberg, Baden und Hessen-Darmstadt haben sich nach dem Kongreß zu Zentren des deutschen Frühkonstitutionalismus und der liberalen Bewegung entwikkelt. Hier hatten sich zur Zeit der napoléonischen Bündnisse die Anfänge eines Nationalverständnisses entwickelt, das an die Traditionen der Französischen Revolution anknüpfte und ursprünglich von Napoléon sogar so etwas wie die Wiedergeburt Deutschlands in einer neuen, französisch geprägten europäischen Friedensordnung erwartete. Diese Ideen von Gewaltenteilung, Repräsentativverfassung und einem deutschen Föderativstaat haben bei vielen die Zeit der napoléonischen Kriege überlebt.

Karl Friedrich Drais von Sauerbronn (*1785, †1851). 1817 erfindet der ehemalige Forstinspektor das Zweirad. Auf den Vorläufer des Fahrrads setzt man sich rittlings und stößt sich mit den Füßen vom Boden ab. Über dem Vorderrad ist eine Lenkstange als umgekehrte Deichsel angebracht. Um die Nützlichkeit seiner Erfindung zu demonstrieren, fährt Drais am 12. Juni 1817 von Mannheim nach Schwetzingen und zurück in weniger als einer Stunde.

Bayern und Baden erhalten 1818, Württemberg 1819 und Hessen-Darmstadt 1820 Verfassungen, die für die übrigen deutschen Länder als modellhaft gelten konnten. Sie standen seitdem für das »konstitutionelle Deutschland«, dem Metternich und der preußische Kabinettsminister Fürst Wittgenstein nur mit hohem Mißtrauen begegnen konnten. Es waren diese Verfassungen, mit denen die genannten Länder, die erst während der Napoléonischen Kriege entstanden waren, auch zu wirklichen Staaten wurden. »Wir waren Baden-Badener, Durlacher, Breisgauer, Pfälzer, Nellenburger«, urteilt der Freiburger Karl von Rotteck über die Verhältnisse in Baden. »Fortan sind wir ein Volk, haben einen Gesamtwillen und ein Gesamtleben.« Der berühmte Jurist und Kriminalhistoriker Anselm von Feuerbach attestiert einen ähnlichen Effekt für Bayern. »Erst mit dieser Verfassung hat sich unser

Stimmenverhältnisse im Deutschen Bund

Die 39 deutschen Staaten beschließen auf dem Wiener Kongreß einen staatenbündischen Zusammenschluß, den Deutschen Bund. Österreich ist nur zum Teil und die drei östlichen Provinzen Preußens sind gar nicht Bestandteil des Bundes.

Kurie	Mitglied des Bundes	Stimmen	Hauptstadt
1	Kaisertum Österreich	4	Wien
2	Königreich Preußen	4	Berlin
3	KönigreichSachsen	4	Dresden
4	Königreich Bayern	4	München
5	Königreich Hannover	3	Hannover
6	Königreich Württemberg	3	Stuttgart
7	Großherzogtum Baden	3	Karlsruhe
8	Kurfürstentum Hessen	3	Kassel
9	Großherzogtum Hessen	3	Darmstadt
10	Herzogtum Holstein	2	(Kopenhagen)
11	Großherzogtum Luxemburg	2	(Den Haag)
12	Großherzogtum Sachsen-Weimar	1	Weimar
	Herzogtum Sachsen-Altenburg [1]	1	Altenburg
	Herzogtümer Sachsen-Coburg-Gotha [2]	1	Coburg, Gotha
	Herzogtum Sachsen-Meiningen [2]	1	Meiningen
13	Herzogtum Braunschweig	2	Braunschweig
	Herzogtum Nassau	1	Wiesbaden
14	Herzogtum Mecklenburg-Schwerin	1	Schwerin
	Herzogtum Mecklenburg-Strelitz	1	Neustrelitz
15	Großherzogtum (Holstein-)Oldenburg	1	Oldenburg i.O
	Herzogtum Anhalt-Dessau	1	Dessau
	Fürstentum Anhalt-Bernburg [5]	1	Bernburg
	Fürstentum Anhalt-Köthen [4]	1	Köthen
	Fürstentum Schwarzburg-Sondershausen	1	Sondershausen
	Fürstentum Schwarzburg-Rudolstadt	1	Rudolstadt
16	Fürstentum Hohenzollern-Hechingen	1	Hechingen
	Fürstentum Liechtenstein	1	Vaduz
	Fürstentum Hohenzollern-Sigmaringen	1	Sigmarigen
	Fürstentum Waldeck-Pyrmont	1	Arolsen
	Fürstentum Reuß ältere Linie	1	Greiz
	Fürstentum Reuß jüngere Linie [6]	0	Gera
	Fürstentum Reuß-Gera	0	Gera
	Fürstentum Reuß-Lobenstein (bis 1824)	0	Lobenstein
	Fürstentum Reuß-Schleiz	0	Schleiz
	Fürstentum Reuß-Ebersdorf (bis 1848)	1	Ebersdorf
	Fürstentum Schaumburg-Lippe	1	Bückeburg
	Fürstentum Lippe	1	Detmold
	Fürstentum Hessen-Homburg [3]	0	Homburg vor der Höhe
17	Freie Stadt Lübeck	1	Lübeck
	Freie Stadt Frankfurt	1	Frankfurt
	Freie Stadt Bremen	1	Bremen
	Freie Stadt Hamburg	1	Hamburg

König Ansbach, Bayreuth, Würzburg und Bamberg usw. erobert«, schreibt er. »Jetzt sollte man einmal kommen und uns zumuten, eine andere Farbe als Blau und Weiß zu tragen.«

In dieser Zeit hat sich vieles herausgebildet, was die Identität mancher deutscher Länder noch heute ausmacht. Obwohl die süddeutschen Verfassungen der nachnapoléonischen Zeit noch weit entfernt von einem parlamentarischen System sind, enthalten sie immerhin einen Grundrechtskatalog und sehen die Öffentlichkeit der Kammersitzungen, die Regelmäßigkeit ihrer Tagungen sowie die Mitwirkung bei der Gesetzgebung, das Steuerbewilligungs- und Petitionsrecht vor. Ansonsten gilt auch hier, wie im gesamten Einflußbereich der Wiener Schlußakte, das »monarchische Prinzip«. Der Monarch bleibt das primäre Staatsorgan, das der Kammer zudem den Zugriff auf Militär und Verwaltung versagt. Dennoch haben sich besonders in Baden, dessen Verfassung als die freiheitlichste unter den frühen Konstitutionen gilt, rege parlamentarische Debatten entwickelt, in denen zum ersten Mal in Deutschland Parlamentarier wie Karl von Rotteck und Karl Theodor Welcker ein weit über Baden hinausgehendes Profil als politische Denker gewinnen können.

Die konföderierten Staaten des Rheinbundes hatten sich mit dem Bundestag in Frankfurt a. M. ein Vertretungsorgan gegeben, das, ebenso wie der »Immerwährende Reichstag« in Regensburg vor 1806, eine Art Gesandtenkongreß darstellte, also kein Parlament war. Dieser Tradition bleibt der Frankfurter Bundestag des Deutschen Bundes nach 1815 verpflichtet. »Der Deutsche Bund ist ein völkerrechtlicher Verein der deutschen souveränen Fürsten und freien Städte«, heißt es in der Wiener Schlußakte. »Dieser Verein besteht in seinem Inneren als eine Gemeinschaft selbständiger, unter sich unabhängiger Staaten, mit wechselseitigen gleichen Vertragsrechten

---

[1] Die Linie Sachsen-Gotha(-Altenburg) erlosch am 11. Februar 1825; durch Vertrag vom 12. November 1825 kam es zu erheblichen territorialen Veränderungen der Gebiete der (vier verbliebenen Teillinien) ernestinischen Linie der Wettiner. Als ernestinische Herzogtümer bezeichnet man eine wechselnde Zahl von kleinen Herzogtümern im heutigen Thüringen und in Oberfranken, die durch Erbteilung unter den Nachkommen aufgesplittet wurden.

[2] Die Linie Sachsen-Hildburghausen erhielt Altenburg (und nannte sich fortan Sachsen-Altenburg), deren bisheriges Territorium an Sachsen-Meiningen fiel. Die Linie Sachsen-Coburg(-Saalfeld) erhielt Gotha und mußte Saalfeld aufgeben. Umbenennung der Linie in Sachsen-Coburg-Gotha); das Gebiet Saalfeld fiel an Sachsen-Meiningen. Es kam zu kleineren territorialen Änderungen zugunsten der Hauptlinie Sachsen-Weimar(-Eisenach).

[3] Das Landgrafentum Hessen-Homburg erhielt bei seiner Aufnahme in den Bund am 7. Juli 1817 kein Stimmrecht. Erst durch Bundesbeschluß vom 17. Mai 1838 wurde Hessen-Homburg eine Stimme zugeteilt.

[4] 1847 erlischt die Linie Anhalt-Köthen. Das Territorium wird zwischen Anhalt-Dessau und Anhalt-Bernburg aufgeteilt.

[5] 1863 erlischt die Linie Anhalt-Bernburg. Anhalt-Bernburg wird mit Anhalt-Dessau vereinigt.

[6] Vereinigt 1848 unter Reuß jüngere Linie Schleiz.

Quelle: Zusammenstellung durch die Autoren unter Einsicht der Bundesakte des Deutschen Bundes, in: Karl Bindung, »Deutsche Staatsgrundgesetze«, Heft III, S. 19f.

Der badische Oberstleutnant und Wasserbauingenieur Johann Gottfried Tulla (*1770, †1828) ist der Schöpfer der ersten Rheinkorrektion. 1800 erhält der damals 30jährige »markgräfliche Geometer« Johann Gottfried Tulla den Auftrag, ein durchgehendes Hochwasserschutzprogramm für den Rhein auszuarbeiten. Er stirbt 1828 in Paris. Seine Pläne werden aber weitergeführt. Der Rhein mäandert nicht mehr. 1840 können dank Tullas Rheinkorrektion deshalb auch die Grenzverhältnisse zwischen Frankreich und Baden – und damit Deutschland – verbindlich festgelegt werden. Das Tal des neuen Strombetts wird Landesgrenze.

und Vertragsobliegenheiten, in seinen äußeren Verhältnissen aber als eine in politischer Einheit verbundene Gesamtmacht.« Ausdruck dafür ist das Bundesheer in einer Gesamttruppenstärke von 300 000 Mann nach Mobilisierung, für das jeder Staat im Verhältnis zu seiner Bevölkerungszahl Kontingente zu stellen hat. Sie werden als stehende Truppen unter anderem auf der Reihe von Bundesfestungen entlang der französischen Grenze stationiert. Militärisch kann das Bundesheer gegen außenpolitische Gegner ebenso vorgehen wie gegen innere Unruhen oder einzelne Bundesstaaten, sofern sie gegen Bestimmungen der Bundesverfassung verstoßen.

Im Prinzip hätte der Deutsche Bund, ähnlich wie die Schweizer Eidgenossenschaft, den Weg zum Bundesstaat beschreiten können, wären seine inneren Verhältnisse nicht schnell von den Rivalitäten zwischen Österreich und Preußen bestimmt gewesen. Schon im Vorfeld der Wiener Schlußakte hatte Metternich, der für Österreich ein Bündnis mit dem »Dritten Deutschland« der Mittel- und Kleinstaaten anstrebte, auf eine exekutive Zentralgewalt des Bundes und ein Bundesgericht verzichtet, die ursprünglich im Gespräch gewesen waren. Doch die Bestimmungen des Artikels 13 der Bundesakte, der allen Bundesstaaten eine landständische Verfassung vorschrieb, machen es immer wieder möglich, daß die Landstände über den Kopf ihrer Fürsten hinweg bei Streitfragen direkt an den Bundestag appellieren konnten.

Insgesamt ist der Deutsche Bund jedoch ein Instrument der Restauration. Selbst der Artikel 13 der Bundesakte ist dazu zu zählen, was bei der Verfassungskrise im Königreich Württemberg 1815 besonders deutlich wird. Während der napoléonischen Zeit hatte sich das Land gewandelt. An die Stelle der oligarchischen Ausschüsse des alten Landtags war nach einer umfassenden Verwaltungs- und Justizreform ein moderner rationaler Verwaltungsdienst getreten. Als der König 1815 die neu gewählte Ständeversammlung auffordert, diese Veränderungen zu ratifizieren, stößt er jedoch auf Widerstand einer aristokratischen Oppositi-

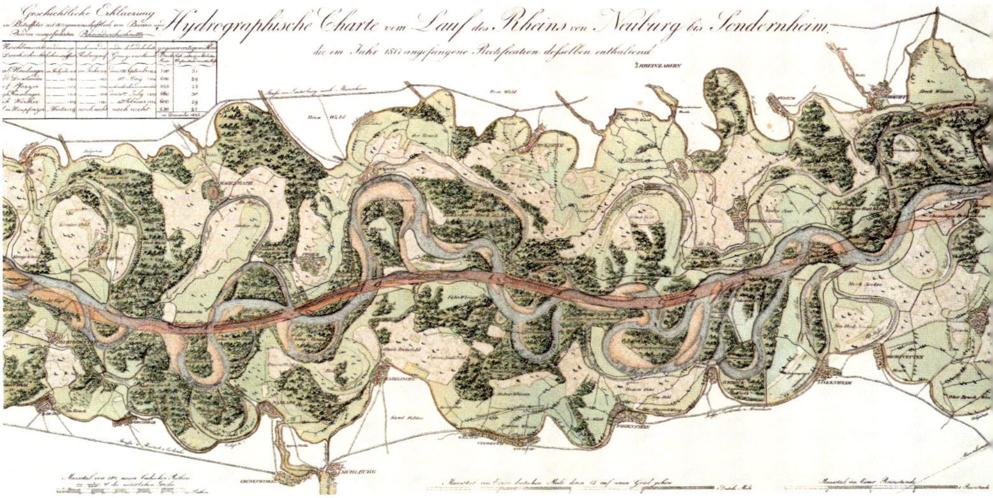

on, die darin nichts als den Versuch sehen will, sie endgültig ihrer alten Privilegien zu berauben. »Man könnte von den württembergischen Landständen sagen, was von den französischen Remigranten gesagt worden ist, sie haben nichts vergessen und nichts gelernt«, kommentiert der aus Stuttgart stammende Philosoph Georg Wilhelm Friedrich Hegel diesen Streit. »Sie scheinen diese letzten fünfundzwanzig Jahre, die reichsten, welche die Weltgeschichte wohl gehabt hat, und die für uns lehrreichsten, weil ihnen unsere Welt und unsere Vorstellungen angehören, verschlafen zu haben.« Sie haben, mit anderen Worten, verschlafen, daß man, so Hegel, »den Beginn der Französischen Revolution als den Kampf betrachten (muß), den das vernünftige Staatsrecht mit der Masse des positiven Rechts und der Privilegien, wodurch jenes unterdrückt worden war, einging«. Eine adlig-patrizische Fronde wie in Württemberg gibt es auch in anderen deutschen Landen wie Baden, Bayern, Hessen-Darmstadt und Nassau mit unterschiedlichem Ausgang.

Die Karte zeigt die Begradigung des Oberrheins von Neuburg bis Dettenheim nach den Plänen von Johann Gottfried Tulla. Am 20. Januar 1818 beginnt hier mit dem Durchstich auf der Gemarkung Eggenstein in Gegenwart von etwa 1000 Zuschauern das große Werk, das sechs Jahrzehnte in Anspruch nehmen wird. Tulla hat ein einfaches, aber geniales Konzept entwickelt: Der Fluß soll sich in einem vorgegebenen Flußbett selbst eingraben. Durch Verengung des Abflußquerschnittes wird eine größere Wassergeschwindigkeit und damit mehr Erosionskraft erzeugt. Der Rhein baggert sich selbst.

Insgesamt jedoch haben diese restaurativen Tendenzen den konstitutionellen Geist des Zeitalters nicht aufhalten können. Mehr noch. »Es ist freilich keine seltene Begebenheit in der Geschichte, daß ein Phänomen seinen ursprünglichen Charakter ändert«, bemerkt der Historiker Wolfram Siemann. »Die Landstände gerieten später im 19. Jahrhundert zur

In dem von politischer Restauration bestimmten zweiten und dritten Jahrzehnt des 19. Jahrhunderts werden vielerorts die Grundlagen für die Industrialisierung Deutschlands geschaffen. Auch Friedrich Wilhelm Harkort (*1793, †1880), der »Vater des Ruhrgebiets« (s. S. 101), nimmt wie viele Bürgersöhne als Freiwilliger an den Befreiungskriegen teil. Ein nachhaltiger wirtschaftlicher Erfolg, der im Aufbau einer industriellen Familiendynastie sichtbar werden könnte, stellt sich bei Harkorts Unternehmungen nicht ein. Der Wirtschaftspionier ist mehr an der wirtschaftlichen Entwicklung seiner Heimat als am Gewinn interessiert.

Plattform des Bürgertums; sie eröffneten den Durchbruch der bürgerlichen Gesellschaft auf der politischen Bühne, vor allem in den zweiten Kammern.« Die Landstände zeigten diese Wandlungsfähigkeit vor allem in den kleineren Staaten. In Preußen sollte diese Rolle jedoch, eingeengt zwischen Adelsreaktion, nationaler Opposition und dem Partikularismus in einem großen Flächenstaat, eine zentral gelenkte aufgeklärte Verwaltung übernehmen.

Friedrich Wilhelm III. hatte im Mai 1815 in einem Dekret bestimmt, daß die Provinzialstände wiederhergestellt und dort, wo es sie nicht gab, neu eingerichtet werden sollten. Aus diesen Provinzialständen sollte eine Nationalversammlung gewählt werden, die zu Rate zu ziehen war, wenn es um Gesetze zum Persönlichkeits- und Eigentumsrecht der Bürger ging. Doch die Beratungen über eine Verfassung des »preußischen Reichs« ziehen sich hin. Die Junker Ostelbiens bilden eine fast geschlossene Phalanx der Opposition. Sie wollen keinen »Einheitsstaat«, der ihre regionalen Rechte und Privilegien in Frage stellen könnte. Sie wollen vor allem keine bürgerlich-liberalen Institutionen.

Preußens nachnapoléonischer Weg zum modernen Staat verläuft über eine rationale Organisation der Verwaltung. Das Land wird in zehn, später in acht Provinzen eingeteilt, an deren Spitze jeweils ein Oberpräsident steht, der dem Ministerium in Berlin unterstellt ist und der seinerseits seine Regierungsbezirke kontrolliert. Diese Verwaltung ist es, mit der die Monarchie der Adelsfronde entgegenwirken will, die im übrigen bei zu viel ständischer Mitwirkung den preußischen Modernisierungsprozeß nur gestört hätte. In Preußen herrscht nach 1815 ein gemäßigter Absolutismus, allerdings mit der nicht unerheblichen Einschränkung, daß es in Berlin seit 1808 ein Ministerialsystem mit allein zuständigen, selbständig und voll verantwortlichen Ministern gibt, die ein unmittelbares Vortragsrecht beim Monarchen haben und denen seit 1817 ein beratender Staatsrat zur Seite gestellt ist.

Die »Mechanischen Werkstätten Harkort & Co.« zur Herstellung von Dampfmaschinen und Gasbeleuchtungsapparaten auf der Burg innerhalb der Stadt Wetter um 1834. Friedrich Harkort hat sie gemeinsam mit dem Elberfelder Kaufmann und Bankier Heinrich Kamp gegründet. Die preußischen Behörden fördern Harkorts Werk als erstes Eisenindustriewerk in Westfalen und als eine der ersten Maschinenbaufirmen im Ruhrgebiet.

Ob damit allerdings sichergestellt war, daß tatsächlich »die Wissenden regieren«, wie der 1818 an die Berliner Reformuniversität berufene Philosoph Georg Wilhelm Friedrich Hegel behauptet hat, und »nicht die Ignoranz und Eitelkeit des Besserwissens«, mag dahingestellt bleiben. »Hier ist die Bildung und die Blüte der Wissenschaften eines der wesentlichen Elemente selbst im Staatswesen«, hatte er in seiner Berliner Antrittsvorlesung am 22. Oktober 1818 verkündet. So viel ist daran wahr, daß der Zugang zu den Staatsämtern seit den preußischen Reformen über die Universitäten geregelt ist und daß es in der preußischen Verwaltung eine Reihe aufgeklärter und modern denkender Männer gibt, die den Reformimpuls der Ära Stein-Hardenberg noch nicht vergessen haben. Nirgendwo in Deutschland ist die Wirtschaftspolitik so liberal wie in Preußen, nirgendwo die Gewerbefreiheit und der freie Arbeits- und Bodenmarkt so ausgeprägt.

OPPOSITION, RESTAURATION, REVOLUTION

Die Burschenschaften

Auf dem Wiener Kongreß war gerade die Schlußakte unterzeichnet worden, in der neben den Bestimmungen für den Deutschen Bund die territoriale und dynastische Neuaufteilung Europas festgelegt wurde, als sich am 12. Juni 1815 auf dem Marktplatz in Jena Mitglieder verschiedener Landsmannschaften und studentischer Corps treffen. Vor dem Gasthof Zur Tanne senken sie ihre Fahnen, zum Zeichen ihrer Selbstauflösung. Was sich kurz darauf in den Räumen des Gasthauses abspielt, ist ein nationales Ereignis. Dort wird die Gründung der Allgemeinen Deutschen Burschenschaft verkündet und ihre Verfassungsurkunde verlesen. »Über alles hoch«, heißt es da zu den Pflichten des in den deutschen Burschenschaften organisierten Studenten, »muß ihm das deutsche Volk und das deutsche Vaterland gelten, und es muß deutsch sein in Worten, Werken und Leben.«

Der Plan einer Deutschen Burschenschaft geht auf Friedrich Friesen und Friedrich Ludwig Jahn zurück, die 1810 den nationalen Geheimen Deutschen Bund gründeten. Friesens Denkschrift über die »Ordnung und Errichtung der deutschen Burschenschaften« bekennt sich zum Gemeinsinn und zur politischen Einheit und Freiheit Deutschlands, ein Bekenntnis, das sich auch in den Lützows Freikorps entlehnten Farben Schwarz-Rot-Gold der Hallenser Burschenschaft Teutonia von 1814 zeigt. Viele Studenten hatten in Lützows aus allen Teilen Deutschlands zusammengesetzten Freischaren ihr generationsprägendes nationales Einheitserlebnis gehabt.

Sie hatten sich als »Nation in Waffen« gefühlt, und die Burschenschaften sollten nun den nationalen Gleichheitsgedanken unter sämtlichen deutschen Studenten fördern, um sie auf ihre Rolle als künftige nationale Führungselite vorzubereiten. Ernst Moritz Arndt feiert das »deutsche Studententum« als den »freiesten Staat im Staate« und will die Universitäten zu Geburts-

Linke Seite: Porträt der Familie Gierster, das Ferdinand Georg Waldmüller (*1793, †1865) im Jahr 1838 malt. Es zeigt Josef Leopold Gierster in seiner Uniform als Hauptmann der Bürgergarde mit seiner Gattin Katharina und den fünf Kindern. In der Zeit des Biedermeier kultiviert das Bürgertum das Familienleben wie nie zuvor. Die bürgerliche Familienstruktur ist zwar noch streng patriarchalisch, und die Frau wirkt nur im Haushalt. Aber es gibt ein emotionales Verhältnis zu den Kindern.

Der Deutsche Bund 1839
Kgr. Dänemark
Hzm. Schleswig
(zu Oldenburg)
Hzm. Holstein
Freie Stadt Lübeck
Cuxhaven (zu Hamburg)
(zu Mecklenburg-Strelitz)
Bremerhaven (zu Bremen)
Hzm. Lauenburg
Freie Stadt Hamburg
Grhzm. Mecklenburg-Schweri
Grhzm. Oldenburg
Freie Stadt Bremen
Kgr. Hannover
Hannover
Fsm. Schaumburg-Lippe
Kgr. der Niederlande
Fsm. Lippe-Detmold
Hzm. Braunschweig
Anhaltische Herzogtümer
Fsm. Waldeck-Pyrmont
Hzm. Limburg (Niederlande)
Kgr. Preußen
Kfsm. Hessen
Kgr. Belgien
Thüringische Staaten
Hzm. Nassau
Grhzm. Hessen-Darmstadt
Lgft. Hessen-Homburg
Grhzm. Luxemburg
Freie Stadt Frankfurt
Birkenfeld (zu Oldenburg)
Kgr. Bayern (Pfalz)
Kgr. Bayern
Kgr. Frankreich
Kgr. Württemberg
Fsm. Hohenzollern-Hechingen
Grhzm. Baden
München
Fsm. Hohenzollern-Sigmaringen
Schweiz
Fsm. Liechtenstein

Schweden
Grhzm.
klenburg-Strelitz
Kgr. Preußen
sen
Ksr. Rußland
Kaiserreich Österreich
Wien
Grenzen des Dt. Bunds
Freie Städte
Teil des Kgr. Preußen, der nicht zum Dt. Bund gehört
Teil des Ksr. Österreich, der nicht zum Dt. Bund gehört

Aus Anlaß des vierten Jahrestages der Völkerschlacht bei Leipzig ziehen am 18. Oktober 1817 Turner und Burschenschaftler zur Wartburg, die immer mehr zu einem nationalen Symbol verklärt wird. Der kolorierte Holzstich von 1817 stellt die Fahne in den schwarz-rot-goldenen Farben des Lützower Freikorps in die Mitte der Bildperspektive.

stätten »germanischer Christen« machen. Seit ihrer Gründung als Allgemeine Deutsche Burschenschaft an jenem 12. Juni 1815 ist Jena ihr nationales Zentrum. Man ist »deutsch«. Provinzialismus lehnt man hier ebenso ab wie jede Anwandlung von Kosmopolitismus. Aus letzterem Grund ist man auch entschieden gegen Juden.

Es sind studentische Aktivisten, die hier zusammengefunden haben. »Was braust dort im Tale die laute Schlacht, / Was schlagen die Schwerter zusammen?« hatte der Student Theodor Körner während der Befreiungskriege über die meist studentischen Freiwilligen des Majors Lützow gedichtet. »Wildherzige Reiter schlagen die Schlacht, / Und der Funke der Freiheit ist glühend erwacht / Und lodert in blutigen Flammen. / Und wenn ihr die schwarzen Reiter fragt: / Das ist Lützows wilde verwegene Jagd.« Sie waren allesamt in schwarze Röcke gekleidet, von denen sich nur die roten Aufschläge und die goldenen Knöpfe abhoben, und sollten, einer Forderung Scharnhorsts zufolge, »für die patriotisch gesinnten Teile der unter französischer Herrschaft stehenden deutschen Provinzen« einen »Zentralpunkt«

Johann Smidt: Gegen Zollgrenzen – für freien Handel

Der im November 1773 in Bremen geborene Johann Smidt, Gymnasialprofessor für Theologie und Philosophie, wird mit gerade 27 Jahren in den Senat seiner Heimatstadt gewählt; ab 1821 ist er Bürgermeister. Von kleinstaatlichen Beschränkungen hält er nichts; sein Ziel ist die Abschaffung der deutschen Zollgrenzen.

Für Smidt ist richtig, was dem Geschäft nützt. Er tritt früh für den Überseehandel ein, besonders mit den Vereinigten Staaten. Er läßt weitsichtig den neuen Hafenplatz Bremerhaven direkt am Meer bauen. Damit ebnet er den Weg für das Auswanderergeschäft, das bald nach der Gründung von Bremerhaven einen großen Aufschwung nimmt. Auch die Werftindustrie blüht auf. In Smidts lange Amtszeit fallen 1844 die Einführung der allgemeinen Schulpflicht für sechs- bis vierzehnjährige Kinder, im Jahre 1847 die Eröffnung der ersten Eisenbahnstrecke und die Einrichtung einer Postdampferverbindung zwischen Bremerhaven und New York.

Die demokratische Bewegung der Jahre 1848/49 lehnt der Staatsmann Smidt dagegen ab. Er ist und bleibt ein Bürgermeister der Kaufleute und Unternehmer. 1852 bewegt er sogar den Deutschen Bund dazu, die bremische Verfassung von 1849 wieder aufzuheben. Ein Staatsstreich, der die gewählte Bürgerschaft beseitigt und das alte Klassenwahlrecht wieder einführt.

Smidt übernimmt erneut das Amt des Bürgermeisters der Hansestadt, aus dem er 1849 ausgeschieden war, und führt es bis zu seinem Tode 1857 fort.

Dem diplomatischen Geschick des Bremer Senators und späteren Bürgermeisters Dr. Johann Smidt (*1773, †1857) verdanken die Hansestädte ihre Fortexistenz als Freie Städte im Deutschen Bund. Auf dem Wiener Kongreß setzt sich Smidt erfolgreich für die Selbständigkeit der drei Hansestädte und der Freien Stadt Frankfurt a. M. ein. Von 1815 bis 1848 entsendet Bremen seinen Senator zur Bundesversammlung nach Frankfurt a. M., wo er sich mit Frau und Kindern niederläßt. Als er 1821 auch zum Bürgermeister der Stadt Bremen gewählt wird, hat er im Wechsel mit seinen drei Kollegen im Bürgermeisteramt das Präsidium im Senat zu übernehmen. Dann muß er sich turnusmäßig immer in der zweiten Hälfte des Jahres in Bremen aufhalten.

Eine frühe deutsche Bücherverbrennung. Während des Wartburgfestes (1817) verbrennen Burschenschaftler als undeutsch gebrandmarkte Schriften und Symbole. Der Holzstich nach einer Zeichnung von Ludwig Burger ist nicht zeitgenössisch. Er entsteht erst um 1848.

bilden. Doch der Krieg war nun vorbei, ohne daß sich die nationalen Ziele dieser Aktivisten durchgesetzt hatten. Zwei Jahre hatten sie unter Parolen wie »Frisch auf, mein Volk, die Flammenzeichen rauchen!« ihren Mann gestanden, bevor sie wieder in die Hörsäle zurückkehren mußten. Die Deutsche Burschenschaft sollte nun den »Geist von 1813« wiederauferstehen lassen.

Die Proteststimmung unter den Burschenschaften entlädt sich zum ersten Mal beim Wartburgfest vom 18. Oktober 1817. Die Studenten nahmen den vierten Jahrestag der Völkerschlacht bei Leipzig und gleichzeitig den dreihundertsten Jahrestag von Luthers antirömischem Thesenanschlag an der Schloßkirche von Wittenberg zum Anlaß, auf Luthers »feste Burg« bei Eisenach zu ziehen. Bei den Fahnen, die den »heiligen Zug« von Eisenach auf die Wartburg begleiten, dominieren die Farben Schwarz-Rot-Gold. Altdeutsche Kleidung, meist schwarz mit geschmückten Hüten, herrscht vor. Fünfhundert Vertreter der deutschen Burschenschaften aller protestantischen deutschen Universitäten haben sich hier versammelt, begleitet von einigen ihrer Lehrer, die mit ihnen sympathisieren, unter ihnen die Jenenser Professoren Lorenz Oken und Jakob Friedrich Fries sowie der spätere Präsident des Paulskirchenparlaments, Heinrich von Gagern. Der liberale Großherzog Karl August von Sachsen-Weimar-Eisenach hatte dem Treffen zugestimmt.

Biedermeier:
Die Welt der kleinen Freuden

In den beliebten Fliegenden Blättern *erscheinen um die Mitte des 19. Jahrhunderts unter dem Pseudonym Gottlieb Biedermeier einige Gedichte. Der Autorenname ist den Gedichten »Biedermanns Abendgemütlichkeit« und »Bummelmeiers Klage« entlehnt, die das Bürgertum nach 1815 als reaktionär und obrigkeitsgläubig verspotten. Das zusammengezogene Pseudonym wird der Epoche später den Namen geben.*

Politisches Engagement gehört weitgehend der Vergangenheit an. Hierzu tragen die Pressezensur, die Begrenzung der Freiheiten an den Universitäten und ein Verbot der renitenten Burschenschaften bei. Die Beschränkungen gehen einher mit der Ausgrenzung des zu Geld und Ansehen gelangten Bürgertums aus der politischen Sphäre. Da die Bürger im Staat wenig oder gar keinen Einfluß haben, treten rein private Interessen in den Vordergrund. Man sucht Unterhaltung und Vergnügen auf Landpartien, in Tanzlokalen, im Kaffeehaus oder im Theater.

Das geistige Leben ist durch Anpassung geprägt: Die meisten Intellektuellen akzeptieren ohne Aufbegehren eine unvollkommene Welt. Dieses Lebensgefühl spiegelt sich in der Kunst wider. Die bevorzugten Gattungen dieser Zeit sind die Idylle und das im persönlichen Leben angesiedelte Drama. Der private Charakter der Biedermeier-Literatur zeigt sich auch in der Beliebtheit von Tagebüchern, Briefen und Lebenserinnerungen, die im Familienkreis oder den Freunden vorgelesen werden.

Einer der namhaftesten Autoren der Epoche ist Adalbert Stifter. Er steht allerdings nicht für die spießig-behäbige Seite der Biedermeierzeit, sondern in einem ernsthaften Sinn für die Hinwendung zum Kleinen und Alltäglichen sowie zur Natur als Kern wahrer Humanität.

Die Zeremonie auf der Wartburg sollte wie ein weltlicher Gottesdienst ablaufen. Erneut geht es um die Freiheit von fremden Mächten, diesmal vom russischen Zaren, um dessen Heilige Allianz sich auch die deutschen Despoten scharen. Deutschland mußte noch einmal durch eine kühne Tat aufgeweckt werden. »Wer bluten darf für das Vaterland, der darf auch davon reden, wie er ihm am besten diene im Frieden«, so einer der Redner. »Wir stehen hier unter freiem Himmel und sagen das Wahre und Rechte laut. Denn die Zeit ist gottlob gekommen, wo sich der Deutsche nicht mehr zu fürchten braucht vor den Schlangenzungen der Lauscher und dem Henkersbeil der Tyrannen und sich niemand entschuldigen muß, wenn er vom

Kölner Karneval:
Die männliche Jungfrau

Anfang des Jahres 1823 wird das »Festordnende Komitee« des Kölner Karnevals gegründet, und schon am 10. Februar zieht unter dem Motto »Die Thronbesteigung des Helden Carneval« der erste Rosenmontagszug durch die Domstadt. Die Tradition der Umzüge (wie auch des Karnevals) ist uralt. Zur Römerzeit bewirteten während des Opferfestes der Saturnalien die Freien ihre Sklaven und stellten für eine kurze Zeit die »natürliche Ordnung der Welt« auf den Kopf …

1794, mit dem Einmarsch der Franzosen der Revolutionszeit, wird der Karneval in Köln zunächst abgeschafft, denn er gilt als Relikt des »Ancien régime«. Als das Verbot einige Jahre später wieder aufgehoben wird, gerät das tolle Treiben außer Rand und Band. Es fehlt ein Regulativ, denn die traditionellen Träger des Festes – Patrizier, Zünfte und katholische Kirche – haben an Einfluß verloren. Dies führt zur Wiedergeburt des Karnevals als volkstümliches Fest aus dem Geist der Romantik.

Nach der Eingliederung ins Königreich Preußen im Jahre 1815 befürchtet das katholische Köln ein erneutes Verbot des Karnevals durch die neuen protestantischen Herren. Aber die Preußen geben sich tolerant: Die Veranstaltungen sollen nur geordneter ablaufen und von einer Gesellschaft organisiert werden, eben dem Festordnenden Komitee. Dieser Verein rückt den »Helden Carneval«, Vorläufer des Prinzen, in den Mittelpunkt des Zuges. Carneval ist der gute Geist des Festes, er soll »die Erbärmlichkeit des gewöhnlichen Treibens aufgrund seines edlen Charakters« wieder in die richtigen Bahnen lenken. Dem Helden Carneval steht die Jungfrau Venetia zur Seite. Im ersten Jahr trägt der Bankier Simon Oppenheim ihr Kostüm – so daß noch heute die »Jungfrau« im Kölner Karneval ein Mann ist.

Heiligen und Wahren spricht.« Das Heilige und Wahre! Für die meisten Teilnehmer des Wartburgfests ist das ihr »Deutschtum«.

Einen symbolischen Höhepunkt erreicht die Veranstaltung, als am Abend in Erinnerung an Luthers Verbrennung der Bannbulle vor der Wittenberger Stadtmauer »undeutsches« Schrifttum den Flammen übergeben werden soll. Der »Turnvater« Jahn hatte dafür eigens eine Liste erstellt. »Ein großer Korb ward jetzt ans Feuer gebracht«, berichtet ein Teilnehmer des Wartburgfests, »voll Bücher, die hier öffentlich, angesichts des deutschen Landes der Flamme übergeben wurden, im Namen der Gerechtigkeit, des Vaterlandes und des Gemeingeistes. Ein gerechtes Urteil sollte hier gehalten werden über die schlechten, das Vaterland entehrenden,

Deutsche Auswanderung in die USA 1820 bis 1919

Zwischen 1820 und 1919 wandern fast 5,5 Mio. Deutsche in die Vereinigten Staaten aus, davon 2,8 Mio. allein in den ersten drei Jahrzehnten nach der Gründung des Deutschen Reichs 1871.

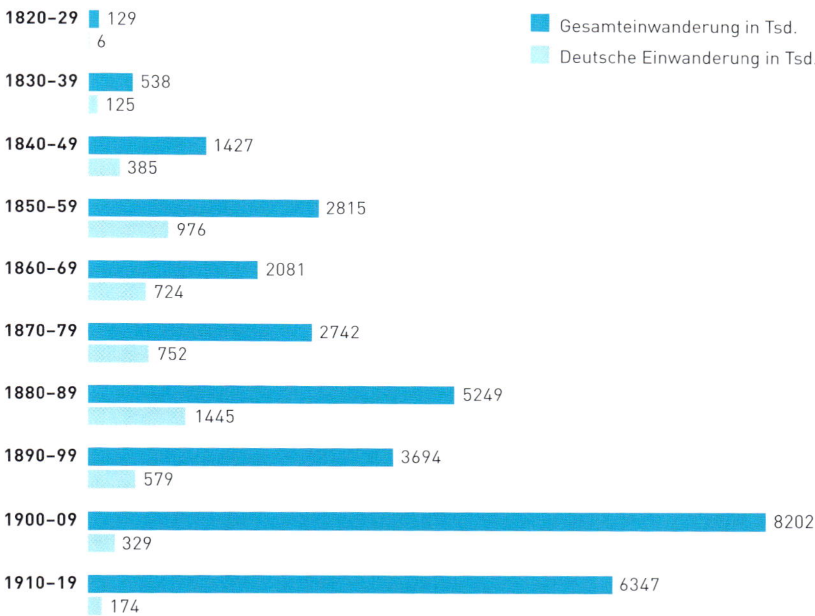

Quelle: U.S: Bureau of the Census, aus: Klaus Wust & Heinz Moos (Hrsg.), Dreihundert Jahre Deutsche Einwanderer in Nordamerika 1683 - 1983.

unseren Volksgeist verderbenden Schriften; zum Schrecken aller Schlechtgesinnten und aller derjenigen, die mit ihrem seichten Wesen, leider! die alte deutsche Volkssitte entstellt und entkräftet haben. Der Titel eines jeden Buches ward von einem Herold laut ausgerufen; dann erscholl jedes Mal ein lautes Geschrei der Anwesenden, ein Ausspruch ihres Unwillens: Ins Feuer! Ins Feuer! Zum Teufel mit demselben! Somit ward das corpus delictum den Flammen überantwortet.« Der Code Napoléon wandert ins Feuer, einige Presseerzeugnisse, die sich gegen das Turnen aussprechen, aber auch das Buch *Germanomanie* des jüdischen Autors Saul Ascher, der behauptet hatte, »daß jeder Mensch ebenso organisiert wie der Deutsche ist« und daß das Christentum keineswegs eine deutsche Religion sei.

Der Mord an August von Kotzebue

Neben dem Feuer auf dem Hof der Wartburg steht auch der Rechnungsführer und zweite Schreiber im Ausschuß der Jenaer Burschenschaft, Karl Ludwig Sand. Er hält keine Rede, aber er sollte bald durch ein Attentat auf sich aufmerksam machen, das ganz Deutschland aufschreckt. Sand hatte sich im September 1817, aus Erlangen kommend, in Jena eingeschrieben, weil er, schon längst ein überzeugter Burschenschaftler, das Zentrum der nationalen Studentenbewegung kennenlernen wollte. Er faßt dort schnell Fuß und wird schon kurz nach seiner Ankunft in den Festausschuß des Wartburgfests berufen und für die dortige Prozession zum Fahnenträger bestimmt. Dort verteilt er ein Flugblatt, in dem es heißt: »Jedwedem Unreinen, Unehrlichen, Schlechten und wer nur immer seinen deutschen Namen entehrt, soll der Einzelne auf eigene Faust nach seiner hohen Freiheit zum offenen Kampfe entgegentreten.« Die verworrene religiöse Sprache läßt schon deutlich den späteren Rächer erkennen.

Das Jahr 1818 ist für Sand ein Jahr der Radikalisierung. In diesem Jahr hat der Jurist Karl Follen, aus Gießen kommend, in der Jenaer Burschenschaft den halb geheimen Zirkel der Unbedingten gegründet, dem sich bald auch Sand anschließt. Follen redet Klartext. Er fordert nicht nur Volksaufstände, sondern auch politische Attentate. Der Zweck, so Follen, heilige nicht nur die Mittel, sondern diese seien auch in sich selbst gerechtfertigt, wenn die Tat einer inneren sittlichen Überzeugung entspringe. Das hat Sand beeindruckt.

Im Januar 1818 hatten Berichte des Schriftstellers August von Kotzebue an den Zaren, die ihn eindeutig als Spitzel entlarvten, nach einer Veröffentlichung in der Zeitschrift *Nemesis* die Runde gemacht, als Sand sich daran erinnerte, daß auch die Schriften Kotzebues auf der Wartburg in die Flammen geworfen worden waren. »Wenn ich sinne, so denke ich oft«, notiert er im März in sein Tagebuch, »es sollte doch einer mutig über sich nehmen, dem Kotzebue oder sonst einem solchen Landesverräter das Schwert ins Gekröse zu stoßen.« Der unmittelbare Anstoß, diese Tat auch wirklich auszuführen, fällt im Herbst während des europäischen Kongresses in Aachen, auf dem Frankreich als gleichberechtigtes Mitglied in das europäische Mächtekonzert zurückkehrt. Auf diesem Kongreß tritt der russische Staatsrat Alexander Stourdza mit einer Denkschrift hervor, die auf das Wartburgfest und die Burschenschaftsbewegung in Deutschland reagiert und die deutschen Universitäten, darin den Informationen seines Konfidenten August von Kotzebue folgend, als Brutstätten der Revolution kennzeichnet. Metternich nimmt die Denkschrift mit lebhafter Zustimmung zur Kenntnis. Kotzebue verteidigt Stourdzas Memorandum in

Johann Wolfgang von Goethe: Die letzten Jahre eines Dichterfürsten

Wieder einmal hält sich Goethe – Dichter, Naturwissenschaftler, Kunsttheoretiker und Staatsmann – 1821 in Marienbad in Böhmen auf. Hier trifft er eine gute Bekannte, Amalie von Levetzow aus Leipzig, mit ihren drei Töchtern. Man verbringt eine angenehme Zeit miteinander. Im folgenden Jahr kommen am selben Ort dieselben Personen zusammen, und Goethe verliebt sich in die 18jährige Ulrike von Levetzow. Im dritten Jahr hält er um die Hand der jungen Frau an – unterstützt von Erzherzog Karl August, der den Levetzows ein sorgenfreies Leben in Weimar in Aussicht stellt. Aber der Antrag wird abgelehnt, und wie so oft in seinem Leben verwandelt Goethe Leben in Dichtung. Ausdruck seiner letzten Liebe wird die »Marienbader Elegie«:

Johann Wolfgang Goethe (*1749, †1832), seit dem 10. April 1782 geadelter »von Goethe«, wird mehr als 82 Jahre alt. Am 16. März 1832 sucht ihn nach einer Spazierfahrt ein heftiges Fieber heim. Nach vorübergehender Besserung am 20. März folgt wahrscheinlich ein Herzinfarkt. Am 22. März gegen halb zwölf trifft ihn der Tod, als er im Lehnstuhl seines Schlafzimmers sitzt.

> *»Was soll ich nun vom Wiedersehen hoffen,*
> *von dieser Tage noch geschloßner Blüte?«*

> *Deren letzte Strophe lautet:*

> *»Mir ist das All, ich bin mir selbst verloren,*
> *Der ich noch erst den Göttern Liebling war;*
> *Sie prüften mich, verliehen mir Pandoren,*
> *So reich an Gütern, reicher an Gefahr;*
> *Sie drängten mich zum gabeseligen Munde,*
> *Sie trennen mich, und richten mich zugrunde.«*

Seine letzten Jahre verbringt Goethe meist zurückgezogen in seinem Weimarer Haus, wo er sich seiner Autobiographie und dem zweiten Teil des Faust *widmet. Noch eine Woche vor seinem Tod beantwortet er einen Brief Wilhelm von Humboldts bezüglich des* Faust *– den letzten von mehr als 15000 Briefen, die er in seinem langen Leben schreibt. Er stirbt am 22. März 1832 in Weimar und wird neben Schiller in der dortigen Fürstengruft beigesetzt.*

Karl Ludwig Sand auf dem Weg nach Mannheim in einem Kupferstich, gedruckt um 1820 in Nürnberg. Im Februar 1819 wandert Sand in Wirklichkeit nicht nach Mannheim, sondern er reist mit der Postkutsche aus Darmstadt an. Zuvor hatte er auf der Wartburg gerastet. In deren Gästebuch schreibt er das Körner-Zitat »Drück dir den Speer ins treue Herz hinein! Der Freiheit eine Gasse!«. Am Vormittag des 23. März 1819 sucht Sand Kotzebue auf und ersticht ihn.

seinem *Literarischen Wochenblatt*, was bei Sand den Entschluß zu seiner Tat reifen läßt. »Ich zittre nicht mehr! Dies der Zustand der wahren Gottähnlichkeit!« schreibt er überspannt in sein Tagebuch.

Karl Ludwig Sand hatte sich im Sommer von Berliner Turnern den Umgang mit Dolchen beibringen lassen. Nun läßt er sich zwei Dolche anfertigen und belegt eine Anatomievorlesung, um die Lage des menschlichen Herzens genau kennenzulernen. Am 9. März 1819 macht er sich auf den Weg nach Mannheim, wo Kotzebue lebt.

Am 23. März kommt er dort mit der Postkutsche aus Darmstadt an, in seinem Gepäck das Johannesevangelium, Lieder von Theodor Körner sowie die zwei Dolche. Er hatte sich zuvor die langen Haare abschneiden lassen, um nicht auf den ersten Blick als Student erkennbar zu sein, und schreibt sich im Gasthof Zum Weinberg als Herr

Heinrichs aus Mitau in Kurland ein. Nachmittags um fünf schreitet er zur Tat. Dem Diener in Kotezbues Wohnhaus erklärt er, er stamme aus dem russischen Kurland und wolle dem Staatsrat Briefe seiner Mutter übergeben. Kotzebue empfängt ihn mit der Frage: »Sie sind also aus Mitau?«, als Sand den im linken Rockärmel versteckten Dolch zieht und mit den Worten: »Hier, du Verräter des Vaterlandes!« mit geübten und gezielten Stichen auf ihn losgeht. Einer der Stiche trifft mitten ins Herz. Kotzebue ist tot.

Der kolorierte Kupferstich zeigt den Tod von August von Kotzebue. Karl Ludwig Sand ist schwerverletzt nach Selbstmordversuchen auf die Straße gestürzt. Seine Ermordung macht Kotzebue unsterblich, seine Werke sind heute vergessen. Er hat mehr als 220 Lustspiele und Dramen geschrieben, 87 davon hat immerhin Goethe inszeniert. Beethoven und Schubert vertonen seine Libretti.

Sand wäre sofort geflohen und vermutlich entkommen, hätte ihn nicht der vierjährige Sohn Kotzebues, der plötzlich in der Tür stand, aufgehalten. Unvermittelt stößt er sich nun selbst das Messer in die Brust, stürzt die Treppe hinab und versetzt sich vor dem Haus mit den Worten: »Ich danke Dir Gott für diesen Sieg!« noch einmal einen Stich. Schwerverletzt wird er ins Krankenhaus gebracht. Nach seiner Genesung hat er bei der polizeilichen Vernehmung alle Fragen wahrheitsgemäß und mit großem Entgegenkommen beantwortet, fest davon überzeugt, daß seine Tat durch eine tiefe innere Überzeugung mehr als gerechtfertigt war.

An den deutschen Höfen jedoch hat Sands Tat zu panikartigen Reaktionen geführt. »Eine heilige Feme schien neu erstanden«, berichtet Karl August Varnhagen von Ense, »jeder Student konnte der Vollstrecker ihrer Urteile sein, sie glaubten ihres Lebens nicht mehr sicher, einige jammerten und seufzten, andere schalten und tobten, und begehrten heftig Schutz und Abwehr gegen solche Gefahr.« Tatsächlich hat Sand Nachfolgetäter gefunden. Am 1. Juli 1819 versucht der Apothekergeselle Karl Lönig ein Attentat auf den nassauischen Regierungspräsidenten Karl Ibell, das jedoch fehlschlägt, und im Juni meldet Berlin ein Mordkomplott gegen den Großherzog von Mecklenburg-Strelitz.

Clemens von Metternich sieht in den Ereignissen sehr schnell eine Chance, die Mitgliedsstaaten des Deutschen Bundes in seinem Sinne zu disziplinieren. »Ich habe die Nachricht von der Ermordung Kotzebues mit allen vorläufigen Details erhalten«, teilt er Friedrich von Gentz mit. »Ich für meinen Teil hege keinen Zweifel, daß der Mörder nicht aus eigenem Antriebe, sondern infolge eines geheimen Bundes handelte. Hier wird wahres Übel auch einiges Gute erzeugen, weil der arme Kotzebue nun einmal als argumentum ad hominem dasteht, welches selbst der liberale Herzog von Weimar nicht verteidigen mag. Meine Sorge geht dahin, der Sache die feste Folge zu geben, die möglichste Partie aus ihr zu ziehen, und in dieser Sorge werde ich nicht lau vorgehen.« Nach einer Vorabsprache mit Preußen trifft er sich heimlich mit den Abgeordneten von zehn ausgewählten Staaten in Karlsbad, um Maßnahmen vorzubereiten, mit denen der Bundestag am 20. September 1819 mit massiven Pressionen regelrecht überrollt wird.

Die Karlsbader Beschlüsse sehen im wesentlichen vier Punkte vor, mit denen auf Bundesebene nun endgültig das »System Metternich« etabliert werden soll. Erstens ein Universitätsgesetz, mit dem die Burschenschaften verboten und alle Hochschulen unter dauerhafte Überwachung gestellt werden. Zweitens ein Pressegesetz, das die Vorzensur für alle Druckerzeugnisse unter 320 Seiten vorsieht. Drittens die Einrichtung einer zentralen staatspolizeilichen Untersuchungskommission mit Sitz in Mainz, und viertens eine Exekutionsordnung, die dem Bund die Möglichkeit verschafft, seine Beschlüsse notfalls auch mit militärischen Mitteln gegen den Willen eines Einzelstaats durchzusetzen.

Ludwig van Beethoven:
Der letzte Triumph

Drei Jahre vor seinem Tod steht es schlecht um Beethoven. Einige Kritiker sind der Ansicht, er habe den Höhepunkt seines Schaffens hinter sich. Er ist völlig ertaubt und wird von diversen, durch eine frühere Bleivergiftung ausgelösten Krankheiten geplagt.

Aber Beethoven hat noch immer viele Freunde und Verehrer. Besonders die Wiener unter ihnen sind »aufs höchste erregt«, als das Gerücht aufkommt, er wolle die neue 9. Sinfonie in Berlin und nicht an der Donau uraufführen lassen. In einer Bittschrift flehen dreißig Musiker den Meister an, dieses große Ereignis nicht nach Preußen zu vergeben.

Das Porträt Ludwig van Beethovens (*1770, †1827) von Joseph Karl Stieler (*1781, †1858) ist bis heute das populärste Beethoven-Porträt. Es entsteht in vier Sitzungen zwischen Februar und April 1820. Stieler hat in seiner Darstellung des Komponisten wohl dessen Genius eingefangen und sein Abbild – wie bei den meisten seiner Porträts – idealisiert. Beethoven ist bei den vier Sitzungen immerhin schon fast 50 Jahre alt, man sieht es ihm bei Stieler nicht an.

Laut Anschlagzettel stehen am 7. Mai 1824 im Kaiserlichen und Königlichen Hoftheater zu Wien zunächst eine »Große Ouvertüre«, dann einige »Hymnen« auf dem Programm. Die Ankündigung ist absichtlich irreführend, denn bei den »Hymnen« handelt es sich um Teile aus der »Missa solemnis«. Die Veranstalter umgehen so eine Anordnung, die die Aufführung von Messen außerhalb eines kirchlichen Rahmens verbietet. Dann erst folgt die mehr als siebzigminütige neue Sinfonie. Der Geiger Joseph Böhm schreibt über die Aufführung: »Beethoven dirigierte selbst, d. h. er stand vor einem Dirigentenpult und fuhr wie ein Wahnsinniger hin und her. Bald streckte er sich hoch empor, bald kauerte er bis zur Erde als wollte er allein die sämtlichen Instrumente spielen, den ganzen Chor singen.« Die Musiker beachten ihn nicht, sie spielen nach den Anweisungen des Kapellmeisters Michael Umlauf.

Beim Chorfinale verliert Beethoven die Sänger nicht aus den Augen und liest ihnen die Worte von Schillers Gedicht »An die Freude« von den Lippen ab. Der Schlußbeifall ist gewaltig. Erst als ihn die Sängerin Karoline Unger zum Aufstehen auffordert, nimmt Beethoven mit einer linkischen Verbeugung den begeisterten Zuspruch entgegen.

Das Ölbild von Franz Krüger aus dem Jahr 1846 zeigt Friedrich Wilhelm IV. von Preußen im Turmzimmer des Berliner Stadtschlosses.

Friedrich Wilhelm IV.: »Ein geborener Baumeister«

Der im Oktober 1795 in Berlin geborene Friedrich Wilhelm interessiert sich leidenschaftlich für Architektur, Plastik und Malerei. Als König (1840–1861) ist er eher mittelmäßig. »Er ist geistreich, … schönheitsbegeistert. Aber schwach. Beherrscht von der Macht des Augenblicks, selbstgefällig improvisierend, abhängig von Ratgebern, die er übers Ohr zu hauen liebt, abergläubisch, hochmütig, treulos«, wie Golo Mann ihn charakterisiert.

Leopold von Ranke, seit 1825 Professor für Geschichte in Berlin, sagt über seinen König: »In ihm wohnte ein angeborenes Talent für die bildende Kunst, er konnte als einer der ersten Kenner gelten. Er zeichnete vortrefflich; er war ein geborener Baumeister …« Die Pläne für die Sakral- und Profanbauten, die der König und seine Architekten erarbeiten, orientieren sich an der griechischen Antike und der italienischen Renaissance, vor allem nach einer Italienreise von Friedrich Wilhelm im Jahre 1828. Viele Bauten werden von seinem bevorzugten Gartenarchitekten Peter Joseph Lenné verschönert.

Auf Friedrich Wilhelm IV. selbst gehen unter anderem die Erweiterungsbauten am Schloß Sanssouci, die Friedenskirche im Park des Schlosses, die »Neue Wache« und das Schloß Orangerie zurück. Auf die Architektur und den Bau des Alten Museums hat der König ebenfalls viel Einfluß. Gemeinsam mit Friedrich August Stüler entwickelt er 1841 das Konzept der späteren Museumsinsel in Berlin.

Ganz besonders der Wiederaufbau der Burg Hohenzollern am Rande der Schwäbischen Alb (bei Hechingen) liegt dem König am Herzen. Die Stammburg der Hohenzollern verfällt seit Mitte des 18. Jahrhunderts. Friedrich Wilhelm entschließt sich 1819, die Burg nach Plänen Stülers im neugotischen Stil wiederaufzubauen. Der Grundstein dafür wird 1850 gelegt, doch die Einweihung 1867 erlebt der König nicht mehr: Friedrich Wilhelm IV. stirbt nach mehreren Schlaganfällen am 2. Januar 1861 in Sanssouci. Bereits 1858 hatte man ihn entmündigt und an seiner Stelle Wilhelm I. zum regierenden preußischen Monarchen erklärt.

Demagogenverfolgung

Metternich war bereits seit dem Wartburgfest fest entschlossen, die Zügel anzuziehen. Doch auf das eiserne Restaurationsregime, das nach dem Mord an Kotzebue folgt, ist niemand so recht vorbereitet. Als Hegel in Berlin für das Wintersemester 1819 einen Repetenten für das »Fach der spekulativen Philosophie« sucht, fordert er seinen ehemaligen Heidelberger Studenten Friedrich Wilhelm Carové auf, sich zu bewerben, und wendet sich seinerseits an das Ministerium mit dem Hinweis, daß er Carové »meines Orts das Zeugnis einer vollkommenen Qualifikation zum akademischen Lehramt aspirieren« könne. Carové wird die Stelle nicht bekommen, obwohl er schon in Heidelberg Repetent Hegels gewesen war. Er zählte dort aber auch zu den leitenden Mitgliedern der Allgemeinen Burschenschaft, der er hier, in Süddeutschland, eine liberale Färbung zu geben versuchte, als er ihre Grundsätze entwarf. Sie waren hegelianisch geprägt und zitierten zustimmend Hegels Beurteilung der Krise um die württembergischen Landstände.

Auch Carové berief sich freilich auf die Erfahrungen seiner Generation auf dem Schlachtfeld der Befreiungskriege und leitete daraus das Recht ab, »daß die deutschen Länder freie Verfassung erhalten«, doch er war kein Deutschtümler. Den Heidelberger Teutonen rang der intellektuell überlegene Carové sogar den Verzicht auf ihren »Grundsatz« ab, »nur Christen und Deutsche seien der Aufnahme würdig«. Er hatte vor allem von Hegel gelernt, daß Fichtes antisemitische Anwürfe, die Juden seien ein »fremdes Volk«, eines freiheitlichen Staates nicht würdig seien und daß, so Hegel, »das aus diesen und anderen Gesichtspunkten erhobene Geschrei übersehen« habe, »daß sie zu allererst Menschen sind und daß dies nicht nur eine flache, abstrakte Qualität ist«. Friedrich Wilhelm Carové zählte unter den Rednern auf der Wartburg zu einer kleinen Minderheit, die dem Treffen durch die Berufung auf die Universalität der Vernunft seine nationalistische Spitze zu nehmen versuchten.

Wie wenig Carové bewußt ist, daß sich die Zeiten nach dem Mannheimer Attentat zu ändern beginnen, zeigt der Umstand, daß er seinem Gesuch an Minister Altenstein in Berlin vom 17. Juni 1819 »eine kleine Schrift« beilegt mit dem Titel *Über die Ermordung Kotzebues*. Sie ist alles andere als eine Rechtfertigungsschrift, doch sie versucht, das Ereignis »vom philosophischen Standpunkt aus« zu verstehen, indem sie es als Teil einer »Krisis in der Epoche des Übergangs von einer Zeit in eine andere« wertet, ohne dabei die Rechtsverletzung Sands zu verharmlosen. Altenstein, der noch aus der Generation der preußischen Reformer stammt, kommt erst gar nicht dazu, sich sachgerecht mit Carové und seinen An-

Kaspar Hauser: »Die höchste Unschuld der Natur«

Lithographie von Kaspar Hauser. Der Jurist Paul Johann Anselm Ritter von Feuerbach (*1775, †1833), Begründer der modernen deutschen Strafrechtslehre und Schöpfer des bayerischen Strafgesetzbuches von 1813, ist sein »Obervormund«. Noch vor dessen Ermordung 1833 veröffentlicht Feuerbach das Buch »Kaspar Hauser. Beispiel eines Verbrechens am Seelenleben des Menschen«.

Am 26. Mai 1828 stolpert eine merkwürdige Gestalt über den Unschlittplatz in Nürnberg. Es ist Pfingstmontag und daher nicht ungewöhnlich, auf einen jungen Mann zu treffen, der am Abend nicht mehr so sicher auf seinen Beinen steht wie am Morgen. Bald darauf wird ganz Deutschland Anteil nehmen an dem Schicksal des Jungen, der sich selbst Kaspar Hauser nennt.

Hauser, der einen Brief in der Hand hält, wird zum Haus des Adressaten von Wessenig geführt. Seine Befragung erbringt wenig, denn er weiß nicht, woher er kommt, und er ist der Sprache nicht mächtiger als ein zweijähriges Kind. So wird er fürs erste in einer Kammer des Nürnberger Schlosses untergebracht. Nach wenigen Tagen beginnt ein riesiger Ansturm: Jeder will den »Tiermenschen« sehen.

Eine Bekanntmachung von Bürgermeister Binder bescheinigt Hauser »höchste Unschuld der Natur« und spricht von dessen wohl langjähriger Einkerkerung. Wegen seiner »herrlichsten Anlagen des Geistes, Gemüths und Herzens« spekuliert Binder über eine fürstliche Herkunft: Das Findelkind wird so zum Prinzen. Viele Zeitungen drucken die Geschichte. Eine europäische Sensation ist perfekt.

Die Gerüchte um seine fürstliche Herkunft werden noch lauter, als Hauser im Oktober 1829 beinahe einem Attentat zum Opfer fällt. Im November 1832 wird er von Nürnberg nach Ansbach in die Pflege eines Lehrers gegeben; er beginnt eine Ausbildung als Gerichtsschreiber. Sein Mentor Anselm von Feuerbach sieht in ihm den Erbprinzen aus dem Hause Baden, der infolge dynastischer Gründe verschwinden mußte. Kurz vor Weihnachten 1833 greifen unbekannte Täter den jungen Mann im Ansbacher Hofgarten abermals an. Hauser stirbt an den schweren Stichverletzungen.

Bis heute weiß niemand genau, wer Kaspar Hauser gewesen ist.

sichten zu beschäftigen. Die Angelegenheit wird von dem Polizeiminister Fürst von Wittgenstein entschieden, der ohnehin schon immer gegen die preußischen Reformer intrigiert hatte. »Herr Carové hat bekanntlich eine eigene Schrift unter seinem Namen zur Ehre und Verteidigung des Meuchelmords von Sand herausgegeben«, teilt er Altenstein mit. »Herr Carové scheint bei seinen öffentlich ausgesprochenen Gesinnungen überhaupt nicht der Mann zu sein, dem man gestatten sollte, Vorlesungen zu halten.« Carovés Gesuch wird abgelehnt. Er ist seitdem von jeder akademischen Laufbahn ausgeschlossen.

Wittgensteins Auftritt, noch vor dem preußisch-österreichischen Treffen in Teplitz im August, wo die ersten »Demagogenverfolgungen« beschlossen werden, und vor den Karlsbader Beschlüssen, bezeugt aber auch, daß die Polizei von nun an in Staatsgeschäften eine führende Rolle spielen will. Und das nicht nur in Preußen. »Was werden diese Leute dort anspinnen, was daher bringen!« schreibt Karl August Varnhagen von Ense während des Karlsbader Treffens an seine Frau Rahel. »Arzneien nicht, aber Gifte, Zaubertränke zur Beschwörung von Geistern, deren sie von Natur nie Herr sein können.« Zwei Jahre später notiert er. »Hier in Berlin sind fast alle Leute höchst niedergeschlagen wegen des Unterliegens des Liberalismus; die meisten geben alles verloren.« Zu den Opfern der Demagogenverfolgung gehören unter anderen der »Turnvater« Jahn, der zwischen 1819 und 1825 im Gefängnis sitzt, und Ernst Moritz Arndt, der 1820 seine Professur in Bonn verliert. Der Berliner Theologe Friedrich Schleiermacher wird unter Bewachung gestellt.

Jahn sitzt ohne ein ordentliches Gerichtsurteil ein, obwohl der Kammergerichtsrat Ernst Theodor Amadeus Hoffmann, der mit dem Fall befaßt war, wegen der in seinen Augen unhaltbaren Anklage seine Haftentlassung beantragt hatte. Man hatte Jahn die Aufreizung der Jugend gegen die bestehende Regierung und eine angebliche Anstiftung zum »Meuchelmord« vorgeworfen, was in den Augen Hoffmanns kaum nachweisbar war. Doch auf Anweisung des preußischen Innenministers von Kamptz wurde Jahn trotzdem in Haft gehalten. Kamptz wird von E. T. A. Hoffmann, der in erster Linie auch ein erfolgreicher Schriftsteller war, zum Gegenstand einer Satire gemacht, in der deutlich wird, wie sehr das Polizeisystem der Karlsbader Beschlüsse bald zu einem unkontrollierbaren inquisitorischen Verfolgungswahn geführt hat. Der junge Peregrinus Tyß des Märchens *»Meister Floh«* ist in die Hände des Hofrats Knarrpanti (Kamptz) gefallen, ein »Faktotum an dem Hofe eines kleinen Fürsten«, dem keine Staatseinrichtung besser gefällt als die Geheime Staatsinquisition, und er wird der Entführung einer Prinzessin verdächtigt, obwohl jeder weiß, daß gar keine Prinzessin entführt worden ist. Doch Knarrpanti gilt das wenig, schließlich

1820 tritt die 15jährige Fanny Mendelssohn mit ihrem Bruder Felix in die von Carl Friedrich Zelter geleitete Berliner Singakademie ein. Schon 1819 haben die beiden Kompositionsunterricht bei Zelter. Die ersten bekannten Kompositionen des Geschwisterpaars sind zwei Liedvertonungen, die sie ihrem Vater zum Geburtstag am 10. Dezember 1819 schenken.

Fanny Mendelssohn-Hensel: Komponistin im Schatten des Bruders

Im Juli 1842 empfängt die britische Königin Viktoria den berühmten deutschen Komponisten Felix Mendelssohn Bartholdy. Sie trägt ihrem Gast zu Ehren ein Lied vor, von dem sie annimmt, daß er es komponiert hat. Nach dem Vortrag ist der Besucher so nobel zu gestehen, daß es sich um eine Komposition seiner Schwester Fanny handelt.

Die Bankierstochter wurde im November 1805 als Fanny Caecilie Mendelssohn Bartholdy in Hamburg geboren. Ohne zu publizieren, verfaßt Fanny ein umfangreiches musikalisches Werk und brilliert auch als Interpretin; schon die Dreizehnjährige beherrscht Bachs »Wohltemperiertes Klavier«. 1829 heiratet sie den preußischen Hofmaler Wilhelm Hensel. Ihr Mann will sie durchaus nicht auf die Rolle als Ehefrau reduzieren, trotzdem beugt Fanny sich den Konventionen und übernimmt alle Pflichten bei der Erziehung der Kinder. Sie bleibt zerrissen zwischen dem Wunsch nach künstlerischer Verwirklichung und dem Anspruch, eine »gute Ehefrau« zu sein.

Sie musiziert weiter, dirigiert und stellt während der »Sonntagsmusiken« in Berlin – einem musikalischen Salon, zu dem die Familie regelmäßig einlädt – eigene Kompositionen vor. Unter den Zuhörern sind Robert und Clara Schumann, die Brüder Humboldt und Grimm, Hegel und Schleiermacher sowie die Dichter Heine und Brentano.

1825 entwickelt Fanny die Idee zur Gründung eines »Dilettantenvereins für Instrumentalmusik«, aus dem später die Berliner Philharmoniker hervorgehen. 1831 übernimmt sie die Organisation der Sonntagskonzerte und leitet diese bis an ihr Lebensende.

1846 veröffentlicht sie eine Auswahl ihrer Klavierwerke. Am 14. Mai 1847 stirbt Fanny Hensel während der Probe zu einem Sonntagskonzert an einem Gehirnschlag.

hat er bei einer genauen Untersuchung des Tagebuchs von Peregrinus Tyß herausgefunden, daß dieser sich in dem Eintrag eines bestimmten Tages als »mordfaul« bezeichnet. »Die Silbe mord war dreimal unterstrichen«, so Hoffmanns Erzählung, »und Knarrpanti meinte, ob jemand wohl verbrecherischere Gesinnungen an den Tag legen könne, als wenn er bedaure, heute keinen Mord verübt zu haben.« Nirgendwo, kolportiert Varnhagen von Ense in diesen Tagen die Stimmung in Berlin, sei es »so schlimm wie in Preußen«.

Auch Hegel gerät indirekt in die Fänge der Demagogenjäger. Nach der Affäre Carové sucht er einen neuen Repetenten, der diesmal sogar offiziell ernannt wird. Leopold von Henning hatte seit 1818 bei Hegel studiert. Doch plötzlich wird er verhaftet. Die Polizei hatte seine Post überwachen lassen und war dabei in Briefen, die an ihn gerichtet waren – nicht solche, die er selbst geschrieben hatte –, auf Formulierungen gestoßen, die ihr »staatsgefährdend« erschienen. Ein Brief seiner Stiefmutter hatte dabei besondere Beachtung gefunden. Nun werde ihm wieder ein Repetent vorenthalten, beschwert sich Hegel bei einem Freund, »der zehn Wochen verhaftet wegen demagogischen Verdachts Tag und Nacht einen Gensdarmes im Gefängnis bei sich hatte«. Man hielt Henning offenbar für so gefährlich, daß er selbst in seiner Gefängniszelle nicht allein gelassen wurde.

Eine andere Geschichte betrifft den Fall Asverus, dessen Vater, Justizrat und Universitätssyndikus in Jena, mit Hegel befreundet war. Gustav Asverus wird in der Nacht vom 14. auf den 15. Juli im Zuge der beginnenden Demagogenverfolgungen festgenommen und wegen Anstiftung zum Mord sowie der Mitgliedschaft in hochverräterischen Verbindungen angeklagt. Angeblich hatte er damit gedroht, einen gewissen Ilksen, einen »Vaterlandsverräter«, zu töten. Förmliche Beweise seiner Schuld liegen nicht vor, doch Asverus muß elf Monate ohne gerichtliches Urteil in Haft verbringen, bis er durch eine von Hegel gestellte Kaution vorläufig auf freien Fuß gesetzt wird. Die Hauptverhandlung beginnt nach vielem Hin und Her im Dezember 1824 vor dem Oberlandesgericht Breslau und endet mit der Verurteilung zu einer sechsjährigen Festungshaft. Asverus geht in die Revision, und es dauert noch zwei Jahre, bis das Urteil aufgrund von zwei Gnadengesuchen an den König, nicht etwa durch einen ordentlichen Freispruch, wieder aufgehoben wird.

Leopold von Henning war ein überzeugter Anhänger der Rheinbundtraditionen und der napoléonischen Reformen, doch Asverus, ein leitendes Mitglied der Jenaer Burschenschaften, war ursprünglich ein typischer »Deutschtümler«. 1818 hatte er, nach Heidelberg gewechselt, dort Hegels Vorlesungen besucht und war der Burschenschaft Carovés beigetreten. Kurz darauf begründet er seinen Austritt aus der Verbindung des »dummen Hundsfotts Carové« mit den markigen Worten. »Sie wollen alle Juden, alle Ausländer, daß Gott erbarm.« Unter dem Einfluß seines väterlichen Freundes Hegel hat er jedoch im Laufe der Zeit seine antifranzösischen und antisemitischen Affekte und Vorurteile abgelegt. Hegel hatte ihn insbesondere zu einem seiner jährlichen Abendempfänge am 14. Juli eingeladen, bei denen er jedes Jahr mit seinen Studenten das Glas auf die Erstürmung der Bastille zu erheben pflegte, um ihnen deutlich zu machen, wie sehr Teutomanie und Heilige Allianz, bei aller Demagogenverfolgung, in einem wesentlichen Punkt übereinstimmten – in der Ablehnung des universellen Freiheitsimpulses, der von der Französischen Revolution ausgegangen war.

Politische Theorien

Nichts war für Hegels Philosophie so wichtig wie die Französische Revolution. »Der Gedanke, der Begriff des Rechts machte sich mit einem Male geltend, und dagegen konnte das alte Gerüst des Unrechts keinen Widerstand leisten«, lehrt er auch während der ganzen Restaurationszeit in seinen Vorlesungen über die Philosophie der Geschichte vom Katheder der Universität unter den Linden über die Pariser Sommertage von 1789. »Es war dies ein herrlicher Sonnenaufgang. Alle denkenden Wesen haben diese Epoche mitgefeiert. Eine erhabene Rührung hat in jener Zeit geherrscht, ein Enthusiasmus des Geistes hat die Welt durchschauert, als sei es zur wirklichen Versöhnung des Göttlichen mit der Welt nun erst gekommen.« Die Herrschaft des Rechts ist für ihn das große Prinzip der neueren Zeit, ein Gedanke, der ihn sowohl in Widerspruch zu den Kräften des Metternichschen Restaurationssystems als auch der oppositionellen Deutschtümler bringt, für die er stets nur das verächtliche Wort »deutschdumm« übrig hatte. »Das Gesetz«, lehrt er seine Berliner Studenten, sei »vornehmlich das Schiboleth, an dem die falschen Brüder und Freunde des sogenannten Volkes sich abscheiden.« Jakob Friedrich Fries, den Jenaer Professor, der auf dem Wartburgfest eine Rede gehalten und deshalb vorübergehend von seinem Lehramt suspendiert worden war, nennt er aus diesem Grund einen »Heerführer dieser Seichtigkeit«, die alles »in den Brei des Herzens, der Freundschaft und Begeisterung zusammenfließen« lasse, in Wirklichkeit aber durch nichts anderes geprägt sei als durch einen »Haß gegen das Gesetz«, der jeder subjektiven Willkür und folglich auch jedem neuen, diesmal »völkischen« Unrecht, Tür und Tor öffnen würde.

Fries war nicht nur ein Nationalist, er war Antisemit. Hegel aber lehrt seine Berliner Studenten eine Auffassung von Rechtsstaatlichkeit, in der

Georg Wilhelm Friedrich Hegel: Philosoph der Französischen Revolution

»Es gibt keine zweite Philosophie«, so der Philosophiehistoriker Joachim Ritter, »die so sehr und bis in ihre innersten Antriebe hinein Philosophie der Revolution ist wie die Hegels.« Schon als Student des Tübinger Stifts begeistert er sich, gemeinsam mit seinen Freunden Hölderlin und Schelling, für die Ereignisse im fernen Paris. Am 14. Juli 1792 stoßen sie zum ersten Mal gemeinsam auf den Jahrestag des Sturms auf die Bastille an – eine Angewohnheit, die Hegel angesichts dieses »herrlichen Sonnenaufgangs« von 1789 sein Leben lang beibehalten wird. Man sieht noch den Feuerschein der Biwaks und die Brandstätten der abgeflauten Kämpfe in Jena, als Hegel 1806 dort die letzten Seiten seines ersten großen Werks, der Phänomenologie des Geistes, zur Post trägt. Auf diesem Weg sieht er Napoléon Bonaparte, »den Kaiser – diese Weltseele«, durch die Stadt reiten. Napoléon bleibt für ihn immer der legitime Erbe der Französischen Revolution – und mehr. Er hat durch den »Code Civil« Ansätze zu einer Zivilgesellschaft freigesetzt, die in Hegels Berliner Grundlinien der Philosophie des Rechts von 1820 eine große Rolle spielen werden. Deutschland, davon ist er fest überzeugt, bedurfte des Anstoßes der Napoléonischen Kriege, um sich endgültig von seinem mittelalterlichen Erbe zu befreien.

Der Weltgeist im Gelehrtenornat. Kolorierte Lithographie von Georg Wilhelm Friedrich Hegel (*1770, †1831) nach einem verschollenen Gemälde von Julius Ludwig Sebbers (*1804, † nach 1837), Hofmaler und Leiter der Porzellanmanufaktur in Braunschweig. In der Zeit, in der Sebbers' Gemälde entsteht, ist Hegel Professor in Berlin, wo er 1829 Rektor der Universität wird. Nur zwei Jahre später stirbt Hegel an der Cholera.

Die Restaurationsbemühungen des Wiener Kongresses sind für ihn nichts als ein Treppenwitz der Geschichte, eine »fünfzehnjährige Farce«, wie er seinen Berliner Studenten nach der Pariser Julirevolution von 1830 lakonisch mitteilt.

Hegel feierte die Revolution, weil er sie fürchtete, hat Jürgen Habermas einmal bemerkt: Er begründete eine ganze Metaphysik, um das Unmögliche zu denken – eine politische und gesellschaftliche Umwälzung mit dem Weltgeist als Revolutionär, der keiner ist. Dafür sollte Preußen das Beispiel geben.

Der Hörsaal im Chemischen Institut des Freiherrn Justus von Liebig in München. Holzschnitt, erschienen in der »Illustrirten Zeitung«, 1856. Liebigs Karriere beginnt in Gießen im Großherzogtum Hessen. Alexander von Humboldt empfiehlt dessen Großherzog Ludwig I. den jungen Chemiker in so nachdrücklicher Weise, daß Liebig 1824 mit 21 Jahren zum außerordentlichen Professor an der Landesuniversität berufen wird. Mit seiner »Organischen Chemie in Anwendung auf Agrikultur und Physiologie«, der chemischen Düngung, wird er ab 1840 zum Reformator des Feldanbaus.

weder das eine noch das andere einen Platz findet. »Der Mensch gilt so, weil er Mensch ist«, definiert er die menschenrechtliche Grundlage allen Rechts, »nicht weil er Jude, Katholik, Protestant, Deutscher, Italiener usf. ist.« Nur ein auf diese Grundsätze gegründetes Rechtssystem ist für ihn tatsächlich ein »Reich der verwirklichten Freiheit«, das jeder exklusiven »deutschen Freiheit« aus tiefer Überzeugung eine eindeutige Absage erteilt.

Hegel war, obwohl ihm das manchmal vorgeworfen wurde, alles andere als ein Apologet der Restauration. Sein vielleicht mißverständlichster Satz: »Was vernünftig ist, das ist wirklich; und was wirklich ist, das ist vernünftig«, bedeutet keineswegs, daß Macht Recht ist, sondern daß die Restauration von Anfang an für ihn etwas Unwirkliches an sich hatte. Als sie in Frankreich durch die Julirevolution von 1830 ein plötzliches Ende fand, hatte Hegel dazu

Arthur Schopenhauer: »Das Leben ist eine mißliche Sache«

Das Selbstvertrauen des jungen Schopenhauer ist entschieden größer als seine Popularität. Als er 1820 an der Universität in Berlin eine philosophische Vorlesung ankündigt, legt er sie zeitgleich zu Hegels Vorlesungen. Das Ergebnis: Hegel spricht vor überfüllten Rängen, die Zuhörer Schopenhauers lassen sich an einer Hand abzählen.

Die folgenden zehn Jahre sind eine mißliche Wanderschaft – dann läßt sich Schopenhauer 1833 in Frankfurt a.M. nieder. Kurz darauf schreibt er, daß er dort für den Rest seines Lebens zu bleiben gedenke. »Gesundes Klima. Schöne Gegend ... Besseres Lesezimmer. Das Naturhistorische Museum. Besseres Schauspiel, Oper und Concerte. Mehr Engländer. Bessere Kaffeehäuser. Kein schlechtes Wasser. Die Senckenbergische Bibliothek.« Tatsächlich wird Schopenhauer die Stadt in den folgenden Jahrzehnten nur einmal für eine viertägige Rheinreise bis Koblenz und für kurze Tagesausflüge ins Umland verlassen.

Er ist, nach eigenen Worten, »systematisch ungesellig«. Seine Tage verlaufen nach dem Vorbild von Kant in einem durch strenge Grundsätze geregelten Gleichmaß. Sein Umgang beschränkt sich auf gelegentliche Gespräche mit den Gästen im Wirtshaus »Zum Schwan«. Die Nachbarn kennen seinen altmodischen Rock, seinen Pudel und die lebhaften Selbstgespräche auf täglichen Spaziergängen.

Der Mensch Schopenhauer ist bis heute als Misanthrop in Erinnerung geblieben. »Das Leben ist eine mißliche Sache ... Ich habe mir vorgenommen, das meinige damit hinzubringen, über dasselbe nachzudenken.« Es endet für den zornigen Philosophen und lebenslangen Junggesellen friedlich im September 1860.

Arthur Schopenhauer (*1788, †1860) ist zeit seines Lebens kein Bewunderer der Frauen. Zitate aus seinem Werk »Über die Weiber« (1851) beweisen es. »Mit mehr Fug, als das schöne, könnte man das weibliche Geschlecht das unästhetische nennen. Weder für Musik, noch Poesie, noch bildende Künste haben sie wirklich und wahrhaftig Sinn und Empfänglichkeit; sondern bloße Aefferei, zum Behuf ihrer Gefallsucht, ist es, wenn sie solche affektiren und vorgeben.«

Bremerhaven: Die neue Stadt am Meer

Kein Geringerer als der alte Goethe beobachtet seit 1827 die Entstehung einer neuen Hafenanlage an der Wesermündung mit regem Interesse. Eckermann findet den Dichter im Februar 1829 »umringt von Karten und Plänen in bezug auf den Bremer Hafenbau«. Goethes Interesse am Bremer Hafen schlägt sich dichterisch nieder: Der alte Faust macht sich bekanntlich zuletzt an die Trockenlegung von Sümpfen sowie die Anlage von Deichen und Kanälen.

Die Freie Hansestadt Bremen ist faktisch zum Bau eines neuen Hafens am freien Meer gezwungen, da durch die Versandung der Weser immer weniger Schiffe den Fluß hochsegeln können. Die Küste ist aber Hoheitsgebiet des Königreichs Hannover. Die Unterhändler des britisch-hannoverschen Königs bemerken hochnäsig, daß Territorium eigentlich nicht käuflich zu erwerben, sondern mit dem Schwert zu erobern sei. Der Kaufpreis stimmt sie indessen milder: Es gelingt dem Bremer Bürgermeister Johann Smidt, dem Königreich 341 Morgen Weideland an der Wesermündung abzukaufen, für genau 73658 Taler, 17 Groschen und 1 Pfenning. Am 11. Januar 1827 ist der Handel perfekt.

Die Bauarbeiten für die Hafenanlagen beginnen am 2. Juli 1827. Geplant sind Vorhafen, Schleusenbassin und Hauptbassin, das 100 Seeschiffe fassen soll, sowie ein neuer Weserdeich. Schnell entsteht neben dem Hafen eine Siedlung. Durch den regelmäßigen Amerikaverkehr und die beginnende Massenauswanderung in die Neue Welt wird Bremerhaven für Kaufleute und Reeder bald zur Goldgrube. Für Hunderttausende dagegen ist der Ort die letzte Erinnerung an Europa, das sie hier für immer verlassen.

nur einen lakonischen Kommentar übrig. »Es wurde eine fünfzehnjährige Farce gespielt.« Hegel war vor allen Dingen kein Legitimist und schon gar kein Vertreter des monarchischen Prinzips. »Die Ausbildung des Staats zur konstitutionellen Monarchie ist das Werk der neueren Welt«, lehrt er seine Studenten. Das bedeutet, daß der Monarch nach seiner Staatsrechtsauffassung »an den konkreten Inhalt der Beratungen gebunden« ist, »und wenn die Konstitution fest ist, hat er oft nicht mehr zu tun, als seinen Namen zu unterschreiben«. Eine solche Verfassung hat es allerdings weder in Preußen noch im späteren Kaiserreich vor dem Herbst 1918 je gegeben.

Die Wahrer des Bestehenden haben andere Namen, und sie werden in Hegels 1820 erschienenen *Grundlinien der Philosophie des Rechts* als abschreckende Beispiele genannt. Gustav Hugo beispielsweise, der im Para-

graphen 141 seines *Lehrbuchs des Naturrechts* den Rechtscharakter der Sklaverei damit begründete, daß sie über Jahrtausende bei so vielen kultivierten Menschen rechtens gewesen sei. Oder Friedrich Karl von Savigny, der das angestammte Recht wie einen Kultus als verehrungswürdiges Traditionsprodukt betrachtet und sich gegen jeden Plan eines allgemeinen deutschen Privatrechts (und damit auch gegen Napoléons Code Civil) mit dem Argument ausgesprochen hatte, so etwas sei nur durch »die Willkür eines Gesetzgebers« möglich. Eine solche Modernitätsverweigerung war für Hegel »einer der größten Schimpfe, der einer Nation angetan werden könnte«. Er

Ab 1827 beginnt an der Mündung der Weser mit dem Bau eines »Bremer Havens« die Geschichte einer neuen Stadt: Durch den zunehmenden transatlantischen Verkehr wächst hier in den nächsten Jahren eine Großstadt. Zeitweise ist Bremerhaven so etwas wie ein Vorort von New York.

selbst hat dagegen rheinbündische Traditionen nach Preußen importiert, indem er immer wieder auf der Freiheit der Person, der Freiheit des Eigentums, der Freiheit der Gewerbe und dem freien Zutritt zu allen Staatsämtern beharrte. Hegel war kein Mann der Restauration.

Karl Ludwig von Hallers mehrbändiges Hauptwerk *Restauration der Staatswissenschaft* von 1816 hat der Epoche ihren Namen gegeben. Die erste Auflage dieses Buchs ist schnell vergriffen, kaum daß es auf den Markt gekommen ist, was darauf hindeutet, daß Hallers konsequentester Entwurf gegen den zeitgenössischen Verfassungsstaat den Nerv eines Zeitgeists getroffen hat, der sich mit der Gründung der Heiligen Allianz in konservativen Kreisen immer mehr ausgebreitet hatte. Er hält die gesellschaftlichen Unterschiede für eine göttliche Einrichtung, die jedem den ihm zustehenden Platz in der Welt zugewiesen habe. Auch der Monarch verdankt sein Amt keinem Vertrag, keiner Wahl, schon gar nicht dem Volk, sondern allein Gott, dessen Ordnung das Gottesgnadentum ebenso gestiftet habe wie die Hausgewalt des Hausvaters. Solche Ideen, in denen alle staatlichen Grundlagen rein privatrechtlicher Natur sind, haben Metternich gefallen, und sie werden noch den künftigen preußischen König Friedrich Wilhelm IV. beherrschen, der mit Hallers Ideen erzogen worden ist, als er im Revolutionsjahr 1849 die ihm von der Frankfurter Nationalversammlung angetragene Kaiserkrone mit dem Argument ablehnt, er wolle nicht von einem König von Gottes Gnaden zu einem Kaiser von Gnaden des Volkes werden.

»Kraus« sei das, was Haller schreibt, meint dagegen Hegels begabtester Schüler, Eduard Gans, in einer Berliner Staatsrechtsvorlesung. Es entspreche ganz der »Konterrevolution gegen die abstrakte Rechtstheorie«, mit der der Legitimismus dem europäischen Kontinent das autokratische »System Metternich« beschert hatte. Für Eduard Gans ist es gerade der Widerspruchsgeist, der den Staat am Leben erhält und den Metternichs Restaurationssystem gewaltsam niederzuhalten versucht hat. »Hat der Staat es nicht mit der Opposition zu tun, so verfällt er in Faulheit«, meint Gans. Diese prophetischen Worte fallen in einer Naturrechtsvorlesung im Wintersemester 1828/29, anderthalb Jahre, bevor das System der Restauration mit der Julirevolution von 1830 seine erste Erosion erfährt, und kurz nachdem Friedrich von Gentz dem mit ihm befreundeten preußischen Außenminister Ancillon in einem Brief geschrieben hatte: »Die von uns verteidigte Sache wird untergehen, ich weiß es wohl, und ich weiß auch, warum.«

Völkerfrühling

»Die Restauration ist kein Geschichtsereignis Europas«, meint Eduard Gans im Mai 1830, doch »der Fall der Restauration wird nicht nur ... ein Ereignis für die Geschichte Frankreichs, sondern ein europäisches Ereignis sein.« Zwei Monate vorher hatte in Paris die Kammer mit einem Stimmenverhältnis von 221 zu 118 die Demission des reaktionären Kabinetts unter dem Grafen Polignac beschlossen, was einen bevorstehenden Umschwung in den Bereich des Wahrscheinlichen gerückt hatte. In Paris schwelte eine Regierungskrise. Neuwahlen am 16. Mai hatten zu einer Verdopplung des Einflusses der Liberalen geführt, was Gans zu seiner Prognose vom bevorstehenden Fall der Restauration führte. Am 26. Juli löst der bedrängte König die Kammer auf.

»Das erste Nachgeben meines unglücklichen Bruders war das Signal seines Untergangs!« rechtfertigt er mit Verweis auf die Ereignisse des Jahres 1789 diesen drastischen Schritt. Die Pressezensur wird verschärft, das Wahlrecht geändert, und Neuwahlen werden für den September festgelegt. Doch am nächsten Tag erscheinen die Zeitungen ohne Genehmigung weiter. Die Zeitung *National* publiziert ein Manifest, daß sich die Gesellschaft im Kriegszustand ohne eine legale Regierung befände. Barrikaden werden errichtet. Am 28. Juli sind die östlichen Stadtteile von Paris in den Händen von Aufständischen, das Rathaus und Notre Dame werden besetzt. Am 29. flieht die Regierung. Der König muß am 2. August abdanken.

»Ja, überall, in allen Landen, werden die Menschen die Bedeutung dieser drei Julitage sehr leicht begreifen und darin einen Triumph der eigenen Interessen erkennen und feiern«, notiert Heinrich Heine in dieser Zeit. »Und Deutschland? Ich weiß nicht. Werden wir endlich von unseren Eichenwäldern den rechten Gebrauch machen, nämlich zu Barrikaden für die Befreiung der Welt?«

Berlin erreicht die Nachricht von den Pariser Ereignissen am 3. August. Der Student Karl Gutzkow, später einer der Literaten des Jungen Deutschland, erfährt gerade aus einer Laudatio Hegels in der Aula der Universität, daß er den diesjährigen Preis der Philosophischen Fakultät gewonnen hat, als plötzlich Unruhe im Saal ausbricht. Jemand hat die Extraausgabe einer Zeitung in die Versammlung geschmuggelt, die sofort die Runde macht. »Der Kanonendonner zwischen den Barrikaden von Paris«, erinnert sich Gutzkow später, »dröhnte bis in die Aula nach.« Nur der bei der Feier anwesende Kronprinz ist etwas irritiert. Eduard Gans eilt sofort nach Paris, um die Ereignisse vor Ort beobachten zu können. »Die Nation war stolz darauf, sich wiedergewonnen zu haben«, teilt er wenig später Hegel mit. Ludwig Börne hält sich in Bad Soden zur Kur auf, als er von den neuesten

In der Nacht vom 7. auf den 8. November 1830 brennt in der »kleinen Braunschweiger Revolution« das Schloß der Welfen aus dem Jahr 1718 bis auf die Grundmauern nieder. Zwischen 1833 und 1840 entsteht an gleicher Stelle ein neues Schloß. Hier residiert der neue, sehr beliebte Wilhelm August Herzog von Braunschweig und Lüneburg (*1806, †1884) bis zu seinem Tode. Mit ihm stirbt die Linie Braunschweig-Bevern aus. Bis 1911 wird das kleine Herzogtum Braunschweig von Regenten aus anderen Dynastien regiert.

Nachrichten aus Paris erfährt. Auch Börne zieht es sofort an die Seine. Dort wird er umgekehrt von den Ereignissen in Deutschland durch die Zeitungen überrascht. »Ich komme aus dem Lesekabinett«, schreibt er am 18. September 1830. »Aber nein, nein, der Kopf ist mir ganz verwirrt von allen den Sachen, die ich aus Deutschland gelesen! Unruhen in Hamburg; in Braunschweig das Schloß angezündet und den Fürsten verjagt; Empörung in Dresden! ...Hätte ich dem Volke Unrecht getan? Hätten sie unter Schlafmützen und Schlafrock heimlich Helm und Harnisch getragen?« In Brüssel hatten wenige Tage zuvor Unruhen und Straßenkämpfe dem System des Wiener Kongresses einen schweren Schlag versetzt, der mit der Gründung des unabhängigen Staats Belgien unter einer konstitutionellen Monarchie endet. »Es leben die Belgier! Vivat Napoléon!« kann man in diesen Tagen auf den Straßen Aachens hören, als sei der Sieg der belgischen Revolution

Der Sturm aufs Schloß:
Die Braunschweiger Revolte

Im Herzogtum Braunschweig, das auf dem Wiener Kongreß an die Stelle des Fürstentums Braunschweig-Wolfenbüttel gesetzt worden ist, lehnt Herzog Karl II. im Jahre 1830 eine Verfassung kategorisch ab. Seine Entscheidungen sind willkürlich und repressiv, und beim Staatsvermögen unterscheidet er nicht immer zwischen privatem und öffentlichem Geld. Selbst der Adel des Landes zeigt wenig Sympathie für den Herrscher.

Der Volksaufstand gegen den Herrscher beginnt am Abend des 7. September 1830 nach einer Vorstellung von Rossinis Oper »Othello« im Braunschweiger Hoftheater. Vor dem Schloß warten 500 aufgebrachte Menschen, die Steuererleichterungen und Brot fordern. Der Monarch ist zu keinem Zugeständnis bereit und läßt Truppen aufmarschieren. Als die Menge daraufhin das Schloß stürmt, flieht der Herzog. Seine Soldaten leisten keine ernsthafte Gegenwehr. Bürger, Handwerker, Bauern und Arbeiter plündern das Schloß und stecken es in Brand.

Der Magistratsdirektor Wilhelm Bode ermuntert den aus Berlin herbeigeeilten Bruder Karls zur Übernahme der Regierung. Weil Wilhelm schon am Tag nach dem Brand in Braunschweig eintrifft, behaupten einige, der Umsturz sei von langer Hand geplant gewesen. Wilhelm macht nicht die Fehler seines Bruders: Er stimmt im Herbst 1832 einer »Landschaftsordnung« zu, die den Bürgern eine stärkere politische Beteiligung einräumt.

Der Sturm auf das Braunschweiger Schloß ist die einzige erfolgreiche Revolution gegen einen deutschen Fürsten im 19. Jahrhundert.

Karl pflegt noch im Pariser und Genfer Exil einen pompösen Lebensstil. Wegen seiner erfolgreichen Börsenspekulationen ist er als »Diamantenherzog« in die Annalen eingegangen.

eine späte Wiedergutmachung für Napoléons Untergang auf den belgischen Schlachtfeldern bei Waterloo gewesen.

Mit dem Ruf »Es lebe Napoléon! Es lebe die Freiheit!« stürmen Aachener Handwerker und Arbeiter auf das Gelände eines Fabrikanten, ein Zeichen dafür, daß auch in Deutschland die Julirevolution zum »Ausgangspunkt der eigentlichen sozialen Bewegung« geworden ist, die in den kommenden Jahren nach den Worten des Hegel-Schülers und Sozialhistorikers Lorenz von Stein die Gesellschaft in »zwei große Lager« spalten wird. In Kassel stürmen die Armen der Stadt die Bäckerläden, nachdem dort die Brotpreise erhöht worden sind. In Braunschweig führt die Mißwirtschaft des Herzogs dazu, daß die Bevölkerung in Massen zum Schloß strömt und es nach

Im Jahr 1829 freundet sich Bettina von Arnim, die bis dahin vor allem auf dem Gut Wiepersdorf lebt, in Berlin mit Rahel Varnhagen-Levin an. Es entsteht eine enge Freundschaft. Als Achim von Arnim im Januar 1831 stirbt, lebt seine Frau bereits überwiegend in Berlin. Nach zwanzig Ehejahren und sieben Schwangerschaften verlagert sich Bettina von Arnims Lebensmittelpunkt dann endgültig nach Berlin.

Bettina von Arnim: Für Gleichheit und Monarchie

Die neue Botschaft aus den Berliner Salons heißt: »Die Wirklichkeit ist banal und gemein, solange du sie nicht mit der Kraft deines Gemüts in Poesie verwandelst.« (Walther Kiaulehn) Salons sind die bürgerlichen Schlösser der Romantik. Und ihre Gastgeberinnen sind Frauen wie Caroline Schelling, Dorothea Schlegel, Rahel Varnhagen – und Bettina von Arnim.

Bettina Brentano wird im April 1785 in Frankfurt a. M. geboren. Von ihrem Bruder Clemens Brentano und dessen Freund Achim von Arnim, den sie 1802 kennenlernt, wird »Bettine« (wie sie sich selbst nennt) in den Freundeskreis der Romantiker eingeführt. 1807 tritt sie durch die Vermittlung von Goethes Mutter in Briefkontakt mit dem verehrten Dichter und besucht ihn in Weimar. Sie beginnt zu schreiben, widmet sich nach der Heirat mit Achim von Arnim aber vor allem ihren sieben Kindern, die sie auf Arnims Gut Wiepersdorf in Brandenburg und später in Berlin großzieht.

Erst nach dem Tod ihres Mannes, im Jahre 1831, widmet sich Bettina ganz dem Schreiben und veröffentlicht im Alter von fünfzig Jahren ihr Buch Goethes Briefwechsel mit einem Kinde, *das zum Teil auf ihren Briefen an Goethe basiert. Ihr bekanntestes Werk wird* Dies Buch gehört dem König *von 1843, worin sie ungewöhnlich offen eine Umverteilung gesellschaftlicher Reichtümer fordert. Die Antwort läßt nicht lange auf sich warten: Das König Friedrich Wilhelm IV. persönlich gewidmete Werk fällt der Zensur zum Opfer. Eine wirkliche Radikale ist Bettina von Arnim jedoch nicht. Sie steht zwar den Ideen der Frühsozialisten nahe, hält aber gleichzeitig an der Idee eines »Volkskönigs« fest.*

Bettina von Arnim lebt in den letzten Lebensjahren zurückgezogen im Kreis ihrer Familie. Sie stirbt 1859 in Berlin.

der Erstürmung niederbrennt. In Leipzig greifen Handwerkslehrlinge und Gesellen, geschmückt mit Trikoloren, den französischen Nationalfarben, die Polizei an. In Dresden stürmen Demonstranten, die Marseillaise auf den Lippen, das Rathaus, verbrennen dort die Akten, zerstören das Polizeiamt und schlagen anschließend mit Steinwürfen vierhundert Mann reguläres Militär in die Flucht. Mehr als dreißig Orte und viele Bauern und Heimwerker aus der Weberindustrie schließen sich dem Aufstand an. Im Ergebnis erhält Sachsen eine Verfassung und eine neue Städteordnung. Auch für Braunschweig, Hannover und Kurhessen beginnt nach dem unruhigen Jahr 1830 das konstitutionelle Zeitalter. In Österreich und Preußen ist es dagegen verhältnismäßig ruhig geblieben.

Unruhen in Leipzig. Diese richten sich gegen die überkommene ständische Verfassung. Ein »Polterabendlärm« am Abend des 2. September wird zum Ausgangspunkt einer ganz Sachsen erfassenden Volksbewegung, die auf kommunal- und staatspolitischer Ebene wesentliche Veränderungen erzwingt.

Im November 1830 haben sich in Warschau polnische Offiziere und Studenten gegen die russische Besatzungsmacht erhoben und eine provisorische Regierung ausgerufen, die von den Truppen des Zaren Nikolaus I. mit brutaler Gewalt niedergeschlagen wird. Eine Welle der Polensympathie überschwemmt plötzlich Deutschland. »Fünfzig Polen wurden in Kronstadt, im Hafen, wie im Angesichte ganz Europas, auf Leben und Tod gegeißelt, weil sie ihrem Vaterland nicht abschwören, weil sie dem Nikolaus nicht Treue schwören wollen«, berichtet Ludwig Börne seinen Lesern.

Philipp Jakob Siebenpfeiffer wird 1789 in Lahr geboren und wächst in kleinbürgerlichen Verhältnissen auf. Er ist Kriegsfreiwilliger im Feldzug 1814 gegen Napoléon. Er studiert in Freiburg beim liberalen Staatsrechtslehrer Karl von Rotteck und heiratet die Tochter seines Doktorvaters, Emelie von Weißeneck. Mit 29 Jahren wird der Jurist Landkommissär des Kreises Homburg.

Philipp Jakob Siebenpfeiffer: Gegen deutsche »Konstitutiönchen«

Am 27. Mai 1832, einem Sonntag, pilgern fast 30 000 Menschen hinauf zur Ruine des Hambacher Schlosses. Sie werden von zwei Journalisten angeführt: Johann Georg August Wirth und Philipp Jakob Siebenpfeiffer, dem Initiator des »Hambacher Festes«.

Von Siebenpfeiffer stammt das Gründungslied des Festes: »Hinauf, Patrioten! Zum Schloß, zum Schloß! Hoch flattern die deutschen Farben / Es keimet die Saat und die Hoffnung ist groß, schon binden im Geist wir die Garben.« Das Lied ist voller Pathos, ebenso die nachfolgenden Reden. Siebenpfeiffer streitet für ein Deutschland ohne Schlagbäume und leere »Konstitutiönchen«. Er kämpft für die Rechte der Frau: Es werde der Tag kommen, an dem sie nicht mehr »dienstpflichtige Magd«, sondern »freie Genossin des freien Bürgers ist«.

Nach dem Hambacher Fest können sich Wirth und Siebenpfeiffer der Verhaftung nicht entziehen. Sie lassen sich im Triumphzug ins Gefängnis bringen und führen den Kampf vor dem Geschworenengericht in Landau fort. Der von der bayerischen Regierung angemietete Wirtshaussaal »Zum Schwanen« faßt 700 Leute; oft drängen noch mehr hinein. Beide Männer werden freigesprochen, Wirths Verteidigungsrede zirkuliert in Tausenden von Flugschriften. Die bayerische Justiz faßt jedoch nach: Sie läßt Siebenpfeiffer und Wirth wegen Beamtenbeleidigung in einem »Zuchtpolizeiverfahren« zu zwei Jahren Haft verurteilen.

Siebenpfeiffer, mittlerweile kränklich, flieht in die Schweiz, wo er in Bern eine Anstellung als außerordentlicher Professor findet. Seit 1842 geisteskrank, stirbt er im Mai 1845 in der Irrenanstalt von Bümpliz bei Bern. Wirth, der noch dem Frankfurter Vorparlament und der Nationalversammlung angehört, stirbt 1848 in Frankfurt a. M.

»Dreitausend andere Polen standen in einem Haufen zusammengetrieben auf dem Richtplatze, den Jammer ihrer Brüder mit anzusehen, und hinter ihnen sechstausend Russen, Kanonen vor sich, den Haufen Polen niederzuschmettern, wenn einer von ihnen murren sollte.«

Die Stimmung 1830 ist weit weniger nationalistisch als 1817. In dem Gefühl eines europäischen Völkerfrühlings sympathisiert man mit den Belgiern, den Polen und den gegen die österreichische Besatzung kämpfenden italienischen Carbonari. Keiner Nation gilt jedoch so sehr das Mitgefühl wie den Polen nach der »Großen Emigration« vom Winter 1831/32, als Tausende von ihnen quer durch Deutschland ins französische Exil ziehen. »Die Lüfte wehn so schaurig, / Wir ziehn dahin so traurig / Nach ungewissem Ziel«, dichtet August von Platen in herzzerreißenden Versen. »Kaum leuchten uns die Sterne: / Europa sieht von ferne / Das große Trauerspiel.«

Ein an die Freiheitskriege erinnernder Aufbruch drückt sich angesichts der polnischen Flüchtlinge in immer neuen Aktionsformen aus. Flugschriften werden verteilt, Singspiele zum Polenthema aufgeführt, Aufrufe erlassen, Freiwillige zur Unterstützung der Polen angeworben, Ärzte mit Verbandsmaterial nach Warschau geschickt, Geld- und Kleiderspenden gesammelt und Polenvereine gegründet. Selbst Lotterien zur Unterstützung der sich auf der Flucht befindenden Polen gibt es. Liederkränze geben Konzerte, gemeinsam singt man das »Lied der Polen«, die spätere Nationalhymne, oft zweisprachig, wofür eigens Handzettel verteilt werden. Auf der größten Kundgebung deutscher Freiheits- und Vaterlandsfreunde, die es je gegeben hat, auf dem Hambacher Fest von 1832, hissen die Teilnehmer gemeinsam die deutsche und die polnische Fahne.

Das Hambacher Fest

»Ich werde als ein Napoléon angesehen. Gestern brachten mir die Heidelberger Studenten unter Anführung des Herold ein Vivat mit Fackelzug vor meine Wohnung«, berichtet Ludwig Börne, der aus Paris zur Vorbereitung des Hambacher Festes nach Neustadt an der Haardt angereist ist. »Die Rheinbayern, Polen, kommen alle deputationsweise zu mir und halten förmliche Reden. Gestern abend war mein Zimmer gedrängt voll Menschen, die alle stehen mußten, die Tür blieb offen, und die anderen, die keinen Platz hatten, blieben auf dem Vorplatz. Sie ergriffen meine Hand und drückten sie ans Herz, wie die einer Geliebten.« Das von über 30 000 Menschen besuchte Hambacher Fest zielt auf ein freies und geeintes Deutschland, eine »Beseitigung der Fürstenherrschaft«, auf »Vereinigte

Freistaaten von Deutschland« und ein »konföderiertes republikanisches Europa«, mit dessen Freiheitskämpfern man sich in diesen Tagen eines europäischen Völkerfrühlings solidarisch erklärt. Börne repräsentiert die deutschen Emigranten und »Gastarbeiter« in Paris, von denen es nicht wenige gibt, die auch das Flugblatt »An die deutschen Arbeiter in Paris« in die Hände bekommen hatten, in dem zur Unterstützung des Preß- und Vaterlandsvereins von Johann Georg August Wirth aufgerufen wird, der gemeinsam mit Philipp Jakob Siebenpfeiffer, dem Redakteur des *Westboten*, zu dem großen »Allerdeutschenfest« auf dem Hambacher Schloß aufgerufen hatte.

Wirth hatte das Nürnberger Ägidiengymnasium besucht, als Georg Wilhelm Friedrich Hegel dort Rektor war, der seine Schüler in den jährlichen Rektoratsreden immer wieder vor der unkritischen und leichtfertigen Übernahme der während der Befreiungskriege in Mode gekommenen Deutschtumsideen warnte. Wirth war promovierter Jurist und Herausgeber der freisinnigen *Deutschen Tribüne*, als im Spätherbst 1830 der badische Landtag gegen die Regierung ein liberales Pressegesetz durchbrachte, gegen das Metternich sofort alle Hebel in Bewegung setzte, was die Bundesbehörden dazu veranlaßte, gegen das Land Baden auf dem Verordnungsweg vorzugehen. Wirth und Siebenpfeiffer rufen zu dieser Zeit in Zweibrücken, das zur linksrheinischen bayerischen Pfalz gehört und wo noch liberale Rechtsverhältnisse aus napoléonischen Tagen vorherrschen, zur Gründung eines nationalen Preß- und Vaterlandsvereins auf, dem jedoch weit mehr als die Pressefreiheit am Herzen liegt.

Am 3. Februar 1832 tritt der Verein mit einem Aufruf zur »Wiedergeburt Deutschlands« und zum Widerstand gegen die Aristokraten an die Öffentlichkeit. In Ermangelung eines nationalen Parlaments sollte die Presse dabei die Rolle eines öffentlichen Sprechers übernehmen. Wirth hatte dabei sogar an die Einrichtung eines von der Post unabhängigen Vertriebsnetzes und an eine Spenden- und Versorgungskasse für bedrohte Redakteure gedacht. In kurzer Zeit bringt es der Verein auf mehr als 5000 Mitglieder, die mit ihren monatlichen Beiträgen eine umfangreiche Produktion liberaler Schriften mitfinanzieren, die über ein nationales Netz, das von Stralsund bis Dresden, von Hamburg bis Tübingen reicht, in ganz Deutschland Verbreitung finden. Der Preß- und Vaterlandsverein ist bereits eine Art politischer Partei, in deren Führungsgruppen vorwiegend Journalisten, pfälzische Landtagsabgeordnete, Rechtsanwälte, Kaufleute und Handwerksmeister vertreten sind. Am 1. März 1832 wird der Preß- und Vaterlandsverein durch die bayerische Regierung verboten mit der Begründung, daß »die Verfassung den Staatsbürgern nirgends das Recht einräumt, politische Assoziationen in willkürlicher Weise einzugehen«.

Zug der Liberalen, Demokraten und Burschenschafter zur Maxburg bei Hambach vom 27. bis 30. Mai 1832, dargestellt in einem kolorierten Stahlstich nach einer Zeichnung von F. Massler. An dem Fest nehmen 30 000 Menschen teil, eine für die damaligen Verkehrsverhältnisse ungewöhnlich hohe Zahl.

Obwohl der Bundestag das Verbot übernimmt, arbeitet der Verein im geheimen weiter und organisiert für den 27. bis 30. Mai das große Treffen auf Schloß Hambach. »Der Geist, der sich auf Hambach aussprach, ist grundverschieden von dem Geiste, oder vielmehr von dem Gespenste, das auf der Wartburg seinen Spuk trieb«, kommentiert Heinrich Heine die Ereignisse in einer späteren Streitschrift. »Dort, auf Hambach, jubelte die moderne Zeit ihre Sonnenaufgangslieder, und mit der ganzen Menschheit ward Brüderschaft getrunken; hier auf der Wartburg, krächzte die Vergangenheit ihren obskuren Rabengesang, und bei Fackellicht wurden Dummheiten gesagt und getan, die des blödsinnigsten Mittelalters würdig waren! Auf Hambach hielt der französische Liberalismus seine trunkensten Bergpredigten, und sprach man auch viel Unvernünftiges, so ward doch die Vernunft selber anerkannt als jene höchste Autorität, die da bindet und löset und den Gesetzen ihre Gesetze vorschreibt.« Siebenpfeiffer, Wirth und der Pfälzer Bürstenbinder Johann Philipp Becker, der später zum Kommunisten wird, sind die großen Redner des Hamba-

Am 3. April 1833 stürmen 40 junge Männer, vor allem Burschenschafter aus Heidelberg und Würzburg, die Polizei-Hauptwache in Frankfurt a. M. Sie wollen die Kasse des Deutschen Bundes an sich bringen, um damit eine Revolution zu finanzieren. Obwohl Ihr Plan bereits verraten ist und sie dies wissen, setzen sie ihr Vorhaben um. Das Ergebnis sind neun Tote, 24 Verletzte, 39 wegen Hochverrats zum Tode Verurteilte, die später zu lebenslänglichen oder 30jährigen Haftstrafen verurteilt werden und 1800 Ermittlungsverfahren.

cher Fests gewesen, auf dem unter schwarz-rot-goldenen Fahnen, nun endgültig das Symbol der deutschen Einheitsbewegung, »für die Befreiung der niedergetretenen Völker Europas, besonders aber des deutschen Volkes« aufgerufen wird. Ein deutscher Nationalstaat als Teil eines europäischen Völkerbundes ist die auf Schloß Hambach vorherrschende Zukunftsvision.

Ging Deutschland in diesen Tagen mit einer Revolution schwanger? »Was glauben Sie?« stellt Ludwig Börne Heinrich Heine diese Frage. Metternich glaubt fest daran, »daß von Hambach aus die Revolution sich in alle Gaue Deutschlands in mehr oder minder aufgeregter Form verbreitet«. Börne glaubt das auch, allerdings aus entgegengesetzter Perspektive. Heine zweifelt. »Nein, ich glaube, Deutschland ist gar nicht schwanger«, so seine Antwort an den Kollegen Ludwig Börne. Den gemäßigten Liberalen waren die republikanischen Parolen deutscher Einheit, die sie in Hambach zu Ohr bekamen, ohnehin oft viel zu radikal.

Karl von Rotteck fürchtet auch, daß eine deutsche Einheitsbewegung schnell zu Lasten der kleinen und mittleren Staaten des »Dritten Deutschland« gehen könnte. Er wolle lieber »Freiheit ohne Einheit als Einheit ohne

Freiheit«, sagt er einige Wochen nach dem Hambacher Fest. »Ich will keine Einheit unter den Flügeln des preußischen oder des österreichischen Adlers; ich will keine unter einer etwa noch zu stärkenden Machtvollkommenheit des so wie gegenwärtig organisierten Bundestags, und will auch keine unter der Form einer allgemeinen deutschen Republik, weil der Weg, zu einer solchen zu gelangen, schauerlich, und der Erfolg oder die Frucht der Erreichung höchst ungewisser Eigenschaft erscheint.« Als er dies von sich gibt, hat der Bundestag, einer preußisch-österreichischen Initiative folgend, bereits eine verschärfte Auslegung der Karlsbader Beschlüsse von 1819 beschlossen. »Wir werden in Deutschland zum Zuschlagen kommen«, meint Metternich. Wirth wird verhaftet, Siebenpfeiffer muß fliehen, und der aus Heidelberg stammende Organisator des Fests Brüggemann wird gar zum Tode verurteilt. Bald ist wieder Ruhe im Land eingekehrt. Fast.

Im April 1833 stürmen als Reaktion auf Metternich hundert bewaffnete Studenten aus Gießen, Würzburg und Erlangen unter der Parole »Die große Oper Volksrache wird aufgeführt« die Frankfurter Haupt- und Konstablerwache. Sie hatten damit eigentlich einen Putsch gegen den Bundestag geplant, doch das schlecht geplante Unternehmen fällt bald in sich zusammen. Frankfurt a. M. wird von Bundestruppen besetzt.

Die Frankfurter Aktion war die letzte, hinter der noch die Netze des Preß- und Vaterlandsvereins wirksam sind und die im Hintergrund von Handwerkern, Kaufleuten, Gesellen, polnischen Offizieren und Teilen der hessischen Landbevölkerung durchaus wohlwollend unterstützt wurde. Eine provisorische Regierung, so die Wachenstürmer, sollte die liberalen Führer zu einem Vorparlament einberufen, das den Auftrag erhalten würde, Wahlen für eine verfassunggebende Versammlung auszurufen. Tatsächlich sollte die Revolution von 1848 einen ähnlichen Verlauf nehmen, doch 1833 war der Frankfurter Putsch nichts als der hilflose Versuch, in auswegloser Lage eine erneute Restauration aufzuhalten. Als er stattfindet, sitzt das »System Metternich« bereits wieder fest im Sattel.

Überwachungsstaat

»Mir sind die Sachen noch nicht toll genug«, hatte Fürst Wittgenstein nach dem Hambacher Fest von sich gegeben, »und ich hätte mir gewünscht, daß von Wirth und Consorten die Absetzung des Königs von Bayern förmlich dekretiert, ein Protokoll aufgenommen und von allen Anwesenden unterzeichnet worden wäre.« Man hatte, mit anderen Worten, die Absicht, mit dem liberalen Spuk ein für allemal aufzuräumen, und sucht dafür nun nach handfesten Gründen oder tauglichen Vorwänden. Diese sollten die Agenturen der Staatspolizei liefern.

Die vom Bund eingesetzte Frankfurter Zentraluntersuchungsbehörde wird damit beauftragt, »die näheren Umstände, den Umfang und den Zusammenhang des gegen den Bestand des Bundes und gegen die öffentliche Ordnung gerichteten Komplotts« aufzudecken. Selbst die Regierungen der konstitutionellen Staaten sind durch die Hambacher Ereignisse so verunsichert, daß sie eine bessere Koordination der Polizei zwischen den deutschen Staaten fordern. Baden schlägt sogar das Verbot aller politischen Vereine und Versammlungen sowie die gegenseitige Auslieferung aller »politischen Verbrecher« vor.

Am 5. Juli 1832 erläßt der Bundestag ein »Maßregelngesetz«, das die Pressezensur noch einmal verschärft und »alle Vereine, welche politische Zwecke haben oder unter anderen Namen zu politischen Zwecken benutzt werden«, bundesweit verbietet. 1833, nach dem Sturm auf die Hauptwache, wird in Mainz eine geheimdienstliche Nachrichtenzentrale, das Mainzer Informationsbüro, eingerichtet. Über 2140 politisch begründete Gerichtsverfahren sind als Folge dieser Maßnahmen zwischen 1830 und 1842 verhandelt worden, und das, obwohl die meisten deutschen Verfassungsstaaten mit Ausnahme von Hessen-Darmstadt sich nur widerwillig am Ausbau des Überwachungssystems beteiligt haben. Allein in Berlin sind bis Mitte der dreißiger Jahre 36 Studenten zum Tode verurteilt worden.

Bald trifft es auch die Literatur. »Unsere Aufmerksamkeit ist seit langer Zeit in hohem Grade auf das Treiben der unter dem Namen des jungen Deutschlands sich ankündigenden, nach dem Vorbilde von Heine und Börne arbeitenden literarischen Schule in Anspruch genommen«, schreibt Clemens von Metternich am 31. Oktober 1835 an Münch, den österreichischen Gesandten beim Deutschen Bund. »Ihre Richtung geht, wie E. E. ohne Zweifel bekannt ist, dahin, im Wege des Romanes und des Gedichtes sich auf die große Lesewelt in Deutschland Einfluß zu verschaffen und diesen Einfluß zur Untergrabung aller und jeder, geoffenbarten wie natürlichen Religion und zur Vergötterung der rohesten Sinnlichkeit anzuwenden.« Die »Quintessenz« des Jungen Deutschland glaubte Metternich in Heinrich Heines Schrift *Zur Geschichte der Religion und Philosophie in Deutschland* von 1833 erkannt zu haben. »Zugleich«, so Metternich, »ist das Heinesche Produkt ein wahres Meisterwerk in Beziehung auf Stil und Darstellung. Heine ist der größte Kopf unter den Verschworenen.« Den Verschworenen? Davon kann, im organisatorischen Sinne, überhaupt nicht die Rede sein.

Zwar war es unter deutschen Akademikern und Handwerkern im Schweizer Exil zur Gründung eines Geheimbundes mit dem Namen Junges Deutschland gekommen, der Verbindungen zu Giuseppe Mazzinis revolutionärem Giovane Europa unterhielt, doch damit haben die genannten Literaten nichts zu tun. Sie sind nicht einmal eine wirkliche literarische Gruppe. Es ist eher ein gewisser Zeitgeist des »Sensualismus«, der betonten Diesseitigkeit, der den unter dem Etikett des Jungen Deutschland vereinten Schriftstellern gemeinsam ist und der ihren literarischen Produktionen einen gewissen programmatischen Charakter verleiht. »Schon hier auf Erden möchte ich, durch die Segnungen freier politischer und industrieller Institutionen, jene Seligkeit etablieren, die, nach Meinung der Frommen, erst am jüngsten Tage, im Himmel stattfinden soll«, hatte Heine in dem von Metternich inkriminierten Buch geschrieben.

Die staatliche Überwachung der Literatur hatte bereits 1830 an Schärfe zugelegt, als der preußische Geheimrat von Tzschoppe zum Mitglied des Oberzensurkollegiums ernannt wurde. Tzschoppe ist ein Scharfmacher, der später in geistige Umnachtung fallen wird und dessen Verfolgungsmanie bald zu einem ausgedehnten Netz von »informellen Mitarbeitern« führt, den »Konfidenten«, durch die bald fast alle Schriftsteller in Deutschland überwacht werden. Briefe werden »perlustriert«, das heißt aufgebrochen und kopiert oder einfach unterschlagen.

Heinrich Laubes Erstlingswerk *Polen* steht im Februar 1833 auf dem Index, seine *Reisenovellen* im Februar 1834, Ludolf Wienbargs *Ästhetische Feldzüge*, die Programmschrift einer jungdeutschen »Zeitdichtung«, im Juni 1834. Im Sommer 1835 trifft es Theodor Mundts *Madonna*, der die *Evangelische Kirchenzeitung* vorwirft, sie entfache eine »verwegene gottlose Identifizierung der Wollust und der mystischen Gottinnigkeit« und sei deshalb besonders gefährlich. Im Herbst 1835 entfacht Wolfgang Menzels *Literatur-Blatt* ein wahres Trommelfeuer gegen das Junge Deutschland, von dem er behauptet, es sei »eigentlich ein junges Palästina«.

Menzels antisemitische Spitze zielt insbesondere auf den »von jüdischen Antipathien und französischen Beispielen« verlockten Heinrich Heine. Am 11. Dezember werden Heines Werke verboten, auch seine zukünftigen. Karl Gutzkow, dessen Roman *Wally, die Zweiflerin* im Oktober beschlagnahmt worden war, ist gemeinsam mit dem Theoretiker Wienbarg Ende November aus Frankfurt ausgewiesen worden. Am 1. Dezember wird er verhaftet. An diesem Tag nennt die *Freiburger Zeitung* das Junge Deutschland einen weitgehend von Juden gesteuerten Mörderbund. Es ist, als seien in Deutschland für lange Zeit dunkle Tage angebrochen.

Alltagsleben im Biedermeier

In der ersten Hälfte des 19. Jahrhunderts ist das Leben noch nicht auf die Großstädte konzentriert. Berlin und Hamburg sind die einzigen Städte mit mehr als 100000 Einwohnern. 90 Prozent aller Siedlungen haben weniger als 3000 Einwohner. Von den insgesamt 30 Millionen Deutschen leben 80 Prozent in ländlichen Regionen.

Die feudalen Landstrukturen und Besitzverhältnisse enden fast überall in Europa. Die Ackerfläche allein in Preußen verdoppelt sich zwischen 1815 und 1850 von sieben auf 14 Millionen Hektar. Der Fleischverbrauch steigt: Er liegt 1800 bei 17 Kilo und wird sich bis zur Gründung des Kaiserreiches 1871 verdoppeln. Hauptnahrungsmittel sind aber nach wie vor Getreidebrei (aus Roggen, Gerste, Hafer, Dinkel) und Kartoffeln. Besonders nach dem Hungerjahr 1816 gewinnt der Anbau von Kartoffeln an Bedeutung: Je größer die Familie und je knapper das Geld, desto höher ist der Kartoffelverbrauch. Unter den begrenzten Möglichkeiten der Konservierung leidet der weitverbreitete Milchkonsum, da sich Milch nur kurze Zeit hält. Wasser aus dem Brunnen ist das gebräuchlichste Getränk, Kaffee und Tee sind ein unbekannter Luxus. Die Männer berauschen sich von ihrem kargen Lohn an Starkbier und Getreideschnaps, in manchen Re-

Humorvolle Kritik von Johann Peter Hasenclever (*1810, †1853) an biedermeierlicher Selbstgenügsamkeit und kleinbürgerlicher Betulichkeit in seinem Bild »Das Lesekabinett« von 1843.

gionen auch an Wein. Die Frau arbeitet zumeist im Haus, denn zahlreiche Schwangerschaften sind - nicht nur auf dem Land - die Regel. In den ersten beiden Jahrzehnten des 19. Jahrhunderts bringt eine Frau durchschnittlich sieben Kinder zur Welt, von denen zwei oder drei das 14. Lebensjahr nicht erreichen. Bis 1844 sinkt die Quote auf sechs Kinder, von denen beinahe jedes zweite früh sterben wird.

Die Lebensbedingungen in den neu entstehenden Fabriken sind für die Lohnarbeiter enorm hart: 1818 verdienen Tuchmacher jährlich 125 bis 225 Taler, Tagelöhner, die einen Großteil der Fabrikarbeiterschaft ausmachen, nur 75 bis 150 Taler. Die jährlichen Lebenshaltungskosten belaufen sich nach Berechnungen der preußischen Verwaltung für einen erwachsenen männlichen Arbeiter auf 114 Taler, für eine Arbeiterfamilie von fünf Personen auf 250 bis 260 Taler. Ein Großteil der Gesellen und Fabrikarbeiter und ihrer Familien lebt somit am Rande des Existenzminimums. Frauen- und Kinderarbeit ist unumgänglich. In einem Gutachten für den preußischen Oberpräsidenten von Heydebreck vom 1. Juni 1819 heißt es. »Eine beträchtliche Anzahl Kinder in dem zarten Alter von 9 bis 14 Jahren wird genötigt, 12 Stunden täglich bei einer einförmigen, oft schweren, oft leichteren, allemal

»Der erste Schultag« in einem Bild von 1852 von Johann Peter Hasenclever. Der Rheinländer Hasenclever ist der Begründer der deutschen Genremalerei.

aber durch ihre Dauer bedrückenden körperlichen Arbeit gegen den Lohn von 4 Pfennigen pro Stunde in der Fabrik zu verweilen und hat teils nicht die Zeit, teils nicht Gelegenheit, das Minimum der notwendigsten Kenntnisse für die niedrigste Stufe der bürgerlichen Gesellschaft zu erlangen.« Nie wieder werden Kinder so sehr ausgebeutet wie in den Jahren zwischen 1820 und 1840. In einem preußischen Dekret von 1839 wird festgelegt, daß Kinder nicht vor 5 Uhr morgens und nicht nach 21 Uhr abends, insgesamt nicht mehr als zehn Stunden pro Tag, beschäftigt werden dürfen. Hinzu kommen fünf Stunden Schulunterricht.

Die erschütternde Armut der unteren Klassen belegen einige Zahlen für Berlin: In der Stadt gibt es Mitte des 19. Jahrhunderts bis zu 10 000 Prostituierte, 12 000 »latierende Personen« (die also ihren Aufenthalt vor der Polizei verbergen), 6000 Almosenempfänger, 4000 Bettler, 2000 Zuchthäusler, 1000 Arbeitshausinsassen, 2000 Pflegekinder, 1500 Waisenkinder. Diese Auflistung schließt nahezu ein Viertel der Hauptstadtbewohner ein. Auch in anderen Städten lebt der Großteil der Bevölkerung unter elenden Bedingungen. Arbeiter wohnen Wohnungen trokken; viele Familien müssen, um die Miete zahlen zu können, Kostgänger aufnehmen; kaum ein Stadtkind in den ärmeren Kreisen besitzt ein eigenes Bett. Es gibt noch keine durchgängige Ka-

Dieses um 1840 entstandene Bild von Carl Schröder stellt eine bäuerliche Hochzeitsfeier auf der Deele eines niederdeutschen Hallenhauses in Lehre im Braunschweigischen dar.

nalisation. In kleineren Orten schüttet man Waschwasser, Küchenabfälle und Nachttöpfe in den nächsten Stadtbach. Die Küchen haben eine Rinne, die auf die Straße führt. In den großen Städten geht man gerade dazu über, Abfall in Kübeln zu sammeln und von Armen gegen Lohn auf Karren aus der Stadt fahren zu lassen. Aborte gibt es in der Regel irgendwo im Hinterhof, nachts benutzt man Holzkübel oder Nachttöpfe, die am oder unterm Bett stehen.

Doch auch im kleinstaatlich zersplitterten Deutschland hält zu Beginn des Jahrhunderts die industrielle Revolution Einzug: Die Dampfmaschine ersetzt immer häufiger die Arbeitskraft von Mensch und Tier. Die Spindelmaschine löst das einfache Spinnrad ab, der Maschinenwebstuhl den Handwebstuhl. 1816 fährt der erste Dampfer auf dem Niederrhein, 1827 eröffnet die Preußisch-Rheinische Dampfschiffahrtsgesellschaft den regelmäßigen Verkehr zwischen Köln und Mainz. Im Dezember 1835 rollt die erste Eisenbahn von Nürnberg nach Fürth, zwei Jahre später folgt die Strecke zwischen Leipzig und Dresden. Heinrich Heine erkennt die Bedeutung des neuen Verkehrsmittels. Im Pariser Exil schreibt er 1843. »Die Eisenbahnen sind ein bestimmendes Ereignis, das der Menschheit einen neuen Schwung gibt, das die Farbe und Gestalt des Lebens verändert.«

Die Pfändung von Vieh und des letzten Hab und Guts zeigt das Gemälde von Ferdinand Georg Waldmüller (*1793, †1865) aus dem Jahr 1847.

DIE NEUE ZEIT

Das Industriezeitalter beginnt

»An den materiellen Tendenzen nimmt Deutschland, soweit es vermag, beeiferten Anteil«, schreibt der ehemalige Düsseldorfer Theaterdirektor Karl Immermann 1840 in seinen *Memorabilien:* »Gewiß wird kein tieferes Gemüt für die Eisenbahnen als solche und den Dampf, wenn er nichts weiteres ist, und für die Maschinen, wenn sie nur klappern, den Säckel eines Gewerbsmannes zu füllen, sich erglühet fühlen. Gewiß ist ferner, daß durch jene Tendenzen in vielen Menschen eine gewisse Versandung entstand und eine Trocknis der Seelenkräfte. Gewiß ist aber auf der anderen Seite auch, daß sie hervorgehen nicht aus einer Täuschung, sondern aus einer Wirklichkeit, daß sie außer dem Geleite phantastischer Einbildung im strengsten Gefolge der Wissenschaft einherschreiten, und daß nicht einzelne Projektenmacher zu ihnen anführen, sondern daß die größere Hälfte der Gesamtheit in ihnen mehr oder minder lebt und webt. Sonach sind alle Kennzeichen vorhanden, daß eine der großen und notwendigen Evolutionen des menschlichen Geistes im Werke sei. An der Natur wird dieses Werk unternommen. Dem Altertume war sie ein Göttliches, dem Mittelalter ein Magisches, und der neuen Zeit scheint sie ein Menschliches werden zu sollen.« 1807 hatten die Gebrüder Dinnendahl in Essen damit begonnen, Dampfmaschinen zu bauen, und Immermann hatte in seinem Roman *Die Epigonen* von 1836 Friedrich Harkorts 1819 errichtete Mechanische Werkstätte in Wetter an der Ruhr als Hintergrund für die erste literarische Schilderung industriell erzeugter Umweltschäden gedient. 1827 war die Preußisch-Rheinische Dampfschiffahrtsgesellschaft mit regelmäßigem Verkehr zwischen Köln und Mainz gegründet worden.

»Die Dampfschiffe fahren zu schnell«, sagt Wally in Gutzkows auf den Index gesetztem Roman *Wally, die Zweiflerin* von 1835. Sie verweist damit auf eine psychologische Revolution, die mit den Dampfschiffen, mehr noch mit der Eisenbahn, um diese Zeit einsetzt und sich für das

Linke Seite: Mittelalterlicher Kran auf dem Südturm des Kölner Doms um 1860. Köln ist zu dieser Zeit die zweitgrößte Stadt in Preußen und nach Berlin, Wien, Hamburg und dem fast gleich großen München die fünftgrößte Stadt im Deutschen Bund. In vier Jahren beginnt mit der N. A. Otto & Cie, der späteren Gasmotoren-Fabrik Deutz AG, die Industrialisierung der Stadt in der preußischen Rheinprovinz.

Die Eisenbahn: Warentransport und neues Lebensgefühl

Die Eisenbahn löst völlig unterschiedliche Empfindungen aus. Viele Menschen fürchten sich vor Qualm und Rauch und der Geschwindigkeit der neuen Maschinen. Unternehmerisch denkende Bürger sehen in der Eisenbahn ein hervorragendes Mittel zum Transport von Waren und Personen und sogar einen Hebel zur Überwindung kleinstaatlicher Enge. Nur wenige Zeitgenossen erkennen, daß die jetzt erreichbaren Geschwindigkeiten die Vorstellung von Raum und Zeit veränderm und ein Zeitalter der Mobilität einläuten. Der hellsichtige Heinrich Heine schreibt im Pariser Exil: »Ich rieche schon den Duft der deutschen Linden, vor meiner Haustür brandet die Nordsee.«

Ende 1835 eröffnet die sechs Kilometer lange Strecke zwischen Nürnberg und Fürth. Die nach dem bayerischen König Ludwig I. benannte »Ludwigsbahn« ist eine staatlich konzessionierte Privatlinie. Die Fahrt ist eine Herausforderung für Mutige. Ärzte warnen vor der enormen Geschwindigkeit: Ein Tempo von mehr als 30 Kilometer pro Stunde könne bei Menschen mit schwacher Konstitution zum Herzstillstand führen. Der Heimatdichter Jakob Schnerr ist dennoch so begeistert, daß er eine Ode auf die Lokomotive schreibt: »Was schnaubt und qualmt dort vor der Wagen Reihe? / Es scheint ein Elephant / daß er als Zugthier sich zum Dienste weihe / Gemacht von Menschenhand. - Und seht; es zieht mit wunderbarer Schnelle / Den langen Wagenzug / Dies Werk der Kunst gar mächtig von der Stelle / Im adlergleichen Flug.«

Der Bau der »Ludwigsbahn« zahlt sich vor allem für die Geldgeber schnell aus. Schon im ersten Jahr beträgt die Rendite auf das eingebrachte Kapital fast 20 Prozent.

an die Postkutsche gewöhnte Publikum zunächst als eine ungewohnte Reizüberflutung durch die industrielle Geschwindigkeit bemerkbar macht. »Welche Veränderungen müssen jetzt eintreten in unserer Anschauungsweise und in unseren Vorstellungen!« schreibt Heinrich Heine nach einer Eisenbahnreise in Frankreich. »Sogar die Elementarbegriffe von Raum und Zeit sind schwankend geworden. Durch die Eisenbahnen wird der Raum getötet, und es bleibt uns nur noch die Zeit übrig.«

Am 7. Dezember 1835 ist die erste deutsche Eisenbahnlinie zwischen Nürnberg und Fürth in Betrieb genommen worden. Staunend betrachten die Zeitgenossen dieses Wunderwerk eines ersten deutschen Dampfrosses. »Der blanke Stahl steigt auf und nieder«, hatte bereits 1827 der in England lebende deutsche Harfenmeister J.A. Stumpff gedichtet. »Belebt

Chromolithographie des Leipziger Bahnhofs in Dresden(-Neustadt). Die Eisenbahnstrecke Dresden–Leipzig wird 1839 als erste deutsche Fernbahn und zweite Bahnlinie überhaupt in Betrieb genommen. Im März 1834 gründen im Leipziger Börsensaal zwölf Kaufleute und Unternehmer die private »Leipzig-Dresdner Eisenbahn-Compagnie«. Maßgeblich an der Gründung beteiligt ist der Nationalökonom Friedrich List.

zum Streben alle Glieder / Nach einem Ziel. Der große Bau / Folgt stets des Meisters Sinn genau.« Das Gedicht fand sogar das Interesse des alten Goethe, der diese Hymne an die Maschine zum Abdruck brachte. Doch nun, in den dreißiger Jahren, beginnt die neue Zeit Wirklichkeit zu werden. Mit August Borsig in Berlin, Josef Anton Maffei in München und Emil Keßler in Kassel hält das große Zeitalter des Dampfmaschinen- und Lokomotivenbaus auch in Deutschland Einzug.

Besonders Preußen entwickelt sich zu einem Motor des industriellen Zeitalters. Paradoxerweise auch deshalb, so der Historiker Heinrich August Winkler, »weil der aufgeklärten Bürokratie kein Parlament entgegenstand, in dem sich die Gegner einer solchen Entwicklung bremsend oder blockierend betätigen konnten«. Preußen sieht in der industriell führenden Nation England seine große Herausforderung, der es sich mit einer entschiedenen Politik der wirtschaftlichen Liberalisierung und Modernisierung stellen will. Das Leitbild der süddeutschen Verfassungsstaaten ist dagegen Frankreich, wie es aus der Revolution als eine Gesellschaft der kleinen Eigentümer in Stadt und Land hervorgegangen war. Forderungen nach Gewerbefreiheit und Freizügigkeit, aber auch nach der Gleichstellung der Juden haben es in Staaten wie Baden, die Rücksicht auf die Interessen ihrer Kleinbürger und Bauern zu nehmen gewohnt sind,

Der Deutsche Zollverein
1834–1854
Kgr. Dänemark
Hzm. Schleswig
Hzm. Holstein
Grhzm. Mecklenburg-Schwerin
Hzm. Lauenburg
Grhzm. Oldenburg 1. Januar 1854
Kgr. Hannover 1. Januar 1854
Grafschaft Schaumburg (zu Hessen-Kassel) 13. November 1841
Fsm. Schaumburg-Lippe 1. Januar 1854
Hzm. Braunschweig 19. Oktober 1841
Königreich der Niederlande
Fsm. Lippe-Detmold 18. Oktober 1841
Anhalt
Fsm. Waldeck-Pyrmont
Kgr. Preußen
Kfsm. Hessen-Kassel
Kgr. Belgien
Hessen-Darmstadt
Thüringische Staaten
Hzm. Nassau 10. Dezember 1835
Oberamt Homburg 20. Februar 1835
Grhzm. Luxemburg 8. Februar 1842
Freie Stadt Frankfurt a. M. 2. Januar 1836
Hessen-Darmstadt
Bayern (Pfalz)
Kgr. Bayern (mit angeschlossenen Enklaven)
Kgr. Frankreich
Kgr. Württemberg (mit angeschlossenen Enklaven)
Grhzm. Baden 12. Mai 1835
Schweiz

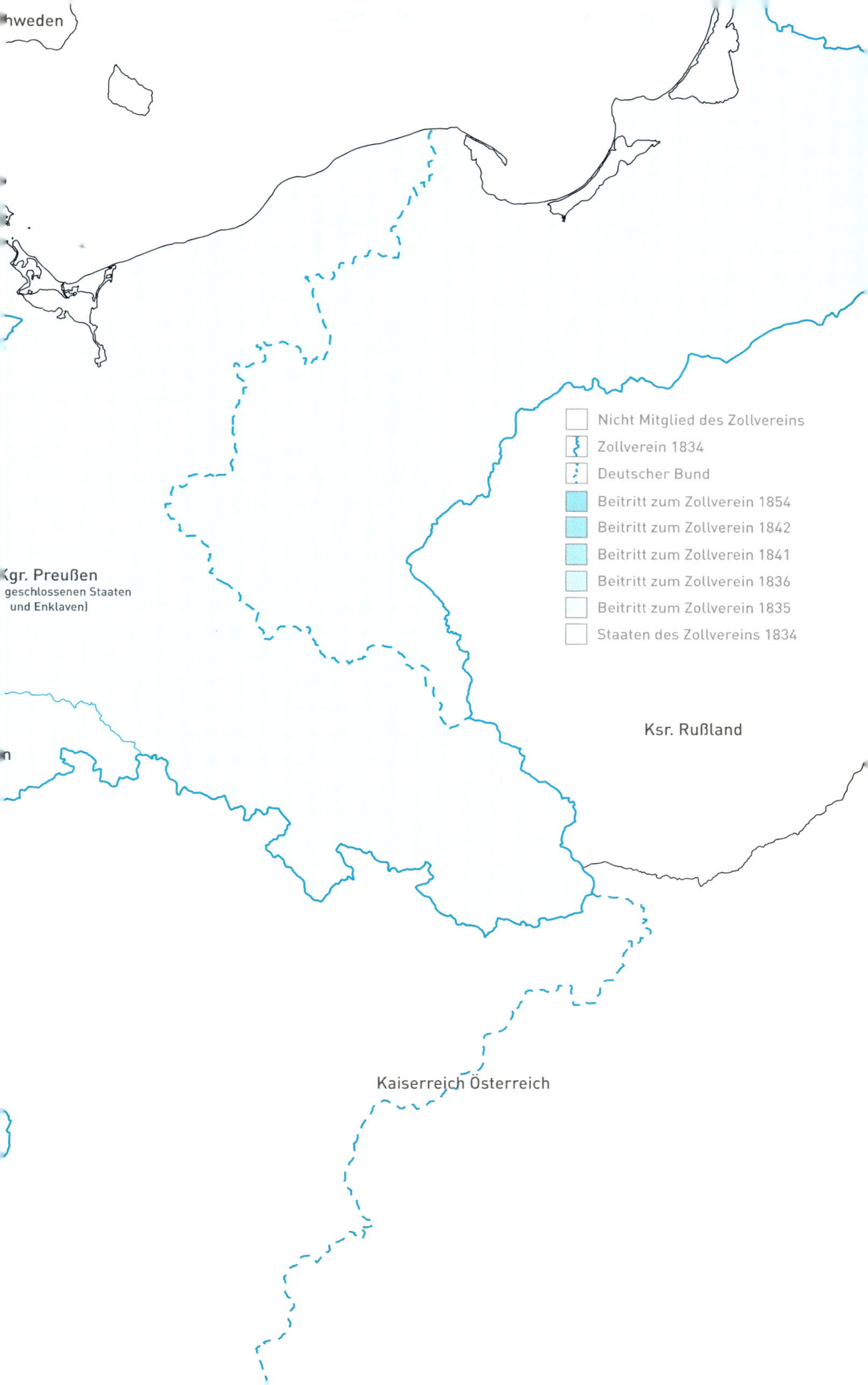

hweden
Kgr. Preußen
geschlossenen Staaten
und Enklaven)
n
Nicht Mitglied des Zollvereins
Zollverein 1834
Deutscher Bund
Beitritt zum Zollverein 1854
Beitritt zum Zollverein 1842
Beitritt zum Zollverein 1841
Beitritt zum Zollverein 1836
Beitritt zum Zollverein 1835
Staaten des Zollvereins 1834
Ksr. Rußland
Kaiserreich Österreich

ungleich schwerer als unter der preußischen Modernisierungsadministration.

Am 1. Januar 1834 ist mit der Unterzeichnung des Vertrags über den deutschen Zollverein eine Entwicklung zum vorläufigen Abschluß gekommen, die mit der Öffnung der Märkte für englische Waren durch den Zusammenbruch der napoléonischen Kontinentalsperre ihren Anfang genommen hatte. Die Zeit der Restauration war auch eine Zeit der wirtschaftlichen Modernisierung gewesen. Am 20. April 1819 hatten deutsche Handels- und Gewerbetreibende dem Bundestag eine von dem Tübinger Volkswirtschaftler Friedrich List verfaßte Petition übergeben. »38 Zoll- und Mautlinien in Deutschland lähmen den Verkehr im Innern und bringen ungefähr dieselbe Wirkung hervor, wie wenn jedes Glied des menschlichen Körpers unterbunden wird, damit das Blut ja nicht in ein anderes überfließe«, heißt es da. »Wer aber das Unglück hat, auf einer Grenze zu wohnen, wo drei oder vier Staaten zusammenstoßen, der verlebt sein ganzes Leben mitten unter feindlich gesinnten Zöllnern und Mautnern. Der hat kein Vaterland.«

Besonders Preußen hatte schon wegen seiner territorialen Lage ein großes Interesse an einer Änderung dieser Zustände. Das Land zerfiel in seinen durch den Wiener Kongreß festgelegten Grenzen in eine östliche und eine westliche Hälfte, zwischen denen wie eine Barriere die Länder Hannover, Braunschweig, Kurhessen und Nassau lagen. Andere Staaten wie das Herzogtum Anhalt oder das Fürstentum Schwarzburg-Sondershausen lagen wie Inseln innerhalb des preußischen Territoriums. Preußen hatte 7000 Kilometer Zollgrenze. Als ersten Schritt beseitigte der preußische Staat mit dem Zollgesetz vom 26. Mai 1818 alle überkommenen Zollgrenzen innerhalb seines eigenen Territoriums und schuf für ganz Preußen ein einheitliches System niedriger Eingangszölle. Ausfuhrzölle wurden überhaupt nicht mehr erhoben. Dagegen hielt Preußen an hohen Durchgangszöllen fest, mit dem erklärten politischen Ziel, andere Staaten durch diese Maßnahme zum Anschluß an das eigene Zollsystem zu bewegen. 1820 schlossen Bayern, Württemberg, Baden, Hessen-Darmstadt und die thüringischen Staaten einen Zollvorvertrag, doch das Kalkül, mit einer Zollpolitik des »Dritten Deutschland« der preußischen Dominanz eine wirkungsvolle Gegenkraft entgegensetzen zu können, ging nicht auf. 1828 unterzeichnet als erster Staat Hessen-Darmstadt einen hessisch-preußischen Zollvertrag. Im Mai 1829 wird ein preußisch-süddeutscher Handelsvertrag abgeschlossen, der durch die Gründung des Deutschen Zollvereins 1834 in eine Vereinigung des preußisch-norddeutschen und des süddeutschen Zollgebiets mündet.

Friedrich List: Das Scheitern aller Pläne

Friedrich List (*1789, †1846) in einem Gemälde, das seine Tochter nach seinem Tod anfertigen läßt und ihn als Dreißigjährigen zeigt. Sein Eintreten für eine Industrialisierung Deutschlands mit Hilfe von Schutzzöllen kommentiert Marx später aus antikapitalistischer Sicht so: »Haben etwa in Deutschland Dr. List und seine Schule für die Handweberei, für das Handwerk Schutzzölle verlangt? Nein, wenn sie um Schutzzölle baten, taten sie es nur, um die Handarbeit durch die Maschienen, die patriarchalische Industrie durch die moderne Industrie zu verdrängen. Mit einem Wort, sie wollen die Herrschaft der großen industriellen Kapitalisten verbreiten.«

Friedrich Lists Rat ist begehrt, denn niemand kennt sich in Fragen des Eisenbahnbaus besser aus als er. Aber nie wird es ihm gelingen, in Deutschland einen seiner weitgreifenden Pläne umzusetzen. Der große Nationalökonom ist ein Visionär, dem niemand folgen will.

Schon Lists erste Laufbahn als Professor endet mit einer Niederlage. Als er in Frankfurt a. M. einen Verein gründet, der sich für die Errichtung eines einheitlichen deutschen Zollgebiets einsetzt, fordert er den Zorn der auf ihre Eigenstaatlichkeit bedachten Fürsten heraus und wird seines Amtes enthoben.

Als Politiker scheitert er ebenso. 1820 zieht er in den württembergischen Landtag ein, verliert das Mandat jedoch bereits im folgenden Jahr wegen seiner Forderung nach demokratischen Reformen. Einer Verurteilung zu zehn Monaten Festungshaft entzieht er sich durch Flucht in die Schweiz. 1824 ergreift man ihn, sieht aber von der Vollstreckung der Haftstrafe ab, als List sich bereit erklärt, nach Amerika zu emigrieren.

Auch als Unternehmer hat List kein Glück. Bereits 1827 schreibt er in Briefen nach Deutschland über seine Erfahrungen mit dem Eisenbahnsystem in Nordamerika und dessen wirtschaftspolitische Bedeutung. Inzwischen amerikanischer Staatsbürger und für seine Verdienste von Präsident Andrew Jackson zum Generalkonsul für Baden ernannt, kehrt er 1832 nach Deutschland zurück und gründet zwei Jahre später die Leipzig-Dresdener Eisenbahngesellschaft. Doch der erwartete Erfolg bleibt aus.

Selbst seine Idee zeitlich begrenzter Schutzzölle, die eine junge, aufstrebende Wirtschaft gegen ausländische Konkurrenz schützen sollen, gewinnt erst nach seinem Tod viele Fürsprecher. Die ständigen Enttäuschungen sowie körperliche Beschwerden zermürben Friedrich List. Er nimmt sich am 30. November 1846 in Kufstein das Leben.

23 Millionen Menschen leben jetzt in einem einheitlichen Wirtschaftsraum, dem sich bald auch Baden, Frankfurt a. M. und Braunschweig anschließen. Österreich hat an dieser Entwicklung nicht teilgenommen, was bei Clemens von Metternich, der darauf keinen Einfluß hatte, die berechtigte Sorge vor einer künftigen Vormachtstellung Preußens in Deutschland aufkommen läßt. Preußen werde in Zukunft alle Aufmerksamkeit darauf richten, »Österreich endlich als das, was es in kommerzieller Hinsicht allen diesen Staaten gegenüber allerdings bereits ist, … als Ausland ansehen zu machen«, teilt er im Juni 1833 Kaiser Karl I. mit. »Die Beziehungen Österreichs zu den anderen deutschen Bundesstaaten«, so Metternich, würden so »auf die Länge erschlaffen und schließlich ganz abreißen«. Tatsächlich ist Preußen mit der Gründung des Deutschen Zollvereins zur wirtschaftspolitischen Führungsmacht in den außerösterreichischen deutschen Gebieten geworden.

Der wirtschaftlichen Modernisierung dient auch der Ausbau der Verkehrswege. Weit über hundert Schnellpostlinien gibt es in dieser Zeit in Preußen, die Generalpostmeister Karl Ferdinand von Nagler seit 1824 nach französischem und englischem Vorbild eingeführt hatte. Bei der Schnellpost war die Personen- von der Paketfracht getrennt, wodurch das häufige Umladen auf den Poststationen entfiel. Sie profitierte auch vom gezielten Ausbau der Landstraßen. Hatte Preußen 1816 nur 3938 Kilometer Chaussee vorzuweisen, so waren es 1835 bereits 12424 Kilometer. Die Schnellpost verkürzt die Reisezeit meist um weit mehr als die Hälfte. Seit 1825 verkehren in Berlin auch Pferdeomnibusse als innerstädtische Verkehrsmittel. Generalpostmeister Nagler hatte viel in den Ausbau der Landstraßen investiert, als seine Mobilitätspolitik ab 1835 durch den einsetzenden Eisenbahnboom überholt wird.

Preußische Unternehmer aus dem Westen wie Harkort und Camphausen hatten seit 1830 immer wieder Initiativen für den Eisenbahnbau propagiert, als der gerade aus den USA zurückgekehrte Friedrich List 1833 mit der Schrift *Über ein sächsisches Eisenbahnsystem als Grundlage eines allgemeinen deutschen Eisenbahnsystems* und besonders über den Bau einer Eisenbahnlinie von Leipzig nach Dresden an die Öffentlichkeit tritt. Seit 1827 war in den USA das erste Projekt einer amerikanischen Eisenbahnlinie von Baltimore nach Ohio in Arbeit. List hat sofort die wirtschaftlichen Vorteile des neuen Transportsystems begriffen. Es ermöglicht einen schnellen, regelmäßigen und preiswerten Massentransport, argumentiert er in seiner Schrift. Er schlägt die Gründung von Aktiengesellschaften vor, die mit den Regierungen über Konzessionen verhandeln sollen. Beim ersten Eisenbahnbau von Nürnberg nach Fürth freilich hat die tragende Gesellschaft Lists Visionen einer bevorstehenden Revolutionierung des

Transportsystems nur unvollständig im Auge. Sie hat nur Personenverkehr vorgesehen und lehnt den Güterverkehr ausdrücklich ab. Doch das ist nur eine kurze Episode.

Der »Magdeburger und Dresdener Bahnhof« in Leipzig um 1840. Es ist kein Zufall, daß die erste deutsche Ferneisenbahn die beiden größten Städte des Königreichs Sachsen verbindet. Denn im 19. Jahrhundert entwickelt sich Sachsen zum führenden Wirtschaftsraum Deutschlands. Auch hier wird schnell die Eisenbahn zum maßgeblichen Wirtschaftsfaktor.

1838 wird der erste deutsche Eisenbahntunnel auf der Strecke zwischen Leipzig und Dresden fertiggestellt. Er hat eine Länge von 512 Metern. 700 Arbeiter sind drei Jahre lang mit seinem Bau beschäftigt gewesen. Die Eisenbahn verändert die Landschaft. Die Landschaft des 19. Jahrhunderts, so der Kulturhistoriker Dolf Sternberger, »ist geformt durch die Eisenbahn. Sie hat nicht nur, wie Sombart sagt, ›Epoche gemacht‹, sie hat zugleich, wenn der Ausdruck erlaubt ist, ›Natur gemacht‹«. Tunnel und Brücken sind die sichtbarsten Zeichen. Der Maler Adolph von Menzel hat die Veränderungen der Landschaft, die die 1838 gebaute Bahn Berlin-Potsdam mit sich brachte, in einem Bild festgehalten. Die Türme des deutschen und des französischen Doms auf dem Berliner Gendarmenmarkt im Hintergrund, durchschneidet die Kurve der Bahnlinie sichelförmig eine ansonsten vorindustrielle, »natürliche« Landschaft wie mit einem scharfen Schnitt, etwa dort, wo sich während der Gründerzeit die Stadt in der Gegend des heutigen Gleisdreiecks ausdehnen sollte.

1841 ist die Berlin-Anhalter Bahn fertig, 1842 die Strecke nach Stettin. 1836 beginnt, finanziert durch die Wiener Rothschilds, der Bau der

Ascan Wilhelm Lutteroth (*1783, †1867) ist zweiter Bürgermeister der Freien und Hansestadt Hamburg von 1862 bis zu seinem Tode. Die Daguerreotypie, die ihn mit seiner Frau zeigt, stammt aus dem Jahr 1847. Auf den Daguerreotypien sind die aufgenommenen Objekte seitenverkehrt zu sehen.

Nordbahn von Wien nach Brünn, wenig später der Bau der Südbahn nach Triest durch die Alpen. Im Westen realisiert der rheinische Industrielle Camphausen ab 1837 den Plan einer Strecke von Köln über Aachen nach Antwerpen. 1838 fährt die Oberrheinbahn von Mannheim nach Basel, 1839 die bayerische Bahn von München nach Augsburg. 1843 gibt es eine Verbindung zwischen Elberfeld und Dortmund, 1847 eine zwischen Köln und Minden, die über Hannover nach Berlin ausgebaut wird. 1850 verfügt das Territorium des späteren Deutschen Reichs über 5859 Streckenkilometer, Österreich jedoch nur über 1357. »Das Eisenbahnfieber ist stärker als jemals«, meint Ludolf Camphausen 1844. »Es grenzt an Wahnsinn.« In dieser Zeit beginnt in Deutschland die industrielle Revolution. Der Eisenbahnbau hat die Schere zwischen dem sich nun in großen Schritten entwickelnden Zollvereinsgebiet und der Habsburgermonarchie weiter geöffnet.

Allein das preußische Eisenbahnnetz wächst in den vierziger Jahren um zwanzig Prozent pro Jahr und das Anlagekapital von 23 Millionen Mark 1840 auf 435 Millionen zehn Jahre später. 1847 erscheint mit dem *Telegraph für Post-, Eisenbahn- und Dampfschiffahrtsverbindungen* in Deutschland und den angrenzenden Ländern das erste mitteleuropäische Kursbuch. Doch der private Eisenbahnbau hat auch seine Nachteile. Nicht nur hat er solche Absurditäten zur Folge wie die Parallelführung zweier Schienenstränge auf 55 Kilometern zwischen Düsseldorf und Hagen, die sich der Konkurrenz der Rheinischen Bahn und der Bergisch-Märkischen Bahn verdankt.

Überhaupt stehen die vielen Eisenbahngesellschaften der Entwicklung eines einheitlichen nationalen Schienennetzes entgegen. Verkehrsarme und strukturschwache Regionen werden völlig vernachlässigt, was dazu führt, daß das Eisenbahnnetz im Osten große Lücken aufweist. Vergeblich sucht die preußische Regierung in den vierziger Jahren nach Investoren für den Ausbau der Strecke von Berlin über Danzig nach Königsberg. Das Risiko will niemand tragen, was dazu führt, daß die Regierung in Berlin beschließt, diese strategisch wichtige »Entwicklungsbahn« als staatliches

Unternehmen über Staatsschulden zu finanzieren.

Die erste deutsche Staatsbahn war die 1838 gebaute Linie von Braunschweig nach Wolfenbüttel. Auch die München-Augsburger und die Mannheim-Basler Linie waren staatliche Unternehmungen. Um die Finanzmittel für den Bau der Ostbahn aufbringen zu können, war die preußische Regierung nach dem Staatsschuldengesetz von 1820 jedoch auf die Zustimmung des Vereinigten Preußischen Landtages angewiesen. Als Friedrich Wilhelm IV. im Februar 1847 den Landtag nach Berlin einberuft, ist ihm nicht bewußt, daß er damit gezwungenermaßen einen Schachzug macht, der »dann in die Revolution« mündete, wie der Historiker Thomas Nipperdey schreibt. Die preußischen Könige hatten sich nach 1815 das Recht vorbehalten, den Landtag nach eigenem Gutdünken einzuberufen, und schon des monarchischen Prinzips wegen ein Recht der Stände auf regelmäßige Zusammenkünfte dabei nicht vorgesehen. Doch jetzt war der König in einer Zwangslage. Er brauchte den Landtag.

Auf der Daguerreotypie einer Leipzigerin mit »Vorleserin« aus dem Jahr 1845 ist eine biedermeierliche Hausfrau mit Haube und Spitzenkragen zu sehen. Diese Kleidung ist Zeichen ihres Ehestandes. Die bürgerliche Hausfrau hat keine Aufgabe, die Hausarbeit erledigt das Personal, Berufstätigkeit ist ihr untersagt.

Um dabei keine Mißverständnisse aufkommen zu lassen, eröffnet Friedrich Wilhelm IV. am 11. April 1847 den Landtag in Berlin mit einer Thronrede, in der er noch einmal deutlich macht, daß er eine Verfassung für Preußen nach wie vor kategorisch ablehnt. Niemals, so der Monarch, werde er zulassen, »daß sich zwischen unseren Herr Gott im Himmel und dieses Land ein beschriebenes Blatt gleichsam als eine zweite Vorsehung eindränge«. Er ist sich, erfüllt von den mittelalterlichen und patriarchalischen Ideen seines Lehrmeisters Karl Ludwig von Haller, seiner Sache so sicher, daß er, ohne es selbst zu bemerken, der Versammlung mit dieser Rede den Fehdehandschuh hinwirft. »Allgemeine Betroffenheit, Unwillen, Erbitterung«, notiert Karl August Varnhagen von Ense über die Stimmung im Landtag nach dieser Rede. »Heute abend sind viele Privatzusammenkünfte, um zu beraten, wie man sich benehmen solle.«

Zwei Monate tagt der Landtag und bestürmt den König mit der Forderung nach regelmäßigen Sitzungen und der Mitwirkung bei der Gesetzgebung. Es formiert sich eine Opposition. Der Vereinigte Landtag wei-

Betriebslänge der deutschen Eisenbahnen 1835–1915

Die Betriebslänge der deutschen Eisenbahnen im Jahr 1860 entspricht in der Gesamtlänge dem bundesdeutschen Autobahnnetz 2006 (12 044 km).

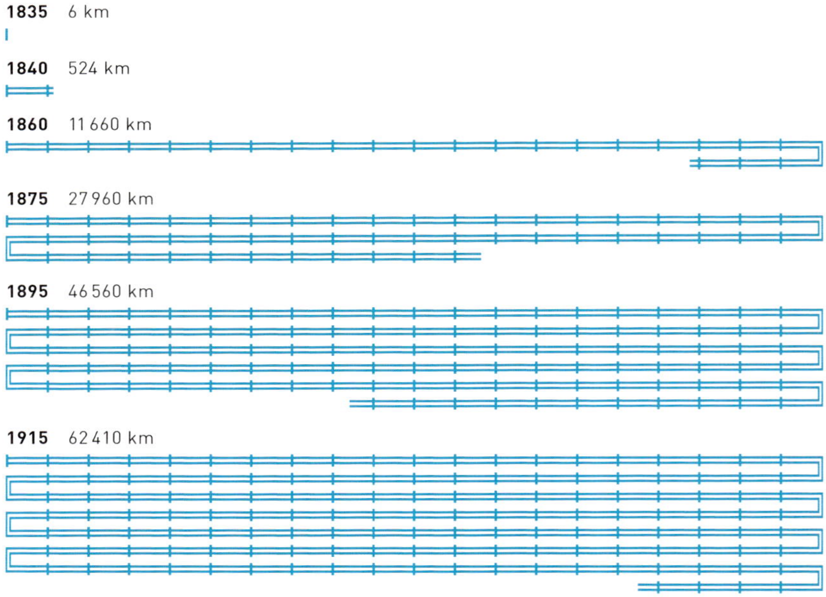

Quelle: Eigene Darstellung nach den Angaben von Gustav Stolper, Deutsche Wirtschaft seit 1870, 1966, S. 45 – Görtemaker, S. 163. Nach Gerhard Schatt, in DG, S. 95

gert sich schließlich, die geforderte Anleihe für den Bau der Ostbahn zu garantieren. »Das wirtschaftliche Interesse von westlicher Industrie und ostpreußischer Landwirtschaft an dieser Verkehrsverbindung war groß«, kommentiert Heinrich August Winkler diesen Vorgang. »Noch größer aber war ihr politisches Interesse an der Konstitutionalisierung und Parlamentarisierung Preußens. Das Nein zum Vorhaben der Regierung markierte das Ende der Erneuerung Preußens von ›oben‹, getragen von einem aufgeklärten Beamtentum. Wenn der Hohenzollernstaat seine Modernisierung fortsetzen wollte, kam er nicht umhin, der Gesellschaft ein beträchtliches Maß an politischer Mitbestimmung zuzugestehen.« Preußen ist in eine Krise geraten, die ein Jahr später zu einem völligen Umschwung der politischen Verhältnisse führt.

August Borsig: Der Erbauer der ersten deutschen Lokomotive

August Borsig (*1804, †1854) in einem Gemälde von Franz Krüger (*1797, †1857). 1854 feiert Borsig den Bau der 500. Lokomotive. Er wird jetzt »Lokomotivkönig« genannt. Er hat zahlreiche Eisenkonstruktionen für bedeutende Bauwerke realisiert, z.B. die Kuppel des Berliner Schlosses, die Lutherbrücke in Berlin-Moabit und ein eisernes Schwimmdock im Hafen von Swinemünde. In seinem Todesjahr krönt er sein Lebenswerk durch den Erwerb von Erzgruben und die Einrichtung eines Hüttenbetriebs in Oberschlesien. 131 Hüttenarbeiter des Moabiter Eisenwerks werden dafür mit ihren Familien nach Zabrze, dem späteren Hindenburg, umgesiedelt.

Trotz der gewaltigen Kosten und ohne Auftrag baut August Borsig 1840 in Berlin seine erste Lokomotive. Von der Qualität seiner Konstruktion überzeugt und mit Blick auf mögliche Kunden setzt er seine ganze Zukunft darauf: Am 21. Juli läßt er die »Nr. 1« auf der Strecke von Berlin nach Jüterbog gegen eine englische Lokomotive antreten – die »Nr. 1« gewinnt mit zehn Minuten Vorsprung.

Der gelernte Zimmermann Borsig wird im Juni 1804 in Breslau geboren und lernt Maschinenbau in der Neuen Berliner Eisengießerei von F. A. Egells. Schon früh begeistert ihn das Eisenbahnwesen. Obwohl niemand in Deutschland Erfahrungen mit dem Bau so großer Maschinen hat, investiert Borsig seine Ersparnisse in ein Grundstück vor dem Oranienburger Tor in Berlin und gründet 1836 auf dem seiner alten Firma benachbarten Gelände eine eigene Maschinenbauanstalt. Nach dem Sieg seiner Neukonstruktion beliefert Borsig vor allem Staatsbahnen wie die Berlin-Anhalter Bahn. Daneben arbeitet er unermüdlich an weiteren Projekten: Er entwickelt eine Dampfpumpe für die Fontänen in Sanssouci und liefert die Stahlkonstruktionen für die Kuppeln der Potsdamer Nicolaikirche.

Der Unternehmer August Borsig lebt im großen Stil. Seine Villa und den Park an der Stromstraße entwirft ihm der berühmte Peter Joseph Lenné. Als Borsig im Alter von nur fünfzig Jahren stirbt, verläßt bereits die 500. Dampflok das Unternehmen mit mittlerweile 1850 Beschäftigten. Vier Jahre nach seinem Tod hat der neue Firmenchef, Borsigs Sohn Albert, diese Zahl verdoppelt. Das Unternehmen ist zum größten Produzenten von Lokomotiven in Europa aufgestiegen.

Vormärz

Als Friedrich Wilhelm IV. 1840 den Thron bestiegen hatte, war dies mit großen Hoffnungen verbunden gewesen. Jeder wußte, daß der neue König unter dem Einfluß von Hallers Restaurationsideologie stand, doch in der ersten Zeit nach dem Thronwechsel wurde so etwas wie ein Tauwetter spürbar. »Über den König spricht man hin und wieder sehr ungünstig«, notiert Varnhagen von Ense Ende Dezember 1840 ins Tagebuch. »Ich muß doch den König sehr verteidigen. Er hat wahrlich schon viel getan, und wahre Hauptsachen, deren jede für eine Richtung gelten kann. Eichhorns Ernennung, Boyens Herstellung, Tiecks Begünstigung, Arndts und Jahns Freisprechung, die Berufung der beiden Grimm, die Amnestie, die ausgesprochenen Gesinnungen in betreff der Presse, des Theaters etc. Das sind schon große Dinge, in kaum sechs Monaten voll Unruhe, Feierlichkeit, Sturm von außen!« Tatsächlich waren der während der Demagogenverfolgungen suspendierte Ernst Moritz Arndt wieder zum Professor in Bonn berufen und der »Turnvater« Friedrich Ludwig Jahn rehabilitiert worden. Die wegen ihres Protests gegen einen Verfassungsbruch Ernst Augusts von Hannover 1837 von der Göttinger Universität verwiesenen Brüder Grimm hat Friedrich Wilhelm jetzt an die Akademie der Wissenschaften nach Berlin berufen. Er hat sogar bewirkt, daß die Frankfurter Zentraluntersuchungsbehörde ihre Tätigkeit einstellte. Doch Friedrich Wilhelms Einstellung ist nicht liberal, sie ist national, vor allem aber christlich-religiös.

Das ganze Tauwetter des Jahres 1840 war im wesentlichen eine Folge des von Varnhagen von Ense so genannten »Sturms von außen«, der in diesem Jahr von Frankreich ausgegangen ist und der plötzlich wieder eine antifranzösische Stimmung wie zur Zeit der Befreiungskriege aufkommen läßt. Frankreich hatte sich durch seine Unterstützung des ägyptischen Vizekönigs Mehmet Ali, der durch einen Eroberungsfeldzug in Syrien die Führung des Osmanischen Reichs bedrohte, die alte antinapoléonische Koalition zum Gegner gemacht. Als Mehmet Ali durch den Londoner Vertrag vom Juli 1840 zum Rückzug nach Ägypten gezwungen wird, empfindet man dies in Paris sofort und fast unisono als eine unannehmbare nationale Demütigung. Napoléonische Erinnerungen, die schon bei der Unterstützung Mehmet Alis eine große Rolle gespielt haben, lassen jetzt als Revanche dafür den Ruf nach der Rheingrenze und der Annektion der linksrheinischen Gebiete immer lauter werden. Als Ministerpräsident Thiers damit beginnt, an der Grenze mobil zu machen, versetzt er damit über Nacht ganz Deutschland in einen psychologischen Kriegszustand.

»Sie sollen ihn nicht haben, / Den freien deutschen Rhein«, dichtet Nikolaus Becker aus der Eifelstadt Geilenkirchen in seinem »Rheinlied«,

Diese Aufnahme auf Jodsilberpapier ist die zweitälteste erhaltene Ansicht von Frankfurt a. M. Sie entsteht während einer Rheinreise des Fotopioniers William H. Fox Talbot im Herbst 1846. Zu sehen sind im Hintergrund die Hauptwache und weiter rechts der Turm der Katharinenkirche. Die Kamera steht in einem Fenster im 2. Stock des Hotels »Russischer Hof«.

das schon bald zum Gassenhauer wird: »Ob sie wie gier'ge Raben, / sich heiser danach schrein.« Der bis dahin völlig unbekannte Hilfsgerichtsschreiber Becker erhält von Friedrich Wilhelm für das Lied ein Geschenk von tausend Talern. König Ludwig I. von Bayern überreicht ihm einen Silberpokal. Bald gibt es mehr als dreißig Vertonungen der Reime von Becker, unter ihnen eine von Robert Schumann.

Nikolaus Becker hat eine regelrechte Flut patriotischer Lieder ausgelöst. Max Schneckenburger ruft zur »Wacht am Rhein« auf. »Es braust ein Ruf wie Donnerhall«, dichtet er. »Wie Schwertgeklirr und Wogenprall: / Zum Rhein, zum Rhein, zum Deutschen Rhein! / Wer will des Stromes Hüter sein?« Auch Hoffmann von Fallerslebens »Lied der Deutschen« ist in dieser Stimmung nationaler Erregung entstanden. Der rehabilitierte Ernst Moritz Arndt macht seinem Ruf als Franzosenfresser wieder alle Ehre, als er sein Lied »Als Thiers die Wälschen aufgerührt hatte« zu Papier bringt. »So klinge die Losung: zum Rhein! Übern Rhein!« dichtet er, neu enthusiasmiert. »All Deutschland in Frankreich hinein!«

Die Daguerreotypie aus dem Jahr 1845 zeigt einen Vater mit seinen sechs Söhnen. In Preußen leisten die Söhne der »gebildeten Stände« ihre Wehrpflicht – es gibt sie seit den preußischen Reformen 1813 – als »Einjährig-Freiwillige« ab. Voraussetzung ist, daß der Anwärter die »Sekundareife« an einem Gymnasium oder einer Mittelschule erworben hat. Der »Einjährig-Freiwillige« muß im Frieden Unterbringung und Ausrüstung selbst bestreiten.

Doch es gibt auch kritische Stimmen. »Die Jünglinge der Freiheitskriege sind jetzt Minister und Könige«, schreibt der Hegel-Schüler Arnold Ruge im Oktober 1840 in den *Hallischen Jahrbüchern für deutsche Wissenschaft und Kunst:* »In ihnen ist der damalige Geist, der Franzosenhaß und all der altdeutsche Kram erst recht zur Macht gekommen, und alle Tendenzen jener Zeit von neuem, wenn auch in abgeschwächter Gestalt, ans Licht der Wirklichkeit getreten.«

Friedrich Wilhelm IV. hat sich zu deren Fürsprecher gemacht. Vom »Brudersinn der Deutschen« ist 1840 in seinen Ansprachen die Rede, von der Einigkeit der Fürsten und Stämme und von einer gemeinsamen Front der deutschen Nation gegen die Franzosen. Was ihm vorschwebt, ist eine Wiederauferstehung des Heiligen Römischen Reichs Deutscher Nation. Nie wäre es dem von restaurativen Träumen erfüllten preußischen König aber in den Sinn gekommen, daß dieses durch einen anderen als den »legitimen« österreichischen Kaiser regiert werden könnte. Friedrich Wilhelm hat während der Rheinkrise keine Sekunde lang daran gedacht, Preußen in dieser Zeit der nationalen Erregung zu einer Führungsmacht in Deutschland zu erheben,

Die Nationalhymne: »Einigkeit und Recht und Freiheit«

Der heute vergessene Lorenz Leopold Haschka schreibt Ende 1796 eine Hymne auf den letzten Kaiser des Heiligen Römischen Reiches Deutscher Nation: »Gott! Erhalte Franz den Kaiser!« Wahrscheinlich hat Joseph Haydn diese Zeilen angeregt, der während seines Londonbesuchs vom Symbolgehalt der Hymne »God save the King« sehr angetan war. Haydns Vertonung der Verse Haschkas orientiert sich jedenfalls am englischen Vorbild.

Im Alten Burgtheater, das zu Ehren von Kaiser Franz II. an dessen Geburtstag eine Oper gibt, läßt Graf Saurau Text und Noten im Publikum verteilen. Beim Eintreten des Herrschers erheben sich die Gäste und stimmen das Lied an. Majestät zeigen sich angenehm überrascht.

Fast ein halbes Jahrhundert später hält sich der liberale deutsche Patriot und Dichter August Heinrich Hoffmann von Fallersleben, der durch seine Kinderlieder wie »Alle Vögel sind schon da« und »Ein Männlein steht im Walde« bekannt geworden ist, gerade auf der damals britischen Insel Helgoland auf. Hier textet er auf Haydns Melodie »Das Lied der Deutschen«.

Das Lied hat es anfangs eher schwer, steht es doch als nationale Hymne – die es im Kaiserreich offiziell nicht gibt – in Konkurrenz mit Liedern wie »Heil Dir im Siegerkranz«, »Die Wacht am Rhein« oder »Ein' feste Burg ist unser Gott«. Als England 1890 Helgoland an das Deutsche Reich abtritt, fungiert das Lied bei der Flaggenhissung zum ersten Mal als quasi inoffizielle Hymne. Im August 1922 erhebt Reichspräsident Friedrich Ebert »Das Lied der Deutschen« in den Rang der deutschen Nationalhymne.

wie das nach einer anderen durch einen Konflikt mit Frankreich ausgelösten Krise 1870 tatsächlich geschah.

Die akute Rheinkrise ist bald beigelegt, als der französische König Louis Philippe sich im Spätherbst 1840 dazu entschließt, der riskanten Politik Thiers' ein Ende zu bereiten, und das Kabinett umbildet. Thiers' Nachfolger, der weithin geachtete Historiker Guillaume Guizot, setzt unverzüglich Zeichen, daß er an einem Ausgleich mit Europa und der Beibehaltung der Gleichgewichtspolitik des Wiener Kongresses interessiert ist.

Was bleibt, sind allerdings die Nachwirkungen eines Ereignisses, bei dem zum ersten Mal in der europäischen Geschichte die öffentliche Meinung auf beiden Seiten radikalisierend auf die Politik der Kabinette und Throne eingewirkt hat, ein Mechanismus, der sich in mehreren Schüben bis zum Ersten Weltkrieg fortsetzen wird.

Die Rheinkrise ist das Geburtsdatum eines neuen deutschen Nationalgefühls, wie es auch in der 1842 fertiggestellten Walhalla der großen

Hamburg 1842: Die Wut der Flammen

Das verheerende Feuer bricht gegen ein Uhr in der Nacht des 5. Mai 1842 in der Deichstraße am Nikolaifleet aus. Böse Zungen behaupten, englische Kaufleute seien verantwortlich, die vor kurzem Phosphor eingeführt haben. (Das Material ist besonders leicht und schnell entflammbar.) Die 1150 städtischen Feuerwehrleute, von Wächtern, Alarmschüssen der Soldaten und dem Läuten der Sturmglocken herbeigerufen, können die schnelle Ausbreitung der Flammen nicht verhindern. Zwar sprengen sie mehrere Gebäude, um dem Feuer den weiteren Weg zu versperren. Aber es werden die falschen Häuser gesprengt, und auch die Befestigung der Sprengladungen gelingt nicht immer. Trotz vieler Steinbarrieren bahnt sich das Feuer immer weiter seinen Weg und rast, sogar über Fleete hinweg, zum Jungfernstieg hin.

Binnen 72 Stunden gehen 41 Straßen, 1749 Häuser, 102 Speicher, die Kirchen St. Nikolai, St. Petri und St. Gertruden, das 500 Jahre alte Rathaus, zwei Synagogen und zahlreiche andere öffentliche Gebäude in Flammen auf. Binnenalster und Glockengießerwall bieten dem Feuer schließlich Einhalt. Am 8. Mai brennt ein letztes Haus in der Straße Kurze Mühren nieder, deren Verlängerung zum Ballindamm bis heute Brandsende heißt. 20000 Menschen, beinahe zehn Prozent der Bevölkerung, haben ihr Obdach verloren. 51 Tote und Hunderte Verletzte sind zu beklagen.

Aus ganz Europa kommen Hilfslieferungen und Spenden. Der preußische König Friedrich Wilhelm IV. schickt 2000 Decken und spendet eine beträchtliche Summe. Aus Cuxhaven, Potsdam, Magdeburg, Bremen und Stade trifft Militär ein, um bei den Aufräumarbeiten zu helfen. Auch wenn die Katastrophe nicht verhindert werden konnte: Die Katastrophenhilfe funktioniert.

Deutschen bei Regensburg zum Ausdruck kommt. »Der Partikularismus hat gar keine Organe mehr«, beobachtet Heinrich von Gagern, der hessische Liberale, Anfang 1843. »Was wir sonst nur als die Gesinnung Weniger annehmen, zeigt sich nun als die Gesinnung der Mehrheit: Einheit, positive, nicht mystische Einheit, ist das fast ungedämpfte Feldgeschrei aller Wortführer.« Durch das Gefühl einer äußeren Bedrohung durch Frankreich schwindet der Einfluß von Leuten wie Karl von Rotteck, der 1832 den klassischen Satz geprägt hatte, er wolle »lieber Freiheit ohne Einheit als Einheit ohne Freiheit«.

Die Rheinkrise hat auch die Hoffnungen auf einen selbständigen Weg des »Dritten Deutschland« schwinden lassen. Selbst wenn Friedrich Wil-

Die von Hermann Biow vom Dach der Börse fotografierten Brandruinen in der Alstergegend zeugen von dem Großbrand, der zwischen dem 5. und dem 8. Mai 1842 große Teile der Hamburger Altstadt in Schutt und Asche legt.

helm IV. es weder wußte noch wollte, hat die Rheinkrise Preußens Weg zu einer deutschen Führungsmacht maßgeblich beeinflußt.

Karl Biedermann regt 1842 in Leipzig die Gründung einer »nationalen Partei« an, die sich das Ziel setzen soll, mit Preußen an der Spitze »die Einheit, Macht und Unteilbarkeit der deutschen Nation dauernd zu begründen«. Karl Steinacker votiert 1844 in Braunschweig für die Weiterentwicklung des Zollvereins zu einem deutschen Nationalstaat. Auch Friedrich List, der sich 1845 das Leben nimmt, ist in seinen letzten Lebensjahren für diesen Weg. »Der Zollverein soll die Deutschen ökonomisch und materiell zu einer Nation verbinden«, schreibt er. Doch um eine führende Rolle in Deutschland übernehmen zu können, mußte Preußen zunächst einmal ein Verfassungsstaat werden. Dem aber hat Friedrich Wilhelm IV. eine klare Absage erteilt.

In nationalen Fragen betreibt er statt dessen symbolische Politik. »Und wieder schallt ein mächt'ger Laut / Entlang die deutschen Haine«, dichtet Ludwig Seeger 1843 in Georg Herweghs im Exil erschienenen *Einundzwanzig Bogen aus der Schweiz*. »In allen Gau'n steht auf und baut / Am Dom zu Köln am Rheine. / Die große Zeit, wo diese Tat / Des einen Volks gescheh'n, /

König Friedrich Wilhelm IV. von Preußen (*1795, †1861) in einer Daguerreotypie aus dem Jahr 1847. Er und sein jüngerer Bruder Prinz Wilhelm Friedrich Ludwig von Preußen (*1797, †1888), sein Nachfolger als König von Preußen und später Wilhelm I., Deutscher Kaiser, sind die ältesten Söhne der Königin Luise (*1776, †1810).

Sie wird, wofern ihr unserm Rat / Wollt folgen, neu ersteh'n.« Friedrich Wilhelm war ein spätromantischer Freund des Mittelalters, aber das war es nicht allein, das ihn im September 1842 das Kölner Dombaufest als feierlichen Auftakt zur Vollendung der Kathedrale begehen ließ. Der Dombau war auch ein Signal dafür, daß Friedrich Wilhelm den über die Frage der Mischehe 1837 entbrannten Streit seines Vaters mit dem Erzbischof von Köln für beendet betrachtete.

Der unvollendete Dom stand vor allem aber für die unvollendete deutsche Einheit. Die gemeinsamen Anstrengungen beim Bau der »deutschen« Kathedrale sollten die Konfessionen miteinander versöhnen und gleichzeitig ein Bekenntnis zu deutscher Größe darstellen. Friedrich Wilhelm will in seinen Untertanen keine Katholiken oder Protestanten mehr sehen, sondern nur noch deutsche Christen.

Seine Idee eines »christlichen Staats« verdankt sich einem alten Hohenzollerntraum von der Vereinigung der Konfessionen, im besonderen aber der Staatslehre Friedrich Julius Stahls, der den Staat als eine notwendige Folge der sündigen menschlichen Natur betrachtete. Um die Gesellschaft im Gleichgewicht halten zu können, mußte sie durch und durch von christlichem Glauben beseelt sein. Friedrich Wilhelm erläßt deshalb Maßregeln zur Förderung des Kirchenbesuchs, besonders bei Beamten, und achtet bei der Neubesetzung von Ämtern streng auf die nachgewiesene Gläubigkeit der Kandidaten.

»Der Fürst ist die religiöse Person des Staates«, schreibt 1843 der Hegel-Schüler Edgar Bauer in einer Kritik des christlichen Staates. »In ihm schauen alle ihre eigene Vollendung, wie der Christ sich in seinem Gotte vollendet sieht: Und wie der Gott der Gläubigen allwissend, allweise, unfehlbar, allmächtig ist, so muß auch der Fürst alle die Staatseigenschaften, die dem Untertanen als Untertanen nicht zukommen, in extremem Maße besitzen. Er ist der Allergnädigste, die höchste Weisheit, die unantastbare Macht, die gütigste Liebe.« Friedrich Wilhelm IV. hätte dieser als Karikatur gemeinten Beschreibung vermutlich im wesentlichen zugestimmt. Er dachte tatsächlich so.

Aus den genannten politischen Gründen sind die vierziger Jahre eine Blütezeit der *Religionskritik* geworden. Mit David Friedrich Strauß' *Das Leben Jesu*, das die Evangelien als Mythen behandelte, hatte 1835 eine Entwicklung begonnen, die in Ludwig Feuerbachs Anthropologisierung der Religion in der Schrift *Das Wesen des Christentums* von 1841 einen vorläufigen Höhepunkt findet. Gott, so Feuerbach, sei letztlich nichts als eine imaginäre Verkörperung aller positiven Eigenschaften in ihrer vollendeten Form, wie sie der Menschheit fehlten. Religion ist für ihn entfremdete Humanität. In Arnold Ruges *Hallischen Jahrbüchern*, die sich seit ihrer Gründung 1838 Jahr für Jahr immer mehr radikalisiert haben, schreibt er 1840: »Es gehört zum Wesen des Dogmas, daß es der Vernunft widerspricht: es soll ihr widersprechen - das ist das Wesen des Glaubens.« Solche Sätze zielen auch auf die Grundfesten der Lehre vom »christlichen Staat« und des Gottesgnadentums. »Wie kann der Staat das Dasein des freien Geistes sein, und wie soll der Bürger seine Würde und seine Bestimmung in ihm finden und zu seiner Verherrlichung beitragen können«, fragen Georg Herweghs *Einundzwanzig Bogen aus der Schweiz* 1843, »solange die Kirche ihn immer nur auf das Jenseits verweist, ihm befiehlt, dort seine Bestimmung zu suchen und das Diesseits gering zu achten?«

König Ludwig I. von Bayern (*1786, †1868) auf einer Aufnahme aus dem Jahr 1847. Von Ludwig I. stammt der Satz: »Wir wollen Deutsche sein und Bayern bleiben.« Im Revolutionsjahr 1848 dankt Ludwig I. zugunsten seines Sohnes Maximilian II. (*1811, †1864) ab. König Ludwig I. hat sich so unsterblich in die Tänzerin Lola Montez verliebt, daß er ihretwegen in Bayern eine ernste Staatskrise heraufbeschwört und seinen Thron verliert.

Herweghs *Einundzwanzig Bogen* - alles unter zwanzig Bogen (320 Seiten) unterliegt im Deutschen Bund der Vorzensur - erscheinen im Verlag des Literarischen Comptoirs in Zürich und Winterthur, der seit seiner Gründung 1841 schnell zu einem der bedeutendsten Umschlagplätze demokratischen Schrifttums im Exil geworden ist. Julius Fröbel, der Verleger, war 1836 Professor für Mineralogie in Zürich geworden, hatte aber nach der Verlagsgründung seine akademische Tätigkeit aufgegeben und sich ganz der Politik gewidmet. Um das spätere Mitglied der Frankfurter Nationalversammlung von 1848 sammeln sich in der Schweiz die Köpfe des deutschen demokratischen Republikanismus. Auch der Kreis um Arnold Ruge bewegt sich in diese Richtung. »Die deutsche Welt, um ihre Gegenwart dem Tode zu entreißen«, schreibt Ruge 1843, »braucht nichts als das neue Bewußtsein, welches in allen Sphären den freien Menschen zum Prinzip und das Volk zum Zweck erhebt, mit einem Wort die Auflösung des Liberalismus in Demokratismus.«

Das sind sehr radikale republikanische Schlußfolgerungen für ihre Zeit. Die Kritik der Religion mündet in diesen Kreisen in die Forderung nach irdischer Souveränität des Volkes. »Immer gehört die Souveränität der Gesamtheit aller Individuen an, welche die Staatsgesellschaft bilden«, wird Julius Fröbel 1846 in seinem zweibändigen Werk *Neue Politik* richtungsweisend formulieren. Das ist bereits so etwas wie ein Parteiprogramm.

Die politischen Richtungen der späteren Frankfurter Nationalversammlung haben sich in diesen Jahren des »Vormärz« herausgebildet. Dazu zählt auch der parlamentarische Liberalismus, der vor allem in Süddeutschland seine Wurzeln und mit Karl von Rotteck einen frühen herausragenden Vertreter hat. Rotteck, der Sohn eines von Kaiser Joseph II. geadelten Arztes, war Professor für Geschichte in Freiburg und ein früher Bestsellerautor. Seine *Allgemeine Weltgeschichte*, erschienen in neun Bänden zwischen 1817 und 1827, erreichte eine Auflage von 100 000 Exemplaren und zählte selbst in manchen entlegenen badischen Bauernhäusern zum Inventar. Rotteck lehnte das Gottesgnadentum entschieden ab, plädierte jedoch für eine konstitutionelle Monarchie, in der die Krone die »positiv eingesetzte Staatsgewalt«, das Volk jedoch den »natürlichen oder ursprünglichen Inhaber« der Souveränität darstellt. Rottecks Ideen haben auch nach seinem Tod 1840 den parlamentarischen Liberalismus weiter geprägt.

Auch die spätere Spaltung des deutschen Liberalismus in Nationalliberale und Linksliberale ist in dieser Zeit entstanden. Während letztere der süddeutschen Tradition Rottecks verpflichtet sind, geht der Nationalliberalismus auf Friedrich Christoph Dahlmann zurück. Er gehörte dem Kreis der Göttinger Professoren an, die 1837 von Ernst August von Hannover entlassen worden waren und 1840 von Friedrich Wilhelm IV. an die Berliner Akademie der Wissenschaften berufen wurden. 1835 war sein Hauptwerk *Die Politik, auf den Grund und das Maß der gegebenen Zustände zurückgeführt* erschienen.

Dahlmann steht in der Tradition der historischen Schule, die jede naturrechtliche Grundlegung von Verfassungen, die sich auf allgemeine Menschenrechte beruft, ablehnt. Für ihn sind die historischen Grundlagen der »deutschen Freiheit« mit ihren Ständevertretungen Ausgangspunkt zu seinen Überlegungen über eine in der Tradition verwurzelte moderne deutsche Verfassung, weshalb er eine Parlamentarisierung der Politik strikt ablehnt. »Der König beruft die Ständeversammlungen und hat das Recht, sie nach Gefallen zu vertagen, zu entlassen und aufzulösen«, schreibt er in seiner *Politik.* »Permanente Ständeversammlungen sind der Krone Sturz.« Dem König ist in Dahlmanns politischem Programm die gesamte Exekutive in eigener Vollmacht überlassen, auch wenn er dabei an Verfassung und Recht gebunden bleibt. Das unterscheidet ihn von Karl Ludwig von Hallers Restaurationsideen, die ein Gottesgnadentum ohne weitere Legitimation vorsehen und den Kern des politischen Konservatismus dieser Zeit ausmachen.

In diesen Kreisen ist jede Infragestellung der gegebenen Ordnung einem Angriff auf die göttliche Vorsehung zu vergleichen, auch dann, wenn unerträgliches Elend die Ursache einer der verzweifelten Hungerrevolten ist, die schon die Julirevolution von 1830 begleitet hatten und die in den vierziger Jahren, verschärft durch eine Kartoffelkrankheit und Mißernten, ganz Europa heimsuchen.

Bettina von Arnim hatte mit ihrer Schrift *Dies Buch gehört dem König* 1843 auf das soziale Elend und den »Pauperismus« ihrer Zeit aufmerksam machen wollen, als 1844 in Schlesien ein Aufstand ausbricht. Die billige Konkurrenz der mechanischen Textilindustrie in England hatte bei den noch in Heimarbeit tätigen schlesischen Webern von Peterswaldau zu einem so rapiden Verfall der Stücklöhne geführt, daß viele nicht mehr in der Lage waren, ihre Familien zu ernähren. Am 4. Juni 1844 formieren sich dreitausend von ihnen in Peterswaldau zu einem Protestzug, und als ihre Forderungen nach Lohnerhöhung von dem ortsansässigen Arbeitgeber spöttisch abgelehnt werden, stürmen sie dessen Haus, zerreißen die Rechnungsbücher und Wertpapiere und zerschlagen die Maschinen.

In Berlin wird der Aufstand als ein Angriff auf die Fundamente des Staates wahrgenommen. Am 6. Juni ist die Revolte durch Militär niedergeschlagen. Vier Geschütze und mobile Kavallerie sind dabei zum Einsatz gekommen. Es hat unter den Webern elf Tote gegeben, darunter Frauen und Kinder. Fast hundert Weber werden verhaftet und dem Breslauer Oberlandesgericht überstellt.

»Große Wut herrscht am Hof und in den Oberbehörden gegen die schlesischen Weber«, schreibt Karl August Varnhagen von Ense am 16. Juni 1844 ins Tagebuch, »jeder Minister glaubt den anderen und dem Könige zu schmeicheln, wenn er über die Verruchtheit der Aufrührer loszieht, wenn er die härtesten Strafen für sie begehrt. Man unterläßt nicht, auch von den Aufwieglern im politischen Sinn, von bösen oder wenigstens unbesonnenen Schriftstellern zu sprechen, man deutet auf Bettinen von Arnim, auf jede Schrift hin, wo vom Volke mit Anteil gesprochen wird... Auf dieser Seite ist keine Menschlichkeit, kein Erbarmen, keine Besinnung mehr.

Aber das ›Gericht des Herrn‹ wird nicht ausbleiben. Wartet nur, es wird noch anders kommen!«

Gegen mehr als 80 Angeklagte werden Strafen von insgesamt 203 Jahren Zuchthaus, 90 Jahren Festungshaft und 330 Peitschenhieben verhängt, obwohl bei dem Aufstand niemand persönlich angegriffen worden ist. Es ist diese Überreaktion, gemischt mit moralischem Zynismus und der Gleichgültigkeit gegenüber dem Elend, die dem Aufstand eine nationale Bedeutung verschafft hat. Waren es bisher eher die bürgerlichen Schichten entstammenden parlamentarischen Liberalen oder demokratischen Republikaner, die man als Opposition fürchten mußte, so ist der Ordnung des Gottesgnadentums nun offenbar durch die Elendsrevolten der proletarischen Schichten ein neuer, möglicherweise weit gefährlicherer Gegner entstanden. »Das Schiffchen fliegt, der Webstuhl kracht«, dichtet Heinrich Heine 1844 nach dem Weberaufstand. »Wir weben emsig Tag und Nacht – / Altdeutschland, wir weben Dein Leichentuch, / Wir weben hinein den dreifachen Fluch, / Wir weben, wir weben!«

Heine hatte zu dieser Zeit Kontakt zu dem ebenfalls ins Pariser Exil übergewechselten jungen Karl Marx, der zuvor Redakteur der von dem Industriellen Gustav Mevissen gegründeten liberalen *Rheinischen Zeitung* in Köln gewesen war. In Paris hatte sich Marx mit Arnold Ruge, der nach dem Verbot seiner *Jahrbücher* ebenfalls ins französische Exil gegangen war, für das Projekt einer neuen Zeitschrift, der *Deutsch-Französischen Jahrbücher*, verabredet. In diesen 1844 erscheinenden Jahrbüchern kündigt Marx, der sich bald mit Ruge wieder überwerfen sollte, zum ersten Mal eine bevorstehende proletarische Revolution in Deutschland an. Es ist die Vision eines radikalisierten Hegel-Schülers.

»Die einzig praktisch mögliche Befreiung Deutschlands ist die Befreiung auf dem Standpunkt der Theorie, welche den Menschen für das höchste Wesen des Menschen erklärt«, schreibt Marx. »Der Kopf dieser Emanzipation ist die Philosophie, ihr Herz das Proletariat. Die Philosophie kann sich nicht verwirklichen ohne die Aufhebung des Proletariats, das Proletariat kann sich nicht aufheben ohne die Verwirklichung der Philosophie.« Bis dahin war Marx, wie Ruge, ein demokratischer Republikaner gewesen, der sich nun weiter nach links radikalisiert hatte. In Paris hatte er mit Germain Mäurer, einem führenden Mitglied des von dem Schneidergesellen Wilhelm Weitling gegründeten sozialistischen Bundes der Gerechten, in einem Haus gewohnt und ist durch diese Begegnung mit politisierenden deutschen »Gastarbeitern« beeinflußt worden. Er wird 1848 gemeinsam mit Friedrich Engels das berühmte Manifest der Kommunistischen Partei verfassen und damit das politische Parteienspektrum in Deutschland, das nun von weit rechts bis weit links reicht, vollenden, selbst wenn sein

Karl Marx: Die Gesetze des Kapitalismus

Karl Marx in einer Zeichnung, wahrscheinlich aus dem Jahr 1839. Der 1818 im preußischen Trier als Sohn eines jüdischen Justizrats, der 1824 mit seiner Familie zur protestantischen Kirche übertritt, geborene Marx studiert zu dieser Zeit Staatswissenschaften, Philosophie und Geschichte in Bonn und Berlin, wo er sich der junghegelianischen Bewegung anschließt.

Während der Revolution von 1848 bringt Karl Marx in Köln die Neue Rheinische Zeitung *heraus. Das Scheitern der Revolution zwingt ihn ins Exil. Über Paris reist er nach London, wo er sich wieder als Journalist (u. a. für die* New York Daily Tribune *verdingen muß. Seinem Freund Friedrich Engels klagt er: »Das beständige Zeitungsschmieren langweilt mich. Es nimmt mir viel Zeit weg, zersplittert und ist doch nichts ... Rein wissenschaftliche Arbeiten sind doch etwas anderes.«*

Wissenschaftlichen Arbeiten geht Marx überwiegend im öffentlichen Lesesaal des British Museum nach. Hier sitzt er an seinen Büchern, Polemiken und Artikeln. »Ich treibe jetzt 10 Stunden des Tages ex officio Ökonomie«, schreibt er, während seiner Arbeiten über Wirtschaftsleben und Kapital. Er entwirft eine neue Sicht auf die ökonomischen Gesetze des Kapitalismus – im ständigen Kampf gegen Krankheit und finanzielle Sorgen. Seit 1849 hat Marx ein Leber- und Gallenleiden, ihn quälen Kopfschmerzen, Augenentzündungen, Drüsenvereiterung, Schlaflosigkeit, Rheuma, Katarrhe und Gliederlähmungen. Dennoch gibt er seine Lebensgewohnheiten, zu denen Umtrunke, üppiges Essen und Zigarren gehören, niemals auf.

Marx nimmt 1864 in London an der Gründung der Internationalen Arbeiter-Association (Erste Internationale) teil, die alle »Arbeiterklassen« koordinieren soll. Mit vielen Führern der Organisationen und Parteien hält er regen Kontakt, denn ihre Programme beziehen sich fast alle auf seine Schriften.

Karl Marx stirbt am 14. März 1883. Zu seiner Beerdigung auf dem Highgate Cemetery in London erscheinen nur wenige Verwandte und Freunde. Marx' Frau Jenny sowie ein Sohn und die älteste Tochter waren schon vor ihm gestorben.

Diese Abbildung aus dem Neuruppiner Bilderbogen (»aus Ruppin zu haben bei Gustav Kühn«) »Das merkwürdige Jahr 1848 – eine Bilderzeitung« trägt den Titel »Die Erstürmung der Tuilerien in Paris am 23ten Februar 1848«. Es zeigt angeblich die Flucht des Bürgerkönigs Louis Philippe. Zu sehen sind aber nur Aufständische in den Farben der französischen Trikolore. Die fein gezeichneten Darstellungen der Bilderbögen entsprechen der Wirklichkeit nur annähernd, denn die Lithographen haben die Ereignisse und Gestalten, die sie abbilden, nie gesehen.

1847 gegründeter Bund der Kommunisten in der deutschen Revolution von 1848 keine große Rolle gespielt hat.

Dennoch macht sich aufgrund der europäischen Hungerrevolten und eines spürbar wachsenden Einflusses sozialistischer Agitation auch unter der Opposition bereits vor 1848 eine gewisse Revolutionsfurcht bemerkbar. »Die Revolution ist es, die auf allen Seiten den ungebändigten Trieb auf Herrschaft erweckt«, warnt der in Marburg lehrende rheinische Liberale Heinrich von Sybel 1847, »der ebensowohl das Grab der konstitutionellen Verfassung wie jeder wahren Freiheit genannt werden kann.« Nur die »feste Anknüpfung des Bürgerstandes an die Staatsgewalt durch politische Berechtigung« auf dem Weg konstitutioneller Reformen, so Sybel, könne auf Dauer dieser drohenden Gefahr wirksam entgegensteuern. Doch die Verhältnisse im Jahre 1848 waren nicht danach.

Die revolutionäre Bewegung

»Die Zerstörungen durch die letzte Revolution sind überall sichtbar«, notiert die Schriftstellerin Fanny Lewald am 12. März 1848 nach ihrer Ankunft in Paris, wo Ende Februar die Regierung gestürzt und der König zur Abdankung gezwungen worden war. »An den Straßenecken sind die Pflastersteine erst lose hingelegt, nicht eingerammt; zerbrochene Brotwagen und umgestürzte Omnibusse bezeichnen hie und da die gewesenen Barrikaden. An einer Kirche ist das aus Eisenstäben bestehende Gitter bis auf einige Fuß abgerissen, die allein noch zeigen, daß hier ein Gitter war. Im Palais Royal - oder Palais National, wie es jetzt laut der Überschrift heißt - sind alle Scheiben, viele Fensterrahmen und Gerüste zerbrochen; das Wachhaus - Château d'Eau - gegenüber dem Palais Royal, in dem die Garden verbrannten, liegt in rauchgeschwärzten Trümmern; andere Wachhäuser in der Nähe der Seine sind bis auf das Fundament abgebrochen, und Nationalgarden halten in ihrer Nähe Wache, vor der ersten besten Boutike sitzend, die als Wachstube dient. Auf den Boulevards sind die Bäume umgehauen, die Brunnenröhren und Säulen niedergerissen. In den Tuilerien flattern weiße Vorhänge aus den scheibenlosen Fenstern; über allen Türen, an den Mauern des Schlosses liest man mit Kreide oder Kohle angeschrieben: Hôpital des Invalides civiles. An den Theatern, über den Portalen der Kirchen, auf allen öffentlichen Gebäuden flattert die Trikolore lebensmutig in der Luft über der Inschrift: Liberté, Fraternité, Égalité. Sie haben die Worte hingeschrieben, wo sie Raum fanden, als wollten sie sich beständig erinnern, daß dieselben künftig die Grundlage ihrer Staatsgesetzgebung bilden müssen, oder als fürchteten sie, man könnte das vergessen.«

Ein Sturm war Ende Februar in der französischen Hauptstadt ausgebrochen, der sich in Windeseile über ganz Europa ausbreiten sollte. Das »Schmettern des gallischen Hahns« hatte, wie von Marx 1844 in den *Deutsch-Französischen Jahrbüchern* prophezeit, auch die Nachbarn aufgeweckt. Seit Juli 1847 hatte die republikanische Opposition in Frankreich eine Kampagne für die Einführung des allgemeinen Wahlrechts geführt, doch die Regierung Guizot hatte sich strikt ablehnend verhalten, bis am 22. Februar 1848 durch das Verbot einer Wahlrechtsversammlung die Dämme brachen. Am 23. Februar wird in den Straßen von Paris gekämpft. Barrikaden werden errichtet, es gibt 52 Tote durch vorrückende Soldaten und zahlreiche Verwundete auf dem Boulevard des Capucines. Als die empörte Menge ihre Toten auf Wagen legt und beim Fackelschein durch die Stadt führt, greift der Aufstand auf ganz Paris über. Am nächsten Tag tritt König Louis Philippe zurück. Die Republik wird ausgerufen. »Das System war krank«, schreibt an diesem 24. Februar Germain Mäurer an Arnold Ruge in Leipzig. »Es ist endlich heute zum Teufel gefahren mitsamt den Herrn Guizot, Duchâtel, Mole, Thiers und Konsorten. Es mußte so kommen.«

Als der Brief Ruge erreicht, haben die Unruhen schon längst auf Deutschland übergegriffen. Bereits am 27. Februar fordert eine Volksversammlung in Mannheim in einer Eingabe an die Karlsruher Regierung Pressefreiheit, Schwurgerichte, verfassungsmäßige Zustände in allen deutschen Staaten sowie die Einberufung eines deutschen Parlaments. Einen Tag später beantragt Heinrich von Gagern im Darmstädter Parlament die Einberufung einer Nationalversammlung und eine »Erneuerung des Bundesoberhaupts«.

Es sind dies im Grunde genommen Versuche, eine revolutionäre Entwicklung wie in Frankreich rechtzeitig in geordnete Bahnen zu lenken. Doch auch in Deutschland läßt sich die Unruhe, die als Antwort auf die Nachrichten aus Paris weite Kreise bis in die niederen Schichten erfaßt hat, kaum mehr eindämmen. Als am 1. März die Eingabe der Mannheimer Volksversammlung in Karlsruhe überbracht werden soll, dringen Bewaffnete mit in den Sitzungssaal der Kammer ein. Köln erlebt Anfang März einen kommunistischen Auflauf, an dem sich über 2000 Menschen beteiligen. In Aachen skandieren Fabrikarbeiter antipreußische Parolen. In großen Teilen Süddeutschlands bricht eine Bauernrevolte aus, die sich nicht nur gegen die Standesherren und ihre Beamten, sondern auch gegen die Juden als Kreditgeber richtet.

»Wenn das Vaterland in Gefahr ist«, schreibt der rheinische Industrielle David Hansemann am 1. März an den preußischen Innenminister Ernst von Bodelschwingh mit Bezug auf die gefährlich gärenden Unruhen, komme alles darauf an, »schnell, richtig und mit Energie die Mittel zu ergreifen, durch welche Rettung möglich ist«.

Die hohenzollernsche Dynastie solle sich in dieser Stunde wie 1813 an die Spitze der Nation stellen und unverzüglich die notwendigen Reformen einleiten, rät Hansemann, um einer Radikalisierung der Stimmung zuvorzukommen. Der König müsse deshalb unverzüglich den Allgemeinen Landtag einberufen, der Gesetze über die »Rechte des Volkes, insbesondere die politische, bürgerliche und religiöse Freiheit«, die »Freiheit der Presse« sowie über die »definitive Bildung der Volksrepräsentation und ein neues Wahlgesetz« zu beschließen habe. Außerdem rate er dem König dringend zu einer deutschlandpolitischen Initiative. Beim Bundestag sollte der Antrag gestellt werden, daß Deputierte aus den Bundesstaaten im Verhältnis zu ihrer Bevölkerungsgröße bestimmt werden, die in Frankfurt a. M. in Übereinstimmung mit den Fürsten »die zu Deutschlands Freiheit und Unabhängigkeit notwendige Reform des Bundesvertrages« auf den Weg

Der zeitgenössische Stich zeigt die »Errichtung und Vertheidigung einer Barrikade an der Rheinbrücke zu Mannheim am 26. April 1848«. Das badische Mannheim ist in den Jahren vor 1848 das Zentrum der liberalen Opposition in Deutschland schlechthin und 1848 ein Ausgangs- und Mittelpunkt der politischen und revolutionären Bewegung.

bringen. Darüber hinaus jedoch, so der rational denkende Geschäftsmann Hansemann, müßte in die ganze Verwaltung schnell »ein anderer Geist als der der bisherigen Politik« einkehren. Die Ereignisse lassen sich zu diesem Zeitpunkt jedoch schon nicht mehr aufhalten.

Der Funke explodiert im Zentrum der Habsburgermonarchie, die sich während der letzten Jahrzehnte als am wenigsten reformfähig erwiesen hatte und in der das »System Metternich« am rigorosesten gehandhabt wurde. Am 13. März wird Wien als erste deutsche Metropole von dem Pariser Virus erfaßt. Dieser Tag leitet ein ganzes Jahr der demokratischen Revolution in allen Staaten des Deutschen Bundes ein. »Wie ein Donnerschlag hat die Pariser Revolution die Dunkelheit unserer Lage erfaßt«, schrieb der sächsische Legationsrat in Wien, Carl Friedrich Graf Vitzthum von Eckstädt, bereits am 5. März an seine Mutter. »Die Mißstimmung ist allgemein, und ich fürchte nur, sie wird von oben nicht so erkannt, wie es not täte.« Acht Tage später ist Wien in offenem Aufruhr. »Die Tore sind gesperrt«, so Vitzthum von Eckstädt am 13. März. »Auf dem Hof, vor der Burg, vor der Staatskanzlei, auf dem Stefansplatz stehen Kanonen. Starke Patrouillen durchziehen die Straßen. In einzelnen Gassen erheben sich Barrikaden. Man hört rufen: Hurra! Die Konstitution!«

Nach dem Sieg der Revolution wird die erste unzensierte Zeitung in Wien verkauft. Aquarell des Akademiemalers Johann Nepomuk Höfel (*1786, †1864). Am 13. März 1848 hat in Wien die Revolution gesiegt. Das »Neue Wiener Journal« schreibt über die Ereignisse des Tages: »Es war der merkwürdigste Tag der österreichischen Geschichte ... Einige Studenten haben diese alte, bemooste, sich unwiderstehlich glaubende Regierung über den Haufen geworfen. Das alte System ist mit Metternich gestürzt. Es beginnt eine neue Zeit ...« Sie endet am 1. November 1848, als Truppen des Fürsten Windischgrätz Wien besetzen.

Am Nachmittag gegen 16 Uhr versammeln sich mehrere tausend Demonstranten unter den Fenstern der Staatskanzlei und fordern den Rücktritt Clemens von Metternichs, den sie lautstark als »Österreichs Fluch« bezeichnen. Noch am Morgen hatte Metternich sich im Ministerrat allen Zugeständnissen an die Aufständischen widersetzt und die Möglichkeit einer Revolution in Österreich auch dann noch kategorisch von sich gewiesen, als vor seinen Fenstern bereits geschossen wurde. Doch bereits am Abend hat der einst übermächtige Diktator der europäischen Restaurationszeit alle seine Ämter abgegeben.

Die Revolution in Berlin

An diesem Abend werden auch aus Berlin die ersten Unruhen gemeldet. »Hier haben wir es nun auch schon so weit gebracht, daß gestern abend das Militär an mehreren Punkten nur durch offene Gewalt die Volkshaufen hat auseinanderbringen können«, schreibt Otto Camphausen am 14. März an seinen Bruder Ludolf: »Offenbar ist Deutschland von einem schweren Fieber befallen; ist unsere Natur kräftig genug, um den Fieberanfall zu bestehen, so können wir nachher vielleicht doppelt gesund und rüstig werden, aber die Krankheit wird sehr gefährlich.« Am 16. März treffen die Nachrichten vom Sturz Metternichs in Berlin ein, was bei Hofe mit einiger Panik zur Kenntnis genommen wird, wie der junge Arzt Rudolf Virchow, der an der Berliner Charité arbeitet, feststellen kann. »Die Regierung sah«, so Virchow, »daß ein so großartig angelegtes Spiel wie das ihrige nicht zu halten sei, und als nun Deputationen von Berlin und Breslau kamen, gestand man die Einberufung des Landtages auf den 27. April und die baldige Publikation eines Preßgesetzes zu.«

Doch die Aufregung wird dadurch nicht beseitigt, berichtet Virchow, der sich selbst zu den Aufständischen zählt, besonders deshalb, weil immer mehr Truppen in die Stadt strömen. Am Mittwoch abend gibt es in der Umgebung des Schlosses mehrere Tote und Verwundete. Am Donnerstag werden in der Nähe der Hauptwache drei Demonstranten erschossen. Am Freitag bleibt es ruhig. Am Samstag morgen überreicht eine Deputation aus Köln dem König ein Ultimatum der Rheinlande. Wenn nicht bis zum Abend alle Forderungen nach der Einberufung des Landtags, dem Versprechen einer konstitutionellen Verfassung und der Aufhebung der Zensur erfüllt seien, würden sich die Rheinlande den süddeutschen Staaten anschließen. Er fordere vom König einen »augenblicklichen hochher-

Der Ungar Lajos Kossuth ist ein führender Revolutionär im österreichischen Kaisertum. Zu Beginn der Märzrevolution fordert er in einer Rede am 3. März 1848 die konstitutionelle Umwandlung der Monarchie sowie Verfassungen für die österreichischen Länder. Im Verlauf der Revolution radikalisiert er seine Vorstellungen bis hin zur Forderung nach einer Unabhängigkeit Ungarns von Österreich.

Prag
Böhmen
Niederösterr
Wie
Oberösterreich
Vorarlberg
Salzburg
Tirol
Steiermark
Kärnten
Krain
Kgr. Lombardo-Venetien
Kronland
Küstenland
Hzm.
Parma
Hzm.
Modena
Grhzm.
Toskana

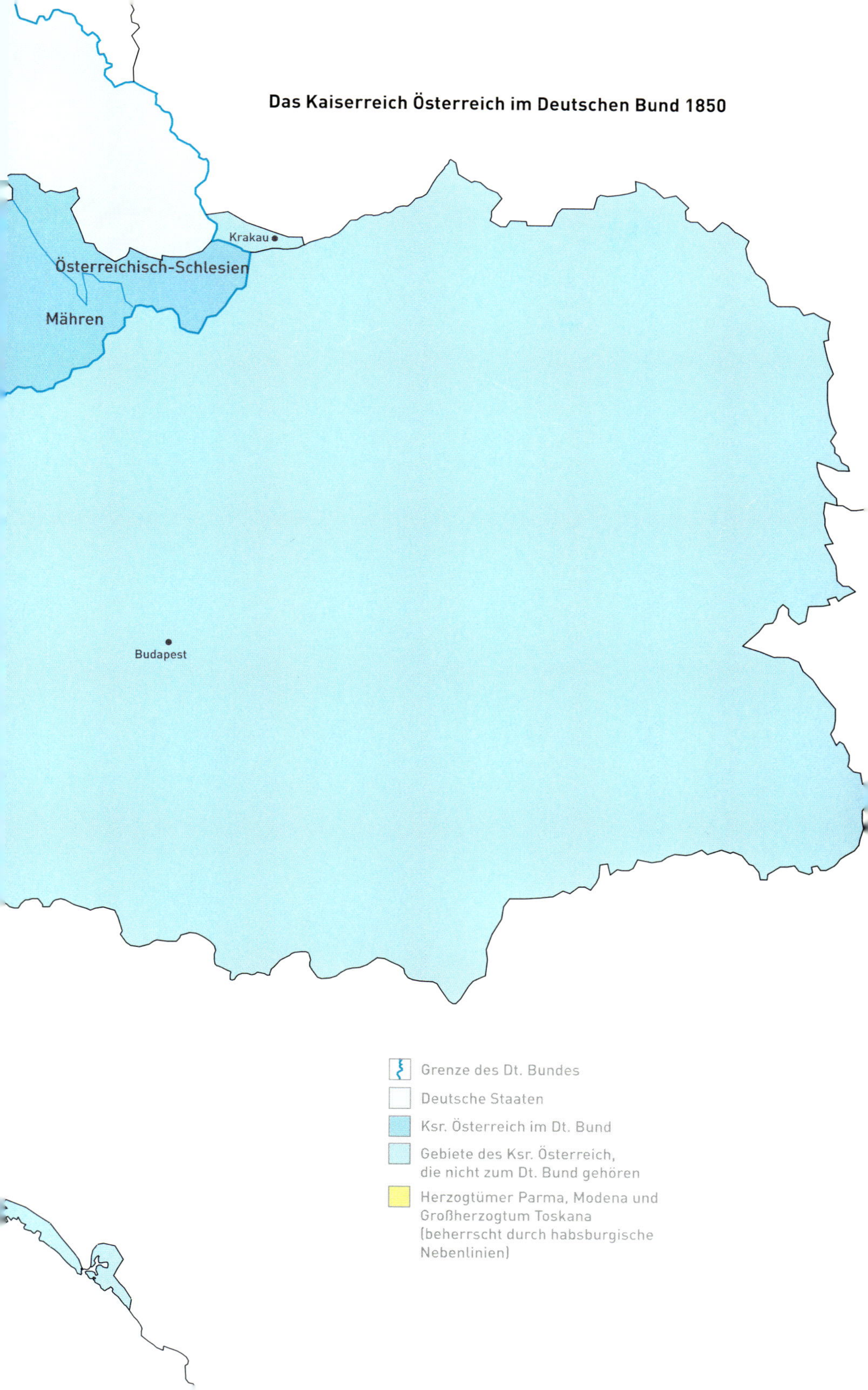
Das Kaiserreich Österreich im Deutschen Bund 1850
Krakau
Österreichisch-Schlesien
Mähren
Budapest
Grenze des Dt. Bundes
Deutsche Staaten
Ksr. Österreich im Dt. Bund
Gebiete des Ksr. Österreich, die nicht zum Dt. Bund gehören
Herzogtümer Parma, Modena und Großherzogtum Toskana (beherrscht durch habsburgische Nebenlinien)

zigen Entschluß«, so der Leiter der Kölner Deputation, und werde ohne bestimmte und feste Zusagen nicht wieder abreisen. Friedrich Wilhelm IV., durch die Unruhe in Berlin und die drohende Abspaltung seiner westlichen Provinzen an die Wand gespielt, gibt tatsächlich nach. »Es erschien eine Proklamation in hochtrabendem Stil«, berichtet Virchow über die Reaktion des Königs, doch immerhin sagt die Proklamation die Erfüllung aller genannten politischen Forderungen der rheinischen Deputation zu. Preußen würde nun, so schien es, per Dekret des Königs Friedrich Wilhelm IV. über Nacht zu einem modernen Verfassungsstaat werden.

Als sich diese Nachricht verbreitet, strömen Tausende von Berlinern begeistert zum Stadtschloß. Eigentlich wollen sie dem König für sein Nachgeben danken. Es sollte eine Freudenkundgebung zum Anbruch einer neuen Zeit in Preußen werden. Als der König auf dem Balkon des Schlosses erscheint, wird er zunächst mit einem lauten »Hurra!« begrüßt. Doch die Stimmung unter den Demonstranten schlägt augenblicklich um, als sie der geballten Macht der berittenen Dragoner ansichtig werden, die zum Schutz des Königs auf dem Schloßplatz zusammengezogen worden sind. Forderungen, das Militär zurückzuziehen, werden laut, die Atmosphäre wird immer feindseliger, so daß der unsichere König, der sich durch

Das zweite Bild des Neuruppiner Bilderbogens über das »merkwürdige Jahr 1848« zeigt den »Kampf zwischen Bürgern und Soldaten in der Straße Frankfurter Linden in Berlin am 18ten und 19ten März 1848«.

den voraussehbaren Umschwung der Massenstimmung plötzlich bedroht fühlt, General Möllendorff den wenig durchdachten Befehl erteilt, den Platz räumen zu lassen. Mit den Säbelhieben der Dragoner wird das eigentlich zur Huldigung der Krone versammelte Volk gewaltsam vom Platz getrieben. Schüsse fallen. Doch dies war kein Auflauf, der sich in gewohnter Manier wieder auflösen ließ. Es war, das hätte Friedrich Wilhelm nach den Unruhen der letzten Tage und den Ereignissen in Paris und Wien wissen müssen, der Beginn einer Staatskrise.

»Von diesem Moment begann die Revolution«, berichtet Rudolf Virchow, der dabei war. »Alles schrie Verrat und Rache. In wenigen Stunden war ganz Berlin unter Barrikaden, und wer Waffen bekommen konnte, rüstete sich.« Gegen Mittag dieses 18. März 1848 brechen die ersten Kämpfe aus, die Preußen auf absehbare Zeit verändern werden.

Nachmittags um vier stehen den Aufständischen bereits 25 000 Soldaten gegenüber, die nicht davor zurückschrecken, mit Kartätschen und Granaten auf die eilig errichteten Barrikaden zu schießen, ohne dabei schnelle Erfolge zu erzielen. Gegen Morgen um vier sind nur vier Barrikaden in der Friedrichstraße, eine an der

Das dritte Bild des Neuruppiner Bilderbogens illustriert einen der Angriffe der Potsdamer Garde am Abend des 18. März 1848 auf die große Barrikade in der Breiten Straße am Köllnischen Fischmarkt in Berlin. Nach Aufgabe der Barrikaden werden im nahe gelegenen Sitzungssaal der Stadtverordneten zehn Barrikadenkämpfer erschossen.

Marschallbrücke und eine auf dem Köllnischen Fischmarkt, von den Truppen eingenommen. Die Barrikade zwischen Friedrich- und Taubenstraße, hinter der sich Virchow befindet, hält jedoch stand, obwohl sie dem Beschuß aus zwei Kanonen des Königsregiments aus Stettin ausgesetzt ist. Am Alexanderplatz werden die Truppen des Königs nach einem mehrstündigen hitzigen Gefecht in die Flucht geschlagen.

Es ist eine durch den Mond hell erleuchtete Nacht, wie der Maler Adolph von Menzel berichtet, in der die gezielten Schüsse aus den präzisen Büchsen der bürgerlichen Schützengilden oft weit treffsicherer sind als die Kommißgewehre der königlichen Infanterie, was dazu führt, daß die Verluste bei den Militärs weit höher ausfallen als bei den Aufständischen.

Um die Barrikaden herum hat sich ein bürgerliches Versorgungsnetz etabliert, das die Kämpfer mit frischer Munition, aber auch mit Körben von frischem Brot versorgt, das die ganze Nacht hindurch von den Bäckern nachgeliefert wird. Für die Soldaten jedoch, wie Menzel beobachten kann, sorgt niemand. Viele von ihnen sind am Morgen völlig erschöpft.

Diese Daguerreotypie der alten Leipziger Straße in Berlin entsteht 1840, ein Jahr nach der Erfindung des Mediums »Fotografie«. In weiches Licht gehüllte, Ruhe ausstrahlende Landschaften und Städtebilder sind neben den Porträtfotos gezwungenermaßen die bevorzugten Motive der Daguerreotypisten. Die minutenlangen Belichtungszeiten zwingen zu Aufnahmen in den frühen Morgenstunden, wenn das Licht weich und die Straßen noch menschenleer sind.

Zwischen seinen frühen und späten Jahren an der Berliner Charité arbeitet Rudolf Virchow (*1821, †1902), der Begründer der Zellularpathologie, von 1849 bis 1856 am Pathologischen Institut der Universität Würzburg. Das Gruppenbild zeigt ihn im Alter von 29 Jahren nach seiner Berufung 1850 (stehend, 2. v. l.) im Kreis seiner Kollegen.

Um vier Uhr morgens wird General Möllendorff in der Königsstadt von der Bürgerbrigade des Tierarztes Urban festgenommen und in das Schützenhaus gebracht, wo er unter Zwang einen Befehl an die Regimenter Kaiser Franz und Alexander unterzeichnet, das Feuer sofort einzustellen und sich in die Kasernen zurückzuziehen. Dem König wird die Botschaft übermittelt, falls noch ein Schuß falle, werde der General unverzüglich erschossen. Tatsächlich unterzeichnet Friedrich Wilhelm einen Aufruf an seine »lieben Berliner« und verspricht den Abzug aller Truppen. Von diesem Augenblick an fällt kein Schuß mehr.

»Seit gestern mittag begann bei uns der erste Kampf«, schreibt Rudolf Virchow seinem Vater an diesem 19. März. »Zwölf Stunden lang hallte die Stadt wider von dem Donner der Kanonen und des Kleinfeuergewehrs – heute ist das Volk siegreich hervorgegangen, und kaum hat das Königtum einige armselige Trümmer gerettet. In diesem Augenblick feiert Berlin diese Revolution, die die blutigste und hartnäckigste von allen, die in diesem

Jahr vorgegangen sind, viel hartnäckiger war als die Pariser, durch eine glänzende Illumination.« Am Morgen dieses Tages sind die Absetzung der Minister, eine Amnestie und die Einberufung des Landtags verkündet worden.

Die Särge der gefallenen Aufständischen sind zu dieser Zeit auf einem großen Gerüst an der Neuen Kirche am Gendarmenmarkt aufgebahrt. Männerchöre intonieren Trauermärsche und geistliche Lieder. Gegen zehn Uhr zieht am 22. März der Trauerzug Richtung Schloß. Auf dem Balkon steht ein Adjutant mit schwarzer Trauerfahne, und ihm gegenüber hält ein Offizier der Bürgerwehr die schwarz-rot-goldene Flagge hoch. Der König erscheint jedesmal mit entblößtem Haupt, wenn ein neuer Zug Särge an ihm vorbeizieht. Und jedesmal bleibt er stehen, bis der Zug vorüber ist. »Sein Kopf leuchtete von ferne wie ein weißer Flecken«, beobachtet Adolph von Menzel mit dem sicheren Blick des Malers für ästhetische Effekte, »es mag wohl der fürchterlichste Tag in seinem Leben gewesen sein.« Auf den Straßen defilieren die Menschen mit Trauerflor und schwarz-rot-goldener Kokarde. Schwarz-rot-gold wehen die Fahnen aus den Bürgerhäusern. Auch am Palais des Prinzen von Preußen ist eine schwarz-rot-goldene Fahne angebracht und die Inschrift: »Eigentum der ganzen Nation«. Die Truppen haben sich aus der Stadt zurückgezogen, und der König hat jetzt keinen anderen Schutz mehr als den der neu gebildeten revolutionären Bürgerwehren.

»Überall Leben, überall Waffen, überall freie und öffentliche Rede«, schwärmt Rudolf Virchow einige Tage später. »Ganz Berlin hängt voll deutscher Fahnen, und die Straßen haben dadurch ein außerordentlich buntes und belebtes Aussehen gewonnen. Von allen Seiten kommen die Leute in hellen Haufen angefahren, um den Schauplatz der Kämpfe zu sehen. Ganze Deputationen von Städten und Korporationen erscheinen, um ihre Freude über so glorreiche Siege darzubringen.« Am 21. März unternimmt der König, begleitet durch die Prinzen, einige Generäle und die Minister seiner kurzlebigen Übergangsregierung, zum ersten Mal wieder einen Ritt durch Berlin. Alle, auch er selbst, tragen dabei schwarz-rot-goldene Armbinden.

»Ich habe heute die alten deutschen Farben angenommen«, heißt es in einer königlichen Proklamation dieses Tages, mit der die Legende aufgebaut wird, Schwarz-Rot-Gold seien eigentlich die Farben des Heiligen Römischen Reichs und seines Kaisers Friedrich Barbarossa gewesen. Er, Friedrich Wilhelm, habe damit sich und »mein Volk unter das ehrwürdige Banner des Deutschen Reiches gestellt. Preußen geht fortan in Deutschland auf.« Nicht ungeschickt versucht der politische Romantiker auf dem Königsthron in dieser Proklamation, seine rückwärtsgewandte, dem Got-

tesgnadentum verpflichtete Reichsidee mit den Symbolen der Revolution zu verbinden und sie damit sogar stillschweigend einzuvernehmen. Selbst Preußens oberster Demagogenverfolger Kamptz, E. T. A. Hoffmanns »Hofrat Knarrpanti«, wird in diesen Tagen mit einer dreifarbigen Kokarde unter den Linden gesehen.

Das Gemälde »Aufbahrung der Märzgefallenen« des Malers Adolph von Menzel entsteht, nachdem der Maler am 21. März 1848 von Kassel nach Berlin geeilt ist, um sich vor Ort ein Bild machen zu können. Am 22. März werden die 183 Särge der gefallenen Zivilisten auf den Stufen des Deutschen Domes am Gendarmenmarkt aufgereiht. Das Bild ist erkennbar unvollendet, sichtbar zum Beispiel in der linken unteren Ecke. Sein kleines Format spricht dafür, daß es sich um eine Vorstudie zu einem geplanten Gemälde handelt, das Menzel jedoch nie realisieren wird.

Doch Ende März ist der König gezwungen, sein Kabinett erneut umzubilden und es jetzt in führenden Positionen mit bürgerlichen Kräften zu besetzen. »Ludolf ist gestern zum Präsidenten des Ministerrats, Hansemann zum Finanzminister ernannt worden«, schreibt Otto Camphausen am 30. März an seine Schwägerin. »Während seines Ministeriums ist heute ein wesentlicher Schritt zur Herstellung der Ordnung geschehen, indem heute vormittags ein Bataillon des 24. Infanterieregiments eingerückt ist. Es waren von vielen Seiten Drohbriefe geschrieben worden, und in einer gestern … abgehaltenen Volksversammlung hatte man beschlossen, die Truppen bei ihrem Einzuge zu nötigen, einen Eid auf die Verfassung abzulegen. Indessen haben die Tumultuanten nicht wagen dürfen, ihren Vorsatz auszuführen, indem die Bürgerschaft das Militär mit großem Applaus empfangen hat.« Einen Eid auf die Verfassung legen die Truppen nicht ab. Tatsächlich hatte Ludolf Camphausen, den Fanny Lewald als eine »ästhetisch-idealistische Natur« beschreibt, aber die Illusion, mit den Zusagen des Königs in der Stunde seiner tiefsten Demütigung sei die Kraftprobe mit dem alten Preußen bereits ausgestanden und gewonnen.

Doch der preußische Adels-, Beamten- und Militärstaat ist auch nach den für ihn irritierenden Ereignissen weiterhin völlig intakt. Nach wie vor verfügt die Krone mit alleiniger Kompetenz über das Militär, die innere Verwaltung einschließlich der Polizei sowie über die außenpolitische Oberhoheit. Der König weilt Ende März im sicheren Potsdam und teilt von dort aus in aller Deutlichkeit mit, was er von seinem neuen Premierminister Camphausen erwartet. Er werde, »solange Berlin nicht von den Klubisten und dem Mordgesindel gereinigt ist«, nicht in die Hauptstadt zurückkehren. Das soll das neu eingezogene Militär nun erledigen, während er selbst »unter Kreuz und Unglück«, wie er ein halbes Jahr später der Zarin in Petersburg schreibt, auf bessere Tage wartet. »Heute sind, obgleich nicht ohne Widerstand eines Teils der Einwohner Berlins, die ersten Truppen wieder eingerückt, und wir gehen wenigstens bei Tage wieder in Uniform«, berichtet der Premierleutnant Julius von Hartmann am 30. März. »Die Bürgerschaft ist nach und nach zu der Überzeugung gelangt, daß ihr aus dem wüsten Umstürzen alles Bestehenden nur Nachteil erwachsen kann.«

Die Paulskirche

Revolutionäre »Märzministerien« wie das von Ludolf Camphausen in Berlin gibt es in diesen Tagen überall. Die Revolution ist ein landesweites Phänomen, das alle Staaten des Deutschen Bundes erfaßt. Ganze Dörfer ziehen in diesen Tagen vor die Schlösser und Gutshöfe ihrer Standesherren und rufen dort angstvolle Erinnerungen an die Bauernkriege von 1525 wach. Überall finden Volksversammlungen vor Rathäusern und Residenzen statt. Überall in Deutschland zirkulieren die »Märzforderungen«, die der Anwalt Gustav von Struve zum ersten Mal Ende Februar in einer Adresse an die Regierung in Karlsruhe formuliert hatte. In ihnen wird die Volksbewaffnung mit freier Wahl der Offiziere gefordert, die unbedingte Pressefreiheit, die Einrichtung von Schwurgerichten, vor allem aber die sofortige Einberufung eines gesamtdeutschen Parlaments. Weit mehr noch als während der Befreiungskriege 1813 bewegt der Wunsch nach deut-

Adolph von Menzel:
Kleiner Mann, großer Maler

Adolph Menzel auf einer Fotografie aus den 1890er Jahren. 1898 verleiht ihm Kaiser Wilhelm II. den »Hohen Orden vom Schwarzen Adler«. Die Auszeichnung ist mit dem erblichen Adel verbunden. Aus Menzel wird »von Menzel«.

Adolph von Menzel wird beinahe 90 Jahre alt. Das macht ihn zum Zeugen nahezu aller Umbrüche im 19. Jahrhundert. Er beobachtet, wie sich Berlin von einer Residenzstadt zur Industriemetropole entwickelt. Zeichnend, malend und aquarellierend hält er diese Veränderung fest.

Als Sohn eines Schulvorstehers wird Adolph von Menzel 1815 in Breslau geboren. Der Vater gründet eine Steindruckerei, in der er schon mit 14 Jahren tätig ist. 1830 zieht die Familie nach Berlin, und der junge Menzel muß nach dem frühen Tod des Vaters für den Lebensunterhalt der Familie sorgen. Er führt die familieneigene Steindruckerei weiter und verkauft erste Zeichnungen. Menzels Gemälde nehmen den Impressionismus vorweg, so sein »Balkonzimmer« (1845), in dem der eine Gardine bauschende Luftzug ebenso eingefangen ist wie das in die Wohnung fallende Licht. Bald weicht der zarte Strich dem Realismus. Die »Aufbahrung der Märzgefallenen« (1848) ist ein Historienbild ohne pompöse Heldenverehrung.

1856 erhält Menzel eine Professur an der Preußischen Akademie der Künste. Die Zeitgenossen sehen ihn vor allem als Hofmaler – der »kleine Professor« (Menzel ist nur 1,40 m groß) ist mit Zeichenblock und Stift auf vielen Hofbällen anzutreffen. Tausende von Skizzen entstehen. Dennoch reichen seine Motive viel weiter: Menzels Thema ist nichts weniger als das Zeitalter in seiner Gesamtheit.

Er malt die schlafende Schwester, spielende Kinder, Bären im Berliner Zoo, den eigenen, gichtigen Fuß. Dutzendfach variieren seine Studien eine Geste oder eine Häuserwand, dem Bild »Das Eisenwalzwerk« (1872 – 1875), wohl die erste bedeutende Industriedarstellung, liegen 150 Skizzen zugrunde. Menzel ist Patriot, Preuße und Monarchist. Aber er nimmt die Wunden seiner Zeit wahr und beschönigt nicht.

1905 stirbt der in den Adelstand erhobene Menzel als auch international hochangesehener Künstler. Kaiser Wilhelm II. läßt ihn mit einem Staatsbegräbnis ehren.

Mit Bleistift und Wasserfarben zeichnet der Maler Eduard Gaertner die verlassene Barrikade in der Breiten Straße in Berlin am Morgen des 19. März. Die große schwarz-rot-goldene Fahne ist dem preußischen König Friedrich Wilhelm IV. am Abend zuvor ein besonderes Ärgernis. Sie flattert provokant in der Sichtachse aus seinen Diensträumen über dem Portal II des Berliner Stadtschlosses.

scher Einheit weite Teile der Bevölkerung, und er weist auch nicht mehr das für die nachnapoléonische Zeit typische Nord-Süd-Gefälle auf.

Am 31. März tritt in Frankfurt a. M. das deutsche »Vorparlament« zusammen. Es ist im wörtlichen Sinn eine revolutionäre Versammlung, in der, allein durch den Ausnahmezustand der landesweiten Aufstandswoge legitimiert, fünfhundert Abgeordnete der einzelstaatlichen Landtage in viertägiger Beratung die Durchführung von Wahlen zu einem deutschen Parlament beschließen. Ein »Fünfzigerausschuß« aus den Reihen des Vorparlaments soll die Durchführung der Wahlen konkret vorbereiten, während das eigentliche zentrale Organ des Deutschen Bundes, der Bundestag, weiterhin bestehen bleibt. Er ist aber mittlerweile durch Vertreter der eher liberalen Märzregierungen bestimmt und macht sich die Beschlüsse des Fünfzigerausschusses, für den 18. Mai eine verfassungsgebende Versammlung in der Paulskirche einzuberufen, zu eigen. Erst dadurch erhalten sie einen legalen Status. Wahlberechtigt sollen alle volljährigen Deutschen männlichen Geschlechts sein. Auch Schleswig, West- und Ostpreußen, bisher nicht Mitglieder des Deutschen Bunds, sollen Abgeordnete wählen dürfen, während die Beteiligung des mehrheitlich polnisch besiedelten Großherzogtums Posen einstweilen offenbleibt.

Politische Richtugen im Paulskirchenparlament

Die drei politischen Hauptrichtungen im Frankfurter Paulskirchenparlament schließen sich zu Fraktionen zusammen, die sich nach ihren Tagungslokalen wie Pariser, Frankfurter, Nürnberger und Württemberger Hof nennen.

	Demokraten		Liberale		Konservative
	Radikale Linke	**Gemäßigte Linke**	**Linkes Zentrum**	**Rechtes Zentrum**	**Konservative**
Ziele	Revolutionäre Durchsetzung eines demokratischen großdeutschen Nationalstaats	Deutsche Republik auf demokratischer Grundlage	Parlamentarische Monarchie	Volksmitwirkung nur bei der Legislative	Föderation deutscher Fürstentümer
Phase 1 Mai bis Juli 1848	Republik und Großdeutsch		Großdeutsch	Vorherrschaft Preußens	
Phase 2 August bis Dezember 1848	Republik und Großdeutsch	Erbkaisertum im klein-deutschen Rahmen	Kleindeutsch (und Erbkaisertum)	Großdeutsch	Föderation deutscher Fürstentümer
Phase 3 Januar bis Ende April 1849	Republik		Wahlmonarchie unter Preußens Vorherrschaft	Wahlmonarchie unter Preußens Vorherrschaft	

Quelle: Eigene Darstellung nach »Fragen an die Deutsche Geschichte«, Buch zur historischen Ausstellung des Deutschen Bundestages im Deutschen Dom zu Berlin.

Schon im Vorparlament werden die Widersprüche zwischen den verschiedenen politischen Richtungen sichtbar, die den weiteren Verlauf der Revolution bestimmen werden. Rein quantitativ gesehen, hatten Bauern, Handwerker und Arbeiter den weitaus größten Anteil an den revolutionären Bewegungen. Er lag, wie neueste Forschungen belegen, bei 66 Prozent. Handwerker, Gesellen und Lehrlinge waren auf den Berliner Barrikaden in vorderster Front. Sie hatten auch die meisten Toten zu beklagen. Politisch sind diese »kleinen Leute« im Vorparlament vor allem durch die Linke vertreten, allerdings bei weitem nicht in dem Verhältnis, das ihrem Anteil an den revolutionären Aktivitäten tatsächlich entspricht. Gustav von Struve, der Autor der Märzforderungen, ist einer ihrer Anwälte. Gemeinsam mit dem badischen Rechtsanwalt Friedrich Hecker zählt er zu den Wortführern der Linken im Frankfurter Vorparlament. Hecker und Struve sind überzeugte Republikaner, die am liebsten das Vorparlament sofort als revolutionäre Exekutive konstituiert hätten, um damit Deutschland durch die Autorität der Revolution in eine föderative Republik nach dem Muster der Vereinigten Staaten von Amerika zu verwandeln.

Die Mehrheit um den Darmstädter Liberalen Heinrich von Gagern will jedoch so schnell wie möglich die Ergebnisse der Märzbewegungen stabilisieren und in einen friedlichen Entwicklungsprozeß konstitutioneller Monarchien und Fürstentümer überführen. Hecker und Struve haben dafür gesorgt, daß während der Verhandlungen in Frankfurt überall Volksredner die Absetzung der Fürsten und die deutsche Republik fordern. Doch trotz dieser starken außerparlamentarischen Schützenhilfe werden sie nicht einmal in den Fünfzigerausschuß gewählt.

Friedrich Hecker ist enttäuscht über die »privilegierten Volksverräter«. Er verläßt Frankfurt und bewirkt damit die erste Spaltung der revolutionären Bewegung. Am 13. April beginnt er von Konstanz aus mit einem Marsch, der nun auf einem Weg abseits des Parlaments in die Ausrufung einer deutschen Republik münden soll. Nach wenigen Tagen haben sich ihm bereits mehrere tausend Sympathisanten angeschlossen. Von Straßburg aus stößt der Dichter Georg Herwegh zu ihm, auch er erfüllt von Träumen eines Feldzugs für die deutsche Republik. Für den Frankfurter Fünfzigerausschuß jedoch ist Heckers Putsch in erster Linie ein Anschlag auf die für Mai angesetzten Wahlen zur Nationalversammlung.

Verschiedene Vermittlungsversuche schlagen fehl, dann gehen badische und Bundestruppen gegen Hecker vor. Am 24. April wird das von Hekker besetzte Freiburg erobert. Drei Tage später erleiden Herweghs Scharen ein Debakel bei Dossenheim am Rhein. Hecker und Gustav von Struve sind zu dieser Zeit bereits in die Schweiz geflüchtet. »Herweghs Banditen sind von den Württembergern tüchtig geklopft worden, über 200 gefangen, der Rest ausgerissen«, berichtet der Märzpolitiker und badische Staatsrat Karl Mathy am 29. April: »Wenn Mannheim gesichert ist, dann gibt es eine solide Abrechnung mit den Buben aller Art.« Die Reaktion von Mathy, später Mitglied der Frankfurter Nationalversammlung, zeigt, wie sehr auch in eher liberalen Kreisen durch Heckers Aktionismus schon sehr früh die Bereitschaft gewachsen ist, sich mit den bestehenden Gewalten zu verständigen. Sogar Linke wie der Leipziger Robert Blum lehnen die Aktion von Hecker, Struve und Herwegh mit aller Entschiedenheit ab. »Hecker und Struve haben das Land verraten nach dem Gesetz – das wäre Kleinigkeit«, schreibt er am 3. Mai aus Frankfurt an seine Frau. »Aber sie haben das Volk verraten durch ihre wahnsinnige Erhebung und es mitten im Siegeslauf aufgehalten; das ist ein entsetzliches Verbrechen.« Die Linke, will er da-

mit sagen, befindet sich aufgrund von Heckers badischem Abenteuer bald in ganz Deutschland in der Defensive.

Zwischen März und September 1848 versuchen die radikalen Republikaner von Südwestdeutschland aus in Deutschland eine Republik durchzusetzen. In diese Phase fallen der »Heckerzug« und der Aufstand Gustav von Struves im südbadischen Lörrach. Dort ruft Struve am 21. September die »Deutsche Republik« aus. Auch dieser Aufstandsversuch scheitert in der Frühphase.

Am 18. Mai tritt die erste deutsche Nationalversammlung in Frankfurt zusammen. »Viele Hunderte von deutschen Reichsfahnen schmückten und schmücken jetzt noch alle Straßen der Stadt«, schildert der schlesische Abgeordnete Theodor Paur am 20. Mai einem Landsmann die Zeremonien. »Nachmittags um 3 Uhr am 18. Mai geschah die Eröffnung des deutschen Reichstages im alten Kaisersaale, in dem sogenannten Römer. Hier sah ich zum ersten Mal eine Reihe der größten Männer, die unser deutsches Vaterland aufzuweisen hat, versammelt. Der Fünfzigerausschuß legte vor der Nationalversammlung sein Amt nieder. Die alten Kaiserbilder blickten, wie aus schwerem Traume erwachend, auf uns nieder: Was ich dabei empfand, kann ich Ihnen schwer ausdrücken. Kanonendonner geleitete unseren Zug durch ein glänzendes Spalier Frankfurter Nationalgarden bis in die Paulskirche, welche zum Sitzungssaal der Nationalversammlung eingerichtet ist. Daß ganz Frankfurt auf den Beinen war und die Galerien von Zuschauenden besetzt waren, läßt sich denken.« Es sind, wie Beobachter berichten, besonders viele Frauen darunter.

1848 führen Dänemark und Preußen einen Krieg um den Anschluß Schleswigs an Dänemark. Ein am 26. August in Malmö geschlossener Waffenstillstand wird mit 238 gegen 221 Stimmen von der Frankfurter Nationalversammlung abgelehnt. Hauptgegner sind linke Nationalisten. Als einige liberale Abgeordnete ihre Meinung ändern und der Vertrag doch ratifiziert wird, kommt es zu blutigen Unruhen vor der Frankfurter Paulskirche.

In der zweiten Sitzung am nächsten Tag wird der 48jährige Liberale Heinrich von Gagern zum Präsidenten des Parlaments gewählt. »Wir sollen schaffen eine Verfassung für Deutschland, für das gesamte Reich«, sagt er in seiner Eingangsrede nach der Wahl: »Der Beruf und die Vollmacht zu dieser Schaffung, sie liegen in der Souveränität der Nation.« Als erstes gilt es, einen Katalog der Grundrechte des deutschen Volkes festzulegen. Dabei hat die Paulskirche Vorbildliches geleistet. Aus ihren Beratungen stammt unter anderem die Wortneuschöpfung »Grundrecht«. Sie hat ein Bekenntnis zur Gleichheit aller vor dem Gesetz abgelegt und dem liberalen Rechtsstaat Raum gegeben. Die Entscheidung allerdings, sich in einer machtpolitisch noch nicht hinreichend geklärten Situation vorrangig der Schaffung einer Verfassung zu widmen, meint der Historiker Heinrich August Winkler zu Recht, war angesichts der Jahrzehnte staatlicher Unterdrückung während der Restaurationszeit zwar verständlich »und doch wirklichkeitsfremd«.

Zwar hatte Heinrich von Gagern am 24. Juni die Nationalversammlung aufgefordert, einen »kühnen Griff« zu wagen und ohne Mitwirkung der Einzelstaaten eine provisorische Reichsgewalt von sich aus einzurichten. Doch ein Beschluß in dieser Richtung muß unter den gegebenen Umständen der Machtverteilung im Reich in der Konsequenz merkwürdig kraftlos bleiben. Am 28. Juli beschließt das Parlament mit 510 gegen 35 Stimmen die Abschaffung des Bundestages als Vertretung der Einzelstaaten und mit 450 gegen 100 Stimmen das Gesetz über die Einführung der provisorischen Zentralgewalt. Am nächsten Tag wird der österreichische Erzherzog Johann zum Reichsverweser gewählt. Er trifft Anfang Juli, begleitet von Jubelfeiern in ganz Deutschland, in Frankfurt ein. Fürst Karl von Leiningen wird kurz darauf mit der Bildung einer Reichsregierung beauftragt. Der preußische General von Peucker wird Reichskriegsminister.

Doch es wird nicht lange dauern, bis die wirklichen Machtverhältnisse deutlich gemacht werden. Für den 6. August hat Peucker angeordnet, daß die Kontingente der Bundestruppen vor dem Reichsverweser eine Huldigungszeremonie absolvieren. Die Großmächte Preußen und Österreich, ebenso wie einige Mittelmächte, weigern sich jedoch einfach. Sie geben damit zu verstehen, daß sie ihre bewaffnete Macht keineswegs ohne weiteres einer provisorischen Zentralgewalt zu unterstellen gewillt sind, selbst wenn diese von der deutschen Nationalversammlung ernannt wurde.

Schon Anfang Mai hatte Preußen, entgegen einem Votum des Frankfurter Vorparlaments, in Posen militärisch interveniert. Das Großherzogtum Posen gehörte seit dem Wiener Kongreß zu Preußen. Während der Revolutionstage waren am 20. März in Berlin alle polnischen politischen Gefangenen aus ihrer Haft entlassen worden, und einer unter ihnen, der spätere Befehlshaber der badisch-pfälzischen Revolutionsarmee von 1849, Ludwig von Mieroslawski, hatte in Posen mit der Anwerbung für eine nationalpolnische Armee begonnen, indem er die Devise ausgab: »Laßt uns dem zaristischen Rußland im Bunde mit dem befreiten Deutschland entgegentreten!«

Doch Preußen hatte weder Interesse an einer Wiederherstellung Polens noch an einer Konfrontation mit Rußland, zu der eine solche Politik unweigerlich hätte führen müssen. Posen ist die Region, in der das preußische Militär zum ersten Mal nach den Märztagen durch hartes Eingreifen »Ruhe und Ordnung« wiederherstellt. »Die Judenverfolgung zu Herodes' Zeiten war eine glückliche im Vergleich mit der jetzigen im Posenschen«, schreibt der polnische Revolutionär Wojciech Lipski am 1. Juni an einen Freund in Dresden: »Hunderte von Grausamkeiten werden jetzt veröffentlicht, und ich glaube, Deutschland muß trotz aller Machinationen der Gegner zu der Überzeugung gelangen, daß die Reaktion

Die Fotografie aus dem Jahr 1860 von Jacob Seib zeigt das Salzhaus am Römerberg in Frankfurt a. M. Im Hintergrund der Turm der Paulskirche. In der Paulskirche, ursprünglich ein Emporenbau, finden ab 1852 wieder Gottesdienste statt.

Der Jurist Heinrich Wilhelm August Freiherr von Gagern (*1799, †1880) ist im Süden Deutschlands bereits ein bekannter Politiker und Publizist, als er 1848 für den hessen-darmstädtischen Wahlkreis Zwingenburg in die Frankfurter Nationalversammlung gewählt wird. Er schließt sich der gemäßigt liberalen »Casino«-Fraktion an. Am 19. Mai wird er erster Präsident der Nationalversammlung. Er konzipiert wesentlich deren Politik.

zuerst an uns ihre Kräfte versucht hat.« Seit dem 4. Juni trennt eine Demarkationslinie die preußische Provinz Posen in einen deutschen und einen polnischen Teil.

Ende Juli debattiert die Paulskirche über Polen. Robert Blum erinnert in seiner Rede noch einmal an die große Welle der Polensympathie während des Völkerfrühlings von 1830 und an die polnischen Traditionen der Gewissensfreiheit, die auch darin zum Ausdruck kommen, »daß selbst die verachteten und in der ganzen Welt zurückgestoßenen Juden« in Polen eine Heimat gefunden hätten, doch er bleibt eine Minderheitenstimme. »Der erste Tag eines selbständigen Polenreichs wäre der erste Tag eines Kampfes auf Leben und Tod mit uns«, gibt dagegen der Berliner Schriftsteller Wilhelm Jordan die Stimmung der Mehrheit treffend wieder. »Es ist hohe Zeit für uns, endlich einmal zu erwachen, aus jener träumerischen Selbstvergessenheit, in der wir schwärmten für alle möglichen Nationalitäten, ... zu erwachen zu einem gesunden Volksegoismus, ... welcher die Wohlfahrt und Ehre des Vaterlandes in allen Fragen oben anstellt.« Im übrigen seien die deutschen Eroberungen in Polen eine Folge der Überlegenheit des »deutschen Stammes« gewesen, gegen die auch »ein Dekret im Sinne kosmopolitischer Gerechtigkeit nichts ausrichten« könne.

Jordan hatte sich ursprünglich der Linken zugerechnet und war mit dieser Rede unüberhörbar ins Lager der Rechten übergelaufen. Er steht für eine Tendenz der 48er Nationalbewegung, die den Nationalismus der Befreiungskriege zu neuem Leben erweckt, der in der Paulskirche durch den alternden Ernst Moritz Arndt und durch Friedrich Ludwig Jahn vertreten ist, doch Jordan ist gegenüber den alten 1813ern wesentlich »moderner« und weist mit diesem Aufruf zum »gesunden Volksegoismus« bereits in die Zukunft des machtgestützten Nationalismus der Kaiserzeit.

»Meine Herren!« entgegnet ihm ein von solchen Anwandlungen völlig überraschter Jan Chryzostom Janiszewski, der Leiter des katholischen

Friedrich Hecker:
Der Traum von der deutschen Republik

»Wenn euch die Leute fragen: / Lebet Hecker noch ? / So sollt ihr ihnen sagen: / Ja, ja, er lebet noch. / Er hängt an keinem Baume, / er hängt an keinem Strick, / er hängt nur an dem Traume / der freien Republik«, heißt es in der ersten Strophe des Hecker-Liedes. Friedrich Hecker hat sich diese Verse redlich verdient: Er ist einer der großen Radikalen während der 1848er Revolution.

Der im September 1811 geborene Friedrich Hecker studiert Jura. 1842 wird er in die zweite Kammer des badischen Landtags gewählt. Es ist ein nahezu bedeutungsloses Organ – nur wenige wohlhabende Bürger dürfen überhaupt wählen, und der Großherzog kann sich über jeden Beschluß des Parlaments hinwegsetzen. Während der Offenburger Versammlung im September 1847 geht Hecker die Obrigkeit hart an. Nachdem er sich mit seinen Forderungen nach bürgerlichen Freiheiten und der unteilbaren deutschen Republik nicht durchsetzen kann, sucht er die bewaffnete Auseinandersetzung.

Hecker ruft in Konstanz die Republik aus, will mit seinem »Heckerzug« durch Baden ziehen und bis zur badischen Hauptstadt Karlsruhe vordringen. Der Plan scheitert. In der Nähe von Mühlhausen trifft sein 800 Mann starkes Heer auf hessische und badische Regierungstruppen. Zwar wird deren General Friedrich von Gagern tödlich verwundet, aber die Freischärler müssen sich den mehr als doppelt so zahlreichen Soldaten geschlagen geben.

Friedrich Hecker in einer um das Jahr 1860 entstandenen Lithographie des badischen Malers und Lithographen Valentin Schertle. Wie viele Lithographien ist sie nach einem Foto gearbeitet. 1873, 25 Jahre nach seiner Flucht aus Deutschland über die Schweiz in die USA, bricht Hecker zu seiner seit langem geplanten Deutschlandreise auf, besucht Mannheim, Freiburg, Stuttgart und Frankfurt a. M. und wird dort von großen Menschenmengen gefeiert.

Der erfolglose Revolutionär flieht über die Schweiz nach Amerika. In New York erwarten ihn 20000 Menschen. Hecker bleibt ein Kämpfer, er setzt sich für die Abschaffung der Sklaverei und die Wahl Abraham Lincolns ein. Mit seinem Regiment aus deutschen Freiwilligen kämpft er als Colonel bei Bull Run und Chancellorsville. Ende 1863 zieht er sich auf seine Farm zurück; er stirbt 1881 in St. Louis.

Posener Priesterseminars und einzige Pole in der Nationalversammlung. »Wollen Sie jetzt den Vernichtungskampf gegen die Polen übernehmen, wollen Sie jetzt diese Rolle übernehmen und die Zukunft des freien Deutschland auf diese blutige Bahn hinleiten?« Die Zeiten des Völkerfrühlings, das macht diese Debatte in Frankfurt deutlich, gehören bereits der Vergangenheit an. Am 27. Juli billigt die Nationalversammlung mit 342 gegen 31 Stimmen die von Preußen durchgeführte Teilung Posens und lehnt mit 331 gegen 101 Stimmen einen Antrag der Linken ab, die Teilungen Polens als »schmachvolles Unrecht« zu verurteilen.

Fast noch deutlicher werden die Widersprüche und Schattenseiten der deutschen Nationenbildung am Beispiel des Prager Historikers Jan Palacký, der ein Verfechter böhmischer Autonomie ist und es ablehnt, sich an den Wahlen zur Nationalversammlung zu beteiligen, obwohl Böhmen zum Deutschen Bund gehört. Palacký, zum Vorparlament nach Frankfurt eingeladen, erklärt seine Absage am 17. April mit dem Argument, daß die kleinen Nationen im »Völkerverein« der Habsburgermonarchie ihren natürlichen Schutz gefunden hätten. »Wahrlich, existierte der österreichische Kaiserstaat nicht schon längst«, meint Palacký, »man müßte im Interesse Europas, im Interesse der Humanität selbst sich beeilen, ihn zu schaffen.« Auf die Fragen der Minderheiten und kleinen Völker weiß die deutsche Nationalbewegung keine Antwort zu geben, und ihre Vertreter wollen das in ihrer Mehrheit offenbar auch nicht.

Rechte Seite: Die Techniken des Fotografierens mit Daguerreotypien auf Kupferplatten und Kalotypien auf Papier sind in Frankfurt a. M. seit 1839 bekannt. Das »Photographische Institut Jacob Seib« und der Fotograf Philipp Graff (Mitte links) fotografieren 1848 Abgeordnete des Paulskirchen-Parlaments und der in Berlin tagenden preußischen Nationalversammlung. Der Jurist Jakob Venedey (oben links) ist Abgeordneter für Hessen-Homburg. Der Stuttgarter Adolf Schoder (oben rechts) ist Abgeordneter für Besigheim in Württemberg. In der Mitte rechts ist der Abgeordnete für Oldenburg, Herr von Berg, abgebildet. Der linksliberale Abgeordnete Franz Leo Benedikt Waldeck aus Münster (unten Mitte) ist ein Vertreter der kleindeutschen Lösung. Die anderen Abgebildeten sind nicht identifiziert.

In der Schleswigfrage dagegen herrscht Einigkeit von rechts bis links. Seit April führt der Deutsche Bund einen Bundeskrieg gegen Dänemark, nachdem Kopenhagen am 21. März die Einverleibung Schleswigs in das Königreich Dänemark verkündet hatte. Die Agitation um Schleswig ruft eine Massenbewegung hervor, Freiwillige melden sich in Scharen. Rufe nach einer starken deutschen Flotte werden laut, nachdem die Überlegenheit der dänischen Seestreitkräfte offenkundig geworden ist. Fast täglich gehen in der Paulskirche Spenden aus allen Teilen Deutschlands für den Aufbau einer deutschen Seemacht ein. Von der Ehre Deutschlands und seiner Geltung auf den Weltmeeren ist in den Debatten die Rede, gar von seinem Anspruch, sich in Zukunft zu einer »Weltmacht« zu erheben.

Drei holsteinische Offiziere in einer in Hamburg aufgenommenen Daguerreotypie aus dem Jahr 1848. Sie kämpfen im schleswig-holsteinischen Krieg, der sich mit Unterbrechungen durch Waffenstillstände von 1848 bis 1851 hinzieht. Kriegsparteien sind einerseits die deutsche Bewegung in den dänisch regierten Herzogtümern Schleswig und Holstein im Bündnis mit den meisten Staaten des Deutschen Bundes, vor allem Preußen, und andererseits das Königreich Dänemark.

Doch dann kommt mit dem Waffenstillstand von Malmö, den Preußen am 26. August auf Druck Englands und Rußlands und ohne Absprache mit der Reichsregierung und der Nationalversammlung unterzeichnet, eine Phase der enttäuschenden Ernüchterung, die sich bald wieder in einer Welle der nationalen Empörung entlädt. »Unterwerfen wir uns bei der ersten Prüfung, welche uns naht, den Mächten des Auslands gegenüber«, beschwört der rechtsliberale Abgeordnete Friedrich Christoph Dahlmann die Paulskirche, »dann, meine Herren, werden Sie Ihr ehemals stolzes Haupt nie wieder erheben! Denken Sie an diese meine Worte: Nie!« Mit 238 gegen 221 Stimmen beschließt das Parlament am 5. September, den von Preußen eigenmächtig eingegangenen Waffenstillstand zu ignorieren und den Krieg gegen Dänemark fortzusetzen. Noch am gleichen Tag tritt das Reichsministerium des Fürsten Leiningen zurück.

Doch am 16. September stimmt das Parlament nach erneuter Debatte mit einer knappen Mehrheit von 257 zu 236 dem Waffenstillstand zu, nachdem sich gegen die Agitation einiger linker Abgeordneter für einen expansiven Volkskrieg nach dem Vorbild Frankreichs von 1792 doch eine

Friedrich Engels:
Unternehmer und Sozialist

Friedrich Engels (*1820, †1895) in einer Fotografie aus den 1870er Jahren. Die Mutter von Friedrich Engels, Elise Engels (*1797, †1873), schreibt nach der Niederschlagung des Pariser Kommune-Aufstandes am 5. Juni 1871 an ihren Sohn, der Karl Marx in allen Jahren der Bekanntschaft aus seinem Vermögen finanziell unterstützt: »Was ich aber schwer fassen kann, ist, daß sich ein Gemüt, wie ich das Deinige kenne, an solchen Sachen beteiligen kann. Der Marx muß Dich ganz beherrschen, sonst begreife ich es nicht.«

Am 17. August 1840 erscheint im Morgenblatt für gebildete Leser *ein Artikel von Friedrich Engels. Der spätere Fabrikbesitzer und Sozialist spottet über die Bremer Krämerseele: »Als das Fort von Bremerhaven vor uns auftauchte, zitierte ein Buchhändler von meiner Bekanntschaft Schiller, der Assekuranzmakler zitierte die* Shipping and Mercantile Gazette, *ein Kaufmann zitierte die letzte Nummer der Einfuhrliste.« Der junge Engels hat viele Talente. Ganz sicher zählt zu ihnen das Führen einer scharfen Feder.*

Friedrich Engels wird 1820 als Sohn einer wohlhabenden Familie in Barmen (heute zu Wuppertal gehörend) geboren. Er soll seinem Vater, einem Textilfabrikanten, nachfolgen, verläßt daher 1837 vorzeitig das Gymnasium und arbeitet bis 1841 als Handlungsgehilfe. Als er Ende 1842 über Köln nach Manchester reist, macht er in der Domstadt die Bekanntschaft von Karl Marx. In England bringt Engels seine Lehrzeit zu Ende. Er lernt die irischen Arbeiterinnen Mary und Lydia »Lizzie« Burns kennen (und lieben). Mary wird seine Lebensgefährtin (bis zu ihrem Tod 1863), gefolgt von Lizzy, die ihm noch auf ihrem Sterbebett angetraut wird.

Die Lebensverhältnisse der Arbeiter erschüttern Engels. Er beschreibt sie in seinem Buch Die Lage der arbeitenden Klasse in England *(1845), einer Studie über das harte Leben der Industriearbeiter im Frühkapitalismus. Im Herbst 1844 trifft er in Paris Karl Marx wieder, und es beginnt eine lebenslange Freundschaft und Zusammenarbeit. Drei Jahre später publizieren sie in London das gemeinsam verfaßte* Kommunistische Manifest *mit dem berühmt gewordenen Eingangssatz: »Ein Gespenst geht um in Europa – das Gespenst des Kommunismus.« Ihr Buch wird die Welt verändern.*

Mehrheit von Kritikern gefunden hatte, die statt der Stimme der Ehre nun einer eher nüchternen Einschätzung der Lage zu folgen gewillt waren. »Die Niederlage der Paulskirche war selbstverschuldet«, kommentiert Heinrich August Winkler dieses Ergebnis. »Da von vornherein feststand, daß Preußen den Vertrag von Malmö nicht widerrufen würde, war der Beschluß vom 5. September nicht wenig mehr als ein Versuch, dem Parlament ein Alibi vor der deutschen Öffentlichkeit zu verschaffen. Hätten die deutschen Regierungen mit Preußen an der Spitze getan, was die deutsche Nationalversammlung forderte, wäre daraus ein europäischer Krieg erwachsen. Hätte die Nationalversammlung sich nicht selbst korrigiert, wären die deutschen Regierungen gezwungen gewesen, mit ihr zu brechen.« Am 16. September, nach diesem Revisionsbeschluß, wird der ehemalige Innenminister, der Österreicher Anton von Schmerling, zum neuen Ministerpräsidenten bestellt. Doch die deutsche Revolution hat da ihren Zenit längst überschritten.

Daran ändert auch nichts, daß in Frankfurt, als Antwort auf die Zustimmung zu dem Waffenstillstand, am 17. September eine Rebellion ausbricht und Gustav von Struve am 21. September in Lörrach wieder einmal die deutsche Republik ausruft. In Köln, wo Karl Marx die *Neue Rheinische Zeitung* redigiert und wo sein Bund der Kommunisten über die meisten Anhänger in Deutschland verfügt, wehen am 25. September rote Fahnen auf den Barrikaden. In Frankfurt kommt es zu einem Aufstand gegen den Waffenstillstand. »Kann ich in wenigen Worten das Tragische dieser Krisis auseinandersetzen?« schreibt in diesen Tagen der gemäßigte Demokrat Friedrich Theodor Vischer, der »geniale Tübinger Ästhetiker«, wie Fanny Lewald ihn nennt. »Die Rechte der Versammlung längst in tiefer Schuld, weil sie den Revolutionsboden nicht begriff, das Volksgefühl in ihren Berechnungen ausließ, jetzt durch die Genehmigung des Waffenstillstandes in neuer schwerer Schuld. Die Linke im Recht, aber durch falsche Art, auf das Volk zu wirken, namentlich durch Hetzen einzelner Mitglieder in der Volksversammlung sonntags, auch in schwerer Schuld. Das Volk mit Recht empört, aber in unverantwortlicher Hast, statt zu warten eben in dem Momente, da die Notwendigkeit eine Umgestaltung zugunsten der Linken im Parlament herbeigeführt hätte, zum Losschlagen bereit, dann sogar mit schändlichem Morde besudelt. Die Behörden

Rechte Seite: Die Blätter 87, 93 und 94 des Neuruppiner Bilderbogens »Das merkwürdige Jahr 1848 – eine Bilderzeitung« zeigen Szenen aus dem schleswig-holsteinischen Krieg. Am 24. März gelingt es Soldaten der Kieler Garnison, die sich einer provisorischen (deutschen) Regierung von Schleswig-Holstein unterstellt haben, sowie 50 Freiwilligen, dänische Verbände in der Nähe von Rendsburg zu überrumpeln. Die Lithographie zeigt das Lager dieser Truppen bei Rendsburg. Die beiden anderen wollen einen Eindruck von der Schlacht bei Idstedt in Schleswig, 25 Kilometer südlich von Flensburg, am 25. Juli 1850 vermitteln. In der Schlacht erleiden die Schleswig-Holsteiner eine Niederlage.

In den Jahre 1847 und 1848 ist Wilhelm Liebknecht Lehrer an der Musterschule von Friedrich Wilhelm Fröbel in Zürich und als Korrespondent für die »Mannheimer Abendzeitung« tätig. Im Februar 1848 nimmt er an den revolutionären Kämpfen in Paris teil. Im September des Jahres beteiligt er sich als Freischärler an der republikanischen Erhebung von Gustav von Struve (*1805, †1870) in Südbaden. Liebknecht gerät in Untersuchungshaft. Nach seiner Freilassung im Mai 1849 tritt er der Badischen Volkswehr bei und nimmt als Adjutant Gustav von Struves an den Reichsverfassungskämpfen teil. Die Niederlage der Revolution zwingt ihn zur Flucht in die Schweiz. Es folgen zwölf Jahre Exil in England.

Wilhelm Liebknecht: Ein Gründer der SPD

In ihrem Briefwechsel aus dem Jahre 1867 klagen Karl Marx und Friedrich Engels über Wilhelm Liebknecht: Engels beschreibt ihn als »konfus im Koppe«, und Marx nennt Liebknecht einen »Biedermann«, der »jeden Tag dümmer« werde und ein »Saublatt«, das Leipziger Demokratische Wochenblatt, *herausgebe.*

Liebknecht mußte schon früh ins Exil gehen. Als er 1847 für einen inhaftierten Republikaner eintritt, kann er sich seiner Verhaftung nur durch Flucht in die Schweiz entziehen. Von dort aus nach Paris weiterziehend, nimmt er an der Februarrevolution 1848 teil. Auch in Deutschland beteiligt er sich an der Seite Gustav von Struves an der Revolution in Baden, was zu erneuter Flucht in die Schweiz führt. Hier lernt er Friedrich Engels und während eines zwölfjährigen Exils in London auch Karl Marx kennen.

Liebknecht hält sich mit Privatunterricht und als Journalist über Wasser. Er tritt dem Bund der Kommunisten bei. Aufgrund einer Amnestie kehrt er 1862 nach Deutschland zurück. Er läßt sich in Berlin, dann in Leipzig nieder, wo er mit August Bebel die Sächsische Volkspartei (1866) gründet, die sich später in Sozialdemokratische Arbeiterpartei (SDAP) umbenennt. Als Mitglied des Norddeutschen Reichstags wendet er sich gegen die Bewilligung weiterer Kriegskredite im Deutsch-Französischen Krieg, worauf er wie Bebel wegen Hochverrats zu zwei Jahren Festungshaft verurteilt wird. Liebknecht vertritt die marxistische Linie in der SDAP, später in der SPD. Selbst sein hohes Alter hält ihn nicht von Reisen und Auftritten bei Hunderten von Parteiversammlungen ab.

Wilhelm Liebknecht stirbt am 7. August 1900 in Berlin-Charlottenburg. An seiner Beisetzung in Berlin nehmen nahezu 150 000 Menschen teil.

in ihrem Rechte, die Nationalversammlung als Ganzes zu schützen, so weit fehlgreifend, daß sie das verhaßteste preußische Regiment herbeirufen – die Folge Bruderblutvergießen und ein ungeheurer, unberechenbarer Sieg für die Rechten, ein unendlich günstiger Schein für die Reaktion.« Es war tatsächlich eine Tragödie, zu der fast alle Beteiligten etwas beigetragen hatten.

»Parade des siegreich aus den Kämpfen gegen die Dänen zurückgekehrten 1. Bataillons des Kaiser Alexander Grenadier Regiments vor seiner Majestät dem Könige im Lustgarten zu Potsdam am 16. September 1848« ist dieser Bilderbogen aus der Bilderzeitung »Das merkwürdige Jahr 1848« betitelt. In zwei Monaten werden die hier abgebildeten Truppen unter Führung des Generals von Wrangel, der sie auch in Kämpfen in Schleswig-Holstein befehligt hat, in Berlin die Preußische Nationalversammlung gewaltsam auflösen.

Während des Frankfurter Aufstands waren die beiden konservativen Abgeordneten Hans von Auerswald und Fürst Felix Lichnowsky getötet worden, weil sie für den Vertrag von Malmö gestimmt hatten. Die Entschlossenheit und Härte, mit der die Bundestruppen gegen die Aufständischen vorgingen, hat jedoch früh in ganz Deutschland großen Eindruck gemacht. Fünf Monate habe man in der Paulskirche »geschwatzt und beraten« und sich an einem »unermeßlichen endlosen Wortschwall« berauscht, schreibt nach dem Frankfurter Aufstand der junge Otto von Bismarck in der *Kreuzzeitung*, doch mit den Bajonetten der Bundestruppen habe man nun endlich »das erste große Werk deutscher Einigkeit und Eintracht zu-

Am 3. Mai 1849 bricht in der sächsischen Hauptstadt Dresden ein offener Aufstand aus. Das Zeughaus wird gestürmt, das Landhaus von bewaffneten Turnern besetzt. Am 4. Mai verläßt der König mit seinen Ministern die Stadt. Es wird eine »provisorische Regierung« ernannt. Preußische und sächsische Truppen werfen vom 7. bis 9. Mai den Aufstand nieder.

stande« gebracht. Bismarck wird später die Einheit des Reichs durch mehrere innerdeutsche Kriege erzwingen.

Am 11. Oktober geht Fürst Windischgrätz gegen das revolutionäre Wien vor, das sich zur Unterstützung der von kroatischen Truppen bedrohten Ungarn erhoben hatte. Die Revolution hat in Österreich zu dem paradoxen Ergebnis geführt, daß die Habsburgermonarchie für eine gewisse Zeit ihren Rückhalt fast nur noch bei einigen nichtdeutschen Nationalitäten findet. Die Kroaten des Generals Jellacic zählen zu ihnen. Diese kroatischen Truppen läßt Windischgrätz nun von Ungarn nach Wien umleiten, das am 28. und 29. Oktober gestürmt und eingenommen wird. »Jellacic hat, wie er versprochen, wirklich in der ›Goldenen Birn‹ soupiert. Seine Kroaten haben dreißig Barrikaden im Sturm genommen«, berichtet Graf Vitzthum von Eckstädt am Mittag des 29. Oktober. »Fünf Bataillone Kroaten besetzten das Glacis zwischen dem Kärntner- und dem Stubentor. Alle Häuser, aus denen Schüsse fielen, wurden der Plünderung preisgegeben.« Am 9. November wird der Abgeordnete Robert

Blum, der zur Unterstützung der Aufständischen aus Frankfurt a. M. nach Wien angereist war, unter bewußter Mißachtung seines parlamentarischen Immunitätsstatus standrechtlich erschossen. Windischgrätz hat damit der Nationalversammlung gewissermaßen den Krieg erklärt und für eine Politik des Bruchs mit Frankfurt und die Rückkehr zu vorrevolutionären Zuständen, die seitdem in Wien immer offensichtlicher angestrebt wird, ein deutliches erstes Zeichen gesetzt. Der neue österreichische Ministerpräsident Schwarzenberg, der seit dem 21. November im Amt ist, kann sich dabei der Unterstützung eines großen Teils der slawischen Nationalitäten, besonders der Tschechen, Slowenen und Kroaten, sicher sein. Es gehört aber auch zu den Widersprüchen und Schattenseiten dieser Zeit, daß sich Friedrich Engels in der *Neuen Rheinischen Zeitung* durch die Wiener Niederlage zu der unglaublichen Formulierung vom »revolutionsverräterischen Slawentum« hinreißen läßt, dem er einen »Vernichtungskampf und rücksichtslosen Terrorismus – nicht im Interesse Deutschlands, sondern im Interesse der Revolution« voraussagt.

Nur in Berlin hatte im Herbst 1848 die Linke noch einige Bastionen vorzuweisen. Am 12. Oktober schafft die preußische Nationalversammlung das Gottesgnadentum ab. »Jetzt war's vorbei mit dem Effacieren«, teilt Friedrich Wilhelm IV. am 25. Oktober der Zarin mit. »Ich gedachte meiner heiligen Pflichten als die von Gott eingesetzte Obrigkeit zum Rechtsschutz, als Hort des Besitzes, der Ordnung, der Freiheit und der Ehre meiner Preußen. Ich handelte.« Am 9. November ordnet Friedrich Wilhelm die Verlegung der Nationalversammlung von Berlin nach Brandenburg an, und als die Mehrheit der Abgeordneten diesem Befehl nicht folgen will, erzwingen am nächsten Tag Truppen des Generals von Wrangel den Abbruch der Sitzung. Am 13. November wird der Belagerungszustand über Berlin verhängt, am 15. November das Standrecht ausgerufen.

Am 5. Dezember löst Friedrich Wilhelm die Nationalversammlung auf. Doch er erläßt, gegen den Willen seiner eigenen Hofpartei, zugleich eine Verfassung, die sich in vielen Teilen mit den Vorstellungen der Nationalversammlung trifft und für die Zweite Kammer sogar das allgemeine, gleiche Wahlrecht für Männer vorsieht. Der einzige, für den König aber wichtige Unterschied ist, daß er sich, zur Bewahrung der aus dem Gottesgnadentum abgeleiteten Majestätsrechte, ein absolutes und nicht lediglich ein aufschiebendes Veto gegen Beschlüsse der Kammer einräumt. Preußen ist durch diesen Staatsstreich des Königs zum Verfassungsstaat geworden, was von den Konservativen und Rechtsliberalen der Frankfurter Paulskirche mit einiger Genugtuung zur Kenntnis genommen wird.

Als die Paulskirche am 28. März 1849 die neue Reichsverfassung nach monatelangen Beratungen in Kraft setzt, ist die Abtrennung Österreichs,

Clemens Wenzel Lothar Graf Metternich (*1773, †1859) entstammt einem alten Reichsgrafengeschlecht des niederrheinisch-westfälischen Grafenkollegiums. Er tritt nach dem Studium in Straßburg und Mainz in österreichische Dienste und ist seit 1797 als Diplomat tätig. 1813 wird ihm vom österreichischen Kaiser der erbliche Fürstentitel verliehen. Der bourbonische König Ferdinand I. beider Sizilien (Neapel) ernennt ihn 1818 zum »Herzog von Portella«. 1821 wird Metternich österreichischer Staatskanzler. Metternich verliert ab 1826 seinen starken innenpolitischen Einfluß an Staatsminister Franz Anton Graf Kolowrat-Liebsteinsky (*1778, †1861) und bleibt ab 1836 auf die Außenpolitik beschränkt.

Fürst Metternich: Das Ende einer Epoche

»Sind wir nun ganz tot?« fragt Melanie von Metternich, dritte Gemahlin des Staatskanzlers von Österreich. Clemens Wenzel Fürst von Metternich antwortet: »Ja, meine Liebe, wir sind tot.« Der Staatsmann, der mit diplomatischer Meisterschaft die Neuordnung Europas nach dem Sieg über Napoléon wie kein zweiter bestimmt hatte, wird am 13. März 1848 vom österreichischen Kaiser Ferdinand aus dem Amt entlassen - er ist ein Bauernopfer, wie Metternich selbst es hundertmal in das politische Spiel eingebracht hatte. Aber die Unruhen in der Bevölkerung halten auch nach seiner Demission an.

Die Familie flieht über Böhmen, Deutschland und Holland nach England, wo sie am 20. April eintrifft. Die Aufnahme ist herzlich. Dank der Unterstützung durch den russischen Zaren und die Familie Rothschild kann sich der 75jährige Metternich in London niederlassen.

Er führt ein geselliges Leben, diktiert zahlreiche Briefe und liest jeden Morgen die wichtigsten europäischen Zeitungen. England sagt ihm offensichtlich zu, seiner Frau jedoch weniger. Da ihnen ihr Vermögen nicht zugänglich ist und sie auf Gönner angewiesen sind, kann die Fürstin ihren Mann überzeugen, in das weniger teure Belgien umzuziehen. In Brüssel gehört ein dankbarer König Leopold I. zu ihren Gästen.

Nach 18 Monaten in dem kleinen Land kehren die Metternichs in Ehren nach Wien und in ihr Palais am Rennweg zurück. Metternich, der Wien nicht mehr verläßt, stirbt dort im Juni 1859, 86 Jahre alt. Melanie war ihm schon 1854 vorausgegangen.

die mit der Ernennung Schwarzenbergs im November 1848 begann, bereits vollzogen. Kaiser Franz Joseph hatte am 7. März 1849 eine Verfassung erlassen, mit der die staatsrechtliche Einheit des Habsburgerreichs festgelegt wurde. Als deutsche Führungsmacht war nur noch Preußen übriggeblieben. Am Tag der Verkündung der Reichsverfassung wählt die Frankfurter Nationalversammlung Friedrich Wilhelm IV. zum deutschen Kaiser. Am 3. April ist eine Frankfurter Delegation in Berlin, um ihm die Kaiserwürde anzutragen. Er lehnt ab.

Friedrich Heinrich Ernst Freiherr von Wrangel (*1784, †1877) ist seit drei Jahren Generalfeldmarschall, als diese Aufnahme im Jahr 1859 entsteht. Wrangel ist der am längsten im Dienst befindliche Soldat der deutschen Geschichte. Noch geboren in der Zeit Friedrichs des Großen, dient er in 80 Jahren vier preußischen Königen, davon allein 50 Jahre im Generalsrang.

»Alles Ding hat seine Ursach. Also auch dies Ding«, notiert er am Ostersonntag auf Schloß Charlottenburg. »Die Antwort ist mir (und gottlob! Allen Gesunden) nicht zweifelhaft – Weil diese Patrioten (!) die Revolution, die Souveränität teutscher Nation unwiderruflich dadurch befestigen wollten, daß sie dem Preußenkönig ein Hundehalsband umschnallten, das ihn unauflöslich an die Volkssouveränität fesselte, der Revolution von 48 leibeigen macht!« In der ganzen Bewegung »vom 18., 19. März 48 bis heut« habe er bisher »nichts daran erkannt als den Abfall von Gott«. In diesen Notizen finden sich auch der Satz: »Gegen Demokraten helfen nur Soldaten.« Am 28. April lehnt Preußen die neue demokratische Reichsverfassung ab.

Am 10. Mai tritt das Frankfurter Ministerium von Gagern zurück. Österreich hatte schon am 5. April seine Abgeordneten aus Frankfurt zurückgerufen, ihm folgen im Mai Preußen, Sachsen und Hannover und im Juni Baden. Ein weitgehend von linken Abgeordneten beherrschtes »Rumpfparlament« verlegt mit etwa hundert Abgeordneten seinen Sitz nach Stuttgart, wo es am 18. Juni von württembergischem Militär aufgelöst wird. Der Traum eines demokratischen deutschen Einheitsstaats ist vorläufig ausgeträumt.

Daran kann auch die Verzweiflungstat der »Reichsverfassungskampagne« vom Frühjahr/Sommer 1849 nichts ändern, mit der noch einmal versucht werden soll, das Scheitern der demokratischen Einigung Deutsch-

Das 77. Bild der »Neuen Bilder-Zeitung« aus dem »Merkwürdigen Jahr 1848« zeigt die »Entwaffnung der Insurgentenbesatzung« von Rastatt. Am 23. Juli 1849 hat nach dreiwöchiger Belagerung die von badischen Revolutionstruppen verteidigte Bundesfestung Rastatt vor preußischen Truppen kapituliert. Standgerichte verurteilen 27 Revolutionäre zum Tod durch Erschießen. Viele Aufständische werden zu langen Haftstrafen in preußischen Gefängnissen verurteilt.

lands durch eine Revolutionswelle von unten aufzuhalten. Im Rheinland und Westfalen meutert die preußische Landwehr, in Dresden gibt es Barrikadenkämpfe, in der Pfalz findet eine republikanische Erhebung statt. Im Mai überrollt eine Revolution ganz Baden. Der Großherzog muß nach Mainz fliehen, während in Karlsruhe eine revolutionäre Landesregierung eingesetzt wird. Sogar reguläre Militärs haben sich auf die Seite der Aufständischen gestellt. »Die provisorische Regierung organisiert eine Volksarmee, die auf 150000 Mann gebracht werden soll«, meldet Arnold Ruge am 15. Mai aus Heidelberg. Ludwig von Mieroslawski, der Führer des Posener Aufstands vom Frühjahr 1848, ist der Befehlshaber der badisch-pfälzischen Revolutionsarmee, in der sich, Nachklang des Völkerfrühlings der heroischen Revolutionstage, auch polnische, ungarische, französische und Schweizer Freiwillige befinden, die in ihren eigenen Ländern an die Wand gedrückt worden sind und nun die Götterdämmerung der deutschen Revolution aufhalten wollen. Unter ihnen befindet sich auch der junge Friedrich Engels.

Doch überall wird schnell »die Ordnung« wiederhergestellt. Besonders der »Kartätschenprinz« Wilhelm, der Bruder Friedrich Wilhelms IV. und spätere erste deutsche Kaiser, spielt dabei als Befehlshaber der preußi-

schen Interventionstruppen eine herausragende Rolle. Als letztes hält sich die Festung Rastatt in Baden. »Seit einigen Tagen ist unsre Armee vernichtet, die Preußen, versehen mit allem Belagerungswerkzeug, ziehen große Massen um die Stadt zusammen«, schreibt der Student Carl Schurz seinen Eltern am 21. Juli aus dem eingeschlossenen Rastatt. »Die Festung länger halten zu wollen würde Wahnsinn sein. Nun ist uns die Wahl gelassen zwischen zwei Dingen: entweder uns durchzuschlagen zum Rhein, von da nach Frankreich, was kaum möglich ist, oder, und das ist fast zur Gewißheit wahrscheinlich, die Festung zu übergeben.« Die Übergabe von Rastatt findet am 23. Juli statt. Carl Schurz emigriert, wie viele andere, nach diesem endgültigen Scheitern der demokratischen Revolution in die USA. Dort kämpft er während des Bürgerkriegs als General auf der Seite der Nordstaaten gegen die Sklaverei und wird amerikanischer Innenminister.

Links: Franz Sigel (*1824, †1902) als Generalmajor der Nordstaaten. Sigel ist 1849 Kriegsminister in der provisorischen republikanischen Regierung von Baden. 1852 wandert er in die Vereinigten Staaten aus. Nach dem Ausbruch des amerikanischen Bürgerkrieges (1861–1865) übernimmt Sigel zunächst als Oberst, schließlich als Generalmajor die Leitung eines aus Deutschen gebildeten Freiwilligenregiments der Nordstaatenarmee.

Rechts: Carl Schurz (*1829, †1906) als Divisionskommandeur im amerikanischen Bürgerkrieg. Schurz kämpft 1849 als einfacher Soldat im badisch-pfälzischen Krieg. 1852 geht er in die Vereinigten Staaten, ist 1860 Mitbegründer der Republikanischen Partei und von 1877 bis 1881 unter US-Präsident Rutherford B. Hayes als Minister der Regierung der Vereinigten Staaten zuständig »für die Bundesorgane«.

ERNEUTE RESTAURATION

Die preußische Union

»Heute vor zehn Jahren ging in Paris der Sturm los, infolge dessen der Zustand von ganz Europa sich wesentlich geändert hat«, notiert Karl August Varnhagen von Ense Ende Februar 1858 in seinem Tagebuch. »Nicht das damals Gehoffte und Versuchte hat sich verwirklicht, das wäre dem Werke von Jahrhunderten vorgegriffen gewesen, aber für Jahrhunderte hat sich das klare Bild aufgestellt, was die edlere Menschheit anstrebt, verlangt und immer aufs neue versucht. Wie die Grundsätze von 1789 für Frankreich weithinaus in die Zukunft leuchten, so die Grundsätze von 1848 für Deutschland und insbesondere für Preußen. Bei uns gilt nur erst das von ihnen kümmerlich Abgeleitete, unsere elende Verfassung, noch nicht die Grundsätze selbst, aber in Frankreich beruft sich sogar die jetzige Willkür- und Gewaltherrschaft auf sie!« In Paris war Louis Napoléon Bonaparte, ein Neffe des Empereurs, 1848 mit überwältigender Mehrheit zum Präsidenten der Zweiten Republik gewählt worden. Er hatte 1851 durch einen Staatsstreich die Macht ganz an sich gerissen und ließ sich ein Jahr später als Napoléon III. zum Kaiser der Franzosen ausrufen.

Louis Napoléon begründete eine Art plebiszitärer Herrschaft, eine moderne Diktatur, die sich mit den Mitteln der Volksabstimmung, bei der es nie eine wirkliche Wahl gab, ihre Legitimation zu verschaffen versuchte. Er wußte, daß er die Stimmungen im Volk steuern mußte, um seiner Herrschaft eine solide Grundlage zu verschaffen. Das war im Zeitalter der einsetzenden Massengesellschaft modern gedacht und begründete einen ganz neuen politischen Stil – den plebiszitären Populismus, der dadurch allerdings auch in die Gefahr geriet, immer wieder von Massenstimmungen abhängig zu werden. Im November 1852 war in Frankreich das Kaiserreich per Volksabstimmung mit fast acht Millionen Ja-Stimmen gegen nur 250 000 Nein-Stimmen wieder eingeführt worden. Napoléon III. hatte eine moderne Vorstellung von Sozialpolitik und trat für das Selbstbestimmungsrecht der Völker ein. Vor al-

Linke Seite: Der Inspektor der königlichen bayerischen Erzgießerei Ferdinand Miller (*1813, †1887) im Kreise seiner Familie. Das Porträt, im »nassen Kollodiumverfahren« auf einer Glasplatte aufgenommen, stammt vom »Hofrat« Franz Hanfstaengl (*1804, †1877), der 1852 in München ein »Photographisches Atelier« eröffnet.

lem aber stand er für ein starkes Frankreich. Das waren die Lehren, die der neue Herrscher in Paris aus dem Revolutionsjahr 1848 gezogen hatte.

Auch in Preußen war das Revolutionsjahr nicht spurlos an den Regierenden vorbeigegangen. »Dem Drama folgte das Satyrspiel«, schreibt Golo Mann in seiner *Deutschen Geschichte.* »Friedrich Wilhelm IV., nachdem er alle auf ihn gesetzten Hoffnungen verraten und durch seine Truppen zermalmt hatte, wollte doch gar zu gern den Ruf des Deutschlandeinigers oder so etwas Ähnliches im Fluge erhaschen, versteht sich, ohne Demokratie, so daß er es mit seinesgleichen abmachte, anstatt daß Volksvertreter es ihm antrugen.« Am 28. April 1849 hatte er endgültig die ihm von den Volksvertretern der Frankfurter Nationalversammlung angetragene deutsche Kaiserkrone abgelehnt, weil er sich durch das Parlament kein »Hundehalsband« umschnallen lassen wollte, wie er verstimmt zu verstehen gab, »das ihn unauflöslich an die Volkssouveränität fesselte«. Doch noch am gleichen Tag läßt er durch seinen Ministerpräsidenten, den Grafen Brandenburg, im Namen der preußischen Regierung alle deutschen Regierungen aufrufen, sich gemeinsam zu einem deutschen Bundesstaat zu vereinigen. Auf der Ebene der Herrscherhäuser und Kabinette sollte hier weiterverfolgt werden, was Friedrich Wilhelm dem demokratisch legitimierten Frankfurter Nationalparlament gerade erst durch seine Ablehnung der Kaiserkrone versagt hatte.

Der Plan stammt von Joseph Maria von Radowitz, einem engen Freund Friedrich Wilhelms, der als Abgeordneter der Rechten im Frankfurter Parlament gesessen hatte. Radowitz versucht nun den Paulskirchenplan eines »Doppelbundes« unter anderen Vorzeichen wieder zu reaktivieren. Preußen und die anderen deutschen Bundesstaaten außer Österreich sollten nach diesem Konzept in einem »Engeren Bund« zusammengeschlossen werden, der mit Österreich gesonderte Beziehungen eines »Weiteren Bundes« verabreden würde. Radowitz sendet Einladungen an die Vertreter der vier Königreiche Hannover, Bayern, Württemberg und Sachsen zu einem ersten Treffen am 17. Mai 1849 nach Berlin, nur drei Wochen, nachdem Friedrich Wilhelm die Legitimation der Volksvertreter zurückgewiesen und damit das endgültige Scheitern des Frankfurter Parlaments besiegelt hatte. In Süddeutschland und Sachsen werden zur gleichen Zeit republikanische Bewegungen zur Unterstützung der in Frankfurt verabschiedeten demokratischen Reichsverfassung durch das preußische Militär brutal niedergeschlagen.

Radowitz will durch die bevorzugte Behandlung der deutschen Königreiche die kleineren Mittelstaaten in einen Sog mit einbeziehen, der von Berlin ausgeht und dem sie sich, die Einwilligung der Könige vorausgesetzt, kaum entziehen könnten. Doch der Plan scheitert schon kurz nach

Der Deutsche Fürstenkongreß 1863. Hier sind sie, mit Ausnahme des Königs von Preußen, alle versammelt, die deutschen Fürsten, Herzöge, Großherzöge und Könige. Fast alle regieren sie kleinste Duodezstaaten mit Hauptstädten wie Bückeburg, Arolsen und Rudolstadt, die häufig territorial zersplittert sind.

seiner Veröffentlichung. Bayern und Württemberg verweigern von vornherein ihre Mitwirkung, und das »Dreikönigsbündnis« zwischen Preußen, Sachsen und Hannover hat nicht die Kraft, die geplante Errichtung eines deutschen Bundesstaats unter Ausschluß des gegen solche Pläne heftig intrigierenden Österreich auch nur einen Schritt voranzutreiben.

Zwar verständigen sich die drei Staaten Ende Mai 1849 auf eine »Reichsverfassung«, die vieles aus der Frankfurter Vorlage entnimmt und dabei gleichzeitig deren demokratische Substanz zerstört. Ein Fürstenkollegium soll nun neben das Parlament treten und den Monarchen das absolute Vetorecht gegen Parlamentsbeschlüsse zugebilligt sein. Das Dreiklassenwahlrecht ist vorgesehen, von Grundrechten ist überhaupt keine Rede. Eine solche Reichsverfassung hätte Elemente des Repräsentationsgedankens entstehender Massengesellschaften mit dem monarchischen Prinzip verbunden und gleichzeitig durch das Klassenwahlrecht die »unruhigen« Teile der Bevölkerung von einer wirksamen Repräsentation ausgeschlossen. Im Sommer 1849 schließen sich die meisten deutschen Staaten dem »Dreikönigsbündnis« an.

Tatsächlich gibt es sogar Wahlen zu einer verfassungsgebenden Versammlung dieser Union, deren Reichstag am 20. März 1850 in Erfurt zusammentritt. Es gebe immer noch Leute, kommentiert Varnhagen von Ense das Ereignis, die sich »durch Blendwerke täuschen« ließen wie »jetzt aufs neue durch die Wahlen zu dem sogenannten Erfurter Parlament«. Von Erfurt, meint er, »erwartet kein vernünftiger Mensch etwas außer neue Zwangsanstalten, zu denen Erfurt nicht nötig gewesen wäre«. Wichtige Köpfe der nationalliberalen Frankfurter Casinofraktion, darunter Heinrich von Gagern, Friedrich Daniel Bassermann, Friedrich Christoph Dahlmann und Eduard Martin Simson, sehen das allerdings anders. Trotz zurückgewiesener Kaiserkrone und deutlichen Anzeichen einer erneuten Restauration stimmen sie nach einer Zusammenkunft in Gotha Ende Juni 1849 dem Verfassungsentwurf in aller Eile zu, als gelte es, damit in letzter Minute zu retten, was an Resten deutscher Einheit nach der gescheiterten Revolution noch zu retten war.

Der junge konservative preußische Abgeordnete Otto von Bismarck allerdings ist dagegen. In seinen Augen stellt die Unionsverfassung nichts als »ein zwitterhaftes Produkt furchtsamer Herrschsucht und zahmer Revolution« dar, die zudem in ihrer kleindeutsch-doppelbündischen Ausrichtung die Gefahr eines Krieges mit Österreich in sich bergen könnte. Er hatte damit nicht ganz unrecht. Die Königreiche Hannover und Sachsen hatten sich unter dem massiven Druck Österreichs bereits wieder aus der Union zurückgezogen, bevor die Wahlen zum Erfurter Reichstag im Januar 1850 stattfinden konnten, und sich mit Bayern und Württemberg im Februar zu einem neuen »Vierkönigsbündnis« zusammengeschlossen. Falls der Erfurter Reichstag der Union Ruhe, Ordnung und Gleichgewicht in Deutschland stören sollte, drohte Österreich nun ganz unverhohlen mit Krieg.

Was der Wiener Hof wollte, war eindeutig die Wiederherstellung der vorrevolutionären Zustände im Deutschen Bund. Besonders seit im Sommer 1849 mit massiver Unterstützung des russischen Zaren die ungarische Revolution blutig niedergeschlagen worden war, fühlte sich die Hofburg wieder berufen, in Sachen deutscher Politik ihren alten Führungsanspruch erneut geltend zu machen. Preußen, das wußte vor allem der am Beginn seiner politischen Karriere stehende Bismarck, konnte sich dem nur widersetzen, wenn es versuchen würde, erneut mit der Flamme der Revolution zu spielen, und dazu war niemand bereit. »Sollten wir trotzdem dahin getrieben werden, für die Idee der Union Krieg zu führen, meine Herren«, warnt er Anfang Januar 1851 vor dem preußischen Abgeordnetenhaus, »es würde nicht lange dauern, daß den Unionsmännern von kräftigen Fäusten die letzten Fetzen des Unionsmantels heruntergerissen würden, und es würde nichts bleiben als das rote Unterfutter dieses sehr leichten Kleidungsstückes.« Am wenigsten könne er glauben, »daß die Staatsmänner,

Otto von Bismarck: Der junge Lebemann

Otto Eduard Leopold von Bismarck (*1815, †1898) in einer Daguerreotypie aus dem Jahr 1848. Im Mai 1847 rückt Bismarck als Stellvertreter eines erkrankten Abgeordneten in den Vereinigten Preußischen Landtag nach. Im revolutionären Berlin des Jahres 1848 ist Bismarck Mitarbeiter der konservativen »Kreuz-Zeitung«, seit 1851 Legationsrat beim Deutschen Bundestag in Frankfurt a. M. ist. Er wird Gesandter in St. Petersburg und Paris und am 23. September 1862 zum preußischen Ministerpräsidenten ernannt.

Im Jahre 1839 schreibt der Amerikaner John Lothrop Motley in dem autobiographischen Roman Morton's Hope*: »In der Kneipe treibt er es toll; auf seinem Zimmer aber wirft er die Narrenkappe ab und redet plötzlich vernünftig.« Der Autor porträtiert mit der Figur des Otto von Rabenmark niemand anderen als seinen Kommilitonen und Freund Otto von Bismarck. Später rühmt sich Bismarck selbst seiner leichtlebigen Studentenzeit. Er habe in »drei Semestern achtundzwanzig Mensuren [Fechtkämpfe] gehabt«, bei denen er »immer gut davongekommen« sei …*

Der spätere Reichskanzler ist während seines Studiums in Göttingen und Berlin Mitglied eines landsmannschaftlichen Korps und nicht einer aufrührerischen Burschenschaft. Das Studium der Rechte steht an zweiter Stelle. Wichtiger als das Studium der Rechte sind Trinken und Fechten. Bismarck sagt einmal, er werde »entweder der größte Lump oder der erste Mann Preußens«.

Schon kurz nach Antritt seines Referendariats im preußischen Aachen schreibt er im August 1836 seinem Bruder Bernhard, daß er sich verliebt habe. Um die Nichte des englischen Herzogs von Cumberland, Miss Isabella Loraine-Smith, zu beeindrucken, führt er ein mondänes Leben weit jenseits seiner finanziellen Möglichkeiten. Schnell wachsen ihm die Schulden über den Kopf. Sein Vorgesetzter, Adolf Graf von Arnim-Boitzenburg, sieht zuletzt keine andere Möglichkeit, als Bismarck nach gut einem Jahr zu entlassen. Jetzt bemüht er sich um die Ordnung seiner Verhältnisse: Er tritt eine Stelle beim Potsdamer Regierungspräsidium an, absolviert 1838 den Militärdienst und leitet danach (da ihm Amtsstuben ein Greuel sind) die väterlichen Güter in der Altmark und in Pommern.

Ab etwa 1847 ist er auf dem Weg in die Politik, der ihn schließlich zum »ersten Mann Preußens« aufsteigen läßt.

die im Sommer 1848 der Freundschaftsbezeugungen einer Handvoll Berliner Proletarier sich nicht erwehren konnten, stark genug sein würden, wenn einmal der Brand entzündet ist, im Kampfe mit der Übermacht die dargebotene Hand der polnischen, italienischen, ungarischen und deutschen Demokraten zurückzuweisen«. Ein Konflikt mit Österreich zu diesem Zeitpunkt würde nach Bismarcks Meinung vor allem die Gefahr einer neuen revolutionären Welle mit sich bringen. So gibt er sich einstweilen mit der Option zufrieden, in einem wiederhergestellten Deutschen Bund eine paritätisch ausgewogene Doppelhegemonie der deutschen Großmächte Österreich und Preußen zu erreichen. Nach einer Niederlage gegen Dänemark, dem im Juli 1850 Schleswig und Holstein mit Unterstützung des übermächtig gewordenen Zarenhofs wieder zugesprochen worden waren, hätte Preußen ohnehin kaum mehr zu erwarten gehabt.

Daß allerdings ein Kräftemessen mit Wien über kurz oder lang unvermeidbar sein würde, erkennt Bismarck schon sehr früh. Im Herbst 1850 wäre es wegen einer inneren Krise in Kurhessen sogar beinahe zu einem Krieg zwischen den beiden deutschen Großmächten gekommen. Nachdem im Februar der hessische Kurfürst alle seine liberalen Minister entlassen und den als Reaktionär bekannten Ludwig Hassenpflug zum Staatsminister ernannt hatte, war in Kassel ein Konflikt zwischen Regierung und Kammer ausgebrochen. Hassenpflug wollte das Kurfürstentum aus der preußischen Union heraus- und wieder dem österreichischen Bündnis zuführen. Doch die Kammer verweigerte ihm den Staatshaushalt, und selbst in der kurhessischen Armee machte sich Gehorsamsverweigerung breit. Kurfürst Friedrich Wilhelm rief daraufhin den unter österreichischer Führung als Rumpf wiederhergestellten Deutschen Bund um Bundesexekution an, die ihm durch die Entsendung bayerischer Truppen auch gewährt wurde. Preußen, das sich in dieser Krise auf die Seite der unionstreuen Kasseler Stände gestellt hatte, machte seinerseits mobil.

Am 8. November 1850 stehen sich bei Bronnzell österreichische, bayerische und preußische Truppen auf Schußentfernung gegenüber, und es wäre in dieser gefährlichen Lage wahrscheinlich zu einer bewaffneten Auseinandersetzung gekommen, wenn nicht Zar Nikolaus I. deutlich erklärt hätte, er werde im Falle eines Krieges auf österreichischer Seite eingreifen, wie er das schon in Ungarn getan hatte. Radowitz, der geistige Vater der preußischen Union, war tatsächlich zu einem Krieg bereit. Doch noch einmal siegen in Preußen die Kräfte, die wie der junge Bismarck auf realpolitische Einsichten in das tatsächlich Mögliche drängen. »Weder der König von Preußen noch der Kaiser von Österreich ist souverän, sondern allein der Zar«, urteilt in dieser Stunde der seit dem Scheitern der deutschen Revolution in London lebende ehemalige Redakteur der *Neuen Rheinischen*

Die Kriegsflotte: »Zum Ersten, zum Zweiten und zum Dritten«

1859 erinnert sich der deutsche Zoologe Ernst Haeckel auf einer Studienreise durch Italien an ein trauriges Ereignis: »Gestern morgen hatten wir an der S. Lucia ein prächtiges Schauspiel ... sechs große Kriegsschiffe der englischen Marine ... Heut Nachmittag bin ich in einer kleinen Barke zwischen ihnen herumgefahren und habe ihre kolossale Größe von außen bewundert. Wie würde mir das Herz schlagen, wenn das eine deutsche Flotte wäre!! O, Hannibal Fischer!« Der Name des Genannten ist vergessen: Staatsrat Hannibal Fischer (1784–1868) leitete die Versteigerung der ersten deutschen Flotte.

Erster »deutscher« Admiral ist der in Anger bei Leipzig geborene Karl Rudolf Bromme (*1804, †1860), der schon zu Lebzeiten nur »Admiral Brommy« genannt wird. Das Seekriegshandwerk hat Bromme, der lange auf amerikanischen Seglern gefahren ist, als zweiter Kommandant einer griechischen Korvette im Unabhängigkeitskrieg (1821–1827) gegen die Türken erlernt.

Fischer, im oldenburgischen Staatsdienst, später im Fürstentum Lippe tätig, kommt Mitte 1852 in Bremerhaven an, wo die meisten Schiffe vor Anker liegen. Sie sind die vor vier Jahren vom Frankfurter Parlament legitimierte und für sechs Millionen Reichstaler angeschaffte Kriegsflotte. Aber nachdem die Revolution an Kraft verliert und mit Dänemark ein Waffenstillstand ausgehandelt ist, stellen fast alle Länder des Bundes ihre Zahlungen für den Unterhalt der Schiffe ein. Daraufhin beschließt der Bundestag im April 1852 ihren Verkauf.

Es ist fast ein Omen, daß am 18. August als erstes Schiff die »Deutschland« für 9200 Taler an eine Reederei geht – für gerade einmal 15 Prozent des Schätzwertes. Die letzten beiden der 38 Schiffe (darunter neun schon mit Dampf betriebene Fregatten) versteigert Fischer im März 1853. Wenig später erklärt Karl Rudolf Bromme, genannt »Brommy« – ein Sachse und der erste deutsche Admiral im 19. Jahrhundert, der nun gleichfalls den Abschied erhält – die Flotte für aufgelöst.

Der englische Examiner *spottet: »Unter anderen Grillen hielt das Deutsche Reich von 1848 es für würdevoll und groß, eine deutsche Flotte auf die Beine zu bringen. Diese Flotte freilich bestand nur dem Namen nach. Wie das Reich nur das Phantom eines Reiches war, so war die Flotte tatsächlich nur das Phantom einer Flotte.«*

Rhein mit Schiffsbrücke und Kölner Dom in den 1860er Jahren. Die Vollendung des mittelalterlichen Doms beginnt 1842. Sie geht auf Initiative des preußischen Königs Friedrich Wilhelm IV. zurück. Dessen Enthusiasmus wird von weiten Kreisen der Bevölkerung geteilt, die im Kölner Dom vor allem ein Symbol der Einheit Deutschlands sieht.

Zeitung Karl Marx: »Vor seinem Befehl wird das rebellische Preußen sich schließlich beugen.« So ist es gekommen.

Mit dem Vertrag von Olmütz beschließen Fürst Schwarzenberg und der preußische Außenminister Otto von Manteuffel am 28. November 1850, die kurhessische Frage einvernehmlich zu regeln. Preußen verzichtet in Olmütz endgültig auf die Erfurter Union und willigt in eine Neubelebung des Deutschen Bundes ein. »Ja, dies ist ein Wendepunkt in unserer Politik«, kommentiert der nach dem Tod des Grafen Brandenburg zum preußischen Ministerpräsidenten ernannte Otto von Manteuffel das Ereignis. »Es soll entschieden mit der Revolution gebrochen werden!« Seit Olmütz gibt es wieder eine gemeinsame antirevolutionäre Innenpolitik der beiden deutschen Großmächte Österreich und Preußen. Die machtpolitischen Differenzen zwischen den beiden Staaten sind damit jedoch keineswegs beigelegt.

Die Gefahr einer weiteren Revolution, meint besonders der Abgeordnete Otto von Bismarck, wäre bei einer erneuten Eskalation des Konflikts jedoch zu groß gewesen, als daß man sich nicht lieber auf gemeinsame antirevolutionäre Grundsätze verständigen sollte. »Ich suche die preußische Ehre darin, daß Preußen sich von jeder schmachvollen Verbindung

Der Kölner Dom: 632 Jahre Bauzeit

Am 4. September 1842 legen der preußische König Friedrich Wilhelm IV. und der Kölner Erzbischof Johannes von Geissel den Grundstein für den letzten Bauabschnitt des Kölner Doms. Die Fortsetzung des Baues ist eine versöhnliche Geste des protestantischen Preußens gegenüber den katholischen Landesteilen. Der im Kirchenstreit aufgebrochene Riß, der sich vor allem an der Konfessionszugehörigkeit von Kindern aus gemischten Ehen gezeigt hatte, soll gekittet werden. Preußen trägt mit jährlich 50 000 Taler zum Bau bei; weitere 50 000 Taler bringt der Zentral-Dombau-Verein auf, also die Kölner Bürgerschaft.

Nach einer Unterbrechung von über 300 Jahren geht der Bau des Kölner Doms (an der Stelle mehrerer Vorgängerbauten) endlich weiter. In »nur« 21 Jahren wachsen die Fassaden in die Höhe und werden Dächer und Dachreiter fertig. In den folgenden 17 Jahren werden die beiden Türme bis zu einer Höhe von 157 Metern hochgezogen. Am 15. Oktober 1880 ist der Dom, 632 Jahre nach Baubeginn, vollendet. Kaiser Wilhelm I. ist anwesend, als der Schlußstein in die Kreuzblume des südlichen Domturms eingefügt wird. Geweiht wird der Dom, wie der frühere, sogenannte Alte Dom, dem hl. Petrus und der Gottesmutter Maria.

Der fertige Bau steht als größtes deutsches Gotteshaus im gotischen Stil, als zweithöchstes des ganzen Landes und drittgrößtes der Welt nicht nur für das Rheinland und Preußen, sondern auch für die Größe Deutschlands. Symbolhaft fällt in die Bauzeit auch der »Bau« des zweiten Deutschen Reiches.

mit der Demokratie entfernt halte«, meint der spätere Reichskanzler zukunftsweisend in der Debatte über den Vertrag von Olmütz im preußischen Landtag am 3. Dezember 1850. »Die einzig gesunde Grundlage eines großen Staates, und dadurch unterscheidet er sich wesentlich von einem kleinen Staate, ist der staatliche Egoismus und nicht die Romantik, und es ist eines großen Staates nicht würdig, für eine Sache zu streiten, die nicht seinem eigenen Interesse angehört.« Es ist Bismarcks erstes öffentlich bekannt gewordenes Bekenntnis zu seiner Version von »Realpolitik«, die in Zukunft mit seinem Namen verbunden sein wird. Um seine Position gegenüber Österreich zu stärken, durfte sich Preußen auf keinen Fall aus Gründen der Prinzipienreiterei in einen provinziellen Verfassungskonflikt verwickeln lassen. Vor allem aber mußte Preußen dazu erst einmal an eigener Kraft hinzugewinnen.

Anfänge der Realpolitik

Otto von Bismarck war kurz nach Napoléon Bonapartes Rückkehr aus Elba am 1. April 1815 auf dem brandenburgischen Gut Schönhausen in der Altmark zur Welt gekommen. Die Familie seines Vaters besaß hier schon seit über fünfhundert Jahren Güter. Seine Mutter jedoch war eine Bürgerliche, Tochter eines Kabinettssekretärs Friedrichs des Großen und Kabinettsrats seiner beiden Nachfolger. Ihrer bürgerlichen Leistungsorientiertheit ist es zu verdanken, daß Bismarck dem dumpfen Leben eines märkischen Landjunkers entkommen konnte. 1822 zieht die Familie auf ihre Veranlassung hin nach Berlin, um dort am gesellschaftlichen Leben teilnehmen und ihren Söhnen eine angemessene Erziehung ermöglichen zu können. Otto von Bismarck besucht eine Reformschule in der Nähe des Belle-Alliance-Platzes, die von den turnerischen Impulsen Friedrich Ludwig Jahns geprägt ist.

Die »deutsch-nationalen Eindrücke«, denen er dort ausgesetzt war, verfehlten jedoch alle Wirkung auf ihn. »Meine geschichtlichen Sympathien blieben auf Seiten der Autorität«, wird er später über seine Schulzeit sagen. »Harmodius und Aristogiton sowohl wie Brutus waren für mein kindliches Rechtsgefühl Verbrecher und Tell ein Rebell und Mörder. Jeder deutsche Fürst, der vor dem Dreißigjährigen Kriege dem Kaiser widerstrebte, ärgerte mich.« Auch an den deutschen Burschenschaften, mit denen er in den dreißiger Jahren an der Universität Göttingen in Berührung kommt, stört ihn »die Extravaganz ihrer politischen Auffassungen«, die er einer unglücklichen »Verbindung von Utopie und Mangel an Erziehung« zuschreibt. Bismarck waren die schwärmerischen Züge des deutschen Nationalismus zeit seines Lebens abhold, auch wenn er später mit ihm paktieren sollte.

Er war ein preußischer Staatspatriot. Schon als Kind, schreibt er, sei er bei aller Sympathie für das Kaisertum seinen sonstigen Grundsätzen entgegen »vom Großen Kurfürsten an aber (...) parteiisch genug« gewesen, um »antikaiserlich zu urteilen und natürlich zu finden, daß der Siebenjährige Krieg sich vorbereitete«. Das, was jetzt, in der Zeit nach 1848, zum Zuge kommen sollte, war in seinen Augen gewissermaßen eine Fortsetzung dieser alten Kämpfe Preußens. »Die deutsche Frage«, bemerkt er 1849, »wird nicht in den Parlamenten, sondern in der Diplomatie und im Felde entschieden.«

Im April 1851 wird Bismarck von Friedrich Wilhelm IV. zum preußischen Gesandten beim Frankfurter Bundestag ernannt, an dessen Arbeit sich Preußen und die übrigen Mitglieder der Erfurter Union seit März wieder beteiligen. Er bleibt acht Jahre in Frankfurt, auf dessen diplomatischem Intrigenpflaster sich die deutschen Verhältnisse wie an keinem zweiten Ort vortrefflich studieren lassen. »Kein Mensch, selbst der böswilligste Zweifler von Demokrat glaubt es, was für Charlatanerie und Wichtigtuerei in dieser Diplomatie steckt«, notiert er schon kurz nach seiner Ankunft. »Die Österreicher sind intrigant unter der Maske burschikoser Bonhommie, verlogen, stehlen Akten (selbst die Rechtlichsten unter ihnen), spielen, huren und suchen uns bei kleinen Formalien zu übertölpeln, worin jetzt unsere einzige Beschäftigung besteht.« Bismarcks Österreichbild wird auch später nie von diesen frühen Klischees und Vorurteilen frei sein.

Das Ziel des Wiener Hofs ist es, Preußen, das 1849 beinahe zur unbestrittenen Führungsmacht in Deutschland aufgestiegen wäre, diese Rolle wieder streitig zu machen. Fürst Schwarzenberg hatte dazu einen großangelegten Mitteleuropaplan, der einen großösterreichisch-großdeutschen Staatenbund mit Zoll- und Handelsunion vorsah, ins Gespräch gebracht. Preußen hätte dabei machtpolitisch den kürzeren gezogen, denn die Verwirklichung dieses Plans wäre auf einen Zusammenschluß des Zollvereins mit der Habsburgermonarchie hinausgelaufen, woran Preußen wegen des damit verbundenen Verlusts an Einfluß in den deutschen Klein- und Mittelstaaten kein Interesse haben konnte. »Bündnisse großer Staaten haben nur dann Wert, wenn sie den Ausdruck beiderseitiger wirklicher Interessen besiegeln«, meint Bismarck in dieser Zeit. »Wenn wir uns nicht in die Rolle des Hammers vorbereiten, so bleibt leicht nur die des Amboß übrig.« Das mindeste, was man nach seiner Ansicht im Augenblick erreichen mußte, war eine gesicherte Parität mit Österreich.

Ein geheimer Allianzvertrag, in dem sich beide Seiten gegenseitig Beistand bei allen Angriffen Dritter versichern, sollte dazu eine erste Grundlage bilden. Innenpolitisch wird er durch eine gemeinsame Reaktionspolitik ergänzt, mit der die beiden deutschen Großmächte auch die kleineren und mittleren deutschen Staaten mit Hilfe des zu neuem Leben erweckten Deutschen Bundes zu disziplinieren gedenken.

Am 23. August 1851, Bismarck ist gerade vier Monate in Frankfurt, hebt die Bundesversammlung alle Grundrechte, die in der Reichsverfassung von 1849 vorgesehen waren, ausdrücklich mit Wirkung für alle deutsche Staaten wieder auf. In einem zweiten Beschluß wird die Bundesversammlung zur Kontrollbehörde für die Verfassungszustände in den Einzelstaaten bestimmt. »Die in den einzelnen Bundesstaaten namentlich seit dem Jahre 1848 getroffenen staatlichen Einrichtungen und erlassenen gesetzlichen Bestimmungen« sollten, so wörtlich, »einer sorgfältigen Prüfung« unterworfen »und dann, wenn sie mit den Grundgesetzen des Bundes nicht in Einklang stehen, diese notwendige Übereinstimmung ohne Verzug« wiederhergestellt werden. Mit anderen Worten wollte man dadurch

Ernst Werner Siemens (*1816, †1892), ab 1888 von Siemens, mit seiner ersten Frau Mathilde Drumann (*1824, †1865) in Moskau, 1852. Da ihm aus finanziellen Gründen ein Studium nicht möglich ist, tritt Siemens 1834 in die preußische Armee ein. Mit der Aufnahme in das Preußische Ingenieurkorps erhält er Zugang zu einer ingenieurwissenschaftlichen Ausbildung und erlangt Kenntnisse in Mathematik, Physik und Chemie. Im Herbst 1835 wird Siemens als Offiziersanwärter für drei Jahre an die Berliner Artillerie- und Ingenieurschule abkommandiert.

Werner von Siemens: Von Triumph zu Triumph

Am 28. März 1849 wählt die Nationalversammlung in Frankfurt a. M. den preußischen König Friedrich Wilhelm IV. zum Kaiser. Die Nachricht trifft bereits eine Stunde später in Berlin ein. Möglich macht diesen Triumph über Raum und Zeit die elektrische Telegraphie des Erfinders und Unternehmers Werner Siemens. Er wird von einem Tag auf den anderen berühmt.

Siemens und sein Berliner Partner, der Mechaniker Johann Georg Halske, können sich in der Folgezeit über Auftragsmangel nicht beklagen. Die bereits im Oktober 1847 gegründete »Telegraphenbau-Anstalt Siemens und Halske« erobert die Welt per Kabel. Auf die Leitung von Berlin nach Frankfurt a. M. folgten weitere von Warschau nach St. Petersburg und von St. Petersburg nach Moskau. 1864 scheitert die Verlegung eines Seekabels von Spanien nach Algerien. Sechs Jahre später folgt ein gigantischer Triumph: Siemens gelingt die Verlegung einer 11000 Kilometer langen Telegraphenlinie von London nach Kalkutta. Der eher risikoscheue Halske ist zu diesem Zeitpunkt bereits aus dem Unternehmen ausgeschieden, die Brüder Wilhelm und Carl Siemens steigen zu Teilhabern auf. Siemens ist jetzt ein reines Familienunternehmen. 1874 gelingt der Firma die Verlegung eines Transatlantikkabels zwischen Irland und Amerika. Ermöglicht wird die Unterwassertechnik durch die nahtlose Isolation der Kabel mit Guttapercha, einem gummiartigem Pflanzensaft.

Die Erfolge als Unternehmer hindern Siemens nicht daran, immer weiter zu forschen. Zu seinen Entwicklungen zählen die erste Dynamomaschine (1866) und grundlegende technische Verbesserungen des Fernsprechers (1878). In Anerkennung seiner Verdienste für Wissenschaft und Gesellschaft erhebt Kaiser Friedrich III. Werner Siemens im Jahr 1888 in den Adelsstand.

die rechtsstaatlichen Fortschritte seit der Revolutionszeit weitgehend rückgängig machen.

Im April 1851 war bereits zwischen Österreich, Preußen und den deutschen Mittelstaaten ein Polizeikartell mit dem Ziel des wechselseitigen Informationsaustauschs verabredet worden, das über die Landesgrenzen hinweg unter Ausschluß der diplomatischen Kanäle mit dem Aufbau eines wirkungsvollen gesamtdeutschen Spitzelsystems gegen das »Treiben der Umsturzpartei« beschäftigt ist. Von Oktober 1851 an werden überall die Landesverfassungen, die Wahl-, Presse- und Vereinsgesetze durch eine mit starken Kompetenzen ausgestattete Bundesbehörde überprüft und einige Länder, unter ihnen die Kleinstaaten Sachsen-Coburg, Anhalt, Liechtenstein, Waldeck, Lippe, Hessen-Homburg, die Städte Frankfurt a. M., Bremen und Hamburg sowie das Königreich Hannover mit disziplinarischen Mitteln zu den nötigen Revisionen gedrängt. In Kurhessen, dessen Verfassungskonflikt beinahe zu einem Krieg zwischen Preußen und Österreich geführt hatte, sorgen eigens eingesetzte Bundeskommissare für den Entwurf einer neuen Verfassung, die der Bundesversammlung zur Zustimmung vorgelegt wird.

Bald ist die einst blühende Parteienlandschaft der Jahre 1848/49 wie vom Erdboden verschwunden, und es existiert auch so gut wie keine oppositionelle Presse mehr. »Die Presse pfeift auf dem letzten Loche, die Kammern röcheln nur noch«, notiert Varnhagen von Ense in diesen Tagen, um gleichzeitig die Hoffnung auszusprechen, es werde »mancher, der sich heute mächtig und klug dünkt, zu spät einsehen, daß er nur am eigenen Verderben gearbeitet hat. Die rohe Gewalt, die Verleugnung alles Rechtes, die Falschheit und Tücke retten keinen Staat und bauen keinen.« Tatsächlich ist die eigentliche Restaurationszeit der fünfziger Jahre, trotz dieser gravierenden Einschnitte, nur von erstaunlich kurzer Dauer.

Ein außenpolitisches Ereignis von großer innenpolitischer Tragweite bringt eine erhebliche Bewegung in das europäische Kräftegleichgewicht. Am 1. November 1853 hatte das Osmanische Reich Rußland den Krieg erklärt, nachdem die Russen zuvor den Fluß Pruth überquert und in die heute zu Rumänien gehörenden osmanischen Donaufürstentümer einmarschiert waren. Um dem russischen Expansionsdrang einen Riegel vorzuschieben, griffen England und Frankreich im März 1854 auf osmanischer Seite in die Kämpfe ein und setzten im September große Truppenkontingente auf der Krim aus. Nach 349tägiger Belagerung mußte am 8. September 1855 die russische Festung Sewastopol vor den Franzosen und Engländern kapitulieren. Mit dem Frieden von Paris geht am 30. März 1856 der Krimkrieg formell zu Ende – und mit ihm auch die hegemoniale Stellung des russischen Zaren auf dem europäischen Kontinent. Napoléon III. ist nun die beherrschende Gestalt des europäischen Kontinents.

Für Preußen jedoch bietet der Krimkrieg eine Gelegenheit, auch die hegemoniale Stellung Österreichs in Deutschland in Frage zu stellen. Wien war durch die russischen Aktionen auf dem Balkan abgelenkt und hatte einen großen Teil seiner Truppen an die südöstlichen Grenzen verlegen müssen. Gemäßigt konservative Kreise um Moritz August von Bethmann Hollweg nehmen dies und die Schwäche Rußlands zum Anlaß, mit Unterstützung der westlichen Mächte eine Erneuerung der Erfurter Union zu fordern. Die preußischen Altkonservativen sind jedoch strikt gegen jeden Bruch mit Rußland, das in ihren Augen immer noch das verläßlichste Bollwerk gegen die Revolution darstellt, deren französische Erben jetzt gegen die russischen Heere im Feld stehen. Dazwischen treibt der junge preußische Bundestagsgesandte Otto von Bismarck eine machtorientierte Realpolitik, die ihm den ersten großen politischen Erfolg seines Lebens bescheren wird. Er nutzt die Gunst der Stunde, um Preußen einen großen Feldvorteil im Spiel um Deutschland zu verschaffen.

Friedrich Wilhelm IV. hatte sich im April 1854 zu einer Erneuerung des Verteidigungsbündnisses mit Österreich überreden lassen, das für Berlin zu einer gefährlichen Verpflichtung werden konnte. Bismarck, der befürchtet, Preußen könnte in einen Krieg mit Rußland verwickelt werden, der allein österreichischen Interessen dienlich wäre, drängt den Monarchen deshalb zu einer Politik der Neutralität und rät ihm sogar, seine Truppen in Oberschlesien aufmarschieren zu lassen, so daß sie in der Lage wären, je nach Lage der Dinge wahlweise die Grenze nach Rußland oder Österreich zu überschreiten. Als Kaiser Franz Joseph im Dezember 1854 ein formelles Bündnis mit Frankreich und England abschließt, verweigert ihm Preußen die Gefolgschaft. Das Wiener Ansinnen an den Bundestag, Bundestruppen gegen Rußland zu mobilisieren, wird in Frankfurt von einer Mehrheit unter Bismarcks Führung abgelehnt, der die übrigen deutschen Staaten erfolgreich davon überzeugen kann, daß sie aus einem Krieg gegen Rußland so wenig Nutzen ziehen würden wie Preußen. Während des ganzen Jahres 1855 ist Bismarck Sprecher einer Mehrheit im Bundestag, die sich damit zum ersten Mal wieder unter preußischer Führung zusammengefunden hat.

Zur gleichen Zeit jedoch läßt er den französischen Gesandten in Berlin, den Marquis Lionel de Moustier, wissen, daß ein festes Bündnis mit Frankreich und Rußland die Interessen Preußens am besten befördern würde. Das ist auch die Meinung französischer Diplomaten, die ihn noch während des Krieges wissen lassen, es gebe mit Rußland keine Gegensätze, die auf Dauer Bestand haben würden. Frankreichs Interessen lägen vielmehr in

Die Post: Die Einführung der Briefmarke

In den Jahrzehnten der Reaktion gibt es kein gesetzlich geschütztes Briefgeheimnis. Behörden öffnen Briefe nach Belieben und verwenden den Inhalt gegen Absender oder Adressaten. Wichtige Post gibt man daher besser reisenden Bekannten mit, oder man beauftragt einen Boten mit ihrer Beförderung. Selbst der Metternich-Getreue Friedrich von Gentz mißtraut dem eigenen österreichischen Postwesen. Er empfiehlt von Wien aus seiner Brieffreundin Rahel Varnhagen: »Der Post ist ja durchaus nicht zu trauen; ich bitte Sie, mir, wenn es nicht ganz gleichgültige Dinge betrifft, nie anders als durch unsere Gesandtschaft zu schreiben.«

Die Gebühr für einen Brief ist an die Entfernung gebunden. Je mehr Landesgrenzen die Post überschreitet, um so komplizierter und »unberechenbarer« wird die Gebühr, da jedes Land andere Entgelte erhebt. Auch bezahlt bis Mitte des 19. Jahrhunderts nicht der Absender, sondern der Empfänger den Transport. Verweigert er die Bezahlung des Portos, geht der Brief postwendend zurück.

Am 5. Juni 1849 erläßt der bayerische König Maximilian II. eine Verordnung zur »Regelung der Postbeförderung und Frankierung der Postsendungen«. Absprachen mit anderen deutschen Ländern finden nicht statt. Der Drucker Georg Weiß liefert erste Druckproben für Briefmarken, später stellt er täglich 300 Bogen zu 180 Briefmarken her. Dem Ereignis wird nicht viel Bedeutung beigemessen. Die Zeitungen berichten über die Premiere der »Postwertzeichen« nicht. (In England gibt es sie bereits seit 1840.)

Drei berühmte Marken deutscher Länder aus der Frühzeit der Philatelie. Die erste Briefmarke Deutschlands ist der »Schwarze Einser« des Königreichs Bayern vom 1. November 1849. Die »Sachsendreier« wird am 29. Juni 1850 ausgegeben. Am 1. Mai 1851 bringt das Großherzogtum Baden die ersten vier Freimarken zu 1, 3, 6 und 9 Kreuzer heraus.

Der Vorteil von Briefmarken – für die Post vor allem die Vorauszahlung der Gebühren – ist aber nicht zu übersehen. 1850 folgen mehrere Länder dem Beispiel Bayerns: im Juli 1850 Sachsen, im November 1850 Preußen.

Ernst Litfaß (*1816, †1874) in Matrosenkleidung, um 1865. Am 5. Dezember 1854 wird ihm im bestem Amtsdeutsch vom Berliner Polizeidirektor Karl Ludwig Hinckeldey ein Monopol in der Stadt Berlin ausgestellt: »Dem Buchdrucker Ernst Litfaß, allhier ansässig in der Adlerstraße 6, wird auf dero persönliches Ersuchen hin gestattet, auf fiskalischem Straßenterrain Anschlagsäulen zwecks unentgeltlicher Aufnahme der Plakate öffentlicher Behörden und gewerbsmäßiger Veröffentlichungen von Privatanzeigen zu errichten. Alles andere Plakatieren von Zetteln ist künftig verboten.«

Ernst Litfaß: Der »Reklamekönig«

Im Berlin der Jahrhundertmitte kleben an Häuserwänden, Zäunen und selbst an den Bäumen unzählige Zettel, Plakate und öffentliche Mitteilungen. Das ist kein schöner Anblick. So empfindet es zumindest der Drucker Ernst Theodor Litfaß. Seine Antwort auf das Papierchaos ist die »Annonciersäule«, wie er sie zuerst in London und Paris gesehen hat.

Litfaß beantragt eine Konzession zur Aufstellung von 150 runden Anschlagsäulen. Unterstützung erhält er vom Zirkusdirektor Ernst Renz, der die Finanzierung des Projekts übernimmt. Auch dem Berliner Polizeipräsidenten Hinckeldey gefällt die Idee: Er will die Säulen zur Fahndung nach Verbrechern und zur Plakatierung wichtiger behördlicher Meldungen nutzen. Die Genehmigung von 1854 spricht Litfaß das alleinige Recht der Plakatierung zu. Später vergibt der König auch die Veröffentlichung von Kriegsdepeschen und Siegesmeldungen aus den Kriegen 1866 und 1870/71 exklusiv an Litfaß.

Die erste Säule, aufgestellt im Juli 1855, sorgt gleich für Furore: Tanzlokale, Varietés, Weinstuben, Zirkusse und Theater, es gibt kaum eine Institution, die ihre Werbung nicht auf der Säule plazieren will. Das runde »Stadtmöbel« dient außerdem der Verbreitung von Verordnungen der Stadtverwaltung, der Ankündigung von Hochzeitsfeierlichkeiten, und für Arbeiter und kleine Angestellte ist sie eine »öffentliche Zeitung«.

Der Erfinder Ernst Theodor Litfaß wird von den Berlinern entweder als »Reklamekönig« verehrt oder als »Säulenheiliger« verspottet. Der reich gewordene Unternehmer stirbt im Dezember 1874 in Wiesbaden, 58 Jahre alt.

Italien, wo es zwangsläufig zu Reibereien mit der österreichischen Besatzungsmacht kommen würde. Wenn also Preußen in einer dreiteiligen Allianz gegen Österreich eine Brückenfunktion übernehmen wolle, sei das Frankreich mehr als willkommen.

Das Bündnis kommt zwar nicht zustande, weil Friedrich Wilhelm IV. einen Bruch mit Wien nicht riskieren will, doch für Bismarck ist Paris seitdem zu einem Bestandteil seines preußischen Planspiels geworden, bei dem es um die künftige Hegemonie in Deutschland geht. Er hat sich damit zu Hause, wo Franzosenfeindlichkeit seit den Befreiungskriegen fast zum preußischen Erbgut gehörte, nicht nur Freunde gemacht. »Die Interessen des eigenen Vaterlandes dem eigenen Gefühl von Liebe oder Haß gegen Fremde unterzuordnen, dazu hat meiner Ansicht nach selbst der König nicht das Recht«, weist er mit überlegenem machtpolitischem Kalkül einen konservativen Kritiker zurecht. »Oder finden Sie das Prinzip, welches ich geopfert habe, in der Formel, daß ein Preuße stets ein Gegner Frankreichs sein müsse?« Immer schon, so Bis-

Hamburger Künstler in einem Sommerlokal in der Straße Caffamacherreihe porträtiert 1843 der Daguerreotypist Hermann Biow (*1804, †1850). »Hamburgs Wesen durch die Kunst ausdrücken« wollen die Maler des »Hamburger Künstlervereins von 1832«. In der merkantil orientierten Stadtrepublik Hamburg werden von ihnen noch viele Darstellungen in Öl gemalt.

marcks emotionslose historische Einsicht, sei der Ursprung aller Autorität so etwas wie eine Revolution gewesen. Das sei bei der preußischen Monarchie, auch wenn es länger zurückliege, nicht anders gewesen als bei dem napoléonischen Regime, dem man deshalb nicht weniger Legitimität zusprechen könne. Im übrigen: »Wir müssen mit den Realitäten wirtschaften und nicht mit Fiktionen.«

Zu den Realitäten gehört für ihn, daß über kurz oder lang eine Auseinandersetzung Preußens mit Österreich nicht zu vermeiden sein wird. »Nach der Wiener Politik ist einmal Deutschland zu eng für uns beide«, meint er im April 1856. »Solange ein ehrliches Arrangement über den Einfluß eines jeden in Deutschland nicht getroffen und ausgeführt ist, pflügen wir beide denselben streitigen Acker.« Was Bismarck vorschwebt, ist eine Aufteilung der Einflußsphären entlang der Mainlinie, die er zehn Jahre später tatsächlich erreichen wird. Doch jetzt schon weiß er, daß die Rochaden des Krimkriegs Preußen alle Möglichkeiten bieten, das große Pokerspiel um Deutschland erneut zu eröffnen.

Dem neuen Politikstil, für den Bismarck steht, hat ein ehemaliger Radikaler, Teilnehmer des Sturms auf die Frankfurter Konstablerwache von 1833, seinen Namen gegeben. 1853 erscheinen Ludwig August von Rochaus *Grundsätze der Realpolitik. Angewendet auf die staatlichen Zustände Deutschlands.* Rochau war nach den Frankfurter Unruhen zu lebenslangem Zuchthaus verurteilt worden, doch hatte er rechtzeitig nach Frankreich fliehen können. Von dort kehrte er 1848 während der Revolutionszeit nach Deutschland zurück. Er war während seines Exils zum gemäßigten Liberalen geworden und hatte nun mit seinen *Grundsätzen der Realpolitik* eine schonungslose Selbstkritik des Liberalismus der 48er Zeit vorgelegt.

»Herrschen heißt Macht üben, und Macht üben kann nur der, welcher Macht besitzt«, schreibt Rochau. »Dieser unmittelbare Zusammenhang von Macht und Herrschaft bildet die Grundwahrheit aller Politik und den Schlüssel der ganzen Geschichte.« An einem Mangel an Einsicht in diese Zusammenhänge war nach seiner Ansicht die Revolution von 1848 gescheitert, besonders weil sie sich Träumereien hinsichtlich der wirklichen Machtverhältnisse in Deutschland hingegeben hatte. Mit den Realitäten zu wirtschaften und nicht mit politischen Fiktionen, ist die neue Forderung eines nachrevolutionären und gänzlich unromantischen Zeitgeists, auf dessen Basis sich Liberale wie Rochau mit Konservativen wie Bismarck nun überraschend gut verständigen können.

In der Ablehnung der politischen Romantik von links und rechts können sie sich in einer Mitte treffen, die von handfesten Interessen bestimmt ist. »Preußen muß wachsen, um zu bestehen, und Österreich darf Preußen nicht wachsen lassen, um nicht unterzugehen«, so Rochaus nüchterne

Analyse. »Das ist die Sachlage, welche dem Wechselverhältnis zwischen beiden Staaten seinen eigentlichen Charakter gibt.« Das hätte auch Bismarck so formulieren können, und das hatten die Luftschloßdebatten der Frankfurter Nationalversammlung über die Frage groß- oder kleindeutscher Lösungen sträflich verkannt. Deutsche Nationalpolitik kann sich nur entwickeln, wenn sie sich eindeutig für eine der beiden deutschen Großmächte entscheidet. Daß dies für Rochau nur Preußen sein kann, hat für ihn auch etwas damit zu tun, daß der norddeutsche Staat, anders als Österreich, ein Verfassungsstaat ist, selbst wenn dieser durch die Restauration einige Blessuren davongetragen hat und ohnehin nur »auf höherer Duldung« basiert, »die jeden Augenblick aufhören oder wenigstens an andere Bedingungen geknüpft werden kann«. In Wirklichkeit ist der Konstitutionalismus jedoch, realpolitisch gesehen, in der modernen Zeit etwas »Unentbehrliches« und »Unvermeidliches«, dem sich Preußen aus eigenem Staatsinteresse auf Dauer nicht wieder entziehen kann.

Das herausragende Identifikationssymbol der Rheinromantik, die das ganze 19. Jahrhundert hindurch anhält, ist das Schloß Stolzenfels auf der linken Seite des Rheins gegenüber der Mündung der Lahn. Die Abbildung ist Teil einer Stereofotografie aus dem Jahr 1861.

Die alten Zeiten der Adelsherrschaft und der Obrigkeitswillkür sind auf lange Sicht unwiederbringlich vorbei, argumentiert Rochau, weil die wirtschaftliche Entwicklung dem Bürgertum eine immer wichtigere Stellung in Gesellschaft und Politik verschafft hat. »Der Mittelstand hat dem Adel das Heft aus der Hand gewunden«, meint er, »weil er es ihm an geistiger und sittlicher Bildung und an Wohlstand zuvortat. Diese Eigenschaften waren es, welche ihm den Anspruch auf die größere politische Geltung gaben und ihn instand setzten, sich dieselbe zu verschaffen.« Das allerdings setzt auf bürgerlicher Seite nüchterne Realpolitik voraus, die in erster Linie auf Eigeninitiative und wirtschaftlichem Aufschwung aufbaut, auch um damit den Gefahren des revolutionären Sozialismus zu begegnen, die Europa während der Revolution von 1848 kennengelernt hatte. »Helft euch selbst, ist der Wahlspruch des nordamerikanischen Unternehmungsgeistes und der nordamerikanischen Arbeitskraft«, ruft Rochau seinen Lesern zu, »die Zauberformel, welche jenseits des Ozeans binnen zweier Menschenalter eine ökonomische Macht ersten Ranges und eine Allgemeinheit des Wohlstandes geschaffen hat, wie die ganze bisherige Geschichte sie nie gesehen hat.« Das, und nicht politische Abenteuer oder utopische Zukunftsentwürfe, sollte nach Rochaus Vorstellung auch Deutschlands Zukunft sein. Der moderne Unternehmungsgeist, meint er, werde eine solche geschichtliche Macht entfalten, gegen die jeder Restaurationsversuch letztlich wie eine unfreiwillige Farce in sich zusammenfallen müsse. Tatsächlich zeigen sich bald Zeichen des Wandels.

Die neue Ära

Als der Schriftsteller und Journalist Theodor Fontane am 15. Januar 1859 den Dampfer in Dover besteigt, um über den Kanal zurück nach Berlin zu reisen, hat er nur eine ungefähre Vorstellung davon, was ihn in der preußischen Hauptstadt erwartet. Er war in den letzten dreieinhalb Jahren als Presseagent der Regierung Manteuffel in London tätig gewesen und hatte nun in der Aussicht auf eine Abfindung in der Höhe eines Jahresgehalts seine Anstellung gekündigt. Doch das Berlin, in das er nun zurückkehrt, war ein anderes, als das er verlassen hatte. Im Oktober 1858 hatte Prinz Wilhelm anstelle seines erkrankten Bruders die Regentschaft übernommen und schon kurz darauf das Reaktionsministerium Manteuffel durch eine liberal-konservative Regierung unter Karl Anton von Hohenzollern-Sigmaringen ersetzt. Im November hatte der Sieg der gemäßigten Liberalen bei den Wahlen zum Abgeordnetenhaus das damit einsetzende Wiedererwachen des politischen Lebens in Preußen eindrucksvoll bestätigt.

Theodor Fontane: Später Ruhm

Die große Bedeutung von Theodor Fontane für die deutschen Literatur erhellt das Wort von Thomas Mann: »...er ist unser Vater.« Der im Dezember 1819 in Neuruppin geborene Apotheker, Journalist und Schriftsteller hätte über dieses Lob vermutlich nur geschmunzelt. Pathos war nicht seine Sache.

In Fontanes Leben deutet lange wenig darauf hin, daß er als einer der großen Realisten in die Literaturgeschichte eingehen wird. Er erlernt den Beruf seines Vaters, nimmt 1845 eine Apothekerstelle in Berlin an, schreibt Balladen und arbeitet als Journalist. 1850 bringt ihn ein Bekannter im »Literarischen Kabinett« unter, einer Abteilung des preußischen Innenministeriums, die Zeitungen mit Artikeln und Informationen beliefert. Später arbeitet er für die konservative Neue Preußische (Kreuz-) Zeitung, *zuletzt als Theaterkritiker für die liberale* Vossische Zeitung. *1876 vermittelt ihm ein Freund den Posten des Sekretärs der Akademie der Künste, doch weil er mit dem Akademiepräsidenten nicht zurechtkommt, legt er den Posten nach wenigen Monaten wieder nieder. Als Autor hatte er schon Gedichte, Balladen, einige der* Wanderungen durch die Mark Brandenburg *und umfangreiche zeithistorische Bücher herausgebracht. Als Dichter ist er aber noch ein weitgehend unbeschriebenes Blatt.*

Zwischen 1878 und 1898 (dem Todesjahr Fontanes) erscheint jetzt fast jedes Jahr ein literarisches Werk, aber erst mit Effi Briest *(1895) stellt sich der langersehnte Erfolg ein. 1899 erscheint* Der Stechlin, *vielleicht der typischste aller Romane des märkischen Dichters.*

Theodor Fontanes Wohnhaus in der Potsdamer Straße in Berlin. Hier lebt der Schriftsteller von 1873 bis zu seinem Tod 1898. Von 1864 bis 1871 hat Fontane auch als Kriegsberichterstatter vom Deutsch-Dänischen, Deutsch-Deutschen und Deutsch-Französischen Krieg berichtet. Über alle drei Kriege schreibt er mehrbändige Darstellungen. Im Jahr 1870 gerät Fontane bei seiner Arbeit zwischen die Fronten und, als Spion verhaftet, in französische Gefangenschaft. Auf Betreiben Bismarcks hin wird er freigelassen.

Die junge Kaiserin Elisabeth von Österreich (*1837, †1898) in einem Porträt des Münchener Fotografen und Lithographen Franz Hanfstaengl (*1804, †1877). Die Kaiserin entstammt einer Wittelsbacher Nebenlinie, ihre Mutter ist aber die Tochter des bayerischen Königs Maximilian I. (*1756, †1825).

Theodor Fontane mußte nach seiner Rückkehr die Erfahrung machen, daß man ihn nun für ein Fossil der Manteuffelschen Reaktionszeit hielt und ihm die Amtsstuben des Auswärtigen Amts und der preußischen Zentral-Presse-Stelle verschlossen blieben. Plötzlich hatten die Liberalen wieder das Sagen, und das nicht nur in Preußen.

»Die gegenwärtige Bewegung in Europa ist die natürliche Folge und der Ausdruck des Gefühls, gepaart mit einem wiedererlangten Vertrauen in ihre eigene Macht über ihre Arbeiter, wiedererlangt in den zehn Jahren ungestörter industrieller Tätigkeit«, kommentiert Friedrich Engels aus dem Londoner Exil. »Das Jahr 1858 hat eine starke Ähnlichkeit mit dem Jahr 1846, das ebenfalls ein politisches Wiedererwachen in den meisten Teilen Europas einleitete und sich ebenfalls durch eine Anzahl von Fürsten, die Reformen anstrebten, auszeichnete.« Der Prinzregent Wilhelm hatte kurz nach der Übernahme der Regentschaft und im Gegensatz zu dem bekundeten Willen seines kranken Bruders den Eid auf die Verfassung abgelegt. Er, der »Kartätschenprinz« von 1849, war in den fünfziger Jahren immer stärker in Opposition zu den repressiven Schikanen des Ministeriums Manteuffel geraten und hatte sich während des Krimkriegs ganz auf der Seite der Westler um Moritz von Bethmann Hollweg gesehen.

Jetzt wollte er Signale für einen Neubeginn in Preußen setzen. »In Deutschland muß Preußen moralische Eroberungen machen«, sagt Wilhelm am 8. November 1858 in einer als aufsehenerregend empfundenen Ansprache vor dem Staatsministerium, »durch eine weise Gesetzgebung bei sich, durch Hebung aller sittlichen Elemente und durch Ergreifung von Einigungselementen, wie der Zollverband es ist, der indes einer Reform wird unterworfen werden müssen. Die Welt muß wissen, daß Preußen überall das Recht zu schützen bereit ist!« Tatsächlich hat das neue Reformministerium entschieden mit den polizeistaatlichen Maßnahmen der letzten zehn Jahre aufgeräumt, so sehr, daß unter altpreußischen Reak-

tionären bald das geflügelte Wort von der königlichen »Demokratenfamilie« in Umlauf kommt. Das freilich war weit überzogen.

An dritter Stelle der preußischen Thronfolge stehend, heiratet der älteste Sohn des späteren Deutschen Kaisers Wilhelm I., Friedrich Wilhelm, (später Kaiser Friedrich III.) (1. v. l.), im Jahr 1858 in London die Princess Royal Viktoria von Großbritannien (*1840, †1901), die älteste Tochter der britischen Königin. Die Aufnahme entsteht wenige Tage nach der Hochzeit. Sie zeigt links neben der Braut ihren Vater Prinz Albert von Sachsen-Coburg und Gotha (*1819, †1861) und ganz rechts dessen Onkel Leopold I. von Belgien (*1790, †1865), ebenfalls aus dem Haus Sachsen-Coburg und Gotha.

Wilhelm hatte nie den geringsten Zweifel daran, daß auch er von Gottes Gnaden regierte, und die gemäßigt liberalen Minister seiner Regierung verfügten niemals vollständig über den Regierungsapparat. Das preußische Herrenhaus war nach wie vor ein Hort der Reaktion, was sich schon bald zeigen sollte, als es liberale Vorlagen auf dem Gebiet des Zivilrechts und den Versuch, die Steuerprivilegien der Rittergüter zu beseitigen, zu Fall bringt. Die Schlüsselpositionen in der Verwaltung sind zudem weiterhin mit ultrakonservativen Beamten besetzt, die viele Reformansätze mit Erfolg verschleppen können. Die Armee bleibt ohnehin in der Hand des Monarchen. Doch fühlt er gegenüber der Konstitution so etwas wie eine preußische Treueverpflichtung. »Ich will nicht untersuchen«, so seine Ansicht, »ob Konstitutionen heilsam sind. Aber wo sie existieren, soll man sie halten und nicht durch erzwungene Interpretationen verfälschen.«

Bereits das erste Jahr seiner Regierungszeit ist von einer neuen europäischen Krise überschattet. Im Juli 1858 hatte Napoléon III. auf einem geheimen Treffen mit dem Ministerpräsidenten des Königreichs Sardinien-Piemont, Graf Camillo di Cavour, die Befreiung Norditaliens von österreichischer Herrschaft beschlossen und dafür die Zusage der Abtretung Nizzas und Savoyens an Frankreich erhalten. Im April 1859 erklärt Österreich Sardinien den Krieg. Französisch-sardische Truppen nehmen Anfang Juni Mailand ein, doch die Schlacht bei Solferino Ende Juni ist für beide Seiten ein verlustreiches Desaster. Ende Juli kommt es zum Waffenstillstand, und im Dezember wird in Zürich ein Friedensvertrag unterzeichnet. Die Lombardei ist italienisch geworden, Venetien bleibt jedoch einstweilen bei Österreich.

Otto von Bismarck ist zu dieser Zeit seines Amtes als Frankfurter Gesandter enthoben und auf diplomatischem Posten in St. Petersburg kaltgestellt. Er hatte vor seiner Versetzung in einer Denkschrift an den Regenten noch einmal prophezeit, daß es in absehbarer Zeit zu einer Entscheidung zwischen Österreich und Preußen kommen müsse, und sich dabei in Baden-Baden eine Abfuhr Wilhelms eingehandelt, der nun der Meinung war, man müsse den kriegerischen Junker schleunigst aus Frankfurt entfernen. Doch der hört auch in Petersburg nicht auf, der preußischen Krone eindeutige Ratschläge zu erteilen. »Die gegenwärtige Lage hat wieder einmal das große Los für uns im Topf«, teilt er Gustav von Alvensleben, dem Adjutanten des Regenten, am 5. Mai 1859 von der Newa aus mit, »falls wir den Krieg Österreichs mit Frankreich sich scharf einfressen lassen und dann mit unserer ganzen Armee nach Süden aufbrechen, die Grenzpfähle im Tornister mitnehmen und sie entweder am Bodensee oder da, wo das protestantische Bekenntnis aufhört vorzuwiegen, wieder einschlagen.« Preußen müsse seine deutsche Rolle offensiver spielen. »Wo ist denn außer uns noch ein europäischer Staat«, meint er, »dem 18, oder wenn ich die Katholiken in Oberbayern und Oberschwaben abrechne, 14 Millionen zwischen seinen eignen schlecht zusammengefügten Gliedern umherliegen und nichts weiter von ihm wollen, als ihm angehören? Alle diese Leute schlagen sich ja 24 Stunden, nachdem wir sie in Besitz genommen haben, für uns besser, wie für ihre frühere Obrigkeit, besonders wenn der Prinzregent ihnen den Gefallen tut, das Königreich Preußen in Königreich Deutschland umzutaufen.«

In dieser Zeit bildet sich bei Bismarck die feste Meinung heraus, daß es für die preußische Macht in ganz Europa nur einen dauerhaft verläßlichen

Ferdinand Lassalle: Ehrgeizig im großen Stil

Bein Studium in Paris lernt Ferdinand Lassalle 1844 Heinrich Heine kennen, der ihn zum Sozialisten »bekehrt« haben soll und mit dem ihn fortan eine Freundschaft verbindet. Heinrich Heine erkennt früh die ungeheure Tatkraft Lassalles. »Ich habe noch bei Niemand so viel Passion und Verstandesklarheit vereinigt im Handeln gefunden«, äußert sich Heine.

In Genf stehen sich Ende August 1864 Ferdinand Lassalle und der frühere Verlobte der von ihm angebeteten Helene von Dönniges im Duell gegenüber. Lassalle, ein geübter Schütze, ist der Herausforderer. Aber sein Gegner hat die ruhigere Hand: Lassalle wird getroffen und erliegt wenig später seiner Verletzung.

Der nicht einmal vierzigjährige Duellant ist schon seit fast zwei Jahrzehnten ein bekannter Mann. 1846 lernt er in Paris Sophie Gräfin von Hatzfeldt kennen und erkämpft für sie in einem jahrelangen Scheidungsprozeß eine hohe Abfindung. Dieser Erfolg bringt dem jungen Juristen ein Deputat von 7000 Talern jährlich ein. Lassalle ist von einem Tag auf den anderen finanziell unabhängig.

Wahrend der Revolution 1848 lernt er Karl Marx kennen, dessen Ideen er begeistert aufgreift. Einige Jahre arbeitet Lassalle als Privatgelehrter. Er verschreibt sich mit heroischen Worten der »Emancipation der Arbeiterschaft«, deren Kraft er mit der Sonne vergleicht, die »sichtbar, helle leuchtend und erwärmend am Firmamente steht«. 1863 ist er Mitgründer und erster Präsident des Allgemeinen Deutschen Arbeitervereins (ADAV); daraus wird später die SPD hervorgehen.

Seine politische Haltung hindert ihn nicht daran, 1863 Kontakt zu Bismarck zu suchen, der später über ihre Treffen sagt: »Er war einer der geistreichsten und liebenswürdigsten Menschen, mit denen ich je verkehrt habe, ein Mann, der ehrgeizig im großen Stil war, durchaus nicht Republikaner ... Seine Idee, der er zustrebte, war das deutsche Kaisertum.« Und er fügt spöttisch hinzu: »Ob das deutsche Kaisertum gerade mit der Dynastie Hohenzollern oder mit der Dynastie Lassalle abschließen sollte, das war ihm vielleicht zweifelhaft.«

Ebenfalls zweifelhaft dürfte sein, ob Bismarck hier die Wahrheit gesagt hat. Aber es ist bezeichnend, daß er Lassalle in ein schillerndes Licht rückt.

Der Kopf der »Bavaria« im Hof der Eisengießerei von Ferdinand von Miller in München, 1850. Das 18,52 Meter hohe und 87 Tonnen schwere Standbild, das allegorisch den Staat Bayern verkörpert, ist im Bronzehohlguß hergestellt. Es besteht aus Teilgüssen. Am 7. August wird der Kopf der Bavaria von der Millerschen Eisengießerei mit einem Festzug zur Theresienhöhe geleitet. Die feierliche Enthüllung findet während des Oktoberfestes statt.

Bündnispartner gebe, nämlich »das deutsche Volk«. Umgekehrt meint er: »Es gibt nichts Deutscheres als gerade die Entwicklung preußischer Partikularinteressen.« Der deutsche Nationalismus ist für Otto von Bismarck nun endgültig zu einer politischen Schachfigur geworden, mit der er, einschließlich der durch sie beeinflußten öffentlichen Meinung, nun ebenso rechnet wie mit der Macht der Kabinette.

Im September 1859 wird in Frankfurt a. M. der Deutsche Nationalverein nach dem Vorbild der italienischen Società Nazionale gegründet, eine Zäsur für die deutsche Nationalbewegung, die bei vielen die Hoffnung keimen ließ, Preußen könne für den Prozeß der deutschen Einigung eine ähnliche Rolle spielen wie für die italienische Einheitsbewegung das Königreich Sardinien-Piemont. Bismarck, der während des italienischen Kriegs in diesem Jahr tatsächlich mit dem Gedanken gespielt hatte, gegebenenfalls auch im Bund mit Frankreich gegen Österreich vorzugehen, sieht hier einen wichtigen Bündnispartner auf deutschem Boden heranwachsen. »Die Ziele der preußischen Politik fallen mit denen Deutschlands im wesentlichen zusammen«, verkündet der Nationalverein. »Die deutschen Bundesregierungen werden freilich dem Ganzen Opfer bringen müssen, wenn eine mehr konzentrierte Verfassung in Deutschland eingeführt werden soll.« Vieles, was Liberale und Demokraten noch während der 48er Zeit getrennt hatte, war im Nationalverein zurückgestellt worden, darunter die strittige Wahlrechtsfrage. Als oberstes Ziel rangiert nun die deutsche Einheit.

Auch wenn der Nationalverein vornehmlich auf Norddeutschland beschränkt bleibt, hat er schon bald ansehnliche 25 000 Mitglieder in seinen Reihen zu verzeichnen. Nationale Berufsverbände beginnen in dieser Zeit, gesamtdeutsche Tagungen abzuhalten. Die Feste der nationalen Gesang-, Schützen- und Turnvereine haben von Jahr zu Jahr immer mehr Zulauf, und auf ihnen ist in Festreden und bei Trinksprüchen beharrlich vom »deutschen Vaterlande« die Rede.

Nichts macht die Annäherung Preußens an die nationale Bewegung deutlicher als das mißlungene Attentat auf den mittlerweile zum neuen preußischen König gekrönten Wilhelm am 14. Juli 1861 in Baden-Baden. Der Attentäter namens Oskar Becker wollte Wilhelm dafür abstrafen, daß er nicht genug für die deutsche Einheit unternommen hatte. Wilhelm kommt mit einem Streifschuß am Hals davon, doch als nun in der Tradition der Demagogenverfolgungen Forderungen nach einem Verbot des Nationalvereins laut werden, entgegnet der preußische Herrscher scharf, besser wäre es, man würde in Zukunft den berechtigten Forderungen des deutschen Volkes entgegenkommen. »Die deutsche Nation«, klagte Julius Fröbel bereits 1859, »ist der Prinzipien und Doktrinen, der literarischen Größe und der theoretischen Existenz satt. Was sie verlangt, ist Macht – Macht – Macht. Und wer ihr Macht gibt, dem wird sie Ehre geben, mehr Ehre als er sich ausdenken kann.« Daß hier Preußen etwas zu gewinnen hat, ist auch der Tenor des von August von Rochau herausgegebenen Organs des Nationalvereins, der *Wochenschrift*, die sich schnell zu einer kraftvollen Stimme der deutschen Nationalbewegung entwickelt hat.

Der Deutsche Bund sei nicht in der Lage, das Streben des deutschen Volkes nach nationaler Einheit zu befriedigen, meint auch Otto von Bismarck in seiner Baden-Badener Denkschrift, zu der er kurz nach dem Attentat aufgefordert wurde. »Minder hoffnungslos«, bringt er zu Papier, »wäre vielleicht das Bestreben, auf dem Wege, auf welchem der Zollverein entstand, die Herstellung anderweitiger nationaler Einrichtungen zu bewirken.« Bismarck denkt dabei an ein Zollparlament, durch das bei geschickter Leitung »auch auf anderen Gebieten Vereinbarungen« denkbar würden.

Solche Wege wird er später tatsächlich beschreiten. Auch rät er seinen konservativen Freunden davon ab, »den ganz unhistorischen, gott- und rechtlosen Souveränitätsschwindel der deutschen Fürsten (…) zum Schoßkind der konservativen Partei Preußens zu machen«. Vielmehr sollten sie entschieden auf die nationale Sache setzen. »Man könnte«, meint er, »eine recht konservative Nationalvertretung schaffen und doch selbst bei den Liberalen Dank dafür ernten.« Mit anderen Worten sollte man in Zukunft die deutsche Nationalbewegung durch geschickte politische Schachzüge für die Interessen Preußens einsetzen.

Einige Wochen vor dem Attentat auf Wilhelm, am 6. Juni 1861, war in Berlin die Deutsche Fortschrittspartei gegründet worden. Sie ist die erste moderne Partei in Deutschland, die sich nicht nur in Wahlkomitees aufstellt, sondern sich einen festen organisatorischen Unterbau mit örtlichen und gesamtstaatlichen Strukturen schafft. Sie hat ein verbindliches Parteiprogramm, das unter anderem eine gerechtere Verteilung der Steuerlasten und die Abschaffung der Grundsteuerfreiheit für Rittergüter vorsieht, eine genauere Kontrolle des Haushalts durch den Landtag, vor allem aber eine Reform des Herrenhauses, dessen Vetomacht bisher die meisten Reformansätze der »Neuen Ära« im Keim ersticken konnte.

Ursprünglich hatte sie Demokratische Partei heißen sollen, war aber auf eine Initiative des Ingenieurs und Unternehmers Werner Siemens hin dann Fortschrittspartei genannt worden, weil, so Siemens, »es mir angemessener erschien, die Tätigkeitsrichtung als die Gesinnung durch den Parteinamen zu bezeichnen«. Junge Liberale und alte 48er Demokraten hatten sich in der Fortschrittspartei zusammengefunden, die gleichwohl auf ihr bürgerliches Profil Wert legte. Unter ihnen bekannte Namen der demokratischen Linken wie Hermann Schulze-Delitzsch vom Nationalverein sowie Benedikt Waldeck und Johann Jacoby, die in der 48er Zeit bereits eine Rolle gespielt hatten. Der Ausbau des Verfassungsstaats ist ihr Anliegen, mit dem sie schon kurz nach ihrer Gründung in Konflikt mit einer geplanten preußischen Heeresreform geraten wird, die das genaue Gegenteil bezwecken soll.

Im Juli 1862 verkündet Schulze-Delitzsch auf dem großen Frankfurter Schützenfest, daß eine verfassungsmäßige Entwicklung niemals geschützt sei, wenn dem Parlament nicht durch eine Volksarmee der Rücken gestärkt werde. Er meinte damit eine Armee, in der die Landwehr nach Scharnhorsts altem

Rechte Seite: Porträts des Fotografen Hermann Krone von Naturwissenschaftlern der »Königlich-Technischen Bildungsanstalt Sachsen« in Dresden, 1865. Die Einrichtung von chirurgisch-medizinischen, forstwirtschaftlichen und technischen Bildungseinrichtungen in Dresden zwischen 1811 und 1828 fördert die Industrialisierung Sachsens, das in diesen Jahrzehnten das industriell entwickeltste Land ist. Durch Hermann Krone, der als Begründer der Landschaftsfotografie selbst an der technischen Bildungsanstalt lehrt, wird Dresden ein Zentrum der Fototechnik.

Franz Hermann Schulze (*1808, †1883), der sich nach seinem Geburtsort und Wahlkreis bei Leipzig ab 1859 »Schulze-Delitzsch« nennt, als Abgeordneter der Preußischen Nationalversammlung im Jahr 1848. Schon 1849 gründet Hermann Schulze-Delitzsch eine Schuhmachergenossenschaft in Delitzsch und entwickelt damit die Genossenschaft als unternehmerische Rechtsform. Er propagiert den Aufbau von Spar-, Kredit-, Absatz- und Konsumvereinen. Mit seiner Idee der Produktionsgenossenschaften ist er so erfolgreich, daß er 1864 den »Allgemeinen Verband der auf Selbsthilfe beruhenden Deutschen Erwerbs- und Wirtschaftsgenossenschaften« ins Leben ruft.

Konzept des »Volks in Waffen« ein bedeutendes Rückgrat bildet und in der Vaterlandsliebe eine weit größere Rolle spielen sollte als die alte preußische Tugend des Kadavergehorsams. Das Frankfurter Schützenfest dieses Jahres ist ein herausragendes nationales Ereignis. Zehntausende Schützen aus allen Teilen Deutschlands haben sich a. M. zusammengefunden. Als sie sich zum großen Parademarsch formieren, auf dem sie mit ihren geschulterten Scheibenbüchsen und Jagdgewehren auch am Gebäude des Bundestags vorbeiparadieren, kehrt so etwas wie Vorrevolutionsstimmung in Frankfurts Gassen ein. Verängstigt hissen sogar die österreichische und die preußische Gesandtschaft die schwarz-rot-goldene Trikolore. Für König Wilhelm in Berlin stehen spätestens seit diesem Tag jedoch die Zeichen auf Sturm. Er hatte Schulze-Delitzschs Frankfurter Rede als eine klare Forderung nach parlamentarischer Kontrolle über die Armee interpretiert und lag damit wahrscheinlich nicht einmal völlig falsch. Den preußischen Debatten um die künftige Militärpolitik, die seit 1858 die Gemüter in Berlin erhitzten, waren solche Äußerungen nach Meinung des Königs jedenfalls wenig dienlich.

Der Konflikt um die Heeresreform in Berlin hatte mit der Vorlage einer Denkschrift des Generals von Roon begonnen, in der dieser das Konzept der Landwehr als eine politisch falsche Institution bezeichnete. Vor allem war ihm die Offizierswahl ein Greuel. Der Landwehrmann, so Roon, sei in seinen inneren Überzeugungen nie zu einem Soldaten geworden, sondern immer ein Zivilist in Uniform geblieben. »In dem Prozeß der allgemeinen Zersetzung vermag ich nur noch einen widerstandsfähigen Organismus zu erkennen, die Armee«, teilt der General 1858 seinem Monarchen mit. »Sie unverfault zu erhalten: das ist die Aufgabe, die ich noch für löslich erachte.« Der Zwitter aus königlicher Armee und Volksheer aus den Zeiten der Scharnhorstschen Reformen müsse schleunigst beseitigt und aus der Armee wieder eine Schule der Nation werden, wenn man

nicht »mit vollen Segeln in das Schlamm-Meer des parlamentarischen Regiments« treiben wolle. Der Konflikt um die Heeresreform, der 1862 seinem Höhepunkt zustrebt, war von Anfang an ein politischer Grundsatzkonflikt. Daß er letztlich von Bismarck mit einer Art Staatsstreich gelöst wird, hat tiefe Spuren in der deutschen Geschichte hinterlassen.

In den Jahren 1855 bis 1859 baut die »Cöln-Mindener Eisenbahn-Gesellschaft« eine Eisenbahnbrücke über den Rhein in Köln. Es entsteht eine zweigleisige Gitterträgerbrücke mit Spannweiten von 131 bzw. 101 Metern, die am westlichen Ufer eine Drehbrücke zur Unterbrechung im Kriegsfall erhält. Die Köln-Mindener-Eisenbahn entsteht ab 1843 als Verbindung der Industriegebiete am Rhein, im Bergischen Land und an der Ruhr zu den Weserhäfen. Ab Minden ist die Weser schiffbar.

Wilhelm hatte bei allen seinen Verlautbarungen zu Beginn der »Neuen Ära«, er wolle gemäß der Konstitution regieren, nie in Zweifel gezogen, daß die Armee davon ausgenommen sein sollte. Das mußte in der Frage der tatsächlich notwendigen preußischen Heeresreform zu einem Konflikt führen, zumal die Fortschrittspartei bei den ersten Landtagswahlen nach ihrer Gründung auf Anhieb zur stärksten Fraktion geworden war. Anfang 1862 stellt sie einen Antrag, der Fronten schafft, und fordert eine stärkere Spezialisierung des Haushalts, um zu verhindern, daß die Mehrkosten der geplanten Heeresreform aus anderen Haushaltstiteln stillschweigend mitfinanziert werden könnten. Der Antrag wird mit 177 gegen 143 Stimmen angenommen. Fünf Tage später löst Wilhelm das Abgeordnetenhaus auf und entläßt das liberale Ministerium, das seit 1858 im Amt ist.

Doch bei Neuwahlen Anfang Mai gewinnt die Fortschrittspartei noch einmal zwanzig Sitze hinzu und stellt nun, gemeinsam mit der katholischen Fraktion und den Altliberalen, vier Fünftel der Mandate. Die Krise schwelt weiter, während die Verschmelzung von regulären Truppen und Landwehr auf Veranlassung der verantwortlichen Militärs bereits längst eine vollzogene Tatsache ist. Noch aber steht die von Roon geforderte dreijährige Dienstzeit und die Ausschöpfung der allgemeinen Wehrpflicht zur Diskussion.

Für eine kurze Zeit konnte es so aussehen, als ob hier ein Kompromiß doch noch zustande kommen würde. Fortschrittspartei und linkes Zentrum hätten Roon beinahe für eine Verkürzung der Wehrpflicht auf zwei Jahre gewonnen. Doch Wilhelm, nicht zuletzt unter dem Eindruck der Frankfurter Rede Schulze-Delitzschs, lehnt ab. Das Parlament verwirft daraufhin die Regierungsvorlage mit deutlichen 308 gegen nur 11 Ja-Stimmen und streicht die Kosten für die Heeresreform aus dem Etat. Entweder mußte die Regierung nun alle neuen Regimenter wieder auflösen oder ohne Etat regieren.

Das wußte auch Otto von Bismarck, der dem Monarchen zu seiner Politik der Konfrontation geraten hatte und der nun seine Stunde gekommen sieht. Er erklärt Wilhelm bei einem Gespräch auf Schloß Babelsberg am 22. September in aller Deutlichkeit, für ihn gehe es bei dieser Auseinandersetzung »nicht um konservativ oder liberal in dieser oder jener Schattierung, sondern um Königliches Regiment oder Parlamentsherrschaft«. Letztere sei angesichts der gegenwärtigen Verhältnisse vielleicht nur noch durch »eine Periode der Diktatur« abzuwenden. Noch am selben Tag hat Wilhelm ihm die Leitung des Staatsministeriums übertragen.

Rechte Seite: Abbruch des Heckingturms der alten Stadtbefestigung im preußischen Essen an der Ruhr im Jahr 1864. Mit dem Einsetzen der Industrialisierung ändert sich das Stadtbild von Essen radikal. Bis in die 1840er Jahre ist die Stadt noch mittelalterlich geprägt. 1846 gibt es hier schon drei Bergwerke, eine Gußstahlfabrik und eine Eisengießerei. Die Stadtbefestigung wird zu dieser Zeit als Steinbruch für die Pflasterungen neuer Straßen verwendet.

No surrender, keine Kapitulation, ist nur wenig später Bismarcks Devise gegenüber dem Parlament, nachdem auch er kurzzeitig noch nach möglichen Kompromissen gesucht hatte. »Zweijährige (Dienstzeit) mit Capitulanten würde bei der Infanterie wohl genügen«, meint er Ende November, »bestände der König aber auf zehnjähriger, so würde ich über diese Dinge ihm den Gehorsam nicht aufsagen. Es gibt m. E. wichtigere Fragen, als diesen momentanen Frieden mit dem jetzigen Abgeordnetenhaus durch eine solche Konzession zu erkaufen; dauernd wäre der Friede mit diesen Leuten doch nicht.« Der spä-

Coburg:
Das erste gesamtdeutsche Turnfest

Im Juni 1860 ziehen zahlreiche Turner aus 139 Städten und Gemeinden zu Fuß oder auf Wagen durch die Lande. Die meisten Männer müssen zahlreiche Grenzen passieren. Ihr Ziel ist die Residenzstadt Coburg, wo am 18. Juni das erste deutsche Turn- und Jugendfest stattfindet. Das Fest ist mehr als eine Zusammenkunft von Sportlern – es ist ein Protest gegen die Kleinstaaterei und eine Demonstration für die nationale Einheit Deutschlands.

Die Turner haben sich gerade wieder organisiert, nachdem jahrzehntelang jedes öffentliche Auftreten verboten war. Nach den Befreiungskriegen, an denen viele Turner aktiv beteiligt waren, hatte Preußen alle Vereine aufgelöst, 1819 die Turnanstalten geschlossen und 1820 das Turnen grundsätzlich untersagt. Diesem Vorbild sind zahlreiche Länder gefolgt. Erst 1842 wird das Verbot in Preußen wieder aufgehoben – mit dem Ergebnis, daß viele Turner 1848 auf den Barrikaden stehen und für die Republik kämpfen.

Dem »Ruf zur Sammlung« in Coburg folgen Turner »aller deutschen Stämme«. Über 1000 Sportler kommen am 18. Juni zusammen und nehmen an den beiden folgenden Tagen an Wettkämpfen teil. Aber diese Übungen stehen nicht im Vordergrund. Den Veranstaltern sind das geschlossene Bekenntnis zur deutschen Einheit und der Aufbau einer gemeinsamen Organisation wichtiger. Das wird schon am Datum deutlich, denn das Turnfest findet am 45. Jahrestag der Schlacht bei Waterloo statt, dem endgültigen Sieg über Napoléon.

Tatsächlich kommt es in Coburg zum Zusammenschluß der deutschen Turner in einem überregionalen Verband. Die Gründung hat eine Signalwirkung. In den folgenden zwei Jahren entstehen in den deutschen Kleinstaaten über 1000 neue Turnvereine.

tere eiserne Kanzler Otto von Bismarck beginnt seine Amtszeit mit einem Verfassungsbruch, der ihn mit einer Mischung aus monarchischer Prinzipientreue und machtpolitischem Kalkül veranlaßt, zwischen 1862 und 1866 ohne parlamentarisch bewilligten Haushalt zu regieren.

»Nicht auf Preußens Liberalismus sieht Deutschland, sondern auf seine Macht«, rechtfertigt er diesen einschneidenden Schritt. »Bayern, Württemberg, Baden mögen dem Liberalismus indulgieren, darum wird ihnen doch keiner Preußens Rolle anweisen; Preußen muß seine Kraft zusammenfassen und zusammenhalten auf den günstigen Augenblick, der schon einige

Male verpaßt ist; Preußens Grenzen nach den Wiener Verträgen sind zu einem gesunden Staatsleben nicht günstig; nicht durch Reden und Majoritätsbeschlüsse werden die großen Fragen der Zeit entschieden – das ist der große Fehler von 1848 und 1849 gewesen –, sondern durch Eisen und Blut.«

Merkwürdigerweise führen dieser Auftritt und die ihm folgende Periode der Diktatur nicht zu einer Radikalisierung des Liberalismus. Zu sehr ist er sich zu dieser Zeit bereits seiner eigenen machtpolitischen Schwächen bewußt. Zu sehr geistern auch Hoffnungen einer oft von Hegelschem Denken beeinflußten bürgerlichen Bildungsschicht auf die Tat eines weltgeschichtlichen Individuums in den Köpfen, als daß Bismarck nicht im Gegenteil von vielen verunsicherten Liberalen als der prädestinierte Mann der Stunde wahrgenommen wird. Seit 1815, meint Ludolf Camphausen, sei nun zum ersten Mal wieder ein zu kühnen Taten entschlossener Staatsmann in Preußen an die Macht gekommen. Das Wort dieses ehemaligen Ministers einer revolutionären Märzregierung von 1848 war kein Einzelfall. Tatsächlich wird Bismarck Deutschlands Schicksal im nächsten Vierteljahrhundert entscheidend beeinflussen.

Eine Familie aus der Mittelschicht in Sachsen, 1864. Ihr König wird in zwei Jahren an der Seite Österreichs in den deutsch-deutschen Krieg ziehen. Das Königreich Sachsen, das seit 1825 eine rasante Industrialisierung hinter sich hat, verdankt es Bismarck, daß es im Rahmen des Norddeutschen Bundes seine Staatlichkeit erhält.

Alltagsleben im Kaiserreich

Das frühe Wilhelminische Deutschland ist eine gespaltene Gesellschaft: Während in den großen Städten protzige Villenviertel den Erfolg der neuen Unternehmer vorführen, lebt der überwältigende Teil der Bevölkerung in Mietskasernen und überbelegten Wohnungen. Während Aristokratie und Besitzbürgertum den Ton angeben, organisiert sich unter größten Schwierigkeiten die Arbeiterbewegung. Während auf dem Land viele Bauern ihrer schweren Arbeit nachgehen, unterwerfen die Maschinen in den Fabriken die Menschen ihrem Rhythmus.

Die Abwanderung von Landarbeitern aus den östlichen Agrargebieten in die neuen industriellen Zentren führt zu einer Verschiebung des wirtschaftlichen Schwergewichts von Osten nach Westen, vom adligen Grundbesitz zum bürgerlichen Großunternehmen. Eine neue großbürgerliche Schicht aus Industrie, Finanzwelt und Wissenschaft bildet sich heraus, die an Selbstherrlichkeit mit der Aristokratie wetteifert.

Die langsame ökonomische Erholung, die ungleiche Verteilung der Einkommen und der schwache Anstieg der Reallöhne zwingen immer mehr Frauen in die Erwerbstätigkeit. Nur mühsam gelingt es, für sie Verbesserungen im

Mit auf Schienen laufenden Pferdebahnen beginnt die Geschichte des Personennahverkehrs. 1877 gibt es in Köln eine erste Pferdebahn. Zehn Jahre später nimmt eine Pferdeomnibuslinie ab Ehrenfeld ihren Betrieb auf. Eine Fahrt kostet 50 Pfennig.

Arbeitsleben durchzusetzen. So werden im Juli 1878 die ersten Arbeiterinnen-Schutzbestimmungen erlassen, die die Beschäftigung von Wöchnerinnen drei Wochen vor und nach der Niederkunft, in bestimmten Fällen auch Nachtarbeit verbieten. Dagegen bleibt das Wahlrecht den Frauen ebenso versagt wie die Übernahme verantwortlicher Positionen. Ihre Bildungsmöglichkeiten sind stark eingeschränkt: Zweck der weiblichen Erziehung in bürgerlichen Kreisen ist »nicht die Entwicklung der Intelligenz, sondern des Gemüts«. Noch nicht einmal im liberalen Großherzogtum Baden darf daher eine Frau das Abitur ablegen.

In der zweiten Hälfte des Jahrhunderts verändern zahlreiche technische Neuerungen den Alltag der Menschen. Schon seit 1847 gibt es in Berlin eine Pferde-Omnibuslinie. 1881 fährt in Berlin die erste elektrische Straßenbahn der Welt. Seit 1873 wird der Bau einer (unterirdischen) Kanalisation vorangetrieben. 1883 gründet Emil Rathenau die spätere AEG und läßt in der Markgrafenstraße das erste öffentliche Kraftwerk Deutschlands installieren.

Durch Industrialisierung, Zuwanderung von Arbeitskräften, Geburtenüberschuß und eine verbesserte medizinische Versorgung steigt die

Im Jahr 1887 können die Fotografen mit neuen Schlitzverschlüssen ihrer Kameras, die Belichtungszeiten von 1/1000 Sekunde ermöglichen, bereits Markttage mit vielen Menschen in Bewegung fotografisch festhalten, wie hier in der badischen Hauptstadt Karlsruhe, 1887.

deutsche Bevölkerung sprunghaft an. Zwischen 1871 und 1890 wächst sie von 41 auf über 50 Millionen Menschen. Auch die Urbanisierung nimmt zu: Hatten bei Gründung des Deutschen Reichs 1871 lediglich acht Städte mehr als 100000 Einwohner, sind es 1880 bereits 14, 1890 schon 25. In manchen Städten ist der Zuwachs atemberaubend. Berlin hat 1850 gerade einmal 415000 Bewohner, 1871 bereits 825000, noch einmal zwanzig Jahre später schon mehr als 1,5 Millionen. Dabei sind angrenzende Städte wie Charlottenburg, Köpenick und Spandau noch nicht eingemeindet.

Bedrückend bleiben für viele Menschen die Wohnverhältnisse: 1871 wohnen nach dem Bericht eines Stadtmissionars in einem Berliner Haus 250 Familien, auf einem Korridor 36 Wohnparteien. Um die Mieten zahlen zu können, müssen viele Familien Zimmer untervermieten. (1880 haben von allen Berliner Haushaltungen 7,1 Prozent Einmieter und 15,3 Prozent Schlafleute, denen Aufenthalt nur zur Schlafenszeit eingeräumt wird.) 38 Prozent der Haushaltungen mit Schlafburschen bewohnen nur einen Raum. Geheizt wird meist nur die Küche. Wasserleitungen in die Wohnungen gibt es erst seit den 80er Jahren, als man nach der Erfindung des Elektromotors das Wasser auch in die oberen Etagen pumpen kann. 1880 haben in Berlin 36 von 1000 Wohnungen ein Bad.

Im »Wittelsbacher Hof« in Oberammergau im Jahr 1895 während des Gebetläutens. Das ruft die Katholiken um 18 Uhr zum »Angelusgebet«. Und die Burschen nach dem Tagwerk auf »a Mass« ins Wirtshaus.

Die Verschärfung der sozialen Frage führt in der zweiten Hälfte des Jahrhunderts zu einem Erstarken der Arbeiterbewegung und ihrer Partei, der Sozialdemokratie. Bismarck treibt – um die Arbeiterschaft auf die Seite des Staates zu ziehen – die Einführung von fortschrittlichen Sozialgesetzen voran: 1883 Krankenversicherung für Arbeiter, 1884 Arbeiter-Unfallversicherung, 1889 Renten- und Invalidenversicherung (Rentenbezug ab 70 Jahren bzw. bei Arbeitsunfähigkeit).

Bereits seit den 1870er Jahren setzt eine schrittweise, insgesamt beträchtliche Verkürzung der Wochenarbeitszeit ein. Sonntagsarbeit wird eingeschränkt, die Arbeit an Sonnabenden verkürzt. Die gewonnene freie Zeit wird vor allem von den besser bezahlten großstädtischen Fachkräften vielfältig genutzt. Zu den beliebtesten Freizeitbeschäftigungen zählen bald das traditionelle Turnen (im Sommer oft unter freiem Himmel) und nach der Jahrhundertwende der Fußball. An die realen Bedürfnisse der Arbeiterfamilien knüpft die Kleingartenbewegung an: Sie bietet die Möglichkeit der Erholung in der Natur, oft auch einen Ausweg aus unzureichenden Wohnverhältnissen, und ihre Produkte bereichern zugleich den Speisezettel mit nahezu kostenlosem Obst und Gemüse.

Bauarbeiten am Marschdamm in Horneburg im Alten Land bei Stade, nach 1890. 50 bis 70 Tonnen große Ewer, flache Ein- oder Zweimaster, die mit der Flut das Flüßchen Lühe herauffahren, bringen Getreide für die Mühlen der Stadt. Auf der Rückfahrt transportieren die Ewer Kartoffeln aus der Geest über die Lühe und die Elbe nach Hamburg.

DER NORDDEUTSCHE BUND

Die Eroberung Schleswig-Holsteins

Ende Januar 1864 bietet sich Theodor Fontane in der Potsdamer Straße in Berlin ein ungewohntes Bild. Es ist Abend, Fontane ist gerade nach Hause zurückgekehrt, als er vom Fenster seines Arbeitszimmers im Schein der Gaslaternen einen Militärtransport bemerkt, bei dem es sich unverkennbar um österreichische Soldaten handelt. Sie sind über Berlin unterwegs nach Schleswig-Holstein. In diesen kalten Wintertagen war es – ein letztes Mal – zu einem militärischen Bündnis zwischen Preußen und Österreich gekommen, als Dänemark im November des Vorjahres vertragswidrig Schleswig in den Geltungsbereich der neuen dänischen Verfassung einbezogen und damit faktisch annektiert hatte. Am 1. Februar 1864 beginnt der Krieg, nachdem Dänemark am 18. Januar ein Ultimatum der beiden deutschen Großmächte abgelehnt hatte. Offiziell wird als Kriegsziel die Rückkehr zum Londoner Protokoll von 1852 verkündet, nach dem die Herzogtümer Schleswig und Holstein zwar in Personalunion von der dänischen Krone regiert, politisch jedoch als dem Deutschen Bund zugehörig betrachtet werden sollten.

Nur mit dieser Formulierung war Österreich bereit gewesen, das Kriegsbündnis zu schließen. Für Bismarck war sie Bestandteil eines taktischen Spiels. Für die deutsche Nationalbewegung hatte sie jedoch etwas von einem Affront. Nach der dänischen Annexion hatte der Nationalverein im Herbst 1863 dazu aufgerufen, der Schmach ein Ende zu bereiten, »daß ein deutscher Bruderstamm das Schicksal von Elsaß und Lothringen teile«. Die Nationalbewegung setzte auf die Erbansprüche des als liberal geltenden Herzogs Friedrich von Augustenburg, die tatsächlich nach dem Tod des dänischen Königs Friedrich VII. im November wieder rechtmäßig waren und zwangsläufig eine Auflösung der dänischen Personalunion mit sich gebracht hätten. Doch dafür war Österreich nicht zu haben, weil es undenkbar war, daß die Hofburg im Ausland das Prinzip nationaler Selbstbestimmung

Linke Seite: Preußische Offiziere vor der zerstörten Mühle bei den Düppeler Schanzen. Am 18. April 1864 kommt es an dieser dänischen Verteidigungsanlage am Übergang von Sonderborg zur Insel Alsen zur entscheidenden Schlacht des Deutsch-Dänischen Krieges. Der Erstürmung geht eine mehrwöchige Belagerung durch die preußischen Truppen voran. In der Schlacht fallen etwa 3600 Dänen und 1200 Preußen.

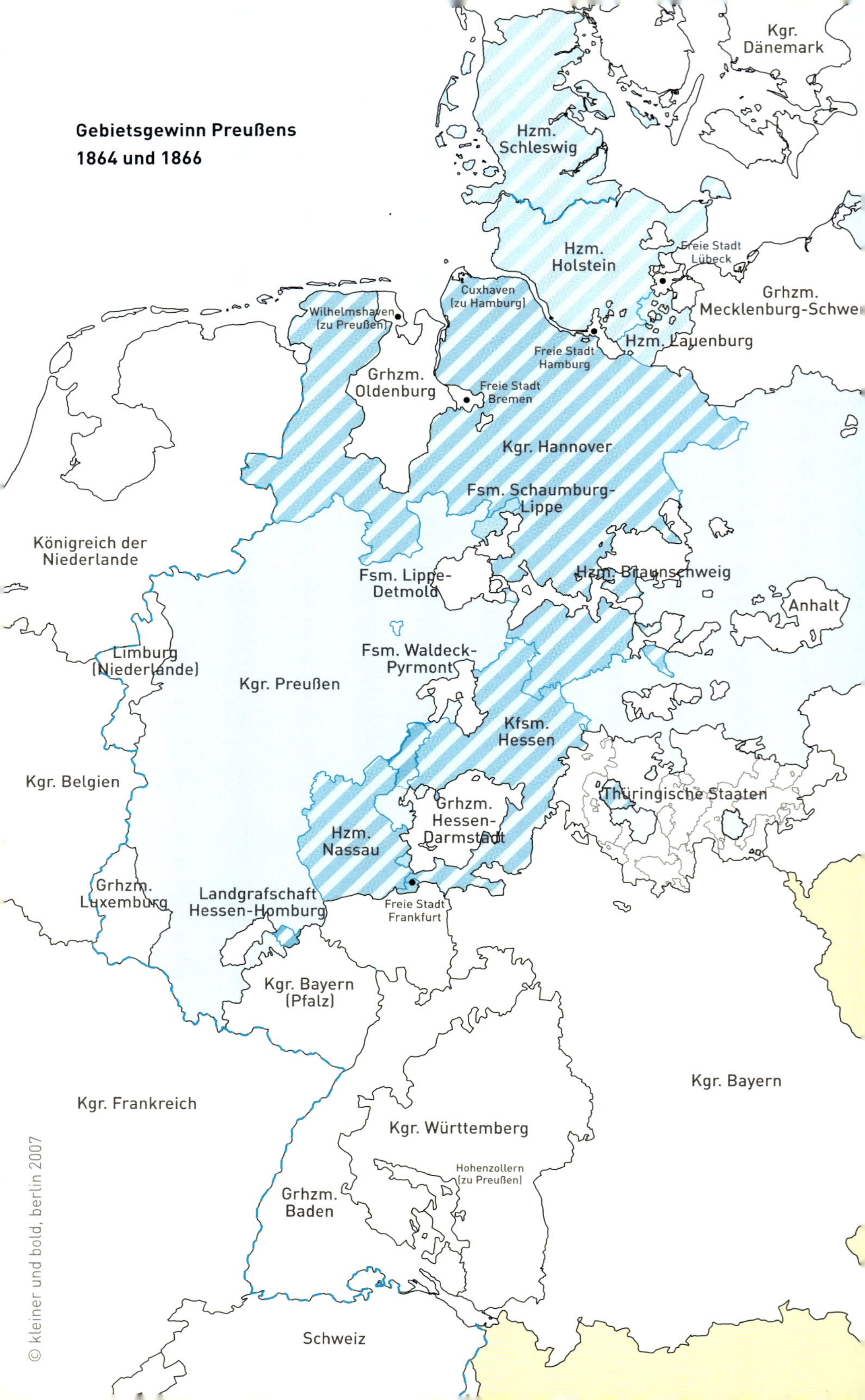

Gebietsgewinn Preußens
1864 und 1866
Kgr. Dänemark
Hzm. Schleswig
Hzm. Holstein
Freie Stadt Lübeck
Grhzm. Mecklenburg-Schwe
Hzm. Lauenburg
Cuxhaven (zu Hamburg)
Freie Stadt Hamburg
Wilhelmshaven (zu Preußen)
Grhzm. Oldenburg
Freie Stadt Bremen
Kgr. Hannover
Fsm. Schaumburg-Lippe
Königreich der Niederlande
Fsm. Lippe-Detmold
Hzm. Braunschweig
Anhalt
Limburg (Niederlande)
Kgr. Preußen
Fsm. Waldeck-Pyrmont
Kfsm. Hessen
Kgr. Belgien
Thüringische Staaten
Grhzm. Hessen-Darmstadt
Hzm. Nassau
Grhzm. Luxemburg
Landgrafschaft Hessen-Homburg
Freie Stadt Frankfurt
Kgr. Bayern (Pfalz)
Kgr. Bayern
Kgr. Frankreich
Kgr. Württemberg
Hohenzollern (zu Preußen)
Grhzm. Baden
Schweiz
© kleiner und bold, berlin 2007

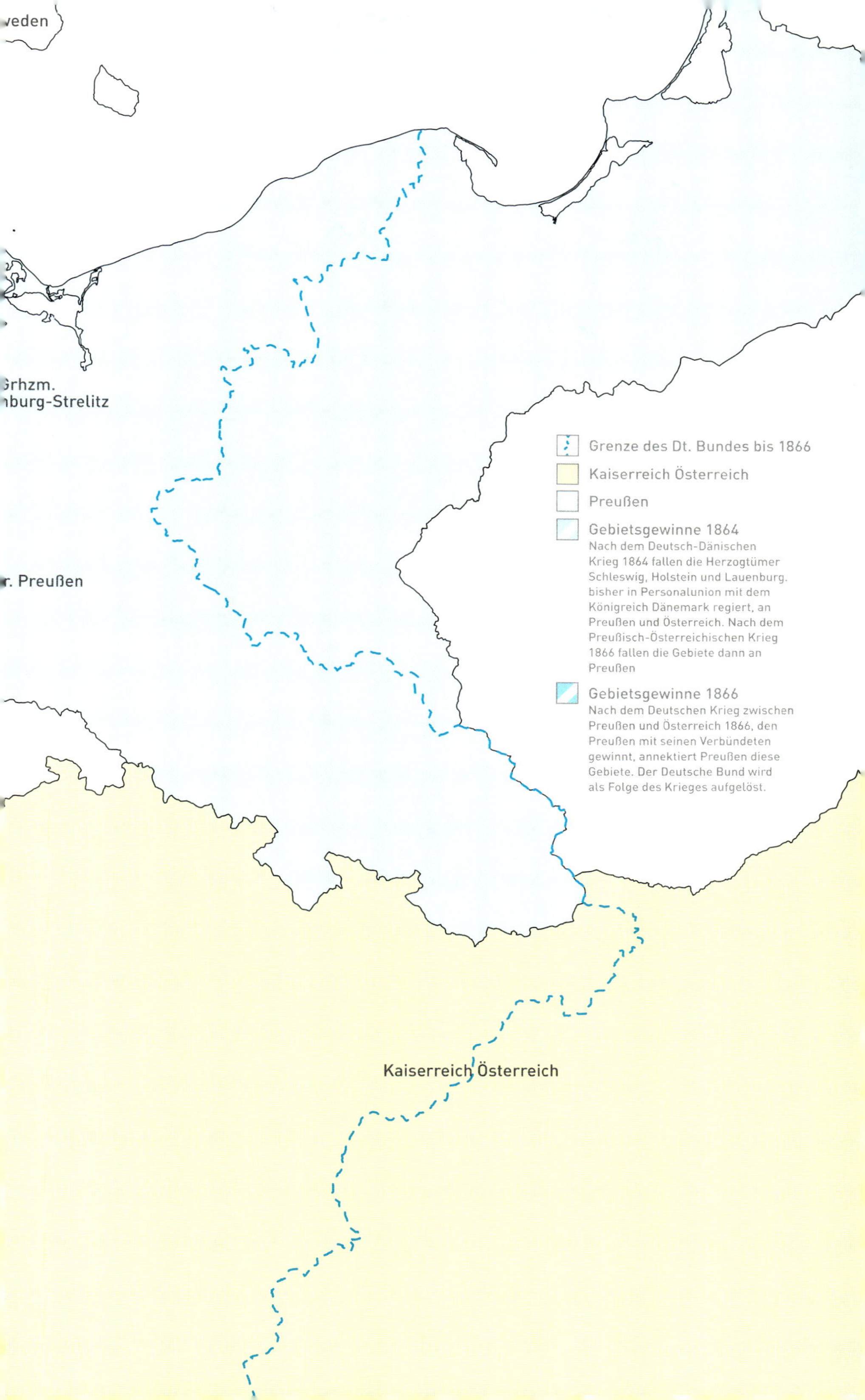

weden
Grhzm.
nburg-Strelitz
r. Preußen
Grenze des Dt. Bundes bis 1866
Kaiserreich Österreich
Preußen
Gebietsgewinne 1864
Nach dem Deutsch-Dänischen Krieg 1864 fallen die Herzogtümer Schleswig, Holstein und Lauenburg, bisher in Personalunion mit dem Königreich Dänemark regiert, an Preußen und Österreich. Nach dem Preußisch-Österreichischen Krieg 1866 fallen die Gebiete dann an Preußen
Gebietsgewinne 1866
Nach dem Deutschen Krieg zwischen Preußen und Österreich 1866, den Preußen mit seinen Verbündeten gewinnt, annektiert Preußen diese Gebiete. Der Deutsche Bund wird als Folge des Krieges aufgelöst.
Kaiserreich Österreich

Matrosen auf der Korvette »SMS Arcona« 1864. »Seiner Majestäts Schiff« ist das erste preußische Schraubenschiff. Der 72 Meter lange Segler, 1857 auf der Schichau-Werft in Danzig gebaut, hat 380 Mann Besatzung. Während des Krieges gegen Dänemark 1864 wird die »SMS Arcona« zusammen mit dem Schwesterschiff »SMS Nymphe« in ein Seegefecht gegen die Dänen vor der Insel Rügen verwickelt.

verteidigte, das sie im Gefüge ihrer eigenen Monarchie nie zulassen würde. Der Krieg mußte also für das Prinzip der Integrität der dänischen Monarchie und gegen deren Verletzung der Verträge von London geführt werden. Mit dieser spitzfindigen Konstruktion holte Bismarck die Österreicher ins Boot.

Das Ansehen Preußens unter deutschen Liberalen war nach Bismarcks Verfassungsbruch 1862 schwer angeschlagen. Umgekehrt hatte Österreich Punkte gemacht, seit sich die Donaumonarchie 1861 ein Staatsgrundgesetz gegeben hatte, für das der ehemalige Reichsministerpräsident der 48er Zeit, Anton von Schmerling, verantwortlich zeichnete. Aus Angst vor preußischer Hegemonie im Zeichen der Pickelhaube waren die meisten der kleinen und mittleren deutschen Staaten wieder an die Seite Wiens getrieben worden. Ende Oktober 1862 wurde der Deutsche Reformverein gegründet, dessen großdeutsche Optionen dem österreichischen Wunsch nach einer Erneuerung des Deutschen Bundes, in dem Wien dauerhaft bestimmend sein würde, sehr entgegenkamen. Auf dem Frankfurter Fürstentag 1863, der großartigsten Versammlung deutscher Souveräne seit dem Wiener Kongreß, sah es zeitweilig sogar so

August Bebel:
Arbeiter, Unternehmer, Sozialdemokrat

August Bebel auf einer Fotografie aus den 1880er Jahren. Ab Mitte der 1850er Jahre entstehen vor allem im Königreich Sachsen Arbeiterbildungsvereine, die zunächst noch unter dem Einfluß liberaler bürgerlicher Kreise stehen und »unpolitisch« sein sollen. Es ist vor allem der Einfluß August Bebels, der die Deutschen Arbeitervereine (VDAV) in eine sozialistische Richtung radikalisiert.

Am 26. November 1870 hält August Bebel im Norddeutschen Reichstag eine Rede, die von den meisten Abgeordneten mit Hohn und Spott quittiert wird. Er kritisiert die Eroberungspläne in Frankreich: »Es ist notwendig, daß alles das, was dazu beitragen kann, Frankreich aufs Äußerste zu treiben, unterlassen wird, und daß dasjenige, was es einmal seit Jahrhunderten besitzt, heute ihm auch gelassen wird, um so mehr, da ja Elsaß und Lothringen mit Ausnahme von ein paar Dutzend Leuten, also die ganze Bevölkerung, entschieden gegen diese Annexion ist.« Seine Forderung nach einem Selbstbestimmungsrecht für die Region kombiniert er mit der Ablehnung weiterer Kriegsanleihen. Bebel und Wilhelm Liebknecht werden wegen ihrer Haltung zum Krieg zu zwei Jahren Festungshaft verurteilt.

Bebel wird diese Zeit später seine »Hafthochschule« nennen, denn bisher hat er keine Zeit zum Studium gehabt. Er wurde im Februar 1840 in Köln-Deutz geboren. Nach einer Drechslerlehre und Wanderjahren geht Bebel 1860 nach Leipzig, wo er sich eine eigene kleine Drechslerei aufbaut. Zusammen mit Wilhelm Liebknecht gründet er 1866 die »Sächsische Volkspartei«, für die er 1867 in den Norddeutschen Reichstag einzieht. 1871 wird er Mitglied des Reichstags, dem er mehr als vierzig Jahre angehören wird.

Bebel, zwischenzeitlich auch Teilhaber einer Dampfdrechslerei, bekämpft zeitlebens den Militarismus – »Diesem System keinen Mann und keinen Groschen«. Er ist als Marxist »Todfeind dieser bürgerlichen Gesellschaft«. Als Vermittler zwischen Marxisten und Demokraten wird er zur wichtigen Integrationsfigur und zum unbestrittenen Führer der Sozialdemokratie, der SPD, wie sich die 1875 gegründete Partei seit 1890 nennt.

Bebel, der auch ein erfolgreicher Journalist und Schriftsteller ist, stirbt im August 1913 in der Schweiz an Herzversagen. Zehntausende erweisen ihm bei der Trauerfeier in Zürich die letzte Ehre.

Made in Germany: Stahl aus Essen

Für das aufstrebende Deutschland ist es zunächst schwierig, dem britischen Weltreich mit seinen riesigen Absatzmärkten wirtschaftlich Paroli zu bieten – zumal viele deutsche Waren international keinen guten Ruf genießen. Franz Reuleaux, Professor an der Gewerbeakademie in Berlin, beurteilt das Niveau deutscher Produkte auf der Weltausstellung in Philadelphia 1876 als »billig und schlecht«.

Aber es gibt Ausnahmen. Ein deutsches Vorzeigeprodukt ist Gußstahl aus der Essener Fabrik von Alfred Krupp. Der hat schon für die Londoner Weltausstellung 1851 einen zwei Tonnen schweren, massiven Gußstahlblock anfertigen lassen, mit dem er das »masterpiece« eines Sheffielder Konkurrenten an Volumen bei weitem übertraf. »Ich habe gesagt, so ein Stückchen machen wir alle Tage«, schrieb er nach Hause – wo man sich noch nie zuvor an ein so großes Werkstück gewagt hatte.

Der Durchbruch gelingt Krupp 1853 mit dem nahtlosen Tiegelgußstahl-Radreifen für Lokomotiven. Er ist eine Entwicklung, die den Lokomotivbau revolutioniert. Ein geschmiedetes längliches Stück Stahl wird mittig gespalten, ringförmig auseinandergetrieben, gereckt und gewalzt. Der Radreifen, der in der Form dreier aufeinander gelegter Ringe zum Kruppschen Firmenemblem wird, ist weltweit ein Verkaufsschlager. Lange wird er neben den gewaltigen Kanonen das Hauptprodukt des wachsenden Unternehmens bleiben.

Krupp steigt zum größten Industrieunternehmen Europas auf. Den Gründer macht der Erfolg nicht froh. Er ist, wie man heute sagen würde, ein Workaholic, der bis zur Erschöpfung arbeitet und dabei unter Depressionen und eingebildeten Krankheiten leidet. Manchmal verläßt der mächtige Mann für Wochen nicht das Bett.

aus, als zeichne sich dort eine kleindeutsch-österreichische Lösung unter Ausschluß Preußens ab. Bismarck verhinderte jedoch, daß der Fürstentag tragfähige Beschlüsse fassen konnte, indem er Wilhelm erfolgreich davon abhielt, nach Frankfurt zu fahren, und gleichzeitig Österreich mit der Forderung nach einer direkt gewählten deutschen Nationalversammlung den Wind aus den Segeln nahm.

In der Schleswig-Holstein-Frage hatte es nun durch die geschickten Winkelzüge Bismarcks unerwartet neue Mehrheiten im Bundestag gegeben. Österreich war durch die dänische Annexionspolitik in die Zwangslage geraten, zu seiner alten Politik der Kooperation mit Preußen zurückzukehren, und Bismarck hatte Wien dabei in eine Falle gelockt, indem er das Vorgehen gegen Dänemark auf der Grundlage der Londoner Verträge von 1852 begründete. Die Mehrheit der kleinen und mittleren Staaten wollte in Schleswig-Holstein jedoch den Herzog von Augustenburg auf dem Thron sehen, so daß in dieser Frage ein Dissens entstand, der brachial durch die von vornherein feststehende Mehrheit der beiden deutschen Großmächte im Bundestag entschieden wurde. Für das Ansehen Österreichs besonders in Süddeutschland war diese Wendung eine Katastrophe. »So setzt man uns das Messer an die Kehle«, entrüstete sich der bayerische Ministerpräsident nach der Abstimmung.

Als Theodor Fontane im Frühjahr 1864 über Hamburg nach Flensburg aufbrach, um dort als Kriegsberichterstatter für ein geplantes Buch über den schleswig-holsteinischen Krieg zu recherchieren, war die Entscheidung bereits gefallen. Die Dänen hatten sich im Winter nach Jütland zurückgezogen, weil das dicke Eis auf der Schlei, über das die Preußen heranrücken konnten, die Befestigungsanlagen des Danewerks angreifbar gemacht hatte. Jetzt lagen die Dänen hinter den Düppeler Schanzen im östlichen Schleswig, während eine Abteilung preußischer Truppen die Grenze zu Jütland überschritt und die Stadt Kolding besetzte. Am 18. April kapituliert die dänische Verteidigung bei Düppel. Dänemark ist besiegt.

Fotografie des Frankfurters Jacob Seib aus dem Jahr 1865 von einem hessisch-homburgischen Jäger in Marschausrüstung. Von 1817 bis 1866 ist das aus zwei Landesteilen im Nordpfälzer Bergland und am Taunus bestehende Fürstentum Landgrafschaft Hessen-Homburg ein souveräner Staat im Deutschen Bund. Seine ganze Armee besteht aus einem 600 Mann starken Jägerbataillon. Nach dem Deutsch-Deutschen Krieg 1866 fällt Hessen-Homburg an Preußen.

Nur zwei Tage nach dem Fall der Düppeler Schanzen tritt am 20. April in London eine internationale Konferenz zusammen, von der sich die Briten eine Wiederherstellung des Zustands vor Ausbruch des Konflikts versprechen. Bismarcks Absicht ist es jedoch, die Londoner Verträge, für die der Krieg angeblich geführt wurde, zu Fall zu bringen. Er hat von Anfang an insgeheim auf Annexion gesetzt, darin offen von Napoléon III. unterstützt, der mit der Zerschlagung des Deutschen Bundes vor allem auch die Hoffnung verband, selbst alte Fesseln aus der Zeit des Wiener Kongresses abzuschütteln. Österreich wird durch den Verlauf der Verhandlungen in London vor die fatale Alternative gestellt, den Herrschaftsanspruch des Hauses Augustenburg – also eine nationale Lösung – zu akzeptieren oder anderenfalls einer Erweiterung der preußischen Macht in Deutschland zusehen zu müssen. Die Konferenz von London geht am 26. Juni ergebnislos zu Ende und mit ihr der während der Verhandlungen eingehaltene Waffenstillstand.

Drei Tage später besetzen die Preußen die Insel Alsen und zwingen die Dänen, sie zu räumen. Die erneuten Kampfhandlungen führen zu einer endgültigen Niederlage Dänemarks. Am 30. Oktober tritt König Christian von Dänemark im Wiener Frieden die norddeutschen Herzogtümer definitiv an Österreich und Preußen ab. Von den Erbansprüchen des Herzogs von Augustenburg ist in Wien keine Rede mehr, doch die staatsrechtliche Zukunft Schleswig-Holsteins bleibt ebenso ungeklärt. Vorläufig ist es ein österreichisch-preußisches Kondominium.

Die national gestimmten Deutschen entdecken in diesen Tagen das vormals dänische Schleswig-Holstein als eine deutsche Landschaft. »Im Norden Mitteleuropas, wo die Elbe das Meer erreicht, streckt das deutsche Festland, als erhöbe es seinen Arm gen Norden, einen Halbinseldamm in das Meer hinaus«, teilt Theodor Fontane Anfang 1865 seinen Lesern im Stil der Kriegschroniken Julius Cäsars mit. »Es teilt die Wassermasse, welche die deutschen Küsten bespült, in zwei Hälften, in eine Ost- und eine Westsee, gemeinhin Nordsee geheißen. Der Damm trennt zwar die Meere, aber zugleich ist er die Brücke zwischen Deutschland und Skandinavien. Seine südliche Hälfte ist Schleswig-Holstein.« Daß die Preußen und Österreicher mit ihrer eigenmächtigen Politik, mit ihrem System der brutalen Machtherrschaft bei den antidänisch gesinnten einheimischen Deutschen nicht nur willkommen sind, muß Fontane allerdings auch erfahren, als er im Herbst 1864 bei Theodor Storm in der Husumer Süderstraße zu Gast ist. »Wenn nicht die freche Junkerherrschaft bei Euch jetzt mindestens auf meine Lebensdauer in Aussicht stände«, meint Storm nur wenig später, »so hätte ich objektiv nicht soviel gegen die preußische Annexion, so aber möchte ich mir den Ärger doch lieber sparen.«

Auch Bismarck weiß um solche Stimmungen. Er setzt auf das materielle Eigeninteresse der Schleswig-Holsteiner. Der Friedensvertrag hatte ihnen die Kriegskosten und einen Teil der dänischen Staatsschulden aufgebürdet, und unter diesen Voraussetzungen, meinte Bismarck, könnte es ihnen bald attraktiv erscheinen, die Last auf Preußen abzuwälzen, das im übrigen, im Unterschied zu Österreich, alles andere als ein bankrotter Staat war. Die Verwaltung Schleswigs unterstellt er von Anfang an einem strengen preußischen Reglement unter dem Kommissar Constantin Freiherr von Zedlitz. »Gestern morgen erscheinen zwei der verachtetsten und verhaßtesten Beamten des Herzogtums Schleswig«, entrüstet sich

Das Innere der von den Preußen am 18. April 1864 gestürmten Schanze 8 in Düppel, Nordschleswig. Mit großem Aufwand wird von den Belagerern ein Netz von Gräben ausgehoben, die am Ende bis auf ca. 400 m an die Schanzen heranreichen. Aus diesem Grabensystem stürmen die Preußen nach mehrstündigem Artilleriefeuer die Befestigungsanlagen und dringen schließlich bis an den Alsensund vor.

Theodor Storm im März 1864, »mit einem Kommissorium von Zedlitz, um alle von der Bevölkerung vertriebenen Beamten wieder einzusetzen; sie schlagen Plakate an, verlangen Abnahme der deutschen Fahnen, dem aber allem nicht Folge geleistet wird.«

Der Rückzug der Dänen hatte in Schleswig zu einem kurzzeitigen Machtvakuum geführt, in dem sich demokratische und nationale Strömungen Einfluß verschaffen konnten. »Der Junker muß lernen den schweren Satz, / Daß der Adel in unseren Zeiten / Zwar allenfalls ein Privatpläsier, / Doch sonst nichts hat zu bedeuten«, dichtet Storm in diesen Tagen. Doch die Preußen sorgen dafür, daß die schwarz-rot-goldene Utopie schnell wieder zu Ende geht. Es entspräche »ganz der Bismarckschen Räuberpolitik«, meint der demokratisch eingestellte Storm, »wenn die Preußen sich so an die Stelle der Dänen setzten, daß sie ihrerseits uns jetzt wegjagten«. Wenigstens aber sorgen sie durch Zedlitz dafür, daß Unterschriften für eine Petition gesammelt werden, die einen engen Anschluß an Preußen fordert. Am liebsten hätte Bismarck

Schleswig-Holstein sofort unter preußische Militärkontrolle gestellt, einschließlich einer preußischen Flottenstation in Kiel, einer Bundesfestung mit preußischer Besatzung in Rendsburg und dem unverzüglichen Beginn des Baus an einem Nord-Ostsee-Kanal. Doch für Österreich sind solche weitreichenden Forderungen »ganz unannehmbar«.

Schnell zeigen sich Risse im Bündnis der beiden deutschen Großmächte. Zedlitz regiert in Schleswig, als wäre dies bereits eine preußische Provinz, während der Wiener Statthalter Anton Baron von Halbhuber nun plötzlich die Augustenburg-Bewegung unterstützt, um dem anhaltenden preußischen Vorstoß nach Norden einen »bundesmäßigen« Widerstand entgegensetzen zu können. Ein Krieg zwischen Wien und Berlin um Schleswig-Holstein scheint plötzlich möglich zu werden, was Bismarck dazu veranlaßt, präventive Maßnahmen zu ergreifen.

Durch Manipulationen am Geldmarkt wie das Hochtreiben der Zinssätze will er die chronisch finanzschwachen Österreicher davon abhalten, sich die unabsehbaren Kosten eines Krieges aufzubürden, während er gleichzeitig durch den Verkauf von Staatsobligationen aus den Tresoren der preußischen Seehandlung und andere Maßnahmen die eigene Kriegskasse anfüllt. Nach Italien und Frankreich sendet er diplomatische Fühler aus, um deren Verhalten im Ernstfall zu erkunden. Doch mit der Gasteiner Konvention vom 14. August 1865 wird der Streit vorläufig beigelegt. Österreich soll unter Beibehaltung des Prinzips der gemeinsamen Souveränität über die beiden Herzogtümer die Verwaltungshoheit über Holstein, Preußen die über Schleswig erhalten. Kiel soll Bundeskriegshafen werden. Das Herzogtum Lauenburg wird an Preußen verkauft.

Während die Waffen vorerst schweigen, setzt Bismarck die Politik der Ausbootung Österreichs mit den Mitteln des Wirtschaftskriegs unvermindert fort. Wien hatte immer wieder, zuletzt 1864, auf die Einrichtung eines gemeinsamen mitteleuropäischen Markts der Länder der Donaumonarchie und des Zollvereins gedrängt. Das hätte einen protektionistischen wirtschaftlichen Großraum bedeutet, der nicht im Interesse der aufsteigenden Wirtschaftsmacht Preußen liegen konnte. 1862 war deshalb zwischen Berlin und Paris ein Freihandelsvertrag abgeschlossen worden, den Bismarck nun bei den Verhandlungen über eine Erneuerung des Zollvereinsvertrags 1864 auch den kleineren und mittleren deutschen Staaten aufzwingen will mit der Drohung, andernfalls werde der Zollverein aufgelöst. Als letzter Staat gibt Hessen-Kassel Ende Juni 1864 seinen Widerstand auf. Mitte Oktober kann dann die Erneuerung des Zollvereins auf der Basis des französischen Vertrags vereinbart werden. Faktisch bedeutet dies eine politische Isolierung Österreichs und eine Auflösung der Selbständigkeit der deutschen Klein- und Mittelstaaten.

Im Jahr 1864: Idylle bei der »Hüttengewerkschaft und Handlung Jacobi, Haniel und Huyssen« in Sterkrade/Oberhausen. Das Unternehmen, an dem die weitläufige Familie Haniel beteiligt ist, geht im Jahr 1873 in die »Gutehoffnungshütte Actienverein für Bergbau und Hüttenbetrieb« (GHH) auf. Die Familie Haniel ist im Transportgewerbe zu Reichtum gekommen. Der Volksmund im Ruhrgebiet interpretiert die Abkürzung GHH mit »Gehört Hauptsächlich Haniel«.

»Die Wiederbelebung des Zollvereins und das endgültige Scheitern des Bruck-Rechberg-Plans für eine mitteleuropäische Zollunion waren Ereignisse von erheblicher Bedeutung für die deutsche Geschichte«, kommentiert der Bismarck-Biograph Otto Pflanze das Ereignis. »Die Bruchlinie in der wirtschaftlichen und sozialen Geographie Europas hatte sich vom Rhein nach Osten an die österreichische Grenze verlagert. Preußens Sieg bewies aber auch, in welchem Maße die süddeutschen Staaten bereits unter die Vorherrschaft des neuen industriellen und finanziellen Riesen im Norden geraten waren. Der gemeinsame Markt, Eisenbahnen, Banken, Aktiengesellschaften und Börse hatten begonnen, eine festgefügte Wirtschaftsordnung des kleindeutschen Raums hervorzubringen. Der Zollverein war für die materielle Prosperität der gesamten Region längst unverzichtbar geworden. Die Regierungen der kleineren Staaten mochten sich drehen und wenden, wie sie wollten, aus dem Netz der materiellen Interessen, das der Zollverein hatte knüpfen helfen, konnten sie sich nicht befreien.«

Preußens Triumph

Dennoch regt sich, besonders in Süddeutschland, Widerstand gegen die immer klarer hervortretende preußische Übermacht. Während sich preußische Liberale gerne einreden, die Ursache der Unfreiheit sei in erster Linie der Fürstenbund des Wiener Kongresses von 1815, aus dem heraus nur der Ausweg »von der Einheit zur Freiheit« möglich sei, fürchten viele Süddeutsche dadurch vielmehr einen Verlust ihrer Freiheit und liberalen Verfassungen. »Verhöhnt, geknebelt und getreten, wie diese Preußen sind, wollen sie noch Deutschland erobern«, meint der Stuttgarter Beobachter. »So erobert doch vor allem eure Freiheit! Wenn ihr aber Sklaven seid, so verlangt nicht von anderen, euer Schicksal zu teilen!« Oft sind es Vorstellungen, die sich am Schweizer Modell einer eidgenössischen Konföderation orientieren, denen schon die Existenz Preußens selbst wie ein Grabstein der deutschen Freiheit erscheinen will. Ludwig Pfau, der Führer der parlamentarischen Linken Württembergs, geht deshalb so weit, den älteren Cato zu zitieren, wenn er regelrecht die Auflösung Preußens als eine Bedingung für die deutsche Freiheit fordert. *Ceterum censeo Borussiam esse delendam*, »und im übrigen bin ich der Meinung, daß Preußen vernichtet werden muß«, meint er mit historischer Geste im April 1864.

Auch unter den Regierungen der kleinen und mittleren Staaten sind die Vorbehalte gegenüber Preußen immer noch erheblich. Selbst Baden, Berlins bevorzugter Partner unter den süddeutschen Staaten, kann bestenfalls Übereinstimmungen in wirtschaftspolitischen Fragen wie Freihandel

und Zollverein konstatieren, gilt aber ansonsten als liberaler Gegenpol zu dem autokratischen Hohenzollernstaat. Die meisten Staaten, allen voran Sachsen, neigen bei aller wirtschaftlichen Verflechtung mit Berlin in Fragen der großen Politik nach wie vor eher Wien zu. Als sich die österreichisch-preußischen Gegensätze Anfang 1866 wieder zuspitzen, kann Bismarck deshalb kaum auf Bündnispartner in Deutschland rechnen.

Als der britische Botschafter Lord Augustus Loftus Anfang Februar 1866 in Berlin eintrifft, fällt ihm dort sofort die bis aufs äußerste gespannte politische Atmosphäre auf. »Es roch nach Pulver«, meint er, nachdem es wegen eines Vorfalls in Altona Ende Januar zu einem heftigen Schlagabtausch zwischen Wien und Berlin gekommen war. 3000 Teilnehmer aus Schleswig-Holstein und dem übrigen Deutschland hatten dort auf einer großen Volksversammlung die Einberufung einer Ständeversammlung für die beiden Herzogtümer gefordert und dabei den »rechtmäßigen geliebten Fürsten Herzog Friedrich« von Augustenburg hochleben lassen. Wien war entgegen seinen ursprünglichen Überzeugungen seit einiger Zeit auf die Linie der Unterstützung des Herzogs umgeschwenkt, vor allem, um damit die preußischen Ansprüche im Norden in Schach halten zu können. Altona lag im österreichischen Sektor, was Preußen dazu veranlaßte, gegen die Duldung solcher Agitationen schärfsten

Offiziere der Bürgerwehr im bayerischen Aschaffenburg im Jahr 1866. In der Revolution von 1848 ist die Bürgerwehr, die damals vor allem aus Studenten der Forsthochschule besteht, militärisch aktiv, wird aber 1849 von der königlich-bayerischen Regierung verboten. Nach ihrer Wiederzulassung hat sie keine militärische Funktion mehr, sondern dient – wie viele Schützengilden und -vereine in Deutschland – der Pflege von Tradition und Geselligkeit.

Soldat mit Pickelhaube in Libau (Kurland/Lettland) während des Ersten Weltkrieges, um 1916. Es ist das letzte Jahr, in dem deutsche Soldaten noch die gegen moderne Waffen kaum schutzbietende Pickelhaube tragen. Im Februar 1916 wird die Einführung eines »Stahlschutzhelmes« durch den Chef des Generalstabes des Feldheeres, General von Falkenhayn, verfügt. Erfinder ist der Marinegeneralarzt und beratende Chirurg des XVIII. Armeekorps, Professor Dr. August Bier, in Friedenszeiten Ordinarius der 1. Königlichen Chirurgischen Klinik in Berlin.

Die Pickelhaube: Der wilhelminische Helm

In der ersten Hälfte des 19. Jahrhunderts tragen die Soldaten der europäischen Armeen meist frackartige Uniformen und zylinderförmige Tschakos. In Preußen werden auf Befehl von König Friedrich Wilhelm IV. die Soldaten seit 1842 in einen Waffenrock gekleidet, zu dem die sogenannte Pickelhaube gehört.

Diese lederne Kopfbedeckung ist halboval und mit Metallbeschlägen besetzt, die dem Helm Stabilität geben und den Träger gegen von oben geführte Säbelhiebe schützen sollen. Auch die Messingspitze dient als Schutz gegen Schläge. Nach und nach übernehmen andere deutsche Länder den Helm: 1843 Oldenburg, 1886 Braunschweig, 1888 Bayern.

Als preußische Truppen zur Niederwerfung der Revolution von 1848/49 beitragen, wird die neue Kopfbedeckung in weiten Teilen der Bevölkerung bekannt. Die Reichseinigungskriege von 1864, 1866 und 1870/71 machen sie bei den Sozialdemokraten und im Ausland zum Symbol des preußisch-deutschen Militär- und Obrigkeitsstaates.

Im Ersten Weltkrieg erweist sich die Pickelhaube als veraltet. Infanteriegeschosse und Granatsplitter, jetzt die Hauptursache von Kopfverletzungen, durchschlagen das Ledermaterial ohne Mühe. 83 Prozent der Kopfverletzungen rühren von Splittern her, die zumeist winzig klein sind. Nur 17 Prozent werden durch Infanteriegeschosse verursacht. Im Februar 1916 verfügt General von Falkenhayn daher die Einführung des Stahlhelms, von dem bis 1918 über 7,5 Millionen an die Truppen ausgeliefert werden.

Die Pickelhaube bleibt bei Feuerwehr und Polizei noch in Gebrauch.

Protest einzulegen, den Wien sofort entschieden zurückwies. Am 28. Februar 1866 erklärt König Wilhelm im preußischen Kronrat einen Krieg für unvermeidlich. Jedem ist klar, daß damit das Ende des Deutschen Bundes gekommen ist.

Noch aber betreibt Preußen, trotz Kriegsvorbereitung, weitere Vorstöße zur Reform des Bundes, indem es in der Hoffnung, die öffentliche Meinung für sich zu gewinnen, Anfang April in Frankfurt die Forderung nach einem deutschen Parlament mit allgemeinem Wahlrecht einbringt, was allerdings angesichts der anhaltenden Verfassungskrise in Preußen selbst wenig Vertrauen erweckt. »Allgemeines und gleiches Stimmrecht, direkte Wahlen, deutsches Parlament, uns große und erstrebenswerte Ziele«, kommentiert die *Nationalzeitung*. »Aber was haben die Grafen Bismarck und Eulenburg, was hat der Bundestag damit zu schaffen?« Bismarcks Schachzug mißglückte. Vergeblich versuchte er Österreich angesichts seiner italienischen Probleme noch einmal zu einer Einigung mit Preußen zu zwingen, die nur für Berlin von Vorteil sein konnte. Franz Joseph hatte seinerseits bereits Mitte Mai einige Truppen zur Verstärkung der Verteidigungslinie an die böhmische Grenze entsandt, während die Hofburg durch ein Intrigennetz, das die Königin Viktoria von England und Herzog August von Coburg umfassen sollte, auf den Sturz Bismarcks hinarbeitete. Doch bereits am 8. April hatte Preußen ein Militärbündnis mit Italien abgeschlossen, einen Tag bevor dem Bundestag der Vorschlag zur Einrichtung eines deutschen Parlaments eingereicht wurde.

Wien hatte am 1. Juni eindeutig die Abmachungen der Gasteiner Konvention gebrochen, als es den Statthalter in Holstein aufforderte, dort eine Ständeversammlung einzuberufen, die in Abstimmung mit dem Bundestag über die Zukunft der Elbherzogtümer zu befinden habe. Als Antwort darauf hatten am 7. Juni preußische Truppen unter General Manteuffel die Eider überquert und waren in Holstein einmarschiert. Am 10. Juni fordert Preußen noch einmal ein Nationalparlament und eine deutsche Union ohne Österreich.

Das geschieht einen Tag, nachdem Österreich vor dem Bundestag einen Antrag auf Mobilisierung des Bundesheeres gestellt hatte, um gegen die preußische Intervention in Holstein eine Bundesexekution zu vollziehen. Am 14. Juni stimmen alle Mittelstaaten unter Einschluß des anfangs zögerlichen Baden für diesen Antrag, womit sie ungewollt das Ende des Bundes besiegeln. Karl von Savigny erklärt für Preußen umgehend, daß sich mit dieser Entscheidung der Deutsche Bund selbst aufgelöst habe. Er hatte ohnehin die großen Erwartungen, die man einmal in ihn gesetzt hatte, nie erfüllen können. »Der Deutsche Bund«, meint der Historiker Michael Stürmer, »war in dem halben Jahrhundert seiner Existenz außerstande, das zu

»Der sächsische Generalstab im Kriege 1866« betitelt der K.K. Hoffotograf Ludwig Angerer aus Wien seine Aufnahme des Generalstabs der königlich-sächsischen Armee in deren Hauptquartier in Hetzendorf bei Wien. Während des Krieges von 1866 kämpft Sachsen an der Seite Österreichs, wird aber von Preußen besetzt. Im Frieden zu Berlin (21. Oktober 1866) tritt Sachsen dem Norddeutschen Bund bei.

leisten, wofür ihn der Wiener Kongreß eigentlich geschaffen hatte, nämlich die deutsche Nation sich selbst vergessen zu lassen und die deutsche Frage ruhigzuhalten auf immer und ewig.« Jetzt wird sie wieder einmal laut gestellt, und zwar durch Eisen und Blut, wie es Bismarck angekündigt hatte. Am 16. Juni richtet Preußen gleichlautende diplomatische Noten an neunzehn norddeutsche Staaten und rückt am selben Tag in Sachsen, Hannover und Kurhessen ein. Am 20. und 21. Juni erklären Italien und Preußen Österreich den Krieg. Noch an diesem Tag überschreiten preußischen Truppen die böhmische Grenze.

Bismarck hatte mit der Unbedenklichkeit eines Machtpolitikers nichts ausgelassen, um Österreich vor dem Waffengang auch im Inneren zu schaden. Anfang Juni waren Veteranen des ungarischen Aufstands von 1848 nach Berlin zitiert worden, um ihnen die Rekrutierung einer magyarischen Legion in Preußen nahezulegen. Garibaldi sollte von Italien aus mit Freikorps die dalmatinische Küste angreifen. In Serbien sollte ein »slawisches Korps« aufgestellt werden. Während ihres Einmarschs in Böhmen appellieren die Preußen sogar an den in dieser Zeit noch kaum entwickelten tsche-

Wilhelm Busch:
»Wer einsam ist, der hat es gut«

Wilhelm Busch (*1847, †1908) in gelöster Stimmung im Photographischen Atelier von Franz Hanfstaengl. Die Fotografie stammt von dessen Sohn Ernst, einem Freund des Zeichners und Gründers des Kunstverlags Franz Hanfstaengl. In München zeichnet Busch »Max und Moritz«. Die Rechte daran verkauft der Student für etwa 1000 Gulden an den Verleger Kaspar Braun, der damit ein Vermögen macht. Erst im hohen Alter erhält Wilhelm Busch einen Ausgleich von 20 000 Goldmark, die er einem wohltätigen Zweck spendet.

Zunächst deutet im Leben von Wilhelm Busch nichts auf eine Laufbahn als Künstler hin. Geboren als erstes von sieben Geschwistern in Wiedensahl bei Hannover, studiert er ab 1847 Maschinenbau. Bald gibt er das Studium auf, um Maler zu werden, und geht an die Düsseldorfer Kunstakademie. Doch die Stadt am Rhein sagt ihm nicht zu, und in der Akademie findet er nur »leblosen schulmäßigen Drill«. Er wechselt zur Akademie von Antwerpen, wo ihn die holländischen Maler des 17. Jahrhunderts tief beeindrucken.

Eine Typhuserkrankung zwingt Busch zur Rückkehr nach Deutschland und zurück ins Elternhaus: »In der damaligen akademischen Strömung kam mein flämisches Schifflein, das wohl auch schlecht gesteuert war, nicht recht zum Schwimmen.« Busch verdingt sich als Zeichner. »Vielfach, wie es die Not gebot, illustrierte ich dann neben eigenen auch fremde Texte. Bald aber meint' ich, ich müßt' alles halt selber machen. Die Situationen gerieten in Fluß und gruppierten sich zu kleinen Bildergeschichten, denen größere gefolgt sind... Dann hab' ich sie laufen lassen auf den Markt, und da sind sie herumgesprungen.« Die Bilderserie um »Max und Moritz« macht ihn 1865 berühmt.

Dabei sind diese Bildergeschichten nur eine Seite seines Talents. Nachdem er seit Anfang der siebziger Jahre wieder meist in Wiedensahl wohnt, malt Busch in den folgenden Jahrzehnten etwa tausend vorwiegend kleinformatige Ölbilder.

Seit 1898 lebt Busch zusammen mit seiner Schwester in Mechtshausen bei Seesen im Harz, wo er im Januar 1908 stirbt. Aus der Öffentlichkeit hat sich der Künstler in seinen letzten Lebensjahren zurückgezogen, denn schließlich: »Wer einsam ist, der hat es gut, / Weil keiner da, der ihm was tut.«

chischen Nationalismus. »Sollte unsere gerechte Sache obsiegen«, heißt es in einer von den Truppen verteilten Proklamation, »dann dürfte sich vielleicht auch den Böhmern und Mährern der Augenblick darbieten, in dem sie ihre nationalen Wünsche gleich den Ungarn verwirklichen können.« Das auch für Bismarck nicht ungefährliche Spiel mit den revolutionären Kräften unter den Völkern der Donaumonarchie blieb jedoch folgenlos, denn der Feldzug war überraschend schnell zu Ende.

In den ersten Tagen des Waffengangs kursierte in Berlin die Angst, die Entwicklung könnte auf einen neuen Siebenjährigen Krieg hinauslaufen, der Preußen einst an den Rand des Abgrunds gebracht hatte. Als sich am Nachmittag der entscheidenden Schlacht des 3. Juli die Überreste der österreichischen Armee bei Königgrätz unter dem Feuerschutz ihrer Artillerie zum Elbufer zurückziehen müssen, wird jedoch unübersehbar, daß Bismarck das Pokerspiel gewonnen hat. Am Abend schweigen die Kanonen. Das Schlachtfeld ist mit Toten und Verwundeten übersät, 22 000 Österreicher sind in Gefangenschaft geraten. Bismarck, der am Morgen mit dem König, Roon und Moltke den Beginn der Schlacht von einem Hügel aus beobachtet hatte, reitet abends über das Feld Richtung Horitz, wo der preußische Generalstab sein Quartier aufgeschlagen hat.

Reitende Artillerie der königlichen Hannoverschen Armee bei der »Bundesexekution« gegen das Königreich Dänemark in der Nähe von Heide in Holstein, 1864. In die Kämpfe des Deutsch-Dänischen Krieges eingreifen müssen Hannovers Soldaten aber nicht.

Unter den Arkaden des Marktplatzes von Horitz wird ihm klar, daß es nun darauf ankommt, den Krieg vorteilhaft zu beenden. »Wenn wir nicht übertrieben in unseren Ansprüchen sind und nicht glauben, die Welt erobert zu haben«, schreibt er einige Tage später an seine Frau, »so werden wir auch einen Frieden erlangen, der der Mühe wert ist. Aber wir sind ebenso schnell berauscht wie verzagt, und ich habe die undankbare Aufgabe, Wasser in den brausenden Wein zu gießen und geltend zu machen, daß wir nicht allein in Europa leben, sondern mit noch drei Mächten, die uns hassen und neiden.« Die Generalität drängt auf die Verfolgung der Österreicher und wäre am liebsten siegreich in Wien eingezogen, doch der Realpolitiker Bismarck weiß, daß ein solcher Triumphzug unkalkulierbare internationale Risiken nach sich ziehen würde. Er rät entschieden ab.

Mitte Juli überbringt der französische Gesandte beim königlichen Hauptquartier in Czernahora eine Botschaft Napoléons III. Der Kaiser habe die Österreicher zur Annahme eines Vertragsentwurfs bewogen, der eine Abtrennung Österreichs von Deutschland vorsehe und Preußen die Führung in Norddeutschland überlasse. Die süddeutschen Staaten sollten als unabhängiger Bund erhalten bleiben. Wenige Tage später gibt Napoléon zu erkennen, er habe nichts dagegen einzuwenden, wenn Preußen in Norddeutschland vier Millionen neue Untertanen zufallen würden, vorausgesetzt, das auf

Schützenkorps des Königlich-Hannoverschen Garde-Jäger-Bataillons im Juni 1866. Am 15. Juni hat Preußen dem Königreich Hannover den Krieg erklärt.

König Georg V. von Hannover (*1819, †1878), 2. Herzog von Cumberland und Teviotdale und Earl of Armagh, 1868 im österreichischen Exil in Gmunden mit seiner Frau Marie und dem Kronprinzen Ernst August II. von Hannover.

österreichischer Seite kämpfende Sachsen bleibe davon ausgenommen.

Am 26. Juli wird in dem böhmischen Badeort Nikolsburg der Präliminarfriede, am 23. August in Prag der endgültige Friedensvertrag unterzeichnet. Preußen hat nach dieser Niederlage Österreichs jetzt freie Hand zur Ausweitung seiner Macht in Norddeutschland. Hessen-Kassel und Nassau werden einfach annektiert, ebenso die Stadt Frankfurt a. M. und das Königreich Hannover, sehr zum Mißfallen des Petersburger Hofs, der darin eine gröbliche Verletzung des Legitimitätsprinzips erblicken will. Die Reaktion Bismarcks auf den russischen Vorwurf, Preußen betreibe damit revolutionäre Politik, ist ungehalten. »Pression des Auslands wird uns zur Proklamierung der deutschen Reichsverfassung von 1849 und zu wirklich revolutionären Maßnahmen treiben«, erklärt er. »Soll Revolution sein, so wollen wir sie lieber machen als erleiden.«

Und sollte Frankreich beispielsweise den Versuch unternehmen, sich mit Rußland und Österreich gegen Preußen zu verbinden, auch dann werde man sich zu helfen wissen. »Auf jeden Fall würden wir einen Revoluti-

Ludwig II.: Die Entmachtung des Märchenkönigs

Als der Schuldenberg von Ludwig II. wegen seiner Schloßbauten immer größer wird, beschließen seine Minister, ihn entmündigen zu lassen - kein leichtes Vorgehen, selbst nicht bei einem so exzentrischen Mann wie dem bayerischen König.

Ludwigs Vision vom eigenen Amt orientiert sich an den absolutistischen französischen Königen. Aber Bayern ist konstitutionelle Monarchie; der König muß sich in allen Fragen mit seinen Ministern abstimmen. Politik ist ihm ein Greuel, jede öffentliche Amtshandlung verhaßt.

Die Abkehr von der Realität zeigt sich in seinen Stein gewordenen Träumen, den Schlössern Neuschwanstein, Linderhof und Herrenchiemsee. Besonders Neuschwanstein verrät noch heute viel von der Gedankenwelt des Königs.

Der Befund zur Entmachtung des Königs 1886 stammt von Obermedizinalrat Dr. Bernhard von Gudden und lautet: »Seine Majestät sind in sehr weit fortgeschrittenem Grade seelengestört.« Daraufhin sorgt man für einen Stellvertreter (den »Prinzregenten«), verhaftet Ludwig und läßt ihn im kleinen Schloß Berg am Starnberger See festsetzen.

Am Abend des 13. Juni 1886 finden die Wachen den König und Gudden tot im See. Die offizielle Erklärung: Ludwig will sich im See ertränken; Gudden will ihn daran hindern, während des Kampfes drückt Ludwig den 62jährigen Arzt unter Wasser und stirbt anschließend selbst durch einen Herzschlag im nur zwölf Grad warmen Starnberger See. Was sich wirklich an jenem Abend abgespielt hat, ist bis heute ein Rätsel.

König Ludwig II. von Bayern (*1845, †1886) im Jahr seiner Thronbesteigung, 1864. Zu Beginn des Deutsch-Deutschen Krieges, in dem Bayern auf seiten Österreichs steht, nimmt Ludwig nicht an der traditionellen Soldatenverabschiedung teil, sondern reist heimlich zu Richard Wagner in die Schweiz. Bayern ist fast eine konstitutionelle Monarchie, man braucht den König eigentlich nur noch zum Unterschreiben von Schriftstücken. Beim Krieg gegen Frankreich informiert der bayerische Kriegsminister den König nicht einmal, daß er Bismarck die Unterstützung der bayerischen Armee zugesagt hat. Mit der Gründung des Deutschen Reichs verliert auch Bayern seine Souveränität. Ludwig gibt dazu seine Zustimmung im sogenannten Kaiserbrief. Bismarck dankt ihm die Zustimmung zur Kaiserkrönung mit einer Abfindung von sechs Millionen Gulden.
Er investiert sie in Wagner-Opern und Traumschlösser.

Der Norddeutsche Bund 1867

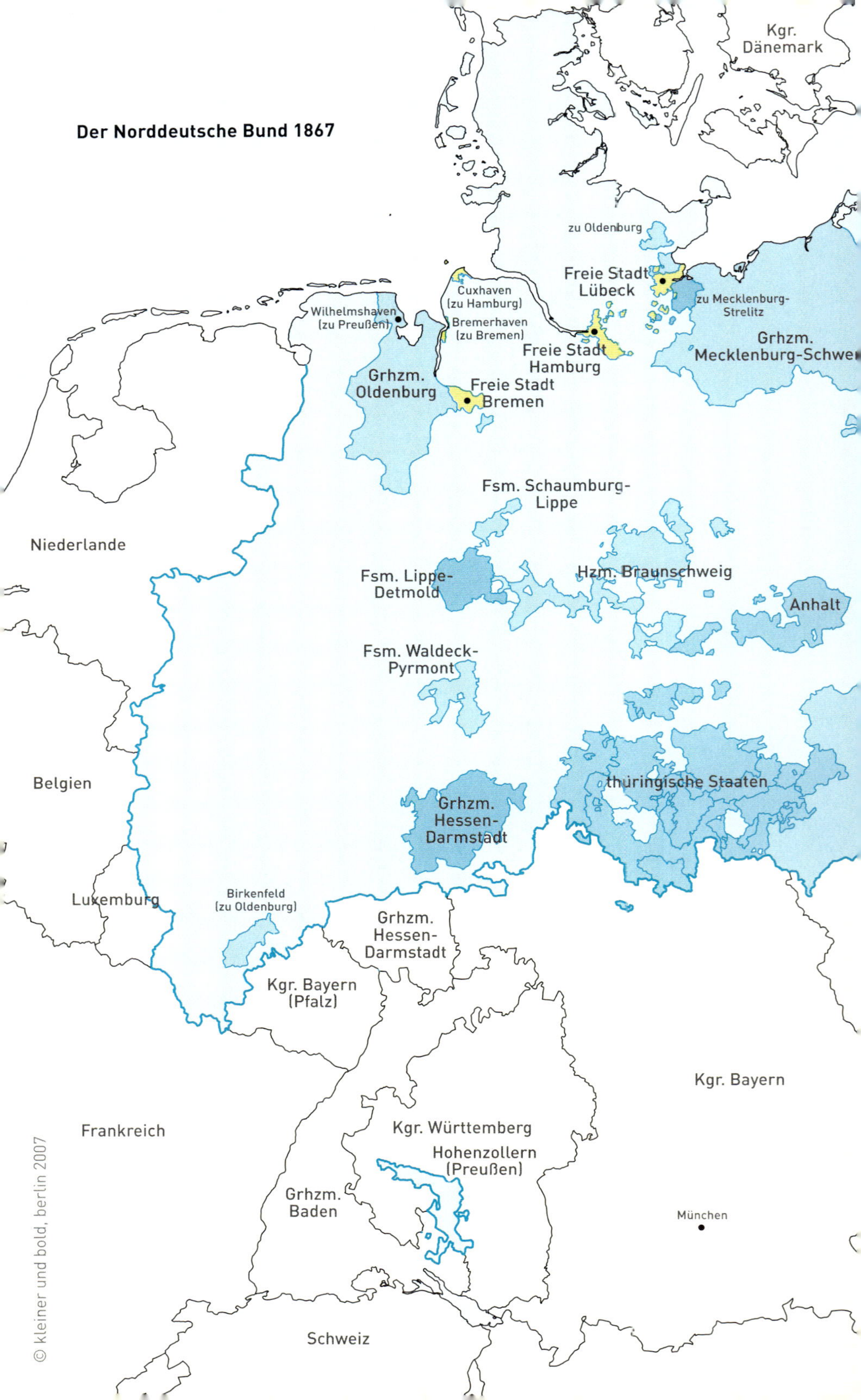

eden
rhzm.
burg-Strelitz
. Preußen
Grenze des Norddeutschen Bundes
Freie Städte
Kgr. Preußen
Rußland
(Russisch-Polen)
Österreich-Ungarn
Wien

Stahlproduktion der wichtigsten Industrieländer 1870 – 1910 (in 1000 Tonnen)

1870 sind die Britischen Inseln der größte Stahlproduzent der Welt. Die Briten produzieren doppelt soviel Stahl wie das junge Deutsche Reich. Zur Jahrtausendwende hat das Deutsche Reich die Britischen Inseln in der Stahlproduktion um fast 25 Prozent übertroffen, 1910 um 50 Prozent. In dieser Zeit produzieren die USA fast zweimal soviel Stahl wie das Deutsche Reich. Vier Jahre vor Kriegsausbruch produzieren die USA aber alleine mehr Stahl als die vier europäischen Großmächte zusammen.

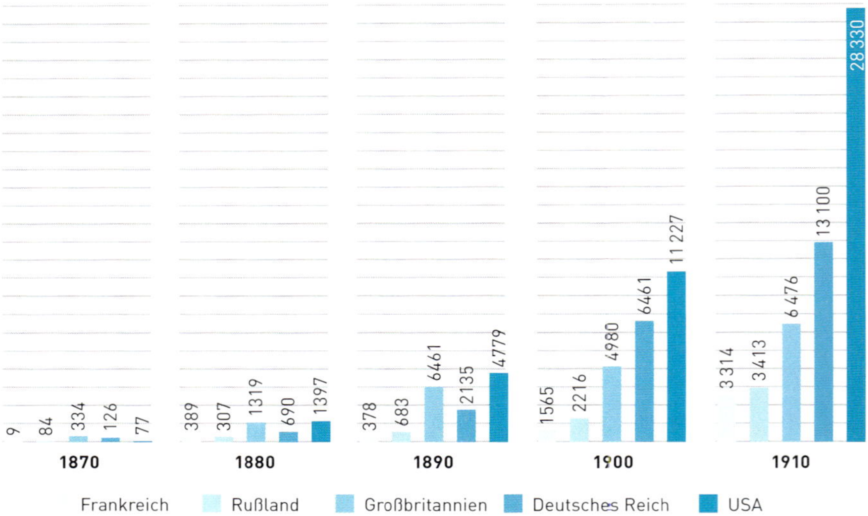

Quellen: Brian R. Mitchell, European Historical Statistics 1750 – 1970, London 1975; U.S. Census Bureau, Historical Statistics of the United States, Washington D.C. 1975. Manfred Görtemaker, Deutschland im 19. Jahrhundert: Entwicklungslinien, Bonn 1989.

onskrieg führen; wir würden Ungarn zum Aufstand bringen und provisorische Regierungen in Prag und Brünn organisieren.« Doch was Bismarck trotz solcher unerwartet jakobinischen Töne in dieser Stunde tatsächlich erreichen will, gelingt ihm am Verhandlungstisch. Ende August gehören dem von Preußen dominierten Norddeutschen Bund siebzehn Staaten an. Der süddeutsche Bund wird nicht verwirklicht, statt dessen sind aber die südlichen Staaten durch die Zollvereinsverträge und militärische Schutz- und-Trutz-Bündnisse stärker denn je an Preußen gebunden. Das Jahr 1866 endet mit einem Sieg Preußens auf der ganzen Linie.

»Endlich machten die preußische Armee und Regierung die große deutsche Revolution von 1866«, schreibt Jacob Burckhardt 1871 in sei-

Fotografien des Tübingers Paul Sinner. Abzüge von Aufnahmen wie die von Bauern in Männertracht im württembergischen Oberamt Ulm (1870) und Bäuerinnen in Schwarzwälder Trachten (um 1871) verkaufen sich gut in einer Zeit, die ländliche Traditionen verklärt.

nen klassisch gewordenen *Weltgeschichtlichen Betrachtungen.* »Ohne dieselbe wäre in Preußen das bisherige Staatswesen mit seinen starken Wurzeln zwar noch vorhanden, aber eingeengt und beängstigt durch die konstitutionellen und negativen Kräfte im Innern. Jetzt überwog die nationale Frage die konstitutionelle bei weitem.« Es war nur ein Schritt, dem weitere folgen mußten, dessen war sich auch Bismarck bewußt.

Die Siegesparade am 21. September 1866 vor dem Stadtschloß in Berlin war nach dem Urteil der Zeitgenossen eine überaus beeindruckende Veranstaltung. Unter der Statuenreihe auf dem Schloßplatz ist an diesem Tag eine Tribüne aufgebaut, davor paradieren die Husaren auf ihren Pferden. Gemeinsam zelebriert man das Tedeum. »Ich kann mich dem Eindruck der Stunde nicht entziehen«, schreibt der rheinische Liberale und Industrielle Gustav Mevissen, nachdem er der Parade beigewohnt hat. »Ich bin zwar kein Anbeter des Mars; die Göttin der Schönheit und die Mutter der Grazien liegt meinem Verständnis näher als der gewaltige Kriegsgott, aber die Trophäen des Krieges üben selbst auf das Kind des Friedens einen magischen Zauber. Unwillkürlich ist der Blick gebannt, und der Geist weilt mit in den unabsehbaren Menschenreihen, die dem Gott des Augenblicks, dem Erfolg, zujauchzen.« Otto von Bismarck ist der Mann der Stunde. Der Göttinger Professor Rudolf Ihering, der den Krieg zunächst abgelehnt hatte, verbeugt sich nach Königgrätz »vor dem Genie Bismarcks«. Für einen solchen »Mann der Tat«, meint er nun, gebe er leicht »hundert Männer

Der Knappenchor einer Essener Zeche im Jahr 1865. In diesem Jahr geht im Königreich Preußen, zu dem die Kohlezechen an Saar, Ruhr und in Oberschlesien gehören, mit dem »Allgemeinen Berggesetz für die preußischen Staaten vom 24. Juni 1865« der Bergbau von der staatswirtschaftlich regulierten in eine privatwirtschaftliche Form über.

der machtlosen Ehrlichkeit hin«. Der ehemalige Radikale Karl Rodbertus wird zum Bewunderer von Bismarcks »Caesarismus«, und sogar Demokraten wie Arnold Ruge und Gottfried Kinkel schwenken auf die preußische Sache ein. Selbst Bismarcks Verfassungsbruch von 1862 erscheint nun, im Licht des militärischen Triumphs, als die überlegene Weitsicht eines Mannes, der sich in einer für die Nation entscheidenden Frage zur rechten Zeit über kleinlichen Parteienstreit hinwegzusetzen vermochte.

Die Wahlen zum preußischen Landtag am 3. Juli hatten einen deutlichen Rechtsruck mit sich gebracht. Die Konservativen konnten einen satten Zugewinn von 114 Sitzen für sich verbuchen, während die Fortschrittspartei empfindliche Verluste hinnehmen mußte. Als Wilhelm am 5. August, die Würfel von Königgrätz sind längst gefallen, seine Thronrede hält, gibt er, einem Rat Bismarcks folgend, vor dem Landtag zu, daß die Regierung seit 1862 ohne Haushalt nicht verfassungsgemäß regiert habe, betont aber gleichzeitig, daß ihr Handeln ausschließlich von den Maximen der Pflicht und des Gewissens geleitet und für die Sicherheit des Staats notwendig gewesen sei. Viele fragen sich jetzt auf einmal, ob der glänzende Sieg von Königgrätz nicht auch ein Ergebnis der diktatorisch durch-

Bauernfamilien bei der Arbeit auf einem Hof in Sachsen in der Nähe von Dresden, 1870. Die Technisierung der Landwirtschaft läßt weite Teile der Landbevölkerung mit geringerem Besitz verarmen. Eine starke Landflucht ist die Folge. Noch arbeiten aber 50 Prozent der Erwerbstätigen in der Landwirtschaft.

geführten Heeresreform von 1862 gewesen war. Tatsächlich gewährt das neue Parlament unter dem Eindruck des preußischen Erfolgs Bismarck auf den Vorschlag des Königs hin »Indemnität«, also eine rückwirkende Entlastung.

»Der Engel der Finsternis ist der Engel des Lichts geworden, vor dem das Volk im Staub liegt und ihn anbetet«, meint Wilhelm Liebknecht, zu dieser Zeit noch ein Fortschrittler, nach der Abstimmung, die mit 230 zu 75 Stimmen eindeutig zu Bismarcks Gunsten verlief. »Das Zeichen der Verfassungsverletzung ist auf seiner Stirn geschwunden, und ein Glorienschein umgibt jetzt sein lorbeergeschmücktes Haupt.« Bald wird sich die Fortschrittspartei in dieser Frage spalten. Rudolf von Bennigsen und Johannes Miquel gründen im Herbst 1866 die Nationalliberale Partei, die sich in Zukunft zu einem verläßlichen Partner der Bismarckschen Deutschlandpolitik entwickeln wird. »Es ist ganz gewiß, daß die preußische Regierung nach liberalen Grundsätzen handeln muß«, hatte die *Nationalzeitung* bereits im August zum 80. Todestag von Friedrich dem Großen verkündet, »denn ihr Tagewerk, die staatliche Einigung Deutschlands, ist an sich etwas Liberales und Fortschrittliches.« Im Herbst 1866 konstituiert sich auch die Freikonservative Partei, die in Bismarck den Vertreter eines modernen Autoritarismus sieht und sich darin von den orthodoxen Konservativen unterscheidet, denen der Krieg gegen Österreich so etwas wie ein Verrat an den geheiligten Grundsätzen der alten Ordnung gewesen war.

Der norddeutsche Reichstag tritt am 24. Februar 1867 in Berlin zusammen, um über die Verfassung des Norddeutschen Bundes zu beraten. Bismarck hatte den Entwurf sorgfältig vorbereitet, der das Rahmenwerk eines preußisch geführten Bundesstaats bilden sollte mit dem König von Preußen als exekutiver Spitze. Wilhelm I. ernennt am 14. Juli 1867 den Grafen Otto von Bismarck zum ersten Bundeskanzler des Norddeutschen Bundes. Eine der wichtigsten wirtschaftspolitischen Maßnahmen des neuen Bundes ist die Beseitigung der Vorherrschaft des österreichischen Guldens, an dessen Stelle nun der preußische Taler tritt.

Berlin wird das neue Zentrum der deutschen Finanzwelt, an dem sich auch der reformierte Zollverein orientieren muß, der im Sommer 1867 die Einrichtung eines Zollparlaments beschließt. Am 27. April tritt das erste Zollparlament in Berlin zusammen, dem Abgeordnete der meisten deutschen Staaten angehören. »Halten Sie das gemeinsame deutsche Interesse fest im Auge«, appelliert Bismarck dort an die gesamtdeutschen Wirtschaftsparlamentarier, »vermitteln Sie von diesem Gesichtspunkt aus die Einzelinteressen, und ein Erfolg, der Ihnen den Dank der Nation gewinnt, wird Ihre Anstrengungen krönen.«

Mit dem Zollparlament tritt der wirtschaftliche Einigungsprozeß in eine neue Phase. Handelsabkommen mit Österreich und der Schweiz definieren einen einheitlichen deutschen Wirtschaftsraum, der sich 1870 endgültig ein allgemeines Zollgesetz gibt. Während noch viele politische Differenzen zwischen dem Norddeutschen Bund und den süddeutschen Staaten bestehen bleiben, wächst Deutschland im Bereich des neuen Zollvereins wirtschaftlich bereits eng zusammen. Im Zollbundesrat sind die Ländervertretungen des Norddeutschen Bundes um die Vertreter der süddeutschen Regierungen erweitert. Das Zollparlament wirkt aus späterer Sicht wie eine unvollkommene Vorwegnahme des Reichstags im Kaiserreich. Nicht unwesentlich haben die Annäherung des Südens an Preußen auch die Militärabkommen befördert, die nach 1866 abgeschlossen wurden. Bald schon sind das preußische Exerzierreglement und die preußische Kommunikations-, Befehls- und Gefechtsorganisation in den meisten deutschen Südstaaten eingeführt. »In Wahrheit«, kommentiert Michael Stürmer die Ereignisse, war »das Ergebnis des Krieges von 1866 in allem (...) schon der deutsche Nationalstaat unter preußischer Kontrolle«, auch wenn die süddeutschen Staaten völkerrechtlich vorerst eigenständige Subjekte geblieben waren. Für den kommenden Krieg mit Frankreich wird sich das als unschätzbarer Vorteil erweisen.

Heinrich Schliemann: Der Glaube an Homer

Wie Heinrich Schliemann gibt es Mitte des 19. Jahrhunderts nicht wenige deutsche Kaufleute, die im zaristischen Rußland zu Wohlstand kommen. Schliemann gründet 1847 als Fünfundzwanzigjähriger ein eigenes Handelshaus in St. Petersburg.

Der im Januar 1822 in Mecklenburg als Sohn eines Pastors geborene Heinrich Schliemann liest schon als Kind Homers Ilias *und* Odyssee. *In einer* Weltgeschichte für Kinder *entdeckt der Achtjährige ein Bild vom brennenden Troja und dem Skäischen Tor. So gewaltige Mauern können niemals ganz zerstört worden sein. Davon ist schon der Junge überzeugt.*

Aber bis Schliemann zu graben beginnen wird, gehen Jahrzehnte eines abenteuerlichen Lebens ins Land. Er hält sich länger in Holland, dann in St. Petersburg auf, lernt insgesamt 21 Sprachen – darunter Griechisch, Arabisch und Russisch – und wird als Kaufmann reich. 1866 beginnt er ein Studium der Archäologie in Paris. Die vier Jahre an der Sorbonne, immer wieder durch Reisen nach Indien, Japan und Amerika unterbrochen, bestärken ihn in seinem Glauben an den Wahrheitsgehalt von Homers Epen.

Schliemann siedelt nach Griechenland über und beginnt mit Grabungen in Hissarlik, einem unscheinbaren Hügel in Westanatolien, nahe den Dardanellen. Im dritten Jahr stoßen er und seine Mitarbeiter auf das »Skäische Tor« und den »Palast des Priamos«. Dort entdeckt Schliemann auch den »Schatz des Priamos«, den er illegal außer Landes bringen läßt. Verheiratet ist er jetzt mit Sophia Engastromenos, einer jungen Griechin.

Schliemann sucht weiter, nun auf der Peloponnes, in Mykene und dann in Tiryns. Obwohl er auch hier erfolgreich ist, verstummen die kritischen Stimmen nie. Vor allem Archäologen werfen ihm nicht ganz zu Unrecht rabiate Grabungsmethoden vor. Allerdings sind sie nicht frei von Ressentiments gegen den »Amateurarchäologen«, der immer wieder dort fündig wird, wo es nach fachlichem Ermessen nichts zu finden gibt.

Schliemann hat den besseren Gewährsmann. Sein Glaube an Homers Dichtung hat ihn zu einem der berühmtesten Forscher des 19. Jahrhunderts gemacht. Gestorben ist Heinrich Schliemann 1890 in Neapel, bestattet wird er in Athen.

DAS REICH AUS EISEN UND BLUT

Krieg in Sicht

Die satirische Zeitschrift *Kladderadatsch* zeigt in ihrer Ausgabe vom 26. August 1866 eine Karikatur, auf der Bismarck in einer Truhe wühlt, während Napoléon zur Tür hereinkommt mit dem Satz: »Ich wollte Ihnen nur zu der schönen Erbschaft gratulieren und sehen, ob nicht eine Kleinigkeit für mich …« Weiter kommt er nicht, denn hier wird er rüde von Bismarck unterbrochen. »Ach was!« sagt der Preuße mit abweisend ausgestrecktem Arm. »Hier wird nichts gegeben!« Der überwältigende Sieg der Preußen bei Königgrätz hatte in Paris eine gewisse Beunruhigung hervorgerufen, und Napoléon mußte sich von seinen Ministern vorwerfen lassen, er selbst habe durch seine großzügige Verkündung des Nationalitätenprinzips der neuen preußischen Vorherrschaft in Deutschland Vorschub geleistet. Bald machte sich in Frankreich eine populäre Revanchestimmung breit. Napoléon will ihr dadurch entgegentreten, daß er gegenüber Preußen Kompensationen für dessen Machtzuwachs ins Gespräch bringt. Solche Entschädigungen für die Verschiebungen im europäischen Machtgefüge waren in früheren Zeiten durchaus üblich gewesen. Napoléon schwebt ursprünglich eine preußische Unterstützung bei der Annexion Belgiens und Luxemburgs vor.

Die Verhandlungen ziehen sich hin und berühren dabei sogar einen Punkt, an dem die Zustimmung Frankreichs zu einer künftigen deutschen Einigung greifbar nahe zu sein scheint. Am 29. August 1866 legen die Franzosen einen Vertragsentwurf vor, in dem sie im Austausch gegen Belgien und Luxemburg einer »Bundesunion« des Norddeutschen Bundes mit den süddeutschen Staaten ihre Zustimmung zusagen. Selbst von einer »offensiven und defensiven« Allianz ist in Paris in diesen Tagen die Rede, die allerdings für Bismarck die Gefahr mit sich gebracht hätte, im Dienste französischer Interessen möglicherweise in Auseinandersetzungen mit England verwickelt zu werden. Berlin schlägt weniger bindende Konsultationen zur Verteidigung im Falle drohender Gefahr vor. Alle diese Verhandlungen scheitern.

Linke Seite: Nach der Nachricht vom Sieg der Preußen und ihrer Verbündeten hat sich am 3. September 1870 eine begeisterte Menge am und auf dem von Christian Daniel Rauch geschaffenen Denkmal König Friedrichs II. von Preußen in Berlin Unter den Linden versammelt.

Teils, weil es die Franzosen versäumen, in Luxemburg profranzösische Kundgebungen abzuhalten, wie es ihnen Bismarck nahegelegt hatte, teils, weil Bismarck, dem an Luxemburg nichts liegt, bald merkt, daß er auch in dieser Frage auf die öffentliche Meinung und die nationale Stimmung Rücksicht nehmen muß. Teils aber auch, weil Bismarck Paris hintergangen hat.

Im Frühjahr 1867 platzt eine Bombe, als Bismarck am 19. März die Texte der Schutz-und-Trutz-Bündnisse zur Veröffentlichung freigibt, die er heimlich mit den süddeutschen Staaten geschlossen hatte. Er sah sich zum Handeln gezwungen, weil er Vorwürfen begegnen wollte, die Friedensverträge nach Königgrätz würden Allianzen Süddeutschlands mit fremden Mächten nicht ausdrücklich ausschließen. Das konnte er nun widerlegen. In Paris sorgt diese Veröffentlichung für eine Sensation, weil nun offenbar wird, daß Bismarck längst in der Hand hält, was ihm Napoléon gegen Belgien und Luxemburg als Tausch anbieten wollte. Napoléon, der einen Monat zuvor noch vor dem Parlament behauptet hatte, Preußen befinde »sich in allen bedeutenden europäischen Fragen in Übereinstimmung mit uns«, hat eine bittere Demütigung hinnehmen müssen.

Die nationale Öffentlichkeit in Deutschland ist durch diesen Schachzug jedoch tief beeindruckt. Auch von dem, was folgt. Im Mai 1867 wird Luxemburg auf einer internationalen Konferenz in London zu einem neutralen Staat erklärt, der unter der Garantie der Großmächte steht. Von Belgien ist hinfort keine Rede mehr, auch deshalb, weil Großbritannien jede Verletzung der belgischen Neutralität als Bedrohung seiner eigenen Sicherheit empfunden hätte. Der große Tausch, von dem Napoléon träumte und der nicht nur Frankreichs Ehre wiederhergestellt, sondern auch seinen Machtverlust nach Königgrätz ausgeglichen hätte, findet nicht statt. Von nun an rechnet die europäische Öffentlichkeit mit der Möglichkeit eines baldigen Krieges.

Bismarck ist zu diesem Zeitpunkt schon deshalb an einer Verschärfung des Gegensatzes zu Frankreich gelegen, weil die Popularität Preußens im südlichen Deutschland im Schwinden begriffen ist. Ins Zollparlament sind im Frühjahr 1868 siebenundfünfzig oppositionelle Abgeordnete aus Süddeutschland eingezogen, die zuvor mit Parolen wie »Steuer zahlen – Maul halten – Soldat sein« für ihre antipreußische Politik die Trommel gerührt hatten. In Bayern nimmt die Stimmung gegen die »protestantische Militärmacht« im Norden bedenkliche Ausmaße an. Um so mehr ist Bismarck nun der Überzeugung, daß eine Politik des Konflikts mit Paris die Emotionen in seinem Sinn aufheizen und »durch die Anregung des Nationalgefühls die rasche Konsolidierung unserer Verhältnisse in Deutschland« befördern würde.

Otto von Bismarck bei einem Ausritt in den 1870er Jahren im Sachsenwald. Der liegt östlich von Hamburg im Herzogtum Lauenburg, das erst 1876 in die preußische Provinz Schleswig-Holstein eingegliedert wird. Der Sachsenwald wird Otto von Bismarck am 24. Juni 1871 vom »Herzog von Lauenburg«, dem Deutschen Kaiser Wilhelm I., in Anerkennung seiner Verdienste um die Reichsgründung zum Geschenk gemacht.

Doch vor einer Politik des Krieges schreckt er einstweilen noch zurück. Niemand, so eine seiner hellsichtigsten Formulierungen, könne »die Verantwortung für den Ausbruch eines Kampfes übernehmen, der vielleicht nur der erste einer Reihe von Rassenkriegen sein würde«. Das hatte er Ende 1869 gesagt, als überall in Berlin das Wort die Runde machte, ein Krieg mit Frankreich sei unvermeidlich, um die Lage zu klären. »Wir könnten einen Krieg mit Frankreich führen und siegen«, erklärt er im Februar 1870, »es würden aber vier bis fünf daraus werden, und so wäre es eine Torheit, wo nicht ein Verbrechen, wenn man es auf friedlichem Weg erreichen kann.« Bismarck ist sich voll und ganz dessen bewußt, wie schnell er in die Nöte eines Zauberlehrlings geraten kann, als er im Sommer dann doch auf Kriegskurs geht.

Der Grund für diese Wendung war auch innenpolitischer Natur. Im Januar 1870 hatte eine antipreußische Einheitsfront von Konservativen

Rheindampfer vor der Deuemburg, auch »Burg Maus« genannt, im Mittelrheintal bei St. Goarshausen, um 1870. Der Rhein ist ein romantisches Reiseziel und der deutsche Verkehrsweg. Seit 1831 wird in der »Rheinschiffahrtsakte« der freie Verkehr auf dem Fluß geregelt, 1868 einigen sich die sieben Rheinanrainerstaaten auf eine »Revidierte Rheinschiffahrtsakte«. Damit ist die Schiffahrt auf dem Rhein und seinen Nebenflüssen von Basel bis ins offene Meer völlig frei von Zöllen.

und Klerikalen in München den Bismarcks Politik gegenüber freundlich gesinnten Ministerpräsidenten Chlodwig zu Hohenlohe-Schillingsfürst zu Fall gebracht. Im Februar entsteht dann durch das Angebot der spanischen Cortes, den vakant gewordenen Thron in Madrid mit Leopold von Hohenzollern-Sigmaringen zu besetzen, eine Lage, in der Bismarck sich gezwungen sieht, auch hier den Gefahren des bayerischen Separatismus vorzubeugen.

Wenn nämlich, argumentiert er in einem Memorandum an den König am 9. März, Leopold dieses Angebot ausschlagen sollte, könnte leicht ein Wittelsbacher zum spanischen Thronfolger werden mit den unabsehbaren Konsequenzen einer antipreußisch-katholischen Liga, die Deutschlands Einheit auf absehbare Zeit in Frage stellen würde. Zudem würde ein Hohenzoller auf dem spanischen Thron im Falle einer preußisch-französischen Auseinandersetzung die Franzosen dazu zwingen, einige Armeekorps zur Sicherung der Pyrenäengrenze nach Süden abzuziehen. Von dem Prestigegewinn ganz zu schweigen, der daraus entstehen könnte, wenn ein Hohenzoller nun auch auf dem spanischen Thron das Erbe der schwindenden Habsburger Macht anträte.

Auch auf Karl Anton, den Vater Leopolds, hat diese Vorstellung eine magische Anziehungskraft ausgeübt, die in ihm das Bild einer Dynastie entstehen läßt, wie sie »seit Karl V. die Geschichte nicht wieder gesehen« hat. Doch er weiß auch, welche Gefahren damit verbunden sein könnten, als er an Bismarck schreibt, »daß die Annahme dieser Krone ein gewagtes Spiel« sei. Gerade die Erinnerung an die Zeit Karls V., als Frankreich im Süden, Osten und Norden von den Habsburgern eingekreist war, führt in Paris nach Bekanntwerden der Kandidatur Leopolds Anfang Juli zu panikartigen Reaktionen. Bismarck allerdings betreibt die Kandidatur aus dem gleichen Grund mit Verve. Er will nun, vor allem weil die deutsche Frage in eine Sackgasse zu geraten schien, unbedingt einen Kollisionskurs mit Frankreich.

Drei Neckarflößer in Tübingen, 1873 fotografiert von Paul Sinner. Bis ins 19. Jahrhundert ziehen auch auf dem Neckar auf einem Leinpfad Pferde im Treidelzug die Kähne bergwärts. Zu Tal fahren, wie auf dem Rhein, von April bis Oktober riesige Flöße. Die Flößer, die ihre Holzfracht wochenlang bis zur Rheinmündung begleiten, sind in den bürgerlichen Universitätsstädten wegen ihrer rauhen Sitten gefürchtet.

Noch im Februar hatte er das Ansinnen Badens auf Beitritt zum Norddeutschen Bund abgelehnt, unter anderem weil er fürchtete, damit Frankreich zu verärgern. Jetzt spielt er mit der Hoffnung, in Paris durch die Thronkandidatur eine innenpolitische Krise auslösen zu können. Napoléon, so sein Kalkül, würde sich bei einer Zuspitzung der Lage von dem nach Revanche rufenden Falken trennen und so die Aussicht auf eine friedliche Lösung der deutschen Frage verbessern helfen. Wenn nicht, würden sich die Franzosen dadurch vielleicht zum Krieg provozieren lassen, zumal die Pariser Falken Mitte Mai mit dem neuen Außenminister, dem wenig diplomatischen Herzog von Gramont, einen wichtigen Posten in der Regierung besetzen konnten. Gramont, das wußte Bismarck, war ein entschiedener Gegner der deutschen Einheit.

Leopold hatte sich von der Hoffnung auf den spanischen Thron bereits verabschiedet, als ihn Bismarck nach der Ernennung Gramonts erneut zur Kandidatur drängt und damit bewußt Lunte an ein Pulverfaß legt. Gramont reagiert tatsächlich, wie es zu erwarten war. Statt der spani-

Helmuth Karl Bernhard Graf von Moltke (*1800, †1891) wird 1800 in Parchim/Mecklenburg geboren. Der Vater ist ein ehemaliger preußischer Leutnant. Moltke wächst bis 1811 in Parchim auf und tritt dann in die königlich dänische Kadettenanstalt und Militärakademie in Kopenhagen ein. 1822 verläßt er die dänische Arme und wird Leutnant in Preußen. Moltke, ab 1871 preußischer Generalfeldmarschall, hat als Chef des Generalstabs wesentlichen Anteil an den Siegen im Deutsch-Dänischen, im Deutsch-Deutschen und im Deutsch-Französischen Krieg.

schen Frage mit einer diplomatischen Offensive zu begegnen, was ja immerhin möglich gewesen wäre, setzt er Anfang Juli sofort ein drohendes Telegramm an Berlin auf und hält wenig später unter Protest der Opposition, die der Regierung Mäßigung anraten will, eine Brandrede, in der er offen mit Krieg droht. Man rechne mit der Klugheit des deutschen und der Freundschaft des spanischen Volkes, so Gramont. »Andernfalls werden wir, meine Herren, Ihrer Unterstützung und derjenigen der Nation gewiß, ohne Zögern und ohne Schwäche unsere Pflicht zu tun wissen.« Botschafter Benedetti wird in den Quai d'Orsay zitiert und nach Bad Ems geschickt, wo sich Wilhelm I. aufhält, um den König mit deutlichen Worten zu veranlassen, die Kandidatur Leopolds zurückzuziehen. Andernfalls gebe es Krieg, so Gramont, der in diesem Spiel fast wie eine Schachfigur Bismarcks agiert.

Wilhelm will den Krieg nicht, auch wenn ihn die Nachricht von der Rede Gramonts mehr als verstört. Leopold befindet sich zu dieser Zeit nichts wissend auf einer Alpentour, als sein Vater Karl Anton am Morgen des 12. Juli nach einer Anfrage Wilhelms die Kandidatur seines Sohnes zurückzieht. Bismarck war davon nicht in Kenntnis gesetzt worden. Er hatte in diesen Tagen von seinem Landsitz Varzin in Pommern aus eine harte Linie verordnet, als er am Abend des 12. Juli, zurück in Berlin, von dieser Wendung der Dinge in Kenntnis gesetzt wird. Das Spiel schien nicht aufgegangen zu sein.

Doch Gramont verhält sich erneut wie eine Bismarcksche Schachfigur. Am Abend desselben 12. Juli telegraphiert er an Benedetti in Bad Ems, er solle Wilhelm dazu veranlassen, sich der Verzichterklärung Karl Antons ausdrücklich anzuschließen und zudem eine Versicherung abzugeben, daß sich eine derartige Kandidatur nie wiederholen werde. Das war, wie der Oppositionspolitiker Adolphe Thiers später bemerkte, mehr als ein diplomatischer Fehler. Benedetti begeht zudem die Ungeschicktheit, die für den Nachmittag des 13. anberaumte Audienz bei Wilhelm nicht abzuwarten. Statt dessen drängt er sich ihm schon am Morgen im Kurgarten an der Lahn auf – und wird erwartungsgemäß abschlägig beschieden. Wilhelm sagt daraufhin auch die Audienz am Nachmittag ab und setzt Bismarck von den Vorgängen telegraphisch in Kenntnis.

Der hatte am Morgen in Berlin die Nachricht aus Wien erhalten, daß Österreich sich im Kriegsfall neutral verhalten werde. Auch die Russen hatten Nichteinmischung signalisiert, ebenso die Engländer. Aus Bayern, Baden und Württemberg waren Zusagen für den Kriegsfall eingetroffen, als Bismarck während des Abendessens mit Roon und Moltke die Depesche Wilhelms aus Bad Ems überreicht bekommt. Nachdem Moltke ihm noch einmal bestätigt hat, daß die Armee in vollem Umfang kampfbereit sei, entschließt er sich an diesem Abend, diese Emser Depesche mit wirkungsvollen Kürzungen zur Veröffentlichung freizugeben. Der König, heißt es in der Fassung nach Bismarcks Redaktion, habe es nach den morgendlichen Anmaßungen des Botschafters abgelehnt, »den französischen Botschafter nochmals zu empfangen und demselben durch den Adjutanten vom Dienst sagen lassen, daß Seine Majestät dem Botschafter nichts weiter mitzuteilen habe«. In Frankreich konnte diese kühle Absage freilich nur als unerträglicher Affront aufgenommen werden. Paris gerät in einen regelrechten nationalistischen Taumel, als die Nachricht am 14. Juli bekanntgemacht wird.

Albrecht Theodor Emil von Roon (*1803, †1879) ist seit Dezember 1859 preußischer Kriegs- und ab 1861 zugleich Marineminister. Er wird am 30. April 1803 als Sohn eines Offiziers und Gutsbesitzers in Pommern geboren. Er besucht die Schule in Berlin und ab 1816 die Kadettenanstalt im westpreußischen Kulm. 1836 kommt er in den preußischen Generalstab. Roon führt trotz starker Opposition eine Reorganisation des Heeres durch und wird 1866 General der Infanterie, 1871 erhebt ihn Kaiser Wilhelm I. in den Grafenstand. Zwei Jahre später wird er Feldmarschall.

Am Abend versammeln sich die Massen auf den Boulevards, singen die Marseillaise und rufen vor der preußischen Botschaft: »Nach Berlin!«, »Nieder mit Preußen!« In diesem Wirbel der aufgeheizten Emotionen treibt Frankreich in einen Krieg, der dem nüchtern kalkulierenden Bismarck so sehr gelegen kommt, als hätte er dabei Regie geführt. »Wir haben keinen richtigen Kriegsgrund«, meint Napoléon III. resigniert, »trotzdem werden wir uns für den Krieg entscheiden müssen, um dem Willen des Landes zu gehorchen.« Am 19. Juli 1870 wirft Frankreich Preußen den Fehdehandschuh hin, »nicht aus dem Lebensinteresse Frankreichs«, wie Adolphe Thiers am gleichen Tag resigniert im Parlament beklagt, »sondern durch Schuld der Regierung«, insbesondere des hitzigen Außenministers Gramont und der durch ihn aufgewühlten öffentlichen Meinung.

Der Deutsch-Französische Krieg

»Ein ungeheurer Lärm brach los, dessen Wellen wir selbst in dem stillen Warnemünde verspürten«, schreibt Theodor Fontane über den Tag der Kriegserklärung, die ihn als Sommerfrischler an der Ostsee überrascht, ins Tagebuch. »Die Rüstungen begannen sofort, die Kriegsschulen-Fähnriche machten in 2 mal 24 Stunden ihre Offiziers-Examina und kehrten zu ihren Regimentern zurück.« Schon vor der formellen Kriegserklärung hatte die Mobilmachung begonnen. Überall in Deutschland werden die 1866 mit Preußen geschlossenen Bündnisverträge bedingungslos eingehalten, überall macht sich das seitdem übernommene preußische Militärreglement positiv auf die Disziplin bemerkbar. 1 830 000 Soldaten, darunter viele Reservisten, versammeln sich in den nächsten zwei Wochen termingerecht in den Kasernen. Fast eine halbe Million wird umgehend an die Westgrenze transportiert, während die französische Mobilmachung, verhältnismäßig schlecht organisiert, nur stockend vorankommt. Am 4. August beginnt die deutsche Offensive mit einem Sturm bayerischer und preußischer Truppen auf Weißenburg. Zwei Tage später fallen Wörth und Spichern, was im ganzen Land, wie Fontane in Schwerin beobachten kann, mit gro-

Preußische Posten im Februar 1871 vor dem Schloss Buzenval, zwischen Paris und Versailles gelegen. Hier ist es am 19. Januar 1871 zur Schlacht von Buzenval zwischen dem preußischen V. Korps und der französischen Nationalgarde sowie weiteren französischen Verbänden gekommen, die einen Ausbruchsversuch aus dem belagerten Paris unternehmen.

ßem Jubel gefeiert wird. Napoléon hatte in den letzten Tagen vor der Offensive zwei improvisierte Ablenkungsmanöver ins Auge gefaßt. Eine amphibische Operation an der Ostseeküste sollte dort Kräfte binden, und ein rascher Vorstoß nach Süddeutschland sollte Österreich und Italien, wenn er erfolgreich verlief, als Verbündete gewinnen. Nichts davon funktioniert. Während Napoléon noch mit den Vorbereitungen dieser Operationen beschäftigt ist, haben die Deutschen sich bereits den Weg durch das lothringische Tor eröffnet und nach großen Verlusten in den letzten Reiterschlachten der Neuzeit bei Vionville-Mars-la-Tour und Gravelotte-St-Privat die von Bazaine geführte französische Hauptarmee zum Rückzug auf die Festung Metz gezwungen. Als die Armee des Marschalls MacMahon, zu der auch Napoléon hinzugestoßen war, ihr zu Hilfe eilen will, wird ihre südliche Flanke von den Preußen, Sachsen und Bayern aufgerieben, und die Überlebenden werden bei Sedan eingeschlossen.

Helmuth von Moltke, im Unterschied zu seinem Vorgänger Blücher 1814 weniger ein Haudegen als ein analytisch denkender Militärstratege, hatte diese Operationen durch eine präzise Aufmarschplanung gesteuert. Den Kommandeuren waren Ziele vorgegeben, die Wahl der Mittel war ihnen aber selbst überlassen worden. Zum ersten Mal kam in einem europäischen Krieg in großem Umfang mo-

Mit solchen Depeschen vom Kriegsschauplatz, telegraphisch übertragen, von der Militärzensur freigegeben und von den Polizeibehörden zum Anschlag gebracht, wird die Bevölkerung über den Verlauf der Kämpfe in Frankreich informiert.

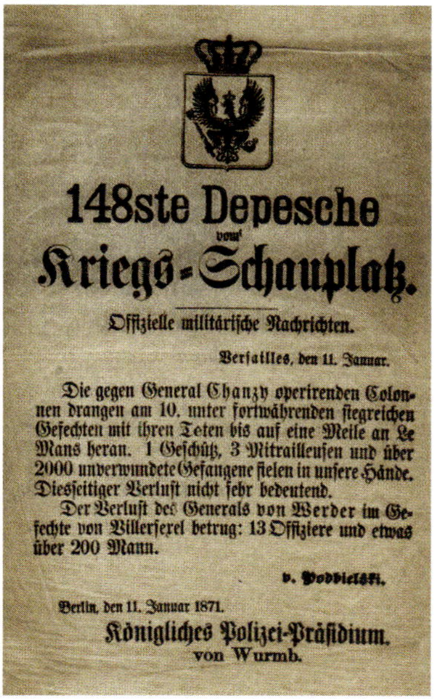

148ste Depesche
vom
Kriegs-Schauplatz.

Offizielle militärische Nachrichten.

Versailles, den 11. Januar.

Die gegen General Chanzy operirenden Colonnen drangen am 10. unter fortwährenden siegreichen Gefechten mit ihren Teten bis auf eine Meile an Le Mans heran. 1 Geschütz, 3 Mitrailleusen und über 2000 unverwundete Gefangene fielen in unsere Hände. Diesseitiger Verlust nicht sehr bedeutend.

Der Verlust des Generals von Werder im Gefechte von Villersexel betrug: 13 Offiziere und etwas über 200 Mann.

v. Podbielski.

Berlin, den 11. Januar 1871.

Königliches Polizei-Präsidium.
von Wurmb.

171ste Depesche
vom
Kriegs-Schauplatz.

Offizielle militärische Nachrichten.

Versailles, den 27. Januar.

General Kettler meldet, daß er am 23. einen Vorstoß in der Richtung auf Dijon gemacht und 5 Offiziere, 150 Mann gefangen genommen habe. Der Fahnenträger des zweiten Bataillons Regiments Nr. 61 ist dabei im Wald-Gefechte in der Nacht erschossen worden; die Fahne wird vermißt. In der Gegend zwischen Chatillon und Montereau haben sich feindliche Abtheilungen gezeigt.

Vor Paris schweigt gemäß Verabredung seit 12 Uhr in der Nacht vom 26. zum 27. vorläufig beiderseits das Geschützfeuer.

v. Podbielski.

Berlin, den 28. Januar 1871.

Königliches Polizei-Präsidium.
von Wurmb.

derne Technik zum Einsatz. Nach dem Husarenstreich der Reiterheere bringen vor Sedan die neuen Kruppschen Hinterladergeschütze aus Gußstahl die Entscheidung, die jetzt mit pausenlosem Artilleriefeuer die Festung sturmreif schießen. Sedan muß am 2. September kapitulieren.

»Welche Wochen!« schwärmt Theodor Fontane in diesen Tagen. »Stoff, um Jahre davon zu zehren.« Bei Sedan ist mit den zur Kapitulation gezwungenen 104000 französischen Soldaten der Armee MacMahons auch der Kaiser selbst, Napoléon III., in Gefangenschaft geraten. Das Zweite Kaiserreich des Louis Napoléon ist damit am Ende. Für die Deutschen jedoch ist dieser Tag die Katharsis ihrer Nationsbildung. »Am 2. September hat die Hand des lebendigen Gottes (...) sichtbar und kräftig in die Geschichte eingegriffen«, triumphiert der Pastor Friedrich von Bodelschwingh, und er ist nicht der einzige, der so denkt. Seit 1872 wird der 2. September, einer Initiative des Gründers der Bodelschwinghschen Anstalten folgend, mit großem Pomp im ganzen Reich als »Sedantag« begangen.

Zwei Tage nach dem Fall von Sedan wird im Hôtel de Ville von Paris die Republik ausgerufen, die unter der Führung des jungen Léon Gambetta sofort damit beginnt, nach dem Vorbild der Französischen Revolution zur »levée en masse«, zur nationalen Volkserhebung gegen die Deutschen aufzurufen. Für die Republikaner in Paris hat der Krieg nach Gefangennahme und Sturz des Kaisers erst richtig be-

Samariterinnen des Deutsch-Französischen Krieges, 1871. Auch der deutsche Philosoph Friedrich Nietzsche meldet sich als Sanitäter.

gonnen. Am 18. September stehen die Deutschen vor der französischen Hauptstadt, die sie in kürzester Zeit mit einem eisernen Belagerungsring einschließen. Anfang Oktober flieht Gambetta mit einem Heißluftballon aus dem eingekesselten Paris, um den Widerstand von außen zu organisieren. An der Loire wird eine Armee aufgestellt, die Paris befreien soll, während irreguläre Freischärler, die »franc-tireurs«, den deutschen Truppen im Norden durch unvorhersehbare Überfälle, Hinterhalte und Sabotageakte zu schaffen machen.

Der nun beginnende Volkskrieg und die auf deutscher Seite immer stärker werdenden Forderungen nach einer Annexion Elsaß-Lothringens – gegenüber Petersburg und Wien mit dem Argument begründet, Deutschland müsse sich dadurch vor revolutionären Ansteckungen schützen – haben den Krieg in die Länge gezogen, nachdem er schon fast gewonnen war. Der Volkskrieg hat ihn verschärft. Wer mit einer Waffe aufgegriffen oder bei einem Sabotageakt erwischt wird, muß ab sofort mit der Exekution rechnen. Geiseln werden genommen, um »franc-tireurs« aufzuspüren. Ganze Dörfer, die man der Unterstützung der Freischärler verdächtigt, werden geplündert oder in Schutt und Asche gelegt. Die Antwort der Deutschen auf den französischen Volkskrieg ist Terror.

Bei Froschweiler-Reichshofen im Elsaß. Paul Sinner fotografiert im September 1870 einen Augsburger Turner, der als freiwilliger Sanitäter auf das Schlachtfeld von Wörth geeilt ist. Hier ist es am 6. August zu Kämpfen mit vielen Toten und Verwundeten gekommen.

Eines der wenigen fotografischen Porträts eines einfachen Soldaten aus dem Krieg 1870/71: Der Tübinger Paul Sinner fotografiert den »ersten Ulan vor dem Straßburger Münster« nach der Kapitulation von Straßburg am 27. September 1870.

Man müsse den Bewohnern eines Landes so viel Leiden zufügen, hatte sich Bismarck in diesen Tagen von General Philip Sheridan, einem Veteranen des amerikanischen Bürgerkriegs, bei einem Abendessen raten lassen, »daß sie sich nach dem Frieden sehnen und bei ihrer Regierung darauf drängen«. Schon um den Krieg schnell zu beenden und dem immer noch möglichen Übergreifen auf ganz Europa vorzubeugen, rät er zu den schärfsten Mitteln. »Man sollte alle Dörfer, wo Verrat vorkommt, sofort ausbrennen und alle männlichen Einwohner hängen«, meint er einmal, ein anderes Mal rät er dazu, keine Gefangenen zu machen oder die Bevölkerung von Orten, wo aus dem Hinterhalt geschossen wurde, nach Deutschland abzutransportieren, um sie dort in Lagern zu internieren. Moltke ist der Ansicht, man müsse, wie er Kronprinz Friedrich Wilhelm zu verstehen gibt, einen »Exterminationskrieg« führen und ganz Frankreich unter seine militärische Gewalt bringen. Für Bismarck hätte das jedoch den Krieg nur unnötig und gefährlich verlängert.

Um den Krieg schnell zu beenden, spielt Bismarck zeitweilig mit dem Gedanken, den auf Schloß Wilhelmshöhe internierten Napoléon wieder einzusetzen, vorausgesetzt, der erklärt sich dazu bereit, Elsaß und Lothringen abzutreten. Doch hier macht ihm das Militär einen Strich durch die Rechnung. Als General Bourbaki nach einer Mission bei dem gefangenen Kaiser in die belagerte Festung Metz zurückkehren will, um mit General Bazaine zu verhandeln, läßt ihn Prinz Friedrich Karl nicht ein. Nach dem Fall von Metz am 27. Oktober gestalten sich die Verhandlungen noch schwieriger.

Am 27. Dezember beginnt die Beschießung von Paris, täglich drei- bis vierhundert Granaten. Die Stadt kapituliert am 28. Januar 1871, jedoch weniger wegen des Granatenbeschusses als wegen des nach über drei Monaten Belagerung unerträglich gewordenen Hungers. Am 17. Februar wird Adolphe Thiers, immer schon ein Gegner dieses Krieges, Chef der Exekutive im republikanischen Paris. Am 28. Februar unterzeichnet er in Versailles den Präliminarfrieden, der am 1. März durch die nach Bordeaux ausgewanderte Nationalversammlung mit 546 zu 107 Stimmen ratifiziert wird. Am 2. März hält Wilhelm im Bois de Boulogne eine Parade ab, wäh-

Am 13. August 1870 beginnt die Einschließung Straßburgs durch die »Badische Division«. Die 17 000 französischen Verteidiger der Stadt halten hartnäckig einem Bombardement vom 24. bis 27. August stand. Am 12. September ist von den badischen Belagerungstruppen eine Bresche in den Hauptwall beim Steintor geschossen worden.

rend rund um den Triumphbogen Krupp-Kanonen ihre Mündungen als Zeichen des Sieges auf die Avenuen richten.

Die symbolische Besetzung von Paris endet am nächsten Morgen mit dem Auszug der Truppen unter den Klängen der »Wacht am Rhein«. Am 10. Mai wird in Frankfurt a. M. der endgültige Friedensvertrag unterzeichnet, der mit der Abtretung von Elsaß-Lothringen bereits den Keim für das Weiterschwelen des deutsch-französischen Gegensatzes in sich trägt. Mehr als 100000 Elsässer und Lothringer, die sich für die Beibehaltung ihrer französischen Staatsbürgerschaft entscheiden, müssen in den nächsten Monaten die annektierten Provinzen verlassen.

In Paris hatte sich unterdes am 18. März die Commune gegen die Kapitulationspolitik der Regierung Thiers erhoben und die sozialistische Revolution ausgerufen. Zu dieser Zeit haben die deutsche Truppen trotz Waffenstillstand noch immer einen Belagerungsring um Paris gezogen. Die Revolutionäre werden Ende Mai mit einem bis dahin beispiellosen Blutbad durch französische Regierungstruppen niederkartätscht, die seit dem Aufstand die Belagerung von Paris unter den Augen der zuschauenden Deutschen übernommen hatten und nun Straße für Straße mit den letzten Franzosen abrechnen, die sich dieser Demütigung widersetzt ha-

Eine Belagerungsbatterie im badischen Kehl hat im September 1870 ihre Kanonen auf das jenseits des Rheins gelegene Straßburg gerichtet. Die Beschießung des unbefestigten Kehl durch die Verteidiger von Straßburg nehmen die Truppen unter dem Kommando des preußischen Generalleutnants August von Werder zum Anlaß für ein dreitägiges Bombardement.

ben. Die Massaker an über 20000 Communards enden mit einer Massenerschießung an einer Mauer auf dem Friedhof Père Lachaise. »Frankreichs chronische Krankheit ist die Revolution«, schreibt in diesen Tagen die staatstreue *Evangelische Kirchenzeitung.* »Es ist nicht allein selbst durch die blutigsten Revolutionen hindurchgegangen, sondern hat auch das Revolutionsprinzip überall dahin getragen, wo es festen Fuß faßte.« Frankreich, so die gern gehörte Botschaft, ist ein prädestinierter Hort des Aufruhrs und der Sünde.

Als Antipode dieses französischen Babylon kann sich Deutschland vor einem ohnehin von antirevolutionären Obsessionen beherrschten dynastischen Europa nun als wichtige Ordnungsmacht darstellen, was eine zusätzliche Rechtfertigung des Krieges bedeutet. Für Bismarck ist der Aufstand der Commune deshalb ein geradezu willkommener Anlaß, die beiden großen Monarchien Rußland und Österreich-Ungarn nach dem Krieg wieder auf eine Linie gemeinsamer Interessen zu verpflichten. Berlin, Wien und Petersburg, regt er am 7. Juni 1871 an, sollten ihre Informationen über die Aktivitäten der Sozialistischen Internationale austauschen, um so den »Angriffen« entgegentreten zu können, »mit welchen die staatliche Ordnung in Europa von seiten der sozialistischen Revolution bedroht wird«. Es ist der Beginn einer Annäherung, aus der zwei Jahre später das »Drei-Kaiser-Abkommen« entstehen wird, ein später Abglanz der Heiligen Allianz.

Richard Wagner: Festspielhaus und Festspiele in Bayreuth

Im April 1871 reist Richard Wagner nach Bayreuth, um sich das Markgräfliche Opernhaus von 1748 anzuschauen. Für eine Aufführung des »Ring des Nibelungen« scheint es ihm ungeeignet, die Bühne ist viel zu klein. Aber die Stadt gefällt ihm, und es gibt kein Konkurrenztheater in der näheren Umgebung. Hier soll sein Festspielhaus entstehen.

Im April 1872 siedelt Wagner ins Hotel Fantaisie in Donndorf bei Bayreuth über. Seine Frau Cosima mit den Kindern folgt bald nach. Noch im Dezember des Jahres stellt die Stadt Bayreuth Wagner den Bürgerbrief aus. Zwei Jahre später ist das Haus Wahnfried bezugsfertig, in dem die Wagners von nun an wohnen. Die Bürger Bayreuths und Wagner bleiben sich eher fremd – in der Gaststätte Angermann in der Kanzleistraße, die Wagner oft mit seinem Hund zum Dämmerschoppen aufsucht, bleibt der Komponist auf seiner Bank links neben der Tür meist für sich allein.

Der Bau des Festspielhauses auf dem Grünen Hügel über der Stadt verschlingt große Summen. Wagners Idee, Patronatsscheine (Anrechte auf Festspielkarten) zu je 300 Talern auszugeben, findet nicht genug Anklang. Schließlich rettet König Ludwig II. das Unternehmen, indem er Anfang 1874 Wagner auf Kredit 100000 Taler mit den Worten anweisen läßt: »Nein! Nein und wieder nein! So soll es nicht enden; es muß da geholfen werden! Es darf Unser Plan nicht scheitern!«

Am 13. August 1876 eröffnet der Komponist die ersten Bayreuther Festspiele. Zum ersten Mal erlebt das erlauchte Publikum den kompletten Zyklus des »Rings des Nibelungen« – mit der Uraufführung von »Siegfried« und »Götterdämmerung«. Erst sechs Jahre später (1882) folgen die zweiten Festspiele. Mehr ist Wagner nicht vergönnt, er stirbt am 13. Februar 1883 in Venedig. Sein Leichnam wird nach Bayreuth überführt und im Garten der Villa Wahnfried beigesetzt.

Richard Wagner (*1813, †1883) in den 1860er Jahren. Der Komponist wächst in Leipzig und Dresden auf. Der junge Wagner liest viel Shakespeare und die damals modernen Romantiker, vor allem E. T. A. Hoffmann. Richard Wagner ist nicht nur Komponist. Er wird später sein eigener Librettist. Das Wagner-Werkverzeichnis listet mehr als fünfzehn weitere Bühnenwerke auf, von denen Wagner die Libretti geplant und unterschiedlich weit ausgeführt hat.

Die Deutschen Länder
im Kaiserreich
Helgoland
1890 geht die Nordseeinsel Helgoland mit dem zwischen dem Deutschen Reich und Großbritannien geschlossenen Helgoland-Sansibar-Vertrag an Preußen und wird Teil der Provinz Schleswig-Holstein
Kgr. Dänemark
zu Oldenburg
Freie Stadt Lübeck
zu Mecklenburg-Strelitz
Grhzm. Mecklenburg-Schw
Cuxhaven (zu Hamburg)
Bremerhaven (zu Bremen)
Wilhelmshaven (zu Preußen)
Freie Stadt Hamburg
Grhzm. Oldenburg
Freie Stadt Bremen
Fsm. Schaumburg-Lippe
Niederlande
Fsm. Lippe-Detmold
Hzm. Braunschweig
Hzm. A
Fsm. Waldeck-Pyrmont
Kgr. Preußen
Belgien
Thüringische Staaten
Grhzm. Hessen-Darmstadt
Birkenfeld (zu Oldenburg)
Luxemburg
Grhzm. Hessen-Darmstadt
Kgr. Bayern (Pfalz)
Reichsland Elsaß-Lothringen
Nach dem Deutsch-Französischen Krieg 1870/71 wird das Gebiet dem deutschen Hoheitsbereich, dem neu gegründeten Deutschen Reich, angegliedert.
Kgr. Bayern
Kgr. Württemberg
Hohenzollern (zu Preußen)
Grhzm. Baden
Frankreich
Schweiz
© kleiner und bold, berlin 2007

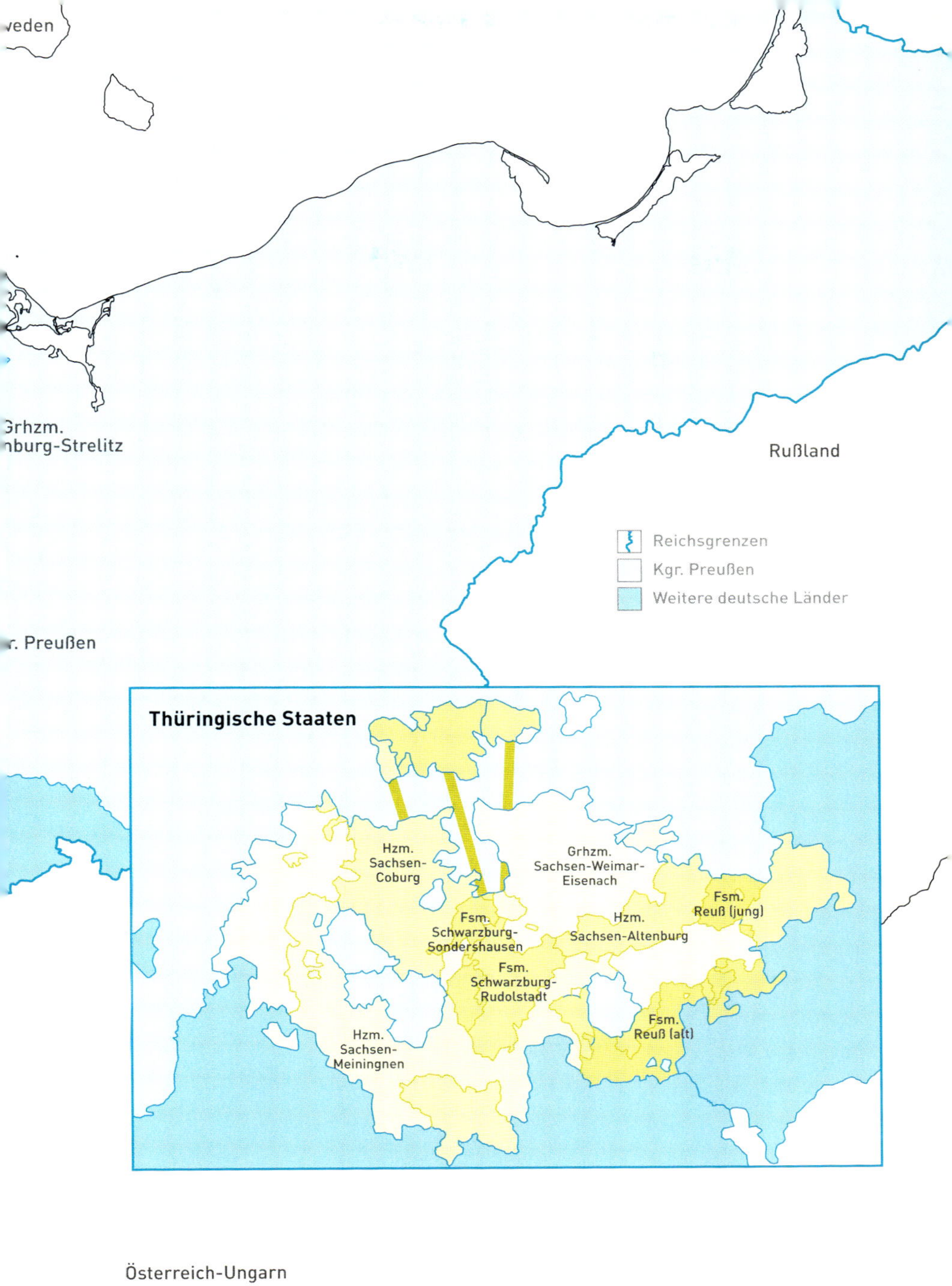
Rußland
Reichsgrenzen
Kgr. Preußen
Weitere deutsche Länder
Thüringische Staaten
Hzm. Sachsen-Coburg
Grhzm. Sachsen-Weimar-Eisenach
Fsm. Reuß (jung)
Fsm. Schwarzburg-Sondershausen
Hzm. Sachsen-Altenburg
Fsm. Schwarzburg-Rudolstadt
Fsm. Reuß (alt)
Hzm. Sachsen-Meiningnen
Österreich-Ungarn

Der Deutsche Kaiser

Die Verhandlungen mit den Vertretern der süddeutschen Staaten über die Gründung eines Deutschen Reichs beginnen im Herbst 1870 in Versailles. Am 2. September 1870, dem »Tag von Sedan«, war dazu die Initiative von einer Denkschrift aus Karlsruhe ausgegangen. Für Bismarck, dessen wichtigstes Kriegsziel keineswegs in der Eroberung Frankreichs, sondern vielmehr in der freiwilligen Annahme der norddeutschen Verfassung durch die süddeutschen Staaten bestand, war dieser Schritt ganz in seinem Sinne. Doch der Weg war nicht vorgegeben. Bismarck weigerte sich strikt, den Norddeutschen Bund aufzulösen, und bestand auf Beitrittsverhandlungen, auch und besonders als Bayern und Württemberg noch einen letzten Versuch unternahmen, einen eigenen Bund zu gründen, der mit dem norddeutschen nur diplomatisch, nicht aber verfassungsmäßig verbunden sein sollte. »Ein Antrag Badens auf Aufnahme in den Norddeutschen Bund«, telegraphiert er am 30. September nach Karlsruhe, »wäre in diesem Augenblicke als Grundlage für und als Druck auf die Verhandlungen mit Bayern willkommen.« Doch erst als Württemberg Mitte Oktober eine Verhandlungsdelegation nach Versailles schickt, lenkt auch

Das Schloß Neuschwanstein im Allgäu im Jahr 1888. Finanziert hat es Ludwig II. auch mit seiner Zustimmung zur Kaiserkonstruktion. Die Abfindung, sechs Millionen Gulden für die Aufgabe der bayerischen Souveränität, läßt Bismarck seinerzeit diskret über Schweizer Konten abwickeln.

Adolf Stoecker:
Prediger und Antisemit

Adolf Stoecker gründet 1877 auch den »Verein für Berliner Stadtmission«. Mit »Sonntagsschulen« für die Kinder, Männer- und Frauenvereinen, Besuchsdiensten bei Familien, der Kranken- und Gefangenenseelsorge und -hilfe, der Armenpflege und dem Betrieb von Asylen versucht die Stadtmission die religiöse Bindung der Unterschichten zu festigen.

Als evangelischer Pfarrer in einer dem Christentum völlig entfremdeten Gemeinde im Magdeburgischen lernt Adolf Stoecker (1835–1909) die Lebens- und Denkweise des Proletariats kennen. Die soziale Frage erscheint ihm als Schicksalsfrage der Nation. Eine Konsequenz seines Eintretens für Arbeiterwohlfahrt und mehr Religiosität bei den Arbeitern ist die Gründung einer Christlich-Sozialen Arbeiterpartei.

Der Theologe zielt vor allem auf die organisierte Arbeiterschaft. »Da habe ich denn unter Gebet und Flehen den Entschluß gefaßt, mitten hinein in die Sozialdemokratie zu gehen, den wilden Stier bei den Hörnern zu fassen und mit demselben zu ringen. (...) Seit fünfzehn Jahren ist das sozialistische Element der Köder, mit welchem die Arbeiter um ihren Glauben wie um ihren Patriotismus betrogen worden sind. Will man an ihre Herzen heran, so muß man die sozialen Dinge mit besprechen.«

Als sein Versuch, die Arbeiterschaft zu gewinnen, bei den Reichstagswahlen scheitert, wendet er sich – erfolgreicher – mit antisemitischer Propaganda an den kleinbürgerlichen Mittelstand. Er kämpft gegen die »jüdische Weltherrschaft«. Die Juden, die als »fremdes Volk unter uns leben«, sollen nach Stoeckers Vorstellung weder wählen dürfen noch verbeamtet werden können.

Nach Aufhebung des Sozialistengesetzes und dem Rücktritt Bismarcks intensiviert Stoecker die politische Agitation. Sein Engagement stößt auf den Unwillen der Hohenzollern, zu denen er lange als Hof- und Domprediger zu Berlin in engem Kontakt steht. 1891 fällt er beim Kaiser in Ungnade.

Stoecker fährt jedoch damit fort, seine sozialen und gleichzeitig antisemitischen Standpunkte zu verbreiten (u.a. im Verein mit anderen deutschen konservativen Parteien im sogenannten Tivoli-Programm). Bis 1908 sitzt er für die Deutschkonservative Partei im Reichstag. Er vertritt dort den äußersten rechten Flügel.

Robert Koch wirkt am 1876 gegründeten »Kaiserlichen Gesundheitsamt« in Berlin, als er am 24. März 1882 mit einem Vortrag über die »Ätiologie der Tuberkulose« den »Kochschen Bacillus« als Erreger der Volksseuche nachweisen kann. Die Tuberkulose ist eine Volkskrankheit, die in der zweiten Hälfte des 19. Jahrhunderts auch als Folge schlechter Wohnverhältnisse in der beginnenden Industriegesellschaft um sich greift. Junge Mütter sterben an »Blutsturz«, die Kinder vor ihren Eltern an der »Schwindsucht«.

Robert Koch: Gegen Tuberkulose, Cholera und Co.

»Dieser Mann hat eine großartige Entdeckung gemacht ... [ich] glaube, daß Koch uns alle noch einmal mit weiteren Entdeckungen überraschen und beschämen wird.« Der Pathologe Julius Friedrich Cohnheim wird mit seiner Äußerung vom April 1876 recht behalten. Robert Koch legt mit der Entdeckung des Milzbranderregers den Grundstein für eine Karriere voller bahnbrechender Entdeckungen.

Der im Dezember 1843 in Clausthal im Harz geborene Sohn eines Bergbeamten studiert in Göttingen Medizin. Im Herbst 1872 wird er Kreisarzt in Wollstein in der Provinz Posen (heute: Wolsztyn, Polen). Weitab von universitären Forschungsstätten mikroskopiert er neben seiner täglichen Arbeit Blut und Gewebe von an Milzbrand verendeten Tieren. Mit der Suche nach Krankheitserregern legt er den Grundstein für die moderne Bakteriologie. 1876 veröffentlicht Koch seine Untersuchung zur Ätiologie des Milzbrandes, in der er die Überzeugung ausdrückt, daß jede Wundinfektion beim Menschen von einem spezifischen Erreger ausgelöst wird.

1880 tritt Robert Koch eine Stelle am Kaiserlichen Gesundheitsamt in Berlin an und befaßt sich weiter mit der Erforschung von Krankheitserregern. Er forscht auf dem Gebiet der Desinfektion und Sterilisation, außerdem entdeckt er 1882 den Tuberkulose-Erreger. Ein Jahr später geht er als Leiter der deutschen Cholera-Kommission nach Alexandria und Kalkutta. Als Ergebnis dieser Expedition kann er noch im gleichen Jahr den Cholera-Erreger identifizieren.

Für seine Forschungen und Erkenntnisse auf dem Gebiet der Tuberkulose-Bekämpfung erhält Koch 1905 den Nobelpreis für Medizin. Längst national wie international als führender Fachmann angesehen, stirbt der Bakteriologe 1910 in Baden-Baden.

Bayern ein, weil es nun in der Gefahr ist, isoliert zu werden.

Im Grunde weiß jeder, daß unter den neuen Verhältnissen nach dem Sieg über Frankreich einem lebensfähigen »Dritten Deutschland« der Klein- und Mittelstaaten endgültig die Lebensgrundlagen entzogen sind. Doch der Vereinigungsprozeß vollzieht sich, sobald er in eine ernsthafte Phase getreten ist, als ein zäher Kampf zwischen Bismarcks Beitrittsforderungen und der Verteidigung unterschiedlichster partikularistischer Interessen und regionaler Empfindlichkeiten. Bismarck weiß, daß er darauf Rücksicht zu nehmen hat.

Der preußische Ministerpräsident Otto von Bismarck Anfang der 1860er Jahre. Seine Tischnachbarin ist ganz in der Mode der Zeit gekleidet. Die orientiert sich am Modeideal der französischen Kaiserin Eugénie, der Gattin von Napoléon III. Die Mode im »Second Empire« greift auf Krinolinen und andere Reifgebilde zurück. Die Kleider sind überladen von Borten, Litzen, Fransen und Rüschen, dass es den eleganten Damen schwer fällt, durch eine Tür zu gehen.

Als der Kronprinz Friedrich Wilhelm, genervt von der Zähigkeit der Verhandlungen, ihn fragt, warum er die süddeutschen Staaten nicht einfach zwinge, erhält er die Antwort: »Wir haben ihre Rechte bei Kriegsausbruch garantiert. Sie sind unsere Bundesgenossen. Sie haben gemeinsam mit uns den Sieg errungen. Wir können keinen Zwang gegen sie anwenden.« Der romantischen Phantasie des Kronprinzen schwebt eine an die Zeiten des Römischen Reiches erinnernde Ausrufung des Kaisers durch das siegreiche Heer vor, doch Bismarck weiß, daß nun in erster Linie eine ausgewogene innenpolitische Diplomatie gefordert ist.

Oben: Das Hermannschlachtdenkmal in einer Fotografie aus dem Jahr 1910. Der Plan, dem Cheruskerfürsten an dieser Stelle ein weithin sichtbares Denkmal zu setzen, geht auf den Bildhauer und Architekten Ernst von Bandel zurück. Unter Opferung seines gesamten Privatvermögens verwirklicht er sein Lebensziel. Bandel hat mit den Bauarbeiten auf der von ihm ausgewählten altgermanischen Wallburg, einer 500 m langen und 400 Meter breiten Hochfläche oberhalb von Detmold, im Jahr 1838 begonnen. Erst im Sommer 1875 ist das Denkmal vollendet. Der Künstler stirbt im September 1876 im Alter von 76 Jahren. Rechte Seite: Ernst von Bandel mit einem Modell des Denkmals

Am 23. November wird der Vertrag mit Bayern unterzeichnet, am 25. der mit Württemberg. Das war das Ergebnis zäher Verhandlungen, nach denen Bayern und Württemberg ihre eigenen Post- und Eisenbahnverwaltungen behalten durften, Bayern sogar die Militärhoheit in Friedenszeiten sowie das Recht, bei Friedensverhandlungen mit vertreten zu sein. Das wichtigste Ergebnis der Verhandlungen jedoch ist eine Stärkung des föderalistischen Elements im künftigen Reich. Die vorgesehene Ländervertretung sollte den Namen Bundesrat beibehalten, dessen Zustimmungspflicht bei Bundesexekutionen und teilweise auch bei Kriegserklärungen festgeschrieben werden sollte. Die Königreiche Bayern, Sachsen und Württemberg sollten mit 14 Stimmen im Bundesrat vertreten sein, ausreichend, um damit Verfassungsänderungen verhindern zu können. Preußen erhält 17 der insgesamt 58 Stimmen der Ländervertretung.

Am 9. Dezember 1870 beschließt der Bundesrat eine erste Verfassungsänderung. Aus dem »Deutschen Bund« soll hinfort das »Deutsche Reich« werden und aus dem Bundespräsidium der »Deutsche Kaiser«. Einen Tag später nimmt der Norddeutsche Reichstag diese Verfassungsänderungen gegen die Stimmen der sechs Sozialdemokraten und Gefolgsleute Ferdinand Lassalles an. Eduard Simson, der schon einmal, am 3. April 1849, dem preußischen König die Kaiserkrone angetragen hatte, wird im Namen des Reichstags nach Versailles geschickt, um dort König Wilhelm I. von Preußen die Bitte zu überbringen, »durch Annahme der deutschen Kaiserkrone das Einigungswerk zu weihen«.

Für Bismarck ist die Kaiserkrönung eine politische Notwendigkeit, mit der er mehrere Ziele verfolgen kann. Das mythische Bild eines deutschen Kaisertums, meint er, würde den Einheitsgedanken beflügeln und gleichzeitig die Unterordnung der deutschen Fürsten und Könige erleichtern, indem es in ihnen Erinnerungen an die Verfaßtheit des Alten Reiches wach-

Die deutschen Länder im Bundesrat

Die 17 preußischen Stimmen bilden eine Sperrminorität, die auch die 4 süddeutschen Staaten und die 17 kleinsten Staaten gemeinsam erreichen.

Stimmen	Land	Einwohner	evangelisch	katholisch	sonstige	Wahlrecht der Länder
17	**Königreich Preußen**	34 472 509	63 %	35 %	2 %	Zensuswahlrecht (3-Kl.)
	Rheinprovinz	5 759 798	29 %	70 %	1 %	
	Hohenzollerische Lande	66 780	4 %	95 %	1 %	
	Provinz Schlesien	4 668 857	44 %	55 %	1 %	
	Provinz Westfalen	3 187 777	48 %	51 %	1 %	
	Provinz Brandenburg	3 108 554	94 %	5 %	1 %	
	Provinz Sachsen	2 832 554	92 %	7 %	1 %	
	Provinz Hannover	2 590 939	86 %	13 %	1 %	
	Provinz Ostpreußen	1 996 626	85 %	13 %	2 %	
	Provinz Hessen-Nassau	1 897 981	69 %	28 %	3 %	
	Stadt Berlin	1 888 848	84 %	10 %	6 %	
	Provinz Posen	1 887 275	30 %	68 %	2 %	
	Provinz Pommern	1 634 832	97 %	2 %	1 %	
	Provinz Westpreußen	1 563 658	47 %	51 %	2 %	
	Provinz Schleswig-Holstein	1 387 968	97 %	2 %	1 %	
6	**Königreich Bayern**	6 176 057	28 %	71 %	1 %	gleiches Zensuswahlrecht
4	**Königreich Sachsen**	4 202 216	95 %	5 %	1 %	Zensuswahlrecht/1909: Pluralwahlrecht
4	**Königreich Württemberg**	2 169 480	69 %	30 %	1 %	gleiches Zensuswahlrecht
3	**Grzh. Baden**	1 867 944	38 %	61 %	2 %	gleiches Wahlrecht
3	**Reichsland Elsaß-Lothringen**	1 719 470	22 %	76 %	2 %	1911: gleiches Wahlrecht
3	**Grzh. Hessen**	1 119 893	67 %	31 %	2 %	gleiches Zensuswahlrecht
1	**Freie Stadt Hamburg**	768 349	93 %	4 %	3 %	Zensuswahlrecht (2-Kl.)
3	**Grzh. Mecklenburg-Schwerin**	607 770	98 %	1 %	1 %	Ständeherrschaft
2	**Herzogtum Braunschweig**	464 333	94 %	5 %	1 %	Zensuswahlrecht (3-Kl.)
1	**Grzh. Oldenburg**	399 180	78 %	22 %	1 %	gleiches Wahlrecht
1	**Grzh. Sachsen-Weimar-Eisenach**	362 873	96 %	4 %	0 %	Zensuswahlrecht
1	**Hzgm. Anhalt**	316 085	96 %	4 %	1 %	Zensuswahlrecht (4-Kl.)
1	**Herzogtum Sachsen-Meiningen**	250 731	98 %	2 %	1 %	Zensuswahlrecht (3-Kl.)
1	**Hzgm. Sachsen-Coburg-Gotha**	229 550	98 %	1 %	1 %	gleiches Wahlrecht
1	**Freie Stadt Bremen**	224 882	93 %	6 %	1 %	Zensuswahlrecht (8-Kl.)
1	**Herzogtum Sachsem-Altenburg**	194 914	97 %	3 %	0 %	Zensuswahlrecht (4-Kl.)
1	**Fsm. Reuß jüngere Linie**	139 210	98 %	2 %	0 %	Pluralwahlrecht (3-Kl.)
1	**Fsm. Lippe**	138 952	96 %	4 %	1 %	Zensuswahlrecht (3-Kl.)
1	**Grzh. Mecklenburg-Strelitz**	102 602	98 %	2 %	0 %	Ständeherrschaft
1	**Freie Stadt Lübeck**	96 775	97 %	2 %	1 %	Zensuswahlrecht (4-Kl.)
1	**Fsm. Schwarzburg-Rudolstadt**	93 059	99 %	1 %	0 %	Zensuswahlrecht (2-Kl.)
1	**Fsm. Schwarzburg-Sondershausen**	80 898	98 %	1 %	0 %	1/3 ernannt, 2/3 2-Kl.
1	**Fsm. Reuß ältere Linie**	68 396	98 %	2 %	0 %	Pluralwahlrecht (4-Kl.)
1	**Fsm. Waldeck-Pyrmont**	57 918	95 %	3 %	1 %	Zensuswahlrecht (3-Kl.)
1	**Fsm. Schaumburg-Lippe**	43 132	97 %	2 %	1 %	gl. Wahlrecht (nicht für Armenunterstützung-Bezieher)

rufen ließ. Jeder Geruch eines Staatsstreichs, der mit der Reichsgründung verbunden sein könnte, würde so vermieden. Drittens aber weiß Bismarck in dieser Verfaßtheit das monarchische Prinzip auch in den zentralen Instanzen des neuen Staates so sicher aufgehoben, wie es preußischen Traditionen entspricht.

Dazu mußte aber eine Wiederholung des Akts vom April 1849 unter allen Umständen vermieden werden. Ein deutscher König sollte Wilhelm die Kaiserkrone antragen und nicht, wie in den Revolutionstagen, ein Parlament, das im Fall des Norddeutschen Reichstags ohnehin über keine gesamtdeutschen Kompetenzen verfügen konnte. Bismarck verhandelt aus diesem Grund mit Ludwig II. von Bayern, den er mit dem Hinweis auf eine andernfalls mögliche Wiederholung von 1849 zu erpressen versucht, was ihm allerdings erst nach der Überweisung von sechs Millionen Gulden in die Privatschatulle des Märchenkönigs gelingt. Nun erst kann Bismarck für Ludwig den berühmten Kaiserbrief verfassen, mit dem der Wittelsbacher Wilhelm bittet, das deutsche Reich und die deutsche Kaiserkrone »wiederherzustellen«. Am 27. November sendet er seinen Entwurf von Versailles nach Hohenschwangau, am 2. Dezember ist der Brief, nun handgeschrieben, von Ludwig II. wieder zurück und kann am folgenden Tag durch Prinz Luitpold von Bayern dem preußischen König vorgelegt werden.

Wilhelm akzeptiert mit einigem Widerwillen, denn die treibende Kraft hinter dem Vorgang ist nicht er selbst, sondern Bismarck. Ihm kommen plötzlich Bedenken gegen das »Scheinkaisertum«, das er sich damit aufhalst, und Ängste vor dem Verlust preußischen Glanzes hoch, während Bismarck mit Engelszungen auf ihn einredet. Wilhelm besteht auf dem Titel »von Gottes Gnaden König von Preußen, Erwählter Kaiser von Deutschland«, doch Bismarck zwingt ihm recht unnachgiebig den Titel »von Gottes Gnaden Deutscher Kaiser, König von Preußen« auf.

Das Ganze hat auch etwas von einer Götterdämmerung an sich. »Jammervoll ist es, daß es so kam, aber nicht mehr zu ändern«, schreibt Ludwig II. in diesen Tagen an seinen Bruder: »Könnte Bayern allein frei vom

---

Zensuswahlrecht: Gewichtung der Stimmen in Klassen nach Steueraufkommen oder Besitz.
Pluralwahlrecht: Stimmenverteilung nach Status, Grundbesitz, Bildungsgrad, Wohnort und/oder Steuerklasse.
Klassenwahlrecht: Wähler werden nach ihrem Steueraufkommen, ggf. nach Wohnort in Klassen eingeteilt.
gleiches Wahlrecht: jeder Volljährige hat ein Stimme.
gleiches Zensuswahlrecht: jeder Steuerzahler hat ein Stimme.

Quelle: Darstellung nach Dr. Michael Rademacher: www.geschichte-on-demand.de, Homepage für Deutsche Geschichte 1871-1945. Minden 2006; Statistisches Jahrbuch für das Deutsche Reich, Berlin 1882-1914; B. Vogel/D. Nohlen/R.-O. Schultze (Hrsg.): Wahlen in Deutschland. Theorie, Geschichte, Dokumente 1848-1970. Berlin 1971. Und eigene Recherchen.

Bunde stehen, dann wäre es gleichgültig, da dies aber geradezu eine politische Unmöglichkeit wäre, da Volk und Armee sich dagegenstemmen würden und die Krone mithin allen Halt im Lande verlöre, so ist es, so schauderhaft und entsetzlich es immerhin bleibt, ein Akt von politischer Klugheit, ja von Notwendigkeit (...), wenn der König von Bayern jenes Anerbieten stellt.« Die Kaiserproklamation findet im Spiegelsaal von Versailles statt, im Museum des Sonnenkönigs Ludwig XIV., der den Deutschen Demütigungen wie die Annexion des Elsaß und die Verwüstung der Pfalz zugefügt hatte. Das war ein symbolischer Ort, und man hätte sich ohnehin zu dieser Zeremonie nie auf die Hauptstadt eines deutschen Fürstentums einigen können, schon gar nicht auf Berlin, den Parvenü unter ihnen allen.

Es sind nicht Abgesandte der Parlamente, die an jenem 18. Januar 1871 das Bild bestimmen, als sich deutsche Prinzen, Fürsten und Militärs, unter ihnen der 23jährige Paul von Hindenburg, im Spiegelsaal versammelt haben. Uniformen, Degen und Helme dominieren den Akt der Reichsgründung, festgehalten in einem berühmten Bild des Historienmalers Anton von Werner. Bismarck ist im blauen Mantel der Magdeburger Kürassiere mit den Insignien eines Generalleutnants und in Schaftstiefeln erschienen, in der Hand die Pickelhaube und auf der Brust das orangefarbene Band des Ordens vom Schwarzen Adler. »Ein ewiger Bund sollte das künftige deutsche Kaiserreich sein, gestiftet von den Fürsten und den Senaten der Freien Städte«, kommentiert Michael Stürmer das Ereignis. »Von der mündigen Nation, von Vereinbarung der Verfassung und von jenen Bürgerrechten, die der Nation erst ihre säkulare Weihe geben konnten, war nicht die Rede. Belastung und Grenzen der politischen Kultur des neuen Deutschlands wurden in ihren Symbolen sichtbar.«

Zudem ist es in diesen Januartagen bitter kalt in dem unbeheizbaren Saal, als der ranghöchste anwesende Fürst, der Großherzog Friedrich von Baden, den entscheidenden Hochruf auf »Seine kaiserliche und königliche Majestät, Kaiser Wilhelm!« ausbringt. Wilhelm nimmt die Rangerhebung mit stoischer Miene entgegen. Als er das Podium verläßt, um im Saal die versammelten Fürsten und Generäle zu begrüßen, würdigt er Bismarck, von dem er sich in diesem Augenblick wie eine Schachfigur behandelt sieht, keines Wortes. »Diese Kaisergeburt war eine schwere«, schreibt der Kanzler und Kaisermacher drei Tage später an seine Frau. »Könige haben in solchen Zeiten ihre wunderlichen Gelüste, wie Frauen, bevor sie der Welt hergeben, was sie doch nicht behalten können. Ich hatte als Accoucheur mehrmals das dringende Bedürfnis, eine Bombe zu sein und zu platzen, daß der ganze Bau in Trümmer gegangen wäre.«

Die Mark: Einheitliche Währung für das Reich

Erlassen von Kaiser Wilhelm I. und unterzeichnet von Reichskanzler von Bismarck, ist das Deutsche Münzgesetz vom Juli 1873 die rechtliche Grundlage für die Einführung einer einheitlichen Währung im deutschen Kaiserreich. Der entscheidende Passus lautet: »An die Stelle der in Deutschland geltenden Landeswährungen tritt die Reichsgoldwährung. Ihre Rechnungseinheit bildet die Mark.«

Das ist ein großer Fortschritt. Bereits 1838 hatte man versucht, mit einem Münzvertrag der staatlichen Zersplitterung Deutschlands und den daraus resultierenden Problemen im Binnenhandel zu begegnen: durch Festlegung der Anteile von Silber in den Münzen der verschiedenen deutschen Währungen wie Taler oder Gulden, um deren Umtausch zu vereinfachen. Könige, Fürsten und Freie Städte konnten sich jedoch nicht auf eine einheitliche Währung einigen, das Umtauschverhältnis des immer beliebteren Papiergeldes ist ungeregelt.

Mit der Einführung der Mark im Juli 1873 wird der im Norden gültige preußische Taler ebenso abgeschafft wie der im Süden verbreitete Gulden. Beide Zahlungsmittel verlieren aber nicht sofort ihre Gültigkeit. Der Prozeß der Umstellung nimmt nahezu drei Jahre in Anspruch. Erst ab dem 1. Januar 1876 ist die Mark das einzige gesetzliche Zahlungsmittel in Deutschland.

Jeder Gliedstaat des Deutschen Reiches gestaltet die Vorderseite (Avers) der Münzen selbst, während die Rückseite (Revers) den Reichsadler mit dem Hohenzollernschild trägt. Die Zeit, in der acht verschiedene Landeswährungen und 119 unterschiedliche Münzen den Handel zwischen den deutschen Staaten erschwerten, ist vorbei.

Emil Rathenau (*1838, †1915), um 1880. Der Mitinhaber einer Maschinenfabrik aus jüdischem Hause erwirbt im Jahr 1881 die Nutzungsrechte der Patente von Thomas Alva Edison, mit dem er befreundet ist, im Wettbewerb mit Siemens & Halske für das Deutsche Kaiserreich. Er gründet auf dieser Basis mit Hilfe von Banken 1883 die »Deutsche Edison-Gesellschaft für angewandte Elektricität«, die 1887 in »Allgemeine Elektricitäts-Gesellschaft« - AEG - umfirmiert.

Die AEG: Elektrizität für das Deutsche Reich

Auf einer Ausstellung zur Unfallverhütung 1889 stellt die junge »Allgemeine Elektricitäts-Gesellschaft« einige skurrile technische Geräte vor, darunter bis dahin unbekannte Haushaltsmaschinen wie Bügeleisen und Eierkocher. Die Sensation: Alle diese Hilfen für die Hausfrau werden elektrisch betrieben.

Die Geräte gehen auf eine erst sechs Jahre zuvor gegründete Gesellschaft zurück. Der Ingenieur und Unternehmer Emil Rathenau hat 1883 mit dem Aufbau einer »Deutschen Edison-Gesellschaft für angewandte Elektricität« begonnen, nachdem er das Patent an der von Thomas Edison verbesserten Glühlampe erworben hatte. Schon zwei Jahre später betreibt diese Gesellschaft, nun »Allgemeine Elektricitäts-Gesellschaft« (AEG), das erste Elektrizitätswerk in Berlin.

Die AEG ist maßgeblich an der Elektrifizierung des Deutschen Reiches beteiligt. Zentrale Geschäftsfelder sind Kraftstromleitungen für die Kommunen und die für die Industrie wichtige Starkstromtechnik. Den zunächst profitabelsten Sektor bildet aber die Beleuchtung der Städte. Seit Mitte des 19. Jahrhunderts stehen in vielen deutschen und europäischen Städten Gaslaternen. Aber Gas ist nicht ungefährlich – immer wieder bersten Leitungen, und Geschichten von schrecklichen Explosionen machen die Runde. Der elektrische Strom erweist sich dem Gas schnell als überlegen.

Bis 1894 entstehen in Deutschland 139 Elektrizitätswerke, die Strom für Beleuchtung, Straßenbahnen und andere Schienenfahrzeuge liefern. Im Alltag der Bürger spielt die Elektrizität noch eine nebensächliche Rolle. Bis 1910 sind wegen der hohen Preise für Strom lediglich 3,5 Prozent der Berliner Haushalte an das Netz angeschlossen. Und auch das elektrische Bügeleisen und der Eierkocher sind für den Durchschnittsbürger vorläufig unerschwinglich.

Das Deutsche Reich

Nachdem das zweite französische Kaiserreich Louis Napoléons den deutschen Armeen unterlegen war, schreibt der germanophile englische Romantiker Thomas Carlyle einen Brief an die Londoner *Times*, in dem er das Ereignis hymnisch begrüßt. Statt des großmannssüchtigen Frankreichs trete nun endlich das fromme, tiefe und arbeitsame Deutschland an die erste Stelle auf dem europäischen Kontinent, meint er beifällig. Doch am 9. Februar 1871 hört man im britischen Unterhaus eher kritische Töne. »Dieser Krieg bedeutet die deutsche Revolution, ein größeres politisches Ereignis als die Französische Revolution des vergangenen Jahrhunderts«, sagt dort der konservative Oppositionsführer Benjamin Disraeli, auf eine Prophezeiung des von ihm geschätzten Heinrich Heine Bezug nehmend. »Das Gleichgewicht der Macht ist völlig zerstört.« Deutschland, so Disraeli, werde in Zukunft ein unkalkulierbarer Faktor in Europa sein.

Präsident Ulysses S. Grant, der Nachfolger Abraham Lincolns in Washington, dagegen gratuliert dem deutschen Volk zur neu errungenen staatlichen Einheit und dem Entschluß, dabei den Weg einer Union von Bundesstaaten nach amerikanischem Muster zu beschreiten. Grant wünscht dem neuen Deutschen Reich, darin ganz Amerikaner, rasche Fortschritte auf dem Weg zur Demokratie.

Der berühmte französische Theologe Ernest Renan, für den der Krieg ein großes zivilisatorisches Unglück war, sieht die Dinge dagegen kritischer. Besonders durch die Annexion des Elsaß scheint ihm das demokratische Prinzip der Selbstbestimmung in seinen Grundfesten verletzt. »Das Elsaß ist von der Sprache und der Rasse her deutsch; aber es will nicht Teil des deutschen Staates sein«, schreibt er im Herbst 1871 an den deutschen Kollegen David Friedrich Strauß. »Unsere Politik ist die Politik des Rechts der Nationen; Ihre ist die Politik der Rassen; wir glauben, daß unsere besser ist.« Und Friedrich Nietzsche, der 1870 noch als freiwilliger Krankenpfleger begeistert in Frankreich eingerückt war, meint nach dem Krieg ernüchtert, es sei ein weitverbreiteter »Irrtum der öffentlichen Meinung«, daß »auch die deutsche Kultur in jenem Kampfe gesiegt habe und deshalb jetzt mit Kränzen geschmückt werden müsse«. In Wirklichkeit habe sich zwischen Sedan, Paris und Versailles etwas ganz anderes vollzogen, nämlich die »Exstirpation des deutschen Geistes zugunsten des deutschen Reiches«.

Das Deutsche Reich hat bereits Gestalt angenommen, als in Berlin die große Siegesparade stattfindet. An der Südseite des Palais Liebermann auf dem Pariser Platz ist am 16. Juni 1871 eine Tribüne aufgebaut. Beide Flügelseiten des Brandenburger Tors sind voller Menschen, und selbst auf

Siegesparade auf dem Pariser Platz in Berlin. Der Einmarsch des siegreichen preußischen Heeres und seiner Verbündeten findet am 16. Juni 1871 statt. Längs der Einzugsstraßen vom Tempelhofer Exerzierfeld zur Innenstadt wird vom Berliner Magistrat ein »ordentliches Spalier« gebildet: Die Bürger werden nach ihrem sozialen Stand aufgestellt.

den Dächern drängen sich neugierige Zuschauer, um den Deutschen Kaiser, angeführt von dem Trio Bismarck, Roon und Moltke, hoch zu Roß an der Spitze seines aus Frankreich zurückgekehrten Heeres in die neue Hauptstadt des Reiches einziehen zu sehen. Der Maler Anton von Werner hatte auf der Lindenallee zwischen zwei Siegessäulen ein überdimensionales Schlachtengemälde aufziehen lassen. Auf dem Mittelstreifen der Allee sind in dichter Folge erbeutete französische Kanonen aneinandergereiht. Eine überlebensgroße Viktoria umfaßt zur Rechten und zur Linken die Statuen der Städte Straßburg und Metz. Hunderttausende von Berlinern sind an diesem Tag auf der Straße, um der Parade zuzujubeln, die im Lustgarten mit der Enthüllung einer Reiterstatue Friedrich Wilhelms III. endet.

Die Eröffnung des ersten gesamtdeutschen Reichstags hatte am 21. März im Weißen Saal des Berliner Stadtschlosses stattgefunden. Aus den Wahlen vom 3. März waren die Nationalliberalen mit 165 von 399 Sit-

Der Reichstag: »Reichsaffenhaus« und »Schwatzbude«

Schon die Grundsteinlegung für das neue Reichstagsgebäude im Juni 1884 verheißt wenig Gutes. Kaiser Wilhelm I. rückt die gewählten Parlamentarier sozusagen ins zweite Glied: Bei den traditionellen Hammerschlägen kommen sie erst nach dem Kaiser und dem Reichskanzler an die Reihe.

Kaiser Wilhelm II. schätzt den Reichstag noch weniger als sein Großvater. Er nennt das 1894 eingeweihte Parlamentsgebäude, das nach seinem Befehl nicht so hoch aufragen darf wie das Berliner Stadtschloß, »Reichsaffenhaus« und unterstreicht im Laufe seiner dreißigjährigen Regentschaft immer wieder, daß er die »Schwatzbude« überhaupt nicht mag.

Das Übergewicht der vom Kaiser abhängigen Reichsregierungen und die relative Machtlosigkeit der gewählten Volksvertreter werden in den Tagungsperioden demonstrativ unterstrichen. Viele der adeligen Minister nehmen in Uniform mit zugehörigen Säbeln an den Sitzungen teil. Der Abgeordnete Ludwig Bamberger bemerkt dazu: »Das deutsche Parlament ist das einzige in der Welt, in welchem die Minister und ihre Vertreter mit dem Säbel an der Seite erscheinen und mit der Hand auf dem Degenknauf ihre Reden halten. Bei etwas lebhaften Regungen in der Debatte geschieht es auch, daß unwillkürlich diese Stützung der Hand auf dem Schwertgriff sich zu einer charakteristischen Gebärde gestaltet. Auch diese Eigentümlichkeit unserer repäsentativen Zustände entbehrt nicht des tiefen Sinnes.«

Daß Wilhelm II. unbeirrt an seiner Antipathie festhält, wird einmal mehr deutlich, als er sich 1916 vehement, aber vergeblich gegen die Inschrift für den Architrav am Westportikus des Reichstags wehrt. Sie lautet: »Dem Deutschen Volke«.

zen eindeutig als stärkste Fraktion hervorgegangen. Zusammen mit der Fortschrittspartei und den Freikonservativen bilden sie nun eine solide Mehrheit gegen die reichskritischen Konservativen, aber auch gegen den mit 57 Abgeordneten nicht ganz kleinen Block des katholischen Zentrums sowie der meist katholischen Minderheitsvertreter aus Westpreußen, Posen, Hannover, Elsaß und Lothringen. An jenem 21. März sitzen ihnen rechts und links die Mitglieder der preußischen Dynastie zur Seite und mit ihnen Vertreter der ehemals unabhängigen deutschen Herrscherhäuser. Den symbolischen Höhepunkt der Reichstagseröffnung bildet der achthundert Jahre alte Thronsessel Heinrichs III., der eigens aus der Kaiserpfalz in Goslar herbeigeschafft wurde, um Wilhelm I. durch diese Inszenierung mit der Erinnerung an die Insignien des Alten Reichs erhöhen zu können.

»Der ehrenvolle Beruf des ersten deutschen Reichstags«, beginnt Kaiser Wilhelm seine von Bismarck redigierte Thronrede, werde es »zunächst sein, die Wunden nach Möglichkeit zu heilen, welche der Krieg geschlagen hat, und den Dank des Vaterlandes denen zu bestätigen, welche den Sieg mit ihrem Blut und Leben bezahlt haben; gleichzeitig werden Sie, geehrte Herren, die Arbeiten beginnen, durch welche die Organe des deutschen Reiches zur Erfüllung der Aufgabe zusammenwirken, welche die Verfassung Ihnen stellt.« Nicht wenige der Abgeordneten zählen zu den Unterlegenen des Jahres 1848, nicht wenige der Fürsten zu den Verlierern des Jahres 1866. Sie alle sollen sich jetzt mit neuem Enthusiasmus der realpolitischen Einfügung in den Rahmen eines neuen Reiches widmen, das den einen die volle parlamentarische Souveränität, den anderen ihre politische Unabhängigkeit beschnitten hatte.

Was Wunder, daß in dem neuen Parlament bald Begehrlichkeiten gegen die »Omnipotenz des Staates« Ausdruck verliehen wird. Alsbald fordert der hannoversche Zentrumsabgeordnete Ludwig Windthorst, in der Reichsverfassung Grundrechte zu verankern. Ihm geht es dabei in erster Linie um Garantien für die Kirchen und die Minderheiten – angesichts der Randlage, in die Deutschlands Katholiken durch die Trennung von Österreich im neuen Deutschen Reich geraten sind, keine verwunderlichen Forderungen.

Manche hatten zudem das Reich nach dem Waffengang gegen Frankreich immer deutlicher als »evangelisches« Imperium zu definieren begonnen und den Sturz Napoléons in die historische Perspektive eines »Kampfs gegen Rom« gerückt, der mit Luthers Thesenanschlag in Wittenberg 1517 begonnen haben sollte. »Die Wege des Höchsten mit unserem Volk ebnen sich, seine Gedanken über uns vollenden sich«, meint die *Evangelische Kirchenzeitung* Anfang Januar 1871 während der Belagerung von Paris. »Die Epoche der deutschen Geschichte, welche mit dem Jahre 1517 begann, kommt unter Krieg und Kriegsgeschrei zum Abschluß.« Bald ist vom »heiligen evangelischen Reich deutscher Nation« die Rede, und der spätere Hofprediger Adolf Stoecker will in der Kaiserproklamation von Versailles gar »die Spur Gottes von 1517 bis 1871« erkannt haben.

Tatsächlich sind solche Überspanntheiten eine Reaktion auf die Tatsache, daß sich seit der Reformation deutsche Staaten immer wieder in Kriegen mit fremden Mächten gegen andere deutsche Staaten verbündet hatten, was man in späterer Perspektive gern dem schädlichen römischen Einfluß zuschreiben wollte. Der Kampf um die innere Einheit des neuen Deutschland ist aus dieser Sicht zwangsläufig auch ein Kampf gegen Rom. Schon die Thronrede Kaiser Wilhelms vom 21. März hatte das deutlich gemacht, als er, von Bismarck souffliert, in der Zentrumsfraktion den inneren

Das Telefon: Ein Netz mit 187 Teilnehmern

Im Jahre 1861 stellt der deutsche Physiker Johann Philipp Reis dem Physikalischen Verein in Frankfurt a. M. ein Gerät vor, das er »Telephon« nennt. Trotz begeisterter Reaktionen findet die neue Technik keine Verbreitung – dem Tüftler Reis fehlt das nötige Vermarktungsgeschick. Erfolgreicher ist der Schotte Alexander Bell, der den »Fernton-Apparat« von Reis verbessert und das fehlende Patentrecht in Deutschland ausnutzt, um das »Telephon« 1876 in den USA auf den Markt zu bringen.

1877 wird der Berliner Generalpostmeister Heinrich von Stephan auf die neue Technik aufmerksam und läßt einige Experimente mit zwei von Bells Apparaten durchführen. Nach weiteren Versuchen durch die Firma Siemens & Halske wird in Berlin im Januar 1881 eine Vermittlungsstelle – für acht Teilnehmer – in Betrieb genommen. Das Monopol für den Bau des Telefonnetzes liegt bei der Reichspost, die ihrerseits das neue deutsche Patentrecht in Deutschland ausnutzt, um ohne Genehmigung von Bell durch Siemens & Halske Telefone bauen zu lassen.

Die ersten Ortsnetze entstehen in Berlin, Breslau, Frankfurt a. M., Hamburg, Köln und München. Ab 1883 beginnt die Reichspost Verbindungen zwischen größeren deutschen Städten zu legen. Eine der ersten Fernverbindungen ist die Leitung zwischen Bremen und Bremerhaven, die am 15. Oktober 1883 in Betrieb geht.

Das Telefon bleibt ziemlich lange ein Luxusgut. In Berlin gibt es zwar schon Mitte 1881 ein Telefonbuch, aber es ist nur ein Heft mit gerade einmal 187 Einträgen. Kunden sind vor allem Unternehmen, Banken und Kaufhäuser. Für die meisten Privatleute ist ein Anschluß noch viel zu teuer.

Werbefotografie der Firma Siemens für einen Telefonapparat, um 1896. Wenn in den Anfängen der Telefonie jemand vermittelt werden will, sendet er per Handkurbel einen schwachen Strom zum Amt. In der Vermittlungsstelle fällt eine Klappe. Eine Telefonistin stöpselt sich ein. Nachdem sie den gewünschten Anschluß erfahren hat, verbindet sie die »Klinken« des anrufenden und des anzurufenden Anschlusses. Eine schlecht bezahlte Hilfsarbeit für Frauen, die bis 1922 bei der Post keine Aufstiegschancen besitzen.

Fritz Reuter: Der »auserwählte Volksdichter«

Fritz Reuter (*1810, †1874) schreibt bis auf sein Erstlingswerk, die Erzählung »Herr von Hakensterz und seine Tagelöhner«, nur in niederdeutscher Sprache. Die ist zur Mitte des 19. Jahrhunderts in Norddeutschland immer mehr vom Hochdeutschen zurückgedrängt worden und wird vor allem von den Unterschichten auf dem Land gesprochen. Obwohl er keine Übertragungen ins Hochdeutsche duldet, ist Fritz Reuter zu seiner Zeit der meistgelesene Autor in Deutschland. Mit seinen volkstümlichen Werken erlebt die niederdeutsche Sprache einen enormen Aufschwung.

Otto von Bismarck nennt ihn einen »auserwählten Volksdichter«. Bismarcks Urteil ist überraschend, denn Reuter – der seine Bücher vorwiegend auf Plattdeutsch verfaßt – teilt lange Zeit keineswegs die Vorstellungen des Reichskanzlers. Im Gegenteil: Nach seiner Teilnahme am Hambacher Fest wird Fritz Reuter 1833 wegen Majestätsbeleidigung und versuchten Hochverrats verhaftet und von der preußischen Justiz zum Tode verurteilt, dann zu 30 Jahren Festungshaft begnadigt.

Sieben Jahre muß Reuter in der Berliner Hausvogtei und in den Festungen Silberberg, Glogau, Magdeburg, Graudenz und Dömnitz absitzen. An Reuter nagen Depressionen. Er leidet unter Dipsomanie, eine Form des Alkoholismus, in der auf wochenlange Nüchternheit heftige Trunksuchtanfälle folgen; der Fusel, den ihm die Wärter verkaufen, greift seine Gesundheit an. 1840 wird er im Zuge einer Amnestie freigelassen, Haft und Strafvollzug schildert er in Ut mine Festungstid *(erschienen 1862).*

Das Studium darf er nicht fortsetzen, und sein Vater, der 1845 stirbt, enterbt den Sohn. Ohne festen Wohnsitz beginnt für Reuter eine Wanderschaft durch Deutschland. Er findet nur schwer ins bürgerliche Leben, ist zunächst Landwirtschaftsschüler, dann Privatlehrer für Zeichnen und Turnen.

In den Jahren zwischen 1856 und 1863 machen ihn seine realistischen Romane, in denen er das bäuerliche und kleinbürgerliche Leben seiner mecklenburgischen Heimat beschreibt, berühmt. In Werken wie Ut mine Stromtid *(Stromer = Tagelöhner) zeichnet er humorvoll niederdeutsche Charaktere der Zeit. Seine Figur des »Entspekters« Zacharias Bräsig kennt ganz Deutschland. Bräsig ist um eine derbe Beschreibung seiner Freunde und Dorfbewohner selten verlegen: »Moses Löwenthal hat en guten Kopp for die Bücher, aber man en swachen for geistreiche Getränke.«*

Fritz Reuter, geboren 1810 in Stavenhagen (Mecklenburg), stirbt 1874 in Eisenach.

Feind im Reichstag identifizieren wollte. Abgeordnete des Zentrums hatten Bismarck während des Wahlkampfs um den Schutz des vatikanischen Kirchenstaats gebeten, was unweigerlich einen Krieg mit Italien nach sich gezogen und alle Erfolge in Frankreich zunichte gemacht hätte.

»Das Deutschland von heute ist gegen Sie zustande gekommen«, assistiert ihm der Nationalliberale Johannes Miquel, ein früherer Mitstreiter von Marx und Engels aus den 48er Tagen. »Sie haben es verhindert mit allen Mitteln, Sie sind heute die Geschlagenen.« Nichts eignet sich in diesen Tagen besser zu einem Schulterschluß der neuen Kaisermacht mit dem aufgeklärten Liberalismus als der Kampf gegen Rom. An dieser Front gibt es die meisten Übereinstimmungen zwischen neudeutschen Reichslegitimisten, evangelischen Schwärmern und antiklerikalen Freigeistern.

Kulturkampf

Für die aufgeklärten Liberalen war vor allem der päpstliche »Syllabus errorum« von 1864, in dem Pius IX. der modernen Wissenschaft und allen freiheitlichen politischen Ideen den Kampf angesagt hatte, ein Rückfall in das Mittelalter, ein völlig unzeitgemäßes Manifest, das mit allen Mitteln den Fortschritt aufhalten wollte. Für Bismarck dagegen war das Unfehlbarkeitsdogma, das vom Vatikanischen Konzil im Juli 1870, einen Tag vor der französischen Kriegserklärung, verkündet wurde, der eigentliche Skandal, denn dies konnte auch deutsche Katholiken der Autorität einer fremden Macht unterwerfen, der sie nun widerspruchslos ausgeliefert waren.

Das war auch Thema der ersten Reichstagssitzung am 21. März 1871, als das Parlament eine Antwortadresse auf die Thronrede Kaiser Wilhelms zur Abstimmung stellte. »Die Tage der Einmischung in das Leben anderer Völker«, heißt es da, »werden, so hoffen wir, unter keinem Vorwande und in keiner Form wiederkehren.« Das war eindeutig gegen den Vatikan gemünzt, weshalb das Zentrum nicht nur diesem Passus, sondern der ganzen Adresse seine Zustimmung verweigerte. Mit dieser Debatte hat im Deutschen Reich der »Kulturkampf« begonnen, dem der Linksliberale Rudolf Virchow 1872 den Namen geben sollte, als er in einer Reichstagsrede sagte, der Kampf gegen die katholische Kirche nehme immer mehr »den Charakter eines großes Kulturkampfes der Menschheit« an. Für Virchow war dies ein Kampf gegen fortschritts- und wissenschaftsfeindliche Dunkelmänner.

Bismarck jedoch glaubt tatsächlich an ein katholisches Komplott von Leuten, die ihre Befehle aus einem Zentrum jenseits der Berge, »ultra montanes«, beziehen. »Das eigentliche Heer«, behauptet er, »steht über den Alpen.« Das war durch das Verhalten des Zentrums in der Frage der Reichstagsadresse für ihn wieder einmal bewiesen worden. Diese »Verschwörer«, hatte er bereits 1855 konstatiert, »halte ich jetzt allerdings für gefährlicher als die Demokratie«.

Durch die Verkündung des Dogmas von der Unfehlbarkeit des Papstes auf dem Konzil war in seinen Augen der Ultramontanismus noch gefährlicher geworden. Alle Loyalitäten, die anderen Instanzen gelten als dem Staat des Deutschen Reichs, sollen durch die Kulturkampfgesetze der folgenden Jahre mit einschneidenden Maßnahmen zunichte gemacht werden. Den »Kampf gegen die ultramontane Partei, insbesondere in den polnischen Gebieten«, beschließt Bismarck im August 1871 in Bad Ems, die »Trennung von Kirche und Staat, von Kirche und Schule überhaupt; Übergabe der Schulinspektion an Nichtgeistliche; Hinausweisung des Religionsunterrichtes aus der Schule, nicht nur aus den Gymnasien, sondern auch aus der Volksschule; Überweisung der Kultusangelegenheiten an den Justizminister«.

Der Rottenburger Bischof Karl Joseph von Hefele (*1809, †1893) im Jahr 1871. Hefele bereitet maßgeblich das 1. Vatikanische Konzil (1869/70) mit vor. Als Konzilsteilnehmer gehört er zu der Minderheit, die das dort verkündete Dogma von der Unfehlbarkeit des Papstes ablehnt.

Bismarck will mit diesen Maßnahmen die staatliche Oberhoheit über die Kirche garantieren, besonders über die katholische, der im Unterschied zur evangelischen in seinen Augen nationale Loyalitäten fremd sind. Als ersten Schritt löst er die katholische Abteilung im preußischen Kultusministerium auf, der er unterstellt, die polnische Nationalbewegung in den Ostprovinzen zu fördern. Wenn die »Ultramontanen« dort die polnische Sache unterstützten, konnte man davon ausgehen, daß das Zentrum auch mit welfischen, elsässischen und lothringischen »Reichsfeinden« im Bunde war. Hatten nicht katholische Zeitungen die Sedanfeier als »Satanfeier« verunglimpft? War das Zentrum nicht selbst im Grunde eine »reichsfeindliche« Organisation, die vielleicht auch Verbindungen zu anderen »Reichsfeinden« wie den Sozialdemokraten unterhielt?

Bald ist auf Bismarcks Anweisung hin in der Presse immer häufiger von der »Savigny-Bebel-Partei« oder der »Liebknecht-Savigny-Partei« die Rede. Die Sozialdemokraten August Bebel und Wilhelm Liebknecht hatten sich im Reichstag entschieden gegen die Annexion von Elsaß-Lothringen und für die Pariser Commune ausgesprochen und sind beide im März 1872 dafür in einem Hochverratsprozeß zu zwei Jahren Festungshaft verurteilt worden. Vielen gelten sie, wie das »ultramontane« Zentrum, als Parteigänger eines »inneren Frankreich«, also als Handlanger äußerer Mächte wie des katholischen Kernlands der Revolution, deren Einfluß man aus Gründen der inneren Reichsbildung entschieden bekämpfen mußte.

Doch hat der Kulturkampf, sofern er die Rechte des weltlichen Staats und des weltlichen Lebens überhaupt gegen die Anmaßungen der Kirche durchsetzt, auch deutlich antikonservative Züge. Angefangen mit dem »Kanzelparagraphen«, der im Dezember 1871 zuerst in Bayern die politische Einflußnahme von Geistlichen unter Strafe stellt, über das Schulaufsichtsgesetz und die Einführung staatlicher Examensrichtlinien für Theologen bis zur obligatorischen Zivilehe sind das Maßnahmen, mit denen sich auch jeder säkular denkende Liberale einverstanden erklären kann. Das Verbot des Jesuitenordens im Juli 1872 dagegen gehorcht wieder eher einer paranoiden Angst vor den undurchschaubaren Machinationen eines »inneren Feindes«, ebenso das Expatriierungsgesetz, das es unter Umge-

Im Foyer des Reichstags haben sich 1889 einige Abgeordnete aus dem jetzt preußischen Hannover versammelt. In der Mitte sitzt der Abgeordnete von Meppen-Aschendorf-Hümmling, Ludwig Windthorst, zu dieser Zeit das älteste Mitglied des Parlaments und der bekannteste Politiker der katholischen Zentrumspartei. Rechts und links von ihm stehen und sitzen konservativ-lutherische adelige Abgeordnete der Deutsch-Hannoverschen Partei (Welfenpartei), die in der Zentrumsfraktion hospitieren.

Die Passionsmusik-Kapelle des 29. Spieljahres der Oberammergauer Passionsspiele, fotografiert im Jahr 1880. Seit einem Gelübde im Jahr 1633 gibt es die Spiele in dem oberbayerischen Dorf. Als 1632 die Pest in Oberammergau ausbricht, hat 1633 fast jede zweite Familie einen oder mehrere Tote zu beklagen. Auf dem Beinhof geloben Pestkranke, in jedem zehnten Jahr das Leiden und Sterben des Herrn aufzuführen, wenn Gott sie von der Pest verschont. 1910 sehen 420 000 Menschen die Passionsspiele.

hung aller rechtsstaatlichen Grundsätze erlaubt, den Aufenthaltsort von Geistlichen festzulegen und sie sogar aus dem Reich auszuweisen, oder das »Brotgesetz«, das der katholischen Kirche alle staatlichen Zuwendungen streichen sollte. Bis 1876 sind als Folge dieser Maßnahmen 1400 Gemeinden ohne Priester.

Gegen Ende des Jahrzehnts wird der Begriff des »inneren Carthago« die Runde machen. Damit sind allerdings weder Katholiken noch Sozialdemokraten gemeint, sondern die deutschen Juden. Mitte der siebziger Jahre hatte ein Redakteur der *Gartenlaube*, Otto Glagau, bereits einen »neuen Kulturkampf« gegen die Juden gefordert. »Wo die Rasse einmal gründlich erkannt ist, da steckt man sich von vornherein ein weiteres Ziel, zu welchem der Weg nicht ohne die kraftvollsten Mittel zu bahnen ist«, heißt es 1880 in der populären Schrift *Die Judenfrage als Rassen-, Sitten- und Kulturfrage* eines gewissen Eugen Dühring. »Die Juden sind, das wird für Kenner der Rasse immer der Schluß sein, ein inneres Carthago, dessen Macht die modernen Völker brechen müssen, um nicht selbst von ihm eine Zerstörung ihrer sittlichen und materiellen Grundlagen zu erleiden.«

Rollschuhläufer aus besseren Kreisen auf einer Rollschuhbahn im Berliner Stadtteil Moabit Ende der 1880er Jahre. Zu dieser Zeit erlebt der Rollschuhlauf in den Metropolen der Welt einen ersten Boom, denn 1884 hat der Amerikaner Richardson Kugellager in die Rollschuhräder eingebaut. Rollschuhe werden industriell in Massen produziert und sind fast so billig wie Schlittschuhkufen. Schlittschuhlaufen ist seit dem 15. Jahrhundert ein Volkssport. Um 1790 wird in Paris der »Patin Terre«, Erdschlittschuh, erfunden.

Seit 1873, als ein Börsenkrach das Gründungsfieber der ersten Jahre des Reichs zunehmend in Turbulenzen brachte und der Aktienschwemme besonders im Eisenbahnbau eine gigantische Baisse folgte, hatte sich eine neue antisemitische Stimmung ausgebreitet, die nun auch zunehmend mit dem nationalen Schema des »inneren Feindes« operiert. Die Juden, meint der 1874 zum Hof- und Domprediger ernannte Adolf Stoecker, seien eine »große Gefahr für das deutsche Volksleben«, ein »Volk im Volke, ein Staat im Staate, ein Stamm für sich unter einer fremden Rasse«. Zunehmend politisiert sich dieser mit neuen, »modernen« Tönen arbeitende Antisemitismus, besonders nachdem der nationalliberale (und jüdische) Abgeordnete Eduard Lasker 1873 im Reichstag das »Strousberg-System« des Eisenbahnbarons Bethel Strousberg als Betrug an kleinen Anlegern entlarvt hatte. Otto Glagau porträtiert in der *Gartenlaube* die Juden als Vertreter eines »raffenden« Kapitals, und der Berliner Stadtgerichtsrat Carl Wilmanns will sogar eine »Goldene Internationale« der jüdischen Bankiers ausgemacht haben.

Der Stahlindustrielle Friedrich Springorum (* 1858, †1938) im Jahr 1880 als 22jähriger in Hellenthal, Eifel, mit einem Hochrad. Der spätere »Kommerzienrat« und Dr.-Ing. E.h. ist ab 1908 Generaldirektor und Alleinvorstand der Eisen- und Stahlwerk Hoesch AG in Dortmund. Von 1904 bis 1917 ist Friedrich Springorum zudem Vorsitzender des Vereins deutscher Eisenhüttenleute. Seit 1867 hat das Hochrad des Franzosen Pierre Michaux mit dem von ihm entwickelten Tretkurbelmechanismus am hohen Vorderrad die Laufräder verdrängt. Man kann damit 40 Kilometer in der Stunde fahren.

Von Heinrich von Treitschke, dem populären Historiker, stammt der Satz »die Juden sind unser Unglück«, der am Ende des Jahrzehnts den »Berliner Antisemitismusstreit« auslöst. Kronprinz Friedrich gehört zu denen, die öffentlich ihrer Empörung über Leute wie Treitschke Ausdruck verleihen. Wie der Althistoriker Theodor Mommsen und die 75 prominenten Unterzeichner einer Resolution ist er entsetzt darüber, daß der »Rassenhaß und der Fanatismus des Mittelalters« in einem Land, dem Lessing die Toleranz der Religionen aufgezeigt hat, wieder sein Haupt erheben kann. »Das ganze Problem der Juden ist nur innerhalb der nationalen Staaten vorhanden«, kommentiert hellsichtig der Europäer Friedrich Nietzsche den für ihn abstoßenden antisemitischen Zeitgeist, der »die Juden als Sündenböcke aller möglichen öffentlichen und inneren Übelstände zur Schlachtbank« führen will. Noch ist der radikale Antisemitismus im Deutschen Reich allerdings eine Minderheitenströmung, die sich mehr durch kräftige Worte als durch massenhafte Unterstützung Gehör verschaffen kann. Bismarcks Politik ist schon deshalb nicht antisemitisch, weil er in den deutschen Juden im Unterschied zu den Katholiken und Sozialdemokraten keine »Reichsfeinde« identifizieren kann.

Der Antisemitismus dient besonders einigen Konservativen und Protektionisten auch dazu, nach dem Börsenkrach gegen die Nationalliberalen, unter deren prominentesten Sprechern sich einige Juden befinden, Front zu machen. Die Geld- und Wirtschaftspolitik des deutschen Reiches, so die *Kreuzzeitung* im Juni 1875, mache immer mehr »den Eindruck von Judenpolitik«. Bismarcks Bankier, Gerson von Bleichröder, »der intellektuelle Urheber dieser Politik«, sei bekanntlich Jude, ebenso wie die Herren Lasker, Bamberger und Oppenheimer, »die eigentlichen Führer der sogenannten ›nationalliberalen‹ Majorität des Reichstags«.

Hinter diesen Anfeindungen läßt sich unschwer auch der Wunsch nach einer Wende in der Wirtschaftspolitik erkennen, die den bis dahin unbestritten gültigen Freihandelskurs der ersten Jahre des Reichs durch eine »nationale« Politik des Protektionismus ersetzen soll. Der Börsenkrach war ein zyklischer Zusammenbruch, der vorüberging, aber zu dieser Zeit ist auch ein langfristiger Preisverfall wichtiger Güter auf dem Weltmarkt zu beobachten, der viele deutsche Betriebe an den Rand der Rentabilität treibt. Die »nationale« Antwort der betroffenen Wirtschaftszweige ist der Ruf nach durch Schutzzölle gesicherten Grenzen. »Zeigen wir«, so der süddeutsche Textilfabrikant Friedrich Stölpel, einer der prominentesten Propagandisten der von vielen nun herbeigesehnten protektionistischen Wende, »daß Deutschland nicht mehr das Stiefkind ausländischer Interessen ist, daß es wirtschaftlich auf eigenen Füßen stehen kann, so wie es auch in politischer Hinsicht selbständig geworden ist.« Seit 1873 entstehen überall Schutzzollverbände, meist durch die Initiative von Textil- und Schwerindustriellen.

Der Mechaniker Robert Bosch (*1861, †1942) mit einem Niederrad, um 1890. 1886 hat Bosch in Stuttgart eine »Werkstätte für Feinmechanik und Elektrotechnik« eröffnet. Im Jahr 1884 überträgt der Brite John Kemp Starley erstmals die Pedalkraft eines Fahrrads durch Kettenantrieb auf das Hinterrad. 1889 hat sich der Schotte John Boyd Dunlop den Luftreifen patentieren lassen, den Bosch bereits fährt. Boschs Rad besitzt auch schon den noch heute üblichen Fünfeck- oder Trapezrahmen, den der englische Konstrukteur Thomas Humber 1890 entwickelt hat.

Besonders die Eisenindustrie hatte unter dem Börsenkrach, von dem der Eisenbahnbau stark betroffen war, zu leiden. Viele unterkapitalisierte Unternehmen mußten wegen Auftragsrückgangs schließen. Den anderen setzt die britische und belgische Konkurrenz zu, deren immer rationeller und preiswerter produzierte Produkte durch die Freihandelspraxis auf dem deutschen Markt keinen Restriktionen unterliegen, was in der gleichen Weise auch die Textilindustrie betrifft. Besonders der »Langnamverein«, der »Verein zur Wahrung der gemeinsamen wirtschaftlichen Interessen für Rheinland und Westfalen«, hatte sich seit seiner Gründung 1871 für die Beibehaltung noch bestehender Schutzzölle eingesetzt. Als im Krisenjahr 1873 eine Koalition von Freihändlern und Agrariern, die über Generatio-

Pflaumenernte 1875 in Sachsen. Im Obstanbau muß der Landwirt nicht die Konkurrenz des Weltmarkts fürchten. Obst wird im Umkreis der großen Städte wie im Alten Land bei Hamburg und in Werder bei Berlin für die regionale Versorgung der Großstädter ohne eigene Gärten angebaut.

nen gut vom Getreideexport gelebt hatten, sich für eine weitere Liberalisierung der Zollbestimmungen einsetzen, inszeniert der Verein eine regelrechte öffentliche Kampagne, in deren Folge sich mittelfristig das ganze politische Klima im Reich ändern sollte. Schutzzollpolitik wird nun immer wirksamer auch als Beitrag zur nationalen Sicherheit propagiert, und die »Nationale Schule der Volkswirtschaft« argumentiert, daß das Reich aus diesem Grund so weit wie möglich wirtschaftlich selbständig sein sollte.

Für viele dieser Ökonomen ist auch eine verbesserte Sozialpolitik ein Beitrag zur nationalen Sicherheit. Darin treffen sie sich aber mit Forderungen, die das Zentrum immer wieder erhoben hatte, für das der Ausgleich zwischen Kapital und Arbeit sowie die Stärkung des Mittelstands seit seiner Gründung 1870 wichtige Programmpunkte waren. Eine verbesserte Sozialpolitik zum Schutz der Arbeiterschaft vor moralischem und physischem Ruin, meint der wortgewaltige Zentrumsführer Ludwig Windthorst 1873 im Reichstag, sei nur durch eine Rückkehr zum Protektionismus und die dadurch erzielten Einkünfte zu finanzieren. Über diesen Weg bereitet das Zentrum schon während des Kulturkampfs seinen späteren Eintritt in eine Koalition des neuen nationalen Konsenses vor.

Straßenbau im Königreich Sachsen, 1876. Obwohl mit dem Beginn des Eisenbahnzeitalters die Bedeutung der Fernstraßen schwindet, ist der Chausseebau in Ländern wie Preußen und Sachsen auch nach 1840 eine bedeutende staatliche Infrastrukturaufgabe. Zunächst werden parallel zum Schienennetz weiter Fernstraßen angelegt, ehe die Straßen zu einem auf die Bahn ausgerichteten Verkehrsträger werden. Preußische Dotationsgesetze fördern ab 1875 die Erschließung auch der wirtschaftlich zurückgebliebenen Kreise mit Straßen durch Zuschüsse.

Der zweite wichtige Umschwung geht von den Agrariern aus, die, lange Zeit von den Vorteilen des Freihandels verwöhnt, Anfang der siebziger Jahre plötzlich die immer stärker werdende Konkurrenz billiger Produkte aus den USA und aus Rußland zu spüren bekommen, die über die verbesserten Transportwege nun den Weltmarkt erobern. Seit 1877 marschiert die landwirtschaftliche Vereinigung der Steuer- und Wirtschaftsreformer in einer Front mit den schutzzöllnerischen Industriellen, eine Koalition, die dem Liberalismus der ersten Gründerjahre des Reichs sehr nachhaltig und empfindlich zusetzt. Von der Förderung einer »gemeinsamen, auf christlichen Grundlagen beruhenden Volkswirtschaft« ist im Gründungsstatut der Steuer- und Wirtschaftsreformer die Rede und immer öfter davon, daß »die göttliche und menschliche Autorität wieder zur Geltung kommen« müsse. 1878 schwenkt auch Bismarck auf diese Linie ein, für die nun plötzlich das katholische Zentrum zu einem wichtigen Partner geworden ist, das überdies seinen Stimmenanteil bei Wahlen trotz Kulturkampf hatte ausbauen können.

Die nationalen Minderheiten
im Deutschen Kaiserreich
Kgr.
Dänemark
Nordschleswig
140 000 Dänen
Nordfriesland
und
Saterland
20 000 Friesen
Freie Stadt
Lübeck
Grhzm.
Mecklenburg-Schwer
Freie Stadt
Hamburg
Saterland
Freie Stadt
Bremen
Grhzm.
Oldenburg
Kgr. Hannover
Fsm.
Schaumburg-Lippe
Niederlande
Hzm. Braunschweig
Fsm.
Lippe-Detmold
Hzm. Anh
Fsm. Waldeck-
Pyrmont
Rheinland
Ein kleiner Teil der polnischen
Minderheit von drei Millionen
Polen lebt in den Ballungsgebieten
des Rheinlandes an Rhein und Ruhr
Belgien
Kgr. Preußen
Grhzm.
Hessen-
Darmstadt
thüringische Staaten
Malmedy
Gebiet um Malmedy
Eine 11 000-köpfige
wallonisch-sprachige
Minderheit
Luxemburg
Grhzm.
Hessen-
Darmstadt
Diedenhofen
65 000 Italiener
Kgr. Bayern
(Pfalz)
Reichsland
Elsaß-Lothringen
Kgr. Bayern
Elsaß-Lothringen
210 000 Franzosen
Kgr. Württemberg
Grhzm.
Baden
Frankreich
Schweiz
© kleiner und bold, berlin 2007

den
Memelgebiet
106 000 Litauer
Danzig
Masuren
142 000 Masuren
Gebiet bei Danzig
100 000 Kaschuben
hzm.
urg-Strelitz
Rußland
Provinz Posen, Oberschlesien
Provinz Westpreußen
Polen bilden die größte Minderheit im Kaiserreich. Die Mehrheit der drei Millionen Polen lebt in diesen östlichen Provinzen Preußens
Reichsgrenzen
Freie Städte
Kgr. Preußen
Weitere deutsche Länder
Preußen
berlausitz
/ Wenden
Ratibor
Gebiet um Ratibor
Eine 64 000-köpfige mährisch-sprachige Minderheit
Österreich-Ungarn

Außenpolitische Turbulenzen

Seit 1870/71, so Michael Stürmer, mußte es »für Bismarck Staatsraison sein, vom Deutschen Reich die Folgen seiner gewaltsamen Gründung abzuwehren«. Bismarck hatte eine außergewöhnliche internationale Situation vorgefunden, als der Krieg mit Frankreich begann, doch schon während des Krieges und besonders nach der Annexion Elsaß-Lothringens waren Stimmen laut geworden, die vor einer künftigen Hegemonie Deutschlands in Europa warnten. Die Franzosen wurden nicht müde, besonders die Russen vor der neuen deutschen Macht zu warnen, und malten dabei gern das Schreckgespenst künftiger deutscher Ansprüche auf die ehemaligen Ordenslande im Baltikum an die Wand. Frankreich hatte sich zudem nach der Niederlage überraschend schnell erholt und die ihm auferlegten Kriegskontributionen mehr als pünktlich zahlen können.

Im August 1873 mußte die deutsche Besatzungsarmee gemäß den Bestimmungen des Friedensvertrags aus Frankreich abgezogen werden, und am 20. November war der Marschall Patrice Maurice MacMahon von einer monarchistischen Parlamentsmehrheit zum neuen Präsidenten der Republik gewählt worden. Nach Bismarcks Meinung war Frankreich damit wieder gefährlich geworden, denn erstens betrieb der Marschall eine Politik des militärischen Wiedererstarkens, und zweitens führte er mit seiner klerikalen Ausrichtung, wie Bismarck argwöhnte, das Land unweigerlich in das »ultramontane« Lager, und das zu einer Zeit, da im Reich selbst der Kulturkampf seinem Höhepunkt entgegenstrebte.

»Eine französische Regierung, die sich in den Dienst der römischen Priesterpolitik herabwürdigen ließe«, warnt deshalb die halboffizielle *Norddeutsche Allgemeine Zeitung* im Januar 1874, »würde, nicht weil sie die Regierung Frankreichs, sondern weil sie die Satellitin Roms wäre, eine uns feindliche Regierung sein, mit der wir nicht in Frieden leben könnten. (...) Sobald sich Frankreich mit Rom verbündet, wird es eben dadurch unser eingeschworener Feind.« Den herbeizitierten französischen Botschafter läßt Bismarck wissen, er werde auf keinen Fall dulden, und sei es um den Preis eines neuen Krieges, daß sich Frankreich von religiösen Fanatikern in eine antideutsche Allianz einbinden lasse.

Rechte Seite: Hinterhofgewerbe im ehemaligen Fronhof in Frankfurt a. M. im Jahr 1870. Frankfurt mit etwas mehr als 90 000 Einwohnern gehört seit vier Jahrzehnten zur preußischen Provinz Hessen-Nassau. Obwohl im Deutsch-Deutschen Krieg neutral, hat die Stadt nach mehr als 600 Jahren 1866 ihren Status als Stadtrepublik verloren.

Im Dezember 1874 scheinen sich Bismarcks Befürchtungen durch eine spektakuläre Meldung aus Paris zu bewahrheiten. Ein belgischer Kesselschmied namens Duchesne, meldet die *Norddeutsche Allgemeine Zeitung*, angeblich auf

Wohnorte der Deutschen nach Gemeindegrößen 1871–1939 (in % der Gesamtbevölkerung)
Zählung auf dem Reichsgebiet vom 1.1.1938

Im Jahr 1910 wohnen mehr als 50 Prozent der Deutschen in Gemeinden mit mehr als 5000 Einwohnern.

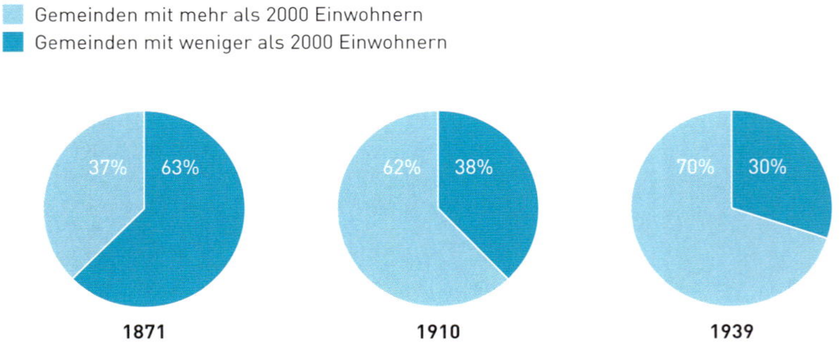

Jahr	weniger als **2000** Einwohner	zwischen **2000 und 5000** Einwohner	zwischen **5000 und 20 000** Einwohner	zwischen **20 000 und 100 000** Einwohner	mehr als **100 000** Einwohner
1871	62 %	13 %	12 %	8 %	5 %
1900	44 %	12 %	13 %	14 %	17 %
1910	38 %	11 %	14 %	14 %	23 %
1925	35 %	11 %	13 %	14 %	27 %
1933	33 %	11 %	13 %	13 %	30 %
1939	30 %	11 %	13 %	14 %	32 %

Quelle: Statistisches Reichsamt, Statistische Jahrbücher des Deutschen Reichs

der Grundlage eines ihr zugespielten französischen Polizeiberichts, habe dem Erzbischof von Paris gegen die Zahlung einer Summe von 60 000 Francs angeboten, Bismarck zu ermorden. Der Reichskanzler stand noch ganz unter dem Eindruck des Anschlags, den Mitte Juli der katholische Böttchergeselle Eduard Kullmann in Bad Kissingen auf ihn verübt hatte, als ihn diese Nachricht erreichte. Damals hatte die Kugel nur seine rechte Hand gestreift, doch der Täter war geständig, daß das versuchte Attentat eine Vergeltung für die Katholikenverfolgung durch die Kulturkampfgesetze sein sollte. Bismarck war fest davon überzeugt, daß Kullmann von den »Ultramontanen« zu seiner Tat angestiftet worden war. Offenbar, das stellte sich nun heraus, gab es mehrere Anschlagspläne.

Schulklasse in Loschwitz, heute ein Stadtteil von Dresden. Ein Volksschulgesetz hat 1835 eine »Volksschule« sowie ab dem vollendeten sechsten Lebensjahr die achtjährige Schulpflicht in Sachsen eingeführt. Wie regelmäßig das Kind der Schulpflicht nachkommt und wieviel es lernt, ist in Deutschland regional und lokal sehr unterschiedlich. Nur sechs von hundert Kindern besuchen weiterführende Schulen. 1901 haben Volksschulen durchschnittlich 54 Schüler pro Klasse.

Die Reaktion auf die Nachricht von dem angeblichen Attentatsplan des belgischen Kesselschmieds ist entsprechend deutlich. Es kommt zu einem scharfen Notenwechsel zwischen Berlin und Brüssel, in dem Bismarck der belgischen Regierung vorwirft, sie dulde vorsätzlich ultramontane Hetze gegen Preußen, und sie auffordert, gesetzlich dagegen vorzugehen. Am 4. März 1875 verbietet der Kaiser in einer Notverordnung die Ausfuhr sämtlicher Pferde aus Deutschland, für die Bestellungen in hohen Stückzahlen zur Aufrüstung der französischen Kavallerie vorlagen. Nur wenige Tage später verabschiedet die französische Nationalversammlung ein Gesetz zur Verstärkung der Armee um zusätzliche »Kadereinheiten«.

Bismarcks Befürchtung einer sich anbahnenden »ultramontanen« Allianz wird vollends bestätigt, als kurz darauf der österreichische Kaiser Franz Joseph und der italienische König Viktor Emanuel ein Treffen in

Venedig ankündigen. Das Ziel, meldet die *Kölnische Zeitung* auf Anregung Bismarcks am 5. April 1875, sei die Bildung einer katholischen Liga Italiens, Österreichs und Frankreichs unter päpstlicher Führung. Viel mehr als eine dünneisige Kulturkampfpsychose war das nicht, doch diese Meldung über »Neue Allianzen« führt Europa im Frühjahr 1875 in eine tiefe Krise, die von Kriegspanik und nervösen Börsen begleitet wird.

Am 8. April fragt die konservative, regierungsnahe *Berliner Post*: »Ist Krieg in Sicht?«, um in alarmierenden Tönen von französischen Kriegsvorbereitungen zu berichten und entsprechende entschiedene Gegenmaßnahmen zu fordern. Auch hinter dieser Meldung ist Bismarck zu vermuten. Helmuth von Moltke, der Generalstabschef, gießt zusätzliches Öl ins Feuer, als er belgischen Diplomaten gegenüber nun einen Präventivkrieg fordert, und der Gesandte von Radowitz läßt in London unvorsichtigerweise durchblicken, in seinen Augen sei ein Präventivschlag gegen Frankreich »politisch, philosophisch – ja selbst christlich« voll und ganz gerechtfertigt. Der Schock in den Reaktionen der europäischen Hauptstädte war nicht zu überhören, besonders nachdem die Londoner *Times* Anfang Mai in einem von den französischen Außenminister Louis Decaze lancierten Artikel »A French Scare«, »französische Angst«, ausführlich über Tendenzen in Deutschland berichtet hatte, durch einen Präventivkrieg gegen Frankreich endgültig die Hegemonie über Kontinentaleuropa zu erobern.

Bismarck hatte mit der durch ihn ausgelösten Krise vermutlich in keiner Minute tatsächlich auf eine kriegerische Konfrontation zugesteuert. Vielmehr wollte er durch eine vollmundige Drohung die Franzosen zur Zurücknahme ihrer militärischen Aufrüstungs- und Reorganisationspläne zwingen und gleichzeitig Europa die Machtlosigkeit Frankreichs vor Augen führen. Das jedoch war von Anfang an eine massive Fehlkalkulation.

An den Börsen hat das Abenteuer eine Baisse zur Folge. Weit bedeutender ist jedoch die diplomatische Offensive, die es Louis Decaze ermöglicht, für eine Liga der neutralen Mächte zu werben, die Deutschland von aggressiven Handlungen gegen Frankreich abhalten sollte. Er hat damit Erfolg. Die britische Regierung unter Benjamin Disraeli rät durch ihren Botschafter in Berlin, Lord Odo Russell, unüberhörbar und mit Nachdruck zur Mäßigung und fordert Rußland und Italien auf, den gleichen Schritt zu unternehmen. Nur Wien hält sich zurück.

Spätestens mit dem Besuch des Zaren in Berlin am 10. Mai ist die Krise beendet, nachdem der russische Kanzler Gortschakow dort Bismarck unmißverständlich zu verstehen gegeben hatte, Europa werde einem Angriff auf Frankreich nicht tatenlos zusehen. »Maintenant, also unter russischem Druck, la paix est assurée (ist der Frieden gesichert), als ob das vorher nicht der Fall gewesen wäre«, meint Bismarck dazu herablassend in seinen *Memoiren.* In Wirklichkeit hatte er jedoch viel zu hoch gepokert.

»Bismarcks Politik der Drohungen gegenüber Frankreich war nahezu einhellig auf den Widerspruch der anderen Großmächte gestoßen«, schreibt der Historiker Wolfgang J. Mommsen. »Dies beleuchtete schlagartig die Grenzen der Machtstellung des Deutschen Reiches in Europa. Die Strategie der Marginalisierung Frankreichs war vollständig fehlgeschlagen, und die von Bismarck so gefürchtete Koalition der europäischen Mächte gegen das Reich unter halbherziger Beteiligung selbst Rußlands hatte sich als reale Möglichkeit erwiesen, auch wenn sie zu großen Teilen erst durch seine eigene unbesonnene Politik heraufbeschworen worden war.« Vor jedem Versuch einer Erweiterung deutscher Machtansprüche, das war in dieser europäischen Krise überdeutlich geworden, würde in Zukunft eine an zwei Fronten aufgebaute Bedrohung aus Ost und West stehen, bei der Deutschland nur verlieren konnte. Das war die realpolitische Lektion der Krise von 1875, mit der die Gründungsphase des Reichs zu Ende ging. Jetzt wurde das wirkliche Maß seiner europäischen Größe sichtbar.

Im »Kissinger Diktat« von 1877 hat Bismarck daraus die Konsequenzen gezogen. »Ein französisches Blatt sagte neulich von mir, ich hätte le cauchemar des coalitions (den Alptraum der Koalitionen)«, schreibt er dort mit Blick auf die fragile deutsche Mittellage. »Diese Art Alp wird für einen deutschen Minister noch lange, und vielleicht immer ein sehr berechtigter bleiben. Koalitionen gegen uns können auf westmächtlicher Basis mit Zutritt Österreichs sich bilden, gefährlicher vielleicht noch auf russisch-österreichisch-französischer; eine große Intimität zwischen zweien der drei letztgenannten Mächte würde der dritten unter ihnen jederzeit das Mittel zu einem sehr empfindlichen Druck auf uns bieten.« Deutschland mußte sich auch machtpolitisch in der Mitte halten, um nicht zum Spielball der Mächte zu werden.

Wenn er das Bild, das ihm vorschwebte, präzisieren sollte, so Bismarck, dann sähe es so aus: »Nicht das irgendeines Ländererwerbs, sondern das einer politischen Gesamtsituation, in welcher alle Mächte außer Frankreich unser bedürfen, und von Koalitionen gegen uns durch ihre Beziehungen zueinander nach Möglichkeit abgehalten werden.« Eine stabile Situation war damit für Deutschland allerdings nicht dauerhaft zu erreichen. Das Szenario kommt eher einer permanenten Aufforderung zum Schachspiel nahe, das einerseits den weiteren Ausbau des Reichs zu einem europäischen Machtstaat zwingend erfordert, andererseits aber Beschränkung auf ein »saturiertes Reich« und defensive Bündnisse erheischt und drittens die Fähigkeit zu schnellen politischen Rochaden lebensnotwendig macht.

Balkankrise

Im Juli 1875, kaum haben sich die dunklen Wolken der bedrohlichen »Krieg-in Sicht-Krise« verzogen, rumort es auf dem Balkan. Wohl beeinflußt durch die Erfolge der deutschen und italienischen nationalen Einigungsbewegungen, hatten sich nach Aufständen gegen die türkische Herrschaft in Bosnien und in der Herzegowina in Serbien Träume von einem südslawischen Einheitsstaat unter serbischer Führung zu regen begonnen. Panslawische Kreise in Rußland ihrerseits betrachten die Aufstände auf dem Balkan als Weg zu ihrem Ziel einer Vereinigung aller Slawen unter russischer Hegemonie, und die Kroaten Österreich-Ungarns verfolgen das Ziel einer Verwandlung der Doppelmonarchie in eine Tripelmonarchie, was eine österreichische Annexion Bosniens und der Herzegowina zur Stärkung des südslawischen Elements innerhalb des Habsburgerreichs zur Voraussetzung gehabt hätte, woran allerdings die Ungarn nur wenig Interesse zeigen.

In der zentralen Maschinenhalle der Kaiserbrauerei Beck & Co. in der Bremer Neustadt im Jahr 1888. Die Brauerei hat in diesem Jahr die einige Jahre zuvor von Carl Linde entwickelte Eismaschine eingeführt. Die Kühlung sorgt beim Bierbrauen für eine konstante Temperatur bei der Gärung und ist dank Linde nun unabhängig vom Vorkommen von Natureis.

Benjamin Disraeli seinerseits betrachtet es als vorrangiges britisches Interesse, Rußlands Vordringen nach Konstantinopel und an die Meerengen in jedem Fall zu verhindern und das durch innere Erosionen und äußere Bedrohungen gefährdete Osmanische Reich als Pufferstaat zum Schutz des für das Empire lebenswichtigen östlichen Mittelmeers zu erhalten. Im Frühjahr

Beck's Bier: In grünen Flaschen um die Welt

Im Juni 1873 gründen der Unternehmer Lüder Rutenberg, der Braumeister Heinrich Beck und der Kaufmann Thomas May in Bremen die »Kaiserbrauerei Beck & May oHG«. Sie wird in wenigen Jahrzehnten zu einer der großen Exportbrauereien der Welt.

Das Unternehmen macht aus der Not eine Tugend: Als Freihafen gehört Bremen nicht zum deutschen Zollgebiet. So verfolgt die neue Kaiserbrauerei eine spezielle Markenstrategie: Während die meisten deutschen Brauereien seit jeher nur für den heimischen Markt »um den Schornstein« herumproduzieren (vor allem wegen der sehr beschränkten Haltbarkeit ihrer Biere), ist sie auf den Export ausgerichtet.

Das Hauptproblem für den in Amerika ausgebildeten Braumeister Heinrich Beck ist die Entwicklung eines hellen, untergärigen Bieres nach Pilsener Art, das selbst den langen Transport nach Übersee ohne Qualitätsverlust übersteht. Obwohl der gebürtige Württemberger gemäß dem deutschen Reinheitsgebot von 1516 nur Hopfen, Malz und Wasser verwendet, gelingt ihm die Produktion eines erstklassigen und haltbaren Bieres. Zur Transportfähigkeit tragen auch die mundgeblasenen, grünen Flaschen bei, die schnell zu einem Markenzeichen werden.

Beck's Bier wird schon im zweiten Jahr auf der Internationalen Landwirtschafts- und Industrieausstellung 1874 in Bremen als bestes Bier prämiert. Der Kronprinz und spätere Kaiser Friedrich III. verleiht dem Braumeister für sein Produkt die Goldmedaille. Den internationalen Durchbruch schafft Beck's Pilsener 1876 auf der Weltausstellung in Philadelphia. Dort wird es als bestes europäisches Bier erneut ausgezeichnet.

Beide Prämierungen zieren bis heute das Etikett jeder Flasche der »Brauerei Beck's & Co.«. Zusammen mit dem Schlüssel des Bremer Stadtwappens stehen sie für eine weltweit bekannte Marke.

1876 eskaliert die Situation, als sich auch die Bulgaren gegen die Türken erheben und die beiden unabhängigen Staaten Serbien und Montenegro daraufhin dem Osmanischen Reich den Krieg erklären mit dem Ziel, alle Südslawen unter einer einzigen Krone zu vereinigen. Im April und Mai werden die Konsuln Deutschlands und Frankreichs in der osmanischen Hafenstadt Saloniki ermordet. Gortschakow drängt daraufhin Bismarck, da das Deutsche Reich als einzige Macht nicht in den Konflikt involviert ist, in Berlin eine europäische Konferenz einzuberufen, auf der die Türkei zu Reformen in den aufständischen Gebieten gezwungen werden soll.

In dieser orientalischen Gemengelage sieht Bismarck eine große Chance für das Reich und die ideale Rolle, mit der er glaubt, das europäische Schachspiel beherrschen zu können. »Als wünschenswerte Ergebnisse der orientalischen Krise für uns«, schreibt er im »Kissinger Diktat«, wären Konstellationen anzusehen, in denen Deutschland durch die Rivalitäten anderer Mächte nur gewinnen kann. »1. Gravitierung der russischen und der österreichischen Interessen und gegenseitigen Rivalitäten nach Osten hin«, so Bismarcks Wunschbild, »2. der Anlaß für Rußland, eine starke Defensivstellung im Orient und an seinen Küsten zu nehmen und unseres Bündnisses zu bedürfen, 3. für England und Rußland ein befriedigender Status quo, der ihnen dasselbe Interesse an Erhaltung des Bestehenden gibt, 4. Loslösung Englands von dem uns feindlich bleibenden Frankreich wegen Ägyptens und des Mittelmeers, 5. Beziehungen zwischen Rußland und Österreich, welche es beiden schwierig machen, die antideutsche Konspiration gegen uns gemeinsam herzustellen, zu welcher zentralistische oder klerikale Elemente in Österreich etwa geneigt sein möchten.« Es ist eine Strategie des dosierten Gegeneinanderausspielens, verbunden mit überlegten Konzessionen.

Österreich, so Bismarcks Vorstellung, sollte Bosnien erhalten, Rußland Bessarabien, England Suez und ganz Ägypten, Frankreich Syrien, während Konstantinopel und die Meerengen dem Osmanischen Reich verbleiben würden. Doch die Krise hatte sich Ende Oktober 1876 noch einmal verschärft, weil türkische Truppen sich auf dem Vormarsch Richtung Belgrad befanden und Rußland der Pforte ein Ultimatum gestellt hatte. Seit dem 24. April 1877 herrschte Krieg zwischen Rußland und dem Osmanischen Reich, und die Russen befanden sich im Frühsommer auf dem Vormarsch durch Rumänien auf Konstantinopel. Im Januar/Februar 1878 steht Europa am Rande eines Krieges, als Disraeli der britischen Flotte den Befehl erteilt, durch die Dardanellen Konstantinopel anzusteuern, um dort die Russen aufzuhalten. Doch schon am 3. März ist der Waffengang zwischen Russen und Türken durch den Präliminarfrieden von San Stefano, dem heutigen Yesilköy, beendet.

Es war ein Diktatfrieden, gegen den England und Österreich sofort entschieden Front machen, indem sie unter Kriegsandrohung eine europäische Konferenz zur Revision des Vertrags von San Stefano einforderten. Sie sollte in Berlin stattfinden. Bismarck sollte dabei die Rolle eines Vermittlers übernehmen.

Auf dem Berliner Kongreß, der am 13. Juni 1878 im ehemaligen Palais Radziwill stattfindet, das gerade zum Reichskanzlerpalais umgebaut worden war, versammeln sich diplomatische Köpfe eines Kalibers wie zuletzt auf europäischer Ebene in Wien 1814. Das Ereignis als solches demon-

striert bereits die gewachsene Machtstellung des Deutschen Reichs im europäischen Mächtekonzert. Das Buffet besorgt Borchardt in der Französischen Straße, und ein großes Netz von Geheimpolizisten erledigt diskret alle Vorkehrungen für die Sicherheit der ausländischen Staatsgäste, unter ihnen Benjamin Disraeli, Graf Gyula Andrássy und Fürst Alexander Gortschakow. Man spricht Französisch, außer Disraeli, der sich demonstrativ des Englischen bedient.

Das Ölgemälde des kaiserlichen Hofmalers Anton von Werner (*1843, †1915) aus dem Jahr 1881 zeigt die abschließende Sitzung des Berliner Kongresses am 13. Juli 1878 in der Reichskanzlei. Im Zentrum halbrechts der deutsche Kanzler Otto von Bismarck beim Handschlag mit dem russischen Botschafter in London, Pjotr Graf Schuwalow. Links neben Bismarck sieht Österreichs Außenminister Gyula Andrássy zu. Links außen sitzt Rußlands Staatskanzler Alexander Fürst Gortschakow. Seine Hand ruht auf dem Arm des britischen Premiers Benjamin Disraeli.

Bismarck, der den Kongreß beherrscht, spricht souverän in beiden Sprachen während der zwanzig anstrengenden Plenarsitzungen, in denen zügig alle strittigen Punkte durchgegangen werden in einem Tempo, das die Russen manchmal an den Rand der Erschöpfung bringt. »Ehe ich in den Kongreß ging, trank ich zwei bis drei Biergläser allerstärksten Portweins«, erzählt Bismarck später, »um das Blut ordentlich in Wallung zu bringen – ich wäre sonst unfähig gewesen zu präsidieren.«

Im wesentlichen waren die Ergebnisse des Kongresses bereits Ende Mai in London von Graf Schuwalow und Lord Salisbury vorverhandelt worden. Ostrumelien, das heutige Südbulgarien, sollte als autonome Provinz weiter unter türkischer Verwaltung stehen. Mazedonien blieb bis auf einen Teil von Thessalien weiter türkisch. Österreich-Ungarn erhielt das

Recht zur Okkupation von Bosnien, der Herzegowina und des Sandschaks Novi Pazar. Dem russischen Einfluß auf dem Balkan waren damit deutliche Grenzen gesetzt, für die sich Petersburg nur unvollkommen mit Bessarabien und den ostanatolischen Gebieten um Kars und Ardahan sowie dem Hafen von Batum entschädigt fühlte. Großbritannien hatte sich für seine antirussische Haltung schon vor Beginn des Kongresses mit Zypern abfinden lassen.

Bismarck hatte sich auf dem Kongreß zu Recht als der führende Staatsmann Europas fühlen können. Doch in Wirklichkeit war das Ergebnis der Zusammenkunft keineswegs nur ermutigend. »Faktisch«, so Wolfgang J. Mommsen, »präsidierte Bismarck dem feierlichen Begräbnis des Drei-Kaiser-Bündnisses.« Die Russen waren in Berlin in ihrer Hoffnung, durch Bismarck Rückendeckung gegen England und Österreich zu finden, arg enttäuscht worden. Nichts war von ihren Träumen einer Hegemonie auf dem Balkan übriggeblieben. Statt dessen hatten sie zusehen müssen, wie Österreich dort Stellung bezog. In Moskau wettern nach dem Kongreß die Panslawisten mit besonderer Schärfe gegen Deutschland. Von Verrat ist bei demonstrativen Kosakenaufmärschen und in der Presse die Rede.

Tatsächlich hatte Bismarck nie, wie sein liberaler britischer Gegenspieler, der Disraeli-Nachfolger William Ewart Gladstone, eine gesamteuropäische Lösung des Balkankonflikts im Auge. Er betrachtet es vielmehr als einen Triumph deutscher Orientpolitik, »wenn es uns gelänge, das orientalische Geschwür offen zu halten und dadurch die Einigkeit der anderen Großmächte zu vereiteln und unseren eigenen Frieden zu sichern«. Nicht nur wegen der unkalkulierbaren Eigendynamik des Nationalismus auf dem Balkan ist das von Anfang an ein gefährliches Spiel, zumal die freundschaftlichen Beziehungen zu Rußland dadurch auf Dauer gefährdet sind.

Die Schutzzolltarife von 1879, die auch russische Agrarimporte empfindlich treffen, haben damit zwar nicht direkt etwas zu tun. Doch sie treffen die russische Seele ein weiteres Mal in Inneren, wie sich im »Ohrfeigenbrief« zeigt, in dem sich Zar Alexander II. bei Kaiser Wilhelm über die deutsche Undankbarkeit gegenüber dem russischen Wohlwollen von 1870/71 beklagt und damit droht, eine weitere Verschlechterung der Beziehungen könne sich »verheerend für unsere beiden Länder« auswirken.

Bismarck, der von diesem »Ohrfeigenbrief« zutiefst irritiert ist, denkt in diesem Augenblick zum ersten Mal an ein Bündnis, das nicht nur aus temporären Rochaden besteht, sondern eine feste Grundlage erhalten soll. Ein deutsch-österreichisches Bündnis schwebt ihm vor, »eine Art von gegenseitiger Assekuranz-Gesellschaft für den Frieden«, einschließlich einer deutsch-österreichischen Zollunion bis zu einer Art von Wiederherstellung des Deutschen Bundes. »Schließlich gestatte ich mir«, schreibt er in einer überraschend großdeutschen Denkschrift an Kaiser Wilhelm, »mit Bezugnahme auf die nationalen Empfindungen im gesamten Deutschen Reiche noch auf die geschichtliche Tatsache ehrfurchtsvoll hinzuweisen, daß das deutsche Vaterland nach tausendjähriger Tradition sich auch an der Donau, in Steiermark und in Tirol noch wiederfindet, in Moskau und Petersburg aber nicht.« Das Ergebnis ist zwar nicht die hier beschworene große Union, doch der Zweibundvertrag mit Österreich-Ungarn vom 7. Oktober 1879 hat, auch wenn er zunächst als konventionelles Defensivbündnis gegen Rußland geschlossen wurde, von Anfang an die emotionale Hypothek einer historischen nationalen Schicksalsgemeinschaft an sich, die sich in der Julikrise von 1914 verheerend auswirken wird.

Eine historische Schicksalsgemeinschaft hatte aber auch das Drei-Kaiser-Bündnis sein wollen, das mit dem Berliner Kongreß zerbrochen war. Als im März 1881 Zar Alexander II. durch die Bombe eines russischen Revolutionärs getötet wird, kommt jedoch auch dieser Gedanke transnationaler monarchischer Solidarität im Zeichen des gemeinsamen Kampfs gegen revolutionäre Umtriebe wieder zum Tragen. Der zweite Drei-Kaiser-Bund wird am 18. Juni 1881 unterzeichnet, doch schon die Bulgarienkrise 1885/86, als erneut russisch-österreichische Rivalitäten ausbrechen, zeigt die ganze Fragilität dieses auf überkommenen Prinzipien beruhenden Bündnisses, das ohnehin von Anfang an unter den schlechten Vorzeichen eines nach wie vor andauernden deutsch-russischen Handelskriegs zu leiden hatte.

»Neugründung« des Reichs

Am 11. Mai 1878, einen Monat vor Beginn des Kongresses in Berlin, hatte es auf dem Boulevard Unter den Linden einen Attentatsversuch auf den Kaiser gegeben. Der Dresdner Klempnergeselle Max Hödel feuerte drei Revolverschüsse auf den Monarchen ab, als dieser in einem offenen Wagen mit seiner Tochter, der Großherzogin von Baden, die Straße passierte. Die Schüsse verfehlten ihr Ziel, und Hödel konnte bereits kurz nach der Tat verhaftet werden. Er war ein politischer Wirrkopf und hatte, das stellte sich schnell heraus, einmal der Sozialdemokratischen Partei angehört, war aber wegen Unterschlagung bald wieder ausgeschlossen worden und hatte sich erst der Anarchistischen Liga und dann der antisemitischen Christlich-Sozialen Arbeiterpartei des Hofpredigers Adolf Stoecker angeschlossen. Diese Hintergründe kannte Bismarck allerdings noch nicht, als ihn eine Stunde nach dem Anschlag die Nachricht auf seinem Landsitz

Friedrichsruh bei Hamburg erreicht. Doch er reagiert sofort, als sei das Attentat ein willkommener Anlaß, um politisch etwas durchzusetzen, das er schon lange im Visier hatte. »Sollte man nicht von dem Attentat Anlaß zu sofortiger Vorlage gegen Sozialisten und deren Presse nehmen?« telegraphiert er am Abend dieses Tages nach Berlin.

Die Nachricht hat sich im Reich schnell herumgesprochen. »In der Stadt strömten ungeheure Menschenmassen auf den Straßen auf und ab, und der Marktplatz glich einem wildsummenden, brodelnden Kessel voll erregter Menschen«, so ein Bericht aus Halle an der Saale vom Abend des 11. Mai. »Die einen beteten, die anderen sangen: ›Nun danket alle Gott‹. Andere wußten den Verlauf des Attentats noch nicht genau und fragten ständig: ›Ist er tot, ist er tot?‹ Von allen Kirchen läuteten die Glocken, und in förmlicher Verzückung liefen viele mit entblößtem Kopfe herum und schlugen in blinder Wut anderen die Kopfbedeckung herunter.« Noch mehrere Tage, so der Bericht, hielt diese fieberhafte Stimmung an. So war es auch an anderen Orten des Reichs.

Bismarck hatte seit einigen Jahren auf gesetzliche Zusatzregelungen zum Strafgesetzbuch gedrängt, mit denen die Anreizung zum Klassenkampf und Angriffe auf die Institutionen der Ehe, der Familie und des Besitzes unter Strafe gestellt werden könnten, doch er war damit nie durchgedrungen. Jetzt muß er die Erfahrung machen, daß ihm trotz der öffentlichen Stimmung nach Hödels Anschlag selbst im eigenen Staatsministerium Widerstand gegen seine Ausnahmepläne erwächst, obwohl er alles daran setzt, die Tat mit der Sozialdemokratie in Verbindung zu bringen. Der Sozialdemokratie gegenüber, erklärt er, befinde sich der Staat nun »im Zustande der Notwehr«, und man sei deshalb berechtigt, sich »über die Barrieren hinwegzusetzen, die die Verfassung in übergroßer doktrinärer Fürsorge zum Schutze des Einzelnen und der Parteien in den sogenannten Grundrechten errichtet« habe.

Am 16. Mai legt er von Friedrichsruh aus den Entwurf eines Ausnahmegesetzes vor, das in den Bundesrat eingebracht werden soll und gegen die Sozialdemokratie und ihre Presse gerichtet ist. Mit Ausnahme Bremens und Hamburgs stimmt der Bundesrat am 17. Mai der Vorlage zu. Doch der Reichstag lehnt sie am 24. Mai mit 251 gegen 57 konservative Stimmen ab und vertagt die Sache auf Beratungen über ein umfassendes und gut vorbereitetes Vereinsgesetz im Herbst. Bismarck reagiert verhältnismäßig gelassen auf die Niederlage. Es komme nicht darauf an, »ob die Ziele, die man sich steckt, uno actu in einer Parlamentssession oder mit einer Vorlage parlamentarisch erreichbar sind«, bemerkt er gegenüber dem preußischen Finanzminister Hobrecht, »und selbst, wenn sie anscheinend parlamentarisch ganz unerreichbar wären, so würde ich, wenn sie vernünftig sind, sie doch glauben erstreben zu müssen.« Notfalls, will er damit andeuten, auch ohne oder gegen das Parlament.

Am 2. Juni 1878 wird auf Kaiser Wilhelm ein zweites Attentat verübt, das weniger glimpflich abläuft als der verfehlte Anschlag Max Hödels. Wieder ist Wilhelm im offenen Wagen Unter den Linden unterwegs, als aus einem Fenster im zweiten Stock des Hauses Nr. 18 zwei Schüsse aus einer Schrotflinte auf ihn abgegeben werden. Stark blutend, mit Verletzungen in der Wange, an der Kehle, der Schulter und der Hand, wird er in aller Eile ins Schloß zurückgebracht. »Ich habe den sich meiner Ansicht nach zum Schaden des Volkes leiten lassenden Kaiser erschießen wollen«, erklärt der Attentäter, der 30jährige Dr. Karl Nobiling, das Motiv seiner Tat, »weil ich glaubte, der Kronprinz würde selbständiger und unbeeinflußter regieren.« Nobiling sagt dies in einem der wenigen lichten Momente, die ihm noch blieben, denn er hatte sich selbst kurz vor seiner Verhaftung in den Kopf geschossen. Die Wunden des Kaisers waren dagegen bei weitem nicht lebensgefährlich, doch das Schlimmste für ihn war, daß jemand wie auf Hase oder Rebhuhn mit einer Schrotflinte auf ihn geschossen hatte. »Wenn es nur eine ehrliche Kugel gewesen wäre«, beschwert er sich indigniert.

Bismarck ist mit seinen beiden Hunden Tyras und Rebekka auf einem langen Spaziergang im Sachsenwald unterwegs, als ihn am Abend des 2. Juni die telegraphische Nachricht in Friedrichsruh erreicht. »Es ist wieder auf den Kaiser geschossen worden, und diesmal haben die Schüsse getroffen«, eröffnet ihm sein Sekretär die Neuigkeit. Er war ihm über freies Feld auf dem Rückweg entgegengeeilt. »Dann lösen wir den Reichstag auf!« ist Bismarcks erste Reaktion, noch bevor er sich nach dem Befinden des Kaisers erkundigt. Er hatte schon länger die Absicht, bei gegebenem Anlaß die ganze liberale Ära mit einer Generalrochade zu liquidieren.

Nobilings Hinweis auf den Kronprinzen ließ die Sache noch dringlicher erscheinen. Friedrich Wilhelm war mit einer Tochter der britischen Königin Viktoria verheiratet und galt als anglophil. Er war als Sympathisant der Liberalen bekannt, und von ihm erwarteten viele, einmal auf dem Thron, einen politischen Richtungswechsel, wie er von Bismarcks liberalem britischen Gegenspieler William Gladstone verkörpert wurde. Der Kronprinz mußte zunächst einmal im Kronrat überstimmt werden. Es sei »gegen die Sozialdemokratie, ohne die übrigen Parteien sich zu verfeinden, ein Vernichtungsfeldzug zu führen«, entwickelt Bismarck auf einer rasch einberufenen Kronratssitzung seine Linie, einschließlich des Verbots sozialdemokratischer Versammlungen, der Presse und der Möglichkeit der Ausweisung und Internierung sozialdemokratischer »Umstürzler«. Dem Kronprinzen war klar, daß dies auch eine Kriegserklärung an die Liberalen sein mußte, selbst wenn Bismarck sich mit seinen Argumenten strikt auf die Sozialdemokraten konzentrierte. Hatten die Attentatsversuche das Deutsche Reich nicht in eine gefährliche Nähe zu dem von Anarchie bedrohten Rußland gebracht?

»In der Krise des Sommers 1878«, schreibt Michael Stürmer, »eine Woche vor Eröffnung des Berliner Kongresses, spielte sich ein symbolisches Drama ab, das die politische Kultur in Deutschland auf Jahrzehnte prägen und in ihrer Humanität verhärten sollte. In den Attentaten lag die Gefahr für jene Großmachtrolle, die der Kongreß gerade bestätigen sollte.« Eine rational kaum faßbare Angst vor Umsturz und Niedergang diktiert das, was nun folgt. Seiner hysterischen Spitzen entkleidet, läuft es im Kern auf eine konservative Umgründung des Reichs hinaus.

Der Bundesrat soll den Reichstag auflösen, doch insbesondere die badische Regierung, lange Zeit Verbündete Preußens in Fragen des Reichs, stellt sich quer, weil man auch in Karlsruhe verstanden hatte, daß der Feldzug gegen die Sozialdemokratie nur die Speerspitze einer viel weiter gehenden Kampagne war, mit der die gesamte liberale Ära beendet werden sollte. Die badische Regierung lehnt die Auflösung des

Mit dieser Fotografie beweist Ottomar Anschütz 1882, daß er die Momentaufnahme erfunden hat. Eine nur rund 1/30 Sekunde lange Belichtungszeit gestattet jetzt eine Aufnahme aus der Hand, ohne ein Innehalten der Motive notwendig zu machen. Ein Pferd ist im Sprung zu fotografieren. Die kurzen Verschlußzeiten ermöglichen die Aufnahme einer Bildfolge, deren Einzelbilder in kurzen Intervallen aufgenommen werden und die in wenigen Jahren zum »kinemaskopischen Schnellsehen« führen.

Reichstags ab. Doch Bismarck will einen einstimmigen Beschluß, mit dem dokumentiert werden kann, daß sämtliche Länder geschlossen hinter der Politik des Reiches stehen. »Um überhaupt weiterzuregieren«, läßt er die Karlsruher Regierung durch Staatssekretär von Bülow wissen, werde er notfalls auch zu scharfen Mitteln greifen. Oder zurücktreten.

Nur kurz vor dem Berliner Kongreß, mit dem das Reich zum ersten Mal seine führende Rolle in Europa dokumentiert, will jedoch niemand eine solche Verantwortung übernehmen. Zumal Bismarck auch damit gedroht hatte, »wenn er die Unterstützung der Regierungen auf dem eingeschlagenen Wege wider Verhoffen nicht finden sollte«, gemäß Artikel 68 der Reichsverfassung durch den Kaiser den Kriegszustand über die betroffenen Länder verhängen zu lassen. Das war nicht mehr und nicht weniger als die Drohung mit einem Staatsstreich. Der Bundesrat lenkt ein, kaum wissend, wie sehr er damit der Reichszentrale zu einer Machtvollkommenheit verholfen hatte, die sie nur unwillig wieder aufgeben würde. Der Angriff auf den Föderalismus ist der erste Schritt, mit dem das Ende der liberalen Ära eingeleitet wird.

Der zweite ist das Sozialistengesetz selbst. Bei Neuwahlen nach der Auflösung des Reichstags hatten am 20. Juli 1878 die Konservativen und Freikonservativen unter dem Einfluß einer ganz auf die Umsturzgefahr ausgerichteten Wahlkampagne kräftig zugelegt. Bismarck hatte es verstanden, die Wahl wie ein Plebiszit zu inszenieren, in dem es eigentlich nur um eine einzige Frage ging: um die Entscheidung zwischen ihm, dem Mann, der Deutschland geeinigt und sich als Meister der europäischen Diplomatie profiliert hatte, und den »Verschwörern«, die sonst an seine Stelle treten würden. Das Reich war nach den beiden Attentaten in einem hysterischen Zustand. Geringfügige Äußerungen über den Kaiser wurden oft als Majestätsbeleidigung ausgelegt und mit drakonischen Strafen geahndet. Heinrich von Treitschke fordert die Arbeitgeber zur sofortigen Entlassung aller Arbeiter mit sozialistischen Ansichten auf. In dieser Stimmung und unter dem Eindruck ihrer verheerenden Wahlniederlage sind nun auch die Nationalliberalen bereit, dem Entwurf des »Gesetzes gegen die gemeingefährlichen Bestrebungen der Sozialdemokratie« zuzustimmen. Das Gesetz wird am 18. Oktober mit 221 gegen 149 Stimmen des Zentrums, der Fortschrittspartei und der Sozialdemokraten verabschiedet.

»Mit dem Sozialistengesetz«, schreibt Heinrich August Winkler, »begann jener vom Großherzog von Baden vorhergesagte ›Systemwechsel‹, den bereits die Zeitgenossen als ›innere Reichsgründung‹ bezeichneten.« Unverzüglich werden nach seiner Annahme durch den Reichstag 45 sozialdemokratische Zeitungen mit Verbot belegt, darunter der *Vorwärts*, *Die neue Rundschau, Die Zukunft,* die *Berliner Freie Presse* und das *Ham-*

burg-Altonaer Volksblatt. Insgesamt werden während der Gültigkeit des Gesetzes bis 1890 1300 Druckschriften und 332 Arbeiterorganisationen verboten und 900 Ausweisungen aus Gebieten vollzogen, über die man den sogenannten kleinen Belagerungszustand verhängt hatte. Rund 1500 Personen werden zu Freiheitsstrafen von zusammen tausend Jahren verurteilt.

Die Sozialistische Arbeiterpartei Deutschlands, die sich erst 1890 in Sozialdemokratische Partei umbenannte, war 1875 in Gotha aus der Vereinigung des von Ferdinand Lassalle 1863 gegründeten Allgemeinen Deutschen Arbeitervereins und der 1869 in Eisenach von Wilhelm Liebknecht und August Bebel gegründeten Sozialdemokratischen Arbeiterpartei hervorgegangen. Besonders seit August Bebel im Reichstag 1871 die Behauptung aufgestellt hatte, die Commune von Paris sei »nur ein kleines Vorpostengefecht« gewesen und es würden nur »wenige Jahrzehnte vergehen«, bis »der Schlachtruf des Pariser Proletariats: ›Krieg den Palästen, Friede den Hütten, Tod der Not und dem Müßiggang!‹ der Schlachtruf des internationalen Proletariats« geworden sei, hatten sich die Sozialdemokraten im neuen Reich immer mehr der Verdächtigung ausgesetzt gesehen, »vaterlandslose Gesellen« zu sein.

Bebel und Liebknecht waren 1872 in einem Hochverratsprozeß zu zwei Jahren Festungshaft verurteilt worden, und es hatte seitdem immer wieder Prozesse gegen einzelne Sozialdemokraten gegeben. Zuletzt war Ende April 1878 der sozialdemokratische Redakteur Paul Dentler im Gefängnis an einer unbehandelten Tuberkulose gestorben. 12 000 Genossen waren dem Leichenzug Dentlers gefolgt. »Wer spricht noch vom Arbeiterbataillon Berlins angesichts dieses Leichenaufgebots?« fragt erschrocken die liberale *Magdeburger Zeitung.* »Das sind Regimenter, Divisionen, Brigaden; ja mehr, das sind ganze Armeekorps, ohne Übertreibung gesagt, welche ihrem sicherlich um die Sache hochverdienten Toten die letzte Ehre erweisen.« Weit mehr noch als die »Ultramontanen« in den Jahren zuvor beginnt man im konservativen Establishment nun die Sozialdemokraten zu fürchten.

Trotz aller Verbote und Verhaftungen, Ausweisungen und der Vernichtung zahlreicher Existenzen konnte die Sozialdemokratie nicht aus dem politischen Leben Deutschlands ausradiert werden, zumal das Verbot zwar die Parteiorganisation, nicht aber die Reichstagsfraktion betraf. In den zwölf Jahren ihres Verbots stieg die Zahl der sozialdemokratischen Wähler von 415 000 im Jahr 1878 auf 1 427 000 im Jahre 1890 an. Bismarck hatte, worauf der amerikanische Historiker Gordon A. Craig zu Recht hinweist, in einem Akt konservativer Realitätsverleugnung die Macht des so-

Zusammensetzung des Reichstags 1871 bis 1890 in Prozent und Sitzen

Der Reichstag wird in 397 Wahkreisen nachdem Direktwahlprinzip gewählt. Abgeordneter wird wer in seinem Wahlkreis die relative Mehrheit erzielt.

Partei	1871	1874	1877	1878	1881	1884	1887	1890
Deutsche Reformpartei/	–	–	–	–	–	–	0,2 %	0,7 %
Antisemiten							1	5
Antisemiten	–	–	–	–	–	–	**0,2 %**	**0,7 %**
							1	5
Alt-Konservative	14,1 %	7,0 %	9,8 %	13 %	16,3 %	15,2 %	15,2 %	12,4 %
(kons. Föderalisten)	57	22	40	59	50	78	80	73
Deutsche Reichspartei	8,9 %	7,2 %	7,9 %	13,6 %	7,5 %	6,9 %	9,8%	6,7 %
(kons. Nationalisten)	37	22	38	68	28	28	41	20
Konservative	**23 %**	**14,2 %**	**17,7 %**	**26,6 %**	**23,8 %**	**22,1 %**	**25,0 %**	**19,1 %**
	94	55	78	116	78	106	121	93
Liberale Reichspartei	7,0 %	1,0 %	2,5 %	2,7 %	8,1 %	–	–	–
	30	3	13	10	46			
Nationalliberale	30,2 %	29,7 %	27,2 %	23,1 %	14,0 %	17,6 %	22,2%	16,3 %
	125	155	128	99	47	51	99	42
Deutsche Volkspartei	0,5 %	0,4 %	0,8 %	1,1 %	2 %	1,7 %	1,2%	2 %
(Liberale)	1	1	4	3	9	7	0	10
Rechtsliberale	**37,7 %**	**31,1 %**	**30,5 %**	**26,9 %**	**24,1 %**	**19,3 %**	**23,4 %**	**18,3 %**
	156	159	145	112	102	58	99	52
Zentrumspartei	**18,7 %**	**27,9 %**	**24,8 %**	**23,1 %**	**23,2 %**	**22,6 %**	**20,1 %**	**18,6 %**
	63	91	93	94	100	99	98	106
Deutsche Fortschrittspartei	8,8 %	8,6 %	7,7 %	6,7 %	12,7 %	17,6 %	12,9 %	16 %
(Liberale)	46	49	35	26	60	67	32	66
Deutsche Freisinnige Partei	8,8 %	8,6 %	7,7 %	6,7 %	12,7 %	–	–	–
(Liberale)	46	49	35	26	60			
Linksliberale	**8,8 %**	**8,6 %**	**7,7 %**	**6,7 %**	**12,7 %**	**17,6 %**	**12,9 %**	**16,0 %**
	46	49	35	26	60	67	32	66
Arbeiterpartei/	**3,2 %**	**6,8 %**	**9,1 %**	**7,6 %**	**6,1 %**	**9,7 %**	**10,1 %**	**19,7 %**
Sozialdemokraten	2	9	12	9	12	24	11	35
Alsatianien	–	3,6 %	2,8 %	2,3 %	2,9 %	2,9 %	3,1%	1,4 %
(elsäss. u. franz. Regionalisten)		15	10	11	15	15	15	10
Polen	4,5 %	3,8 %	4,0 %	3,6 %	3,8 %	3,6 %	2,9%	3,4 %
(polnische Regionalisten)	13	14	14	14	18	16	13	16
Dänen	0,5 %	0,4 %	0,3 %	0,3 %	0,3 %	0,3 %	0,2 %	0,2 %
(dänische Regionalisten)	1	1	1	1	2	1	1	1
Parteien der nationalen	**5,0 %**	**7,8 %**	**7,1 %**	**6,2 %**	**7,0 %**	**6,8 %**	**6,2 %**	**5,0 %**
Minderheiten	14	30	25	26	35	32	29	27
Deutsch-Hannoversche	**1,6 %**	**2,7 %**	**2,8 %**	**2,6 %**	**1,8 %**	**1,7 %**	**1,5 %**	**1,6 %**
Partei (kons. Föderalisten)	7	4	9	14	10	11	4	11
Sonstige	**2,0 %**	**0,9 %**	**0,3 %**	**0,3 %**	**0,3 %**	**0,2 %**	**0,6 %**	**1,0 %**
	–	–	–	–	–	–	2	2
Sitze im Reichstag	382	397	397	397	397	397	397	397

Quelle: Statistisches Jahrbuch für das Deutsche Reich 1882–1914

Aufnahme vom Kaisermanöver des Jahres 1882 bei Breslau durch Ottomar Anschütz. Ein Leib-Garde-Husaren-Regiment attackiert einen Infanterietrupp. Husaren gehören der leichten Kavallerie an und dürfen nicht zu groß sein (167 bis 178 cm), da ihre wendigen Pferde nicht mit schweren Personen belastet werden sollen. Söhne der Landbevölkerung werden, da sie schon reiten können, oft zur Kavallerie eingezogen.

zialen Wandels vollkommen unterschätzt. Er unterschätzte auch die Vitalität der Sozialdemokratie selbst.

Bereits 1879 war in Zürich mit dem *Sozialdemokrat* eine neue Parteizeitung ins Leben gerufen worden, die über einen eigenen illegalen Postdienst im Reich verbreitet wurde und die Verbindungen zwischen der Parteiführung und den einzelnen Parteiorganisationen wiederherstellen konnte. 1880 fand in Wyden in der Schweiz ein Parteitag der deutschen Sozialdemokraten statt, die sich nun immer stärker den Vorstellungen des im Londoner Exil lebenden Karl Marx anschlossen. Marx' historischer Materialismus bestärkte sie im Untergrund in der tröstenden Gewißheit, letzlich doch auf der Seite der Sieger zu stehen, da der »wissenschaftliche Sozialismus« eine zwangsläufige historische Entwicklung zugunsten der Arbeiterbewegung unterstellte, gegen die auch Bismarck auf lange Sicht machtlos sein mußte.

Einstweilen sind sie jedoch die Geschlagenen. »Zucht und Ordnung« hatten die großen Verbände der Wirtschaft, der Centralverband Deutscher Industrieller, der Deutsche Handelstag und die Agrarier im aufgeheizten Wahlkampf 1878 gefordert. Doch die Wirtschaft meinte damit keineswegs allein die Sozialdemokraten. Ihr ging es um »Zucht und Ordnung« im nationalen Wirtschaftsleben insgesamt. Das bedeutete zwar auch die Zerschlagung der politischen Arbeiterbewegung, aber ebenso »Kraft« und »Wohlstand« durch Schutzzölle, um durch wirtschaftliche Protektionsräume die »christlichen Grundlagen« des Volkslebens zu schützen. Für Bismarck bedeutete es in erster Linie eine neue solide Finanzgrundlage für das Reich durch Zolleinnahmen und den Ausbau des Obrigkeitsstaates.

Auch hier schlägt das Ende der liberalen Ära. »Der manchesterliche Radikalismus«, so die Meinung der Zeitschrift *Der Grenzbote*, »ist gleich dem ultramontanen und sozialen antinational. Sein Wahn ist die kosmopolitische Freihandelsgesellschaft, der atomistische Weltnebel, der in der englischen Kapitalmacht eine Art Kern erhält, welcher ihn vor der völligen Zerfließung bewahrt.« Die nationale Idee, das eher linke und liberale Projekt der 48er, wird mit der innenpolitischen Wende von 1878 zu einem Projekt der nationalen Abschottung, das in erster Linie »antiinternational« sein will.

Die Schutzzollagitation gewinnt nun, im Kontext der nationalen Abschottung und des Sozialistengesetzes, ein politisches Gewicht, das sie vorher nicht hatte und haben konnte. Schutzzölle sind jetzt ein ausdrückliches Projekt zum »Schutz der nationalen Arbeit«. Für Bismarck sind sie aber auch ein Mittel, »dem Deutschen Reich eine mächtige, unerschütterliche finanzielle Grundlage zu geben«, wie er bereits im Winter 1875 sinniert hatte, »welche demselben eine dominierende Stellung verleiht und es in organische Verbindung bringt mit allen öffentlichen Interessen in Staat, Provinz, Kreis und Gemeinde«.

Das Reich sollte nicht länger »Kostgänger der Einzelstaaten« sein, die bisher die meisten Steuern in eigener Kompetenz erhoben. Das mußte sich durch eine umfassende Zoll- und Steuerreform ändern. Bismarck geht es in allen Auseinandersetzungen dieser Zeit immer vornehmlich um eines: um die Stärkung der inneren und äußeren Machtpositionen des Reichs. Daher der Kampf gegen die ultramontanen »Reichsfeinde«, daher die Verfolgung der »vaterlandslosen« Sozialisten. Daher aber auch das neue Bündnis von Rittergut und Hochofen im Zeichen des Protektionismus nach der Krise von 1878, das sich zu einem beständigen konservativen bis reaktionären Faktor der Kultur des deutschen Obrigkeitsstaats entwickeln sollte.

Bereits am 10. März 1878, noch vor der durch die beiden Attentate ausgelösten Krise, hatte Bismarck zu erkennen gegeben, »daß er nur bei einer Steuerreform im großen Stil im Amte zu bleiben gedenke«. Das allerdings war nur durch eine Veränderung der Machtverhältnisse im Reichstag zuungunsten der freihändlerischen Liberalen möglich, die er nach Nobilings Anschlag durch die Auflösung des Parlaments durchgesetzt hatte.

Die 1849 in Pforzheim geborene Bertha Benz setzt ihren Willen auch in der Ehe mit Carl Benz durch. Gegen den Wunsch ihres Mannes unternimmt sie die weltweit erste Automobilfernfahrt mit dem dreirädrigen »Patentmotorwagen« ihres Mannes. An einem Morgen im August 1888 fährt sie mit ihren beiden Söhnen vom Wohnort Mannheim nach Pforzheim, um ihre Mutter zu besuchen. Damit hat sie die Einsatzfähigkeit der Erfindung ihres Mannes bewiesen. Der sagt später: »Sie war wagemutiger als ich und hat eine für die Weiterentwicklung des Motorwagens entscheidende Fahrt unternommen.«

Daimler und Maybach: Tempo!

Das eigenartige Gefährt ist das erste durch einen Verbrennungsmotor fortbewegte Zweirad der Welt und heißt »Fahrzeug mit Gas- bzw. Petroleum-Kraftmaschine«. Mit 600 Umdrehungen in der Minute und 0,5 PS beschleunigt diese Maschine (unter dem Sitz positioniert) das hölzerne Zweirad mit Stützrädern und dem Motor unter dem Sitz auf sagenhafte 12 Kilometer pro Stunde. Die Idee zu diesem Zweirad stammt von dem Maschinenbauer Gottlieb Daimler. Entwickelt hatte er es zusammen mit seinem Freund Wilhelm Maybach.

Daimler, geboren 1834 in Schorndorf (Württemberg), lernt bei einem Büchsenmacher und arbeitet als Maschinenbauer, bevor er Werkstätteninspektor in Reutlingen wird. Von 1872 bis 1882 ist er für die Gas-Motorenfabrik Deutz in Köln tätig. Hier lernt er Wilhelm Maybach kennen, den Chef des dortigen Konstruktionsbüros. Als Daimler das Unternehmen mit einer astronomischen Abfindung verläßt (er wird wegen »Dickköpfigkeit« entlassen), kündigt Maybach ebenfalls und folgt Daimler 1882 nach Cannstatt.

Im Garten der Villa Taubenheimstraße 13 arbeiten die Privatiers Daimler und Maybach Monat für Monat in einem mit Vorhängen abgedunkelten Gartenhaus. Nicht einmal die Familie und die Hausangestellten wissen, was die beiden in der kleinen Werkstatt treiben. Daimlers Gärtner meldet der Polizei sogar, sein Arbeitgeber betreibe vielleicht eine Falschmünzerwerkstatt. Daraufhin durchsuchen die Behörden in Abwesenheit des Hausherrn tatsächlich den Schuppen.

Es dauert drei Jahre, bis das erste motorisierte Zweirad von Daimler und Maybach einsatztauglich ist. Erprobt wird es von Daimlers 16jährigem Sohn Paul, der am 10. November 1885 an den staunenden Anwohnern vorbei die drei Kilometer lange Strecke zwischen Cannstatt und Untertürkheim ohne Zwischenfälle zurücklegt.

Die sozialdemokratische Fraktion im Reichstag 1889. Sitzend von links: Georg Schumacher, Friedrich Harm, August Bebel, Heinrich Meister, Karl Franz Frohme. Stehend von links: Johann Dietz, August Kühn, Wilhelm Liebknecht, Carl Grillenberg, Paul Singer. Im nächsten Jahr, 1890, wird die Sozialistische Arbeiterpartei noch vor ihrer Umbenennung in SPD mit 1 427 000 Stimmen wählerstärkste Partei im Deutschen Reich.

Um zu stabilen Mehrheiten unter Ausschluß der Liberalen zu kommen, mußte er jetzt allerdings den Ausgleich mit dem Zentrum suchen, der sich bereits Anfang des Jahres angedeutet hatte, als Papst Pius IX. Anfang Februar starb. »Darauf müssen wir einen Nordhäuser trinken«, ist Bismarcks erste Reaktion, als er die Nachricht vom Tod des Papstes auf Gut Varzin empfängt.

Mit Pius' Nachfolger Leo XIII., so sein Kalkül, wäre eine Verständigung vermutlich leicht zu erreichen, denn der ehemalige Kardinal Pecci galt wie er selbst als ausgesprochener Realpolitiker. Nach einem Treffen mit dem päpstlichen Nuntius Kardinal Aloisi Masella Anfang August ist Bismarck nun plötzlich der Meinung, daß der Papst »nicht den geringsten Einfluß auf die Zentrumspartei« habe. Der Vorwurf des »Ultramontanismus« war ihr, so die späte, nichtsdestoweniger zeitgemäße Einsicht, doch nicht zu machen, zumal sie, nicht anders als die Schutzzollpartei, ebenfalls für einen protektionistischen »Schutz der nationalen Arbeit« zu haben war. »Extra Zentrum nulla salus«, ohne das Zentrum kein Wohl, ruft der wortmächtige Zentrumsführer Ludwig Windthorst Bismarck bei ihrer

Nach dem Tod des Kaisers wird sich seine Frau, die Kaiserin Viktoria, in »Kaiserin Friedrich« umbenennen. Sie stirbt 1901 im Alter von 61 Jahren an ihrem Altersruhesitz Kronberg im Taunus.

Friedrich III.: Kaiser für nur 99 Tage

Friedrich Wilhelm ist ein ewiger Kronprinz. Im Oktober 1831 in Potsdam geboren, ist er der erste Hohenzollern-Prinz, der ein reguläres Studium aufnimmt: 1849 schreibt er sich an der Universität Bonn für Rechts- und Staatswissenschaft ein – wenngleich ihm selbstverständlich kein Examen abgenommen werden darf.

1858 heiratet er die liberale englische Kronprinzessin Viktoria, Tochter von Queen Viktoria und Prinzgemahl Albert. Aus der Ehe gehen acht Kinder hervor. »Vicky« ist intelligent und ihrem liberalen Vater Albert eng verbunden. Sie hat zu allem eine dezidierte Meinung, die sie offen vertritt. Bald heißt es bei Hofe, Friedrich Wilhelm sei eine Marionette seiner Frau. Als er 1861 Thronfolger wird (nachdem sein Vater Wilhelm preußischer König geworden ist), verwehrt ihm Bismarck sogar den Zugang zu politischen Informationen – zu groß scheint dem preußischen Ministerpräsidenten Friedrichs Nähe zu den Liberalen und der britischen Krone. Dem Prinzen bleibt ein »Dasein bedrückender Leere« mit Paraden, Empfängen und Inspektionsreisen. 1885 stellt der Kanzler Bismarck fest, der Thronfolger habe »geringe Kenntnisse von Staatsgeschäften und wenig Interesse dafür«.

Dabei ist Friedrich durchaus ein engagierter Mann. Er setzt sich gemeinsam mit seiner Frau für den Bau des Kunstgewerbemuseums ein. Das Paar ist oft auf Reisen, vor allem in England und Italien, und steckt viel Energie in den Umbau des Neuen Palais in Potsdam. Beide halten sich regelmäßig auf dem Krongut Bornstedt über Postdam auf, wo Viktoria eine Musterlandwirtschaft nach englischem Modell führt.

Der schwer an Kehlkopfkrebs erkrankte Friedrich kann 1888 in den 99 Tagen als Kaiser Friedrich III. keine Akzente setzen. Sein Tod macht den Weg frei für Wilhelm II., dem die liberale Haltung seiner Eltern immer fremd geblieben ist.

ersten persönlichen Begegnung im Mai 1879 entgegen. Das weiß auch der Kanzler.

Doch das Zentrum war eine föderalistische Partei, und so bedurfte es erst komplizierter Verhandlungen, bis eine Klausel gefunden wurde, mit der die Finanzbedürfnisse des Reichs und die Hoheitsrechte der einzelnen Staaten zum Ausgleich gebracht werden konnten. Die »Franckensteinsche Klausel«, benannt nach dem bayerischen Zentrumsabgeordneten Georg von Franckenstein, sieht die Begrenzung der Reichseinnahmen aus Zöllen und Tabaksteuer auf 130 Millionen Mark vor. Alles, was darüber lag, sollte an die Länder abgeführt werden, die so auch von Schutzzöllen und erhöhter Tabaksteuer profitierten und leichter als bisher ihre üblichen Matrikularbeiträge an das Reich abführen konnten. Bismarck stimmt dem Vorschlag zu und sichert sich so die Zustimmung des Zentrums zu höheren Agrarzöllen. Am 12. Juli 1879 nimmt der Reichstag mit der neuen Mehrheit der beiden konservativen Parteien und des Zentrums sowie 16 Nationalliberalen die Schutzzollvorlage und die Erhöhung der Tabaksteuer an. Damit ist die liberale Ära der Reichsgründungszeit zu Ende gegangen.

»Schutzzölle und Sozialpolitik«, schreibt Heinrich August Winkler, »waren die zwei Seiten einer Medaille der inneren Reichsgründung«. Es zählt zu den Paradoxien deutscher Geschichte, daß das Reich gerade in Zeiten der illiberalen Wende und der Sozialistenverfolgung international zu einem Pionierland der Sozialgesetzgebung geworden ist. Für Bismarck war sie die positive Antwort des Staates auf die umstürzlerischen Aktivitäten der Sozialdemokratie. Sie sollte aus »vaterlandslosen Gesellen« gute Deutsche machen oder, wie Bismarck es selbst formulierte, in der »großen Masse der Besitzlosen die konservative Gesinnung (...) erzeugen, welche das Gefühl der Pensionsberechtigung mit sich bringt«.

Am 17. November 1881 kündigt eine kaiserliche Botschaft an den Reichstag den Beginn eines sozialpolitischen Programms an, das 1883 zum ersten Gesetz über die Krankenversicherung führt, nach dem Arbeitnehmer zwei Drittel und Arbeitgeber ein Drittel der festgesetzten Beiträge an die neu gegründeten Ortskrankenkassen abführen mußten. Seit 1884 gibt es eine Unfallversicherung, seit 1889 ein Gesetz über die Alters- und Invalidenversicherung, die zu je einem Drittel aus Beiträgen der Arbeitnehmer, der Arbeitgeber und des Reichs finanziert werden und einen Rentenanspruch ab dem 70. Lebensjahr vorsehen. Das waren Pionierleistungen im europäischen Maßstab, weil durch diese Gesetze zum ersten Mal ein individueller Rechtsanspruch auf soziale Leistungen begründet wurde. Für Bismarck sollten sie ein Beweis dafür sein, daß der Staat »seiner« Arbeiterklasse weit mehr zu bieten hatte als die Sozialdemokratie.

Drei-Kaiser-Jahr

Kaiser Wilhelm I. war ein alter Mann, und niemand wußte, wie lange er noch regieren würde. Das war der Grund, weshalb viele Liberale, besonders seit Bismarcks Wende von 1878/79, auf einen baldigen Thronwechsel große Hoffnungen setzten. Kronprinz Friedrich Wilhelm hatte 1884, als sich die Deutsche Fortschrittspartei mit den parlamentarisch gesinnten Sezessionisten der Nationalliberalen zur Deutschen Freisinnigen Partei zusammengeschlossen hatten, als einer der ersten den Parteigründern zu ihrem Schritt gratuliert, weshalb sie bald im Volksmund die »Kronprinzenpartei« genannt wurde. Franz von Roggenbach, ein früherer badischer Minister, war einer der Freisinnigen, die auch zum Freundeskreis Friedrich Wilhelms zählten. Er vertrat die Ansicht, daß Bismarcks lange Amtszeit ein Unglück für Deutschland sei und daß sie lediglich zu »Staatsabsolutismus, verziert mit parlamentarischem Beiwerk und naiver Spielerei mit Scheinkonstitutionalismus« geführt habe. Mit einem liberalen Kaiser auf dem Thron, so die Hoffnung vieler, würde sich der autokratische Systemwechsel vielleicht bald rückgängig machen lassen.

Bismarck wußte um solche Phantasien und Wünsche. »Sie rechnen indessen doch vielleicht falsch damit«, schreibt er prophetisch 1882, »denn auf einen langlebigen Kaiser kann ein kurzlebiger folgen, und es kommt mir vor, als ob dies hier der Fall sein würde. Der dann dran käme, ist aber ganz anders, der will selber regieren, ist energisch und entschieden, gar nicht für parlamentarische Mitregenten (...). Der ist gar nicht erfreut, daß sich sein Vater mit den Professoren einläßt, mit Mommsen, Virchow und Forckenbeck, und vielleicht entwickelt sich aus dem einmal der rocher de bronze, der uns fehlt.« Tatsächlich wird Friedrich Wilhelm als Kaiser Friedrich III. nur 99 Tage im Amt sein. Doch der Nachfolger, Wilhelm II., wird sich als erstes Bismarcks selbst entledigen.

1885 erleidet der Kaiser einen leichten Schlaganfall. Damit tritt zum ersten Mal eine Situation ein, in der Bismarck ernsthaft mit einem Thronwechsel rechnen muß. Doch Wilhelm I. erholt sich schnell. 1885 ist auch das Jahr einer neuen Balkankrise. Bulgarien hatte die türkische Provinz Ostrumelien nach einer Rebellion in deren Hauptstadt Philippopolis (Plowdiw) annektiert und gegen Serbien einen erfolgreichen Feldzug geführt. Dies hatte allerdings in St. Petersburg Besorgnis über den Verlust russischen Einflusses in Bulgarien ausgelöst. Ohnehin war Alexander von Battenberg, der Neffe des Zaren, der 1879 auf den bulgarischen Thron gewählt worden war, bald eigene Wege ohne seine russischen Berater gegangen, unter anderem, indem er den Bau einer österreichischen Orientbahn durch Serbien und Bulgarien nach Konstantinopel unterstützte. Jetzt hatte der serbisch-bulgarische Waffengang Österreich und Rußland wegen ihrer gegensätzlichen Interessen auf dem Balkan hart an die Grenze eines Krieges gebracht, der in den Augen Bismarcks für die Donaumonarchie hätte gefährlich werden können, was wiederum unmittelbar die Interessen des Deutschen Reiches berühren würde. Falls es zum Krieg komme, so Bismarck im Herbst 1886, müsse mit allen Mitteln verhindert werden, daß Österreich »vernichtet oder tödlich verwundet oder von Rußland abhängig werde«, schon deshalb, weil die Russen niemals genügend Maß an den Tag legen würden, »daß wir mit ihnen und den Franzosen allein auf dem Kontinent leben könnten«.

Zumal sich in dieser Zeit auch die Konflikte in den Beziehungen zu Frankreich gefährlich zuspitzten. Im Frühjahr 1886 hatte Paris eine Welle antideutscher Emotionen erlebt, nachdem General Georges Boulanger, zum Kriegsminister ernannt, lautstark eine baldige Revanche für Elsaß und Lothringen gefordert hatte. Die Gefahr einer Allianz zwischen St. Petersburg und Paris lag in der Luft, der von Bismarck immer wieder gefürchtete »Alptraum der Koalitionen«. Bismarck entledigt sich des Problems mit einer diplomatischen Meisterleistung, die jedoch zugleich zeigt,

Am 30. Oktober 1888 besucht der junge Kaiser Wilhelm II. den alten Reichskanzler Otto von Bismarck in Schloß Friedrichsruh im Sachsenwald. In zwei Jahren wird es zum Bruch zwischen den beiden kommen. Eine öffentlich vorgenommene Aussöhnung im Jahr 1894 bleibt äußerlich.

wie anfällig und fragil seine Sicherheitskonzeption war und wie sehr sie, bedingt durch die nach wie vor unsichere deutsche Mittellage, auf einem System von brüchigen Allianzen beruhte.

Boulanger wird mit einer Politik der Stärke der Wind aus den Segeln genommen. Als Bismarck im Januar 1887 eine Heeresvorlage mit der Forderung nach Truppenverstärkung vor dem Reichstag verteidigt, gibt er zu verstehen, daß sich diese Maßnahme ausschließlich durch die Gefahr eines Krieges mit Frankreich begründe, auch wenn das Reich niemals von sich aus einen Präventivkrieg zu führen gedenke. Vielmehr sei der Boulangerismus eine Gefahr für Europa, die dazu führen könnte, daß sich die Ereignisse von 1870 noch einmal, allerdings mit weit größerem Blutvergießen, wiederholen würden. Ende Januar läßt er in der *Berliner Post* einen Artikel mit der Schlagzeile »Auf Messers Schneide« lancieren, der die Meinung vertritt, Boulanger sei nicht mehr aufzuhalten. Gleichzeitig werden 72 000 Reservisten zu Manövern in das Elsaß und nach Lothringen abkommandiert. Das Säbelrasseln zeigt nach einiger Zeit Wirkung in Paris.

Doch die Spannungen auf dem Balkan sind weniger leicht zu bewältigen. Hier bedarf es eines ausführlichen Briefs der Kronprinzessin an ihre Mutter, die englische Königin Viktoria, um die Bri-

Das 19. Jahrhundert gehört der Eisenbahn. Am Ende des Jahrzehnts deutet sich aber schon das Ende des Dampfzeitalters an. Die erste elektrische Straßenbahn der Welt stellt die Firma Siemens 1879 auf der Berliner Gewerbeausstellung vor. Die erste elektrische Schnellzuglokomotive Deutschlands im Fernverkehr kommt im Jahre 1911 zum Einsatz.

ten dazu zu bewegen, erneut ihre Interessen im Osmanischen Reich zur Geltung zu bringen. Dies, so die Botschaft nach London, sei gewiß geeignet, die Russen zur Vernunft zu bringen, und würde vermutlich auch die Unterstützung Österreichs und Italiens finden. Das »Erste Mittelmeer-Abkommen« zwischen England, Italien und Österreich-Ungarn verpflichtet die drei Mächte zur Aufrechterhaltung des Status quo im Mittelmeer, in der Adria, im Ägäischen und im Schwarzen Meer und richtet sich damit eindeutig gegen jede russische Expansionsbestrebung auf dem Balkan. Durch die Einbindung Englands und über den deutsch-italienisch-österreichischen Dreibund hat es auch eine pazifizierende Wirkung auf Frankreich und gibt zudem Bismarck freie Hand für ein eigenes Abkommen mit Rußland.

Nach zwei Monaten Verhandlungen wird am 18. Juni 1887 der »Rückversicherungsvertrag« zwischen dem Deutschen Reich und Rußland unterzeichnet. Er verpflichtet die Vertragspartner zur Neutralität im Fall eines französischen Angriffs auf das Reich oder eines österreichisch-ungarischen auf Rußland. In einem geheimen Zusatzprotokoll erklärt das Reich allerdings seine Unterstützung der russischen Interessen in Bulgarien und an den Meerengen, was in St. Petersburg leicht als Aufforde-

Waggonbau im Werk in Wöhrd (bei Nürnberg) der Maschinenfabrik Klett & Co., 1890. Aus der Fusion der Firma, die auch im Eisenhoch- und Brückenbau tätig ist, mit der AG Maschinenfabrik Augsburg geht 1898 die MAN AG hervor. Bayern ist zu dieser Zeit noch weitgehend ein Agrarland.

rung verstanden werden konnte, in Bulgarien eine Politik zu betreiben, die eine gewaltsame Reaktion Österreichs hervorrufen könne, wobei russische Gegenreaktionen dann durch die deutsche Neutralitätsverpflichtung gedeckt wären.

Tatsächlich scheint im Herbst 1887, als die bulgarische Nationalversammlung gegen den russischen Willen den proösterreichischen Prinzen Ferdinand von Sachsen-Coburg-Koháry zum neuen Herrscher wählt, ein Waffengang kurz bevorzustehen. Nur Bismarcks Aufforderung an die Unterzeichnerstaaten des Mittelmeer-Abkommens, ihre Positionen zu bekräftigen, verhindert eine Eskalation, weil die Russen damit eine Wiederholung ihrer Niederlage im Krimkrieg befürchten müssen.

Stabile Verhältnisse hat Bismarcks Schachspiel nicht geschaffen. Als erstes wird der Drei-Kaiser-Bund ein Opfer der Bulgarienkrise. Er ist im Juni 1887, bei Unterzeichung des Rückversicherungsvertrags, abgelaufen und wird nicht verlängert. Doch auch der Rückversicherungsvertrag hält nicht, was sich insbesondere die Russen von ihm versprochen haben. Zu sehr ist er von dem Handelskrieg überschattet, der seit der protektionistischen Wende Anfang der achtziger Jahre für Konfliktstoff sorgt und der im Herbst 1887 noch einmal durch das Verbot an die Reichsbank, russische Wertpapiere als Pfand für Kredite zu akzeptieren, eine Verschärfung erfährt. Der Rückversicherungsvertrag sollte eine Annäherung Rußlands an Frankreich verhindern, doch gerade das wird durch diese Maßnahme torpediert. Schnell hat die russische Regierung gelernt, sich statt in Berlin nun in Paris mit Finanzmitteln zu versorgen.

Zudem muß Bismarck sich mit Eigenmächtigkeiten der Militärs herumschlagen. Besonders der seit 1882 zum Generalquartiermeister ernannte Graf Alfred von Waldersee macht Stimmung für einen gemeinsamen deutsch-österreichischen Präventivkrieg gegen Rußland. Über Moltke versucht er den Kaiser von der Notwendigkeit eines baldigen Aufmarschs zu überzeugen, und in Wien läßt er das Gerücht streuen, dem Reich sei an einem baldigen österreichischen Losschlagen gelegen. Bismarck reagiert scharf und deutlich. Nach den Bestimmungen des Zweibundes von 1879, teilt er Wien mit, sei Deutschland nur zu einer Unterstützung Österreichs verpflichtet, wenn dieses von Rußland angegriffen werde. Den Militärs in Berlin läßt er die unmißverständliche Nachricht zukommen, schon aus innenpolitischen Gründen sei ein Krieg in der gegenwärtigen Lage ein unverantwortliches Abenteuer. Auch deshalb, weil bald mit einen Herrscherwechsel gerechnet werden müsse.

Am 9. März 1888 stirbt Kaiser Wilhelm I. im Alter von 91 Jahren. Doch die Hoffnung der Liberalen auf ein von seinem Nachfolger, Friedrich III., ins Leben gerufenes »Kabinett Gladstone« sollten sich nicht erfüllen. Im

Frühjahr 1887 hatten Ärzte bei dem Thronfolger Kehlkopfkrebs diagnostiziert, und er hielt sich seitdem meist in San Remo an der Riviera auf. Als er am 11. März über Leipzig nach Berlin zurückkehrt, um den Thron zu besteigen, leidet er unter den Folgen eines Luftröhrenschnitts, der ihn auf immer seiner Stimme beraubte. 1885 hatte er mit seinen freisinnigen Freunden bereits für den Fall der Thronbesteigung eine Proklamation »An mein Volk« verfaßt, die er jetzt veröffentlichen läßt. Deutschland, erklärt er darin, wolle er, nachdem dessen Machtstellung durch Wilhelm I. in kaum erhoffter Weise begründet und befestigt worden war, nun zu einem Hort des Friedens und zu einem Land der Wohlfahrt machen.

Viel kann er in den drei Monaten seiner Regentschaft jedoch nicht bewirken. Sein nachhaltigstes Werk ist die Entlassung des reaktionären preußischen Innenministers Robert von Puttkamer. Doch schon seine Absicht, dem Hofprediger und antisemitischen Agitator Adolf Stoecker die Tür zu weisen, kann er nicht mehr ausführen. Friedrich III. stirbt am 15. Juni 1888, von Friedrich Nietzsche mit dem Nachruf versehen, mit ihm sei »die letzte Hoffnung« auf eine freiheitliche Entwicklung in Deutschland dahingeschwunden.

Sein Sohn und Nachfolger Wilhelm II. ist neunundzwanzig Jahre alt, als er den Thron besteigt. Körperlich seit seiner Geburt am linken Arm durch eine Beschädigung des Schulterge-

Die Hammerschmiede im Waggonbau der Maschinenfabrik Klett & Co., 1890. In den protestantischen Städten Nürnberg und Augsburg, die bereits industrialisiert sind, hat die SPD eine starke Anhängerschaft, allerdings liegen die Wahlergebnisse der SPD in Bayern gut 30% unter denen im Reich.

lenks und durch Muskelrisse behindert, hat er durch eine strenge Erziehung gelernt, dieses Handikap konsequent zu verleugnen. Mittelmäßig begabt, absolvierte er an der Bonner Universität und im Kreis des Corps Borussia ein Studium, bevor er mit zwanzig als Leutnant in das Potsdamer Garderegiment eintrat. Erst in den letzten Jahren war er langsam mit dem politischen Geschäft vertraut gemacht worden. Seit dem 17. November 1887 besaß Wilhelm eine Vollmacht, im Fall der Unfähigkeit seines Großvaters als dessen Stellvertreter zu amtieren, die sein todkranker Vater nach dem Thronwechsel, bezogen auf seine eigene Person, erneuerte.

Wilhelm ist so schon frühzeitig eine interessante Figur für Hofintrigen geworden. Besonders Graf Waldersee versteht es, ihn in seinen Bann zu ziehen. Bei der Audienz, während der Waldersee Kaiser Wilhelm I. von der Notwendigkeit eines deutsch-österreichischen Präventivkriegs gegen Rußland überzeugen wollte, war auch der spätere Wilhelm II. zugegen. Er sei, so Bismarck zu dieser Zeit, »ein Brausekopf, könne nicht schweigen, sei Schmeichlern zugänglich und könne Deutschland in einen Krieg stürzen, ohne es zu ahnen und zu wollen«. Das sind allerdings keine prophetischen Worte, sondern sie beziehen sich auf das, was möglicherweise passiert wäre, wenn der junge Enkel statt des alten Wilhelm im Herbst 1887 das Sagen gehabt hätte.

Die Nähe des jungen Hohenzollern zur Kriegspartei beängstigt Bismarck ebenso wie dessen Nähe zu den antisemitischen Christsozialen um Pastor Adolf Stoecker, für dessen Stadtmission er durch Waldersees Vermittlung im November 1887 die Schirmherrschaft übernommen hatte. Der Enkel hatte in diesem Zusammenhang, sehr von der *Kreuzzeitung* gelobt, den »christlich-sozialen Gedanken« und dessen »Anerkennung der gesetzlichen Autorität und der Liebe zur Monarchie« gepriesen, was Bismarck zu der verärgerten Bemerkung veranlaßte, Prinz Wilhelm habe »die reaktionärsten Anwandlungen« und müsse eigentlich »einen vernünftigen Ziviladlatus« an die Seite gestellt bekommen.

Jetzt war er der dritte deutsche Kaiser geworden. »Wenn seine Eltern sich das Ziel gesetzt hatten, einen konstitutionellen König zu erziehen, der sich gehorsam vor der Souveränität einer Kammermajorität beugt«, frohlockt Graf Waldersee, »so haben sie Unglück gehabt. Es kommt anscheinend das genaue Gegenteil heraus.« Doch auch Bismarcks Tage sind nun gezählt. »Sechs Monate«, so Wilhelm II. kurz nach der Thronbesteigung, »will ich den Alten verschnaufen lassen, dann regiere ich selbst.«

Rechte Seite: Arbeiter und Beamte vor einer Presse der Gutehoffnungshütte in Sterkrade, heute Oberhausen. Der junge deutsche Kaiser will ihr »Arbeiterkaiser« sein. Er verspricht in einem seiner ersten Erlasse: »Ich bin entschlossen, zur Verbesserung der Lage dem deutschen Arbeiter die Hand zu bieten.« Diese Willensbekundung ist Wilhelm II. so wichtig, daß er sie auf einer Gedenkmedaille verbreiten läßt.

KALKER

EPOCHENWENDE 1890

Bismarcks letzte Tage

Der 24. Januar 1890 war ein Tag, mit dem eine ganze Epoche des jungen Deutschen Reichs zu Ende ging. Dieser historische Tag endete am späten Abend im Berliner Stadtschloß mit dem gequält hervorgebrachten Eingeständnis Bismarcks gegenüber Kaiser Wilhelm II., er, Bismarck, sei »wohl nicht mehr recht an seinem Platz«.

Der Reichskanzler Otto von Bismarck hatte den ganzen Januar auf seinem Landsitz in Friedrichsruh bei Hamburg zugebracht, und er wäre dort auch noch länger geblieben, wenn ihn nicht am Abend des 23. eine eilige Nachricht aus Berlin erreicht hätte, daß der Kaiser für den nächsten Tag überraschend den Kronrat einberufen habe. Seinen Sohn Herbert hatten in den letzten Tagen schon mehrere Warnungen erreicht, daß die Stellung des Vaters zunehmend unterminiert werde, doch jetzt ging es um etwas Grundsätzliches, und Bismarck war nicht einmal dazu eingeladen worden.

Am 24. Januar wollte der Kaiser, schon als Kronprinz mit christsozialem Gedankengut vertraut, sich richtungsweisend zur Arbeiterfrage äußern. Lange hatte er damit gezögert, doch die Wahlen, für Ende Februar festgesetzt, kamen immer näher. Die großen Streiks der Bergarbeiter in den Kohlezechen an der Ruhr und in Oberschlesien 1889 hatten Wilhelm zu der Überzeugung gebracht, »da müsse noch viel geschehen, er müsse verhindern können, daß das Kapital die Arbeiter aussaufe«. 1889 hatten die Krupps sich während des Ausstands Gartenpfähle in ihre Essener Villa Hügel bringen lassen, die in Wirklichkeit Gewehre waren, und Bismarck wollte die Gruben besetzen und den Ausnahmezustand ausrufen lassen. Doch der junge Kaiser Wilhelm empfing statt dessen, was als Sensation gedeutet wurde, eine Delegation der Arbeiter, hörte ihnen zu und versprach, sich für sie einzusetzen, unter der einschränkenden

Linke Seite: Zar Nikolaus II. (*1868, †1918) (5. v. l) und die Zarin Alexandra Fjodorowna (*1872, †1918) auf Besuch beim Bruder der Zarin in Darmstadt im Jahr 1899. Die Zarin (6. v. l), geboren als Prinzessin Alice von Hessen und bei Rhein, ist die Schwester von Großherzog Ernst Ludwig von Hessen(-Darmstadt) (*1868, †1937) [3. v. l], dem wohl liberalsten Fürsten im Deutschen Reich. Die Zarenfamilie wird am 17. Juli 1918 in Jekaterinburg von Bolschewisten ermordet, Ernst Ludwig stirbt hoch angesehen 1937 in Hessen.

Der Unternehmer Ernst Abbé ist vielen nicht bekannt, weil das Unternehmen, das er nach seinem Eintritt 1875 zu einem Weltunternehmen für Optik und Mechanik ausbaut, nicht seinen Namen führt. Es wird 1846 als Werkstatt für Feinmechanik und Optik von dem Mechaniker Carl Zeiss (*1816, †1888) gegründet. Die Zusammenarbeit zwischen dem damals 50jährigen Zeiss und dem 26jährigen Abbé beginnt am 3. Juli 1866. Nach Abbés Eintritt lenkt dieser immer mehr die Geschicke der Firma Carl Zeiss. Der Unternehmensstandort, die Universitätsstadt Jena, liegt im Großherzogtum Sachsen-Weimar-Eisenach, das mit der Wartburg-Stadt Eisenach über einen zweiten bedeutenden Industriestandort verfügt.

Ernst Abbé:
Physiker, Industrieller und Sozialreformer

Ernst Abbé wird im Januar 1840 in Eisenach geboren. Sein nicht eben wohlhabender Vater ermöglicht ihm den Besuch der Universitäten Jena und Göttingen, wo er Philosophie, Physik und Mathematik studiert. Jahrzehnte später werden seine Erfahrungen als Arbeitersohn, der durch Bildung zu Wohlstand gelangte, in eine bis dahin beispiellose Betriebsordnung einfließen.

1863 habilitiert sich Abbé in Jena und wird 1870 dort Professor. In Jena findet er Kontakt zu dem Mechaniker und Glasfabrikanten Carl Zeiss, der Abbé für die noch junge Wissenschaft der Mikroskopie begeistert. Abbé nimmt durch seine Forschungen großen Einfluß auf die Entwicklung der Zeiss-Werke. 1875 macht Zeiss ihn zum Teilhaber; nach dem Tod des Gründers wird Abbé 1889 Alleininhaber.

Abbé ist an den administrativen Aufgaben des wachsenden Unternehmens nicht besonders interessiert. Er überträgt seinen Millionenbesitz der 1891 gegründeten Carl-Zeiss-Stiftung. Seine Vorstellungen fließen in ein Statut ein, das die soziale Lage der »Zeissianer« enorm verbessert. Arbeitern wie Angestellten werden ein Mindesteinkommen und der Neun-Stunden-Tag (ab 1900: Acht-Stunden-Tag) garantiert; außerdem stehen ihnen bezahlter Urlaub, Krankengeld, Gewinnbeteiligung sowie Invaliditäts- und Altersversorgung zu. Im Unterschied zu anderen Unternehmen gewährt Abbé diese Leistungen nicht als Wohltaten, sondern schreibt sie als Rechte der Mitarbeiter fest. Vom Unternehmensgewinn geht weiterhin jedes Jahr ein Deputat an die Universität Jena, die Stadt Jena und Unternehmen der freien Volksbildung.

Der Physiker, Industrielle und Sozialreformer Ernst Abbé stirbt am 14. Januar 1905 in Jena.

Otto von Bismarck (Mitte) mit den Bevollmächtigten zum Bundesrat. Der Bundesrat ist nach der Verfassung die mächtigste Einrichtung des Deutschen Kaiserreichs, die über weitergehende Kompetenzen als der Reichstag verfügt. Seine Mitglieder sind von den Regierungen der 25 Bundesstaaten bevollmächtigt. Der Bundesrat zählt 58 Stimmen. Die Mitglieder des Bundesrats haben in jedem Falle nach der ihnen von ihrer Regierung erteilten Weisung abzustimmen.

Bedingung allerdings, daß sie nicht sozialdemokratischer Agitation auf den Leim gingen. Die sozialen Reformen seines Großvaters, befand Wilhelm nach diesem Treffen, waren offensichtlich nicht weit genug gegangen, um den Frieden im Land dauerhaft zu garantieren. Wilhelm I. hatte sich 1881 mit einer Proklamation zu Beginn der Kampagne für die Sozialversicherung direkt an die Nation gewandt. Wilhelm II. wollte auf der Kronratssitzung vom 24. Januar 1890, dem Geburtstag Friedrichs des Großen, einen vergleichbaren pathetischen Schritt vorbereiten.

Fast in letzter Minute gelang es Herbert von Bismarck, ein Treffen des Vaters mit dem Kaiser noch vor der auf den Abend anberaumten Kronratssitzung zu arrangieren, nicht ohne den Alten in Friedrichsruh lange davon überzeugen zu müssen, daß es besser sei, die Ideen Seiner Majestät zur Arbeiterfrage durch dessen eigenen Vortrag kennenzulernen, als sich später über das Protokoll informieren zu lassen.

Otto von Bismarck mußte am 24. Januar früh aufstehen, um den Zug nach Berlin rechtzeitig zu erreichen. Kurz vor 14 Uhr trifft er dort ein und besucht um 15 Uhr eine Sitzung des preußischen Staatsministeriums.

Blick in die Werkstatt einer Kunst- und Bautischlerei in München-Neuhausen. Bis in die Mitte des 19. Jahrhunderts ist Neuhausen ein kleines Bauerndorf, das erst ab 1866/70 durch Ansiedlung von Industriebetrieben zu einem Münchner Vorort mit überwiegend proletarischer Bevölkerung wächst. 1888 hat Neuhausen bereits 11450 Einwohner. 1890 nach München eingemeindet, ist der Ort in der Spätgründerzeit ein wirtschaftlich blühender Stadtteil der bayerischen Landeshauptstadt.

Schon dort verspürt der Alte, daß der Wind sich in den letzten Wochen gedreht hat. Niemand will ihm mehr in seiner harten Politik, die eine unbegrenzte Verlängerung des Sozialistengesetzes vorsieht, folgen. Über das Sozialistengesetz sollte am nächsten Tag im Reichstag abgestimmt werden, und es war mehr als fraglich, ob die Anhänger des Reichskanzlers dabei eine Mehrheit zustande bringen würden. Bismarck weiß das. Schon lange treibt ihn der Gedanke um, notfalls eine Art Staatsstreich durchzuführen, einschließlich eines »Vorbeugungsschlags« gegen die Sozialdemokratie und der Auflösung des Reichstags. Es sind diese Optionen, die ihm am 24. Januar 1890 bei der anschließenden kaiserlichen Audienz durch den Kopf gehen. Ihm sei »das Scheitern des Sozialistengesetzes ganz willkommen«, läßt Bismarck den Monarchen wissen, weil er »eigentlich ein schärferes« wünsche.

Doch der Kaiser möchte die Sozialdemokratie durch Sozialreformen und nicht durch Repressionen bekämpfen, in der Hoffnung, die Arbeiter

Hermann Weingärtner: Ein Turner in Athen

Hermann Weingärtner an den Ringen während der Olympischen Spiele 1896.

»Ich erkläre die Spiele der ersten Olympiade der neuen Zeitrechnung für eröffnet!« lautet die feierliche Formel, die der griechische König Georg I. am Nachmittag des 6. April 1896 im Athener Stadion spricht. In den folgenden neun Tagen nehmen an 43 Wettbewerben auch 21 deutsche Sportler teil.

Höchst erfolgreich ist der 31jährige Turner Hermann Weingärtner aus Frankfurt an der Oder. An Reck und Barren belegt er drei erste Plätze (einen Einzelsieg, zwei mit der Mannschaft). Am Seitpferd und an den Ringen wird er Zweiter, in zwei weiteren Wettbewerben Dritter.

Hermann Weingärner ist gelernter Verkäufer. In Frankfurt an der Oder wird er Mitglied im örtlichen Turnverein FTV 1860, nach seinem Umzug in die Hauptstadt Berlin schließt er sich der Deutschen Turnerschaft an. Die gibt sich besonders kaisertreu. Zum nationalen Gedankengut der von »Turnvater Jahn« gegründeten Bewegung, die sich immer auch als politisch ausgerichteter Verband und nicht nur als sportliche Vereinigung begriffen hat, will die völkerverbindende olympische Idee nicht recht passen. Die bürgerlich-patriotischen Turner boykottieren daher die Spiele von Athen. Viele Freizeitturner aus dem Arbeitermilieu wechseln zum 1893 neugegründeten Arbeiterturnerbund. Der Deutschen Turnerschaft kommt diese Sezession eher gelegen – sie spricht dem Arbeiterturnerbund jede »sittliche und nationale Reife« ab.

Hermann Weingärtner, der wie zehn weitere Turner trotzdem in Athen antritt, darf später nicht mehr an deutschen Turnwettbewerben teilnehmen. Er kehrt in seine Heimatstadt Frankfurt an der Oder zurück und lebt dort bis zu seinem Tode 1919.

damit an die Krone binden zu können. Ein König des Volkes wolle er sein, teilt er in Anwesenheit des Reichskanzlers dem Kronrat mit, der nach der kurzen Audienz unter vier Augen abends um 18 Uhr zusammentritt. Die Leute müßten wissen, daß »ihr König um ihr Wohl« besorgt sei. Ausdrücklich beruft er sich dabei auf seinen Vorfahren Friedrich, »den Großen«, dessen Geburtstag man an diesem Tag gedenke und der so viel für

Der Mann mit Sommeranzug und Hut im Lager seines Unternehmens in der Bielefelder Lutterstraße ist August Oetker (*1862, †1918). Seine Karriere und die seines Unternehmens beweisen, daß zur vorletzten Jahrhundertwende auch die »Vermarkter« neben die großen Erfinder als Gründerväter treten. In der Aschoffschen Apotheke in Bielefeld entwickelt Oetker das von Justus von Liebig erfundene Backpulver zur Gebrauchsfertigkeit weiter, portioniert es vor allem in bedruckte Tüten und gibt ihm mit »Backin« einen Markennamen.

die friedliche Entwicklung seines Landes getan habe. Revolutionen, klärt ein staatsweiser Kaiser Wilhelm die notable Runde auf, seien immer das Ergebnis von Versäumnissen der Regierungen gewesen, und daß da etwas faul sei im Deutschen Reich, habe sich deutlich bei den jüngsten Streiks gezeigt. Die deutschen Arbeitgeber hätten sich, bis auf wenige Ausnahmen, »nicht um ihre Arbeiter gekümmert, sie ausgepreßt wie Zitronen und auf dem Mist verfaulen lassen«. Es sei deshalb höchste Zeit, vernünftige Zugeständnisse zu machen, um nicht weiter Wasser auf die Mühlen der Sozialdemokratie zu leiten.

In dieser Kronratssitzung legt Wilhelm II., wie angekündigt, seine künftigen Ziele in der Arbeitsschutzpolitik vor: Sonntags-, Nacht-, Kinder- und Frauenarbeit sollen eingeschränkt, Arbeiterausschüsse und Schlichtungsstellen eingerichtet und Fabrikinspektoren bestellt sowie der Bau von Sparkassen, Kirchen, Schulen und Krankenhäusern gefördert werden.

Als Krönung seines »neuen Kurses« regt Wilhelm die Durchführung einer internationalen Arbeiterschutzkonferenz in Berlin an. Dabei soll es

Gerhart Hauptmann: Ein Theaterskandal

Lithographie von Gerhart Hauptmann um 1900. Der in Niederschlesien geborene Hauptmann verbringt die längste Zeit seines Lebens in Agnetendorf bei Hirschberg im Riesengebirge. Für sich und Margarete Marschalk, seine Geliebte und spätere zweite Ehefrau, hat er hier in seinem Sommerquartier im Jahr 1900 vom Berliner Architekten Hans Grisebach die 200 000 Reichsmark teure Villa »Wiesenstein« im fürstlichen Stil erbauen lassen.

Gerhart Hauptmanns soziales Drama »Vor Sonnenaufgang« führt am 20. Oktober 1889 im Berliner Lessingtheater, das die »Freie Bühne« für die Uraufführung angemietet hat, zu einem riesigen Theaterskandal. Im fünften Akt, als eine Frau in den Wehen liegt, bietet der Spezialist für Frauenkrankheiten Dr. Schimmelpfennig mit der Geburtszange in der Hand lautstark seine Dienste an. Der ausbrechende Tumult endet beinahe in einer Massenschlägerei.

Die Kritik spart nicht mit deutlichen Worten: »Die Handlung ist weniger als Null und dieses Wenige ist einfach der barste Blödsinn, den je dilettantische Dreistigkeit der Öffentlichkeit zu bieten wagte. [...] Um nun auf dieses Fricassée von Unsinn, Kinderei und Verrücktheit die Aufmerksamkeit des Publikums zu lenken, durchsetzte es Herr Hauptmann mit einem Gemisch von Rohheiten, Brutalitäten, Gemeinheiten und Schmutzereien, wie es bisher in Deutschland unerhört gewesen war. Der Kot wurde in Kübeln auf die Bühne getragen, das Theater zur Mistgrube gemacht.«

Für nicht weniger Aufregung sorgen »Die Weber«. Nachdem er das Stück über den Aufstand der schlesischen Leinenweber 1894 im Deutschen Theater gesehen hat, erklärt Kaiser Wilhelm II., er werde das Theater nie wieder betreten, und kündigt seine Loge. Der alte Fontane, Kritiker der Vossischen Zeitung, *verteidigt den Künstler vorbehaltlos: »Alles, was ich an Ibsen seit Jahr und Tag bewundert hatte, ... die Neuheit und Kühnheit der Probleme, die kunstvolle Schlichtheit der Sprache, die Gabe der Charakterisierung - alles das fand ich bei Hauptmann wieder.«*

Ein Vierteljahrhundert, nachdem der noch unbekannte Hauptmann sein erstes Drama geschrieben hat, wird ihm im Jahre 1912 für seine großen Bühnenwerke wie »Der Biberpelz« (1893) »Fuhrmann Henschel« (1898), »Rose Bernd« (1903) und »Die Ratten« (1911) der Nobelpreis für Literatur verliehen.

Aus Anlaß des 50jährigen Bestehens ihrer Dampfziegelei in Planitz bei Zwickau haben die Besitzer, die Brüder Oswald und Willibald Rittrich, ihre Arbeiter und deren Familien auf dem Hof des Bauerngutes Rosner, zu dem die Ziegelei gehört, aufstellen lassen. Die »Ziegler« betreiben ein industrielles Gewerbe, das wenig Kapital benötigt. Die Ziegel, mit welchen man den ersten Ofen mauert, trocknen in der Sonne, mit selbstgebrannten Ziegeln baut man nun die weiteren Werksanlagen.

auch um die Festlegung von Höchstarbeitszeiten gehen. Zwar könne in einem reduzierten Arbeitstag auch die Gefahr der Förderung des Müßiggangs liegen, meint er, doch lasse sich »durch Beschränkung der Sonntagsarbeit auf das unumgänglich Nötige, Einschränkung der Nachtarbeit, der Arbeit der Frauen und Kinder, viel zur Verbesserung der Lage der Arbeiter tun«. Bismarck paßt die ganze Richtung nicht.

Als der Kaiser schließlich auf das Sozialistengesetz zu sprechen kommt und die Streichung des Ausweisungsparagraphen fordert, steigt die Spannung im Kronrat spürbar an. Bismarck widerspricht, in scharfem Ton. »Das Sozialistengesetz«, so der alternde Eiserne Kanzler, enthalte »nur ein Minimum dessen«, was die Regierung in Wirklichkeit an Machtmitteln brauche, um der Gefahr der Subversion Herr zu werden. Letztlich werde man viel mehr fordern müssen. Die »Nachgiebigkeit Sr. Majestät«, so Bismarck in ungewöhnlich scharfen Worten, werde »verhängnisvolle Folgen haben«, doch wenn der Kaiser in einer so wichtigen Frage anderer Meinung sei, dann könne er, Bismarck, daraus

nur den Schluß ziehen, daß er überflüssig geworden sei. Zwischen dem alten Kanzler und dem jungen Kaiser ist an diesem Abend ein irreparabler Bruch deutlich geworden, auch wenn es noch zwei Monate dauern sollte, bis Otto von Bismarck sein Entlassungsgesuch einreicht.

Bauarbeiter in der Schleusenkammer des Schiffshebewerks Henrichenburg in Waltrop nordwestlich von Dortmund. Am 11. August 1899 weiht Kaiser Wilhelm II. dieses größte Bauwerk am Dortmund-Ems-Kanal ein. Das Hebewerk hebt Frachtschiffe bis zu 600 Tonnen Gewicht über einen Höhenunterschied von 14 Metern.

Am nächsten Tag, dem 25. Januar, lehnt der Reichstag mit 169 gegen 98 Stimmen eine Verlängerung des Sozialistengesetzes ab. Selbst die konservative Fraktion stimmt mit Nein, allerdings nur wegen der in der Vorlage vorgesehenen beschränkten Geltungsdauer des Gesetzes. Die Sozialdemokraten jedoch veranstalten nach der Ablehnung in ganz Deutschland spontane Freudenfeiern.

Um dem »neuen Kurs« des Kaisers in der Sozialpolitik Nachdruck zu verleihen, veröffentlicht der *Reichsanzeiger* am 4. Februar, zwei Wochen vor den Reichstagswahlen, zwei kaiserliche Erlasse, in denen sich Wilhelm für einen vermehrten präventiven Arbeiterschutz ausspricht. Es sei staatliche Aufgabe, »die Zeit, die Dauer und die Art der Arbeit so zu regeln, daß die Erhaltung der Gesundheit, die Gebote der Sittlichkeit, die wirtschaftlichen Bedürfnisse der Arbeiter und ihr Anspruch auf gesetzliche

Gleichberechtigung gewahrt bleiben«. Jeder Versuch, einen grundlegenden präventiven Arbeiterschutz gesetzlich zu verankern, war bis dahin an der starren Abwehr Bismarcks und einer großen Mehrheit der Unternehmer gescheitert.

Bei den Reichstagswahlen am 20. Februar erringt die Sozialdemokratie einen großen Erfolg. Auch die anderen Oppositionsparteien, Freisinnige und Süddeutsche Volkspartei, erzielen beachtliche Stimmengewinne. Die Konservativen und Nationalliberalen erleiden dagegen starke Verluste. Für die Sozialdemokraten werden rund 1,4 Millionen Stimmen, über 600 000 mehr als 1887, abgegeben. Das sind 19,8 Prozent. Die Sozialdemokratie ist damit über Nacht zur stärksten Partei in Deutschland geworden, doch sie erhält nur 35 Mandate. Das sozialdemokratische Zentralkomitee hatte dazu aufgefordert, in den Stichwahlen die Kandidaten der Oppositionsparteien zu unterstützen, um möglichst viele Gegner des Sozialistengesetzes in den Reichstag zu bringen.

»Wer die politische Entwicklung Deutschlands während der letzten zehn Jahre aufmerksam verfolgt hat, konnte nicht daran zweifeln,

Abgeordnete der Nationalliberalen Partei im Jahr 1889 im Reichstag. Sitzend dritter von links ist der Abgeordnete Johannes Miquel (*1828, †1901). 1890 wird Miquel preußischer Finanzminister. Er entwickelt das noch heute gültige Steuersystem mit den Elementen Einkommen-, Vermögen- und Gewerbesteuer. Unter ihm werden die Nationalliberalen zur führenden Partei der deutschen Großindustrie und der Großbanken.

daß die Sozialdemokratische Partei Deutschlands bei den allgemeinen Wahlen von 1890 einen überwältigenden Erfolg erringen werde«, kommentiert der in England lebende sozialdemokratische Mentor Friedrich Engels Anfang März 1890 in einem Artikel für den *Newcastle Daily Chronicle* die Ereignisse im Deutschen Reich. »1878 wurden die deutschen Sozialisten einem strengen Ausnahmegesetz unterworfen, kraft dessen alle ihre Zeitungen unterdrückt, ihre Versammlungen verboten oder aufgelöst, ihre Organisationen zerschlagen wurden. Jeder Versuch, sie neu zu schaffen, wurde als geheime Verbindung mit Strafe belegt, und so wurden Verurteilungen zu mehr als tausend Jahren Gefängnis über Mitglieder der Partei gefällt. Nichtsdestoweniger brachten es die deutschen Sozialisten fertig, wöchentlich etwa 10 000 Exemplare ihrer im Ausland hergestellten Zeitung, des *Sozialdemokrat*, ins Reich zu schmuggeln und zu verteilen, sowie Tausende von Flugschriften zu verbreiten. Es gelang ihnen, in den Reichstag und in eine große Anzahl von Gemeindevertretungen, unter anderem auch in die Berliner Stadtvertretung, einzu-

Gruppenbild deutsch-konservativer Fraktionsangehöriger im Reichstag, 1889. Fünfter von links ist der 89jährige Generalfeldmarschall Helmuth Karl Bernhard Graf von Moltke. Die Deutschkonservative Partei ist im Jahr 1876 aus einer Sammlung unterschiedlicher konservativer Gruppierungen hervorgegangen. Sie ist monarchistisch und vertritt vor allem die wirtschaftlichen und politischen Interessen der mecklenburgischen und preußischen Großgrundbesitzer und Eliten. Neben ihr gibt es im Reichstag noch eine Freikonservative Partei.

Gruppenfoto von Abgeordneten der Deutschen Freisinnigen Partei im Reichstag im Jahr 1888. Sitzend der vierte von rechts ist Max Franz August von Forckenbeck (*1821, †1892), von 1878 bis zu seinem Tod Berliner Oberbürgermeister. Die linksliberalen Kräfte spalten sich zwischen Reichsgründung und Erstem Weltkrieg immer wieder in wechselnde Honoratiorenparteien, die ihre Wähler und Mitglieder vor allem im protestantischen Bürgertum der Städte finden.

dringen. Diese wachsende Stärke der Partei wurde auch ihren erbittertsten Gegnern offenbar. Und dennoch muß ein Erfolg, wie der von den Sozialisten am 20. Februar errungene, selbst den Zuversichtlichsten unter ihnen überraschen. In dem Verhältnis der Parteien in Deutschland vollzieht diese Wahl eine vollständige Revolution. Sie wird, darf man sagen, eine neue Epoche in der Geschichte dieses Landes einleiten. Sie markiert den Anfang vom Ende der Periode Bismarck.« Engels sollte mit dieser Prognose schon zwei Wochen später recht bekommen.

Am 20. März 1890 wird der Gründungsvater des Deutschen Reichs, der Reichskanzler Otto von Bismarck, entlassen. »Ruhe, ruhe, Bismarck, graue Klippe du!« reimt der Dichter Richard Dehmel süffisant noch am Tag von Bismarcks Rücktritt, »rolle, rolle, Volk, du aufgewühlte junge Stromflut!« Erwartet Dehmel gar eine demokratische Zeitenwende? »Was haben wir gelitten unter diesem Regime«, notiert die Kaiserin Victoria, Wilhelms englische Mutter, in diesen Tagen. »Er machte das Leben in Berlin fast unerträglich, wenn man nicht sein rechtloser Sklave sein wollte.« Und Theodor Fontane schreibt an einen Freund: »Es ist ein Glück, daß wir ihn

los sind.« Zwar habe er ihn lange Zeit bewundert und in dem Kanzler ein großes politisches Genie gesehen, doch eines sei Bismarck immer versagt geblieben: »Edelmut.« Das Gegenteil davon, so Fontane, »das zuletzt die häßlichste Form kleinlichster Gehässigkeit annahm, zieht sich durch sein Leben.«

Otto von Bismarck 1893 während seines letzten Aufenthalts in Bad Kissingen mit der jungen Bildhauerin Lilli Finzelberg (*1877, †1939). Bismarck sitzt ihr Modell. Am 13. Juli 1874 verübt der Magdeburger Böttchergeselle Eduard Kullmann in Kissingen ein Revolverattentat auf den Kanzler. Nach seinem ersten Kuraufenthalt 1874 weilt Bismarck noch 14 weitere Male in Kissingen zur Kur.

Während sein Nachfolger Leo von Caprivi bereits die Regierungsgeschäfte in der Wilhelmstraße übernommen hatte, brütet Bismarck in einem Nachbarraum noch über seinem Entlassungsgesuch, dessen es formell gar nicht bedurft hätte. Doch Bismarck wollte ohne eine Rechtfertigungsschrift, die der Nachwelt erhalten bleiben sollte, die Festung nicht räumen, von der aus er das Reich seit seiner Gründung 1871 regiert hatte. Merkwürdig schwach und verhalten war die Reaktion der Presse auf die politische Rochade in der Wilhelmstraße, doch als der alte Kanzler am 29. März den Zug nach Friedrichsruh besteigen will, drängen sich die Menschen in Scharen von der Reichskanzlei bis zum Lehrter Bahnhof. Der Bismarck-Mythos, der im folgenden Jahrzehnt zu einer endlosen Reihe von Bismarckdenkmälern und Bismarcksäulen in ganz Deutschland führen sollte, hat hier seinen Anfang genommen.

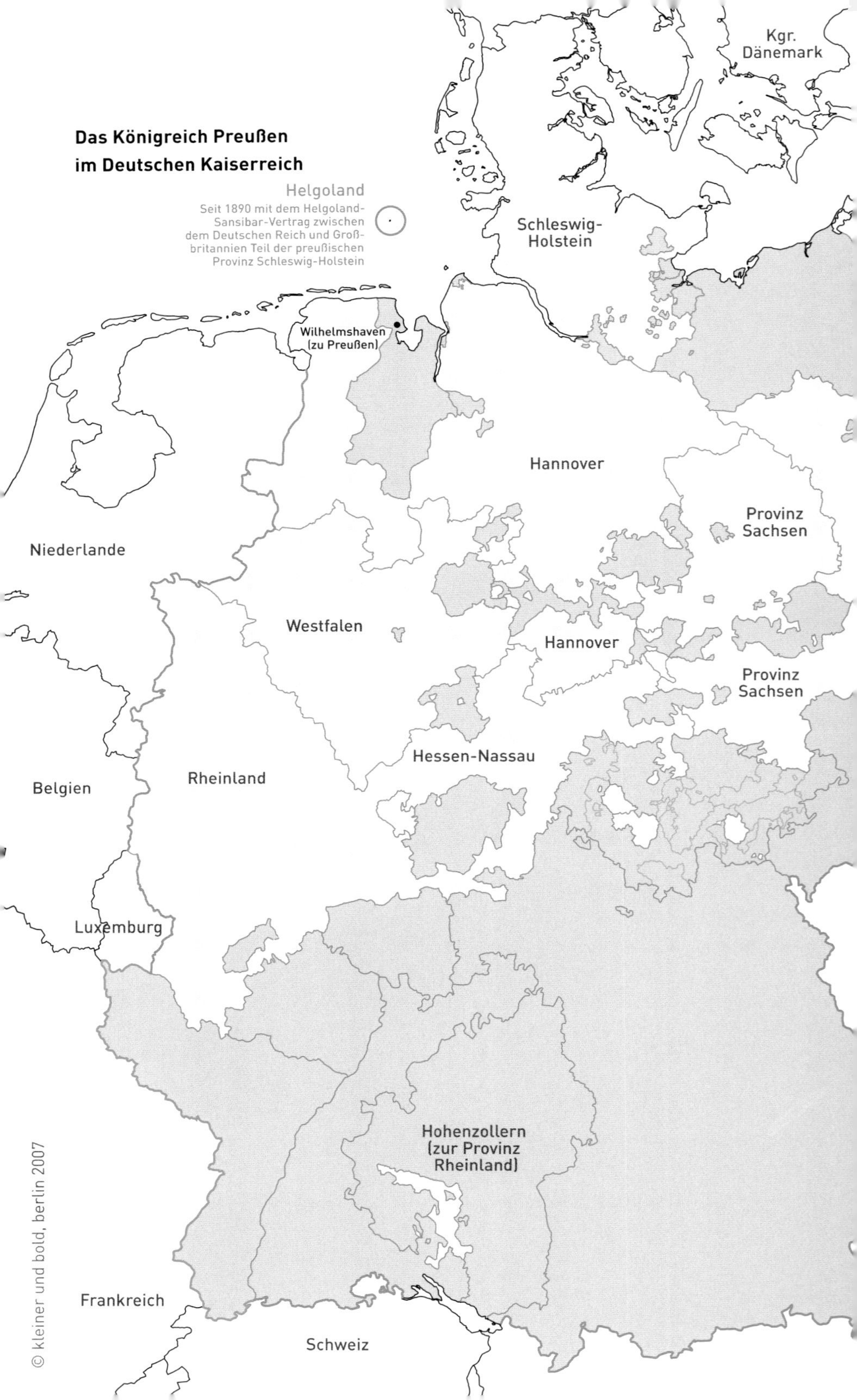
Das Königreich Preußen
im Deutschen Kaiserreich
Helgoland
Seit 1890 mit dem Helgoland-Sansibar-Vertrag zwischen dem Deutschen Reich und Großbritannien Teil der preußischen Provinz Schleswig-Holstein
Kgr. Dänemark
Schleswig-Holstein
Wilhelmshaven (zu Preußen)
Hannover
Provinz Sachsen
Niederlande
Westfalen
Hannover
Provinz Sachsen
Hessen-Nassau
Rheinland
Belgien
Luxemburg
Hohenzollern (zur Provinz Rheinland)
Frankreich
Schweiz

eden
Ostpreußen
Provinz Preußen
Seit 1878 in die Provinzen Ostpreußen und Westpreußen geteilt
Pommern
Westpreußen
Rußland
randenburg
Posen
reußen
Reichsgrenzen
Kgr. Preußen
Weitere deutsche Länder
Schlesien
Österreich-Ungarn

Karl May: Der Mann mit der Silberbüchse

Unter Karl Mays gesammelten Werken finden sich nicht nur Abenteuergeschichten aus aller Welt, sondern auch Kolportageromane wie der »Wurzelsepp« und die »Greifenklau«-Romane. Der Begriff Kolportage kommt aus dem Französischen: »Porter a col« heißt »auf den Schultern tragen«. Das tun die Hausierer, die zu Beginn des 19. Jahrhunderts ungebundene Bögen von literarisch anspruchslosen Werken einfachen Leuten an der Haustür verkaufen.

Frühjahr 1870 im böhmischen Niederalgersdorf. Ein Landstreicher in einer Scheune wird aufgegriffen. Er gibt sich als »Albin Wadenbach«, Plantagenbesitzer aus Orby auf der Insel Martinique im fernen Westindien, aus. Ein Fahndungsbild überführt ihn als Schwindler namens Karl May. Der Sachse ist den Behörden gut bekannt. »Wegen Diebstahls, Betrugs sowie Betrugs unter erschwerenden Umständen wegen der Rückfälligkeit« wird er zu einer Zuchthausstrafe von vier Jahren verurteilt.

Aus dem Zuchthaus entlassen, fristet Karl May, von Beruf Lehrer, ein karges Leben als freier Mitarbeiter von Zeitungen und Zeitschriften. Ab 1883 lebt er in Dresden und beginnt wenig später die ersten Romane zu schreiben (seine Gesammelten Werke *umfassen bis heute mit Erzählungen, Geschichten und privaten Aufzeichnungen sogar 86 Bände).*

Winnetou, Old Shatterhand und Kara Ben Nemsi sind Personifikationen der »guten Seite« ihres Schöpfers, sie streiten für Gerechtigkeit, Ehre und Frieden. Mays Sympathien gehören den Benachteiligten und Schwachen, seine Helden kämpfen gegen Sklaverei, Rassismus und für Toleranz. Typisch ist die Aussage Old Shatterhands, er habe »unter den schwarzen, braunen und roten Völkern ebenso viele gute Menschen gefunden wie bei den weißen«.

Der Autor stellt sich immer wieder als Aufschneider bloß. Er gibt die (erfundenen) Abenteuer von Old Shatterhand und Kara ben Nemsi als eigene aus. Er prozessiert ständig gegen Schmähschriften und Anfeindungen. 1899 und 1908 kann er endlich im Orient und in Amerika an die Orte reisen, die ihm nach eigener Aussage zur zweiten Heimat geworden sind.

Der ebenso berühmte wie seinerzeit belächelte Autor stirbt am 30. März 1912 in Radebeul bei Dresden.

Caprivis »historischer Kompromiß«

Mit Georg Leo Graf von Caprivi de Caprara de Montecuculi geht die Epoche Bismarck tatsächlich von heute auf morgen zu Ende. Der gelernte Generalstäbler Caprivi war Stabschef der Armee gewesen und 1883 bis 1888 Chef der Admiralität, wo er sein ausgeprägtes Verwaltungstalent zeigte, was einer der Gründe für seine Bestellung zum Kanzler und preußischen Ministerpräsidenten war. Bismarck selbst hatte ihn als Nachfolger empfohlen, weil er in ihm einen Mann sah, der Konflikte nicht scheute.

Doch Caprivi interpretierte die Zeichen der Zeit anders als sein in die Jahre gekommener Vorgänger. Kein Gesetz, keine Maßnahme, so die Regierungserklärung des neuen Kanzlers, werde in Zukunft verabschiedet werden, »die nicht vom Standpunkt geprüft worden ist, wie sie wirkt auf die socialdemokratische Frage«. Caprivi suchte innen- und außenpolitisch nach einem Ausgleich. Er suchte einen »historischen Kompromiß« mit den Sozialdemokraten und betrieb eine probritische Außenpolitik. Es war mehr als ein Regierungswechsel, was sich im März 1890 vollzogen hatte. Es war eine regelrechte »Wende«, wie der Historiker Michael Stürmer bemerkt, »eine Zeitenwende der Wirtschaft, der Gesellschaft, der Mentalitäten und des Seelenlebens«.

Die Belegschaft der Altenhundemer Hammerwerke im Jahr 1894. In der Gegend am Rothaargebirge werden zu dieser Zeit Bleierze, Zink, Pyrit und Schwerspat gefördert. Das Vorkommen von Wasser und Erzen und die Kohle von der Ruhr lassen hier Ende des 19. Jahrhunderts eine bedeutende Schwerindustrie entstehen.

In diesen turbulenten Tagen des Machtwechsels im Kanzleramt hat die in den kaiserlichen Februarerlassen angekündigte internationale Arbeiterschutzkonferenz in Berlin stattgefunden. Obwohl nur unzulänglich vorbereitet, war allein die Tatsache, daß sie überhaupt stattfand, schon ein Ereignis. Trotz grundsätzlicher Meinungsverschiedenheiten zwischen den Repräsentanten der westeuropäischen Industrienationen und der deutschen Seite können sich die Konferenzteilnehmer darauf einigen, daß die untere Altersgrenze für die Kinderarbeit in gewerblichen Betrieben auf 12 Jahre festgesetzt wird und daß vor Aufnahme eines Beschäftigungsverhältnisses die Schulpflicht abzuleisten ist. Der Maximalarbeitstag für Kinder bis zu 14 Jahren wird auf sechs Stunden festgesetzt. Besonders gefährliche Arbeiten und Untertageeinsätze sind für diese Altersgruppe untersagt. Der Maximalarbeitstag für Jugendliche bis zu 16 Jahren sollte zehn Stunden betragen. Nacht- und Sonntagsarbeit für Jugendliche sind verboten. Empfohlen wird von der Konferenz, für 16- bis 18jährige Arbeitnehmer Arbeitseinschränkungen einzuführen, das staatliche Inspektionswesen auszubauen

Vielgestaltig sind die Uniformen der Infanteristen, Artilleristen, Pioniere und Kavalleristen, die diese Carte-de-visit-Fotografien zeigen. Als Visitporträt bezeichnet man einfache Porträtfotografien, die seit etwa 1854 im standardisierten Format einer Visitenkarte der damaligen Zeit angefertigt werden. Das Verfahren und Format hält sich bis zur Jahrhundertwende. In der zweiten Hälfte des 19. Jahrhunderts wird es üblich, Visitenkartenporträts zu verschenken und in Fotoalben zu sammeln.

sowie den internationalen Informations- und Gedankenaustausch zu fördern. Der Absicht der deutschen Delegation, verbindliche Arbeiterschutzbestimmungen für alle europäischen Mitkonkurrenten zu erreichen, um damit eine ausgeglichene Belastung der nationalen Volkswirtschaften zu gewährleisten, bleibt allerdings jeder Erfolg versagt. Doch für das Deutsche Reich bleibt die Fortsetzung der Sozialpolitik ein Konsens und eine Forderung der Staatsräson, die nur von wenigen in Frage gestellt wird. Eine Novelle der Gewerbeordnung von 1869 macht die von der Berliner Konferenz ausgearbeiteten Bestimmungen über Kinder-, Jugend- und Frauenarbeit bald zum Reichsgesetz. Das waren die Wege, auf denen man in Zukunft der sozialdemokratischen Herausforderung begegnen wollte.

Leo von Caprivi weiß auch, obwohl er ein lupenreiner Militär ist, daß Deutschland sich in erster Linie als aufstrebende Industrienation im wirtschaftlichen Wettbewerb gegen seine europäischen Konkurrenten behaupten muß. »Entweder wir exportieren Waren, oder wir exportieren Menschen«, so Caprivis Credo im Reichstag über seine Sicht des Zusammenhangs von offensiver Wachstumspolitik und sozialer Frage, »ohne zunehmende Industrie sind wir nicht in der Lage, weiterzuleben«. Zwischen 1880 und 1890 hatten die deutschen Ausfuhren praktisch stagniert, während die Einfuhren immer weiter gestiegen waren. Die Handelsbilanz war dauerhaft passiv.

Dieser Zustand, das ist Caprivi bewußt, kann so nicht aufrechterhalten werden, ohne die Stellung Deutschlands als europäische Industrienation und den inneren Frieden zu gefährden. Eine Reihe von Handelsverträgen, zunächst mit Österreich-Ungarn, Italien, Belgien und der Schweiz, dann mit Spanien, Serbien und Rußland, soll jetzt das Exportklima für deutsche Industriewaren verbessern, indem im Gegenzug die Zollbarrieren für den Import vor allem von landwirtschaftlichen Produkten abgebaut werden. Der Preis für eine Tonne Roggen sinkt dadurch in den Jahren zwischen 1891 und 1894 von 208 Mark auf 110 Mark und mit ihm der Brotpreis, ein Umstand, der auch die Sozialdemokraten dazu veranlaßt, der Regierungsvorlage zu den Handelsverträgen zuzustimmen. Das war eine Premiere im Reichstag, doch Caprivis Politik des »historischen Kompromisses« beruht, zumindest in dieser für die Lebenshaltungskosten und damit die Lebensqualität der arbeitenden Klasse wichtigen Frage, auf einer durchaus materiellen Übereinkunft der Interessen von Arbeit und Kapital.

Tatsächlich setzt auch ab 1893 ein bis zum Ausbruch des Weltkriegs anhaltendes Wachstum der Wirtschaft ein, das zu einem spürbaren Anwachsen des Wohlstands führt. Lag die Zahl der Auswanderer 1891 noch bei 120 000, so sinkt sie ab 1893 tendenziell auf null, ein deutlicher Indikator der verbesserten Lebensbedingungen der arbeitenden Klassen in Deutschland. Elektrizität und fließendes Wasser werden in den Jahren nach 1890 langsam auch in den Arbeiterwohnungen der großen Städte zum Standard. In die Etablissements der oberen Schichten ziehen Telefon und Zentralheizung ein, und vereinzelt wird dort auch schon nach dem Edisonschen Phonographen im privaten Wohnzimmer getanzt.

Caprivi hat mit seiner Politik der Handelsverträge jedoch auch machtpolitische Visionen verbunden. Deutschland sollte dadurch in einem zunehmend offeneren mitteleuropäischen Wirtschaftsraum die führende Macht werden und so mehr mit den Mitteln der modernen Marktgesetze als durch »Blut und Eisen« seine Hegemonie auf dem Kontinent begründen. Offener als er selbst hat das Wilhelm II. ausgesprochen, als er im Sommer 1892 während einer Nordlandfahrt von sich gab, es gehe bei Caprivis »neuem Kurs« um »eine Art Napoléonische Suprematie-Politik«, jedoch »in friedlichem Sinne«.

Dennoch ist damit bereits ein Anspruch formuliert, der deutlich über die stets auf Ausgleich und Selbstbescheidung ausgerichtete Politik Bismarcks hinausgeht. Das Deutsche Reich Wilhelms II. will Hegemon in Europa werden, wenn zunächst auch nur durch die friedlichen Mittel der Wirtschaftsexpansion. In den neunziger Jahren wird Deutschland zur zweitstärksten Industriemacht der Welt nach Großbritannien.

Samuel Fischer: Der Fischer mit dem Netz

Im September 1883 wird der aus Ungarn stammende, vierundzwanzigjährige Buchhändler Samuel Fischer (1859–1934) Teilhaber der Hugo Steinitz & Co. Verlagsbuchhandlung in Berlin. Die Kompagnons vertreiben Fachzeitschriften (Berliner Hotel-Courier), *Eisenbahn-Kursbücher, Reiseführer und humoristische Wochenblätter* (Berliner Wespen). *Fischers Ziel ist der eigene Verlag.*

Im Januar 1887 erscheint das erste Buch des 1886 in Berlin gegründeten S. Fischer Verlags: Henrik Ibsens Drama Rosmersholm. *Außerdem bringt der Verleger in diesem Jahr mit seinem schmalen Startkapital fünf weitere Titel heraus: Ibsens* Wildente, *die Ehe- und Mordgeschichte* Thérèse Raquin *von Émile Zola, die Novellenbände* Decameron *von Mór Jókai und* Die Macht der Finsternis *von Lew Tolstoi sowie* Der Cirkus und die Cirkuswelt *von Signor Domino (Emil Lohnfeld).*

1895 entwirft Otto Eckmann als Verlagssignet den Fischer mit dem Netz. Die Zeichnung setzt Fischers Selbstverständnis symbolkräftig um: Er will nicht bloß Literatur auf den Markt bringen, sondern sieht seine Aufgabe als »Buch- und Menschenfischer« in der ständigen Suche nach interessanten Autoren.

Besondere Hoffnungen setzt Fischer in Thomas Mann. 1901 erscheinen, nach einem Band mit Novellen, die Buddenbrooks. *Fischer hat zunächst Bedenken gegen den Roman über den Aufstieg und Fall einer Lübecker Kaufsmannfamilie, auch weil er das Buch für viel zu lang hält. Seine Befürchtungen scheinen sich zu bestätigen, denn der Verkauf läuft schleppend. Doch die* Buddenbrooks *werden ein riesiger Erfolg, der Thomas Mann 1929 den Literaturnobelpreis einbringt.*

S. Fischer zählt schon nach fünfzehn Jahren zur ersten Garde der deutschen Verleger.

Der Verleger Samuel Fischer (rechts) um 1903; sitzend seine Frau Hedwig, geb. Landshoff (*1871, †1952). Seit dem 18. Jahrhundert bis zur Mitte des 20. Jahrhunderts ist nicht Berlin, wohin es Fischer zieht, sondern Leipzig unangefochten deutsche Buchhauptstadt. Seit 1825 beherbergt die Stadt den »Börsenverein der deutschen Buchhändler«, seit 1912 auch die »Deutsche Bücherei«. Hier sitzen Verlage wie Breitkopf, Brockhaus, Reclam, Seemann, Baedeker, Bibliographisches Institut oder später der Insel-Verlag. Die »Bugra« ist in den Jahren vor dem Ersten Weltkrieg die weltgrößte Messe rund um Buch und graphisches Gewerbe.

Die Sozialdemokratie nach dem Sozialistengesetz

Noch sind die wirtschaftspolitischen Auswirkungen des »neuen Kurses« nicht spürbar, als am 22. März 1890 führende Berliner Sozialdemokraten und Gewerkschaftsmitglieder in der Berliner Volkstribüne eine Arbeitsruhe für den 1. Mai in allen Industriestädten fordern, in denen bereits größere Organisationen bestehen. Das Thema »1. Mai« wird in diesem Jahr der Aufhebung des Sozialistengesetzes, das erst im Herbst formell außer Kraft gesetzt wird, zu einer Bewährungsprobe des neu errungenen »inneren Burgfriedens«. In Kreisen der Polizei und der Unternehmer bereitet man sich regelrecht auf einen befürchteten »Ernstfall« vor. Die Behörden erwarten am 1. Mai Arbeitsniederlegungen »in einer Anzahl von Orten und Betrieben oder doch in größeren industriellen Etablissements« sowie Demonstrationen, Versammlungen und eine Petitionsbewegung zur Einführung des Achtstundentages. Dagegen sieht eine Instruktion des preußischen Innenministeriums vor, Versammlungen unter freiem Himmel und öffentliche Aufzüge wegen der »Gefahr für die öffentliche

Wilhelm Liebknecht (stehend, Mitte) mit den fünf Söhnen aus seiner zweiten Ehe. Rechts neben Liebknecht und seiner Frau Natalie sein zweiter Sohn, Karl Liebknecht (*1871, †1919), der spätere SPD-Reichstagsabgeordnete und Gründer der KPD. Wilhelm Liebknecht stirbt am 7. August 1900 im Alter von 74 Jahren. An seiner Beisetzung auf dem Friedhof in Berlin-Lichtenberg nehmen zwischen 120 000 und 150 000 Menschen teil.

Ordnung« zu verbieten und polizeilich zu verhindern sowie Versammlungen in geschlossenen Räumen aufgrund des nach wie vor gültigen Sozialistengesetzes zu untersagen.

In den Brennpunkten der Arbeiterbewegung, wo die Maifeier Ausgangspunkt einer »umfangreichen und längeren Arbeitseinstellung« werden könnte, sollen die Polizeikräfte verstärkt werden. In Hamburg teilt der Militärbefehlshaber dem Senat sogar mit, daß sich ein Infanterieregiment am 1. Mai und den folgenden Tagen bereithalte und »jederzeit zum Ausrükken bereit« sei. Die meisten Arbeiterversammlungen und alle Demonstrationen am 1. Mai werden in Hamburg verboten. Eine Ausnahme bilden lediglich eine Anzahl Vergnügungen am Abend des 1. Mai, denn »eine Art von Ventil sollte man den erregten Massen offen lassen«. Der Verband der Eisenindustrie Hamburgs beschließt, eine Arbeitseinstellung am 1. Mai mit einer achttägigen Aussperrung der Arbeiter sämtlicher angeschlossenen Fabriken und Werke zu beantworten.

Die neu gewählte Reichstagsfraktion der Sozialdemokratie rät angesichts der zu erwartenden Spannungen zur Vorsicht und beschließt auf

Vor dem Consum-Verein im Zwickauer Stadtteil Schedewitz, um 1900. Die »Consumgenossenschaften« sind eine der Säulen der Arbeiterbewegung. Im »Consum« werden alle Mittel des täglichen Bedarf kostengünstig an die Mitglieder abgegeben. Die sozialdemokratischen Genossenschaften schließen sich 1894 zu einer Großhandelsorganisation, der Großeinkaufsgesellschaft Deutscher Consumvereine mbH mit Sitz in Hamburg, zusammen.

Kinder und Jugendliche in der Straße Marschdamm in Horneburg im Alten Land bei Stade. Das Kaiserreich ist eine junge Gesellschaft. Durch bessere Ernährung und Hygiene ist seit Mitte des 19. Jahrhunderts die Lebenserwartung in Deutschland deutlich gestiegen, hat sich die Geburtenrate erhöht und die Kindersterblichkeit abgenommen.

einer Tagung in Halle an der Saale am 13. April einen Aufruf »An die Arbeiter und Arbeiterinnen Deutschlands« zum 1. Mai. Darin wird vor allgemeinen Arbeitsniederlegungen in den großen Städten gewarnt, weil dadurch eine erneute Verstärkung der Repressionsmaßnahmen, möglicherweise sogar eine Neuauflage des Sozialistengesetzes provoziert werden könnte. Doch die Hamburger Gewerkschaften beharren mehrheitlich auf ihren Streikbeschlüssen. Bei der entscheidenden Versammlung wird mit »überwältigender Majorität« der 1. Mai zum Feiertag erklärt, an dem »möglichst« alle Arbeit ruhen solle.

Doch am 1. Mai 1890 wird in den meisten Städten gemäß dem Aufruf der sozialdemokratischen Reichstagsfraktion nicht gestreikt. In Hamburg allerdings ist die Lage anders. Hier streikt etwa ein Drittel aller Arbeiter. Aussperrungen der »Feiernden« durch die Arbeitgeber sind die Folge. Maurer, Zimmerer und andere Gewerke beantworten die Aussperrungen mit längeren Streiks zugunsten der Ausgesperrten und fordern bessere Arbeitsbedingungen. Die »Hamburger Maikämpfe« haben wenig Erfolg, auch weil die Gewerkschaften der Hansestadt ihre Kräfte offenbar sehr überschätzt haben. Doch aus der Aktion der Hamburger Arbeiter und der durch sie ausgelösten Solidaritätsbewegung in ganz Deutschland entsteht

Worpswede:
»Ein Wunderland, ein Götterland«

1884 lädt die junge Sophie Emilie »Mimi« Stolte, Tochter des Worpsweder Ortsvorstehers, den Maler Fritz Mackensen, den sie in Düsseldorf kennengelernt hat, zu einem Gegenbesuch in ihr Heimatdorf Worpswede bei Bremen ein. Es ist eine kleine Siedlung mitten im Teufelsmoor. Das Dorf und die Landschaft mit ihren dunklen Farben begeistern Mackensen. Im Sommer 1889 mietet er sich mit seinen Studienfreunden Otto Modersohn und Hans Am Ende in Worpswede ein. Auch Malerkollegen wie Heinrich Vogeler und Fritz Overbeck folgen nach.

Ihre lyrischen Landschaftsbilder sind ein Gegenentwurf zum Geist der Zeit und kommen der Natursehnsucht urbaner Kunstliebhaber entgegen. Künstler wie Publikum sehen in der reinen Natur ein Paradies, eine Zuflucht vor Lärm und Zerstörungen des Industriezeitalters. Die »Worpsweder« stellen 1895 auf der Internationalen Kunstausstellung im Münchner Glaspalast aus und ernten begeisterte Kritiken. Der Erfolg macht Worpswede berühmt. Das abgelegene Dorf wird zum »Weltdorf der Kunst«. Heinrich Vogeler aus Bremen kauft 1895 ein ehemaliges Bauernhaus und läßt es zum »Barkenhoff« umbauen, der bald Mittelpunkt der Künstlerkolonie ist.

Immer mehr Künstler zieht es hierhin. Den Malern folgen die Bildhauerin Clara Westhoff und der Architekt Bernhard Hoetger. Auch Rainer Maria Rilke kommt nach Worpswede. Der Zauber wirkt ungebrochen auf die Neuankömmlinge: »Es ist ein Wunderland, ein Götterland …«, schreibt Paula Modersohn-Becker im Juli 1897 in ihr Tagebuch, und Rilke findet hier einen »Himmel von unbeschreiblicher Veränderlichkeit und Größe«.

Der Jugendstil-Künstler Heinrich Vogeler (*1872, †1942) im Jahr 1904 in seinem »Barkenhoff« in Worpswede. Der Sohn eines Bremer Kaufmanns schließt sich der Künstlerkolonie von Fritz Mackensen, Hans Am Ende, Otto Modersohn und Fritz Overbeck im Moordorf Worpswede zwischen Hamburg und Bremen an.

Muttersprache der Bevölkerung des Deutschen Reichs

Im Jahr 1910 sprechen 6% polnisch oder die dem Polnischen verwandten Sprachen Masurisch und Kaschubisch.

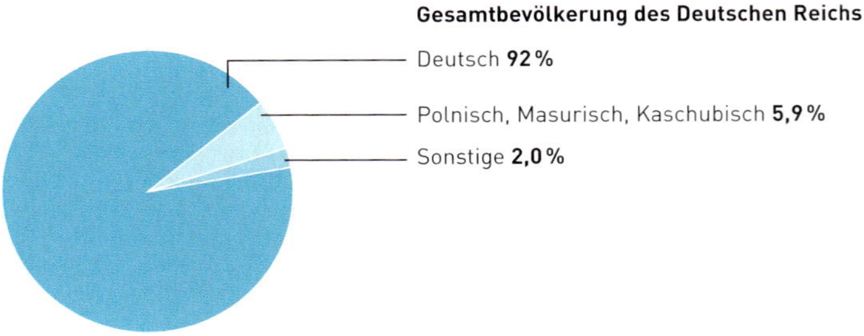

Gesamtbevölkerung	51 367 178	100 %	
Polnisch	3 086 489	5,5 %	vor allem Provinzen* Posen, Westpreußen, Schlesien, Rheinland, Westfalen
Französisch	211 679	0,4 %	Reichsland Elsaß-Lothringen
Masurisch	142 049	0,3 %	Provinz* Ostpreußen
Dänisch	141 049	0,2 %	Provinz* Schleswig-Holstein
Litauisch	106 305	0,2 %	Provinz* Ostpreußen
Kaschubisch	100 213	0,2 %	Provinz* Westpreußen, Pommern
Wendisch/Sorbisch	93 032	0,2 %	Provinzen* Brandenburg und Schlesien, Königreich Sachsen
Mährisch	64 382	0,1 %	Provinz* Schlesien
Tschechisch	43 013	0,1 %	Provinz* Schlesien, Königreich Sachsen
Friesisch	20 677	0,0 %	Provinz* Schleswig-Holstein; Großherzogtum Oldenburg
Sonstige	495 821	0,9 %	u.a. im Deutschen Reich lebende Ausländer

Quelle: Statistik des Deutschen Reichs. Band 150: Die Volkszählung am 1. Dezember 1900 im Deutschen Reich. Berlin, 1903. Zitiert nach www.geschichte-on-demand, die Homepage Deutsche Geschichte 1871–1945, Dr. Michael Rademacher

der Anstoß für eine grundlegende Reorganisation der gesamten deutschen Gewerkschaftsbewegung, die im November in Berlin zur ersten allgemeinen Gewerkschaftskonferenz im Deutschen Reich führt. Carl Legien, der Hamburger Vorsitzende der Zentralorganisation der Drechsler und spätere Gewerkschaftsführer, hat dort seine ersten überregional öffentlich wahrgenommenen Auftritte.

Der 1. Oktober 1890 ist der erste Tag ohne Sozialistengesetz. »Zu keiner Zeit ist der Klassencharakter von Staat und Gesellschaft den Massen so zum Bewußtsein gebracht worden, als unter der fast zwölfjährigen Dauer

des Ausnahmegesetzes«, schreibt August Bebel an diesem Tag. Zwölf Jahre lang hatten sich sozialdemokratische Arbeiter als »vaterlandslose Gesellen« außerhalb der Legalität bewegen müssen. Nicht selten hatten sie in Arbeitersportvereinen, Bildungs- oder Gesangsvereinen überwintert, wo sie in von der Obrigkeit unbemerkten Momenten dem Blatt mit dem Lied die »Wacht am Rhein« schnell einmal einen Arbeitertext unterschieben konnten. Die sozialdemokratischen Gegenwelten dieser Zeit hatten sich mühelos aus den alten Traditionen des Handwerks und der Gesellenbrüderschaften herausbilden können und dabei viel von deren Werten und Mentalitäten übernommen. Dazu zählten besonders traditionelle Ehrbegriffe des Handwerks einschließlich eines gewissen Willens zu Reputation und zum sozialen Aufstieg.

Mit ihren Pfleglingen ausgehende Spreewälder Ammen im Tiergarten in Berlin. Um die Jahrhundertwende sind die Ammen aus der Niederlausitz in ihrer sorbischen Tracht mit rotem Rock und weißem Kopfputz Statussymbol großbürgerlicher und adeliger Kreise.

August Bebel, fünfzig Jahre lang unbestrittener Führer der deutschen Sozialdemokratie, verkörperte diese Traditionen und Mentalitäten in seiner Person wie kaum ein zweiter. Der gelernte Drechsler schloß sich 1861 dem Leipziger Gewerblichen Bildungsverein an und wurde, während er mit Wilhelm Liebknecht die Fundamente der deutschen Sozialdemokratie legte, vom Handwerksmeister zum Fabrikunternehmer für Tür- und Fenster-

Konrad Duden: »Schreibe, wie du sprichst«

Anfang 1869 zieht Konrad Duden mit seiner Familie nach Schleiz im Fürstentum Reuß jüngere Linie (Gera). Dort leitet er bis 1876 das Städtische Rutheneum-Gymnasium. 1871 gründet Konrad Duden in Schleiz mit finanzieller Unterstützung von Honoratioren einen »Allgemeinen Bildungsverein« – eine Vorform der Volkshochschule – und veröffentlicht im Jahresbericht der Schule Rechtschreibregeln. Im Jahr darauf folgt das später als »Schleizer Duden« bezeichnete Buch »Die deutsche Rechtschreibung. Abhandlungen, Regeln und Wörterverzeichnis mit etymologischen Angaben«.

Bei Strafe sei es jedem Beamten verboten, die neuen Schreibregeln anzuwenden, lautet die Order von Reichskanzler Bismarck. Dabei hat sein eigener Kultusminister Adalbert Falk 1876 die Konferenz zur »Herstellung größerer Einigung in der deutschen Rechtschreibung« einberufen.

14 Teilnehmer diskutieren auf dieser ersten Orthographischen Konferenz in Berlin die Reform. Mühsam stimmen sie über jedes Wort ab. Die Vokallängen werden zum beherrschenden Kriterium. Deutlichen Zuspruch (zwölf Stimmen) finden »Färte« und »Sträne«, während »Han« zurückfällt (acht Stimmen) und das »Bot« (sieben Stimmen) gewissermaßen »gekippt« wird, weil Stimmengleichheit als Ablehnung gilt. Die Ergebnisse der Konferenz sind jedoch null und nichtig, denn wegen heftiger öffentlicher Polemik lehnt die Mehrheit der Länder das Ergebnis der Konferenz ab.

Einer der Teilnehmer der Konferenz war der Direktor des Bad Hersfelder Gymnasiums, Konrad Duden. Der engagierte Pädagoge beschäftigt sich seit mehr als einem Jahrzehnt mit der einheitlichen Schreibweise des Deutschen. Seine Regeln folgen dem phonetischen Prinzip, d.h. der Maxime »Schreib, wie du sprichst«. Schon 1872 hat Duden die Schrift Die deutsche Rechtschreibung. Abhandlungen, Regeln und Wörterverzeichnis mit etymologischen Angaben *verfaßt. Ihr folgt 1880 der* Urduden, *das »Vollständige Orthographische Wörterbuch der deutschen Sprache« (mit rd. 27000 Stichwörtern, Preis 1 Mark).*

Als 1901 eine zweite Orthographische Konferenz in Berlin tagt, einigen sich die Teilnehmer aus allen Ländern des Kaiserreichs auf eine verbindliche Vereinheitlichung. Die beschlossenen grammatikalischen und phonetischen Regeln werden für die nächsten hundert Jahre Bestand haben.

Der Parteivorsitzende der SPD, August Bebel (links), am 6. Oktober 1895 in Breslau in Begleitung von Friedrich Naumann (rechts) auf dem Weg zum Parteitag seiner Partei. Naumann (*1860, †1919) ist zu dieser Zeit noch nicht aktiver liberaler Parlamentarier und Theoretiker, sondern Wortführer einer liberal gesinnten christlich-sozialen Gruppierung. Sie werden begleitet vom Soziologen Werner Sombart (*1863, †1941), der zu dieser Zeit an der Universität Breslau lehrt.

beschläge, ein Gewerbe, das in den Boomzeiten der Gründerjahre so profitabel war, daß Bebel sich bald aus dem aktiven Geschäft zurückziehen konnte, um sich ganz der sozialdemokratischen Politik und seinen publizistischen Aktivitäten zu widmen. Aus dem fernen Manchester hatte der Geschäftsfreund Friedrich Engels dabei etwas nachgeholfen.

Für die sozialdemokratischen Arbeiter der wilhelminischen Zeit war sein Buch *Die Frau und der Sozialismus* ein vielgelesener Bestseller, weit mehr als der ebenfalls recht populäre *Anti-Dühring* seines Freundes und Mentors Friedrich Engels. Bebel prägte die Partei auch mit seiner Prognose vom zwangsläufig bevorstehenden »Großen Kladderadatsch« der bürgerlichen Gesellschaft, die in naher Zukunft von einem sozialistischen »Zukunftsstaat« abgelöst werden sollte. Während des Sozialistengesetzes hatten solche Visionen das sozialdemokratische Milieu zusammengehalten und sogar die tröstliche Gewißheit verschafft, trotz vielfältiger Verfolgung letztlich auf der »richtigen Seite der Geschichte« zu stehen.

Im Oktober 1891 beschließt die SPD auf ihrem Parteitag in Erfurt ein neues Programm, in dessen widersprüchlichen Formulierungen bereits die Tendenzen deutlich werden, mit denen die Sozialdemokratie in den nächsten Jahren zu kämpfen hat und deren Höhepunkt der »Revisionismusstreit« der Jahrhundertwende darstellen wird. Das Programm selbst war ein Gemeinschaftswerk des Redakteurs der sozialdemokratischen Theoriezeitschrift *Neue Zeit*, Karl Kautsky, und Eduard Bernsteins, der während des Sozialistengesetzes in London die Wochenzeitschrift *Sozialdemokrat* herausbrachte, wobei der grundsätzliche Teil des Programms von Kautsky stammt und der eher praktische zweite Teil von Bernstein.

Kautsky beschwört ganz in der Tradition von Karl Marx den Konzentrationsprozeß des Kapitals und die Krisenanfälligkeit des Systems, um daraus zu folgern: »Nur die Verwandlung des kapitalistischen Privateigentums an Produktionsmitteln – Grund und Boden, Gruben und Bergwerke, Rohstoffe, Werkzeuge, Maschinen, Verkehrsmittel – in gesellschaftliches Eigentum und die Umwandlung der Warenproduktion in sozialistische, für und durch die Gesellschaft betriebene Produktion kann es bewirken, daß der Großbetrieb und die stets wachsende Ertragsfähigkeit der gesellschaftlichen Arbeit für die bisher ausgebeuteten Klassen aus einer Quelle des Elends und der Unterdrückung zu einer Quelle der höchsten Wohlfahrt und allseitiger, harmonischer Vervollkommnung werden.« Wenig später schreibt Kautsky in der *Neuen Zeit*, die Sozialdemokratie sei »eine revolutionäre, aber keine Revolutionen machende Partei«, um mit dieser Unterscheidung jedem möglichen »Umsturz«-Gerücht entgegenzutreten. Die Revolution ist für Kautsky so etwas wie ein »Naturgesetz« der auf den Zusammenbruch des Kapitalismus hinauslaufenden Geschichte.

Doch der von Bernstein formulierte zweite Teil des sozialdemokratischen Programms ist offen reformistisch. Bernstein glaubt nicht an den Zusammenbruch des Kapitalismus. In dem von ihm verantworteten Programmteil geht es um allgemeines, gleiches, direktes und geheimes Wahlrecht für Männer und Frauen, direkte Gesetzgebung durch das Volk, Volkswehr statt stehender Heere, die Garantie des Rechts auf freie Meinungsäußerung, Vereinigungs- und Versammlungsfreiheit, die Abschaffung aller Gesetze, die zur Benachteiligung der Frau beitrugen, Erklärung der Religion zur Privatsache, Weltlichkeit der Schule, Unentgeltlichkeit von Unterricht und Lernmitteln, der ärztlichen Behandlung und der Rechtspflege, Richterwahl durch das Volk, Abschaffung der Todesstrafe und eine Reform des Steuerrechts. Speziell zum Schutz der Arbeiter wird gefordert: die gesetzliche Einführung des Acht-Stunden-Tages, das Verbot der Erwerbsarbeit für Kinder, ein weitgehendes Verbot der Nachtarbeit, garantierte Mindestruhepausen, die rechtliche Gleichstellung der

landwirtschaftlichen Arbeiter und Dienstboten mit den gewerblichen Arbeitern und die Sicherstellung des Koalitionsrechts für Arbeiter. Eigenartigerweise aber war es gerade diese Verbindung von »Kladderadatsch«-Prognosen und konkreten demokratischen und sozialen Forderungen, mit denen das »Erfurter Programm« eine große Faszination auf die Arbeiter ausübte, die für wirtschaftliche Besserstellung und soziale Absicherung, gesellschaftliche Anerkennung und staatsbürgerliche Gleichberechtigung kämpften.

Die Arbeitersiedlung Stemmersberg der Gutehoffnungshütte in Oberhausen kurz vor ihrer Fertigstellung, um 1900. In vielen solcher Hütten- und Zechensiedlungen leben die Arbeiter im Ruhrgebiet. Sie können von ihrem Lohn die Familien nur ernähren, wenn sie die Gärten bewirtschaften, Hühner und Kaninchen halten oder ein Schwein mästen.

Für die Sozialdemokratische Partei blieb es für Jahrzehnte richtungsweisend. Seine beiden Verfasser jedoch nahmen eine unterschiedliche politische Entwicklung: Während Karl Kautsky zum einflußreichsten Interpreten des Marxschen Erbes in der Partei wurde, setzt sich Eduard Bernstein immer offener für eine Revision des marxistischen Sozialismusverständnisses ein.

Er hat damit letztlich Erfolg. Eine reformorientierte politische Praxis wird in Zukunft zunehmend zum tragenden Element sozialdemokratischer Politik, auch wenn die revolutionäre Sprache noch lange das sozialdemo-

Rotationspresse im Verlagsgebäude des Ullstein Verlags in der Berliner Kochstraße im Jahr 1896. Die Drucker, Schriftsetzer und Metteure sind aufgrund ihres in der Ausbildung erworbenen Wissens und ihrer überdurchschnittlichen Bezahlung Teil einer »Arbeiteraristokratie«, aus der sich viele Funktionäre der Sozialdemokratie rekrutieren.

kratische Milieu beherrscht. »Mein lieber Ede, so etwas beschließt man nicht, so etwas sagt man nicht, so etwas tut man«, läßt während der »Revisionismusdebatte« der Sozialdemokrat Ignaz Auer hinter vorgehaltener Hand seinen Freund Eduard Bernstein wissen. Schon lange, will er damit sagen, war der im Grunde systemimmanente Kampf für politische und soziale Reformen in der Sozialdemokratie das eigentliche Terrain ihrer praktischen Politik geworden, was sich in der nach wie vor populären marxistischen Terminologie nur unzureichend widerspiegelte.

Eine gewisse Konkurrenz entsteht der Sozialdemokratie zudem nach 1890 durch die katholische Soziallehre und die mit der Zentrumspartei eng verbundene christlich-soziale Bewegung. Schon Mitte des Jahrhunderts hatte sich der Mainzer Bischof Wilhelm Emmanuel von Ketteler mit der sozialen Frage vom katholischen Standpunkt aus beschäftigt. Adolph Kolpings Sorge galt dem Schicksal der katholischen Handwerksgesellen,

Ullstein, Mosse und Scherl:
Der Zeitungskampf

In den letzten beiden Jahrzehnten des 19. Jahrhunderts kämpfen drei Verleger um die Vormacht auf dem Zeitungsmarkt der Hauptstadt Berlin. Rudolf Mosses Berliner Tageblatt *steht gegen das* Neue Berliner Tageblatt *von Leopold Ullstein, Mosses* Berliner Morgenzeitung *gegen Ullsteins* Berliner Morgenpost. *In diesen Kampf steigt August Scherl mit dem* Berliner Lokal-Anzeiger *ein.*

Führend ist Mosse, dessen Berliner Tageblatt *mit 50000 Abonnenten (1877) die einflußreichste Zeitung der Stadt ist. Mosse hat das Geschäft von der Pike auf gelernt. 1867 gründet er seine »Anzeigen-Expedition«. Gegen Provision leitet er Werbeannoncen an Zeitungen weiter und übernimmt auch deren textliche und graphische Gestaltung: ein Novum auf dem Markt. Die erste eigene Zeitung gründet Mosse, weil die* Vossische Zeitung *sich weigert, die geforderte Provision zu zahlen.*

1848 macht sich der Papierhändler Leopold Ullstein, der seit Gründung des Kaiserreichs einige Jahre Stadtverordneter in Berlin ist, als Drucker selbständig. Mit dem Ausscheiden aus der Politik kauft er eine Buchdruckerei samt dem Neuen Berliner Tageblatt, *das er schnell zum Erfolg führt.*

Dritter im Bunde ist ab 1883 der Berliner Lokal-Anzeiger *aus dem Hause von August Scherl. Der Anzeiger erscheint kostenlos einmal pro Woche am Sonntag und wird durch das Anzeigengeschäft finanziert.*

Dem Bedürfnis der Berliner kommt der Zeitungskampf mit ständig neuen Titeln und sinkenden Preisen entgegen. Sie sind süchtig nach Nachrichten: Im Jahr der Reichsgründung erscheinen 16 Zeitungen täglich, beim Regierungsantritt von Wilhelm II. sind es bereits 58 Tageszeitungen mit einer Gesamtauflage von 800000 Exemplaren.

seit er 1854 seine *Rheinischen Volksblätter für Haus, Familie und Handwerk* veröffentlicht hatte.

Doch zu einer Massenbasis findet der soziale Katholizismus erst im Herbst 1890 durch die Gründung des Volksvereins für das katholische Deutschland, der bereits im Gründungsjahr 100000 Mitglieder zählen kann und der bis 1914 auf 800000 Mitglieder anwachsen wird. Gründungsmitglieder des Vereins sind der Priester und Sozialpolitiker Franz Hitze, ein scharfer Kritiker des Industriekapitalismus, und der Zentrumsführer Ludwig Windthorst. Der Jesuit Heinrich Pesch hat damals die Grundlagen eines christlichen »Solidarismus« formuliert, der zwischen Liberalismus und Sozialismus einen dritten, christlichen Weg aufzeigen will – mit deutlicher Frontstellung vor allem auch gegen die Sozialdemokratie.

Im Gründungsaufruf des Vereins heißt es: »Schwere Irrtümer und bedenkliche Umsturzpläne treten überall in Erscheinung, die bestehende Staats- und Gesellschaftsordnung ist in ihrer Grundlage bedroht. Die Sozialdemokratie ist es vor allem, welche diese Irrlehren nicht nur verbreiten, sondern auch praktisch ins Leben einführen will. Katholische Männer aus allen Teilen Deutschlands traten dieserhalb zu wiederholter ernster Beratung zusammen und kamen nach reiflicher Überlegung zu dem Entschlusse, einen Verein zu bilden, dessen Zweck sei, die Irrtümer und Umsturzbestrebungen auf sozialem Gebiet zu bekämpfen und die christliche Gesellschaftsordnung zu verteidigen.« Sitz des Vereins wird Mainz, weil Hessen das freieste Vereinsrecht hat. Am 22. November 1890 veröffentlicht der Volksverein für das katholische Deutschland seinen ersten Aufruf »An das deutsche Volk«.

Durch die päpstliche Enzyklika *Rerum Novarum* von 1891 wird die Distanz des politischen Katholizismus zum Industriekapitalismus noch einmal von höchster Stelle abgesegnet

Das Kollegium des Gymnasiums Antonianum im oldenburgischen Vechta um 1900. Ein Teil der Lehrerschaft in dieser rein katholischen Region des Großherzogtums Oldenburg wird von Geistlichen gestellt. Im Reichstagswahlkreis Vechta-Cloppenburg-Delmenhorst wird immer ein Zentrumspolitiker gewählt.

und das Wirtschaftsleben insgesamt den sozialpolitischen Forderungen christlicher Ethik unterstellt.

Auch die oberste protestantische Instanz in Preußen – der Oberkirchenrat – empfiehlt 1890 seinen Geistlichen in einer Verfügung, sich sozialpolitisch zu engagieren. Der erste Evangelisch-Soziale Kongreß findet vom 27. bis zum 29. Mai 1890 in Berlin statt. Pfarrer Ludwig Weber spricht dort über »Die evangelischen Arbeitervereine, ihre Bedeutung und weitere Ausgestaltung«. Ihm geht es vor allen Dingen um die Bedeutung beruflicher Interessenvertretung. Weber fordert entsprechende evangelische Einrichtungen, um den sozialdemokratischen Gewerkschaften »auf christlich-monarchischer Grundlage« etwas entgegensetzen zu können. Am 6. August wird in Erfurt der Gesamtverband der evangelischen Arbeitervereine Deutschlands gegründet.

Der Gesamtverband will die Bildung neuer Vereine fördern, den Kampf gegen die »Irrlehren der Sozialdemokratie«, aber auch gegen alle arbeiterfeindlichen Bestrebungen im Reich gemeinsam und planmäßig führen, die sittlich-religiöse Hebung der Mitglieder fördern und die

Schulklasse in Horneburg bei Stade im Alten Land vor 1914. Bis zum Ende des 19. Jahrhunderts werden Mädchen und Jungen aus praktischen Erwägungen in den Elementarschulen oft noch gemeinsam unterrichtet, da es gerade auf dem Land nur einen Lehrer und eine Klasse gibt. In der höheren Schulbildung wird allerdings die Trennung nach Geschlechtern in Schule und Unterricht in allen deutschen Ländern strikt eingehalten.

Offiziere der Garnison und der Pfarrer bei der Einweihung der im Jugendstil gehaltenen »Lutherkirche« in Worms, 1912. Die evangelischen Landeskirchen, in denen bis 1918 immer der jeweilige Landesherr als »summus episcopus« die Leitungsgewalt (das »Regiment«) über das evangelische Kirchenwesen hat, sind ausgesprochen obrigkeitshörig. Im Großherzogtum Hessen, zu dem Worms gehört, ist die evangelische Kirche uniert, d.h. die Gläubigen reformierter und lutherischer Konfession sind in einer Kirche zusammengefaßt.

wirtschaftliche Lage seiner Mitglieder verbessern.

Der erste offizielle Schritt des geschäftsführenden Komitees ist ein »Aufruf an die deutsche evangelische Christenheit«. Besonders seit der Aufhebung des Sozialistengesetzes sieht man in traditionell staatstreuen evangelischen Kreisen die deutschen Arbeiter als gefährdet an. »Schließt euch zu diesem großen Verbande mit uns zusammen«, heißt es in diesem Aufruf, »damit wir mit vereinter Kraft den Kampf gegen die Sozialdemokratie auf der ganzen Linie aufnehmen können.« Doch die evangelischen Vereine zählen 1890 gerade einmal rund 40000 Mitglieder. Sie bleiben, verglichen mit der immer mehr an Einfluß gewinnenden Sozialdemokratie und den mit ihr verbundenen Gewerkschaften, eine Randerscheinung im politischen Leben des Deutschen Reichs.

Helgoland und die Folgen

Die deutsche Kolonialpolitik hatte bereits Mitte der achtziger Jahre unter Bismarck mit der Unterstellung eines Teils des heutigen Namibia, Togos, Ostafrikas, Nord-Neuguineas und der Südseeinseln Nova Britannia unter deutschen »Schutz« begonnen, doch erst in den neunziger Jahren wird die Kolonialbegeisterung ein Massenphänomen. Vielen Deutschen gilt, ganz unbescheiden, der gern »Kaiser-Wilhelm-Spitz« genannte Kilimandjscharo als »höchster Berg des Deutschen Reichs«. Auf der Berliner Afrikakonferenz 1884/85 hatten die in Afrika einflußreichsten Kolonialmächte erstmals ihre Interessensphären untereinander abgesteckt, unter dem Vorbehalt, daß die genaue Festlegung der Grenzen später durch bilaterale Verträge geregelt werden sollte.

Bismarck war allerdings der Ansicht, daß Kolonialpolitik nicht unbedingt zu den elementaren Lebensinteressen des Deutschen Reichs zählte. »Ihre Karte von Afrika ist ja sehr schön«, sagt er einmal zu dem Kolonialpropagandisten Eugen Wolf, »aber meine Karte von Afrika liegt in Europa. Hier liegt Rußland, und hier (...) liegt Frankreich, und wir sind in der Mitte.« Das war für ihn die eigentliche machtpolitische Realität, und deshalb war ihm auch in der Kolonialpolitik immer an einem Ausgleich mit England gelegen. Der neue Kanzler Leo von Caprivi führt hier die Politik seines Vorgängers fort, wenn er mit einer seiner ersten Amtshandlungen Anfang April 1890 dem britischen Premier Lord Salisbury versichert, er wolle an den Grundlagen der Bismarckschen Außenpolitik festhalten und sich um eine weitere Intensivierung der deutsch-britischen Beziehungen bemühen. Die bereits begonnenen Verhandlungen um einen Vertrag, der eine britische Option auf Sansibar im Austausch gegen die Insel Helgoland vorsieht, kommen ihm da mehr als gelegen.

Caprivi drängt auf einen schnellen Vertragsschluß, auch weil sonst vor dem strategisch wichtigen, damals noch im Bau befindlichen Kaiser-Wilhelm-Kanal, dem heutigen Nord-Ostsee-Kanal, mit Helgoland weiterhin ein englischer Brückenkopf bestanden hätte. Der Helgoland-Sansibar-Vertrag wird am 1. Juli 1890 unterzeichnet.

In diesem Abkommen »verzichtet das Deutsche Reich auf Erwerbungen in Uganda, Betschuanaland (Botswana) und an der Somaliküste sowie auf Deutsch-Wituland; erhält es einen Zugang von Deutsch-Südwestafrika zum Fluß Sambesi (den sogenannten Caprivizipfel); erkennt es die britische Herrschaft über Sansibar an; erhält die Bestätigung seiner provisorischen Grenzen zwischen Deutsch-Ostafrika und den britischen Gebieten, sowie die seit 1807 von England besetzte, vormals dänische Nordseeinsel Helgoland«.

Doch das Abkommen wird noch vor Vertragsabschluß in der deutschen Öffentlichkeit auf das schärfste angegriffen. Eine wahre Flut von Protestschreiben seitens deutscher Kolonialenthusiasten bricht über die Regierung Caprivi herein. Von einem »Olmütz der deutschen Kolonialpolitik« ist da die Rede, von einem ehrlosen Ausverkauf deutscher Interessen. Besonders Carl Peters, der Vorsitzende der Deutsch-Afrikanischen Gesellschaft, schlägt schrille Töne an. Sein Traum eines großen ostafrikanischen Kolonialreichs ist durch den im Helgoland-Sansibar-Vertrag vorgesehenen Verzicht auf Uganda vorerst zunichte gemacht worden.

1891 gründet er mit Alfred Hugenberg den Allgemeinen Deutschen Verband, der sich seit 1894 Alldeutscher Verband nennt und der eine zunehmend aggressive Kolonialpolitik fordert. Peters, ein fanatischer Rassist, der von August Bebel 1896 wegen Grausamkeiten gegen schwarze Untergebene vor dem Reichstag öffentlich angeklagt wird, ist zu dieser Zeit Reichskommissar für das Kilimandjscharogebiet. »Deutschland erwache!« fordert der Verband in seinem Gründungsaufruf. »Männer aller Parteien, die bei die-

Tagung der Deutschen Colonialgesellschaft in Worms, 1907. Die 1887 entstandene Gesellschaft ist im Kaiserreich eine einflußreiche Organisation. An ihrer Spitze stehen bekannte Persönlichkeiten, seit 1895 als Präsident Herzog Johann Albrecht zu Mecklenburg (*1857, †1920). Der Onkel des Großherzogs Friedrich Franz IV. von Mecklenburg-Schwerin wird drei Tage nach der Tagung, am 28. Mai 1907, auf Beschluß des Bundesrats »Regent« des Herzogtums Braunschweig.

ser Gelegenheit sich lediglich als Deutsche fühlen«, werden aufgerufen, dem Vertrag im Reichstag ihre Zustimmung zu verweigern. Man müsse damit unter Beweis stellen, daß man »einem Herrenvolk« angehöre, »das seinen Anteil an der Welt sich selber nimmt und nicht von der Gnade und dem Wohlwollen eines anderen Volkes zu empfangen sucht«.

Solche demagogischen Parolen sind im Deutschen Reich der beginnenden neunziger Jahre jedoch vorerst noch nicht mehrheitsfähig. »Je weniger Afrika, desto besser für uns«, ist die Devise Leo von Caprivis, der sich im Mai 1890 im Reichstag sogar zu der herablassenden Formulierung hinreißen läßt, manche Leute glaubten offensichtlich, »wenn wir nur Kolonien hätten und kauften einen Atlas, und da malten wir Afrika blau an, dann wären wir große Leute geworden«. Caprivis politisches Terrain ist Mitteleuropa. Und da sollte der Helgoland-Sansibar-Vertrag der Annäherung an Großbritannien dienen, zumal die Spannungen mit Rußland in den letzten Jahren merklich zugenommen hatten. Der Erste Generalquartiermeister Graf Waldersee rechnete schon Ende der achtziger Jahre mit einem un-

Der chinesische Vizekönig Li Hungchang (*1823, †1901), Gouverneur der Provinz Chihli mit Amtssitz in Tientsin, den Zeitgenossen als den »Bismarck Asiens« bezeichnet haben, besucht Friedrichsruh. 1896 ist er als chinesischer Abgesandter zur Krönung des Zaren und dann weiter nach Deutschland gereist. Am 6. März 1898 wird China in einem Pachtvertrag zur Abgabe der Bucht von Kiautschou auf 99 Jahre als »Deutsches Schutzgebiet« gezwungen.

Während eines Anthropologen-Kongresses im Jahr 1903 besichtigt der hessische Großherzog Ernst Ludwig (*1868, † 1937) (4. v. l.) Ausgrabungen von römisch-fränkischen Grabstätten in Worms. Die Anthropologen des idealistisch-pragmatischen Zweigs beschäftigen sich mit der historischen Lebenspraxis, Ritualen und Handlungen von Menschen in Geschichte und Gegenwart.

vermeidlichen militärischen Konflikt, dem man gegebenenfalls durch einen Präventivschlag zuvorkommen müßte.

1890 läuft der Rückversicherungsvertrag aus, der Rußland deutsche Neutralität im Fall eines Konflikts mit Österreich-Ungarn zusicherte. Weniger weil er in den russischen Vorschlägen zur Erneuerung des Vertrags wie Waldersee nur eine taktische Finte sah, sondern weil ihm das Bismarcksche Bündnissystem zu kompliziert und widersprüchlich war, setzt Caprivi diese Art von geheimer Vertragsdiplomatie mit dem russischen Reich nicht fort. Sie hätte in seinen Augen ein Hintergehen des österreichisch-ungarischen Partners bedeutet, auf den im Verbund mit Italien das Deutsche Reich jetzt mehr und mehr setzt, und für diese Politik braucht und sucht es die Rückendeckung Englands. Das Spiel ist nicht ohne Risiko. Caprivi ist zwar kein Exponent eines antirussischen Kurses, doch in St. Petersburg befürchtet man hinter der Ablehnung der Deutschen geheime Verabredungen mit den Österreichern und wendet sich nun demonstrativ Frankreich zu.

Max Planck: Der Begründer der Quantentheorie

Max Planck (*1858, †1947) auf einer Fotografie aus dem Jahr 1913.

1930 schreibt Max Planck in einem Brief: »Ich hätte ebenso gut Philologe oder Historiker werden können. Was mich zur exakten Naturwissenschaft geleitet hat, war ein mehr äußerlicher Umstand ...« Da hat er bereits seit Jahrzehnten eine Professur an der Berliner Universität inne und ist Träger des Nobelpreises für Physik.

Der Sohn eines Juraprofessors wird im April 1858 in Kiel geboren und studiert in München und Berlin. Bereits während seines Studiums befaßt er sich mit der Entropie, diesem »vagen Gespenst«, das bei den damaligen Physikern »so ein bißchen nicht sehr beliebt war«. Im Zuge der Beschäftigung mit dem Thema arbeitet er auf dem Gebiet der Thermodynamik und entwickelt die Quantentheorie.

Planck ist ein ausgesprochener Familienmensch, der »einmal alles andere bei Seite legen ... möchte, um ... nur ganz in der Familie zu leben«. Sein Haus in Berlin ist ein beliebter Treffpunkt von Freunden und Kollegen. Regelmäßig gibt es Kammermusik-Konzerte mit Planck am Klavier. Zu seinen Partnern zählen bekannte Solisten wie der Geiger Joseph Joachim oder Kollegen wie Albert Einstein.

Bis 1937 ist er Präsident der Kaiser-Wilhelm-Gesellschaft, die sich (wie ihre Nachfolgeorganisation, die Max-Planck-Gesellschaft) der Förderung der Wissenschaften verschrieben hat. Der Träger des Nobelpreises und des Ordens Pour le Mérite für Wissenschaft und Künste engangiert sich während der NS-Zeit für jüdische Kollegen und warnt vor den Folgen der Entlassung von Wissenschaftlern aus weltanschaulichen Gründen. 1945, nachdem er durch die Bombenangriffe sein Haus verloren hat, zieht Planck nach Göttingen. Dort ist er im Oktober 1947 gestorben.

1891 besucht die französische Hochseeflotte Kronstadt. Die zwischen beiden Staaten 1893 vereinbarte Militärkonvention beendet die politische Isolierung Frankreichs, das sich nie mit der deutschen Annexion von Elsaß-Lothringen abgefunden hatte. Ein Zweifrontenkrieg, der von Bismarck immer gefürchtete »cauchemar des coalitions«, der Alptraum der Koalitionen, ist jetzt prinzipiell wieder möglich geworden. Im Reich selbst läßt

Mercedes: Die Popularisierung einer Marke

1929 stirbt Mercédès Jellinek, jetzt verwitwete Freifrau von Weigl, im Alter von 39 Jahren in Wien an einer Grippe. Emil Jellinek ist im Januar 1918 verstorben.

Käufer des Mercedes Nr. 1 ist der in Nizza lebende österreichische Kaufmann Emil Jellinek. Der Automobil-Liebhaber erwirbt 1897 seinen ersten Daimler-Wagen. Er wird schnell zum Großhändler der Wagen aus Cannstatt und engagiert sich mit ihnen im Rennsport, weil er die Rennen für die Popularisierung der Marke nutzen will. Seit 1900 im Aufsichtsrat der Daimler-Motoren-Gesellschaft, regt er deren Chefkonstrukteur Wilhelm Maybach an, ein besonders schnelles und sicheres Auto zu entwerfen. Jellineks zweiter Vorschlag: Der neue Wagen solle nach seiner damals zehnjährigen Tochter Mercédès benannt werden.

Kurz darauf bestellt Jellinek 36 dieser Fahrzeuge zum Gesamtpreis von 550 000 Mark (nach heutigem Geldwert etwa 2,75 Millionen Euro). Das ist für Daimler ein Großauftrag – anno 1900 mehr als ein Drittel der Jahresproduktion. Ende des Jahres wird das Auto, ein 35-PS-Rennwagen, an Jellinek ausgeliefert.

Der Wagen deklassiert 1900 bei den Rennwochen in Nizza praktisch die gesamte Konkurrenz, was dem Mercedes eine außergewöhnlich große Publizität einbringt. Im Juni 1902 wird das Wort »Mercedes« (spanisch für Gnade) als Warenzeichen angemeldet und drei Monate später gesetzlich geschützt. Jellinek erhält im Juni 1903 das Recht, sich Jellinek-Mercedes zu nennen. »Wohl zum ersten Mal trägt der Vater den Namen seiner Tochter«, kommentiert der erfolgreiche Geschäftsmann diese Namensänderung.

der Reichsgründer von seinem Landsitz Friedrichsruh aus die *Hamburger Nachrichten* eine systematische Kampagne gegen Caprivis außenpolitische Fehlleistungen anzetteln. Doch dem neuen Reichskanzler gelingt es, mit den Mitteln der Handelspolitik einen Bruch mit Rußland vorerst zu verhindern.

Obwohl Rußland 1893 mit der französischen Republik einen Handelsvertrag unterzeichnet hat, der eine Meistbegünstigungsklausel enthält, bleibt das Reich nach wie vor mit 27,9 Prozent der Exporte und 28,1 Prozent der Importe der wichtigste Handelspartner der Russen. Darüber hinaus sind die Russen mit ihrem Hauptexportartikel, dem ukrainischen Getreide, auf keinen Markt so sehr angewiesen wie auf den deutschen. Doch seit ihrer Annäherung an Frankreich hat ein regelrechter Handelskrieg mit Deutschland begonnen, bei dem die Zölle fast ins Unermeßliche gestiegen sind. Anfang 1894 gelingt es Caprivi jedoch, ein Handelsabkommen mit Rußland unterschriftsreif vorzulegen, das auf zehn Jahre wechselseitig Meistbegünstigungen vorsieht. Graf Waldersee sieht darin lediglich eine Kapitulation vor dem Zarenstaat.

Es sind nicht nur die Militärs, die sich durch Caprivis Politik der offenen Märkte gegenüber Rußland auf den Schlips getreten fühlen. Ganz Ostelbien ist in Aufruhr, weil die russische Konkurrenz auf dem Getreidemarkt nun nicht mehr durch protektionistische Maßnahmen auf Distanz gehalten werden kann. Caprivis Handelspolitik hat eine Zäsur hervorgerufen, mit der das für Bismarck nie in Frage gestellte Bündnis zwischen Hochofen und Rittergut nun beendet werden sollte. Die Antwort läßt nicht lange auf sich warten.

Schon 1891 waren Konservative und Agrarier gegen die ersten Handelsverträge Caprivis Sturm gelaufen. Im Februar 1893, als ruchbar wird, daß darin auch Agrarländer wie Rumänien und Rußland einbezogen werden sollen, kommt es zur Gründung des Bundes der Landwirte, der bald 200 000 Mitglieder zählt. Die meisten von ihnen sind Kleinbauern, doch es sind die preußischen Großgrundbesitzer, die im Bund den Ton angeben und in scharfen Tönen Front machen gegen eine Politik, die ihnen nicht nur unliebsame wirtschaftliche Konkurrenz beschert, sondern ihre traditionelle Vorrangstellung in Staat und Gesellschaft grundsätzlich in Frage stellt.

»Ich schlage nichts mehr und nichts weniger vor«, so der schlesische Generalpächter Alfred Rupprecht-Ransern in dem Aufruf zur Gründung des Bundes der Landwirte 1892, »als daß wir unter die Sozialdemokraten gehen und ernstlich gegen die Regierung Front machen, ihr zeigen, daß wir nicht gewillt sind, uns weiter so schlecht behandeln zu lassen wie bisher, und sie unsere Macht fühlen lassen.« Caprivi, der nichts als eine »vernünftige Politik« durchsetzen wollte, ist für die Agrarier Ostelbiens zum Staatsfeind Nummer eins geworden, ein Druck, dem er nicht lange standhalten kann. Er stürzt letztlich 1894 nach einem Streit mit dem ultrakonservativen preußischen Ministerpräsidenten Eulenburg um eine Erneuerung des Ausnahmegesetzes gegen die Sozialdemokratie. Doch es war auch so, wie der Soziologe Max Weber in seiner Freiburger Antrittsvorlesung 1895 sagte: Während sich der »ökonomische Todeskampf des alten preußischen Junkertums« vollzieht, läßt das deutsche Bürgertum der Ära Caprivi den nötigen Machtinstinkt vermissen, um selbstbewußt an seine Stelle zu treten.

DIE ZWEITE GRÜNDERZEIT

»Das Zeitalter ist verrückt«

»Man kann ihn besuchen«, den preußisch-deutschen Adel, »wie das Ägyptische Museum«, schreibt Theodor Fontane kurz vor seinem Tod an einen Freund. »Aber das Land ihm zuliebe regieren, in dem Wahn: dieser Adel sei das Land – das ist unser Unglück.« Doch es ist der Adel, eine verhältnismäßig kleine Gruppe, der nach wie vor nicht nur das politische Geschehen, sondern auch die gesellschaftliche Werteskala maßgeblich bestimmt. Manchem Bürgerlichen gilt das Offizierspatent, der akademische Grad oder beides als eine Art Ersatznobilitierung, klassisch porträtiert in der Figur des »Untertans«, mit dem der Schriftsteller Heinrich Mann dem wilhelminischen Bürger ein bleibendes Denkmal gesetzt hat. Diederich Heßling, der »Untertane«, ist mit seinem gewichsten Schnurrbart, seinem arroganten Auftreten und autokratischen Gebaren eine perfekte Kopie des Kaisers, dessen »persönliches Regiment« er auf die Arbeiter und Angestellten seiner Papierfabrik überträgt, um ihnen »deutsche Zucht und Sitte« beizubringen.

Adelswerte sind im Deutschen Reich nach wie vor Werte des preußischen Militärstaats. Als am 5. Dezember 1894 der Bau des neuen Berliner Reichstags am Königsplatz abgeschlossen ist, findet dort, ebenso wie bei der Grundsteinlegung zehn Jahre zuvor, ein militärisches Zeremoniell statt, obwohl es doch eigentlich um die zivile Repräsentanz des Volkswillens schlechthin gehen sollte. Albert von Levetzow, der konservative Reichstagspräsident, hat zu diesem Anlaß die Uniform eines Landwehrmajors angezogen. »Der Präsident des Reichstags ist der Herr des Hauses, er ist der höchste Gebieter in seinen Räumen«, rügt ihn tags später die *Vossische Zeitung.* »Der Major aber ist der Untergebene schon jedes Oberstleutnants und hat ihm Referenz zu machen. Die Militäruniform deutet das Verhältnis des Dienstes, der hierarchischen Unterordnung an. Aber gestern hatte der Major nichts zu thun, sondern nur der Präsident des deutschen Reichstages, der frei-

Linke Seite: Gutbürgerliche Familie mit »Nesthäkchen«: Der Kaufmann Hermann Nobis und seine Gattin mit Tochter Emmy im damals noch selbständigen Planitz bei Zwickau vor seinem Wohnhaus, 1910. In den Jahren 1908 bis 1916 spielen die ersten drei Bände der »Nesthäkchen«-Reihe der Schriftstellerin Else Ury (*1877, †1943), die jedes Mädchen in der Weimarer Republik liest.

Bernhard Windscheid (*1817, †1892) in einem Stahlstich nach einer Fotografie. Der angesehene Jurist lehrt 1874 an der Universität Leipzig, als er in die bis 1883 tagende erste Kommission für die Erarbeitung eines Entwurfs zu einem deutschen »Bürgerlichen Gesetzbuch« berufen wird.

Das BGB: Ein Jahrhundertwerk

Vor der Jahrhundertwende herrscht im Deutschen Reich Rechtszersplitterung. In Preußen gilt das Allgemeine Landrecht, in den linksrheinischen Gebieten und in Baden immer noch der Code Civil, die Juristen in Dresden und Leipzig richten sich seit 1865 nach dem Gesetzbuch für das Königreich Sachsen.

Dem Jahrhundertwerk Bürgerliches Gesetzbuch (BGB) gehen ein langer, heftiger Konflikt und zwei Kommissionen voraus, die zwischen 1874 und 1895 die Mammutarbeit auf sich nehmen, die »rechtlichen Beziehungen der einzelnen Bürger zueinander« in fast 2400 Paragraphen neu zu kodifizieren. Die Arbeit der bis 1883 tagenden ersten Kommission wird maßgeblich bestimmt durch das Hauptwerk des Juristen Bernhard Windscheid, Lehrbuch des Pandektenrechts.

Für den grundlegenden Konflikt stehen die Namen der beiden Juristen Anton Friedrich Justus Thibaut und Friedrich Karl von Savigny. Während der liberale Thibaut eine einheitliche Kodifikation des Rechts anstrebt, um den »bürgerlichen Verkehr«, also das Wirtschafts- und Geschäftsleben, zu vereinfachen und so zur nationalen Einheit beizutragen, steht Savigny einer Kodifikation ablehnend gegenüber. Savigny ist gegen die »Erfindung« von Recht. Seiner Ansicht nach sind Juristen nur die Anwender und Vermittler des in langen historischen Prozessen gewachsenen, vom Volkswillen getragenen Gewohnheitsrechts.

Das Bürgerliche Gesetzbuch, erlassen am 18. August 1816 und in Kraft getreten am 1. Januar 1900, wird zum Vorbild für die Kodifikationen anderer Länder (Japan übernimmt eine Entwurfsfassung des BGB fast unverändert). Das BGB wird in den ersten 100 Jahren seines Bestehens kaum verändert. Das liegt vor allem an Generalklauseln wie etwa dem § 242, der die Beurteilung eines Falles nach »Treu und Glauben mit Rücksicht auf die Verkehrssitte« zuläßt und so eine Weiterentwicklung des Rechts durch die jeweilige Rechtsprechung ermöglicht.

Die Eisenbahnwagen- und Maschinenfabrik Van der Zypen & Charlier in Köln-Deutz baut 1900 und 1901 die Schwebebahn für die Städte Barmen und Vohwinkel (heute Wuppertal). Das Foto zeigt Versuche mit dem Laufgestell auf der seit 1893 bestehenden Teststrecke auf dem Kölner Werksgelände.

gewählte Vertrauensmann der Volksvertretung, und darum hätten wir gewünscht, er hätte diese hohe Würde auch durch das Gewand des freien Mannes angedeutet.«

Wilhelm II. mochte das Haus nicht. Er nannte den Reichstag das »Reichsaffenhaus«, und besonders störte ihn die von dem Architekten Paul Wallot entworfene Reichstagskuppel, die er als den unbotmäßigen Versuch empfand, die Kuppel »seines« Stadtschlosses zu übertrumpfen. Er hatte damit nicht ganz unrecht. Zwar ist der Reichstag ganz am Rande des alten preußischen Regierungsviertels auf einem traditionslosen Stück Tiergarten erbaut worden, aber er war der eigentliche institutionelle Gegenpol zum Kaiser im Reich.

Die Reichstagswahl 1893 hatte den Sozialdemokraten abermals einen beträchtlichen Stimmenzuwachs gebracht. Sie hatten sich von 19,7 auf 23,3 Prozent gesteigert, was prompt eine konservative Sammlungsbewegung aller den Obrigkeitsstaat bejahenden Kräfte nach sich zog. Auch der sprunghafte junge Kaiser bläst nun, sekundiert und angetrieben von dem mit ihm persönlich eng befreundeten ultrakonservativen preußischen Ministerpräsidenten Botho Graf Eulenburg, zur Attacke. Doch die sogenannte Umsturzvorlage, die scharfe Maßnahmen gegen sozialdemokratische

Lebenserwartung im Deutschen Reich 1871–1900

Die Säuglingssterblichkeit beträgt im Deutschen Reich um 1900 über 21 Prozent. Während um 1800 die durchschnittliche Lebenserwartung noch bei 30 Jahren liegt, beträgt sie um 1900 47 Jahre, wobei Frauen mit 52,5 Jahren über sechs Jahre länger leben als Männer (46,4 Jahre).

Von 100 000 Männern und Frauen erreichen das 60. Lebensjahr und mehr:

Alter	1871 männlich	in %	1871 weiblich	in %	1900 männlich	in %	1900 weiblich	in %
0–50	68 876	68,9 %	63 707	63,7 %	56 193	56,2 %	49 220	49,2 %
60	31 124	31,1 %	36 293	36,3 %	43 807	43,8 %	50 780	50,8 %
70	17 750	17,8 %	21 901	21,9 %	8987	8,9 %	34 078	34,1 %
80	5035	5,0 %	6570	6,6 %	8987	8,9 %	12 348	12,3 %
90	330	0,3 %	471	0,5 %	683	0,7 %	1131	0,1 %

Von tausend Lebendgeborenen sterben:

Wohnort	Im ersten Lebensjahr	Zwischen dem 1. und 15. Lebensjahr	Zwischen dem 15. und 60. Lebensjahr	Ab dem 60. Lebensjahr	Allgemeine Sterbeziffer* aller Altersklassen
Innerhalb von Großstädten	22,3 %	1,1 %	9,0 %	7,0 %	2,0 %
Außerhalb von Großstädten	21,1 %	1,0 %	9,0 %	7,3 %	2,2 %

* Die allgemeine Sterbeziffer ist die Anzahl der Gestorbenen bezogen auf 1000 Einwohner des durchschnittlichen Jahresbestandes.

Quelle: Jürgen Kuczynski, Geschichte des Alltags des deutschen Volkes, Bd. 4, Köln 1996

»Subversion« vorsah, scheitert. Mit Leo von Caprivi ist sie nicht zu machen, er tritt rechtzeitig zurück. Wichtiger ist allerdings, daß der Reichstag im Mai 1895 die Vorlage rundweg ablehnt und damit dem Kaiser die Grenzen seiner Macht demonstriert, wenn er nicht zum ultimativen Mittel des Staatsstreichs greifen will. Gegen den Reichstag kann seitdem im Deutschen Reich niemand mehr regieren.

Einigendes Band der konservativen Sammlungsbewegung ist die gemeinsame Frontstellung »der staatserhaltenden Elemente« gegen die Sozialdemokratie und die Linksliberalen, was zu einer schwierigen Quadratur des Kreises führen konnte, wenn es um den Ausgleich der Interessen von

Drusch mit einer von einem Lokomobil angetriebenen Dreschmaschine auf einem Feld in Rheinhessen, um 1910. Noch in der Erntezeit kann jetzt die Getreidedrusch erledigt werden. Zuvor hatten auf den Gütern die Arbeiter von Ende September bis Anfang Mai das Korn mit Flegeln ausgedroschen und somit eine Dauerbeschäftigung auch im Winter.

Großindustrie und Großgrundbesitz gehen würde. Staatsräson ist in diesen Kreisen angesagt, Beamte haben sich regierungstreu zu verhalten, und alte schutzzöllnerische Losungen machen wieder die Runde für die Zeit, wenn die Caprivischen Handelsverträge auslaufen. Der Bund der Landwirte jedoch gibt mit seinen Aktivitäten deutlich zu erkennen, daß ihm oft weniger an Staatsräson als an kleinkarierter Interessenvertretung gelegen ist, als er gegen den Bau des Mittellandkanals Front macht. Der Kanal sollte den Rhein mit der Elbe und so mit Havel, Spree und Oder verbinden. Die ostelbischen Agrarier malen das Schreckgespenst einer künftigen zügigen Industrialisierung entlang der Wasserstraße an die Wand. Sie wollen im Bau des Kanals nichts anderes als einen Großangriff der rheinisch-westfälischen Industriemagnaten auf ihre gesellschaftliche Stellung und ihre aristokratischen Lebenswelten erblicken. Landflucht und höhere Löhne im Osten wollten sie unbedingt verhindern.

Mit allen Mitteln kämpft der Gutshof gegen den Einzug der Moderne, auch wenn diese vom Kaiser gewünscht und für den Bestand einer aufstrebenden Industrienation als notwendig empfunden wird. Nichts kann die Agrarier daran hindern, auch nicht der sensationelle Umstand, daß der Monarch diese aristokratischen »Kanalrebellen« wegen ihrer Fundamentalopposition gegen den Mittellandkanal in Zukunft von allen Empfängen bei Hof ausschließen will. »Gefährlich und auf Dauer mit dem Interesse der Nation unvereinbar ist es«, warnt Max Weber 1895, »wenn eine ökonomisch sinkende Klasse die politische Herrschaft in der Hand behält.« Dabei sollte es vorerst jedoch bleiben.

Das Deutsche Reich aber ist schon lange eine Industrienation. Zwischen Reichsgründung und Erstem Weltkrieg hat sich die industrielle Produktion versechsfacht, die Exporte sind um das Vierfache gestiegen. Die industriellen Zentren des Reichs sind das Ruhrgebiet, das Saarrevier, Oberschlesien und Sachsen. Berlin hat sich zum Zentrum von Handel und Gewerbe und zum wichtigsten Standort der Leichtindustrie entwickelt. Doch Deutschland bleibt auch eines der wichtigsten europäischen Agrarländer, obwohl die Industrie mit Beschäftigtenzahl, Kapitalinvestition und Produktionswert die Landwirtschaft spätestens 1895 überholt hat. Der Beitritt von Hamburg und Bremen zum Deutschen Zollverein 1888 hat einen rasanten Aufschwung im Schiffsbau eingeleitet. Im Hamburger Hafen werden bald mehr Güter umgeschlagen als in den Häfen von London, Liverpool oder Marseille. Und aus der zur Kennzeichnung von Waren minderer Qualität in England des 19. Jahrhunderts eingeführten Herkunftsbezeichnung Made in Germany ist mit der Zeit ein international akzeptiertes Qualitätssiegel geworden.

In der Elektroindustrie, der optischen Industrie, in Feinmechanik, Großchemie und Pharmazie hat Deutschland um die Jahrhundertwende eine führende Stellung auf dem Weltmarkt erreicht. Der Entwicklung erster Dynamos zur Stromgewinnung sind elektrische Fernleitungen und der Bau von Kraftwerken gefolgt. Sie versorgen zunächst kleinere Firmen, dann einzelne Stadtteile und seit den neunziger Jahren ganze Städte mit Strom. Jede zweite elektrische Maschine und Installation weltweit stammt 1914 von der Allgemeinen Elektricitäts-Gesellschaft (AEG) oder von Siemens. Nicht weniger erfolgreich sind Chemiegiganten wie die Badischen Anilin- und Soda-Fabriken (BASF), Bayer und Hoechst mit ihren Farbstoffen und pharmazeutischen Produkten. Die Zahl der angemeldeten Patente steigt von 6000 im Jahr 1880 auf 45 000 im Jahr 1910. Die industrielle Expansion zieht Arbeitskräfte aus den Agrargebieten in die industriellen Zentren, in denen zeitgleich mit den Angestellten ein neuer Typ von Arbeitnehmern entsteht. Seit 1893 befindet sich die Wirtschaft in einem kontinuierlichen Wachstumsprozeß. Die durchschnittliche wöchentliche Arbeitszeit sinkt von 72 Stunden zur Zeit der Reichsgründung auf 62 Stunden 1900 und 57 Stunden 1914.

Melitta Bentz: Der lästige bittere Bodensatz

Wie allgemein üblich, bereitet auch die Dresdner Hausfrau Melitta Bentz den Kaffee zu, indem sie die gemahlenen Kaffeebohnen in Wasser aufkocht und den schwarzen Sud anschließend durch ein Metall- oder Keramiksieb abgießt. Und wie alle Frauen seit Generationen ärgert sie sich über das ständig verstopfte Sieb und den lästigen Bodensatz in der Kaffeekanne.

Um den Kaffeesatz endlich loszuwerden, beginnt Melitta in ihrer Wohnung mit einer Reihe von praktischen Experimenten: Sie hämmert dünnes Blech aus, bildet verschiedene Trichterformen, legt nach vielen Versuchen mit diversen Papiersorten ein Löschblatt aus einem Schulheft ihres Sohnes in einen durchlöcherten Metalltopf und entwickelt ein ebenso einfache wie geniale Haushaltshilfe: den Kaffeefilter.

1915 zieht die Firma von Melitta Bentz innerhalb Dresdens von der Marschallstraße in den Stadtteil Wilder Mann um. Nachdem Dresden 1945 sowjetisch besetzt ist, verlegt das Familienunternehmen Produktion und Verwaltung nach Minden. Die Gründerin Melitta Benz stirbt 1950 im Alter von 77 Jahren im Nachbarort Holzhausen/Porta Westfalica.

Vom ersten Versuch bis zum perfekten Filter verfeinert Melitta freilich fünf Jahre lang das Gerät; sie tüftelt sogar an der Winkelstellung der Löcher im Sieb. 1908 erfolgt der Eintrag der Erfindung »Kaffeefilter mit auf der Unterseite gewölbtem und mit Vertiefung versehenen Boden sowie mit schräg gerichteten Durchflußlöchern« nebst dazugehörigem »Filtrierpapier«, beim Kaiserlichen Patentamt in Berlin. Melitta Bentz wird nun Unternehmungsgründerin und läßt noch im selben Jahr ihre Firma ins Dresdener Handelsregister aufnehmen.

1909 stellt Melitta Benz den Filter auf der Leipziger Messe erstmals der Öffentlichkeit vor und verkauft über 1200 Exemplare. Im folgenden Jahr gewinnt sie auf der Internationalen Hygiene-Ausstellung in Dresden eine Medaille. Die ebenso einfache wie nutzbringende Erfindung wird bald in deutschen Haushalten unentbehrlich sein.

Das Berliner Sechstagerennen 1914 gewinnen der »Flieger« Karl Saldow (*1889, †1952) und der ein Jahr jüngere Willy Lorenz. Beide sind, wenn sie auch nicht immer zusammen fahren, bis in die zwanziger Jahre erfolgreich bei Sechstagerennen. Karl Saldow meldet sich zu Beginn des Ersten Weltkrieges 1914 als Freiwilliger zu den Kraftfahrern und kann in dieser Position auch in den Kriegsjahren 1917 und 1918 noch Rennen fahren.

Sechstagerennen: Eine Premiere in Berlin

Am 15. März 1909 fällt in den Ausstellungshallen am Berliner Zoologischen Garten um 22 Uhr der Startschuß zum ersten Berliner Sechstagerennen. Der Andrang zu diesem Radsport-spektakel ist riesig, das Publikum in den Logen zeichnet sich aber »mehr durch Eleganz und Zahlungsfähigkeit als durch großes sportliches Verständnis aus«, wie das Sport-Album der Radwelt *notiert. Besonders die Berliner Lebewelt ist stark vertreten, die oft noch nach Mitternacht »die Bars, Casinos und sonstigen weltstädtischen Rendezvous-Plätze zu beleben pflegt«.*

Angeheizt wird die Neugier des Publikums durch Presseberichte aus Amerika, wo bereits seit 1899 Sechstagerennen mit zwei Fahrern pro Mannschaft ausgetragen werden. 1907 hat der Deutsche Walter Rütt das New Yorker Rennen gewonnen, was das Sportereignis auch in Berlin zur Attraktion macht. Dabei kann der Champion überhaupt nicht teilnehmen – wegen Rennverpflichtungen in Amerika versäumte er einen Musterungstermin beim Heer und muß seitdem die Einreise fürchten.

Vom 15. bis zum 21. März 1909 jagen 15 Mannschaften über die 1500 Meter lange Holzbahn in den Berliner Ausstellungshallen. Gefahren wird 144 Stunden am Stück, immer im Kreis herum. Lediglich drei Stunden täglich darf jeder »Flieger«, im Wechsel mit seinem Mannschaftskameraden, schlafen. Die deutschen Fahrer müssen sich am Ende den Konkurrenten aus Amerika geschlagen geben. Das Siegerteam MacFarland/Moran legt in der stickigen, total verqualmten Halle insgesamt 3865 Kilometer zurück.

Das Sechstagerennen zieht ganz Berlin in den Bann, sogar der Kronprinz erscheint. Auf Betreiben des Kaisersohns kann Walter Rütt im folgenden Jahr an den Start gehen, er gewinnt unter großem Jubel der Besucher das zweite Berliner Sechstagerennen.

Das Wachstum der Städte

Berlin war schon Mitte des 19. Jahrhunderts mit 412 000 Einwohnern vor Hamburg mit 175 000 Einwohnern die größte Stadt in Deutschland, doch nun wandelt sich die Residenz- und Handelsstadt Berlin zu dem – neben dem Ruhrgebiet – größten industriellen Ballungsraum im Reich. Während aber die Verstädterung an der Ruhr dezentral verläuft und dort eine zersiedelte Industrielandschaft entsteht, wächst Berlin während der neunziger Jahre zu einer Metropole zusammen. »Daß Berlin der Parvenu der Großstädte und die Großstadt der Parvenus ist, dessen brauchen wir uns nicht zu schämen, denn Parvenu heißt auf deutsch: self made man«, schreibt 1899 Walther Rathenau, der Sohn des AEG-Gründers, in Maximilian Hardens Zeitschrift *Die Zukunft.* »Was die Berliner betrifft, so weiß ich nicht genau, ob es keine mehr oder noch keine gibt. Ich glaube, die meisten Berliner sind aus Posen oder aus Breslau.«

Im Jahre 1907 sind von den rund zwei Millionen Berlinern nur 40,5 Prozent auch dort geboren. Die Zuwanderer stammen zu 18 Prozent aus dem Umland, 39,1 Prozent sind aus der Ferne, aus »Posen oder Breslau«, zugewandert, 2,4 Pro-

Blick von der linken Weserseite auf die Poppeschen Packhäuser hinter dem Bremer Stephaniviertel, im Jahr 1877. Im Vordergrund ein Raddampfer, der als Schlepper die Weserkähne von Bremerhaven nach Bremen zieht. In Bremen hat die verlandete Weser zu dieser Zeit nur 2 m Tiefgang.

zent kommen aus dem Ausland. Im Ruhrgebiet kommen von den Zuwanderern 31,7 Prozent aus der näheren Umgebung, 22 Prozent aus ferneren Teilen des Reichs, hauptsächlich aus dem Osten, und 3 Prozent sind Ausländer. Doch im Gegensatz zur Zuwanderung in das Ruhrgebiet, die hauptsächlich aus Arbeitern besteht, ist der Zuzug nach Berlin vielschichtiger: Neben der größten Gruppe der Industriearbeiter drängen auch Angehörige der bürgerlichen Mittelschichten in die Hauptstadt, in der sie sich bessere Berufschancen erhoffen.

Berlin ist modern. »I didn't stop at Cologne, for I don't care for old things«, »ich habe in Köln nicht angehalten, weil ich mir aus alten Dingen nichts mache«, hört Rathenau um die Jahrhundertwende einen amerikanischen Berlin-Reisenden sagen. Berlin befindet sich seit der Gründerzeit und noch mehr seit den neunziger Jahren in einem unaufhaltsamen Baurausch. Straßenzug um Straßenzug wird in Eile hochgezogen. Überall sind Schienen für die Loren der Baubetriebe zu sehen, auf denen die Materialien von den Hafenanlagen der Spree und der Kanäle in die Innenstadt transportiert werden.

»Die Sonne des Erdkreises strahlt über Parvenupolis«, spottet Rathenau, doch nicht immer kann die Qualität mit der Geschwindigkeit mithalten. »Wer zum ersten Mal nach Berlin kommt, muß glauben, den Boden der reichsten Stadt Europas zu betreten«, schreibt Maximilian Harden 1901, als der Kurfürstendamm schon stand und gerade das Westend gebaut wurde. »Wer länger blieb, merkte schon vor dem kritischen Jahr, daß die Fassadenkunst ihm das Auge geblendet hatte. Und jetzt reißt der holde Wahn noch schneller entzwei; denn die ganze Shoddypracht ist fahl geworden. An eine Katastrophe darf man in einer Stadt, wo so hart und tüchtig gearbeitet wird, nicht denken. In der Holztäfelung der Protzenhäuser aber sitzt der Wurm, der stucco di lustro bröckelt sacht ab, und nicht lange mehr wird der Schein beglückenden Wohlstandes zu wahren sein.« Doch die industrielle Bauweise ist bei allen Irritationen, die der neobarocke Fassadengestaltungswille bei manchem Zeitgenossen hervorgerufen haben mag, solider, als Harden vermutete.

Nicht immer hält der Wohnungsbau in der Hauptstadt unter dem Druck der Zuwanderung Schritt mit dem Wohnungsbedarf. Verglichen mit den Städten des Ruhrgebiets ist die Wohndichte in Berlin in der Regel mehr als doppelt so hoch, die Häuser haben mehr Stockwerke, und die Wohnungen sind im Durchschnitt kleiner

Rechte Seite: Fotografie eines Berliner Hinterhofs von Heinrich Zille (*1858, †1929), entstanden um 1905. Der Zeichner des »Berliner Milljöhs« ist – obwohl 30 Jahre bei der »Photographischen Gesellschaft« als Lithograph eingestellt – ein Amateurfotograf, der das Medium nicht kommerziell nutzt. Er übt es aber mit professionellem Aufwand und großem technischen Erfindungsreichtum aus. Zille sieht sein fotografisches Werk, das heute hochgeschätzt ist, als bildliches Rohmaterial für seine »Pinselei« an.

und teurer. Durch den »Bebauungsplan für die Umgebungen Berlins« von 1862 waren die Voraussetzungen für ein geregeltes Wachstum der Stadt über die historischen Grenzen hinaus geschaffen worden. Ursprünglich zielte der für den Bebauungsplan verantwortlich zeichnende Baumeister James Hobrecht darauf, die Hofinnenräume großzügig zu gestalten und zu begrünen, doch mit dem Bauboom des späten 19. Jahrhunderts setzt sich dagegen das Renditeinteresse der Bauherren wirksam durch.

Das Ergebnis ist eine zum Teil menschenunwürdig dichte Bebauung, die oft in mehrere enge Innenhöfe verschachtelte Berliner »Mietskaserne«. Die schnell in wenigen Monaten hochgezogenen Häuser müssen von den ersten Bewohnern gegen Mietnachlaß erst »trokkengewohnt« werden. Krankheiten wie Tuberkulose sind unter solch ungesunden Verhältnissen weit verbreitet. Beständiger Mietpreisdruck zwingt zu Überbelegung, Untervermietung und das sogenannte Schlafgängerwesen. 1905 sind laut offizieller Statistik in 41738 Haushalten Zimmer untervermietet, in 63425 Haushalten gibt es Betten für »Schlafgänger«. »Üble soziale Verhältnisse beeinträchtigen die Sittlichkeit um

Nach der Rekordfahrt: Dieser Drehstrom-Schnelltriebwagen von Siemens erreicht im Oktober 1903 auf der Strecke zwischen Marienfelde und Zossen bei Berlin eine Geschwindigkeit von 210 km/h. Siemens ist ein Weltunternehmen. 1914 leben in der Berliner »Siemensstadt« 7000 Menschen, in Groß-Berlin arbeiten 20000, weltweit 82000 Menschen für das Unternehmen.

Hedwig Courths-Mahler: Die Träume junger Frauen

Hedwig Courths-Mahler kurz nach dem Ersten Weltkrieg. In ihrer literarischen Welt spielt der Adel eine große Rolle. Auf ihn projizieren sich nicht nur die Sehnsüchte des Bürgertums. Ein erfolgreicher Bürger ist dankbar, wenn er »nobilitiert« – in den Adelsstand erhoben – wird. Obwohl der Adel viele Privilegien verloren hat, genießt er bis zur Revolution von 1918 in den deutschen Monarchien noch gesetzliche Sonderrechte. So gehören in vielen deutschen Ländern Vertreter des Hochadels den Ersten Kammern (in Preußen das »Herrenhaus«) durch Geburt an – die volljährigen Prinzen der Dynastien und die Vertreter der bis 1806 regierenden Dynastien (grundherrlicher Adel).

Das Leben der Hedwig Courths-Mahler beginnt wie einer ihrer Romane: Sie wird im Februar 1867 als Ernestine Mahler in dem kleinen Ort Nebra an der Unstrut geboren. Der Vater stirbt noch vor ihrer Geburt, der Stiefvater lehnt das Kind ab, so daß die kleine Ernestine bei Pflegeeltern aufwächst und später als Dienstmädchen, Gesellschafterin und Verkäuferin arbeitet. In Leipzig heiratet sie 1899 den Maler Fritz Courths.

1904 schreibt sie den ersten Roman Licht und Schatten, *der in Fortsetzungen im* Chemnitzer Tageblatt *erscheint. Es ist der erste von mehr als 200 Romanen, die immer das gleiche Muster variieren: Eine junge, mittellose Frau trifft einen reichen, oft adeligen Mann, der ihr nach Irrungen und Wirrungen ein glückliches Leben in Liebe und Reichtum bietet.*

Die Autorin, die täglich bis zu 14 Stunden an ihren Geschichten schreibt, ist enorm produktiv. Allein 1924 erscheinen dreizehn Bücher von ihr, mit Titeln wie Brittas Weg ins Glück, Ich hab' so viel um dich geweint *oder* Nur wer die Sehnsucht kennt. *Sie machen die Autorin und ihre Familie reich und zu einer durchaus angesehenen Persönlichkeit des Kulturlebens. Die Kritik verlästert sie freilich als »Hedwig Kurz Malheur«. Während der NS-Zeit gilt sie trotz der Harmlosigkeit ihrer Geschichten als »unerwünschte Autorin«, denn sie weigert sich, ihren Antihelden jüdische Züge anzudichten.*

1950 stirbt Hedwig Courths-Mahler in Rottach-Egern am Tegernsee. Die Bücher der Autorin, die einmal sagt, sie habe das Happy-End erfunden, sind weltweit in Millionen Exemplaren erschienen und in dreizehn Sprachen übersetzt worden.

Die größte innenpolitische Leistung des Reichskanzlers Bernhard von Bülow (*1849, †1929) ist der »Bülow-Block«, das von ihm geschmiedete Wahlbündnis der konservativen und nationalliberalen Parteien zur Reichstagswahl 1907 gegen das Zentrum und die SPD. Die Parteien stellen gemeinsame Kandidaten auf, die nach der Wahl den Reichskanzler von Bülow unterstützen sollen. Wegen des Mehrheitswahlrechts gewinnt der Block die Mehrheit der Sitze im Reichstag, obwohl seine Stimmenzahl geringer ist als die der oppositionellen Parteien SPD und Zentrum. Der Block zerbricht 1909 an der Reichsfinanzreform.

Bernhard von Bülow: »Ein Platz an der Sonne«

Bernhard von Bülow ist ein ehrgeiziger Mann. Einige Jahre lang ein außerordentlich populärer Reichskanzler, verkörpert er geradezu das Wilhelminische Zeitalter. Bülow, geboren 1849, stammt aus altem mecklenburgischem Adel, hat weitreichende Beziehungen, verfügt über ein beträchtliches Vermögen, ist weltgewandt und ein großer Rhetoriker. 1897 prägt er im Zusammenhang mit der deutschen Kolonialpolitik das Wort vom »Platz an der Sonne«.

Im preußischen Staatsapparat ist Bülow nicht überall beliebt. Er gilt als verschlagen. Sein langjähriger Vertrauter Friedrich von Holstein hält ihm seine Unaufrichtigkeit vor: »Wir wissen von Bülow, daß er die Wahrheit behandelt wie der Seemann den Nordstern. Er sieht, wo sie ist, ohne immer darauf hinzusteuern.«

Bülow spart nicht mit Katzbuckeleien nach oben. »Ich hänge mein Herz immer mehr an den Kaiser. Er ist so bedeutend!« schreibt er nach seiner Ernennung zum Staatssekretär des Auswärtigen Amts an den Kaiserfreund Graf Eulenburg. »Er ist mit dem großen König und dem Großen Kurfürsten weitaus der bedeutendste Hohenzoller, der je gelebt hat.« Und Bülow schließt mit den Worten: »Gott erhalte uns den großen Monarchen und edelsten Menschen.« Natürlich soll der Kaiser von dieser Nachricht Kenntnis erhalten.

Bülow hält sich länger im Amt als jeder andere Reichskanzler seit Bismarck: fast neun Jahre, von 1900 bis 1909. Nach der Entlassung glaubt Bülow, es sei nur eine Frage der Zeit, bis er zurückgeholt werde. 1917 und 1918 ist er tatsächlich erneut als Reichskanzler im Gespräch; das scheitert am Widerstand des Kaisers. Ende 1929 stirbt Bernhard Fürst von Bülow in Rom.

so stärker, durchdringender, je unmittelbarer sie auf das initime Leben des Individuums einwirken«, schreibt der Journalist und Sozialpolitiker Victor Noack 1912. »Üble Wohnungsverhältnisse stehen deswegen unter den antiethischen Bildungs- oder ethischen Rückbildungsfaktoren ihrer sozialen Bedeutung nach an erster Stelle.«

Neue städtische Technologien entstehen in den Großstädten vor allem im Bereich der Elektrizitäts- und Verkehrssysteme. Siemens hatte 1879 die elektrische Lokomotive erfunden, zur gleichen Zeit begann das Telefon den Telegraphen zu ergänzen. Daß die Bahntarife kontinuierlich sinken, hat erhebliche Auswirkungen auf den Arbeitsmarkt. Pendeln wird für viele erschwinglich. Die elektrische Straßenbahn fährt von Lichterfelde zum Anhalter Bahnhof und auf anderen Strecken, seit 1897 ein neuer Wagentyp mit Akkumulatorenbatterie eine streckendeckende Stromversorgung möglich macht. Und auch das Automobil und seine mit hochgeschla-

Postboten der Reichspost im Jahr 1901 in Worms. Mit der Reichsgründung 1871 geht in den Königreichen Bayern und Württemberg die Posthoheit nicht auf das Deutsche Reich über, ein Zugeständnis, um Bayern und Württemberg zum Beitritt zum Deutschen Reich zu bewegen. Die Gesetzgebung in Postfragen steht aber auch für Bayern und Württemberg dem Reich zu. 1902 verzichtet Württemberg auf die Herausgabe eigener Briefmarken für den öffentlichen Postverkehr, Bayern behält sie bei.

genem Mantelkragen, Lederhaube und Schutzbrille versehenen Insassen gehören im Deutschland vor dem Ersten Weltkrieg zunehmend zum Straßenbild. 1905 gibt es den ersten Deutschen Automobilclub.

Seit 1902 hat Berlin eine U-Bahn. »Wie immer: Rotlederne Polster und blankes Metall im Licht, / Das im Stoß der Schienen schüttert«, dichtet Hellmuth Wetzel 1912 in der Zeitschrift *Die Aktion* über die Berliner Untergrundbahn. »Hart losjagen, geduckt in die Hallen gepeitscht, / Giftig die Bremsen in die Räder beißend, / Mit nervösem Fauchen, in einer Sturzwelle von Luft und Lärm.«

Alles das trägt zur Entstehung einer modernen großstädtischen Infrastruktur bei. Der Prozeß der Verstädterung im Kaiserreich erfaßt auch die Menschen. Herkünfte, Dialekte und Mentalitäten vermischen sich im Großstadtdschungel. Eigene Großstadtidentitäten entstehen mit ihrem spezifischem Jargon wie dem des »Berliners«. Das Großstadtleben führe zu einer »Steigerung des Nervenlebens«, schreibt der Kulturphilosoph Georg Simmel um

Fertigung in der Schokoladenfabrik B. Sprengel & Co. in Hannover, um 1910. Die Firma mit dem Markenzeichen des Bienenkorbs und der Farbe Orange wird 1851 in Harburg gegründet. Zwei Jahre später wird der Firmensitz von Harburg nach Hannover verlegt.

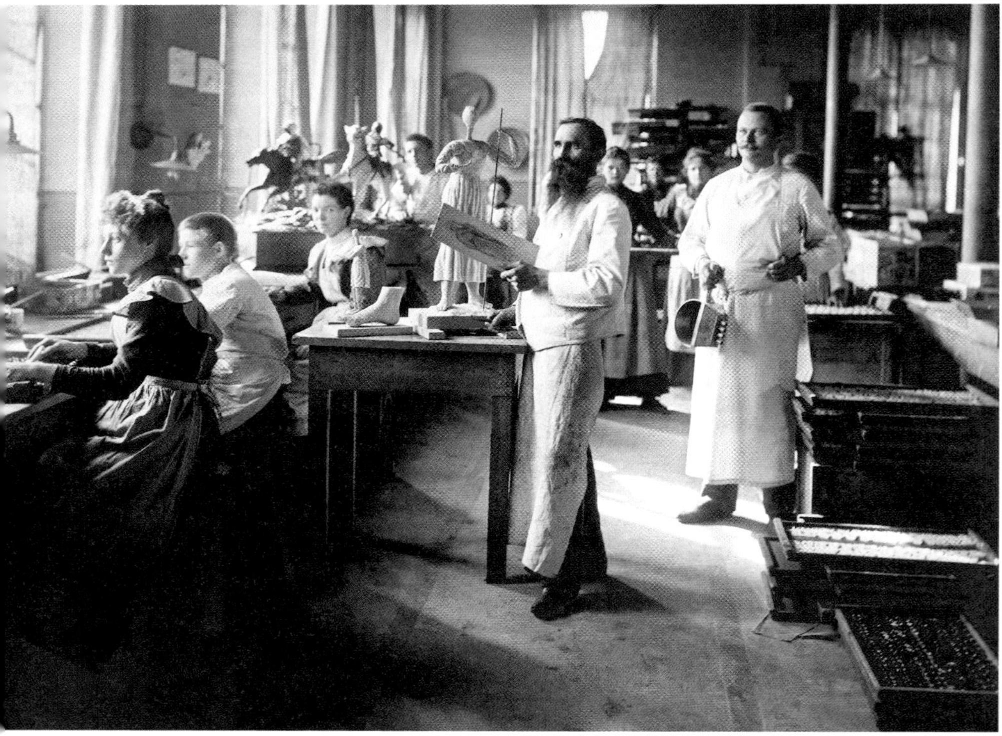

die Jahrhundertwende, zu einer Zurückdrängung des Gemüts zugunsten des kalkulierenden Verstandes. Das Leben in der Großstadt ist »schnell«. Und es ist gefährlich. »Aus dem unvermeidlichen, vielberufenen Sande dieser Landschaft erhebt sich«, so Alfred Döblin 1910 über das märkische Ninive, »durchflossen ganz von der Spree und Panke – Berlin, eine sonderbare Lust- und Sündenstadt, unterwühlt von Eisenbahnen, mit dem Gewimmel gehetzter Arbeitstiere, die keine betenden Hände heben mögen, röchelnd aus Lungen voll giftiger Fabrikdämpfe, und statt unzähliger Götter schleichen unzählige Krankheiten herum und mischen sich erbarmungsvoll unter das arme Volk.« Das sind die Schattenseiten.

Doch von der in den neunziger Jahren einsetzenden Hochkonjunktur haben fast alle Kreise der Bevölkerung profitiert, wenn auch in unterschiedlichem Maße. Hatten 1890 rund 30 Prozent der Bevölkerung das steuerpflichtige Mindesteinkommen erreicht, so verdoppelt sich diese Quote bis 1913 auf 60 Prozent. Allerdings liegt der jährliche Zuwachs des Reallohns mit nur einem Prozent deutlich niedriger als in den anderen europäischen Industrieländern. Immer mehr Frauen sind zur Aufnahme einer Erwerbstätigkeit gezwungen, um den Lebensunterhalt ihrer Familien durch ein zusätzliches Einkommen zu sichern. Allein zwischen 1900 und 1913 steigen die Lebensmittelkosten um ein Drittel an. Verantwortlich dafür sind vor allem die erhöhten Schutzzölle für agrarische Importe, mit denen sich die ostelbische Machtelite nach Ablauf der Caprivischen Handelsverträge doch noch durchsetzen konnte, um sich den Absatz ihrer eigenen landwirtschaftlichen Produkte und ihren gesellschaftlichen Status zu sichern.

Allerdings kommt es trotz der Lebensmittelverteuerung nicht mehr zu den aus der vorindustriellen Zeit bekannten Ernährungs- und Hungerkrisen. Die Sterbekurve sinkt stark aufgrund der erheblich verbesserten medizinischen Versorgung und zahlreicher sozialhygienischer Neuerungen, und das bei einer anhaltend hohen Geburtenrate. Viele Wohnungen sind mit Wasser, Gas und Strom versorgt und an die Kanalisation angeschlossen. Verbesserte Hygiene und Lebensbedingungen sowie Änderungen in den Ernährungsgewohnheiten führen zu einem bemerkenswerten Anstieg der durchschnittlichen Lebenserwartung von 37 Jahren 1871 auf 47 Jahre 1910. Die Säuglingssterblichkeit nimmt deutlich ab. 1890 leben 50 Millionen Menschen im Deutschen Reich, 1913 sind es 67 Millionen. Fast der gesamte Bevölkerungszuwachs wird von den Städten aufgenommen. Die urbane Lebensweise wird im Deutschen Reich immer mehr zu einem normgebenden Maßstab.

Konsumtempel

»Es gibt vier Herrscher Berlins, ungekrönte Kaiser, deren gestrenges Regiment nichtsdestoweniger aber allenthalben anerkannt wird und deren Regierungserlasse und Aufrufe an das Volk nur im besten Sinne zu Diskussionen Anlaß geben«, notiert der Journalist Leo Colze 1908. »Diese ungekrönten Herren sind die Warenhäuser, sind Wertheim, Tietz, Jandorf und seit Jahresfrist das Kaufhaus des Westens.« Seit 1860 war Paris, das Berlin als Vorbild diente, zur »Hauptstadt der Warenhäuser« avanciert. In seinem auf dem Modell des ersten Pariser Warenhauses Au Bon Marché basierenden Roman *Au Bonheur des Dames* hat der Schriftsteller Émile Zola eindrucksvoll die revolutionären Organisationsprinzipien des neuen Warenhauses beschrieben, aber auch das Elend der Angestellten und die Verdrängung der kleinen Ladenbesitzer, die mit den niedrigen Preisen der in den Warenhäusern in großer Stückzahl verkauften Industrieprodukte nicht mehr Schritt halten konnten. Groß-

Die Hauptkasse im Kaufhaus C. M. Goldschmidt in Worms, 1912. Die Geschichte des modernen Kaufhauses beginnt nicht in den Metropolen. Rudolff Karstadt eröffnet sein erstes Haus 1881 in Wismar, Hermann Tietz (Hertie) sein erstes Haus 1892 in Gera, Georg Wertheim baut ein »Warenhaus« zwar erstmals 1890 in Berlin, das Unternehmen stammt aber aus Stralsund.

Der ADAC: Die Interessenvertretung der Automobilisten

1904 wird der motorsportbegeisterte Bruder Kaiser Wilhelms II., Prinz Heinrich, Mitglied der im Vorjahr in Stuttgart gegründeten »Deutschen Motorradfahrer-Vereinigung« (DMV). Für einen Mitgliedsbeitrag von sechs Mark pro Jahr nimmt sich dieser Verein der Interessen der deutschen Motorradfahrer an. Als der Prinz zur Freude des Vorstandes eintritt – ohne einen prominenten Adligen hat ein Club im damaligen Deutschland keine Werbewirksamkeit –, zählt die DMV bereits 3300 Mitglieder.

Dank der Hoheit als Mitglied kann die DMV die Werbetrommel nun erheblich lauter schlagen. 1908 organisiert sie die erste »Prinz-Heinrich-Fahrt« von Berlin nach Frankfurt a. M. Schon verdrängt aber das Automobil das Motorrad: An dem Rennen dürfen nur viersitzige, mit drei Personen besetzte Tourenwagen teilnehmen. Der Gewinner erhält einen Pokal in Form eines Modellautos aus 13,5 Kilogramm reinem Silber. Die Fahrt wird insgesamt nur viermal ausgetragen, 1910 siegt ein gewisser Ferdinand Porsche, der spätere geniale Autokonstrukteur.

Schnell wird der Club zur wichtigen Interessenvertretung der Automobilisten. 1910 attackiert der Motorfahrer, *die Vereinszeitschrift der DMV, die Einführung eines Pflasterzolls durch bayerische Städte, die durch diesen Obolus für die Benutzung ihrer (gepflasterten) Straßen die Gemeindefinanzen aufbessern wollen. Der Vorstoß hat Erfolg: 1913 wird die Straßenbenutzungsgebühr wieder abgeschafft.*

1911 sind unter den 17000 Mitgliedern schon 12000 Autobesitzer. Die Vereinigung beschließt daher, sich in »Allgemeiner Deutscher Automobilclub« (ADAC) umzubenennen. Der ADAC wird im Laufe der Zeit zum wohl einflußreichsten Verein Deutschlands. Seit 1905 hat er seinen Sitz in München.

Im Jahr 1905, als diese bei den Siemens-Schuckertwerken betriebene elektrische Stadtdroschke beim Wechsel der Akkumulatoren fotografiert wird, gilt der Elektromotor noch als wirtschaftlicher Antrieb für Kraftfahrzeuge.

märkte, Schlachthöfe und Warenhäuser entstanden in den meisten europäischen Großstädten, da die traditionellen Märkte und Markthallen den Massenbedarf immer weniger decken konnten. Ende des Jahrhunderts erreicht der Warenhausboom auch das Deutsche Reich.

Die Pioniere des deutschen Warenhauses heißen Georg Wertheim, Rudolf Karstadt und Oscar Tietz. 1876 hatte Wertheim mit einem neuen Konzept im elterlichen Schnittwarengeschäft in Stralsund die Grundlagen für seinen späteren Erfolg gelegt. Er erweitert und diversifiziert sein Angebot. Neben Deckchen und Näh-, Schmuck- und Reisekörben bietet er auch bis dahin fast unbekannte exotische Früchte wie Orangen und Tomaten in großen Mengen an und wirbt dafür in der Zeitung. Tietz in Gera und Karstadt in Wismar haben ähnliche Ideen, und alle sind sie so erfolgreich, daß sie schon bald Filialen gründen können.

Tietz eröffnet sein erstes Warenhaus 1895 in München, kurz bevor Wertheim in der Berliner Leipziger Straße mit einem Superlativ aufwarten kann: dem bis dahin größten Warenhaus Europas. In beiden Fällen sind große Lichthöfe das Herz des Konsumtempels, Treppen und Fahrstühle sorgen für einen reibungslosen Ablauf der Kundenströme im Haus, und Lampen, Schaufenster und Galerien lassen die ausgestellten Waren im rechten Konsumlicht erscheinen. Ein Besuch dort gilt nicht immer nur dem Einkauf, sondern nimmt häufig Formen eines regelrechten Familienausflugs an. Außer dem Warenhaus Wertheim entstehen in Berlin das ebenfalls prachtvoll gestaltete Warenhaus Tietz am Alexanderplatz (1904) und das Kaufhaus des Westens am Tauentzien (1907). Doch auch andere deutsche Städte erleben einen Kaufhausboom, der oft zu architektonischen Meisterleistungen führt wie 1913 bei dem ganz im Jugendstil gehaltenen Kaufhaus Strauß in Görlitz.

Als Massenumschlagplätze strukturieren diese Flaggschiffe der Warenhauskonzerne auch die Verkehrsflüsse in den Städten und werden gleichermaßen zu notwendigen Versorgungseinrichtungen der Bevölkerung wie zu Attraktionen des Fremdenverkehrs. »Wie empfindlich scheute die Seele damals vor dem Odium des ›Billigen Einkaufs‹ zurück«, so der Berliner Stadthistoriker Walther Kiaulehn. »Darum baute Wertheim der Seele ein kostbares Schloß; aus diesem erlesenen Haus konnte ja nichts ›Billiges‹ kommen. Selbst der Kaiser mit seiner Cardinener Kachelmanufaktur war ein Lieferant von Wertheim. Auch er hatte an der Verschönerung des Hauses mitgeholfen.« Natürlich sind die Kaufhäuser auch Schaufenster der wilhelminischen Belle Époque und ihres gewachsenen Selbstbewußtseins.

Public Relations

Die im deutschen Kaiserreich entstehende Massen- und Konsumgesellschaft ruft auch nach neuen Formen der Öffentlichkeitsarbeit und Werbung. Alfred Krupp hatte bereits 1866 geschrieben: »Ich glaube (...), daß es jetzt an der Zeit ist zu veranlassen, daß regelmäßig wiederholt aus der Feder von Autoritäten wahrheitsgemäße Berichte über die Fabrik durch Zeitungen, welche die ganze Welt erleuchten, verbreitet werden. Wir können das Material dazu liefern, und sofern wir nicht die geeigneten Autoritäten dazu bereit finden, möchten wir uns selbst mit den entsprechenden respektablen Zeitungsredaktionen in Verbindung setzen.«

1893 eröffnet sein Nachfolger Friedrich Alfred Krupp ein Nachrichtenbüro mit 23 Mitarbeitern. Auch die interne Kommunikation gehört damals bereits zum Instrumentarium der Kruppschen Öffentlichkeitsarbeit. Für die Zielgruppe der Arbeiterschaft werden Broschüren gedruckt und Werkszeitschriften (*Die Kruppschen Mitteilungen* und *Der Werkverein*) herausgegeben. 1912 organisiert der Vorstandsvorsitzende und spätere Pressemagnat Alfred Hugenberg die Hundertjahrfeier der Firma Krupp als große PR-Veranstaltung und lädt dazu prominente Politiker und Militärs aus dem In- und Ausland ein. Firmenjubilare werden auf dieser Veranstaltung öffentlich geehrt, und die Gründung von Stiftungen wird bekanntgegeben.

Ausgabe von Mineralwasser der Cornelius Heyl A. G. in Worms, 1912.

Krupp ist kein Einzelfall. Die Firma Maggi verfügt seit 1886 über ein eigenes »Reclame und Presse-Büro«, Siemens und Halske stellen 1899 einen Pressereferenten ein, und die AEG gründet 1899 ein sogenanntes Literarisches Büro, also ein Büro für Öffentlichkeitsarbeit. Auch die Politik weiß sich dieser Mittel zu bedienen. Seit 1871 gibt es ein Pressedezernat im Auswärtigen Amt, das über das beschlagnahmte Privatvermögen Georgs V., den sogenannten Welfenfonds, finanziert wird. Otto Hammann, seit 1894 Leiter des Pressedezernats, setzt dabei auf ein gegenseitiges Vertrauensverhältnis zwischen amtlichen Stellen und der Presse. Sein Ziel ist dabei allerdings nicht die umfassende Information, sondern die gezielte Beeinflussung der Öffentlichkeit durch eine politisch gewollte Auswahl von Informationen.

Das »Nachrichtenbureau« des Reichsmarineamtes, das 1897 seine Tätigkeit aufnimmt, spielt eine große Rolle, als es um den Ausbau der Kriegsflotte geht. Hier arbeitet man bereits bewußt zielgruppenorientiert. Es gibt spezielle Kampagnen für Katholiken und Anhänger der Zentrumspartei. Schulen erhalten das *Deutsche Flottenlesebuch für höhere und mittlere Lehranstalten*, Schiffsattrappen werden auf Spielplätzen für Kinder aufgestellt. Um die Jahrhundertwende beginnen auch die Verbände, sich in der Öffentlichkeitsarbeit zu engagieren. 1902 stellt der Bund der Industriellen (BDI) deshalb Gustav Stresemann als Geschäftsführer ein. 1906 wird die erste kommunale Pressestelle in Magdeburg eingerichtet.

Auch die moderne Wirtschaftswerbung hat sich in dieser Zeit im Kaiserreich etabliert. Vorreiter waren die großen Betriebe des Einzelhandels, deren Geschäftsprinzipien sie früh dazu zwangen, umfangreich zu werben. Ein zweiter Impulsgeber war der Markenartikel, der die Beziehungen von Produzenten, Händlern und Konsumenten grundlegend veränderte. Ohne Werbung war kein Markenartikel auf dem Markt durchzusetzen. Die Annonce erlebt parallel zum Aufstieg der Massenpresse und zur Ausdifferenzierung der Zeitungslandschaft einen erheblichen Bedeutungszuwachs. Sie wird größer und durch typographische Verbesserungen attraktiver. Fortschritte bei der Papierproduktion ermöglichen immer ansprechendere Verpackungen. Kalender, Sammelbilder, Reklamemarken, Schilder, Reklamepostkarten, Kataloge und Plakate werden zu Werbezwecken eingesetzt. Die Verwendung des elektrischen Lichtes für die Außenreklame ermöglicht schon vor dem Ersten Weltkrieg spektakuläre Installationen wie 1912 den Einsatz von 3000 Glühbirnen, die auf dem Berliner Alexanderplatz den Rauch einer Zigarette nachbilden. Eine »Flut der Beleuchtung in Lichtreklamen, Lampen und Transparenten bis weit zum Bahnhof« verspricht in diesem Jahr auch das Buch *Berlin für Kenner* dem Besucher der Friedrichstraße.

Wissenschaft, Forschung, Schule

Naturwissenschaftler wie Robert Koch und Wilhelm Conrad Röntgen, Albert Einstein und Max Planck, Geisteswissenschaftler und Historiker wie Wilhelm Dilthey und Theodor Mommsen haben dazu beigetragen, daß die deutschen Universitäten und Hochschulen des Kaiserreichs ein hohes internationales Ansehen genossen. Von den seit 1901 verliehenen Nobelpreisen ist ein ungewöhnlich hoher Anteil an deutsche Forscher gegangen, insbesondere an Naturwissenschaftler und Mediziner.

Zu den ersten Preisträgern gehören 1901 Wilhelm Conrad Röntgen, der den Physiknobelpreis für die Entdeckung der nach ihm benannten Strahlen bekam, und Emil Adolf von Behring, der für seine Forschung zur Serumtherapie und ihre Anwendung gegen Diphtherie ausgezeichnet wurde. Der erste Chemienobelpreis ging an den Niederländer Jacobus Henricus van't Hoff. Doch auch er lehrte damals in Deutschland, als Professor am Lehrstuhl für Chemie der Universität in Berlin. 1902 wird Theodor Mommsen, »dem größten lebenden Meister der historischen Darstellung, besonders in Anerkennung seiner monumentalen *Römischen Geschichte*«, der Nobelpreis für Literatur verliehen. Hermann

Der Bruder des Gründers der Dr. August Oetker KG, Dr. Eduard Oetker, im Labor des Unternehmens um 1910.

Emil Fischer ist der zweite Nobelpreisträger für Chemie. Für die Indigosynthese wird Adolf von Baeyer 1905 ausgezeichnet, im gleichen Jahr Robert Koch für die Entdeckung des Tuberkulose- und Cholera-Erregers. Insgesamt geht von allen zwischen 1901 und 1914 verliehenen naturwissenschaftlichen Nobelpreisen jeder dritte an einen deutschen Forscher.

Die Forschung an deutschen Universitäten zeichnet sich im Kaiserreich durch ein beachtliches Niveau aus. Die deutschen Universitäten gelten vielen, auch im Ausland, als Vorbild der wissenschaftlichen Welt, an dem sich andere Länder beim Aufbau ihres Universitätssystems gern ein Beispiel nehmen. Eine Besonderheit in Deutschland sind die Technischen Hochschulen, die sich der besonderen Fürsorge des Kaisers erfreuen. »Das neue Jahrhundert wird beherrscht durch die Wissenschaft, inbegriffen die Technik«, war die Meinung Wilhelms II., »und nicht wie das vorige durch die Philosophie. Dem müssen wir entsprechen.« 1899 vollzieht Wilhelm die formelle Gleichstellung der Technischen Hochschulen mit den Universitäten, indem er ihnen das Promotionsrecht verleiht. Seine Majestät wird für diese Entscheidung 1913 zum Dr. ing. ehrenhalber promoviert. Um die Jahrhundertwende erlangen die deutschen

Die Schulklasse 5g der Bielschule im sächsischen Planitz hat sich mit ihrem Lehrer für den Fotografen aufgestellt. Die aus diesem Anlaß im Jahr 1909 schmuck herausgeputzten elfjährigen Kinder warten geduldig auf das erlösende Blitzlicht.

Universitäten mit ihrer systematischen Grundlagenforschung sowie die erstmals in großem Umfang eingeführten außeruniversitären Forschungseinrichtungen weltweiten Vorbildcharakter.

Die 1911 in Berlin gegründete Kaiser-Wilhelm-Gesellschaft zur Förderung der Wissenschaften (heute: Max-Planck-Gesellschaft) ist das bedeutendste Beispiel. 1914, als er an der Ausarbeitung seiner 1916 publizierten Allgemeinen Relativitätstheorie arbeitet, wird mit Albert Einstein einer der bekanntesten Wissenschaftler des 20. Jahrhunderts zum Direktor an das im gleichen Jahr gegründete Kaiser-Wilhelm-Institut für Physik in Berlin berufen. Hier ist mit Max Planck, dem Begründer der Quantentheorie, Max von Laue, dem Physiknobelpreisträger von 1914, Erwin Schrödinger und Lise Meitner ein Braintrust am Werk, den international zu dieser Zeit so leicht niemand überbieten kann.

Gesellschaftspolitisch hingegen sind die Universitäten und Forschungseinrichtungen des Kaiserreichs Bollwerke tradierter Normen und Wertvorstellungen. Seit 1898 ist es Sozialdemo-

Mitarbeiter in der Gasmotorenfabrik Deutz in Köln um 1900. Die an die Deutz-Mülheimer Straße verlegte Fabrik von Nikolaus August Otto und Eugen Langen ist die erste Motorenfabrik der Welt. Otto entwickelt hier auf der Grundlage des von Lenoir erfundenen Gasmotors die erste nach dem Viertaktverfahren arbeitende Gasverbrennungsmaschine. Ein Jahrzehnt lang arbeiten auch Gottlieb Daimler und Wilhelm Maybach, später noch Ettore Bugatti in der Deutzer Fabrik.

kraten untersagt, an deutschen Universitäten zu lehren, der Abschluß einer unrühmlichen Entwicklung, die mit dem Fall des jungen Privatdozenten für Physik Leo Arons 1893 ihren Anfang genommen hatte. Arons, ein Schwiegersohn des Bankiers Julius Bleichröder, gehörte der Sozialdemokratischen Partei an. Darüber wurde die Berliner Universität, an der Arons künftigen Studienräten physikalische Vorlesungen erteilte, 1893 amtlich informiert, nachdem die Fakultät darum gebeten hatte, Dr. Arons zum außerordentlichen Professor zu ernennen. Doch der Staat ist, nachdem seine sozialdemokratischen Verbindungen bekanntgeworden waren, entschlossen, ihm die Venia legendi zu entziehen. Arons, so das zuständige Ministerium, müsse unverzüglich entlassen werden.

Die Fakultät weigert sich. Gustav Schmoller, der bekannte Wirtschaftshistoriker, hält dem Ministerium entgegen, es entspreche nicht den »Aufgaben und den guten Traditionen« deutscher Universitäten, »gegen die Betätigung einer politischen Überzeugung von Universitätslehrern«, solange keine Verletzung der Berufspflicht oder eine gesetzwidrige Handlung nachweisbar sei, disziplinarisch vorzugehen. Jetzt nimmt sich sogar der Kaiser der Sache an und verlangt Bericht. Die konservative Presse verweist darauf, daß Arons Sozialdemokrat und zudem noch Jude sei.

Im Parlament kommt es zu einer Debatte über den Fall, in deren Verlauf der bekannte Mediziner und Teilnehmer der Revolution von 1848, Rudolf Virchow, eine flammende Rede für die Gedankenfreiheit hält. Fünf Jahre zieht sich der Fall hin, bis die Regierung 1898 mit einer Lex Arons die Disziplinarverhältnisse an den Universitäten neu regelt und Arons endgültig die Lehrbefugnis entzieht. Gegen Ende des Jahrhunderts jedoch sind Männer wie Rudolf Virchow oder Theodor Mommsen, der bei anderer Gelegenheit vor dem akademischen Antisemitismus warnte, selten geworden.

An deutschen Universitäten herrscht ein stark konservativer Geist. Wilhelm II., der in Bonn studiert hatte, gilt als »erster Corpsstudent des deutschen Reiches«, seit er dort dem Corps Borussia beigetreten war, dem er sein ganzes Leben lang als »Alter Herr« angehörte. »Es ist Meine feste Überzeugung«, meint Wilhelm, »daß jeder junge Mann, der in ein Corps eintritt, durch den Geist, welcher in demselben herrscht, mit diesem Geist seine wahre Richtung fürs Leben erhält.« So haben es viele gesehen, nicht nur Heinrich Manns Romanfigur Diederich Heßling, dem es beim Bierkomment unter seinen Corpsbrüdern die Sprache so verschlägt, daß er, sich mit Konsonanten überschlagend, ins Stottern gerät. Trinkzwang ist in den Corps der wilhelminischen Ära ein wichtiges Erziehungsmittel, angeblich um die Fähigkeit auszubilden, auch in Extremsituationen noch »Haltung« zu bewahren. Ein »Fuchs«, ein Neuling, ist beim Bierkomment gezwungen, mit der gleichen Menge Bier mitzuhalten, wenn ihm ein Älterer zutrinkt.

Die private Schülerverbindung »Sleidania« in Schleiden in der Eifel im Jahr 1914. Die Verbindung wird 1899 von jetzt studierenden ehemaligen Schleidener Schülern als Ferienverbindung gegründet. Ein Jahr später läßt das Großherzogtum Baden mit dem Sommersemester 1900 als erstes deutsches Land Frauen an den Landesuniversitäten Freiburg und Heidelberg als ordentliche Studierende zu.

»Die Kneipe ist für uns, was der vielgelästerte Kasernenhofdrill, der Parademarsch für den Soldaten«, belehrt die *Deutsche Korpszeitung* ihre Leser. »So wie dort das hundertmal wiederholte ›Knie beugt!‹ nacheinander Faulheit, Wurstigkeit, Trotz, Wut, Schlappheit und Ermattung überwindet und aus dem Gefühl hilfloser Ohnmacht und völliger Willenlosigkeit die Disziplin hervorgehen läßt, so bietet uns das ›Rest weg!‹ dem Älteren vor dem Jüngeren immer Gelegenheit, seine unbedingte Überlegenheit zu zeigen, zu strafen, Abstand zu wahren, die Atmosphäre zu erhalten, die für das Erziehungswerk des Corps unbedingte Erfordernis ist.«

Doch das zentrale Element des Komments, des studentischen Verhaltenskodex, ist in den Corps die Bestimmungsmensur. Schmisse, die man sich da beim Fechtkampf zugezogen hat, sind sichtbare Insignien corpsstudentischen Mannesmuts, mit denen man sich die Eintrittskarte in die satisfaktionsfähige wilhelminische Gesellschaft verdient hat. Den Rest besorgen die »Alten Herren«, deren Protektionsnetz sich wie eine Prädestination für künftige Karrieren auswirkt. Corpsstudent zu sein bedeutet ein Sozialprestige, mit dem nur aristokratische Herkunft oder ein Offizierspa-

Fritzi Massary im Jahr 1906 als »Die Sünde von Berlin« in der Revue »Der Teufel lacht dazu« im Metropol-Theater. Berlin summt zu dieser Zeit den Gassenhauer »Berliner Luft«, mit dem der Komponist Paul Lincke im Jahre 1904 einen echten Berliner »Ohrwurm« schafft.

Fritzi Massary: Die »Königin der Operette«

Die Jahresrevuen im Berliner Metropoltheater sind vor 1914 ein gesellschaftliches Ereignis ersten Ranges. Mit den Premieren im September beginnt jedes Jahr die Saison. Wer auf sich hält, geht ins Metropol. Unbestrittener Star ist Fritzi Massary, ganz Berlin liegt ihr zu Füßen.

Nach Berlin gekommen ist die damals 22jährige im Jahr 1904. Am Metropoltheater debütiert sie in »Die Herren vom Maxim«. Sie spielt unter anderem in den Jahresrevuen »Auf ins Metropol«, »Donnerwetter, tadellos!« oder »Hurra, wir leben noch«, vertont von den Komponisten Victor Hollaender und Paul Lincke. Nach dem Krieg glänzt »die Massary« auch als Operettendiva in den Hauptrollen von »Die Rose von Stambul« von Leo Fall oder »Die Großherzogin von Gerolstein« von Jacques Offenbach. Später tritt sie in Operetten von Franz Lehár und Oscar Straus auf, der ihr Rollen sozusagen auf den Leib schneidert.

Einer ihrer großen Bewunderer ist neben Kurt Tucholsky, der ihr den Titel »Fritzi I. von Massaryen« verleiht, der Sohn des Opererettenkomponisten Victor Hollaender. Als gestandener Komponist erinnert sich Friedrich Hollaender an ein Erlebnis als Zehnjähriger: »Massary, Massary hatte ich endlich auf der Bühne gesehen. Fritzi Massary, diese Königin des leichten Spiels, der Operette, des blitzgescheiten Chansons. Sogar persönlich kennengelernt. Ein tiefdekolletiertes Photo von ihr, mit der eigenhändigen Widmung – Meinem jüngsten Verehrer. Die Sünde von Berlin – stand seither auf meinem Jungens-Schreibtisch.«

1933 ist Fritzi Massary als Jüdin auf deutschen Bühnen nicht mehr erwünscht; sie zieht sich nach Österreich und in die Schweiz zurück, später – nach einem kurzen Gastspiel in London – läßt sie sich in Beverly Hills, Kalifornien, nieder. Sie stirbt 1969 in Los Angeles. Seit ihrer Emigration hatte sie sich fast ganz von der Bühne zurückgezogen.

tent konkurrieren kann, wenn nicht alle drei »Auszeichnungen« vielfach ohnehin in einer Person zusammentreffen.

Bekleiden die Absolventen der Universitäten hauptsächlich Führungspositionen im öffentlichen Bereich, so befriedigen die Technischen Hochschulen vor allem den Bedarf der großen Wirtschaftsunternehmen an wissenschaftlich ausgebildeten Technikern und Ingenieuren. Immer mehr verdrängen Hochschulabsolventen in technisch komplexer gewordenen Produktionsabläufen die dort traditionell mit Leitungs- und Kontrollfunktionen versehenen Handwerksmeister. Doch die technisch-industrielle Entwicklung hat nicht nur den neuen Typ der Technischen Hochschule und die außeruniversitären Forschungsstätten befördert, sie formte auch das Schulwesen um.

Die klassische Gelehrtenschule, das auf altsprachlichem Unterricht aufbauende humanistische Gymnasium, erhält mit der Realschule und dem Realgymnasium eine Konkurrenz, die sich stärker den modernen Sprachen und naturwissenschaftlichen Fächern widmet. Zwar konnten Absolventen der Realgymnasien schon seit 1859 Natur- und Wirtschaftswissenschaften an den Universitäten studieren, doch erst 1900 werden die Reifezeugnisse der Realgymnasien - ebenso wie die der ab 1882 eingerichteten lateinlosen Oberrealschulen - den Abschlüssen der humanistischen Gymnasien grundsätzlich gleichgestellt.

In dieser Zeit werden auch die ersten höheren Mädchenschulen gegründet. 1908 erhalten sie in Preußen das Recht zur allgemeinen Reifeprüfung. Seit 1902 sind zunächst in Baden, seit 1908 im ganzen Reich Frauen zur regulären Immatrikulation an den Hochschulen zugelassen. Die Zahl der Analphabeten liegt um die Jahrhundertwende im Deutschen Reich bei unter einem Prozent, ein bemerkenswerter Erfolg der allgemeinen Schulpflicht, der sich noch bedeutsamer vor dem Hintergrund ausnimmt, daß die Analphabetenrate in konkurrierenden Industrienationen wie Frankreich und Großbritannien unverhältnismäßig höher ist.

»Der Hauptkampfplatz liegt in der Schule«, hatte Wilhelm II. schon 1889 im Kronrat verkündet. Er meinte damit allerdings nicht das damals schon weitgehend gelöste Analphabetenproblem, sondern den Kampf gegen die Sozialdemokratie im Geschichtsunterricht. Schon in der Volksschule, so der Kaiser, müsse »in einfachen Sätzen« den Schülern mehr neuere preußische Geschichte, »vor allem aber die bei richtiger Würdigung so lehrreiche Epoche der Französischen Revolution« mit ihren destruktiven Folgen von »Umsturz« und Napoléonischen Kriegen regelrecht »eingeprägt« werden.

Der Traum vom Fliegen

»Seine Exzellenz Graf Zeppelin, der Bezwinger der Lüfte, hurra!« ruft Wilhelm II. im November 1908 in einer Ansprache aus. Er konnte sich für alles Neue wie ein Kind begeistern. Ferdinand von Zeppelin war zu dieser Zeit mit Plänen für eine Luftschiffswerft in Friedrichshafen am Bodensee beschäftigt und seit dem Jungfernflug der LZ 1 im Jahre 1901 ein in ganz Deutschland umjubelter Held. Geboren am 8. Juli 1839, Berufsoffizier, später württembergischer Gesandter in Berlin, hatte sich der vermögende Adlige schon 1874 mit der Konstruktion eines Luftschiffs befaßt, war dabei zunächst aber nur auf amüsiertes Kopfschütteln gestoßen.

1893 gelang ein erster Entwurf, 1896 erhielt Zeppelin sein Patent, und am 2. Juli 1901 startete das erste nach ihm benannte lenkbare Starrluftschiff. »In Meinem Namen und im Namen des ganzen deutschen Volkes«, so der Kaiser in der genannten Rede, »freue ich Mich, Eure Exzellenz zu diesem herrlichen Werke, das Sie Mir heute so schön vorgeführt haben, aus tiefstem Herzen zu beglückwünschen. Unser Vaterland kann stolz sein, einen solchen Sohn zu besitzen, den größten Deutschen des zwanzigsten Jahrhunderts, der durch seine Erfindung uns an einen neuen Entwicklungspunkt der Menschheit geführt hat.« Nachdem er Gott noch einmal gedankt hat, daß er »unser Volk für würdig erachtete«, Zeppelin zu »den Unseren« zu zählen, dekoriert er ihn pathetisch mit dem Orden vom Schwarzen Adler für das Verdienst, Deutschland nun zum Herren der Lüfte gemacht zu haben.

Die zigarrenförmigen Zeppeline sind ein Mythos geworden, mit dem sich die Gesellschaft der Belle Époque in den Himmel erheben konnte, ohne an Bord auf den gewohnten Luxus von mehrgängigem Menü oder Champagnerparty nebst majestätischem Ausblick über die Reling auf den fernen Horizont verzichten zu müssen. Später werden sie auch im Luftkrieg eingesetzt.

Ein anderer Pionier der Lüfte ist Otto Lilienthal, der 1848 in Anklam in Vorpommern geborene »Missionar des Menschenflugs«, wie ihn die Gebrüder Wright genannt haben. Lilienthal ist ein sensibler, exakt arbeitender Wissenschaftler, den früh das Geheimnis des Vogelflugs fasziniert hat, dem er durch umfangreiche aerodynamische Untersuchungen auf die Spur kommen will. Und Lilienthals Interesse an den physikalischen Grundlagen des Fluges ist von Anfang an klar formuliert: Er will fliegen.

Rechte Seite: Das Luftschiff LZ III bei der Landung in Konstanz am Bodensee, 1909. Den Bau seines ersten Luftschiffes LZ I hat Ferdinand Graf von Zeppelin im Jahr 1899 in der schwimmenden Montagehalle Manzell am Bodensee begonnen.

Nach über 20 Jahren physikalischer Experimente ohne jeden praktischen Flugversuch faßt

Norddeich-Radio: 1000 Telegramme täglich

Zur Jahrhundertwende steht auf Borkum eine Funkstation, die mit Geräten der englischen Firma Marconi ausgerüstet ist. Da die deutsche Handelsflotte aber mit Anlagen von Telefunken-Geräten arbeitet, lehnen es die Borkumer wegen eines Monopolvertrags mit den Engländern ab, Verbindungen zu deutschen Schiffen herzustellen.

Der Zustand ist für das Deutsche Reich inakzeptabel. Am 1. Mai 1907 nimmt die Küstenfunkstelle Norddeich-Radio (bei der Stadt Norden) den Funkverkehr mit der kaiserlichen Marine auf, einen Monat später mit der deutschen Handelsmarine. Die Reichweiten sind aber noch gering. 1912 reicht der Sprechfunk etwa 40 Kilometer hinaus auf See. Immerhin ermöglicht der Fall des Marconi-Monopols 1913 den Funkverkehr auch zwischen unterschiedlichen Systemen.

Die Übermittlung von amtlichen und privaten Telegrammen und Gesprächen, die Weitergabe von Wetter- und Eiswarnungen, ein Zeitungsdienst – Radio Norddeich ist lange Zeit die einzige Verbindung zwischen deutschem Festland und deutschen Schiffen. Der Name ist allerdings irreführend, denn ein Radiosender ist die Küstenfunkstation nie.

In seiner besten Zeit schickt Norddeich im Schnitt täglich 1000 Telegramme und 600 Gespräche rund um den Globus. Das Ende kommt nach einem Dreivierteljahrhundert: Die moderne Satellitenfunk- und Satellitentelefontechnik macht den erdgebundenen Seefunk und damit auch die Küstenfunkstelle Norddeich-Radio überflüssig.

Lilienthal seine Erkenntnisse 1889 in dem Buch *Der Vogelflug als Grundlage der Fliegekunst* zusammen. »Alles Fliegen ist Erzeugen von Luftwiderstand«, heißt es da, »alle Flugarbeit ist Überwinden von Luftwiderstand.« Lilienthal ist der Entdecker der Tragflügel-Aerodynamik. Er hat als erster in völliger Klarheit die physikalische Frage nach dem Wesen des künstlichen Flügels gestellt, auf die die gewölbte Fläche die Antwort ist. Als 1895 in der Berliner Akademie die Gedächtnisrede auf den Nestor der Berliner Physik, Hermann Helmholtz, gehalten wird, finden Lilienthals Messungen mit Bezug auf eine theoretische Helmholtz-Arbeit in dieser Gedenkrede Erwähnung. Lilienthals Buch endet mit »Grundsätzen, nach denen die künstlichen Flugapparate hergestellt werden sollten, wenn die hier dargelegten Erkenntnisse denn richtige sind«.

Ab 1891 beginnt Lilienthal zwischen Potsdam und Brandenburg mit einem vogelähnlichen Fluggerät zu experimentieren. Dabei gelingen ihm Gleitflüge, bei denen er sich bis zu 300 Meter in der Luft halten kann. Am

10. August 1896 kommt er bei einem Absturz ums Leben. Doch als 1903 die Gebrüder Wright in den USA mit Flyer I den ersten motorisierten Flugversuch unternehmen, beginnt endgültig die Ära der modernen Luftfahrt, die ohne die aerodynamischen Untersuchungen und Experimente Otto Lilienthals nicht möglich gewesen wäre. Im Ersten Weltkrieg verfügen bereits alle Kriegsparteien über eine einsatzfähige motorisierte Luftwaffe.

Jardins de plaisanterie

Das Centralhotel an der Berliner Friedrichstraße ist Ende des 19. Jahrhunderts nach eigener Auskunft das »leading hotel of Germany«. Zur Dorotheenstraße hin hat es eine besondere Attraktion zu bieten: den Wintergarten. Ursprünglich als glasüberdachte Ruhe- und Erholungsstätte für Hotelgäste vorgesehen, geben Palmen dem 2500 Quadratmeter großen lichten Gewölbe ein fast tropisches Gepräge. Der Boden ist mit feinem Kies belegt, und in kleinen Grotten entspringen Quellen und Wasserspiele. Über eine breite Freitreppe können sich die Gäste des Hotels in diesen künstlichen Jardin de plaisanterie begeben, der seit 1886 auch als Aufführungsraum für das Varieté dient.

Gruppe von Herren nach einem Sonntagsausflug im Jahr 1912 zur zwischen 1897 und 1900 erbauten Ernst-Ludwig-Brücke. Sie ist die erste feste Brücke über den Rhein bei Worms.

Der DFB: Anpfiff für eine Erfolgsgeschichte

Am 28. Januar 1900 eröffnet Johannes Kirmse, Vorsitzender des Verbandes Leipziger Ballspielvereine, eine Sitzung mit Vertretern von 75 Vereinen. Wenige Stunden später ist der Deutsche Fußball-Bund (DFB) gegründet: Anpfiff für eine Erfolgsgeschichte.

Bis dahin sind mehrere Anläufe zur Etablierung eines nationalen Fußballverbands gescheitert. Auch an jenem Januarsonntag muß Opposition überwunden werden. Vor allem gibt es Streit über die Rolle der »nichtreichsdeutschen Vereine«. Die Berliner, nicht zuletzt dank vieler bespielbarer Exerzierplätze führend im frühen Fußball-Deutschland, wollen die ausländischen Klubs nicht dabei haben, weil sie vor allem die beiden spielstarken Prager Vereine DFC Prag und DFC Germania Prag fürchten. Psychologisch geschickt wird der Antrag unmittelbar vor dem Mittagessen zur Abstimmung gestellt. Der Hunger beschleunigt das Verfahren, der Endstand lautet 64:22 für den künftigen DFB.

Bei der ersten deutschen Meisterschaft kommt es gleich zum Skandal: Während der Karlsruher FV bis zum Halbfinale neun Gegner besiegen muß, landet der DFC Prag ohne ein einziges Spiel in der Vorschlußrunde – weil er der einzige Vertreter seines Verbandes ist. Sogar die Partie gegen Karlsruhe müssen die Prager nicht austragen. »Meisterschaftsspiel verlegt. DFB«, steht in einem Telegramm nach Karlsruhe, worauf die Badener die teure Reise nach Prag gar nicht erst antreten. Aber das Telegramm ist gefälscht. Da nach Meinung des DFB die Karlsruher den Wahrheitsgehalt hätten überprüfen müssen, zieht Prag kampflos ins Finale ein. Erster Deutscher Meister wird dann allerdings der VfB Leipzig. Vor 1200 Zuschauern siegt er mit 7:2 verdient über den DFC Prag.

Der Berliner Fußball Club Germania (BFC Germania) wird als erster deutscher Fußballverein am 15. April 1888 vom damals 17jährigen Paul Jestram zusammen mit seinen Brüdern und ein paar Schulfreunden gegründet. Zu dieser Zeit wird Fußball vor allem von im Deutschen Reich arbeitenden Briten gespielt.

Das Varieté boomt im Berlin der Gründerzeit, aber auch in anderen Städten. Das Kabarett, wie Ernst von Wolzogens »Überbrettl« am Alexanderplatz, in dem Arnold Schönberg anspruchsvolle Couplets komponiert, oder »Die elf Scharfrichter« in München, bietet Unterhaltung des feineren Geschmacks. Auch der Zirkus, wie der jenseits des Bahnhofs Friedrichstraße gelegene legendäre Circus Renz mit seinen teuren Logen und Champagnerbars, feiert eine Zeit der Blüte.

Im Varieté des Wintergartens erzählt sich unter anderem die Geschichte von der Geburt des Films aus dem Geist des Tingeltangel. Erfinder war der »Nebelbilddarsteller« Max Skladanowsky. So jedenfalls läßt das kaiserliche Patentamt den Beruf des Mannes aktenkundlich werden, der zum 1. November 1895 ein Patent erhält für eine »Verrichtung zum intermittierenden Vorwärtsbewegen des Bildbandes für photographische Serviere-Apparate und Bioskope«. Hinter der umständlichen Bezeichnung steckt nichts anderes als der erste Filmprojektor. Im Oktoberprogramm 1895 des Wintergartens war Max Skladanowsky gemeinsam mit seinem Bruder Emil durch ein »elektro-mechanisch-pyrotechnisches Wasserschauspiel-Theater« aufgefallen.

Die Bioskop-Nummer, die am 1. November Premiere hatte, sollte nach ihren Vorstellungen dem Wunderkabinett des technischen Zaubers einen neuen Höhepunkt bereiten. Max Skladanowsky filmte Artisten und zeigte ihre Darbietungen auf der Leinwand des Wintergartens als virtuelle Artistik, überlebensgroß, lebendig, aber ohne lebende Personen. »Wie er das macht, das soll der Teufel wissen«, meint damals ein Kritiker. 1892 hatte Skladanowsky eine »Kurbelkasten« genannte erste Filmkamera entwickelt, doch es dauerte noch einige Zeit, bis er auch einen Projektor, das Bioskop, konstruiert hatte, um damit an die Öffentlichkeit zu treten. Die Varieténummer mit dem Bioskop ist eine Pionierleistung der Filmgeschichte gewesen, doch es wird nicht Max Skladanowsky sein, der die Geschichte des Kinos einleitet.

Er ist persönlich zugegen, als Ende Dezember 1895 in Paris die Brüder Lumière ihren Cinematographen dem Publikum vorstellen, an dem sie parallel zu Skladanowsky seit Jahren gearbeitet haben. Das Gerät ist dem Bioskopen technisch weit überlegen, vor allem aber haben die Lumières die Eigenständigkeit des Genres rechtzeitig erkannt. Während Skladanowsky hauptsächlich an die Bereicherung des Varietés um eine weitere Attraktion dachte, starten die Lumières den weltweiten Siegeszug des Kinos. Auch Deutschland erlebt einen Kinoboom. Im Ersten Weltkrieg wird das Kino als propagandistisches Medium entdeckt, was General Ludendorff im Dezember 1917 veranlaßt, unter Kontrolle der Obersten Heeresleitung die Universum Film AG, kurz Ufa, gründen zu lassen.

Der Kaiser und die Kunst

»Schon gestern abend wollte ich Dir einen kleinen Brief stiften, kam aber nicht dazu, weil ich anderweitig eine große Korrespondenz hatte; darunter einen Brief von einem Herrn Gerhart Hauptmann«, schreibt Theodor Fontane im September 1889 an seine Tochter Mete. »Dieser Hauptmann, ein wirklicher Hauptmann der schwarzen Realistenbande, welche letztere wirklich etwas von den Schillerschen Räubern hat und auch dafür angesehen wird, ist ein völlig entphraster Ibsen, mit anderen Worten, ist das wirklich, was Ibsen bloß sein will, aber nicht kann.« Das Theater des Norwegers Henrik Ibsen war damals in Mode gekommen, doch es war schwer, ihn angesichts der im Deutschen Reich, selbst im verhältnismäßig liberalen Süddeutschland, allgegenwärtigen Theaterzensur auf die Bühne zu bringen.

Otto Brahm allerdings, der Intendant des Deutschen Theaters in Berlin, fand eine Lösung, indem er die Freie Bühne als privaten Verein gründete und ihre Aufführungen als nichtöffentlich deklarierte. Ende September 1889 zeigte die Freie Bühne Ibsens »Gespenster« vor einem geladenen Publikum, doch dem Stück »Vor Sonnenaufgang«, das Gerhart Hauptmann Fontane hatte zukommen lassen, ist ein weit größerer Erfolg beschert. Die präzise und emotionslose naturalistische Schilderung des Lebens einer Proletarierfamilie sorgt für Furore. 1892 wird Hauptmanns Stück über den schlesischen Weberaufstand von 1844, »Die Weber«, in der Freien Bühne und der ebenfalls wie ein Privatverein organisierten, der Sozialdemokratie nahestehenden Neuen Freien Volksbühne aufgeführt.

Jede öffentliche Aufführung ist verboten, doch Brahm legt dagegen beim preußischen Oberlandesgericht Klage ein und bekommt 1894 recht. Als »Die Weber« dann im Deutschen Theater zu sehen sind, kommt es zu einem Eklat. Nichts als »Rinnsteinliteratur« sei das, erklärt Seine Majestät höchstpersönlich und kündigt demonstrativ die kaiserliche Loge im Deutschen Theater, was Brahm empfindliche Mindereinnahmen von immerhin 4000 Mark pro Jahr verschafft.

»Die Kunst soll mithelfen, erzieherisch auf das Volk einzuwirken, sie soll auch den unteren Ständen nach harter Mühe und Arbeit die Möglichkeit geben, sich an den Idealen wieder aufzurichten«, wird Wilhelm II. später, zu einem anderen Anlaß, sein Volk belehren. »Uns, dem deutschen Volke, sind die großen Ideale zu dauernden Gütern geworden, während sie anderen Völkern mehr oder weniger verlorengegangen sind. Es bleibt nur das deutsche Volk übrig, das an erster Stelle berufen ist, diese großen Ideen zu hüten, zu pflegen, fortzusetzen, und zu diesen Idealen gehört, daß wir den arbeitenden, sich abmühenden Klassen die Möglichkeit geben, sich an dem Schönen zu erheben und sich aus ihren sonstigen Gedankenkreisen heraus- und emporzuarbeiten. Wenn nun die Kunst, wie es jetzt vielfach geschieht, weiter nichts tut, als das Elend noch scheußlicher hinzustellen, wie es schon ist, dann versündigt sie sich damit am deutschen Volke. Die Pflege der Ideale ist zugleich die größte Kulturarbeit, und wenn wir hierin den anderen Völkern ein Muster sein und bleiben wollen, so muß das ganze Volk daran mitarbeiten, und soll die Kultur ihre Aufgabe voll erfüllen, dann muß sie bis in die untersten Schichten des Volkes hindurchgedrungen sein. Das kann sie nur, wenn die Kunst die Hand dazu bietet, wenn sie erhebt, statt daß sie in den Rinnstein niedersteigt.«

Doch trotz des Kaisers höchstem Einspruch ist der Durchbruch neuer Kunstformen in Literatur, Musik und bildender Kunst nicht aufzuhalten. 1892 hatte sich in München bereits eine Secession vom offiziellen Kunstbetrieb organisiert, die es sich zum Ziel gesetzt hatte, bei ihren Kunstausstellungen keine der zeitgenössischen modernen Richtungen auszuschließen. In München erscheint seit 1896 auch die satirische Wochenzeitschrift *Simplicis-*

Karneval im Eifelstädtchen Schleiden im Jahr 1911. In der Eifel wird zu dieser Zeit schon seit 300 Jahren Karneval gefeiert. 1848 gehören viele aktive Karnevalisten im Rheinland zu den Revolutionären. Im Kaiserreich aber verliert der Karneval seinen oppositionellen Charakter.

simus, zu der Thomas Theodor Heine seine unverwechselbaren, vom Jugendstil beeinflußten Zeichnungen beiträgt. Eine Ahnung von deutschem Impressionismus vermitteln zu dieser Zeit Paula Modersohn-Becker und Heinrich Vogeler in der Künstlerkolonie Worpswede bei Bremen.

Auf Anregung des Malers Walter Leistikow schließen sich am 2. Mai 1898 bildende Künstler wie Max Liebermann, Lovis Corinth, Lesser Ury, Max Slevogt, Käthe Kollwitz, Heinrich Zille und Hans Baluschek zur Berliner Secession zusammen. Letzter Anlaß war die offizielle Ablehnung des Graphikzyklus »Ein Weberaufstand« von Käthe Kollwitz seitens der Jury der unter kaiserlicher Protektion stehenden Großen Berliner Kunstausstellung. Im folgenden Jahr präsentieren die Mitglieder der Secession ihre Werke unabhängig vom offiziellen Kulturbetrieb in einem eilends errichteten Gebäude an der Berliner Kantstraße.

Die Secession ist, auch dank der umtriebigen Galeristen Bruno und Paul Cassirer, ein Riesenerfolg. Das Berliner Publikum strömt in Massen in die Kantstraße, trotz des kaiserlichen Diktums, das da lautet: »Eine Kunst, die sich über die von Mir bezeichneten Grenzen und Schranken hinwegsetzt, ist keine Kunst mehr, sie ist Fabrikarbeit, sie ist Gewerbe.« Andere Regenten des Deutschen Reichs, wie der Großherzog von Hessen, begreifen dagegen die Herausforderung der Moderne als eine Chance, sich selbst zu profilieren. Einzigartig ist die Mustersiedlung aus Jugendstilarchitektur, die der Großherzog in dieser Zeit durch führende Architekten wie Joseph Maria Olbrich und Peter Behrens an der Darmstädter Mathildenhöhe bauen läßt.

Die künstlerische Moderne

Zwei Künstlergruppen haben, mehr noch als die Berliner Secession, den endgültigen Durchbruch der modernen Kunst in Deutschland befördert: die »Brücke« in Dresden und »Der Blaue Reiter« in München. Die am 7. Juni 1905 von den Architekturstudenten Ernst Ludwig Kirchner, Erich Heckel, Karl Schmidt-Rottluff und Fritz Bleyl in Dresden gegründete Künstlervereinigung »Brücke« gehört zu den wichtigsten Repräsentanten des deutschen Expressionismus in der Malerei. Schmidt-Rottluff ist der Namensgeber, der damit eine Verbindung zwischen den verschiedenen Stilen in der bildenden Kunst, eine Brücke »von einem Ufer zum anderen«, schaffen wollte. Nachdem 1906 Emil Nolde, Max Pechstein, der Schweizer Maler Cuno Amiet und der Holländer Lambertus Zijl zur Gruppe gestoßen waren und die erste von sieben Jahresmappen mit Holzschnitten von Bleyl, Heckel und Kirchner veröffentlicht wurde, folgte in den kommenden Jah-

Eduard Bernstein: Ein deutscher »Reformjude«

Eduard Bernstein in einer Lithographie aus den 1880er Jahren. Bernstein begründet innerhalb der deutschen Sozialdemokratie am Ende des 19. Jahrhunderts theoretisch – in Abgrenzung zum revolutionären Marxismus – den Reformismus.

Die Jugend von Eduard Bernstein, dem ersten bedeutenden Marx-Kritiker und langjährigen Reichstagsabgeordneten, spiegelt das Leben vieler sogenannter Reformjuden wider, die sich im Laufe des 19. Jahrhunderts mehr und mehr vom orthodoxen Judentum entfernen.

Geboren 1850 in Berlin, lebt Bernstein mit seinen Eltern Tür an Tür mit Nichtjuden. Offene Anfeindungen wegen seiner religiösen Zugehörigkeit erfährt er weder in der Schule noch später. Die Eltern von Bernsteins bestem Freund sagen über dessen Familie: »Ihr Bernsteins seid ja gar keine richtigen Juden.« Das liegt wohl vor allem am Beruf des Vaters: Lokomotivführer.

Den Reformjuden gilt der Sonntag als Ruhetag, und sie halten sich nicht mehr an die jüdischen Speisegesetze; im Unterschied zu den konservativ ausgerichteten Gemeinden wird in ihren Synagogen nicht nur hebräisch, sondern auch deutsch gebetet und gepredigt. Außerdem treten sie für die Gleichberechtigung der Frauen im Gottesdienst ein. Sie sehen die eigentliche Bedeutung der jüdischen Religion in den ethischen Gesetzen; die rituellen Vorschriften dagegen begreifen sie als zeitgebunden und damit veränderbar. Deutsche Bräuche werden angenommen – die Bernsteins feiern Weihnachten mit Tannenbaum und Geschenken und singen Weihnachtslieder.

Bernstein fühlt sich als Jude und verschweigt seine Herkunft nicht, distanziert sich jedoch von spezifisch jüdischen Organisationen. Die tiefe Religiosität der Vorfahren ist ihm wie vielen anderen Reformjuden verlorengegangen. Durch die Bereitschaft zur Assimilation erlangen viele Reformjuden Zugang zur wilhelminischen Gesellschaft. Doch dem Antisemitismus, der sich in der zweiten Hälfte des Jahrhunderts im Kaiserreich und ganz Europa ausbreitet, sind sie dennoch ausgesetzt.

Eduard Bernstein stirbt am 18. Dezember 1932, kurz vor der »Machtergreifung« durch die Nationalsozialisten. Nach ihr ist kein Jude, ob reformiert oder orthodox, mehr vor Verfolgung und Verhaftung sicher.

Die berühmteste Gestalt der Münchener Boheme der Literaten, Maler, Musiker und Philosophen und des Künstlerviertels Schwabing ist die deutsche Schriftstellerin Franziska bzw. Fanny Gräfin zu Reventlow (*1871, †1918), deren Lebensdaten exakt Anfang und Ende des neu errichteten deutschen Kaiserreichs markieren. Hier sitzt sie um das Jahr 1903 in der Küche des »Eckhaus« in der Kaulbachstraße 63 in München-Schwabing.

ren eine große Anzahl von Wanderausstellungen. Trotz mehrmaliger Aufforderung lehnten Künstler wie Henri Matisse und Edvard Munch eine Mitgliedschaft in der Vereinigung ab. Otto Mueller tritt ihr 1910 bei.

In München schart sich die Moderne um die Person des Russen Wassily Kandinsky, der dort schon 1901 die Künstlergruppe Phalanx und 1909 die Neue Künstlervereinigung gegründet hatte. 1911 gründet er die Vereinigung »Der Blaue Reiter«. Der Name leitet sich von seinem 1903 entstandenen gleichnamigen Gemälde ab, auf dem ein romantischer Held auf einem weißen Roß querfeldein durch eine Herbstlandschaft reitet. Gemeinsam mit Franz Marc vereinigt »Der Blaue Reiter« bedeutende deutsche und russische Maler unter einer avantgardistischen Programmatik. August Macke zählt dazu, Gabriele Münter,

Alfred Kubin und Paul Klee. In Verbindung mit ihnen standen Marianne von Werefkin, Alexej von Jawlensky und der Komponist Arnold Schönberg, der um diese Zeit mit seinem Zweiten Streichquartett über weite Strecken die tonale Ordnung vollkommen aufgibt und die sogenannte Zwölftonmusik begründet.

Vom »Blauen Reiter« sind bedeutende Impulse für die Kunst ausgegangen – von der metaphysischen Tiersymbolik Marcs über die Farbphantasien Mackes bis zur märchenhaften Zauberwelt Klees und den mathematisch-musikalischen Abstraktionen Kandinskys, der, auf der Suche nach dem »Geistigen in der Kunst«, Äquivalenzen zwischen Farbe, Form und Musik herstellen wollte.

München ist eine Kunsthauptstadt im Deutschen Reich, neben Berlin, das sich vor allem nach dem Zuzug von Dresdner Malern der »Brücke« wie Kirchner, Schmidt-Rottluff und Heckel, zu dem entscheidenden Zentrum des deutschen Expressionismus entwickelt, auch in der Literatur. »Wir sind Expressionisten. Es kommt uns wieder auf den Gehalt, das Wollen, das Ethos an«, schreibt der Schriftsteller Kurt Hiller 1911 in einer programmatischen Schrift. »Orientierungshalber also erst ein paar Namen (ich schweige natürlich tot, wen ich nicht leiden mag). Als genialste – will sagen: reichste, umfangreichste, einfühlsamste, geschmeidigste – erscheinen mir: Ferdinand Hardekopf und Ernst Blass; der am meisten potente, wiewohl weniger zerebrale, der Hinhauer, der Rubens ist: Georg Heym; persönlich am nächsten steht mir: Kurt Hiller; beachtenswert finde ich auch: Ludwig Rubiner, Erich Unger.« Wichtige Namen sind da nicht genannt, beispielsweise Else Lasker-Schüler, Gottfried Benn und Georg Trakl. Viele von ihnen werden das Ende des Krieges, dessen Apokalypse sie in ihren Gedichten oft schon vor seinem Ausbruch fast prophetisch vorausgeahnt haben, nicht mehr erleben.

»Der Lyriker der nächsten Zeit wird sich nicht schämen«, schreibt Ernst Blass 1912 im Vorwort seines Gedichtbandes *Die Straßen komme ich entlanggeweht*. »Weil er wahrheitsliebend ist, werden seine Dichtungen um viel Melodieloses im Erdenleben wissen.« Sie haben der Welt der Väter den Kampf angesagt, auch der literarischen Väter wie den hermetischen Symbolisten Rainer Maria Rilke, Stefan George und Hugo von Hofmannsthal. Oder den großen Romanciers wie Heinrich und Thomas Mann. Doch die werden viele der Expressionisten, auch in ihrer Bedeutung, überleben. Thomas Manns Roman *Buddenbrooks*, 1901 erschienen, war eine »Seelengeschichte des deutschen Bürgertums«, wie er selbst schreibt, »von der nicht nur dieses selbst, sondern auch das europäische Bürgertum überhaupt sich angesprochen fühlen konnte«. 1929 erhielt er für die *Buddenbrooks* den Literaturnobelpreis.

Alltagsleben um 1900

Bis in die 1890er Jahre hinein kann die deutsche Wirtschaft der wachsenden Bevölkerung keine ausreichende Erwerbsmöglichkeit bieten. Zwischen 1866 und 1893 bedeutet das für fast drei Millionen Deutsche die Auswanderung. Erst mit Beginn der Hochkonjunktur im letzten Jahrzehnt des Jahrhunderts ebbt die Auswanderungswelle ab, dafür nimmt die Binnenwanderung von den agrarischen Provinzen Preußens ins Ruhrgebiet und nach Berlin drastisch zu. Werberkolonnen fahren bis nach Pommern, Masuren und Schlesien, um Menschen für die Arbeit in den industriellen Ballungszentren zu gewinnen.

Die Verstädterung der vor kurzem noch bäuerlichen Gesellschaft ist rasant. Allein in Berlin wächst die Zahl der Bewohner zwischen 1900 und 1910 von 1,9 auf 3,7 Millionen. Leipzig steigert seine Einwohnerzahl zwischen 1850 und 1900 von 63 000 auf 456 000; Breslau nimmt in derselben Zeit von 114 000 auf 423 000, Nürnberg von 54 000 auf 299 000 Einwohner zu. Die Agrargebiete fallen zurück: In Pommern wächst die Zahl der Bewohner zwischen 1875 und 1910 von 1,46 auf 1,7 Millionen; im Rheinland steigt sie von 3,8 auf 7,1 Millionen.

Kennzeichen der Zeit ist die Mobilität – 1907 lebt nur noch jeder zweite Deutsche auf Dauer an seinem Geburtsort. 1902 nimmt in Berlin die

Holländermühle in der Gemeinde Langförden. In dem Dorf mit weniger als 1000 Einwohnern beginnt gerade die Industrialisierung der Tierproduktion. Der Landwirt Joseph Kathmann kreuzt einheimische Hühnerrassen mit ausländischen Züchtungen.

erste U-Bahn den Betrieb auf. 1910 befördern die oberirdischen Straßenbahnen bereits 2,3 Milliarden Fahrgäste. Seit 1907 erfaßt die Reichsstatistik erstmalig »Kraftfahrzeuge«: Auf Deutschlands Straßen fahren 1211 Lastkraftwagen, 10115 Personenkraftwagen und 15700 Motorräder. Seit 1910 fliegen Passagierluftschiffe (Zeppeline) nationale Ziele an und befördern bis 1914 fast 40000 Fluggäste. Auch das Nachrichtenwesen beschleunigt sich, die Telefonanschlüsse nehmen zwischen 1897 und 1913 von 174000 auf 1387300 zu.

Eine herausragende Stellung nimmt im Kaiserreich das Militär ein. Am Vorabend des Ersten Weltkrieges zählt das aktive Offzierskorps der preußischen Armee 33000 Mann, etwa 10 000 von ihnen sind Adelige. Nicht nur das arrivierte Bürgertum macht sich die Wertvorstellungen des Korps zu eigen; die extreme Betonung des Militärischen prägt die gesamte Gesellschaft.

»Die geschichtliche Entwicklung Deutschlands hat es mit sich gebracht, daß die bürgerliche Klasse feudalisiert und militarisiert wurde – ein junger Kaufmann will bei uns nicht aussehen wie ein junger Kaufmann, sondern wie ein Leutnant in Zivil«, schreibt ein sozialdemokratischer Reichstagsabgeordneter noch 1914.

Auf dem Kasernenhof der Pfalzgrafenkaserne in Worms im Jahr 1897. Der Fotograf Christian Herbst lichtet Infanteristen in der Grundausbildung ab.

Die großen Impulse der Zeit gehen von Dampfkraft, Stahlindustrie und Eisen aus. Zwischen 1890 und 1913 stellen allein Industrie und Handwerk über 3,5 Millionen neuer Arbeitsplätze zur Verfügung. In den Großbetrieben und im Staatsapparat wächst der Verwaltungsaufwand rasch an. Das Nachrichten- und das Versicherungswesen werden immer wichtiger. In den Büros setzen sich seit der Jahrhundertwende Telefon und Schreibmaschine durch. Damit entstehen für junge Frauen neue Arbeitsmöglichkeiten als Sekretärinnen, Telefonistinnen und Stenotypistinnen. 1907 sind in Deutschland bereits 9,8 Millionen Frauen berufstätig.

In der medizinischen Forschung ist Deutschland führend. Nach der Entwicklung diverser pharmazeutischer Mittel und Sera sind Typhus, Cholera, Pest und Diphtherie besiegt, nicht aber die Tuberkulose. Die Fortschritte der Medizin steigern die durchschnittliche Lebenserwartung: 1871 bei Männern 35,6 und bei Frauen 38,5 Jahre, steigt sie bis 1910 auf 44,8 bzw. 48,3 Jahre. Die Lebensbedingungen entwickeln sich nicht so dynamisch zum Besseren. Die Wohnungen sind in der Regel nicht größer als 20 bis 45 Quadratmeter und immer überbelegt. 1905 haben in Berlin 40 Prozent aller Wohnungen nur ein beheizbares Zimmer. Auf ein Grundstück entfallen im Durchschnitt 77 Bewohner (in Hamburg 39, in Bremen acht). 1910 haben in Berlin 47 Prozent und in Köln 44

Die Freiwillige Feuerwehr Vechta 1914. Im damals französischen Saarlouis war 1811 die erste freiwillige Feuerwehr entstanden.

Prozent sämtlicher Wohnungen eine eigene Toilette mit Wasserspülung. Viele Arbeiterfamilien sind nach wie vor gezwungen, Schlafgänger aufzunehmen. Die männlichen Arbeiter verbringen, wenn sie die Arbeitsfron und halbmilitärische Disziplin in der Fabrik hinter sich haben, ihre freie Zeit nicht zu Hause, sondern in der Kneipe. In Berlin gibt es 1906 pro 129 Einwohner eine Gaststätte. Viele von ihnen sind Gewerkschafts- und Parteilokale. Am freien Sonntag erfreuen sich Ausflüge »ins Grüne«, Wanderungen, Sport und der eigene Schrebergarten wachsender Beliebtheit.

Zur Jahrhundertwende herrscht die »Produktionsfamilie«, die drei Generationen sowie familienfremde Arbeitskräfte umfaßt, nur noch auf dem Lande vor. Auch sonst verschärfen sich durch die fortschreitende Urbanisierung die Gegensätze zwischen Stadt und Land. Besonders kraß sind die Unterschiede im Volksschulwesen. So werden im Jahre 1906 in Preußen für einen Volksschüler in der Stadt jährlich durchschnittlich 62 Mark aufgewendet, für einen Volksschüler auf dem Lande nur 27 Mark. Dort sind 1884 noch die Hälfte, 1911 noch ein knappes Drittel der Schulen einklassige Zwergschulen. Dafür mangelt es den Stadtkindern oft am Erleben der Natur. Eine Befragung von Berliner Schülern ergibt 1903, daß 70 Prozent keine genaue Vorstellung haben, was ein Sonnenaufgang ist. 87 Prozent wissen nicht, wie eine Birke aussieht.

Das Kinderkettenkarussell, genannt »Miesebacher Bettche«, in Pfiffigheim, Rheinhessen, um das Jahr 1914.

POLITIK DES RISIKOS

»Weltmacht ist Seemacht«

»Ich wünsche dem deutschen Vaterlande freilich von allen guten Dingen zwei«, schreibt der General Colmar von der Goltz 1907, »nämlich völlige Verarmung und einen mehrjährigen harten Krieg. Dann würde sich das deutsche Volk vielleicht noch einmal wieder erheben und für Jahrhunderte vor moralischer Auflösung schützen.« August Bebel meinte 1913: »Das Zeitalter ist verrückt.« Immer häufiger war er gegen Ende seines Lebens von der Vorahnung künftiger großer Vernichtungskriege gepeinigt worden. Nicht nur, daß das Reich seit dem Ende der Ära Caprivi immer wieder haarscharf an gefährlichen internationalen Krisen vorbeigeschlittert war. Es hatte sich, nicht nur bei Colmar von der Goltz, das Bild eines möglichen Krieges in den Köpfen grundlegend verändert.

Welten lagen zwischen der von Clausewitz geprägten klassischen preußischen Vorstellung vom Krieg als der Fortsetzung der Politik mit anderen Mitteln und solchen Phantasien, in denen der Krieg als letztes Mittel zur Selbstreinigung des Volkskörpers angesichts der verweichlichenden Tendenzen der industriellen und zivilen Moderne geradezu herbeigesehnt wird. Manche Militärs waren von einer Torschlußpanik heimgesucht, wie der Admiral von Tirpitz, der die Ansicht vertrat, ein Entscheidungskampf mit England sei unvermeidlich, weil sonst eine seegestützte deutsche Entwicklung durch die Briten abgeblockt würde. Alles lief in seinen Augen auf eine Schicksalsschlacht zwischen Helgoland und der Themse hinaus, bei der es nur einen Ausgang geben konnte: alles oder nichts, Weltmacht oder Untergang. Mit Politik hatte das wenig zu tun. Tirpitz hatte Charles Darwin gelesen und interpretierte den Krieg als Instrument der »natürlichen Auslese« wie viele seiner Zeitgenossen. »Wehe dem Volk, dessen Geist nicht den Stürmen unvermeidlicher Kriege gewachsen ist«, schreibt 1912 ganz in darwinistischem Geiste der ehemalige Direktor der Kriegsakademie, Karl Litzmann, in der *Täglichen Rundschau*.

Linke Seite: Schülerinnen der Abschlußklasse der Eleonorenschule in Worms, einer »Höheren Töchterschule«, im Jahr 1910. Die Katholiken der Stadt, in der zwei etwa gleich große Konfessionen leben, schicken ihre Töchter in die »Schule der Englischen Fräulein«. Von Wormser Bürgern wird die »Höhere Mädchenschule« 1874 gegründet. Sie erhält 1906 mit dem Umzug in das durch Großherzogin Eleonore eingeweihte Gebäude ihren Namen.

Zwei wehrpflichtige Brüder in einer Visitfotografie um 1905. Der eine ist Infanterist der preußischen Armee, der andere Matrose der Kaiserlichen Marine. Letztere ist eine Marine des Deutschen Reichs und zugleich die einzige militärische Einheit des Kaiserreichs, denn neben der preußischen Armee gibt es noch die Armeen der Königreiche Bayern, Sachsen und Württemberg.

»Deutschland war zur Fabrikhalle der Welt geworden«, so Michael Stürmer, und er meint damit eine aufstrebende Industrienation, der friedlicher Handel und zivile internationale Beziehungen im wohlverstandenen Eigeninteresse eigentlich am Herzen hätten liegen müssen: »Aber die deutschen Eliten, statt Realpolitik zu treiben, träumten von Weltpolitik, Kolonialexpansion und Flottenbau, und wenn alles das zu nichts führte, dann mochte die Fabrikhalle einstürzen, wie die Festhalle des Hunnenkönigs die letzten Nibelungen unter sich begrub.«

Das vielleicht auffälligste Merkmal, mit dem sich der Stimmungsumschwung in der Außenpolitik Ende der neunziger Jahre bemerkbar macht, ist die Mode der Matrosenanzüge. Am 6. Januar 1896 hatte der Konteradmiral Alfred von Tirpitz, seit vier Jahren im persönlichen Auftrag des Kaisers mit der Entwicklung eines neuen Konzepts für die deutsche Hochseeflotte befaßt, Wilhelm II. den Plan für den Bau von zwei neuen Hochseegeschwadern vorgelegt. »Selbst der größte Seestaat Europas«, behauptet Tirpitz in seinem Memorandum, »würde entgegenkommender gegen uns sein, wenn wir zwei bis drei gute hochgeschulte Geschwader in die Waagschale der Politik und dementsprechend nötigenfalls diejenige des Konflikts zu werfen imstande wären.« Tirpitz wollte es mit der Seemacht England aufnehmen.

Nie zuvor ist eine Öffentlichkeits- und Propagandakampagne im Deutschen Reich mit einer solchen Professionalität und Intensität durchgeführt worden wie die nun folgende Flottenkampagne. »Weltmacht ist Seemacht« war Tirpitz' Credo. Der von ihm mitgegründete Deutsche Flottenverein zählt um 1900 bereits 270 000 Mitglieder, und nimmt man die korporativen Mitglieder von Organisationen, die sich dem Flottenverband anschlossen, hinzu, sind es bis 1908 weit mehr als eine Million. Scharen von Journalisten und Professoren, Politikern und Diplomaten werben in Tausenden von Artikeln, Schriften, Broschüren, Vorträgen und Reden für die Sache der deutschen Flotte. Die

Wettrüsten zur See

Flottenbauprogramm Deutschland, Großbritannien, Frankreich. Bau von Kriegsschiffen 1889–1905/1905–1913 (Tirpitz-Flottenprogramm und dessen Fehleinschätzung). Bei Kriegsausbruch ist die Flotte »Großer Kreuzer« der Reichsmarine trotz Flottenbauprogramm nicht einmal halb so groß (44 Prozent) wie die der verbündeten Briten und Franzosen.

Alliierte Schlachtkreuzer 1913

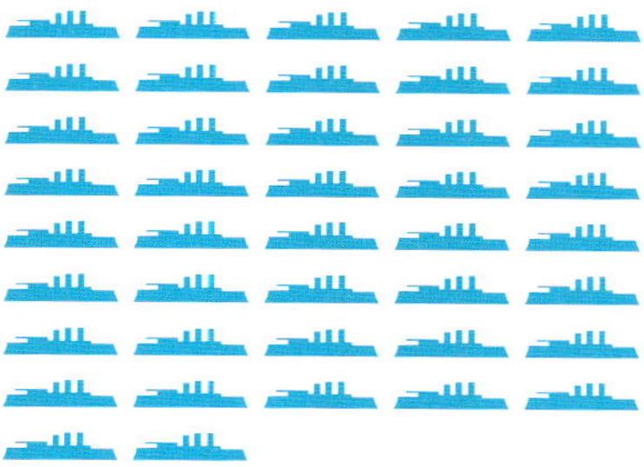

Schlachtkreuzer Deutsches Reich 1913

Stapelläufe Großer Kreuzer 1889–1913

Jahr	Deutsches Reich	Großbritannien	Frankreich
1889	1	4	7
1898	1	6	10
1899	–	3	–
1900	1	7	2
1901	1	6	1
1902	1	2	1
1903	1	4	1
1904	1	3	1
1905	1	–	1
Stapelläufe Großer Kreuzer (Panzerkreuzer)	**8**	**35**	**24**
1905	–	4	7
1906	2	6	10
1907	3	3	–
1908	4	7	2
1909	4	6	1
1910	4	2	1
1911	4	4	1
1912	2	3	1
1913	3	–	1
Stapelläufe Großer Kreuzer (Schlachtkreuzer)	**26**	**42**	**17**

Quelle: Hans Hallmann, Der Weg zum deutschen Schlachtflottenbau, Stuttgart, 1933, S. 337

Deutsche Kolonien im Kaiserreich

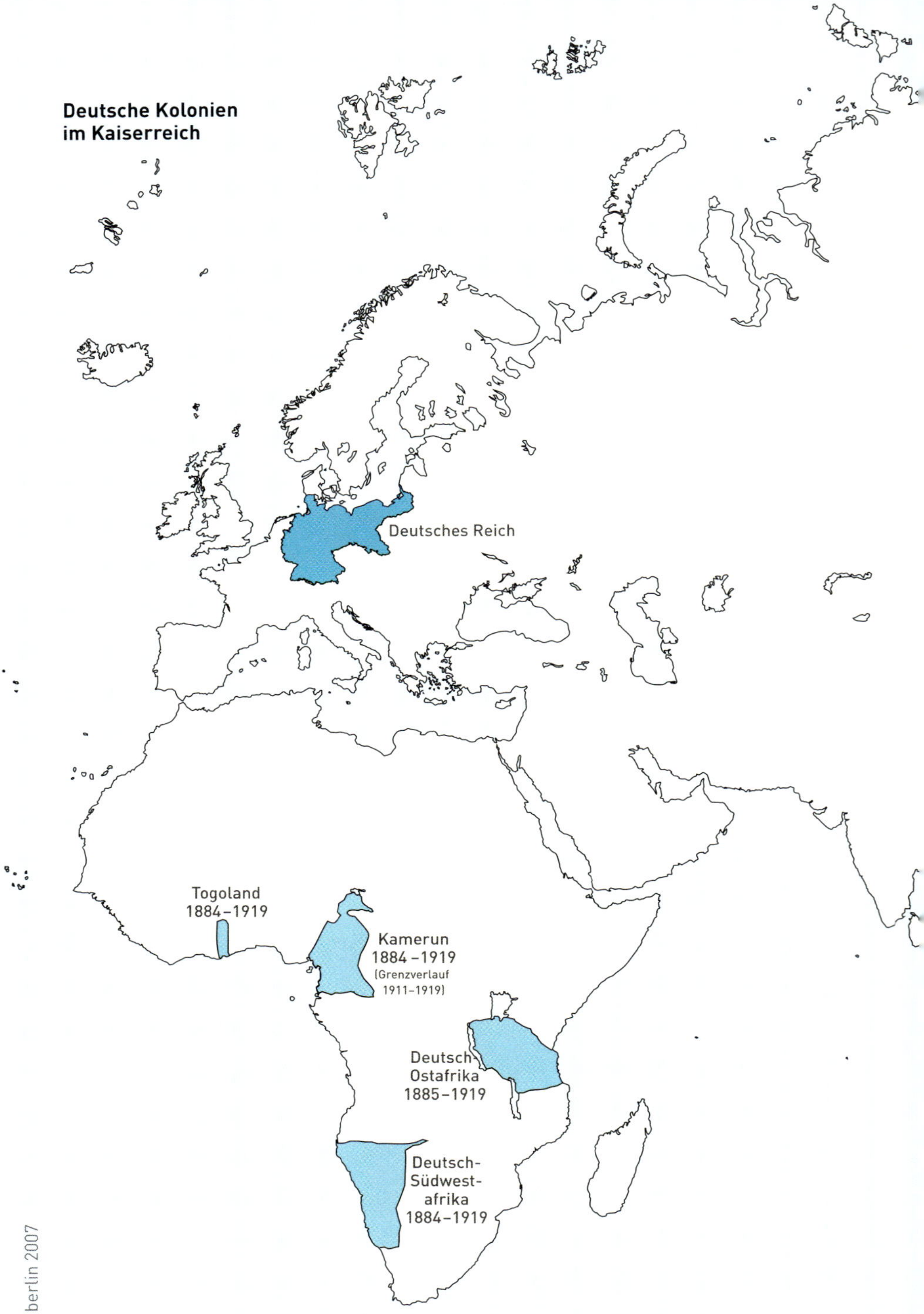

Gesamtfläche des Deutschen Reichs im Jahr 1911

Allein die Kolonie Deutsch-Ostafrika ist fast doppelt so groß wie das Deutsche Reich.

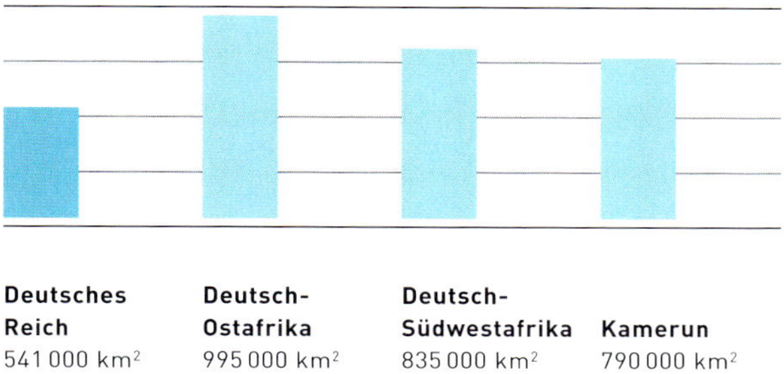

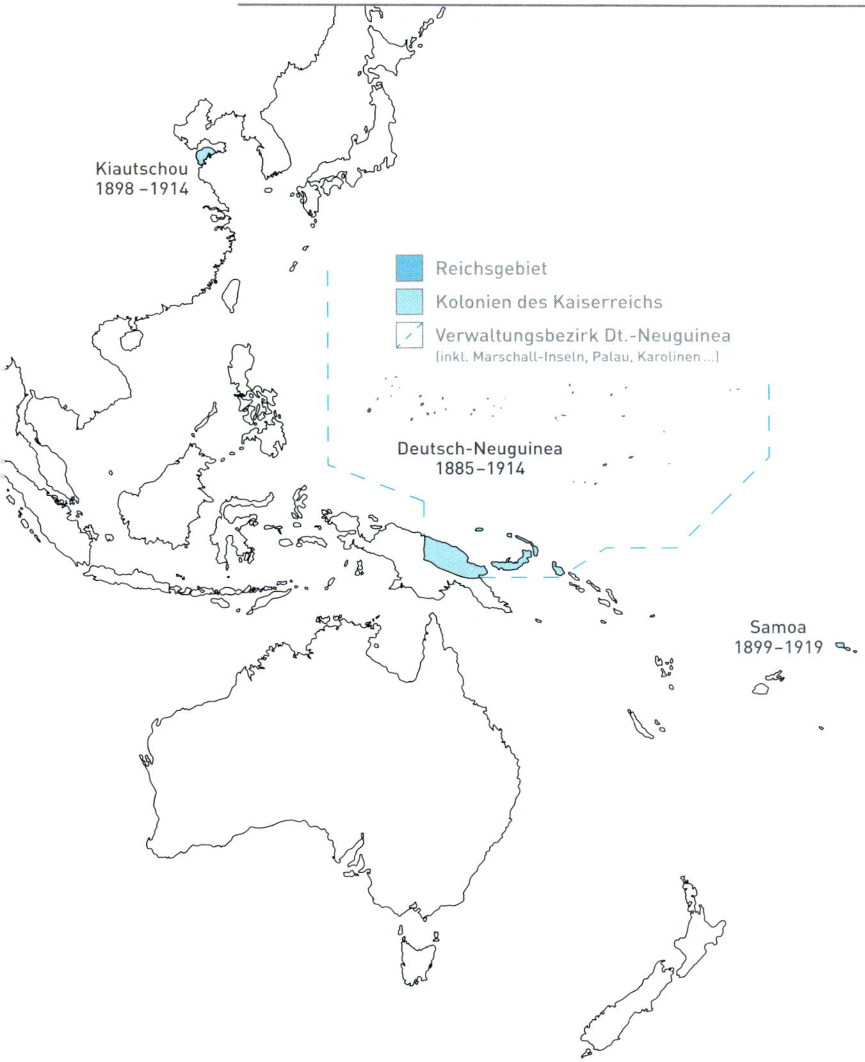

Ferner Osten: Die deutsche Kolonie Kiautschou in China im Jahr 1901. Das Foto zeigt die Verabschiedung von Offizieren des Expeditionskorps zur Niederschlagung des Boxeraufstandes durch eine Gruppe von Mandarinen in der Stadt Tsimo. 1912 beherbergt die Kolonie etwa 4500 »Weiße«, davon sind aber nur 400 deutsche Zivilisten und 3000 dort stationierte Marineangehörige.

Mode der Matrosenanzüge bei Kindern und Jugendlichen durchgesetzt zu haben ist Tirpitz' massenwirksamster Werbegag.

Auch die Alldeutschen, die sich bei der Kampagne gegen den Helgoland-Sansibar-Vertrag der Regierung Caprivi zusammengerottet hatten, finden jetzt das Oberwasser, das sie so lange vermissen mußten. Der Besitz von Kolonien sollte nun, wie die Flotte, der deutschen »Weltgeltung« dienen. Wirtschaftlich waren die Kolonien nie von großer Bedeutung. Deutsche Unternehmen hatten viel engere Handelsbeziehungen zu englischen Kolonien als zu deutschen. Auch der Versuch, mittlere und untere Einkommensschichten zu einem finanziellen Engagement in den deutschen Kolonien zu bewegen, scheitert. Die deutschen Kolonien sind als Siedlungsgebiet unbedeutend. Gerade einmal 23 000 Auswanderer lassen sich bis zum Ersten Weltkrieg dort nieder.

Doch für eine Politik des »Deutschland erwache!«, mit dem der Alldeutsche Verband 1891 angetreten war, sind die Kolonien das Symbol nationaler Weltgeltung schlechthin. Im Schlepptau der Flottenkampagne hat sich

Deutsch-Südwestafrika: Die Familie Hilbich gehört zu den Kolonistenfamilien, die schon im Jahr 1864 in das Land kommen. Deutsch-Südwest ist die einzige Kolonie, in der sich eine nennenswerte Zahl deutscher Siedler niederläßt. Um 1904 sind von den ca. 210 000 Einwohnern 6800 Europäer, inkl. 1967 Mann der Schutztruppe.

in den neunziger Jahren um die Alldeutschen und den Flottenverein herum eine regelrechte »Neue Rechte« nationalistischen Zuschnitts gebildet, zu der sich Mitte der neunziger Jahre der Ostmarken-Verein hinzugesellt, der einer angeblichen Gefahr der Entgermanisierung Ostelbiens durch polnische Einwanderer den Kampf angesagt hat, und der Reichsverband zur Bekämpfung der Sozialdemokratie.

1897 wird der chinesische Stützpunkt Kiautschou auf Betreiben von Tirpitz' Reichsmarineamt dem deutschen Kolonialbesitz einverleibt. Für den aalglatten Staatssekretär im Auswärtigen Amt Bernhard von Bülow ist diese strategisch wie ökonomisch unbedeutende Erwerbung nichtsdestoweniger Anlaß zu großen Worten im Reichstag. »Die Zeiten, wo der Deutsche dem einen seiner Nachbarn die Erde überließ, dem anderen das Meer und sich selbst den Himmel reservierte«, zitiert Bülow dort fast wörtlich ein allerdings satirisch gemeintes Gedicht Heinrich Heines, »diese Zeiten sind vorüber. Wir wollen niemand in den Schatten stellen, aber wir verlangen auch unseren Platz an der Sonne.« So etwas waren markige Trotzworte eines unsicheren Parvenus in der Weltpolitik, der seine realen Kräfte

Max Liebermann entstammt einer bedeutenden Berliner Wirtschaftsdynastie, die aus Märkisch Friedland nach Berlin gekommen ist und deren erste Vertreter in Berlin 1823 den Bürgereid ablegen. Er ist der Sohn des jüdischen Fabrikanten Louis Liebermann, einem Teilhaber der Kattunfabrik »Liebermann & Co.«, der durch den Kauf eisenverarbeitender Hütten in Schlesien den Reichtum der Familie mehrt. Ein Vetter von Liebermann ist der Chemiker Carl Theodor Liebermann (*1842, †1914), ein anderer der AEG-Gründer Emil Rathenau.

Max Liebermann: Maler und Großbürger

Der 1847 in Berlin als Sohn eines jüdischen Textilfabrikanten geborene Max Liebermann ist schon während der Kaiserzeit ein Malerfürst, der am Pariser Platz direkt neben dem Brandenburger Tor wohnt. Zu den von ihm Porträtierten zählen u. a. Gerhart Hauptmann, der Berliner Museumsdirektor Wilhelm von Bode, Kunstförderer wie Max Linde und der Großadmiral von Tirpitz. Viele Besucher seines Ateliers gehören zum liberalen, wohlhabenden jüdischen Großbürgertum.

1920 wird Liebermann zum Präsidenten der Preußischen Akademie der Künste gewählt. Neben unzähligen durch sein Anwesen am nahen Wannsee inspirierten Gartenbildern malt er nun auch die Großen der Weimarer Republik, darunter Reichspräsident Hindenburg. Er steht den jüdischen Institutionen fern, bekennt sich aber zu seinem Judentum. Zugleich sagt der bald Achtzigjährige, er habe sich sein »ganzes Leben als Deutscher gefühlt«.

Nach der »Machtergreifung« der Nationalsozialisten legt Liebermann im Mai 1933 das Ehrenpräsidium der Preußischen Akademie der Künste nieder und erklärt den Austritt aus der Akademie. In der Presse der Hauptstadt teilt er mit: »Ich habe während meines langen Lebens mit allen meinen Kräften der deutschen Kunst zu dienen gesucht. Nach meiner Überzeugung hat Kunst weder mit Politik noch mit Abstammung etwas zu tun, ich kann daher der Preußischen Akademie der Künste, deren ordentliches Mitglied ich seit mehr als dreißig Jahren und deren Präsident ich zwölf Jahre lang gewesen bin, nicht länger angehören, da dieser mein Standpunkt keine Geltung mehr hat.«

Zwei Jahre später, am 8. Februar 1935, stirbt Max Liebermann in seiner Heimatstadt Berlin.

Admiral Alfred von Tirpitz (*1849, †1930) (links), der Staatssekretär des Reichsmarineamtes und Preußische Staatsminister, auf dem Weg zur Paroleausgabe am Neujahrstag 1903. An jedem Neujahrsmorgen um 10 Uhr fährt eine Gardebatterie zum Salutschießen – 101 Schuß – am Kupfergraben auf. Um 12 Uhr kommt Seine Majestät der Kaiser mit seinen sechs Söhnen zu Fuß vom Schloß zur Paroleausgabe im Lichthof des Zeughauses. Dabei schreitet der Kaiser die Front einer präsentierenden Ehrenkompanie ab.

und Möglichkeiten offensichtlich nicht recht einschätzen konnte, und so sind sie auch im Ausland wahrgenommen worden.

Im März 1898 stimmen die Sozialdemokraten, die Freisinnigen, eine Minderheit des Zentrums sowie die Parteien der nationalen Minderheiten und der Elsaß-Lothringer gegen Tirpitz' erstes Flottengesetz, das dennoch eine Mehrheit findet. Im Juni 1900 legt Tirpitz dem Parlament eine zweite Vorlage vor, die faktisch auf eine Verdopplung des Flottenbestands hinausläuft. Jetzt hatte auch das Zentrum vollständig eingelenkt, nach einer massiven Kampagne, mit der Tirpitz die Abgeordneten durch ihre Wähler unter Druck zu setzen versuchte. Selbst Teile der Sozialdemokratie werden von den Verführungen des neuen Zeitgeists erfaßt.

Nichts ist so sehr eine nationale, überparteiliche Angelegenheit im Deutschen Reich dieser Jahre wie die Flotte. Das Straßenbild der Hafen- und Küstenstädte wird zunehmend durch die Präsenz der im traditionellen Blau gehaltenen Marineuniform bestimmt. Priorität hatte der Bau von Großkampfschiffen für die Hochseeflotte. Stapelläufe solcher Unge-

Ferien im Kaiserreich. Wer es sich leisten kann, fährt in die »Sommerfrische«, was nach dem Wörterbuch der Brüder Grimm ein »Erholungsaufenthalt der Städter auf dem Lande zur Sommerzeit« ist. Besonders beliebt sind Reisen an die See. Die Berliner fahren in die Kaiserbäder auf Usedom. Dort unterhalten »Hoftraiteure«, heute würde man sie Caterer nennen, ihre Etablissements am Strand.

tüme werden von Mitgliedern der kaiserlichen Familie feierlich begleitet. Bildpostkarten, auf denen Kriegsschiffe abgebildet sind, zirkulieren als Massenartikel und führen weiten Bevölkerungskreisen eindrucksvoll die Macht der Flotte vor. Wer gegen die Flotte ist, wird schnell zum »vaterlandslosen Gesellen«, das weiß nicht nur der Reichsverband zur Bekämpfung der Sozialdemokratie. Angesichts des blutig niedergeworfenen Petersburger Arbeiteraufstands während der russischen Revolution von 1905 schlußfolgert Wilhelm für die Zukunft des eigenen Reichs: »Erst die Sozialisten abschießen, köpfen und unschädlich machen, wenn nötig, per Blutbad, und dann Krieg nach außen.« Als es 1914 tatsächlich zum Krieg kommt, hat er allerdings Mittel und Wege gefunden, die Sozialdemokraten durch eine Burgfriedenspolitik, die »keine Parteien, sondern nur noch Deutsche« kennt, in das Projekt eines »nationalen« Krieges einzubinden.

Die Zustimmung der konservativen Agrarier Ostelbiens zu der in ihren Augen »häßlichen und gräßlichen Flotte« haben Tirpitz, der Kaiser und der neue Reichskanzler Bernhard von Bülow durch Zugeständnisse

an deren Sonderinteressen erkauft, die nicht nur einer vernünftigen nationalen Wirtschaftspolitik widersprachen, sondern auch für die weitere Zukunft die gesellschaftliche, politische und militärische Vormachtstellung des ostelbischen Adels nicht weiter in Frage stellen sollten. Im Frühjahr 1901 wird die zweite Vorlage für den Bau des Mittellandkanals zurückgezogen. Die Getreidezölle werden empfindlich erhöht, um den ostelbischen Gutshof erneut vor internationaler Konkurrenz zu schützen. Immer noch und in gewisser Weise nun wieder wird Deutschland von einem Bündnis von Rittergut und Hochofen beherrscht, dessen einziges verbindendes Band die Schimäre künftiger nationaler Weltgeltung ist. Doch die wilhelminische »Weltpolitik« ist von Anfang an ohne realistisches Konzept. Schlimmer noch – sie sorgt für gefährliche internationale Irritationen.

Eimerbagger der Weserkorrektionsflotte, der während der ablaufenden Flut auf dem Strand gesetzt wurde. Die Weserkorrektion, d. h. die Vertiefung des Weserfahrwassers auf fünf Meter, ist eine der großen ingenieurtechnischen Leistungen am Ende des 19. Jahrhunderts. Sie beginnt 1887 nach einem Plan des Bremer Oberbaudirektors Ludwig Fanzius. Sie macht die siebzig Kilometer im Binnenland gelegene Stadt Bremen wieder zu einem Hochseehafen.

»Große überseeische Aufgaben sind es, die dem neu entstandenen Deutschen Reiche zugefallen sind, Aufgaben weit größer, als viele Meiner Landsleute es erwartet haben«, ist die Botschaft des Kaisers, als er Ende Juni 1900 am Kai in Bremerhaven ein deutsches Expeditionskorps nach

Kindheit im Kaiserreich: Erich Maria Remarque (*1898, †1970) (rechts) und seine Schwestern Elfriede (Mitte) und Erna im Jahr 1905. Den Geschwistern steht ein deutsches Schicksal bevor. Erich Maria wird Soldat, erfolgreicher Schriftsteller und Emigrant. Seine Schwester Elfriede wird vom Volksgerichtshof wegen Wehrkraftzersetzung zum Tode verurteilt und am 16. Dezember 1943 in Berlin-Plötzensee mit dem Fallbeil enthauptet.

China verabschiedet. »Das Deutsche Reich hat seinem Charakter nach die Verpflichtung, seinen Bürgern, wofern diese im Ausland bedrängt werden, beizustehen. Die Aufgaben, welche das alte Römische Reich deutscher Nation nicht hat lösen können, ist das neue Deutsche Reich in der Lage zu lösen.«

In China hatte sich Ende des Jahrhunderts der Geheimbund der Boxer gebildet, der mit massiver Gewalt gegen zum Christentum konvertierte Chinesen vorging, in denen die Boxer nichts anderes sehen wollten als Kollaborateure ausländischer Mächte. Bald richtete sich die Bewegung jedoch auch gegen im Land lebende Ausländer. Als 1899/1900 das Land von einer verheerenden Dürre heimgesucht wurde, an der laut Boxer-Propaganda Ausländer die Schuld trugen, begann im Frühjahr 1900 im Norden Chinas ein Aufstand, der schon bald die Hauptstadt erreichte. Unterstützt wurden die prodynastisch eingestellten Boxer bei ihrem Vordringen von Teilen der regulären chinesischen Armee. International sorgte der »Boxeraufstand«, bei dem annähernd 23000 Chinesen christlichen Glaubens sowie zahlreiche Beschäftigte ausländischer Botschaften umkamen, für Aufsehen und Empö-

Graf Zeppelin: Die »fliegende Zigarre«

Ferdinand Adolf Heinrich August Graf von Zeppelin (*1838, †1917) steht, obwohl im badischen Konstanz geboren und zeit seines Lebens in seinem Schloß Girsberg in Emmishofen in der Schweiz lebend, als Offizier des Ingenieurskorps und als Gesandter beim Bundesrat in württembergischem Dienst. Erstmals berühmt wird er im Deutsch-Französischen Krieg durch einen tollkühnen Erkundungsritt von Baden ins Elsaß im Juli 1870.

Im August 1908 erlebt das kleine schwäbische Echterdingen (bei Stuttgart) Luftfahrtgeschichte. In den frühen Morgenstunden schwebt ein Zeppelin über den Dächern der Stadt. Das 135 Meter lange Starrluftschiff des Grafen Ferdinand von Zeppelin ist auf einer 24stündigen Erprobungsfahrt. Wegen eines Motorschadens muß der Zeppelin LZ 4 auf einer Wiese nahe Echterdingen notlanden. Aus Stuttgart werden sofort Soldaten entsandt – sie sollen das Luftschiff halten und vor den vielen Neugierigen absperren, während die Besatzung auf Monteure aus den nahen Daimler-Werken und auf Ersatzgas wartet.

Mehr als 50000 Schaulustige bestaunen LZ 4, als plötzlich eine Windbö das Luftschiff erfaßt. Es wird aus der Verankerung gerissen und treibt auf eine Allee von Apfelbäumen zu. Eine Stichflamme schlägt aus dem Innern des Schiffs – in Sekunden brennt der mit Wasserstoff gefüllte Ballon vor den Augen der entsetzten Menge aus.

Es ist schon das vierte Luftschiff des früheren Offiziers, Regimentskommandeurs, Gesandten und Ingenieurs Ferdinand Graf von Zeppelin aus Konstanz. Im Jahr 1900 startete er LZ 1 in Manzell am Bodensee. Trotz der bestandenen Bewährungsprobe ist das Interesse an dem lenkbaren Luftschiff gering, die finanzierende Aktiengesellschaft wird liquidiert. 1906 zerstörte ein Orkan LZ 2 auf dem Landeplatz in Kißlegg im Allgäu. Und jetzt ist LZ 4 verbrannt.

Doch die Katastrophe wird zum Glücksfall. Das Schicksal des von Rückschlägen geplagten Grafen rührt die Nation. Eine Spendenaktion erbringt sechs Millionen Mark. Graf Zeppelin kann seine Arbeit fortsetzen.

Erst 1937 wird die Epoche der Luftschiffe mit der »Hindenburg-Katastrophe« zu Ende gehen: Das größte Luftschiff aller Zeiten, LZ 129 »Hindenburg«, explodiert aus ungeklärter Ursache bei der Landung im amerikanischen Lakehurst und geht in Flammen auf. 34 der 97 Menschen an Bord sterben. Es ist die bis dahin größte Tragödie der Geschichte der zivilen Luftfahrt.

rung. Die Ermordung des deutschen Gesandten Freiherr von Ketteler am 20. Juni 1900 veranlaßte die Kolonialmächte auf Initiative des deutschen Kaisers schließlich zu einem gemeinsamen Vorgehen gegen die Aufständischen. Der Graf von Waldersee übernahm die Führung einer auf 60 000 bis 90 000 Mann geplanten alliierten Truppe. Germans to the front! war die Devise, die damals in britischen Diplomatenkreisen zirkulierte. Das Deutsche Reich stellte mit 20 000 Soldaten das weitaus größte Kontingent. Mit dem Frieden von Peking vom 7. September 1901 ist der Boxeraufstand zu Ende gegangen. Der Friedensvertrag schrieb die Sühnereise eines Mitglieds des chinesischen Kaiserhauses nach Deutschland vor.

Doch sosehr die Entsendung des deutschen Korps unter dem Kommando von Waldersee von den übrigen beteiligten europäischen Mächten begrüßt wurde, so sehr hat bereits die Rede des Kaisers bei der Verabschiedung der Truppe in Bremerhaven die internationale Öffentlichkeit irritiert.

»Kommt ihr vor den Feind, so wird er geschlagen«, hatte Wilhelm am Kai Offizieren und Mannschaften eingebleut. »Pardon wird nicht gegeben, Gefangene nicht gemacht. Wer euch in die Hände fällt, sei in eurer Hand. Wie vor tausend Jahren die Hunnen unter ihrem König Etzel sich

Im Jahr 1899 reist der Virologe Robert Koch (mit Hut) erstmals in eine deutsche Kolonie, das Kaiser-Wilhelms-Land, einen Teil des pazifischen »Schutzgebiets« Neuguinea. Auf Anregung der Deutschen Kolonialgesellschaft beauftragt das Auswärtige Amt Koch mit einer Expedition, um eine wirksame Prophylaxe und Therapie gegen Malaria zu entwickeln.

einen Namen gemacht, der sie noch jetzt in der Überlieferung gewaltig erscheinen läßt, so möge der Name Deutschlands in China in einer solchen Weise bekannt werden, daß niemals wieder ein Chinese es wagt, etwa einen Deutschen auch nur scheel anzusehen!«

Solche martialischen Worte haben in den europäischen Hauptstädten eine ziemliche Verunsicherung ausgelöst.

Mehr und mehr hat sich in diesen Jahren die Meinung festgesetzt, daß das Deutsche Reich und insbesondere sein Monarch unberechenbare Größen seien. 1901 meint Sir Eyre Crowe vom britischen Foreign Office, man müsse den deutschen Weltmachtplänen künftig mit diplomatischen und notfalls auch mit militärischen Mitteln entgegentreten. Dabei hatte die Niederwerfung des Boxeraufstands, nach Wilhelms unglücklichem Glückwunschtelegramm an den mit den Briten verfeindeten südafrikanischen Burenführer Ohm Krüger 1896 und trotz seiner markigen »Hunnenrede«, zu einer gewissen Entspannung zwischen beiden Ländern geführt. 1899 hatte der britische Kolonialminister Joseph Chamberlain den Deutschen sogar einen Dreibund gemeinsam mit den Vereinigten Staaten von Nordamerika angeboten, um, so Chamberlain, die Welt der nordischen Rasse zu sichern.

Doch in der Wilhelmstraße war man taub gegenüber solchen Angeboten aus Westminster. Auch als der Zar auf der Haager Friedenskonferenz 1899 den Vorschlag einer allgemeinen Rüstungsbeschränkung unterbreitete, lehnte das Deutsche Reich unter der Führung Bernhard von Bülows ein solches Abkommen rundweg ab. »Die Konferenzkomödie mache ich mit«, meinte der Monarch in Berlin, »aber den Degen behalte ich zum Walzer an der Seite.« Bülows »Politik der freien Hand« wollte sich auf niemanden und nichts festlegen und geriet dadurch immer mehr in die Isolation, während der Kaiser, der bei dem Historienmaler Anton von Werner das Malen gelernt hatte, sich privatim mit phantasievollen Aquarellen von künftigen Schlachten der deutschen Kriegsflotte beschäftigte.

In der beispiellosen Aufrüstung der deutschen Flotte sieht man in London immer mehr eine ernsthafte Bedrohung. »Wird England das Jahrhundert überdauern?« fragt sich die *Fortnightly Review* im Januar 1901 mit Blick auf den beunruhigenden deutschen Machtzuwachs. Seit 1902 heißt die Devise an der Downing Street, das Empire müsse im Zweifelsfall am Rhein und an der Nordsee verteidigt werden können, was denkbare Konflikte mit Rußland im Fernen Osten und mit Frankreich in Nordafrika zu Nebenschauplätzen machte. Das unruhige Reich in der Mitte Europas wird immer mehr als eine kaum kalkulierbare, permanente Gefahr betrachtet. Anfang 1904 beginnen Frankreich und Großbritannien mit Verhandlungen über eine Generalbereinigung ihrer kolonialen Differenzen. Das Ergeb-

Das Baden in der Öffentlichkeit wird erst seit Mitte des 19. Jahrhunderts praktiziert. Schwimmen gehen Mann und Frau mit einem körperverhüllenden Bekleidungsstück, das nur bedingt sonnen- und wasserbeständig ist. Die aus Baumwollgeweben gearbeiteten, weit geschnittenen Badekleider der Zeit um 1900 beeinträchtigten das Badevergnügen. Das erste FKK-Gelände wird übrigens 1905 am Pönitzer See in Schleswig-Holstein errichtet.

DLRG: Die Rettungsschwimmer

Im Jahr 1913 können nur etwa drei von 100 Deutschen schwimmen. Verhängnisvoll wirkt sich dieser Mangel einmal mehr an einem sonnigen Julisonntag 1912 aus, als Hunderte von Neugierigen auf der Seebrücke des Rügener Ostseebades Binz die Ankunft eines Kreuzers der Kaiserlichen Marine und das Auslaufen des Schnelldampfers »Kronprinz Wilhelm« erwarten. Gegen 19 Uhr bricht die Holzbrücke unter der Last der Schaulustigen zusammen, mehr als 100 Menschen stürzen ins Wasser. »Auf Brücke und Schiff standen die Menschen und starrten hilflos und tatenlos auf die verzweifelt mit dem Ertrinkungstode Kämpfenden. Endlich warfen einige beherzte Männer in das grausige Menschenknäuel die wenigen Rettungsringe oder suchten mit Bootshaken die im Wasser Liegenden ungeschickt herauszufischen. So entstanden noch schwerere Verletzungen«, berichtet eine Augenzeugin.

17 Personen ertrinken, davon sieben Kinder. Die Unfähigkeit zur Hilfe an diesem schlimmen Tag veranlaßt den Deutschen Schwimmverband im Oktober 1913 in Leipzig zur Gründung der Deutschen Lebens-Rettungs-Gesellschaft e. V. (DLRG). Noch im selben Jahr werden an erste Lehrgangsteilnehmer Rettungsschwimmer-Zeugnisse verliehen. 1922 stellt die Gesellschaft bereits 7997 Grundscheine und 676 Lehrscheine aus. In diesem Jahr sind an Nord- und Ostsee und an vielen Binnengewässern schon zahlreiche Wachdienste stationiert.

Heute ist die DLRG die weltweit größte freiwillige Wasserrettungsorganisation. Ihre Bilanz ist imponierend: Die Zahl der tödlichen Unfälle im Wasser ist seit 1913 um rund 90 Prozent zurückgegangen – natürlich auch, weil inzwischen viel mehr Menschen schwimmen lernen.

nis ist die sogenannte Entente Cordiale vom 8. April 1904, das Deutsche Reich schon zu diesem Zeitpunkt der große Verlierer. Der spektakulären Landung des Kaisers im Hafen von Tanger 1905 und seiner unabsehbaren Folgen hätte es da erst gar nicht bedurft.

Zwar wird die französische Regierung durch diese Aktion, die der Unterstützung des Sultans von Marokko dienen sollte, zu einer internationalen Marokko-Konferenz gezwungen, aber alle deutschen Hoffnungen, Paris dadurch in seine Schranken zu weisen, schlagen fehl. Im Gegenteil: Im Nachklang der Marokkokrise beginnen Anfang 1906 konkrete Verhandlungen zwischen französischen und britischen Militärs über eine gemeinsame Strategie im Falle eines deutschen Angriffs auf Frankreich, einschließlich konkreter Pläne für ein britisches Expeditionskorps auf dem Kontinent. Berlin antwortet darauf mit einer Verstärkung seines Flottenprogramms, doch Anfang 1906 sind bereits die ersten britischen »Dreadnoughts« vom Stapel gelaufen, Großkampfschiffe, die an Feuerkraft, Reichweite und Geschwindigkeit den deutschen weit überlegen sind und bleiben werden.

Endgültig besiegelt der britisch-russische Interessenausgleich 1907 und damit die Erweiterung der Entente Cordiale zur Triple Entente das Scheitern der deutschen Politik. Die späteren Kriegskoalitionen von 1914 stehen sich nun gegenüber. Besonders in London macht sich

Grundsteinlegung für das Völkerschlachtdenkmal bei Leipzig am 18. Oktober 1898. Der bayerische Prinzregent Luitpold schreitet eine Ehrenkompanie ab. Im Jahr zuvor, als der »Deutsche Patriotenbund zur Errichtung eines Völkerschlachtnationaldenkmals« gegründet wird, leben noch acht Kämpfer der Schlacht.

Blick in die Schlosserei Walter im sächsischen Grimma. Man sieht ein Gewirr aus Rädern, Riemen, Wellen und Riemenscheiben, mit dem in Handwerk und Industrie lange der Antrieb der unterschiedlichsten Maschinen erfolgt. Die Transmissionswellen sind zumeist an der Decke befestigt. Über sie kann die Kraft in die gesamte Werkstatt und sogar in Nebengebäude geführt werden.

niemand mehr Illusionen bezüglich der langfristigen deutschen Ziele. »Die höchsten Ziele Deutschlands bestehen sicherlich ohne Zweifel darin, die Vorherrschaft auf dem europäischen Kontinent zu gewinnen«, meint damals Sir Arthur Nicholson, der ranghöchste britische Diplomat. Anschließend werde das Deutsche Reich »mit uns einen Wettkampf um die Vormachtstellung zur See beginnen«. Die *Daily-Telegraph*-Affäre 1908, als ein ungeschickt auftretender Wilhelm in einem Zeitungsinterview die Briten mit ihrer Angst vor Deutschland als »verrückt wie Märzhasen« bezeichnet und behauptet, er vertrete mit seiner englandfreundlichen Haltung nur eine Minderheit im eigenen Land, belastet das Verhältnis zu Großbritannien zusätzlich.

Auch das große Verbrechen des Deutschen Reichs in Afrika ist ein Ergebnis der zunehmenden Nervosität, mit der damals in Berlin »Weltpolitik« ohne erkennbare Ziele betrieben wird. Gegen die weißen Kolonisten und deren Herrschaft in Deutsch-Südwestafrika erhob sich 1904 der Stamm der Herero. In den ersten Tagen töten sie auf Geheiß ihres Oberhäuptlings Samuel Maharero etwa 150 deutsche Siedler – bis auf wenige Ausnahmen Männer. Die Revolte breitet sich aus und kann, zumindest am Anfang, Erfolge erzielen. Manche Kreise in Berlin befürchten sogar, damit

Sächsisches Gauturnfest am 31. August 1907 auf dem Schiepanger in Zwickau. In Gaue gliedern Turner, Pfadfinder, Trachtenverbände und auch der Allgemeine Deutsche Automobil Club ihre Organisation. Die Gaue greifen über die kleinstaatlichen Länder- und Provinzgrenzen hinaus.

sei das Ende der deutschen Kolonialherrschaft in Südwestafrika gekommen.

Das ist der Grund, weshalb der Kaiser selbst, erzürnt über die Mißerfolge seiner Kolonialtruppen und unter Umgehung des örtlichen Gouverneurs Theodor Leutwein, das Kommando in die Hand nimmt und die Führung der Operationen in Südwest dem Großen Generalstab überträgt. Leutwein hatte immer militärische Aktionen gegen die Herero mit diplomatischen Offerten zu kombinieren versucht, doch der auf Geheiß des Generalstabschefs Alfred von Schlieffen jetzt nach Afrika abkommandierte Generalleutnant Lothar von Trotha verfährt, als hätte er die »Hunnenrede« seines Monarchen während der Zeit des Boxeraufstands auswendig gelernt. Trotha kennt »kein Pardon«.

Am Waterberg kommt es am 11. August 1904 zu einer für die Deutschen erfolgreichen Schlacht, doch bricht das Gros der Herero an der schwächsten Stelle der Umzingelung in die Omaheke durch, einen westlichen Ausläufer der Kalahariwüste. Diese panikartige Flucht sollte den Herero zum Verhängnis werden. Trotha setzt zu einer Verfolgungsjagd an, um sie noch einmal zu stellen oder noch tiefer in das wasserarme Sandfeld zu treiben und ihnen die Rückkehr in ihr angestammtes Gebiet zu verwehren. Am 2. Oktober läßt er bei Osombo-Windimbe demonstrativ Gefangene aufhängen und schickt andere mit einer Proklamation in die Wüste.

»Das Volk der Herero«, heißt es da in »otjiherero«, der Sprache der Herero, »muß das Land verlassen. Wenn das Volk dies nicht tut, so werde ich es mit dem Großen Rohr dazu zwingen. Innerhalb der deutschen Grenzen wird jeder Herero mit und ohne Gewehr, mit oder ohne Vieh erschossen, ich nehme keine Weiber oder Kinder mehr auf, treibe sie zu ihrem Volke zurück oder lasse auf sie schießen. Dies sind meine Worte an das Volk der Herero. Der große General des mächtigen Deutschen Kaisers.« Trothas Kampf gegen die aufständischen Herero endet in einem Vernichtungskrieg, der die physische Ausrottung des ganzen Volks zum Ziel hat.

Bis Ende 1907 zieht sich der Kampf gegen versprengte Gruppen der Aufständischen schließlich hin. Von ursprünglich 80 000 Herero überlebten nur 12 000, und von den 20 000 aufständischen Nama, die sich ihnen angeschlossen hatten, kommt die Hälfte ums Leben. Kaum denkbar, daß dieser brutale Völkermord stattgefunden hätte ohne die Angstphantasie, im Fall des Verlusts der Kolonie eine schwere Schlappe im »Kampf ums Dasein« mit dem Rivalen England einstecken zu müssen.

Ehrenpforte anläßlich eines Besuchs von Kaiser Wilhelm II. in der Hauptstadt des Fürstentums Waldeck, Arolsen, um 1910. Mit Inkrafttreten eines »Accessionsvertrags« mit dem Königreich Preußen wird das verarmte Fürstentum auf Wunsch seines Landtages ab dem 1. Januar 1868 bis 1928 von Preußen regiert.

Wilhelm Voigt:
Der Hauptmann von Köpenick

Friedrich Wilhelm Voigt ist alles andere als ein ehrbarer Bürger. Zwschen 1864 und 1891 gerät der gelernte Schuhmacher immer wieder mit dem Gesetz in Konflikt. Er wird sechsmal wegen Diebstahls und Urkundenfälschung verurteilt und verbringt insgesamt 28 Jahre seines Lebens hinter Gittern.

Im Februar 1906 kommt er wieder mal frei und plant nun seinen größten Coup. In Potsdam kauft er eine abgetragene Uniform, die Hose mit roten Biesen, einen Mantel, eine Schärpe, in Berlin dazu einen Offiziersdegen und eine Offiziersmütze. Am Morgen des 16. Oktober 1906 fährt Voigt, nun Offizier, nach Köpenick bei Berlin. Gegen Mittag hält er einen Trupp Gardefüsiliere an, der auf dem Weg in die Kaserne ist. Unter Berufung auf höchste Order unterstellt Voigt diese Truppe und wenig später auch noch die sechs Mann starke Wache eines Schießstands seinem Kommando. Am Rathaus Köpenick stellt er Posten auf und läßt die Tore schließen, arrestiert den Oberstadtsekretär, verhaftet den Bürgermeister Dr. Georg Langerhans, befiehlt dem Kassenrendanten von Wiltberg einen Kassensturz und beschlagnahmt 4000 Mark und 70 Pfennig – gegen Quittung. Anschließend läßt er seine Gefangenen nach Berlin abtransportieren.

Der in Tilsit in Preußisch-Litauen geborene Friedrich Wilhelm Voigt (*1849, †1922) hat wie alle Angehörige des Kaiserreichs die Staatsbürgerschaft seines Landes, des Königreichs Preußen. Im Kaiserreich stellen die Länder und Freien Städte die Pässe für ihre »Staatsbürger« aus. Eine eigene »deutsche Staatsbürgerschaft« gibt es nicht. Voigt bekommt wegen seiner Vorstrafen keinen preußischen Paß. Als »eine für die öffentliche Sicherheit und Moralität gefährliche Person« wird er aus dem Großherzogtum Mecklenburg-Schwerin, wo er eine Arbeit gefunden hat, als »Ausländer ohne Paß« ausgewiesen.

Als die Geschichte publik wird, sind die Gegner des Kaiserreichs begeistert. Der Simplicissimus *schlägt, den »Hauptmann von Köpenick« für den Friedensnobelpreis vor, »weil es ihm in unnachahmlicher Weise gelungen ist, den Militarismus lächerlich zu machen«.*

Ende 1906 wird Voigt zu vier Jahren Gefängnis verurteilt. Nach seiner Entlassung 1908 tingelt er als Berühmtheit über Jahrmärkte und auf Tourneen bis in die USA. Durch Krieg und Inflation verarmt, stirbt er am 3. Januar 1922 in Luxemburg und wird auf Kosten der Armenkasse bestattet.

Theobald von Bethmann Hollweg: »Der rätselhafte Kanzler«

Theobald von Bethmann Hollweg (*1856, †1921). Seine Funktionen spiegeln die Dualität von Preußen und Reich wider. Er ist Reichskanzler und preußischer Ministerpräsident in Personalunion. Alle Kanzler (bis auf Reichskanzler Leo von Caprivi (*1831, †1899) des Kaiserreichs üben diese Doppelfunktion aus. Bethmann Hollweg ist wie Bismarck und alle seine Nachfolger außerdem auch preußischer Außenminister. (Einen deutschen Außenminister gibt es nicht.) Rein technisch gesehen führt der preußische Außenminister aber die Geschäfte des Bundesrats und ist damit der Vorgesetzte des Kanzlers.

Die Historiker tun sich schwer mit der Beurteilung des Reichskanzlers Theobald von Bethmann Hollweg, der von 1909 bis 1917 amtierte. Konrad H. Jarauch betitelt seine Biographie: Der rätselhafte Kanzler. *Selten sind die Meinungen über einen deutschen Politiker so auseinandergegangen. Karl Dietrich Erdmann sieht in ihm einen Politiker, »der Macht verwaltet, ohne der Macht verfallen zu sein«, Willibald Gutsche das exakte Gegenteil: Er sei »den Mächten verfallen, ... deren Macht er verwaltete«.*

Bethmannn Hollweg, geboren 1856, ist durch und durch ein Mann der Verwaltung. Nach dem Jurastudium in Straßburg, Leipzig und Berlin wird er bereits mit 30 Jahren Landrat seines brandenburgischen Heimatkreises Oberbarnim. Danach steigt er in rascher Folge zum Oberpräsidialrat, Regierungspräsidenten und Oberpräsidenten der Mark Brandenburg auf. In diesen Jahren ist Bethmann Hollweg, der sich »den Ruf eines Mannes von hohem fachlichen Können und Rechtsgefühl« erworben hat, dem kaiserlichen Hof immer nah. Seine Ehe mit Martha von Pfuel-Wilkendorf bindet ihn noch enger an die Hocharistokratie. Seine Kontakte zahlen sich aus. Bernhard von Bülow bewegt den Kaiser 1905 zur Ernennung Bethmann Hollwegs zum preußischen Innenminister.

Als es 1909 um Bethmann Hollwegs Ernennung zum Reichkanzler geht, ist der Kaiser wenig begeistert: »Er war ernst und pflichtbewußt, ohne Allüren, kein Höfling, der dem Kaiser nach dem Mund redete, kein Mann des persönlichen Regiments, der seinen Aufstieg der Protektion der kaiserlichen Entourage verdankte« (Volker Ullrich).

Ausgerechnet diese »wägende, bedenkensvolle, kontemplative Gelehrtennatur« wird als Reichskanzler Deutschland fünf Jahre später in den Krieg führen.

Götterdämmerung

»In einem zukünftigen Krieg, der ohne zwingendem Anlaß unternommen wird, steht nicht nur die Hohenzollernkrone, sondern auch die Zukunft Deutschlands auf dem Spiel«, meint Reichskanzler Theobald von Bethmann Hollweg 1913. »Gewiß muß unsere Politik kühn geführt werden«, so der Kanzler. »Aber in jeder diplomatischen Verwicklung mit Schwertern zu rasseln, ohne daß die Ehre, die Sicherheit und die Zukunft Deutschlands bedroht sind, ist nicht nur tollkühn, sondern verbrecherisch.« Genau das aber war lange genug passiert.

Zuletzt während der zweiten Marokkokrise 1911. Auslöser für die Eskalation war die Besetzung der Festungen Fés und Rabat durch französische Truppen im Frühjahr 1911. Als Antwort darauf taucht am 1. Juli das deutsche Kanonenboot »Panther« vor Agadir auf, eine riskante Machtdemonstration, die den europäischen Mächten noch einmal die Unberechenbarkeit des Reichs demonstrierte. Niemand in Berlin wollte den Anspruch Frankreichs auf Marokko ernsthaft streitig machen, doch wollte man mit diesem martialischen Akt zu verstehen geben, daß man gedachte mitzumischen, und man forderte umfangreiche Gebietsabtretungen am Kongo als Kompensation für den fran-

Eine sonntägliche Frühschoppengesellschaft aus dem Eifelstädtchen Schleiden bei einem Ausflug.
Ein Frühschoppen ist ein im Kaiserreich weitverbreiteter Stammtisch, der nicht am Abend, sondern nach dem Meßgang stattfindet.

Zusammensetzung des Reichstags 1890 bis 1912 in Prozent und Sitzen

Partei	1893	1898	1903	1907	1912
Deutsche Reformpartei/ Antisemiten	3,4 % 16	3,7 % 10	2,6 % 11	2,2 % 16	0,4 % 3
Wirtschaftliche Vereinigung (mittelständ. antisemitisch)	–	–	–	0,9 % 5	2,5 % 10
Antisemiten	**3,4 %** 16	**3,7 %** 10	**2,6 %** 11	**3,1 %** 21	**2,9 %** 13
Alt-Konservative (kons. Föderalisten)	13,5 % 72	11,1 % 51	10,0 % 54	9,4 % 60	9,2 % 43
Deutsche Reichspartei (kons. Nationalisten)	5,7 % 28	4,4 % 22	3,5 % 21	4,2 % 24	3 % 14
Bund der Landwirte (kons. Nationalisten)	–	1,4 % 5	1,2 % 4	1,1 % 8	0,2 % 2
Konservative	**19,2 %** 100	**16,9 %** 78	**14,7 %** 79	**14,7 %** 92	**12,4 %** 59
Nationalliberale	13,0 % 53	12,5 % 48	13,9 % 128	14,5 % 54	13,6 % 45
Deutsche Volkspartei (Liberale)	2,2 % 11	1,4 % 8	1,0 % 6	1,2 % 7	–
Bayerischer Bauernbund	0,9 % 4	1,8 % 5	1,2 % 4	0,7 % 1	0,4 % 2
Rechtsliberale	**16,1 %** 68	**15,7 %** 61	**16,1 %** 61	**16,4 %** 62	**14,0 %** 47
Zentrumspartei	**19,1 %** 96	**18,8 %** 101	**19,8 %** 100	**19,4 %** 105	**16,4 %** 91
Freisinnige Volkspartei (Liberale)	8,7 % 24	7,2 % 28	5,7 % 21	6,5 % 28	–
Freisinnige Vereinigung	3,4 % 13	2,5 % 13	2,6 % 9	3,2 % 14	–
Fortschrittliche Volkspartei (kons. Nationalisten)	–	–	–	–	12,3 % 42
Linksliberale	**12,1 %** 37	**9,7 %** 41	**8,3 %** 30	**9,7 %** 42	**12,3 %** 42
Arbeiterpartei/ Sozialdemokraten	**23,3 %** 44	**27,2 %** 56	**31,7 %** 81	**28,9 %** 43	**34,8 %** 110
Alsatianien (elsäss. u. franz. Regionalisten)	1,5 % 8	1,4 % 10	1,1 % 9	1,3 % 7	1,3 % 9
Polen (polnische Regionalisten)	3,0 % 19	3,1 % 14	3,7 % 16	4,0 % 20	3,6 % 18
Dänen (dänische Regionalisten)	0,2 % 1	0,2 % 1	0,2 % 1	0,1 % 1	0,1 % 1
Parteien der nationalen Minderheiten	**4,7 %** 28	**4,7 %** 25	**5,0 %** 26	**5,4 %** 28	**5,0 %** 28
Deutsch-Hannoversche Partei (kons. Föderalisten)	**1,3 %** 7	**1,4 %** 9	**1,0 %** 6	**0,7 %** 1	**0,7 %** 5
Sonstige	**0,8 %** 1	**1,9 %** 14	**1,1 %** 3	**2,0 %** 3	**1,4 %** 2
Sitze im Reichstag	397	395	397	397	397

Quelle: Statistisches Jahrbuch für das Deutsche Reich 1882–1914 und eigene Berechnungen.

Vor der Parade zum Kaisergeburtstag am 27. Januar 1913 in Worms auf dem Marktplatz. An diesem Tag sind im ganzen Reich die Straßen geschmückt, es werden Festansprachen gehalten und Festtagsessen veranstaltet. Vor allem aber: Es gibt schulfrei!

zösischen Machtzuwachs. Unterdessen heizen die Alldeutschen im Reich eine massive Kriegsstimmung an und schreiben sich ein deutsches Westmarokko auf die Fahnen. Von einem notwendigen Präventivschlag gegen Frankreich ist die Rede, wie überhaupt die national gestimmte Öffentlichkeit bis zu den Nationalliberalen seit Jahren immer wieder eine »Politik der Stärke« gefordert hatte. Auch der Generalstabschef Helmuth von Moltke hält einen Krieg für unausweichlich, »je eher desto besser«.

Doch das durch die Entente Cordiale eng mit Paris verbundene und den deutschen Flottenausbau als Provokation empfindende Großbritannien schlägt sich sofort auf die Seite der Franzosen und beanstandet die deutschen Forderungen als maßlos überzogen sowie den eigenen britischen Sicherheitsinteressen zuwiderlaufend. »Nachgeben«, so Sir Eyre Crowe, »bedeutet nicht Einbuße an Interessen und Prestige. Es bedeutet die Niederlage, mit allen unausweichlichen Konsequenzen.« Seitdem stellt sich für England nur noch die Frage, mit wie vielen Divisionen und mit welchem strategischen Plan man im Ernstfall an Frankreichs Seite zu kämpfen hat.

Dem Deutschen Reich beschert die großmannssüchtige Kanonenbootpolitik vorerst nur einen kümmerlichen Kompromiß. In einem am 4. November 1911 in Berlin unterzeichneten Abkommen verzichtet es auf jeglichen politischen Einfluß in Marokko, kann aber die Festschreibung einer weiterhin ungehinderten wirtschaftlichen Betätigung deutscher Unternehmen erzielen. Frankreich hatte damit so etwas wie ein Protektorat über Marokko inne, mußte jedoch im Gegenzug einen Teil des Kongo an Deutschland abtreten, wofür es aber wiederum Gebiete aus deutschem Kolonialbesitz in Togo und Kamerun erhielt. Das war alles andere als ein großer Wurf.

In dieser Zeit wird es jedoch Mode, in Gutshäusern und Offizierskasinos dem »System Bethmann« Schlappheit und dem Kaiser Feigheit vorzuwerfen. »Das, was uns den Frieden sichert«, wettert der Vorsitzende der Deutschkonservativen Ernst von Heydebrand im Reichstag, »das sind nicht diese Nachgiebigkeiten, sind nicht die Einigungen, nicht die Verständigungen, sondern das ist unser gutes Schwert.« Das sollte ein Drohruf in Richtung Paris sein. Aber auch England, so Heydebrand, habe während der Marokkokrise dem deutschen Volk deutlich gezeigt, »wo sein Feind sitzt«.

Nur wenige sind sich der Gefährlichkeit des Vabanquespiels bewußt, das hier ohne ernsthafte Ziele, aber mit hohem Einsatz gespielt wird. Was es bedeuten würde, den Frieden Europas aufs Spiel zu setzen, hat niemand so deutlich gesehen wie August Bebel, der am Ende der

Sächsische Husaren in Grimma, 1912. Seit 1819 ist Grimma Garnison des 2. Königlich-Sächsischen Husarenregiments Nr. 19, eines der 20 deutschen Husarenregimenter. Sie sind mit einem Krummsäbel und dem Karabiner 98 ausgerüstet.

zweiten Marokkokrise 1911 den Reichstag mit einer fast endzeitlichen Vision geradezu beschwört. »Sie treiben die Dinge auf die Spitze, Sie führen es zu einer Katastrophe«, so Bebel. »Alsdann wird in Europa der große Generalmarsch geschlagen, auf den hin 16 bis 18 Millionen Männer, die Männerblüte der verschiedenen Nationen, ausgerüstet mit den besten Mordwerkzeugen, gegeneinander als Feinde ins Feld rücken.« Er erntet nur Lachen von der Rängen der konservativen und bürgerlichen Fraktionen, als er zu dem Satz anhebt: »Die Götterdämmerung der bürgerlichen Welt ist im Anzuge.« Doch Bebel, der einer zutiefst zivilen Welt entstammt und der für das russische Roulette der führenden Eliten überhaupt kein Verständnis aufbringt, weiß, was er sagt. »Seien Sie sicher; sie ist im Anzug«, so seine prophetische Antwort auf das Gelächter seiner Gegner. Tatsächlich hatte es so niemand gewollt, als das Verhängnis im Juli 1914 seinen Anfang nahm. Sir Edward Grey allerdings, der britische Außenminister, war sich schon in den ersten Tagen des Krieges darüber im klaren, daß hier mehr im Anzug war als die bekannten europäischen Kriege um Einflußsphären. »In ganz Europa gehen die Lichter aus«, so Grey am 5. August 1914, »wir werden es nicht mehr erleben, daß sie wieder angezündet werden.«

Soldaten der Max-II.-Kaserne in München-Neuhausen um 1910. In der 1860 – damals noch weit vor der Stadt – errichteten Kasernenanlage sind Artillerieregimenter stationiert. Der Kasernenbau beschleunigt den Strukturwandel des einstigen Dorfes Neuhausen erheblich. Die Max-II.-Kaserne ist zu diesem Zeitpunkt mit 2750 Personen belegt.

Der Sprung ins Dunkle

Der Anschlag des serbischen Terroristen Gavrilo Princip, Mitglied der Geheimorganisation Schwarze Hand, auf Erzherzog Franz Ferdinand am 28. Juni 1914 in Sarajevo löste eine Kettenreaktion aus, die zum Ersten Weltkrieg führte. Der Thronfolger des Habsburgerreichs hatte sich einige Tage zuvor nach Bosnien begeben, um dort Manövern des 15. und 16. österreichisch-ungarischen Armeekorps beizuwohnen. Franz Ferdinand hatte in Fragen der Balkanpolitik eine ganz andere Meinung als der 84jährige Kaiser Franz Joseph, der spätestens seit 1913 entschlossen war, mit Serbien aufzuräumen. Doch der Thronfolger wußte, daß dies ohne das Risiko eines Kriegs mit Rußland kaum zu machen war, und hatte sich in dieser Frage erst zwei Wochen vor dem Attentat mit Wilhelm II. auf seinem Jagdschloß Konopischt beraten.

An jenem denkwürdigen 28. Juni, dem Jahrestag der Schlacht auf dem Amselfeld, als alle Serben ihrer historischen Niederlage gegen die Türken im Jahre 1389 gedachten, hatte ihn – mehr zufällig, denn den Verschwörern galt das geplante Attentat zu diesem Zeitpunkt bereits als gescheitert – auf einer Fahrt durch Sarajevo die Kugel des schwindsüchtigen jungen Studenten Princip erwischt.

Die Wormser erwarten die Flieger des »3. Prinz-Heinrich-Fluges«, der zugleich der dritte »Oberrheinische Zuverlässigkeitsflug« ist. Vom 17. bis 25. Mai 1914 ist er in Worms mit einer Flugschau verbunden.

Rosa Luxemburg: »Anfangen zu leben«

Clara Zetkin und Rosa Luxemburg 1911 in Berlin. Luxemburg, Tochter einer wohlhabenden polnisch-jüdischen Kaufmannsfamilie, hat früh begonnen, sich politisch zu exponieren. Nach ihrer doppelten Promotion in Recht und Nationalökonomie läßt sie sich in Berlin nieder und tritt der SPD bei. In dem Kreis der Funktionäre der deutschen Sozialdemokratie, die Vaterfiguren wie August Bebel, Karl Kautsky und Friedrich Ebert repräsentieren, wirkt die Frau, die kompromißlos im Privatleben und in ihrer Politik ist, wie ein Paradiesvogel.

Die 1871 in Zamosc im heutigen Polen geborene Rosa Luxemburg wird schon als 18jährige zum politischen Flüchtling. An der Züricher Universität, die seit etwa 1860 Frauen zuläßt, studiert sie Recht und Nationalökonomie und wird überzeugte Marxistin. Sosehr sie mit großem Engagement für die Durchsetzung des Sozialismus kämpft, so sehr beansprucht sie für sich selbst ein individuelles Glück.

Rosa Luxemburg verliebt sich in den aus Litauen geflüchteten Revolutionär Leon Jogiches. Er ist ein verschlossener Mann, der nur für den Umsturz in seiner Heimat lebt.

1897 siedelt Rosa Luxemburg nach Deutschland über, um unter den polnischen Arbeitern in Posen und Oberschlesien zu agitieren. Drei Jahre später schreibt sie an Jogiches: »Mir ist das Herz schon so schwer vor Ermüdung vom äußeren und inneren Herumzigeunern, daß ich direkt ohnmächtig werde, wenn ich Deine Briefe öffne und sehe 6 Bogen allein Abhandlungen über die PPS [Sozialistische Partei Polens] oder über unsere Beziehungen zueinander, aber nicht ein Krümelchen sichtbaren, praktischen, normalen Lebens. Ich bin so müde, so müde! Laß uns um Himmels willen anfangen zu leben. Lieber Dziodzio, laß uns doch anfangen zu leben!!«

Ein gemeinsames Leben gelingt ihnen nicht. 1907 trennen sich die beiden. Rosa Luxemburg, seit ihrer Schrift Sozialreform oder Revolution *von 1899 auf dem äußersten linken Flügel der SPD, wird nach dem Weltkrieg Mitbegründerin der KPD. Anfang 1919 wird sie von Freikorpsoffizieren in Berlin festgenommen, schwer mißhandelt, schließlich erschossen und ihr Körper in den Landwehrkanal geworfen. Wenige Wochen später ist auch Jogiches tot, ermordet am 10. März im Untersuchungsgefängnis Berlin-Moabit.*

In Serbien, das wußte jeder in Wien, war man der Meinung, daß ein Bosnien, über das nicht mehr die Türken herrschten, besonders seit den serbischen Erfolgen in den zwei Balkankriegen von 1912 und 1913 über kurz oder lang von Belgrad und nicht von Wien aus regiert werden müßte. Niemand, auch nicht in den westlichen Hauptstädten, zweifelte daran, daß nationalistische Serben in Belgrad hinter dem Attentat standen.

»Was für ein Schock für den lieben, alten Kaiser«, war die Reaktion des britischen Königs Georg V. auf den Anschlag. So sahen es viele in Europa; und selbst Zar Nikolaus, dessen war sich zumindest Wilhelm II. sicher, würde niemals, wenn es jetzt zu einer energischen Maßnahme gegen Belgrad kommen würde, mit Königsmördern gemeinsame Sache machen wollen. Man mußte die Strafexpedition nur schnell über die Bühne bringen, solange der Schock in Europa über das feige Attentat anhielt.

Franz Joseph war unter den gekrönten Häupter Europas vielleicht am wenigsten entsetzt. In gewisser Weise war er sogar erleichtert, denn er hielt seinen designierten Nachfolger für einen gefährlichen Mann, weil der mit dem Gedanken gespielt hatte, dem südslawischen Element in der Donaumonarchie auf Kosten der Ungarn mehr Geltung zu verschaffen. Doch jetzt bot sein Tod die lang ersehnte Chance, von Serbien Sühne zu verlangen, ohne dabei als Querulant angesehen zu werden.

So kam der Stein ins Rollen, den die Historiker die Julikrise 1914 nennen, mit der das Europa der Belle Époque in einen selbstzerstörerischen Weltkrieg taumelte. Sie hatte zunächst mit den gefährlichen Frontstellungen, in denen sich das Deutsche Reich seit langem mit England, Frankreich und Rußland befand, nichts zu tun. Es ging um eine regionale »Balkanangelegenheit«. Am 30. Juni 1914 fordert der Wiener Außenminister Leopold Graf Berchtold eine »endgültige und grundsätzliche Abrechnung mit Serbien«. Doch bis die Tage dramatisch werden und die Ereignisse in Europa sich überstürzen, sollte noch fast ein Monat ins Land gehen. Ende Juni handelt es sich noch um eine »begrenzte Maßnahme«. Berchtold ist sich im klaren darüber, daß er für eine Strafaktion auf dem Balkan der Rückendeckung Deutschlands gegenüber Rußland bedarf. Er denkt daran, daß Wilhelm seinen Cousin, den Zaren Nikolaus, vielleicht von der Unterstützung der serbischen »Königsmörder« abhalten und außerdem Wien dabei unterstützen könnte, Bulgarien als Bündnispartner auf dem Balkan zu gewinnen.

Also schickt er am 4. Juli Alexander Graf Hoyos, den Chef seines Kabinetts, nach Berlin. Am nächsten Tag werden dem Kaiser beim Mittagessen in Potsdam die Wiener Wünsche überreicht. Wilhelm, der mit Franz Ferdinand persönlich befreundet war, befindet sich seit Tagen in einem Zustand höchster Empörung über das Attentat. Denn erstens war ihm mit

Franz Ferdinand der zukünftige Partner für seine Politik in Mitteleuropa abhanden gekommen, und zweitens war Königsmord ein Majestätsverbrechen, das schlimmer nicht sein konnte. Wilhelm erklärt, selbstverständlich müsse Österreich-Ungarn jetzt energisch gegen Serbien vorgehen. Im übrigen sei Rußland »noch keineswegs kriegsbereit« und werde »es sich gewiß noch sehr überlegen, an die Waffen zu appellieren«. Die Sache wird nicht sehr hochgehängt, doch sie hat unabsehbare Folgen.

Graf Hoyos, kaum zurück in Wien, stellt die Berliner Antwort so dar, als dränge Deutschland zum Handeln. Das war nur bedingt richtig. Vielmehr wollten die Deutschen eigentlich ihren Wiener Freunden die Sache auf dem Balkan selbst überlassen. »Ein schneller fait accompli und dann freundlich gegen die Entente«, so hatte sich Reichskanzler Bethmann Hollweg die Angelegenheit vorgestellt.

Doch jeder, der die Krisen während der Balkankriege 1912–13 noch in Erinnerung hatte, mußte wissen, daß dies ein Spiel mit dem Feuer war. Damals hatten die Siege der kleinen Balkanmächte über das Osmanische Reich Wien dermaßen alarmiert, daß Österreich-Ungarn eine Teilmoblisierung seiner Truppen anordnete, wohl wissend, daß die Donaumonarchie

Die für den Umzug anläßlich des dritten »Rosenfests« geschmückte Kämmererstraße in Worms, 1906. Das Fest erinnert an das wenige Jahre nach dem »Nibelungenlied« erschienene »Rosengartenlied«, eine eher volkstümliche Erzählung der in Worms spielenden Nibelungensage aus dem 13. Jahrhundert.

»Gut Pfad« wünscht die Zwickauer Pfadfinderabteilung im ersten Kriegsjahr 1915. Die Pfadfinderbewegung, die auch der vormilitärischen Ausbildung dient, ist 1909 in Großbritannien entstanden.

nach dem Ende der Türkenherrschaft auf dem Balkan zum Feind Nummer eins werden würde. Rußland, das eigene panslawische Interessen in der Region hatte, erklärte daraufhin sofort seine Kriegsbereitschaft. Und als Bethmann Hollweg Anfang Dezember 1912 im Reichstag deswegen eine Warnung an die Russen aussprach, reagierten die Briten umgehend mit der Erklärung, einem großen europäischen Krieg, der zur deutschen Hegemonie in Europa führen könnte, würden sie keinesfalls tatenlos zusehen. Das alles war noch nicht lange her, doch es schien schon in Vergessenheit geraten zu sein.

Trotz der dramatischen Ereignisse auf dem Balkan wiegt sich Europa im Juli 1914 erstaunlicherweise in einer trügerischen Ruhe. Der deutsche Generalstabschef Helmuth von Moltke weilt zur Kur in Baden-Baden. Kriegsminister Falkenhayn läßt ihn wissen, mit seiner Rückkehr sei es nicht eilig, denn er habe die Überzeugung gewonnen, Wien gehe es offensichtlich nicht um Krieg, sondern um »energische politische Schritte«. Auch Falkenhayn nimmt Urlaub. Zar Nikolaus befindet sich auf seiner sommerlichen Tour auf der Ostsee. Gegen einen kleinen Dämpfer für die Serben wegen des Königsmords hat er wenig einzuwenden. Doch das war kein Grund, die Ferien abzubrechen. Auch Kaiser Franz Joseph verzichtet in diesem Juli nicht auf seine gewohnte Sommerfrische in Bad Ischl.

Die Wandervögel: Suche nach innerer Wahrhaftigkeit

Etwa drei Jahre nach der ersten Gruppenbildung verzanken sich die (Berlin-)Steglitzer »Urwandervögel« über der Frage der richtigen Wandertechnik. Die konservative Fraktion fühlt sich dem Ideal rauher Männlichkeit verpflichtet – eine oppositionelle Gruppe setzt gegen deren Gewaltmärsche das »ästhetische Wandern«. Einig sind sich die Kontrahenten weiterhin in ihrer Sehnsucht nach »einem anderen Leben«. Am 4. November 1901 wird in Steglitz der »Wandervogel-Ausschuß für Schülerfahrten e. V.« (Afs) gegründet. Dies war der offizielle Beginn der Wandervogelbewegung.

Die Mitglieder der überall im Deutschen Reich entstehenden Gruppen, des autoritären Verhaltens ihrer Eltern und Lehrer überdrüssig, stehen gegen »Bürger- und Verbindungsmief«, sind Romantiker, die jenseits der intellektuellen Moden der Wilhelminischen Zeit Zuflucht in der Natur, beim Zusammensein und im selbstbestimmten, einfachen Leben suchen. In Jena und Heidelberg formieren sich sogar Gruppen, die Mädchen aufnehmen, wenn sie das Korsett gegen die weiten Reformkleider tauschen. Für die meisten der Jungen und Mädchen sind die Zusammenschlüsse eine der ganz wenigen Möglichkeiten, auf »Fahrt« zu gehen und etwas vom eigenen Land zu sehen.

Besondere Aufmerksamkeit findet die Bewegung kurz vor dem Ersten Weltkrieg. Das Kaiserreich plant zum 31. Oktober 1913 ein riesiges Fest zur Feier des 100. Jahrestages der Völkerschlacht bei Leipzig. Gegen diesen »Hurrapatriotismus« leisten die Wandervögel Widerstand und organisieren auf dem Hohen Meißner bei Kassel ein Gegenfest. Die versammelten Bünde verabschieden hier die berühmte »Meißnerformel«: »Die Freideutsche Jugend will ihr Leben nach eigener Bestimmung, vor eigener Verantwortung, in innerer Wahrhaftigkeit selbst gestalten. Für diese innere Freiheit tritt sie unter allen Umständen geschlossen ein.«

Im folgenden Herbst ziehen nicht wenige der jungen Männer als »Feldwandervögel« freiwillig in den Krieg.

Wilhelm ist, wie jedes Jahr, mit seiner Jacht »Hohenzollern« auf Nordlandfahrt. In den europäischen Hauptstädten bestimmen innenpolitische Themen wieder die Agenda. Frankreich ist ganz gebannt von dem Prozeß gegen Henriette Caillaux, die den Herausgeber des *Figaro* ermordet hatte. In Großbritannien beherrscht die irische Frage alle Debatten. Rußland wird von einer Streikwelle heimgesucht.

Graf Berchtold brütet unterdessen in Wiener Kaffeehäusern über der Formulierung eines Ultimatums an Belgrad. Es wird so abgefaßt sein, daß ein souveräner Staat, will er als solcher noch ernstgenommen werden, es unter keinen Umständen annehmen kann. Nicht nur die Bestrafung der Attentäter von Sarajevo wird da von den Serben gefordert, sondern eine strenge Untersuchung aller in Serbien gegen Österreich gerichteten Bestrebungen, und zwar unter Beteiligung österreichischer Beamter. Das war unannehmbar, denn was sollte mit den antiösterreichischen Bestrebungen anderes gemeint sein als die Politik der Regierung selbst? Am 23. Juli wird das Ultimatum in Belgrad endlich übergeben. Die Zeit, in der ein »schnelles fait accompli« denkbar gewesen wäre, ist schon lange vorüber.

Als Bethmann Hollweg das Ultimatum zu Gesicht bekommt, hat er verstanden. »Eine Aktion gegen Serbien«, so der Reichskanzler, »kann zum Weltkrieg werden.« Was danach kommen würde, ahnte er schon Mitte Juli: ein unkontrollierbarer »Sprung ins Dunkle«. Kaiser Franz Joseph, den am Abend des 25. Juli die serbische Ablehnung des Ultimatums in Bad Ischl erreicht, verfällt in Gegenwart seiner Mätresse Katharina Schratt plötzlich in eine tiefe Depression. »Ich habe mein möglichstes getan«, so der alte Monarch, »aber dies ist das Ende.«

Kaiser Wilhelm allerdings, den die Vorgänge während seiner Nordlandfahrt über norwegische Zeitungen erreicht hatten, war mit den Formulierungen des serbischen Ablehnungsschreibens, das sich einer Bestrafung der Täter keineswegs widersetzte, sondern

Oberschülerinnen in Oldenburg, 1913. Die jungen Frauen schauen hoffnungsfroh in die Zukunft.

sich nur eine österreichische Einmischung in seine inneren Angelegenheiten verbat, sehr zufrieden. »Eine brillante Leistung«, meinte Wilhelm nach seiner Rückkehr am 28. Juli. »Ein großer moralischer Erfolg für Wien; aber damit fällt jeder Kriegsgrund fort.«

Den Krieg kann jetzt allerdings niemand mehr aufhalten. Es sind bereits zu viele Spieler im Spiel, und überall beginnen die in den Schubladen der Militärs liegenden und seit Jahren fertig ausgearbeiteten Mobilisierungs- und Aufmarschpläne ihre Eigendynamik zu entfalten. »Die wichtigste, schnellste und gefährlichste Antwort kam nicht von den Deutschen, sondern von den Russen«, so der britische Historiker Samuel R. Williamson. Nachdem Außenminister Sasonow den Text des österreichischen Ultimatums gelesen hat, fährt es aus ihm heraus: »Das ist der europäische Krieg!« Was nicht bedeutet, daß Sasonow den Krieg wollte. Doch er steht einerseits unter dem Druck einer starken Fraktion des Offizierskorps, die Serbien auf keinen Fall preisgeben wollte, und er muß andererseits eine Ausweitung der Streiks im Innern befürchten, falls Rußland jetzt Schwäche zeigen würde. Keine russische Regierung, so Sasonow, die eine Revolution im eigenen Land vermeiden wolle, könne Serbien in dieser Situation im Stich lassen. Die Serben hatten am 25. Juli die Mobilmachung angeordnet.

Am 28. Juli morgens um 11 Uhr, dem Tag, als Wilhelm erklärte, nun sei jeder Grund zum

Bei einem Ausflug ins Erzgebirge haben sich 1912 die Mitglieder eines weiblichen Kirchenchors aus Planitz zum Gruppenfoto versammelt.

Die deutsche Kleinstaaterei am Beispiel von Thüringen

Das heutige Land Thüringen ist ein Zusammenschluß folgender Einzelterritorien des Deutschen Reiches:

Land	Einwohner	in %	Hauptstadt
Grhz. Sachsen-Weimar-Eisenach	417 149	17,7 %	Weimar
Hz. Sachsen-Altenburg	216 128	9,2 %	Altenburg
Dhz. Sachsen-Coburg und Gotha	257 177		Coburg (Sommerresidenz) Gotha (Residenz)
Hz. Sachsen-Coburg*	74 818		Coburg
Hz. Sachsen-Gotha	182 259	7,7 %	Gotha
Hz. Sachsen-Meiningen	278 762	11,8 %	Meiningen
Fm. Reuß ältere Linie	72 769	3,1 %	Greiz
Fm. Reuß jüngere Linie	152 752	6,5 %	Gera
Fm. Schwarzburg-Rudolstadt	100 702	4,3 %	Rudolstadt
Fm. Schwarzburg-Sondershausen	89 917	3,8 %	Sondershausen
Regierungsbezirk Erfurt in der preuß. Provinz Sachsen	530 775	22,5 %	Erfurt
Exklave Kreis Schleußingen	55 189	2,3 %	
Exklave Wandersleben und Mühlberg	2694	0,1 %	
Exklave Kreis Ziegenrück	19 328	0,8 %	
Kreis Ilfeld in der preuß. Provinz Hannover	16 656	0,7 %	Ilfeld
Herrschaft Schmalkalden in der preuß. Provinz Hessen-Nassau	44 561	1,9 %	Schmalkalden
Thüringen 1910 in den Grenzen von 1945	**2 359 707**	**100 %**	

* kommt 1919 an den Freistaat Bayern
Quelle: nach eigenen Recherchen berechnet nach Ulrich Schubert, Solingen 2006, www.gemeindeverzeichnis.de

Krieg entfallen, erklärt Österreich-Ungarn Serbien den Krieg. Am 29. Juli gibt Zar Nikolaus die Mobilmachung bekannt, zieht sie nach einem beschwörenden Telegramm seines deutschen Cousins Wilhelm jedoch am gleichen Tag zurück, aber nur, um sie am nächsten Tag erneut anzuordnen. Am 29. Juli nämlich hatten die Österreicher mit der Beschießung Belgrads begonnen. In aller Frühe um 2.55 Uhr des 30. Juli erreicht Wien ein Telegramm aus Berlin, in dem Bethmann Hollweg in letzter Minute seine Vermittlung anbieten will für den Fall, daß sich die österreichischen Truppen mit der Einnahme von Belgrad zufriedengeben würden, um die Sache in Grenzen zu halten.

Doch der österreichische Generalstabschef Conrad von Hötzendorf besteht darauf, daß nun mit Serbien ein für allemal abgerechnet werden müs-

se. Niemand in Berlin widerspricht, obwohl jeder weiß, daß eine Eskalation unvermeidlich ist. Am 31. Juli verkündet das Deutsche Reich den »Zustand der drohenden Kriegsgefahr«. Ein Ultimatum fordert von Rußland die Einstellung der Mobilmachung, ein anderes von Frankreich eine Neutralitätserklärung für den Fall eines deutsch-russischen Waffengangs. Beide Ultimaten bleiben, wie vorauszusehen war, unbeantwortet.

Fast jeder Mann trägt irgendeine Uniform auf dem Bahnhof von Abenheim, einem Dorf 13 Kilometer nordwestlich von Worms im südlichen Wonnegau. Bahn, Post, Zoll, aber auch kommunale Verwaltungen und Betriebe schreiben ihren einfachen Arbeitern und den Beamten des unteren und mittleren Dienstes das Tragen einer »Dienstkleidung« vor.

Innerhalb von vier Tagen hatte sich die Welt in Europa plötzlich verdunkelt, nur weil der unvorsichtige und unverantwortliche Umgang mit einer Balkanquerele die Lunte an ein bereits existierendes europäisches Pulverfaß gelegt hatte. Otto von Bismarck hatte als Ultima ratio für einen solchen Ernstfall immer ein gemeinsames Vorgehen mit Rußland ins Auge gefaßt, selbst wenn dabei die Donaumonarchie hätte geopfert werden müssen. Doch 1914 war das Deutsche Reich eine Geisel Wiens, weil es sich nur im festen Bündnis mit den Habsburgern eine Alleinhegemonie in Europa vorstellen konnte. »Die feste Entscheidung Deutschlands, das von Auflösung durch die Nationalitätenbewegung bedrohte Österreich-Ungarn selbst um den Preis eines europäischen Konflikts wieder flottzumachen«, meint der französische Historiker Pierre Renouvin, »das ist wahrscheinlich die wesentlichste Erklärung des Krieges von 1914–1918.«

Am 3. August erklärt das Deutsche Reich Frankreich den Krieg. England hält sich, als Deutschland den Russen am 1. August 1914 die Kriegserklärung überreicht, einige Tage lang zurück. Am 31. Juli hatte Premierminister Herbert Asquith sogar noch die Meinung vertreten, die Serben verdienten »eine ordentliche Tracht Prügel«. Niemand auf der Insel wollte im Grunde genommen wegen Serbien oder Rußland den Ernstfall riskieren. Doch es war auch jedem klar, daß die Deutschen, wenn sie ihre Pläne für einen Angriff auf Frankreich ausführten, die belgische Neutralität verletzen würden, um auf die Nordseeküste und den Ärmelkanal vorzustoßen. Damit wäre die britische Insel direkt bedroht. Am 3. August beginnt der Frankreichfeldzug mit dem deutschen Einmarsch in Belgien. Am 4. August tritt auch Großbritannien, wie zu erwarten, in den Krieg ein.

Die Rekruten der Stube 130 des 9. Infanterieregimentes Nr. 33 in Zwickau lassen sich von einem Fotografen ablichten. Sie ziehen im August 1914 mit ihrem Regiment als Teil des XIX. Korps der Dritten Armee in die Kämpfe an der Maas.

Max Reinhardt: Der Magier des Theaters

Der Theaterkrösus Max Reinhardt (*1873, †1943) trägt nie ein Portemonnaie bei sich. Denn sein jüngerer Bruder Edmund Reinhardt (*1875, †1929) ist immer dabei, wenn es etwas zu zahlen gilt. Edmund ist ein Finanzgenie, hält das Theaterimperium seines Bruders, der ein reicher Mann und dabei immer hoch verschuldet ist, zusammen. Nach Edmund Reinhardts Tod übernimmt der ältere Sohn von Max Reinhardt, Wolfgang Reinhardt (*1908, †1979), bis zu seiner Emigration 1934 die Verwaltung der Reinhardt-Bühnen.

Max Reinhardt leitet in Berlin zu Anfang des 20. Jahrhunderts das (heutige) Theater am Schiffbauerdamm, das Deutsche Theater, die Kammerspiele und baut dann – mit eigenen Mitteln und dem Geld von Sponsoren – den Zirkus Schumann an der Friedrichstraße zum »Großen Schauspielhaus« mit über 3200 Plätzen aus.

Alle wollen mit diesem Theaterbesessenen arbeiten. Der alte Menzel ist für die Kostüme von »Minna von Barnhelm« verantwortlich, Lovis Corinth malt das Bühnenbild für »Elektra«, Edvard Munch das für »Gespenster«. Und selbstverständlich gehören seine Schauspieler zur ersten Garde: Werner Krauß, Alexander Moissi, Tilla Durieux, Elisabeth Bergner.

Reinhardt entwirft das Schauspiel neu: »Was mir vorschwebt, ist ein Theater, das den Menschen wieder Freude gibt. Das sie aus der grauen Alltagsmisere über sich selbst hinausführt in eine heitere Luft der Schönheit. Ich fühle es, wie es die Menschen satt haben, im Theater immer wieder das eigene Elend wiederzufinden, und wie sie sich nach helleren Farben und einem erhöhten Leben sehnen.« Sein Theater scheint mitunter sogar ohne Worte auszukommen. Es ist voller Charme und Poesie, voller Glitter und bunter Farben, es ist ein Traum, den Reinhardt wieder und wieder inszeniert.

Seine Bedeutung für die deutsche Theaterkultur zeigt sich in einem eher grotesken Detail: 1933 machen die Nazis dem Juden Max Reinhardt das Angebot einer »Ehren-Arierschaft«. Reinhardt geht in seine Geburtsstadt Wien zurück und von Österreich 1938 in die USA.

In New York läßt er schließlich den amerikanischen Architekten Norman B. Geddes das Manhattan Opera House umbauen, geeignet für Aufführungen mit mehreren hundert Darstellern. Reinhardt erklärt ihm, er benötige eigentlich nur ein viereckiges Loch, einen Vorhang und ein paar Lampen. Max Reinhardt stirbt 1943 in New York.

Alltagsleben während des Ersten Weltkriegs

Der Ausbruch des Krieges verschlechtert die Lebensverhältnisse im Deutschen Reich. Das Kaiserreich hat überhaupt keine Vorbereitungen für eine längere Dauer des Krieges getroffen. Die Seeblockade der Kriegsgegner führt wegen der fehlenden Nahrungsmittel zu einer spürbaren Verschlechterung der Lebensmittelversorgung. 1915 wird die Zwangsbewirtschaftung von Nahrungsmitteln eingeführt.

Im Winter 1916/17 kommt es zu einer Versorgungskrise: Die Kartoffelernte erbringt nur 50 Prozent des durchschnittlichen Ertrags der Vorjahre. Als Ersatz für das Grundnahrungsmittel dienen rationierte Kohl- bzw. Steckrüben. Die »Wruke« (so die damalige Bezeichnung für die Kohlrübe) wird dem Brotteig zugesetzt, aus ihr wird Marmelade gekocht. Getrocknet dient sie als Kaffeeersatz. Für den Winter 1916/17 prägt sich der Begriff »Kohlrübenwinter« ein. Noch Jahre später wird die Kohlrübe deshalb auch »Hindenburg-Knolle« genannt.

Der Mangel an landwirtschaftlichen Arbeitskräften, an Kunstdünger und Zugtieren läßt auch die Getreideernte 1917 auf die Hälfte eines normalen Ertrags sinken. Im Sommer 1917 haben die zugeteilten Lebensmittel durchschnittlich

Milchausgabe an Werksangehörige und deren Familienmitglieder auf dem Werksgelände der Lederfabriken Cornelius Heyl AG in Worms im Sommer 1915.

nur noch 1000 Kalorien, das Reichsgesundheitsamt hatte hingegen einen Tagesbedarf von 2280 Kalorien errechnet.

Die Bevölkerung in den Städten ist vom Hunger am stärksten betroffen. Die Lebensmittelration beträgt für Erwachsene 270g Brot, 35g Fleisch, 25g Zucker, 11g Butter und ein 1/4 Ei pro Woche. Doch in den Geschäften ist nicht einmal diese geringe Menge zu bekommen. Trotz eines 1916 gegründeten Kriegsernährungsamtes bleiben die Anstrengungen zur angemessenen Versorgung der Bevölkerung mehr oder wenig erfolglos. Die physische Widerstandskraft der Bevölkerung läßt nach.

In Deutschland sterben in den »Hungerjahren« zwischen 1914 und 1918 schätzungsweise 750000 Menschen an Unterernährung. Am schlimmsten trifft es die besetzten und ausgebeuteten Territorien. In Belgien, Nordfrankreich, Polen und Serbien fordert der Hunger noch mehr Opfer. Schätzungen gehen davon aus, daß wegen der schlechten Versorgung im besetzten viel kleineren Serbien bis zu 300000 Menschen gestorben sind.

Familie beim Pilzesammeln im letzten Kriegswinter 1917/18 in Roth bei Nürnberg. In der stark industrialisierten mittelfränkischen Kleinstadt stellt man in Friedenszeiten Leonische Waren, aus vergoldetem oder versilbertem Kupfer bestehende Drähte, her. Auf die Vergoldung verzichtet 1914 bis 1918 die Kriegsrohstoffabteilung.

DER ERSTE WELTKRIEG

»Dann kommt der Sieg, der herrliche Sieg«

»Der große Krieg, der hinter uns liegt«, schreibt Winston Churchill Mitte der zwanziger Jahre in seinem Monumentalwerk *The World Crisis*, »unterschied sich von allen früheren Kriegen durch die ungeheure Stärke der Gegner und ihre schrecklichen Zerstörungsmittel, von allen Kriegen der Neuzeit aber durch die Grausamkeit, mit der diese gehandhabt wurden. Alle Schrecknisse vergangener Zeitepochen wirkten hier zusammen, und nicht nur Heere, sondern ganze Völker wurden in den Krieg hineingezogen. Alle beteiligten Kulturstaaten fühlten mit Recht, daß ihre eigenste Existenz auf dem Spiele stand. Jeder Verstoß gegen Menschlichkeit und Völkerrecht auf der einen Seite wurde von der anderen durch oft noch schärfere, anhaltendere Wiedervergeltungsmaßnahmen beantwortet. Keine Waffenruhe, keine Verhandlung unterbrach den Streit der Waffen. Verwundete starben zwischen den feindlichen Linien, Gefallene verwesten unbegraben. Kauffahrteischiffe, ob feindliche, ob neutrale, ja Lazarettschiffe wurden versenkt; die Besatzung ging mit unter oder wurde schwimmend getötet. Ganze Völker, ohne Rücksicht auf Alter und Geschlecht, ließ man verhungern. Städte und Denkmäler zerstörte man durch Artilleriefeuer. Bomben warf man wahllos herab. Giftige Gase in allen möglichen Formen erstickten oder verbrannten die Kämpfer. Flüssiges Feuer schleuderte man sich entgegen. Menschen stürzten brennend aus der Luft herab oder starben, langsam erstickend, in dunkler Einsamkeit auf dem Grunde des Meeres. Der zahlenmäßigen Gefechtsstärke der Heere wurde nur durch die Bevölkerungsziffer der Länder eine Grenze gesetzt. Europa und große Teile von Asien und Afrika verwandelten sich in ein einziges wüstes Schlachtfeld, auf dem nach jahrelangem Ringen nicht Heere, sondern ganze Völker zusammenbrachen und zerstoben.« Es war, wie der amerikanische Historiker George F. Kennan es formulierte, »die Urkatastrophe des 20. Jahrhunderts«.

Linke Seite: Frauen in der Rüstungsproduktion bei Krupp in Essen. Die Tätigkeit von Frauen im Bergbau und in der Produktion setzt bei Krupp erst 1914 ein. Sie arbeiten dann vor allem in der Geschoßdreherei und in der Zünderfertigung. Im Oktober 1918 beträgt der Anteil der Frauen 25 Prozent der Gesamtbelegschaft von Krupp in Essen. 25 000 Frauen und Mädchen arbeiten in den Krupp-Werken.

Beim Ausrücken nach Frankreich am 2. August 1914: Wachtmeister des Kürassierregiments von Driesen Nr. 4, das Teil der 13. Kavalleriebrigade in Münster ist. Die Kavalleristen, im August 1914 am Vormarsch auf Paris beteiligt, werden bald zu »Kavallerie-Schützen« im Graben.

Niemand hatte das vorausgesehen, als Anfang August 1914 die europäischen Hauptstädte von einem bis dahin unbekannten Kriegsbegeisterungstaumel regelrecht heimgesucht werden. In St. Petersburg wird die deutsche Botschaft von aufgebrachten Menschenmassen völlig zerstört. Auch in London werden Steine auf die Botschaft geworfen. Auf dem Trafalgar Square herrscht am 4. August Jahrmarktstimmung bis Mitternacht. Jeder rechnet mit raschen Entscheidungsschlachten und einem kurzen Krieg.

In Berlin versammeln sich bald nach der Bekanntgabe der Mobilmachung am 1. August Hunderttausende unter den Linden und vor dem Stadtschloß. Der Verkehr kommt zum Erliegen. Lustgarten und Schloßplatz sind voll mit eng zusammengedrängten Menschenmassen, die patriotische Lieder singen und immer wieder gleichmäßig im Chor rufen: »Wir wollen unseren Kaiser sehen!«

Wilhelm erscheint um 18.30 Uhr in Uniform und Pickelhaube auf dem Balkon; da wird er von schallenden Hurrarufen und grölendem Jubel empfangen. Doch als die Kaiserin mit majestätischer Geste dem Volk bedeutet, daß Seine Majestät nun zu ihm sprechen wolle, herrscht plötzlich angespannte, konzentrierte Ruhe auf dem ganzen Platz. »Wenn es zum Kriege kommen soll, hört jede Partei auf, wir sind nur noch deutsche Brüder«, sagt der Kaiser mit laut vernehmbarer Stimme. »Wenn uns unsere Nachbarn den Frieden nicht gönnen, dann hoffen und wünschen wir, daß unser gutes deutsches Schwert siegreich aus dem Kampf hervorgehen wird.« Wieder Jubel, wieder Hurrarufe. Und anschließend aus voller Brust in tausend Stimmen: »Nun danket alle Gott!« Am nächsten Tag findet der Kaiser bei seiner Thronrede die bekannt gewordene Formulierung: »Ich kenne keine Parteien mehr, ich kenne nur noch Deutsche!«

Überall drängen sich die Kriegsfreiwilligen, mehr als zwei Millionen allein im Monat August. Es sind so viele, daß die Musterungsbüros bald überfordert sind. »Es ist nicht so leicht, Soldat zu werden«, berichtet Ernst Toller aus München. »Die Kasernen sind mit Freiwilligen überfüllt, bei der Infanterie und Kavallerie werde ich abgewiesen, ich soll warten, Freiwillige werden nicht mehr eingestellt.« Viele Freiwillige, erzählt die Schauspielerin Tilla Durieux in ihren Erinnerungen, wurden damals nur noch auf dem Weg der Protektion angenommen. Über eine Million Kriegsgedichte entstehen allein in diesem August, davon viele aus professioneller Feder. »Gläubig greifen wir zur Wehre, / für den Geist in unserm Blut«, dichtet Richard Dehmel an alle. »Volk, tritt ein für deine Ehre, / Mensch, dein Glück heißt Opfermut – / Dann kommt der Sieg, / der herrliche Sieg.«

Es ist, als böte der Krieg den Massen eine geradezu rauschhafte Befreiung von den Zwängen und Nöten des Alltags, das ganz große Abenteuer. »Aus dem blöden Kapitalistenfrieden herausgerissen zu werden«, meint der spätere Literaturnobelpreisträger Hermann Hesse, »tat vielen gut.«

Doch es gibt auch nachdenkliche Stimmen. »So manche Träne floß und manches Auge, das zehn Jahre trocken war, wurde feucht«, vertraut der Schreinergeselle Georg Schenk aus Nürnberg seinem Tagebuch am Tag der Mobilmachung an. »Besonders waren es die Frauen und Mädchen, denn viele Männer und Burschen mußten die Heimat verlassen, um für das Vaterland zu kämpfen, das von Rußland und Frankreich bedroht war. Die erste Nacht haben wenige geschlafen; denn die Sorgen um den Mann, die Frau, den Bräutigam, die Braut waren schwerer als jeher, da man wußte, daß ein sehr schwerer Krieg bevorsteht.« Schenk stand wie viele andere noch unter dem Eindruck der Antikriegsbewegung, die von SPD und Gewerkschaften während der Julikrise ins Leben gerufen worden war. Zwischen dem 28. und dem 30. Juli hatten angesichts der wachsenden Kriegsgefahr in rund 30 deutschen Städten Antikriegskundgebungen mit insgesamt knapp 250 000 Teilnehmern stattgefunden, in Berlin sogar eine Großdemonstration mit 30 000 Teilnehmern.

Das war nun vorbei. »Seit einer Woche ist die Welt verwandelt«, schreibt der Schriftsteller Erich Mühsam am 3. August ins Tagebuch. »Seit drei Tagen rasen die Götter. Wie furchtbar sind diese Zeiten! Wie schrecklich nah ist uns allen der Tod!«

Ein Schüler und ein Lehrling lesen im mittelfränkischen Roth die Siegesdepesche von der Einnahme Lüttichs. Drei Tage zuvor ist Deutschland in Belgien einmarschiert. Der Einbruch in die Festung Lüttich gelingt erst am 7. August 1914 unter Führung von Erich Ludendorff.

Mittlerweile hatte Reichskanzler Bethmann Hollweg die Sozialdemokraten davon überzeugen können, daß das Reich Opfer einer russischen Aggressionspolitik geworden sei. Leicht konnten die komplizierten Vorgänge Ende Juli so dargestellt werden. August Bebel, der vielleicht als einziger unter den anerkannten Führern der Partei die tieferen Zusammenhänge durchschaut hätte, war zu diesem Zeitpunkt schon tot. Zudem zählte die bekannte Feindseligkeit von Marx und Engels gegenüber der russischen Despotie zur Grundausstattung sozialdemokratischer Weltsicht. Jetzt, so reden sie sich ein, ging es darum, Deutschland vor der zaristischen Knute zu bewahren. Viel stehe bei einem »Sieg des russischen Despotismus« für das deutsche Volk und seine freiheitliche Zukunft auf dem Spiel, so der Parteivorsitzende Hugo Haase während der Reichstagssitzung am 4. August, als es um die Bewilligung der Kriegskredite ging. »Wir lassen in dieser Stunde der Gefahr das eigene Vaterland nicht im Stich. Von diesen Grundsätzen geleitet, bewilligen wir die geforderten Kriegskredite.«

Nach dieser Reichstagssitzung findet, weniger für die Sozialdemokraten, im Berliner Dom ein Gottesdienst statt. »Ist Gott für uns, wer mag wider uns sein?« stellt Hofprediger Ernst von Dryander dort mit den Worten des Apostels Paulus die rhetorische Frage des Tages. »Mit unermüdlicher Sorge hat unser Kaiser versucht, der Welt namenloses Elend zu ersparen. Es war vergeblich! Der Würfel ist gefallen.«

Kriegsproduktion wichtiger Industriegruppen und -zweige im Deutschen Reich im Vergleich zum Jahr 1913

Während des ganzen Ersten Weltkriegs geht die industrielle Produktion im Deutschen Reich zurück. Mit dem Rüstungs- und Wirtschaftsprogramm (Hindenburgprogramm) von 1916 steigt zwar im Rahmen von Ludendorffs »totalem Krieg« die Produktion der Montanindustrie wieder an. 1918 aber kollabiert die deutschen Wirtschaft.

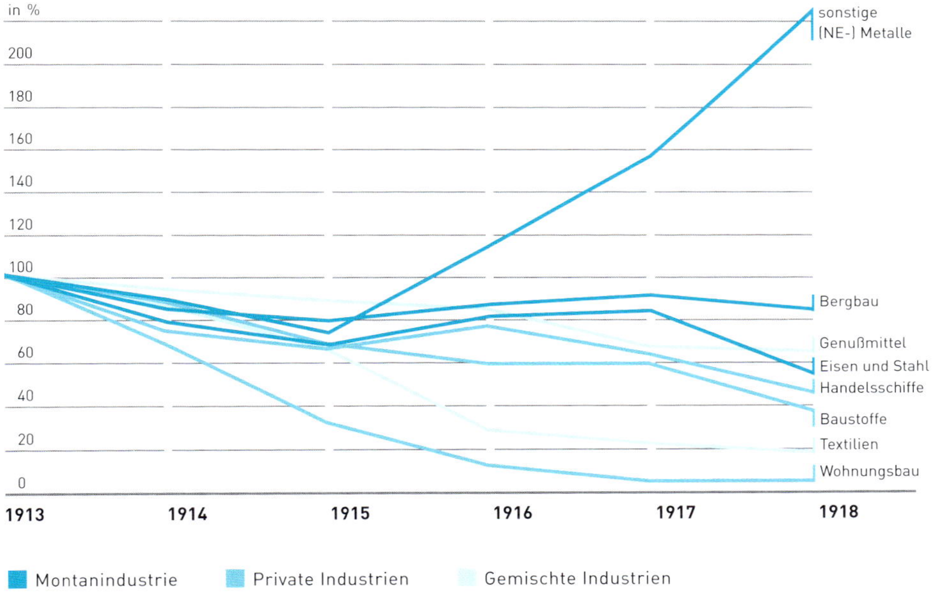

Quelle: Jürgen Kuczynski, Geschichte des Alltags des deutschen Volkes, Bd. 4, Köln 1996

Am nächsten Tag, dem 5. August, begegnet Hellmuth von Gerlach auf einer Reise von Hannover nach Berlin Truppentransporten auf den Bahnhöfen. Mit Kreide, stellt er fest, sind da auf die Transportwaggons Sprüche geschrieben worden. »Franzosen, Russen, Serbien, alle müssen sterbien«, liest er. Aber auch: »Hängt die Schnapsjuden auf!«

Alle gehen sie davon aus, daß der Krieg Weihnachten zu Ende sein wird. Doch daraus wird nichts. »Mit welch überschwenglichen Gefühlen bin ich in diesen Krieg gezogen, liebe Mutter«, schreibt ein Abiturient, der sich am 1. August 1914 freiwillig gemeldet hatte, Ende Januar 1915 nach Hause: »Und jetzt sitze ich hier, von Grauen geschüttelt.«

Der Krieg ist anders

Wer Anfang August 1914 an der Kölner Hohenzollernbrücke stand, konnte Augenzeuge eines Schauspiels werden, das die Welt noch nicht gesehen hatte. Durchschnittlich alle zehn Minuten passierte ein langer Eisenbahnzug mit Truppentransporten dort den Rhein, insgesamt 2150 Züge allein zwischen dem 2. und 18. August. Dies sollte ein Krieg der Geschwindigkeiten werden, und die neuen Transporttechniken machten das möglich. Gemäß dem Plan, den der General von Schlieffen auf deutscher Seite ausgearbeitet hatte, waren die nun auf Belgien und Frankreich zuströmenden Heeresmassen dafür ausersehen, die Franzosen wie mit der Wucht einer Drehtür ins eigene Hinterland zurückzudrängen, während ihnen an der Südfront, im Elsaß, der Einfall ins Reich versperrt wurde. So schnell wie möglich mußte deshalb das neutrale Belgien überrollt werden.

Am 2. August war ohne Kriegserklärung Luxemburg besetzt worden, als in der Nacht vom 3. auf den 4. der Handstreich auf Lüttich beginnt. Die Festung, nicht weit hinter Aachen, hatte einen vorgelagerten Verteidigungsring von zwölf Forts, von deren schneller Eroberung der weitere Vormarsch des rechten deutschen Flügels und damit die erfolgreiche Umsetzung des Schlieffen-Plans abhingen.

Doch die Hoffnung auf eine schnelle Einnahme der Festung zerschlägt sich aufgrund des unerwartet heftigen belgischen Widerstands südlich von Lüttich. Hier laufen sich deutsche Angriffe in den Waldgebieten fest, die Verluste, besonders unter Offizieren, sind unverhältnismäßig hoch. Am 7. August schließlich gelingt es der mittleren Angriffskolonne unter Erich Ludendorff, in die Stadt einzudringen, aber auch nur, weil die Belgier sich zu einem taktischen Rückzug entschlossen haben. Das letzte Außenfort wird erst am 16. August eingenommen.

Lüttich war eine erste Warnung, daß strategische Planungen und die Realität auf dem Feld zwei verschiedene Dinge sein können. Lüttich zeigt aber auch schon, mit welchen Mitteln man diesem Mißverhältnis beikommen wollte. Je mehr Planung und Wirklichkeit auseinanderfallen, das werden auch die kommenden Jahre zeigen, desto brutaler wird der Krieg.

Das letzte Fort an der Maas wird erst eingenommen, nachdem es sturmreif geschossen wurde. Die neuen 42-cm-Mörser von Krupp und die 30,5-cm-Mörser von Škoda erleben bei dieser Gelegenheit ihre Feuerprobe. Wie »Spaziergänger« in der Luft sehen die belgischen Verteidiger die tödlichen Geschosse mit ihrer verheerenden Wirkung auf sich zufliegen, ohne daß sie etwas dagegen unternehmen können, so daß manche dabei vor Angst und Panik den Verstand verlieren. Dabei war der Schock in der fast ausschließlich katholischen Bevölkerung Belgiens mit seiner eigenen spa-

nisch-habsburgischen Vergangenheit über das Attentat von Sarajevo besonders groß gewesen. Doch der deutsche Überfall hat über Nacht alles verändert.

Osnabrück: Rektor Hans Valentin nimmt am 27. August 1915 Abschied von Frau, Mutter und Töchtern und zieht als Landsturmmann in den Krieg. Schon bei Kriegsbeginn 1914 werden die Reservisten und die Landwehr einberufen. Als Landwehr gelten in den vier deutschen Heeren die gedienten Soldaten nach dem Übertritt aus der Reservepflichtigkeit bis zum 38. Lebensjahr. 1915 folgen die bis 45jährigen, der Landsturm. Die »Einstellung« erfolgt nach Jahresklassen, mit der jüngsten beginnend.

Weit über hunderttausend Belgier melden sich zur Garde Civique, einer Art Heimatschutztruppe, die der 117 000 Mann starken belgischen Armee bei der Verteidigung des Vaterlands zur Seite stehen soll. Vereinzelt kommt es zu Sabotageakten beispielsweise auf Bahngeleise, die dem deutschen Nachschub und den geplanten Truppentransporten empfindlich zusetzen. Im deutschen Heer bricht bald eine regelrechte Panik aus. Überall fühlt man sich von nicht identifizierbaren Partisanen eines unerklärten belgischen »Volkskriegs« umzingelt.

Schon beim Vormarsch auf Lüttich war es am 4. August zu ersten brutalen »Vergeltungsmaßnahmen« gekommen, als reguläre belgische Soldaten aus einem Haus auf deutsche Truppen schossen, bevor sie eine

Hufschmiede des Oldenburgischen Infanterieregiments Nr. 91 in der Etappe, 1915. Nachdem das Regiment zunächst die ostfriesische Küste gegen eine britische Invasion verteidigen soll, rückt es am 12. August 1914 nach Belgien aus. Das Regiment kämpft in Belgien, Frankreich, an der galizischen Front und in Rußland, bevor es am 28. Dezember 1918 nach Oldenburg zurückkehrt und demobilisiert wird.

Brücke in die Luft sprengten, um den deutschen Vormarsch zu stoppen. Sie können entkommen, doch die Bewohner des Hauses werden sofort vor ein Kommando gestellt und erschossen. In der gleichen Nacht bricht bei Berneau unter den Deutschen eine Partisanenpanik aus. Doch hier war nicht einmal etwas vorgefallen. Irgend jemand hatte etwas bemerkt haben wollen, mit dem Ergebnis, daß sich elf deutsche Soldaten in der Dunkelheit gegenseitig erschossen. Am 5. und 8. August finden die ersten Massenexekutionen statt. 850 »partisanenverdächtige« Zivilisten werden erschossen, 1300 Häuser niedergebrannt. Insgesamt sind dieser mörderischen Panikwelle in den ersten Tagen des Kriegs 5521 belgische Zivilisten zum Opfer gefallen.

In gewisser Weise war dies nur eine Steigerung der Tollhaus-Atmosphäre, die Anfang August 1914 das ganze Reich erfaßt hatte. »Ein Gefahrenpunkt erster Ordnung war für Berlin der Potsdamer Platz«, berichtet Hellmuth von Gerlach. »Hier trafen sich die nationalistischen Banden, um patriotische Lieder zu singen, Ausländer zu verprügeln, Spione abzufangen und sich in dem zum Cafe Vaterland umgetauften Piccadilly unter Vorantritt eines Pastors unter Bier zu setzen. An einem einzigen Tage wurden auf der Polizeiwache des Potsdamer Bahnhofs 64 Spione eingeliefert, darunter eine ganze Zahl Reserveoffiziere. Alle wurden als harmlos wieder entlassen.« Mit den »Verdächtigen« in Belgien jedoch hatte man kurzen Prozeß gemacht.

Die schlimmsten Ausschreitungen finden Ende August in der Universitätsstadt Löwen (Leuven/Louvain) bei Brüssel statt. Nachts, durch eine falsch wahrgenommene Bewegung in Panik geraten, ruft jemand laut: »Heckenschützen!« Er setzt damit eine Kettenreaktion in Gang, während der binnen drei Tagen fieberhafter »Partisanensuche« 1100 Gebäude zerstört, 209 Zivilisten getötet und 42 000 Stadtbewohner zwangsevakuiert werden. Durch einen Brand hat die berühmte Universitätsbibliothek von Löwen 230 000 zum Teil unersetzliche historische Bücher verloren.

Im Ausland zieht die Propaganda wirkungsvolle Vergleiche zwischen dieser Barbarei und den Hereromassakern. Das also war die deutsche »Kultur«! Immer mehr wird das Bild des Deutschen auch unter Zuhilfenahme der unglücklichen Rede Wilhelms in Bremerhaven 1900 jetzt dem des Hunnen angeglichen.

Zur gleichen Zeit sind die Franzosen mit einem Vorstoß ins Elsaß und nach Lothringen beschäftigt. Bereits am 6. August 1914 haben sie die Vogesenpässe besetzt und bereiten einen ringförmigen Angriff auf Mühlhausen vor. Die elsässische Stadt wird besetzt und wechselt in den nächsten Tagen zweimal den Besitzer, doch die französische Offensive im Elsaß kommt bald zum Stillstand. Die Deutschen suchen allerdings nicht hier, sondern im lothringischen Abschnitt der Front eine Entscheidung.

Gleich nach Kriegsbeginn war die 2. französische Südarmee mit einer Offensive über die Grenze nach Lothringen vorgestoßen. Moltkes Plan war, sie möglichst weit nach Lothringen hineinzulocken, um sie dann in die Zange nehmen zu können. Die 6. Armee unter Kronprinz Rupprecht von Bayern zieht sich planmäßig zurück, während die Franzosen auf Saarburg vorstoßen. Die Oberste Heeresleitung verstärkt daraufhin die 7. Armee mit sechseinhalb Divisionen, die nach dem Schlieffen-Plan eigentlich als letzte Reserve für den rechten deutschen Flügel vorgesehen waren. Sie geht davon aus, daß die Entscheidung an der Westfront bereits gefallen und der deutsche Vormarsch in Nordfrankreich Richtung Marne nicht mehr aufzuhalten sei.

Zwischen dem 20. und 22. August gelingt es Kronprinz Rupprecht, bei Saarburg und Mörchingen die 1. und 2. französische Armee unter hohen eigenen Verlusten über die damalige Staatsgrenze zurückzutreiben. Die französische Offensive ist zum Erliegen gekommen.

Der unsichtbare Feind

Am 23. August stehen die Deutschen nach einem nördlich von Brüssel geführten Durchmarsch vor der wallonischen Stadt Mons. Elf Tage zuvor war das britische Expeditionskorps in Le Havre, Boulogne und Rouen gelandet und stand am 22. August am Mons-Conde-Kanal. Die Briten haben den Befehl, den Kanal zu halten. Vier britische Divisionen stehen hier sechs deutschen gegenüber. Doch die Briten sind Berufssoldaten. Viele von ihnen haben in den Burenkriegen gekämpft und dabei eine Taktik von ihrem Gegner gelernt, die ihnen jetzt Vorteile verschafft. Burische Scharfschützen hatten die Eigenart, sich einzugraben und damit auf offenem Feld einen fast unsichtbaren Hinterhalt zu schaffen, aus dem heraus sie mit ihren Repetiergewehren jederzeit dem ungeschützten Gegner empfindliche Verluste zufügen konnten.

Als das britische Expeditionscorps den Befehl erhält, den Mons-Conde-Kanal gegen einen deutschen Vorstoß zu verteidigen, werden als erstes Schützengräben ausgehoben. Mons ist ein Bergbaugebiet, und auch um den Kanal befinden sich Schlackenhalden und Bergwerksgebäude, die als Beobachtungsposten geeignet sind, um das Feuer der Artillerie präzise leiten zu können.

»Jedes Haus, jede Mauer«, berichtet Hauptmann Bloem vom 12. Brandenburgischen Grenadierregiment, hätten die Engländer zur Festung ausgebaut. Und überall lauerte der unsichtbare Feind. »Kaum waren wir aus dem Waldsaum herausgetreten«, erinnert sich Bloem des Beginns der Schlacht bei Mons, »da schwirrte es aus Süden heran, pfiff uns um die Nasen, schlug hinter uns klatschend in die Stämme.« Wie gefällte Bäume sakken seine Männer um ihn herum zusammen. Doch, so Bloem: »Wie auf dem Exerzierplatz geht's weiter vorwärts. Von drüben ein kurzes, ratterndes Gehämmer, dann Pause, dann neues Gehämmer: Maschinengewehre.«

Auch wenn die Schützen des 1. Bataillons des Queen's Royal West Kent Regiment, die Bloem bei Mons gegenüberliegen, sich an diesem Tag noch mehr ihrer Lee-Enfield-Repetiergewehre als ihrer zwei Maschinengewehre bedienen, ist dies eine Erfahrung, die sich an den Fronten des Krieges vieltausendfach wiederholen wird. »Auch die Infanteristen anderer Nationen«, schreibt der deutsch-israelische Historiker Dan Diner, »berannten unbeirrt immer wieder die mit Maschinenwaffen bewehrten Stellungen des Gegners, als gelte es, den Automaten von einer immerwährenden Überlegenheit der Manneskraft zu überzeugen. Jenseits aller Frontstellung der Kriegsgegner tobte ein Kampf zwischen Mensch und Maschine. Es schien, als ob vormoderne Tugenden wie Wagemut, Tapferkeit und Opferbereitschaft sich ein letztes Mal vergeblich gegen die automatischen Leistungen

der Maschinenwelt aufbäumten.« Zum nationalen Mythos geworden sind in Deutschland die jungen kriegsfreiwilligen Regimenter, die am 10. November 1914, das Deutschlandlied auf den Lippen, bei Langemarck im Maschinengewehrfeuer den Heldentod fanden. Der weitaus größte Teil der Gefechtsopfer des Weltkriegs, so Diner, ging auf diesen meist unsichtbaren, aber immer tödlichen Einsatz des Maschinengewehrs zurück, weit mehr als auf das Gas oder die Artillerie. Aber auch diese Waffen wirken verheerend.

Zünderproduktion durch Rüstungsarbeiterinnen in den Lederwerken der Cornelius Heyl AG in Worms im Sommer 1915. Die Beschäftigung in der Lederindustrie geht um 21 Prozent zurück. Die Lederfabrik wird ein metallverarbeitender Betrieb, weil durch Verringerung des Viehbestandes und die Blockade nicht genug Häute verfügbar sind.

Als Leutnant Ernst Röhm im August während der Schlacht um Lothringen zum ersten Mal Erfahrung mit den Geschützen mit hoher Reichweite macht, bricht für ihn eine ganze militärische Welt zusammen. Er hatte, nachdem seine Abteilung Stellung bezogen hatte, sein Fernglas gezückt, um den Feind zu orten. Doch es war »nichts zu erkennen«. Als von seiner Einheit kein Schuß mehr fällt, springt er auf und will sehen, wie viele seiner Leute noch kampffähig sind. Es ist »niemand mehr da«. Alle waren sie Opfer des unsichtbaren Feindes geworden. Ob Lothringen oder Mons: Der Einsatz der modernen Waffentechnik auf den Schlachtfeldern war für die Soldaten eine heimtückische Apokalypse ganz neuer Art. Ende August hat der Krieg an der Westfront bereits 260 000 Opfer gefordert.

Stellungskrieg

Am Morgen des 24. August endet die Schlacht bei Mons mit einem Rückzugsbefehl des französischen Oberkommandierenden Joffre. Lange Zeit hat man darin einen deutschen Sieg sehen wollen, doch es war ein taktischer Rückzug, der sich der Einsicht Joffres verdankte, daß der Krieg von nun an ganz anders geführt werden müsse.

»Unsere Armeekorps haben auf dem Schlachtfeld nicht jene offensiven Qualitäten gezeigt, auf die wir gehofft hatten«, telegraphiert Joffre am frühen Morgen dieses Tags an den französischen Kriegsminister. »Wir müssen daher auf die Defensive zurückgreifen, indem wir unsere Festungen und topographischen Hindernisse nutzen, die es uns ermöglichen, so wenig Terrain wie möglich aufzugeben. Unser Ziel muß sein, auszuharren, den Feind möglichst zu zermürben und die Offensive wiederaufzunehmen, wenn die Zeit kommt.«

Joffre wollte mit dieser Frontbegradigung zunächst eine Stabilisierung der alliierten, vor allem aber seiner eigenen französischen Truppen erreichen, doch das von ihm an diesem Tag entworfene Modell wird das Muster des Krieges an der Westfront für die kommenden vier Jahre sein. Dazu mußte allerdings erst einmal der deutsche Vormarsch gestoppt und der Gegner aus dem Bewegungskrieg in den Stellungskrieg gezwungen werden.

Während Joffre auf die Umstrukturierung seiner Armee und Festungen wie Verdun sowie die natürlichen Bollwerke der Gebirgszüge und Flußläufe vertraut, ist man in Berlin immer noch der Meinung, alles laufe nach Plan. »Wir haben heute den 35. Mobilisierungstag«, sagt Wilhelm am 4. September. »Reims ist von unseren Truppen besetzt. Unsere Kavalleriespitzen stehen 50 Kilometer vor Paris.« Am 40. Tag hätte nach den Berechnungen von Schlieffen die Entscheidungsschlacht stattfinden sollen. Es blieben also noch fünf Tage Zeit. Fünf deutsche Armeen standen zwischen Paris und Verdun.

Doch anders als in Schlieffens Angriffsplan waren die deutschen Truppen nicht bis zur Kanalküste vorgedrungen, sondern schon östlich von Paris nach Süden eingeschwenkt. An der Marne werden sie von einer britisch-französischen Streitmacht gestellt. Joffre hatte sich zu einer Gegenoffensive zwischen Paris und Verdun entschlossen, um die militärische Initiative zurückzugewinnen. Verdun hält stand. Die französische Regierung ist zu dieser Zeit ins geschützte Bordeaux am Atlantik ausgewichen, um bei einem möglichen Fall von Paris handlungsfähig zu bleiben.

Joffre hat in der Armee aufgeräumt und neue Anordnungen erlassen. Allein achtundfünfzig Generäle sind in den Ruhestand versetzt worden.

Die Infanterie hat die Order, nicht auf zu große Entfernung und nicht zu frühzeitig das Feuer zu eröffnen. Vor allem aber betont Joffre die Bedeutung des Artilleriefeuers auf feindliche Stellungen bei der Vorbereitung eines Infanterieangriffs.

Das alles war in der Marneschlacht zwischen dem 6. und 9. September bereits wirksam. Es gelingt den Franzosen schnell, eine etwa 40 Kilometer breite Lücke zwischen der 1. und 2. deutschen Armee aufzubrechen. In diese Lücke stoßen die alliierten Verbände am 8. September vor, was Generalstabschef Helmuth von Moltke dazu veranlaßt, den Befehl zum Abbruch der Schlacht zu geben. Fast 80 Kilometer ziehen sich die Deutschen bis hinter die Aisne zurück. Der Schlieffen-Plan ist gescheitert. Moltke wird als Chef der Obersten Heeresleitung durch Erich von Falkenhayn ersetzt. Frankreich ist gerettet. Joffre wird als neuer Napoléon gefeiert.

Falkenhayn möchte nun mit einem Vorstoß zur Kanalküste die militärische Initiative zurückgewinnen. Doch die Offensive Anfang Oktober 1914 von der Linie Gent-Lille nach Norden zur Küste wird durch starken belgischen Widerstand in Antwerpen verzögert. Erst am 15. November erreichen die deutschen Truppen die Kanalküste bei Nieuwport und erobern die Seehäfen Zeebrügge und Ostende. Die Operation ist kein durchschlagender Erfolg. Franzosen und Briten haben zwischenzeitlich eine durchgehende Ver-

Die Verlegung von Feldkabeln durch Nachrichtentruppen in der Champagne. Der Erste Weltkrieg revolutioniert das militärische Nachrichtenwesen. Die Kopfstärke der deutschen Nachrichtentruppen beträgt bei Kriegsende rund 190 000 Mann.

teidigungslinie von Amiens bis zum Ärmelkanal aufgebaut, belgische Einheiten haben die Schleusen bei Nieuwport geöffnet und das flache Land unter Wasser gesetzt. Ein Vorstoß entlang der Küste Richtung Calais ist aussichtslos.

Der Krieg, der Anfang August mit einer atemberaubenden Geschwindigkeit begonnen hatte, ist nun endgültig zum Stillstand gekommen. Am 18. November 1914 wird Generalstabschef Erich von Falkenhayn bei einer Einschätzung der Lage von tiefem Pessimismus erfaßt. Der Krieg, erklärt er, sei von nun an mit rein militärischen Mitteln nicht mehr zu beenden, geschweige denn zu gewinnen. Auf 700 Kilometern Frontlinie stehen sich auf absehbare Zeit die gegnerischen Heere von der belgischen Küste bis zur schweizerischen Grenze bewegungslos gegenüber und beginnen einen zermürbenden Stellungskrieg.

Bald ist die ganze Westfront ein einziges tiefgestaffeltes doppeltes Grabensystem. Überall werden auf beiden Seiten Erdlöcher ausgehoben, die vor feindlichem Beschuß schützen sollen. Stacheldrahtverhaue sollen gegnerische Angriffe erschweren. Über lange Gräben sind die an den vordersten Linien eingesetzten Truppen mit den Nachschubstellen und Feldlazaretten verbunden. Ganze Wälder werden dafür abgeholzt.

Oder sie werden zum Opfer des Artilleriefeuers. »Durch einen dieser zerschossenen Wälder, die überall in Europa verwesen, den Priesterwald, ziehen sich die Schützengräben der Franzosen und der Deutschen«, schreibt der Kriegsfreiwillige Ernst Toller in seinen Erinnerungen.

»Wir liegen so nahe beieinander, daß wir, steckten wir die Köpfe aus den Gräben, mit einander sprechen könnten, ohne unsere Stimme zu erheben.

Wir schlafen aneinandergekauert in schlammigen Unterständen, von den Wänden rinnt Wasser, an unserem Brot nagen die Ratten, an unserem Schlaf der Krieg und die Heimat. Heute sind wir zehn Mann, morgen acht, zwei haben Granaten zerfleischt. Wir begraben unsere Toten nicht. Wir setzen sie in die kleinen Nischen, die in die Grabenwand geschachtet sind für uns zum Ausruhen. Wenn ich geduckt durch den Graben schleiche, weiß ich nicht, ob ich an einem Toten oder einem Lebenden vorübergehe. Hier haben Leichen und Lebende die gleichen graugelben Gesichter.

Nicht immer müssen wir nach einem Platz für die Toten suchen.

Oft werden ihre Körper so zerrissen, daß nur ein Fetzen Fleisch, an einem Beinstumpf klebend, an sie erinnert.

Rechte Seite: Gemeine, Gefreite und Armierungssoldaten (unbewaffnete Arbeitssoldaten) im Feldgrau des Weltkriegs. Die meisten tragen ihre Uniformen auch beim Fotografen, der vor dem Abmarsch an die Front in den Garnisonen noch aufgesucht wird. Die Porträtfotografien gehen an die Familien. Oft sind sie das letzte, was die Familien von den Männern, Vätern und Söhnen sehen.

Erich Ludendorff und Paul von Hindenburg: Die Sieger von Tannnenberg

Schon drei Wochen nach Beginn des Ersten Weltkrieges ist die Situation dramatisch. »Sie werden vor eine neue schwere Aufgabe gestellt, vielleicht noch schwerer, als die Erstürmung Lüttichs ... Ich weiß keinen anderen Mann, zu dem ich so unbedingtes Vertrauen hätte, als wie zu Ihnen. Vielleicht retten Sie im Osten noch die Lage«, schreibt der Chef des deutschen Generalstabs, Helmuth von Moltke, an Generalmajor Erich Ludendorff.

Moltke setzt für eine scheinbar unlösbare Aufgabe auf den »Helden von Lüttich«. Nach Ausbruch des Krieges hatte Ludendorff, wie im Mobilisierungsfall vorgesehen, die Stelle des Oberquartiermeisters bei der 2. Armee in Aachen eingenommen. Am 7. August 1914 gelingt es Ludendorff, der – nachdem der Kommandeur der 14. Brigade gefallen war – das Kommando übernommen hat, handstreichartig die Festung Lüttich sowie deren Zitadelle einzunehmen.

Der Großteil des deutschen Heeres ist an der Westfront zusammengezogen, als die russischen Truppen im Osten überraschend schnell und massiv vorstoßen. Ihnen steht in Ostpreußen nur die 8. Armee gegenüber, mit Landwehr und Ersatztruppen insgesamt weniger als 250 000 Mann, die aber alle aus den östlichen Provinzen Preußens stammen. Am 19. und 20. August kommt es in Ostpreußen bei Gumbinnen zur ersten Schlacht, die die Deutschen angesichts der russischen Überlegenheit schon am 21. August abbrechen. Der Oberbefehlshaber der 8. Armee, Generaloberst Maximilian von Prittwitz, will sich hinter die Weichsel zurückziehen und damit Ostpreußen und große Teile Westpreußens und Posens aufgeben. Unter der Bevölkerung Ostpreußens bricht Panik aus, Flüchtlingstrecks verstopfen Straßen und Wege.

In dieser Situation wird am 22. August Ludendorff an die Ostfront versetzt und zum Chef des Generalstabs der 8. Armee ernannt. Als Oberbefehlshaber wird ihm der 67jährige Paul von Hindenburg vorgesetzt. Der reakivierte General hatte als junger Offizier an der Schlacht von Königgrätz teilgenommen und im Krieg gegen Frankreich am verlustreichen Sturm auf Saint-Privat. Zuletzt war er Kommandierender General in Magdeburg gewesen, wo er 1911 seinen Abschied erhielt.

In seinen Lebenserinnerungen beschreibt Hindenburg das Verhältnis der beiden Männer. »Ich selbst habe mein Verhältnis zu General Ludendorff oft als das einer glücklichen Ehe bezeichnet. Wie will und kann der Außenstehende das Verdienst des einzelnen in einer solchen scharf abgrenzen? Man trifft sich im Denken wie im Handeln, und die Worte des einen sind oftmals nur der Ausdruck der Gedanken und Empfindungen des anderen.«

Generalfeldmarschall Paul von Hindenburg als Chef der OHL.

Ludendorff formiert aus 153000 Mann eine Armee und befiehlt trotz zahlenmäßiger Unterlegenheit den Angriff - Hindenburg folgt den Plänen seines Generalstabschefs. Er setzt vor allem auf die Kampfkraft der Pommern, Posener, West- und Ostpreußen, auch der vielen eingezogenen Landwehrmänner, die ihre Heimat gegen den Einfall der gefürchteten Kosaken verteidigen sollen. Die Deutschen lesen den russischen Funkverkehr mit und kennen die Operationspläne des Gegners. Die 8. Armee richtet ihren Stoß gegen die zahlenmäßig überlegene 2. Russische Armee (Narew-Armee) unter General Samsonow, die von Süden in Ostpreußen eingerückt ist. Die 1. Russische Armee (Njemen-Armee) unter General Rennenkampf halten nur die sich langsam zurückziehende 1. Kavallerie-Division und Festungstruppen aus Königsberg auf. Es gelingt der 8. Armee bis zum 31. August 1914, die Narew-Armee bei Allenstein einzuschließen. 92000 Russen gehen in Gefangenschaft. Obwohl der Ort Tannenberg eher am Rande des Kampfgebietes liegt, wird der ursprünglich als »Schlacht bei Allenstein« bezeichnete Kampf - in Anspielung auf die 1410 bei Tannenberg verlorene Schlacht des Deutschen Ritter-Ordens gegen das Königreich Polen-Litauen - nachträglich in »Schlacht bei Tannenberg« umbenannt.

Die im September folgende Schlacht an den Masurischen Seen endet mit dem Sieg über die Njemen-Armee. Am 1. November übernimmt der »Sieger von Tannenberg« das Oberkommando über alle deutschen Truppen der Ostfront (Ober-Ost). Im Februar 1915 werden in der Winterschlacht in Masuren (dem südöstlichen Teil der deutschen Provinz Ostpeußen) die letzten russischen Truppen von deutschem Gebiet vertrieben.

Nach der Entlassung Erich von Falkenhayns wird Hindenburg am 29. August 1916 zum Chef der Obersten Heeresleitung (OHL) ernannt, dem Ludendorff als »Erster Generalquartiermeister« an die Seite gestellt wird. Der sogenannte Tannenberg-Mythos begründet den (im weiteren Kriegsverlauf) verhängnisvollen Ruf von Hindenburg und Ludendorff.

Oder sie verröcheln im Drahtverhau zwischen den Gräben.

Oder wenn Minen ein Grabenstück in die Luft sprengen, wird die Erde selbst zum Totengräber.

Dreihundert Meter rechts von uns, im Hexenkessel, liegt an einem Blockhaus, das zwanzigmal Besitz der Deutschen, zwanzigmal Besitz der Franzosen war, ein Haufen Leichen. Die Körper sind ineinander verschlungen wie in großer Umarmung. Ein furchtbarer Gestank ging davon aus, jetzt bedeckt alle die gleiche dünne Decke weißen Ätzkalks.«

Was Toller hier beschreibt, wird den Alltag von Millionen Soldaten während der nächsten vier Jahre bestimmen. Die blutsaugenden Läuse sind eine Plage in den Schützengräben, Ratten tummeln sich dort scharenweise, Typhus breitet sich leicht aus, im Winter kommt es zu Erfrierungen und Frostbeulen. Doch die Gräben bieten auch Schutz. Man lernt, wann die Gefahr naht. »Jeden Mittag um elf Uhr platzen mit automatischer Pünktlichkeit über unseren Geschützen ein Dutzend Schrapnellschüsse«, so Toller. »Wir sind daran gewöhnt, wir wissen, welche feindlichen Geschütze uns zum Ziel ausersehen, wir schießen die Antwort eine Stunde später. Fünf Minuten vor elf sagt Josef: ›Machts, daß eini kimmts.‹ Wir sagen: ›Geh, so schnell schießen die net, mir haben no fünf Minuten Zeit.‹ Dann verschwinden wir im Unterstand und spielen Tarock.« Richtig gefährlich wird das Leben in den Schützengräben nur während der großen Offensiven, mit denen die Militärs beider Seiten unter immer größerem Einsatz von Menschen und Material den lähmenden Stillstand der festgefahrenen Fronten aufbrechen wollen.

Der Krieg an anderen Fronten

Im Vergleich zu der modernen Apokalypse des Kriegsverlaufs an der Westfront hatte der Krieg im Osten Europas noch eher traditionelle Züge. Doch auch hier verläuft nichts nach Plan. Um den 20. August stehen die Russen in Ostpreußen. Sie hatten, entgegen den Prognosen des Schlieffen-Plans, ihre Truppen in wesentlich kürzerer Zeit mobilisieren können, als dies von den deutschen Strategen eingeschätzt worden war. Bei Gumbinnen kommt es fast zu einer Katastrophe für das deutsche Heer, was dazu führt, daß General Max von Prittwitz und Gaffron durch Paul von Hindenburg abgelöst wird, dem man zudem Generalmajor Erich Ludendorff, der sich bei der Eroberung von Lüttich bewährt hatte, zur Seite stellt.

Zwar kann Hindenburg die zweite russische Armee Ende August bei Tannenberg und Anfang September die erste Armee an den masurischen Seen vernichtend schlagen, doch Österreich-Ungarn kommt in Serbien

Im Königlich-Bayrischen Postamt in Roth werden im Sommer 1915 Briefe an die Front aufgegeben. Die Oberste Heeresleitung (OHL) schätzt bei Beginn des Krieges die Bedeutung eines reibungslosen Postverkehrs zwischen Heimat und Truppe hoch ein.

nicht voran und muß Lemberg in Galizien am 2. September aufgeben. 1915 scheitert der Versuch, Rußland mit einem Offensivschlag zu bezwingen und dadurch die tödliche Situation eines Zweifrontenkriegs zu beenden. In Masuren können die Deutschen erst im Februar die Russen endgültig aus Ostpreußen vertreiben. August von Mackensen gelingt im Mai ein Durchbruch durch die westgalizische Front, in dessen Folge Warschau, Brest-Litowsk, Grodno und Wilna nach einer Großoffensive der verbündeten deutschen und österreichisch-ungarischen Armeen besetzt werden können, doch der große Wurf, den sich der seit Tannenberg zum deutschen Nationalhelden avancierte Hindenburg vorgestellt hatte, kommt nicht zustande. Ende des Jahres erstarren auch die Fronten im Osten im Stellungskrieg.

Der Krieg hatte sich an allen Fronten festgefahren. Ursprünglich, so eine Denkschrift der Berliner Regierung vom 9. September 1914, sollte Frankreich »so geschwächt werden, daß es als Großmacht nicht neu erstehen kann«, und »Rußland von der deutschen Grenze nach Möglichkeit abgedrängt und seine Herrschaft über die nichtrussischen Vasallenvölker gebrochen« werden, um dort in einem neuen, deutsch dominierten Großraum »die wirtschaftliche Vorherrschaft Deutschlands über Mitteleuropa« zu etablieren. Doch davon war man 1915, bis auf die Einnahme von Warschau, Wilna und Galizien, noch weit entfernt.

Im Winter 1914/15 hatten die auf der Seite Deutschlands und Österreich-Ungarns in den Krieg eingetretenen türkischen Verbündeten bei einer schlecht geplanten Offensive gegen die Russen im Kaukasus fast eine ganze Armee verloren und waren weit auf ihr eigenes Territorium zurückgeschlagen worden. Auch eine von den Türken großspurig angekündigte Überquerung des Suezkanals und der Einmarsch in das britische Ägypten waren in Ansätzen steckengeblieben. Das osmanische Bagdad war durch einen britischen Vormarsch von dem am 9. November 1914 besetzen Basra aus gefährdet.

Bis auf Deutsch-Ostafrika, wo Generalmajor Paul von Lettow-Vorbeck mit seinen schwarzen Schutztruppen sich in einem hartnäckigen Guerillakampf bis zum Kriegsende 1918 halten konnte, waren die deutschen Kolonialbesitzungen von Tsingtau über Samoa bis Neuguinea, von Togo über Kamerun bis Deutsch-Südwest, dem heutigen Namibia, in den ersten Kriegsmonaten schnell überrannt worden. Windhuk fiel am 12. Mai 1915. Die deutsche Flotte hatte ihre Operationen auf den Weltmeeren nach einem Desaster vor Port Stanley auf den Falklandinseln im Frühjahr 1915 praktisch einstellen müssen.

Ende Oktober 1914, noch vor dem offiziellen Kriegseintritt der Türkei, hatten türkische Kriegsschiffe unter deutschem Kommando ohne Vorankündigung russische Häfen an der Schwarzmeerküste und auf der Krim beschossen. Im März war eine alliierte Armada vor den Dardanellen aufgekreuzt und zurückgeschlagen worden. Dies sollte zu dem großangelegten alliierten Landungsunternehmen führen, das am 14. April bei strahlendem Wetter an den Stränden von Kap Helles und Gabe Tepe auf der türkischen Halbinsel Gallipoli seinen Anfang nahm und nach blutigen Kämpfen und hohen Verlusten – jeweils etwa 300 000 Mann auf beiden Seiten – erfolglos abgebrochen werden mußte.

Auf türkischer Seite hatte sich dabei besonders ein Mann hervorgetan, der später noch viel von sich reden machte: Der Generalstabsoffizier Mustafa Kemal, ein 34jähriger Divisionskommandeur, war mit seiner Truppe im kritischen Moment an einem entscheidenden Platz. Unter dem Namen Atatürk, »Vater der Türken«, wurde er in den zwanziger Jahren zum Gründer der türkischen Republik.

Konstantinopel (Istanbul), die Hauptstadt des Osmanischen Reichs, war nun zwar vor einer denkbaren Besetzung durch die Alliierten gerettet und die Seewege vom Mittelmeer in die russischen Schwarzmeerhäfen für die Zeit des weiteren Krieges blockiert, doch der alliierte Angriff auf die Dardanellen war der Auslöser, wenn auch nicht der tieferliegende Grund für das größte Verbrechen, das dieser Krieg hervorgebracht hat: den Völkermord an den osmanischen Armeniern.

Soldaten am nördlichen Abschnitt der Ostfront im Herbst 1916. Hier gibt es zwar einen Kampf aus befestigten Stellungen, aber keinen Grabenkrieg. Die abgebildeten Infanteristen tragen Stielhandgranaten (»Kartoffelstampfer«) an ihren Koppeln.

Systematisch wurden seit Mitte Mai 1915 die Armenier aus ihren Wohnsitzen zunächst in Ostanatolien, dann in der gesamten Türkei vertrieben und in die mesopotamische Wüste geschickt. Unterwegs von politischen Sonderkommandos überfallen, ermordet oder dem kalkulierten Hungertod überlassen, erreichen nur die wenigsten dieses Ziel. Weit über eine Million Armenier sind dieser systematisch geplanten staatlichen Vernichtungspolitik zum Opfer gefallen. Der »Umstand und die Art, wie die Umsiedlung durchgeführt wird«, meldet am 7. Juli 1915 die deutsche Botschaft in Konstantinopel an Reichskanzler Bethmann Hollweg, »zeigen, daß die Regierung tatsächlich den Zweck verfolgt, die armenische Rasse im türkischen Reiche zu vernichten.« Doch die deutschen Proteste bleiben mehr als mager. Man brauche die Türkei in diesem weltumfassenden Krieg, »gleichgültig ob darüber Armenier zu Grunde gehen oder nicht«, wie Theobald von Bethmann Hollweg kalt vermerkt hat.

Das Inferno des »Abnutzungskrieges«

Im Frühjahr 1915 unternehmen die Alliierten mehrere Versuche, mit massiver Artillerieunterstützung das deutsche Grabensystem an einigen westlichen Frontabschnitten in Belgien und Nordfrankreich zu durchbrechen. Nach heftigem Artilleriebeschuß stürmen Infanterieeinheiten vor, jedesmal mit hohem Einsatz – »ungefähr ein Menschenleben für einen Quadratmeter«, wie ein französischer Soldat in diesen Tagen schreibt. Keine dieser Operationen, die für die Angreifer immer verlustreicher sind als für die Verteidiger, bringt jedoch Bewegung in die Front. Überall entstehen durch den flächendeckenden Einsatz von Artillerie, Granaten, Minen und Bomben neue Landschaften – leere, von allen Gebäuden und Bäumen freigesprengte, von Explosionskratern übersäte Schlachtfelder. Diese Schneisen der Vernichtung sind zur typischen apokalyptischen Kriegslandschaft des Ersten Weltkriegs geworden.

Vor Ypern wird im Mai 1915 von deutscher Seite zum ersten Mal Giftgas, eine Erfindung des deutschen Chemienobelpreisträgers Fritz Haber, eingesetzt. Beim ersten Angriff mit Chloringas am 22. April 1915 auf eine britische Stellung sind die alliierten Verluste mit über 10 000 Mann

Sprengtrichter im belgischen Flandern nördlich der Yser. An der gesamten Westfront findet auch ein unterirdischer Minenkrieg statt. Die Sprengung von unter den gegnerischen Befestigungen vorgetriebenen Stollen läßt überdimensional große Sprengtrichter von bis zu 25 m Tiefe und 80 m Durchmesser entstehen.

besonders hoch. Doch strategisch ist die neue Waffe ohne Bedeutung. Zwar bietet sich den Deutschen bei Ypern durch den Überraschungseffekt nach dem Abzug der Giftschwaden die Möglichkeit zum Angriff auf die alliierten Schützengräben, doch im Ergebnis erreichen sie lediglich kleine Geländegewinne und eine Frontbegradigung. Die Stadt Ypern jedoch, um die es bei dieser Operation geht, wird von den Alliierten gehalten. 35 000 Mann haben die Deutschen am Ende der Offensive verloren, auf alliierter Seite liegt die Zahl etwa doppelt so hoch. Giftgas wird seitdem auf beiden Seiten zur Regel. Gasminen und Gasgranaten sollen dabei bald das Risiko auf der eigenen Seite minimieren.

Bewegliche Infanterie gibt es an dieser Front nicht mehr. Dafür steigen der Einsatz der Technik und der Verschleiß von Menschenleben ins Unermeßliche. Einen ersten Höhepunkt erreicht das Konzept dieser neuen Materialschlachten zwischen Ende September und Anfang November 1915 in der Champagne. 27 französische Divisionen mit 1650 Geschützen stehen hier nur sieben deutschen Divisionen mit 475 Geschützen gegenüber. Nach mehrtägigem schwerem Artilleriebeschuß beginnt der Angriff der alliierten Truppen auf einer Frontbreite von 32 Kilometern. Ein konzentrierter Vorstoß führt zwar zu einem bis zu drei Kilometer tiefen Einbruch in die deutschen Linien, doch vor der unzerstörten zweiten Verteidigungslinie kommt die Infanterie zum Stehen. Die bedrohten Frontabschnitte der Deutschen sind inzwischen durch Reserven von der Ostfront verstärkt worden. Seit dem 6. Oktober intensivieren die Franzosen ihre Angriffe, doch sie werden aus den befestigten Verteidigungsstellen abgewehrt.

Anfang November hatte sich deutlich gezeigt, wie sehr der Angreifer bei dieser Art von Krieg auch bei einem zahlenmäßig unterlegenen Gegner im Nachteil ist. 5,4 Millionen Granaten sind in diesen sechs Wochen über die Felder der Champagne gejagt worden. Die Alliierten haben 250 000, die Deutschen rund 150 000 Mann an Verlusten zu beklagen. Noch vor dem Krieg war man es gewohnt gewesen, Schlachten wie die gegen Napoléon vor Waterloo für verlustreiche Gefechte zu halten. Damals hatten die Briten unter Wellington 6000 Tote zu beklagen. Was die Materialschlachten des Ersten Weltkriegs mit sich brachten, überstieg, auch als es passierte, jedes Vorstellungsvermögen.

Am 21. Februar 1916 beginnt morgens um 7.15 Uhr aus 1220 Rohren an einer Front von zwanzig Kilometern Breite der Beschuß von Verdun. 168 Flugzeuge sind zusammengezogen, um für Luftaufklärung zu sorgen. »Mitte Juli zerstampften die Geschütze noch immer die Senke zwischen dem Dorf Fleury und dem Fort Souville«, schreibt der Schriftsteller Arnold Zweig über die größte aller Materialschlachten, mit der die Deutschen das wichtigste Bollwerk der französischen Frontlinie, die Festung Verdun, sturmreif schießen wollten. »Hin und her rollte dort eine Walze von Explosionen; Rauchschwaden, giftig zu atmen, Staubwolken, pulverisierte Erde und herumliegende Brocken von Steinen und Mauerwerk verdunkelten die Luft. Legionen von Spitzkugeln durchpfiffen sie, große und kleine Stahlsplitter durchsiebten sie unermüdlich. Nachts flammte und gellte das Hinterland der Front vom Einschlag der Geschosse; tags fieberte die Bläue vom Schnattern der Maschinengewehre, vom Bersten der Handgranaten, vom Heulen und Winseln verlorener Menschen.« Falkenhayn will die Franzosen in der Festung Verdun durch Dauerbeschuß ausbluten. Doch die Festung hält unter dem Befehl von Philippe Pétain einem vier Monate dauernden Stahlgewitter stand. Zu den Gefangenen, die sich den deutschen Belagerern ergeben müssen, zählt bereits in den ersten Tagen der Schlacht der schwerverwundete Hauptmann Charles de Gaulle, der sich im Zweiten Weltkrieg zum großen französischen Gegenspieler des Marschalls Pétain entwickeln wird.

Der hohe Einsatz ohne Ergebnis kostet 700 000 Menschen auf beiden Seiten das Leben. Auch die Materialschlacht an der Somme zwischen Juni und November 1916 bringt den Alliierten nicht mehr als zehn Kilometer Geländegewinn, und das trotz 500 000 Gefallenen auf deutscher, 500 000 auf britischer und 200 000 auf französischer Seite. Schon längst hatte der Krieg jeden Bezug zu einer nachvollziehbaren politischen Logik verloren, doch der Selbstlauf des »Abnutzungskriegs«, wie er nun genannt wird, war offenbar steigerungsfähig.

»Der eine mag vergehen, wenn andere leben bleiben«, resümiert zynisch der Gefreite Adolf Hitler vom 16. Bayerischen Infanterieregiment im nachhinein seine Erfahrungen aus dieser Zeit. »Im reinsten Idealismus bin ich ins Feld gezogen, dann aber hat man Tausende verletzt oder sterben sehen, und da kommt einem das Bewußtsein dessen, daß das Leben ein dauernder grausamer Kampf ist, welcher letztlich der Erhaltung der Art gilt.« Der Weltkrieg war auch eine unermeßliche moralische Katastrophe.

Der Stellungskrieg, die Materialschlachten und der massenweise Einsatz von Giftgas hatten bereits alle Komponenten eines »totalen« Kriegs. Als dann Hindenburg und Ludendorff 1917 den totalen Krieg als Doktrin verkünden, sind die letzten moralischen Barrieren gefallen. Rücksicht wird keine mehr genommen, alles bedingungslos dem Ziel, den Gegner niederzuwerfen, untergeordnet. Die Mobilisierungslisten erfassen jetzt Männer zwischen 17 und 60 Jahren; Frauen werden zum Arbeitsdienst eingezogen. Um die Verteidigungslinie Arras-Laon neu zu befestigen und auszubauen, hat man eine halbe Million deutscher Reservisten und Zivilisten sowie russische Kriegsgefangene vier Monate in Zwangsarbeitsbataillonen zusammengefaßt. Alle Städte und Dörfer in einer Entfernung von

Maximale[1] Truppenstärke der kriegführenden Staaten im Ersten Weltkrieg

Im Ersten Weltkrieg haben die Mittelmächte 18 Prozent (Deutschland 20 Prozent) ihrer Bevölkerung mobilisiert. Die Entente hat 11 Prozent ihrer Bevölkerung unter Waffen.

Militärisches Kräfteverhältnis 1915

	Kriegseintritt	Truppenstärke in Mio.	Einwohnerzahl in Mio.	In % der Bevölkerung
Mittelmächte 1914	–	21,2	116,9	18 %
Mittelmächte 1915 (ohne Türkei)	–	22,4	122,4	18 %
Mittelmächte 1918 (ohne Türkei)	–	22,4	122,4	18 %
Deutschland	1914	13,4	67,0	20 %
Österreich-Ungarn	1914	7,8	49,9	16 %
Türkei	1915	2,6	21,3	12 %
Bulgarien	1915	1,2	5,5	22 %
Entente 1914 (in Europa, ohne brit.Empire)	–	27,2	265,5	10 %
Entente 1915 (in Europa, ohne brit.Empire)	–	33,1	300,5	11 %
Entente 1916 (in Europa, ohne brit.Empire)	–	34,1	314,0	11 %
Entente 1918 (Europa & USA, ohne brit.Empire)	–	25,7	230,3	11 %
Rußland [5]	1914	12,0	167,0	7 %
Großbritannien	1914	5,7	46,4	12 %
Kanada	1914	0,6	7,4	8 %
Australien	1914	0,4	4,8	8 %
Südafrika	1914	0,2	6,0	3 %
Neuseeland	1914	0,1	1,1	10 %
Indisches Kaiserreich	1914	1,7	316,0	1 %
Portugal	1916	0,2	6,0	3 %
Japan	1914	0,8	67,2	1 %
Griechenland	1917	0,3	4,8	6 %
Frankreich	1914	8,6	39,6	22 %
Belgien [3]	1914	0,2	7,5	3 %
Serbien [2]	1914	0,7	5,0	14 %
Italien	1915	5,9	35,0	17 %
USA	1917	4,3	92,0	5 %
Rumänien [4]	1916	0,8	7,5	11 %

[1] gibt nicht den Stand der jeweiligen Mobilisierung wieder.
[2] faktisch 1916 besiegt, Armee kämpft weiter an der Saloniki-Front (Griechenland)
[3] Land weitgehend besetzt, Armee kämpft weiter an der Yser-Front
[4] faktisch 1917 besiegt, Reste der Armee kämpfen bis Nov. 1917 in Moldawien weiter
[5] 1917 aus dem Krieg ausgetreten
Quelle: The World War I Databook, London, 2001/John Ellis und Michael Cox

15 Kilometern zur »Siegfriedlinie« werden dabei zerstört, Bäume gefällt, Straßen vermint und Brunnen vergiftet. Alles zivile Leben hat sich dem Krieg unterzuordnen

Die Kriegsdoktrin orientiert sich jetzt an einem Kämpfertypus, den der Schriftsteller und Kriegsteilnehmer Ernst Jünger »Arbeiter des Kriegs« nennt und der sich als Teil einer großen Kriegsmaschinerie versteht. Ein Aspekt dieser Kriegsmaschine sind die überaus effektiven Sturmtruppen des Hauptmanns Willy Rohr. Um im Stellungskrieg die Initiative zurückzugewinnen, werden alle Offiziere des Heeres in der Theorie des Bewegungskriegs mit kleinen mobilen Sturmbataillonen nach Rohrs Vorbild geschult. Ab Januar 1917 werden diese Sturmbataillone nach sechswöchigen Trainingskursen massenhaft zum Einsatz gebracht, ohne jedoch den weiteren Kriegsverlauf nennenswert zu beeinflussen. Der Schock, den die ersten gepanzerten Tanks der Briten in der Schlacht von Cambrai im November 1917 auslösten, ließ zudem eine weit erfolgversprechendere Lösung erkennen, wie man in den Stellungskrieg wieder Bewegung hineinbringen konnte, selbst wenn diese ersten, technisch noch unausgereiften Panzer wegen häufiger Ausfälle anfangs nur begrenzt einsatzfähig waren.

Die Heimatfront

Niemand hatte sich im August 1914 um die wirtschaftlichen Aspekte des Krieges Gedanken gemacht. Niemand war auf einen längeren Krieg vorbereitet. Die bereitgestellten Geldmittel reichten bei Kriegsbeginn lediglich zur Finanzierung der Kriegskosten von zwei Tagen, doch das war kein Grund zur Beunruhigung. Nach dem Vorbild des Krieges von 1870/71 sollten die Kosten dem Gegner beim baldigen Friedensschluß präsentiert werden. Bis dahin sollten zur Deckung der laufenden Militärausgaben Kriegskredite aufgenommen werden. Inflation ist die Folge. Bis Kriegsende verliert die Mark die Hälfte ihres Wertes.

Arbeitskräfte fehlen, weil die Männer an der Front sind. Das hat zur Folge, daß immer mehr Frauen für die Rüstungsproduktion tätig werden. Bei Krupp beispielsweise steigt der Anteil von Frauen an der Belegschaft bis Kriegsende auf über 37 Prozent. Walther Rathenaus Kriegsrohstoffabteilung kontrolliert die Vergabe aller strategisch wichtigen Rohstoffe und entwickelt sich schnell zur zentralen Schaltstelle für die gesamte Rüstungsindustrie. Doch durch den Krieg wird der Import von nötigen Rohstoffen immer schwieriger.

Salpeter fehlt, aus dem sowohl Sprengstoff als auch Stickstoffdünger für die Landwirtschaft hergestellt wird. Zwar gelingt es deutschen Chemikern, mit dem sogenannten Haber-Bosch-Verfahren Stickstoff industriell herzustellen, doch für eine ausreichende Versorgung der Landwirtschaft mit Stickstoffdünger reicht das nicht. Die Ernteerträge gehen selbst bei guten Witterungsverhältnissen dramatisch zurück.

Auch Lebensmittelkarten können das Problem nicht lösen, daß das Reich zunehmend Schwierigkeiten hat, seine Bevölkerung mit Grundnahrungsmitteln zu versorgen. Fleisch wird zum Luxusartikel. Immer mehr muß sich die Bevölkerung an »Ersatzstoffe« gewöhnen, deren Qualität im Laufe des Krieges abnimmt. Kaffee-Ersatz wird bald nicht mehr aus Zichorie oder roten Rüben, sondern aus Baumrinde gewonnen. Brot gibt es schon seit Januar 1915 nur noch in einer Mischrezeptur mit einem hohen Anteil von Kartoffelmehl.

Wegen der ungenügenden Versorgung mit Lebensmitteln kommt es in den Industriestädten bereits 1915 zu ersten Protesten, ein Jahr später zu ersten Streiks. Im sogenannten Kohl-

Strohschuhkurs im Oktober 1917. Lederschuhe sind schon in Friedenszeiten ein wertvolles Gut. Kinder und Jugendliche laufen in Kleinstädten und auf dem Land im Frühling, Sommer und Herbst barfuß. Vor dem Mangelwinter 1917/18 lernen diese Kinder in Roth, Mittelfranken, die Herstellung von Schuhen aus geflochtenem Roggenstroh. Um die Form eines Strohschuhs zu erhalten, wird ein Holzleisten verwendet. Die Strohschuhe sind innen mit Filz ausgelegt.

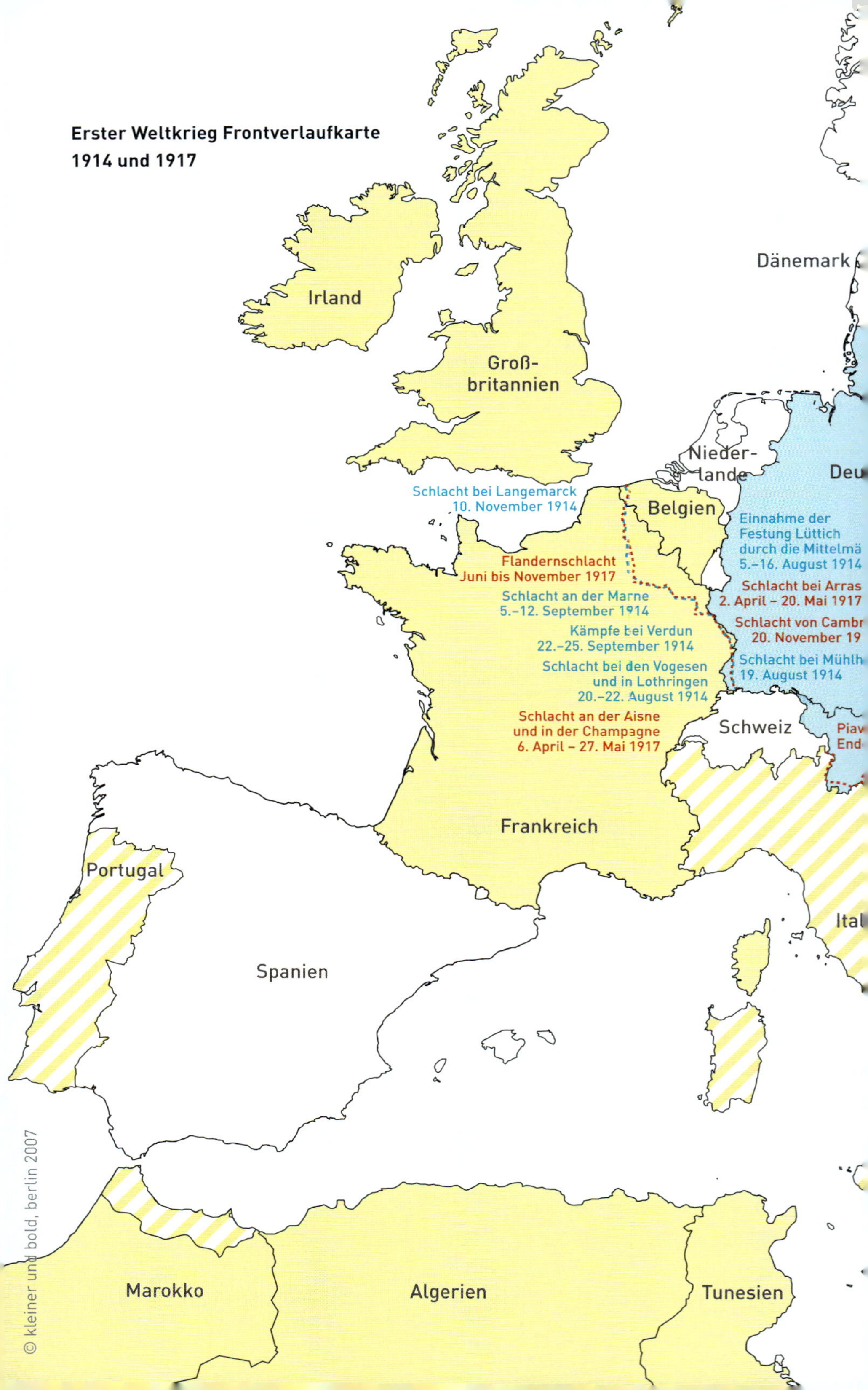
Erster Weltkrieg Frontverlaufkarte
1914 und 1917
Irland
Groß-
britannien
Dänemark
Nieder-
lande
Deu
Belgien
Schlacht bei Langemarck
10. November 1914
Einnahme der
Festung Lüttich
durch die Mittelmä
5.–16. August 1914
Flandernschlacht
Juni bis November 1917
Schlacht bei Arras
2. April – 20. Mai 1917
Schlacht an der Marne
5.–12. September 1914
Schlacht von Cambr
20. November 19
Kämpfe bei Verdun
22.–25. September 1914
Schlacht bei Mühlh
19. August 1914
Schlacht bei den Vogesen
und in Lothringen
20.–22. August 1914
Schlacht an der Aisne
und in der Champagne
6. April – 27. Mai 1917
Schweiz
Piav
End
Frankreich
Portugal
Ital
Spanien
Marokko
Algerien
Tunesien

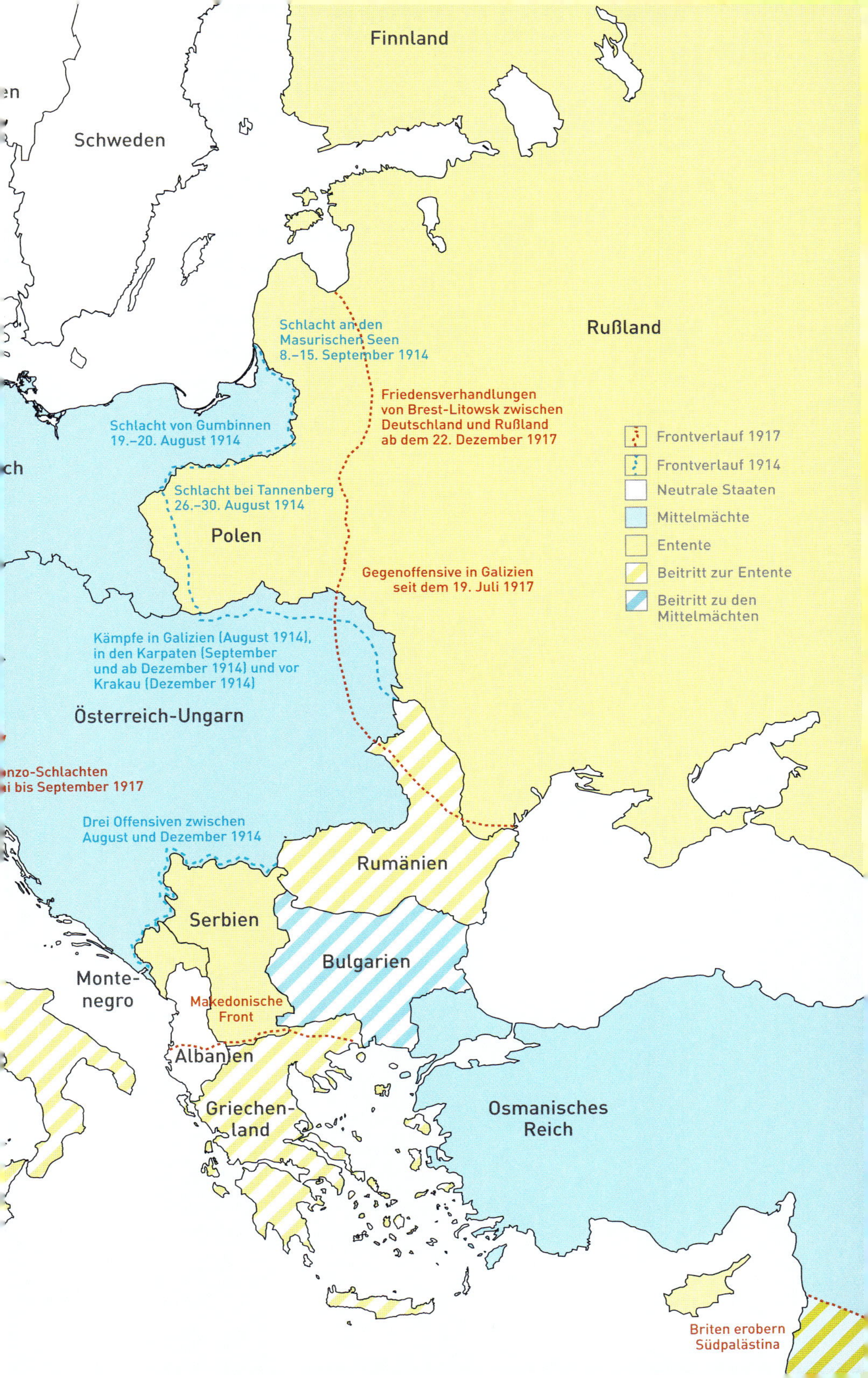
Finnland
Schweden
Rußland
Schlacht an den Masurischen Seen 8.–15. September 1914
Friedensverhandlungen von Brest-Litowsk zwischen Deutschland und Rußland ab dem 22. Dezember 1917
Schlacht von Gumbinnen 19.–20. August 1914
Schlacht bei Tannenberg 26.–30. August 1914
Polen
Gegenoffensive in Galizien seit dem 19. Juli 1917
Frontverlauf 1917
Frontverlauf 1914
Neutrale Staaten
Mittelmächte
Entente
Beitritt zur Entente
Beitritt zu den Mittelmächten
Kämpfe in Galizien (August 1914), in den Karpaten (September und ab Dezember 1914) und vor Krakau (Dezember 1914)
Österreich-Ungarn
nzo-Schlachten
i bis September 1917
Drei Offensiven zwischen August und Dezember 1914
Rumänien
Serbien
Bulgarien
Monte-negro
Makedonische Front
Albanien
Griechen-land
Osmanisches Reich
Briten erobern Südpalästina

rübenwinter 1916/17 bricht die Versorgung in Folge einer Mißernte völlig zusammen. Die durchschnittliche Tagesration sinkt im Februar 1916 auf 1000 Kalorien. Unterernährung, Krankheiten und ein spürbarer Rückgang der Arbeitsleistung sind die Folge.

Im Sommer 1916 wird unter dem Eindruck der großen Materialschlachten unübersehbar, daß die bisherige Umstellung der Wirtschaft auf die Erfordernisse des Krieges nicht ausreicht. Es ist besonders Erich Ludendorff, der nach dem Beginn der Schlacht an der Somme auf eine Mobilisierung aller Ressourcen für einen totalen Krieg drängt. Frauen, Kinder und Jugendliche sollten nach seinen Vorstellungen zu einem obligatorischen Arbeitsdienst eingezogen werden. Das hätte die gesamte Bevölkerung der Kontrolle der Obersten Heeresleitung unterstellt, deren Spitze seit einiger Zeit von Ludendorff und Hindenburg gestellt wird und die sich immer mehr zu einer diktatorischen Instanz im Reich entwickelt.

Der Reichsregierung gehen Ludendorffs Forderungen jedoch zu weit. Schließlich wird die Umstellung der deutschen Wirtschaft auf Rüstungszwecke durch das sogenannte Hindenburgprogramm geregelt, in das auch die Gewerkschaften einbezogen sind. Es sieht nichts weniger als eine Verdoppelung der Munitionslieferung und eine Verdreifachung der Lieferung von Geschützen vor. Im Dezember 1916 wird für alle nicht eingezogenen Männer zwischen 17 und 60 Jahren die Arbeitspflicht eingeführt.

In dieser Situation trifft der Wirtschaftskrieg, den die Seemacht Großbritannien durch eine Blockade der Nordsee über das Reich verhängt hat, die Heimatfront am empfindlichsten. Frachtschiffe von Drittländern werden auf offener See oder durch den britischen Konsul in den Häfen von Rotterdam, Oslo, Göteborg und Kopenhagen kontrolliert, ob sie nicht Transitware mit sich führen, die für das Deutsche Reich bestimmt ist. Ein ausgeklügeltes System von angedrohten Wirtschaftssanktionen macht es möglich, daß die Blockade bald sehr effektiv funktioniert. Seit 1916 gibt es in Großbritannien sogar ein Ministry of Blockade, ein Blockadeministerium, das es sich zum Ziel gesetzt hat, die Blockade als Mittel einzusetzen, um Deutschland in die Knie zu zwingen. Diese Blockade war es, die den Import des lebensnotwendigen Salpeters zur Herstellung von Schießpulver und Stockstoffdünger aus Chile fast vollständig zum Erliegen gebracht hat.

Wegen solcher »Machenschaften« sieht die deutsche Propaganda in dem »perfiden Albion« bald gern den Hauptfeind, auch wenn weiterhin der gallische Hahn nicht gerade selten auf Plakaten und in Karikaturen vom deutschen Adler gerupft wird. »Händler und Held«, belehrt der Wirtschaftssoziologe Werner Sombart 1915 seine nationalen Leser in einem Pamphlet, und er meint damit Engländer und Deutsche, »sie bilden gleich-

sam die beiden Pole aller menschlichen Orientierung auf Erden.« Diese englischen »Krämerseelen« hat die deutsche Propaganda massenweise als traurige und ungelenke Gestalten dargestellt und lächerlich gemacht. John Bull ist ein in jeder Hinsicht raffgieriger, aber feiger Dickwanst, aber auch ein Unterdrücker und Brandstifter. In den *Münchner Neuesten Nachrichten* entspann sich über dieses Thema sogar eine Debatte. Ein Leser hatte vorgeschlagen, das Wort Gentleman aus dem deutschen Sprachgebrauch auszumerzen. Ein anderer erwidert ihm darauf, noch besser sei es, in Zukunft jeden ehrvergessenen Lumpen als Gentleman zu bezeichnen. In Charlottenburg wird die Englische Straße in Deutsche Straße umgetauft. In all dem regt sich ein trotziger Gestus der eigenen Überlegenheit. Die Seeflotte des perfiden Albion, deren Blockade den Deutschen das Leben so schwer machte, war der deutschen Marine dagegen, glaubt man mancher der zeitgenössischen Karikaturen, hoffnungslos unterlegen.

Ein Soldat im mittelfränkischen Roth im Jahr 1916 auf Urlaub. In Erich Maria Remarques Roman »Im Westen nichts Neues« ist das Gefühl beschrieben, das sich bei manchem Frontsoldaten auf Heimaturlaub einstellt. Der Soldat Paul Bäumer erlebt, daß in der Heimat die Honoratioren und Väter von einem heldenhaften Krieg schwadronieren. Vier Tage vor dem Ende des Fronturlaubs entschließt sich Remarques Protagonist zur vorzeitigen Rückkehr an an die Front, weil er die Lügen und erbärmlichen Sprüche in seinem Heimatort Osnabrück nicht aushält.

Titelblatt der dritten Ausgabe der Zeitschrift »Dada« des Malik Verlages, die von George Grosz und John Heartfield herausgegeben wird. 1917 gründen die Brüder Wieland und Helmut Herzfelde den Malik Verlag. Helmut Herzfelde nennt sich aus Protest gegen den englandfeindlichen Nationalismus »John Heartfield«. Im letzten Kriegsjahr arbeitet Heartfield zusammen mit Grosz an dem Trickfilm »Pierre in St. Nazaire« für das »BuFa«, das das Werk jedoch nicht abnimmt.

Die neue Kunst: »Dada ruht nie«

Mai 1916 in Zürich: Hugo Ball steigt in einem kubistischen Kostüm auf die Bühne. Leidenschaftlich trägt er sein neues Gedicht vor:

»gadji / beri bimba / glandridi lauli lonni cadori / gadjama bim beri glassala / glandridri glassala tuffm i zimbrabim / blassa galassasa tuffm i zimbrabim …« Das Publikum tobt. Ball hat die richtige Antwort der Zeit gegeben.

Dada ist eine gute Bezeichnung für die neue Bewegung. Denn Dada kann die erste Lautbildung eines Säuglings sein – Dada ist ein Anfang und der Blick auf die Welt mit unschuldigen Augen. Definitionen gibt es viele. Eine stammt vom Bildhauer Hans Arp: »Dada ist die Sehnsucht nach Glauben. Dada ist der Ekel vor der albernen verstandesmäßigen Erklärung der Welt.«

Nach sechs Monaten ist der Spuk in Zürich, wo sich die Bewegung Anfang 1916 im Cabaret Voltaire formiert hatte, schon wieder vorbei. Aber: »Dada ruht nie – Dada vermehrt sich.« Im Sinne dieser Maxime entstehen Dada-Zentren und -Filialen in Berlin, Köln, New York, Paris, in Holland, Belgien und sogar in Rußland.

In Berlin tragen u.a. George Grosz, John Heartfield und Wieland Herzfelde, Otto Dix, Hannah Höch und Raoul Hausmann die Bewegung. 1918 entsteht ein Club Dada, 1919 die Zeitschrift Der Dada. *Öffentliche Lesungen von Lautgedichten und Buchstabengedichten wie »fmsbw« von Raoul Hausmann begeistern das Publikum – und bringen brave Bürger in Rage.*

Die erste (und letzte) Dada-Messe findet im Juni 1920 in der Galerie Otto Burchard in Berlin statt. Ausgestellt sind 174 Gemälde, Collagen und Objekte. Unter der Decke baumelt eine mit der Uniform eines kaiserlichen Offiziers bekleidete Schaufensterpuppe, daran ein Schild »Gehenkt von der Revolution«. Die Rechten begreifen diese Provokation als Kampfansage.

Amerikas Grundsatzentscheidung

Doch das Gegenteil ist der Fall. Die deutsche Seeflotte ist der Blockade nicht gewachsen, besonders seit im Spätherbst 1914 die Admiralität in London über sämtliche Codes des deutschen Seeverkehrs verfügt. Room 40 unter der Leitung des Chefs der Seeaufklärung, Reginald Hall, kann jede Bewegung der deutschen Flotte voraussehen. Zudem sind die Briten hinsichtlich der Zahl und Kampfstärke ihrer Großkampfschiffe den Deutschen deutlich überlegen. Admiral Reinhard Scheers knapper und sehr relativer Erfolg in der Schlacht am Skagerrak Ende Mai/Anfang Juni 1916, bei der 100000 Mann auf 250 Schiffen sich in der skandinavischen Meerenge gegenüberstanden, wird zwar von den Deutschen als Sieg gefeiert, weil die Navy vierzehn und die Deutschen nur elf Schiffe verloren hatten, doch in keiner Minute des Kriegs ist die britische Seehoheit wirklich in Frage gestellt.

Auch nicht durch den U-Boot-Krieg, mit dem die Seekriegsleitung im Februar 1915 begonnen hatte und der auch Handelsschiffe neutraler Staaten nicht verschonte. Er wird Anfang 1917 sogar zum »uneingeschränkten« U-Boot-Krieg verschärft, doch alle vollmundigen Prophezeiungen, damit könnte der Krieg bis zum Ende des Jahres gewonnen werden, bleiben nichts als Seemannsgarn.

Vielmehr hat der U-Boot-Krieg das Deutsche Reich durch den damit provozierten Eintritt der USA in der Konsequenz endgültig in die Knie gezwungen. Der U-Boot-Krieg sollte die Oberste Heeresleitung an der Westfront 1917 entlasten und ihr eine Atempause verschaffen. Doch spätestens seit deutsche U-Boote am 7. Mai 1915 das Passagierschiff »Lusitania« versenkt hatten, unter deren 1201 in den Fluten umgekommenen Passagieren sich auch 128 Amerikaner befanden, war der Eintritt der Amerikaner in den Krieg nur noch eine Frage der Zeit.

»Amerika ist nun am Scheidewege angelangt, wo es sich entschließen muß, ob es für eine zivilisierte oder unzivilisierte Kriegsführung eintreten will«, hatte der Bevollmächtigte Präsident Wilsons, Colonel Edward Howe, nach der Versenkung der »Lusitania« gesagt. »Wir können nicht länger neutrale Zuschauer bleiben.« Doch zunächst wird der U-Boot-Krieg nach einem scharfen Notenwechsel zwischen Washington und Berlin vorübergehend eingestellt.

Als das Deutsche Reich allerdings Anfang 1917 erneut den »uneingeschränkten« U-Boot-Krieg erklärt, bricht Amerika erwartungsgemäß die diplomatischen Beziehungen mit Berlin am 3. Februar ab. Die Zahl der durch deutsche U-Boote versenkten Handelsschiffe steigt in diesen Monaten sprunghaft an. Im Februar werden Schiffe mit insgesamt 520412, im

März mit 546 497, im April mit 860 334 Bruttoregistertonnen Opfer von U-Boot-Angriffen. Zwar war es unwahrscheinlich, daß durch diese hinterhältige Jagd auf See tatsächlich das deutsche Ziel, die britische Insel auszubluten, jemals erreicht würde, aber die Verluste waren groß und schmerzhaft. Und es war eine verbrecherische Art der Kriegsführung.

Zwei Monate sollten jedoch in den USA vom Abbruch der diplomatischen Beziehungen bis zur Kriegserklärung an Deutschland vergehen, während derer die amerikanische Öffentlichkeit durch ein anderes Ereignis auf den Krieg mit Deutschland fast noch weit mehr eingestimmt wird. General John J. Pershing, der das amerikanische Expeditionskorps in Europa kommandieren wird, hatte 1916 eine militärische Expedition nach Mexiko angeführt, um den mexikanischen Rebellen Pancho Villa festzunehmen. Pancho Villa sollte dafür bestraft werden, daß er kurz zuvor die amerikanische Grenzstadt Columbus in New Mexico überfallen hatte, und zwar, wie die Öffentlichkeit jetzt erfahren konnte, mit heimlicher deutscher Waffenhilfe.

Room 40 konnte zudem vermelden, daß der Staatssekretär im Auswärtigen Amt Arthur Zimmermann damit befaßt war, für den Fall eines Krieges mit den USA ein Bündnis mit Mexiko zu sondieren und den Mexikanern dabei Texas, New Mexico, Arizona und vielleicht auch Teile Kaliforniens in Aussicht zu stellen.

Pancho Villas Überfall hatte in den USA für erhebliche Unruhe gesorgt, weil es ein Eindringen fremder Truppen in amerikanisches Hoheitsgebiet seit den Unabhängigkeitskriegen nicht mehr gegeben hatte, und Wilson hatte als Reaktion darauf sofort die allgemeine Wehrpflicht eingeführt. Mehr noch als die Empörung über den U-Boot-Krieg hat die Aussicht auf eine – wenn auch noch so unwahrscheinliche – mexikanisch-deutsche Invasion die Amerikaner auf den Kriegseintritt eingestimmt.

Am 6. April 1917 stimmt der amerikanische Kongreß bei 56 Gegenstimmen der von Präsident Woodrow Wilson vorgelegten Kriegserklärung an das Deutsche Reich zu. »Die Welt muß für die Demokratie sicher gemacht werden«, hatte Wilson am 2. April vor dem Kongreß erklärt. »Wir sind lediglich einer der Vorkämpfer für die Rechte der Menschen, (…) für eine allgemeine Herrschaft des Rechts durch ein Konzept der freien Völker.« Der brutale U-Boot-Krieg mit seinen unzähligen zivilen Opfern und die Neigung zum unkalkulierbaren politischen Abenteurertum, die in Mexiko sichtbar geworden war, hatten ihn davon überzeugt, daß ein deutscher Sieg in diesem Weltkrieg um jeden Preis verhindert werden mußte. Amerika hatte dabei eine zivilisatorische Mission zu erfüllen.

Der Zusammenbruch Rußlands

Mitte 1916 gelingt den Russen unter General Brussilow die Rückeroberung einiger Eisenbahnknotenpunkte in Weißrußland, Wolhynien und Galizien. Sein Versuch, über die Karpaten nach Ungarn durchzubrechen, kann jedoch abgewehrt werden. Brussilows Offensive zwischen Juli und September war der letzte erfolgreiche russische Vorstoß. Er kostete die Österreicher 600 000 und die Deutschen 350 000 Mann. Es war der größte Sieg, den die Alliierten an einem Abschnitt dieses Kriegs je errungen hatten, seit im Westen die Front zum Stellungskrieg festgefahren war. Doch ihm folgte fast auf den Fuß eine innere Krise in Rußland.

Anfang 1917 ist die russische Wirtschaft kurz vor dem Zusammenbruch. Heizmaterial und Lebensmittel sind in den Großstädten zur Mangelware geworden. Petrograd droht eine Hungersnot. Am 15. März 1917 muß der Zar zurücktreten, nachdem sich selbst seine Garderegimenter geweigert hatten, »auf das Volk zu schießen«, von dem sich weite Teile seit dem 9. März in Petrograd im Ausstand befanden. Zwar scheidet Rußland mit den neuen Regierungen des Fürsten Lwow und Alexander Kerenskis nicht aus dem Krieg aus, doch die Truppe ist seit der Revolution demora-

Nach dem Waffenstillstand von Brest-Litowsk treffen sich im Januar 1918 zur Regelung von Detailfragen deutsche und russische Unterhändler an der Front in Kurland. Das Deutsche Reich will sich in dieser Phase des Krieges Kurland und die von Litauern bewohnten Gebiete im Baltikum einverleiben.

lisiert. Im Juli 1917 wird Galizien von den Mittelmächten zurückerobert und die Bukowina besetzt. Am 3. September fällt Riga in deutsche Hand und im Oktober die Inseln vor Lettland und Estland.

Arthur Zimmermann, der sich auch das Abenteuer mit Pancho Villa in Mexiko ausgedacht hatte, war es im März 1917 gelungen, den Kaiser und die Oberste Heeresleitung davon zu überzeugen, die beste Waffe gegen die Russen sei es, wenn man den im Schweizer Exil lebenden Führer der russischen Bolschewiki, Lenin, in einer klandestinen Aktion heimlich durch das Reich über Schweden nach Rußland schmuggeln würde. Es war bekannt, daß er, sollte er einmal an die Macht kommen, den Krieg sofort beenden würde. Lenin trifft Mitte April, aus Finnland kommend, in Petersburg ein. Ein erster Versuch der Machtergreifung Lenins im April schlägt fehl. Doch am 7. November 1917, nach russischer Zeitrechnung der 25. Oktober, stürmen die Bolschewiki das Winterpalais in Petersburg und verhaften die provisorische Regierung, nachdem Matrosen

Genesende Soldaten im Lazarett des Dominikaner-Ordens im oldenburgischen Vechta, 1917. Auf beiden Seiten der Front beten Katholiken zu Gott um den Sieg der nationalen Sache. Zwar ruft Papst Benedikt XV. in einer diplomatischen Note vom 1. August 1917 die kriegführenden Mächte zu Friedensverhandlungen auf. Der Vatikan muß sich aber auf die Vermittlung von Samariterdiensten wie die Unterbringung von mehr als hunderttausend verwundeter Kriegsgefangener in neutralen Ländern und den Austausch in Gefangenschaft geratener kinderreicher Familienväter beschränken.

des Panzerkreuzers »Aurora« mit einer Salve dazu den Auftakte gegeben und die Roten Garden von Leo Trotzkis Militärrevolutionärem Komitee alle Brücken und wichtigen Gebäude der Stadt besetzt hatten. Alexander Kerenski entzieht sich seiner Verhaftung durch Flucht. Bald ist die staatliche Gewalt in den Händen des Militärrevolutionären Komitees und des am 8. November gegründeten Sowjets der Volkskommissare.

An der russischen Front hatte sich seit der Brussilow-Offensive vieles zugunsten der Mittelmächte verändert, doch nun war für das Deutsche Reich zum ersten Mal eine realistische Chance entstanden, den Zweifrontenkrieg durch einen Frieden mit Rußland zu beenden. Nach einem öffentlichen Friedensangebot Lenins am 28. November 1917 erklärt Reichskanzler Georg Graf von Hertling die deutsche Bereitschaft zu Friedensverhandlungen.

Was sich dann seit dem 3. Dezember im weißrussischen Brest-Litowsk abspielt, zeigt aber deutlich, daß niemand in der Obersten Heeresleitung die Chance, durch diese Friedensverhandlungen einen Gesamtfriedensprozeß einzuleiten, jemals ins Auge gefaßt hat. Zwar wird am 15. Dezember in Brest-Litowsk ein Waffenstillstand unterzeichnet. Doch die von Lenin angestrebte Einladung der Westalliierten zu allgemeinen Friedensverhandlungen wird kategorisch abgelehnt.

Die Oberste Heeresleitung sieht im Gegenteil mit dem Waffenstillstand im Osten die einmalige Chance, den festgefahrenen Krieg im Westen doch noch zu gewinnen. Den durch die Revolution geschwächten Russen werden die Friedensbedingungen unbarmherzig diktiert.

Auf Druck der Obersten Heeresleitung muß der deutsche Verhandlungsführer Richard von Kühlmann bei den Friedensverhandlungen in Brest Anfang Januar 1918 entgegen seinen eigenen moderaten Vorstellungen von den Russen die Abtretung Polens und des Baltikums fordern. Als am 3. März der Friedensvertrag unterzeichnet wird, ist auch die Ukraine hinzugekommen. Wieder einmal hat das fatale Prinzip des »Alles oder nichts« gesiegt.

Bis zum Ende des Kriegs besteht das Deutsche Reich auf Friedensbedingungen, die nur mit Gewalt durchzusetzen sind. Dazu gehört ein Mitteleuropa unter deutscher Führung mit einer deutsch-österreichischen Zollunion als Kern, die militärische Kontrolle Belgiens, die Annexion der französischen Erzgebiete, ein polnischer Satellitenstaat, die Loslösung der Ukraine von Rußland sowie die Abtretung baltischer Gebiete.

Das war für niemanden annehmbar. Lloyd George und Georges Clemenceau verpflichten sich gegenseitig zur Zeit der Friedensverhandlungen mit Rußland, den Krieg nur durch einen endgültigen Sieg, einen »knock out«, über das Deutsche Reich zu beenden.

Prinz Max von Baden gibt am 9. November 1918 einen Erlaß über die Abdankung des Kaisers heraus. Er ist zu diesem Schritt von Wilhelm II. nicht ermächtigt worden. In dem Erlaß heißt es: »Seine Majestät der Kaiser und König haben sich entschlossen, dem Throne zu entsagen. Der Reichskanzler bleibt noch so lange im Amte, bis die mit der Abdankung Seiner Majestät, dem Thronverzichte Seiner Kaiserlichen und Königlichen Hoheit des Kronprinzen des Deutschen Reichs und von Preußen und der Einsetzung der Regentschaft verbundenen Fragen geregelt sind. Er beabsichtigt, dem Regenten die Ernennung des Abgeordneten Ebert zum Reichskanzler und die Vorlage eines Gesetzentwurfs wegen der Ausschreibung allgemeiner Wahlen für eine verfassungsgebende deutsche Nationalversammlung vorzuschlagen.«

Prinz Max von Baden:
Der letzte Kanzler des Kaisers

Maximilian Alexander Friedrich Wilhelm Prinz von Baden (geb. 1867) ist bis zum Herbst 1918 politisch ein unbeschriebenes Blatt. Kaum jemand kennt den liberalen badischen Thronfolger, der den Deutschen – selten genug in den adeligen Kreisen – ihren Untertanengeist vorwirft. »Es gab auch eine deutsche Unfreiheit«, sagt er über die Vorkriegszeit, »aber sie lag nicht in den Institutionen des Deutschen Reiches, sie lag vielmehr in einer gewissen geistigen Haltung breiter Schichten des deutschen Volkes. Der Fehler lag … an der großen Bereitwilligkeit vieler Deutscher, den Autoritäten indolent gegenüberzustehen, ohne Sehnsucht nach eigener Verantwortung für die Sache des Vaterlandes.«

Die moralische Integrität des Sohns eines badischen Prinzen und einer Nichte des Zaren Alexanders II. von Rußland ist unbestritten: Während des Krieges ist er als Ehrenpräsident des Badischen Landesvereins vom Roten Kreuz um Kriegsgefangene außerhalb wie innerhalb Deutschlands bemüht. Wegen seiner internationalen Beziehungen und seines Eintretens gegen den uneingeschränkten U-Boot-Krieg sieht der Kaiser in ihm einen respektablen Verhandlungspartner für den US-Präsidenten Wilson.

Aber Prinz Max bleibt nichts anderes übrig, »als dem sterbenden Regime den Totenschein auszustellen« (Volker Ullrich). Innenpolitisch steht der Reichskanzler und preußische Ministerpräsident für die rasante Transformation des Kaiserreichs zur Republik. Nach seinem Rücktritt von allen Ämtern, am 9. November 1918, gründet Prinz Max auf dem badischen Schloß Salem am Bodensee eine Schule, die zur Heranbildung einer neuen geistigen Elite in Deutschland beitragen soll. Er stirbt 1929 in Salem.

Das Ende

»Die Kriegslage zu Lande war 1917/18 durch den Ausfall Rußlands für uns eine günstigere geworden, als je anzunehmen war«, schreibt Erich Ludendorff in seinen Kriegserinnerungen. »Wir konnten wie 1914 und 1915 daran denken, durch Angriff zu Lande den Krieg zur Entscheidung zu bringen.« Solche Sätze verraten unfreiwillig etwas von einer zwanghaften Spielernatur. Nach einer Serie glückloser Runden war man durch einen unerwarteten Gewinn plötzlich in der Lage, nun noch einmal den ganz großen Einsatz zu wagen.

Ludendorffs Endspiel beginnt am 21. März 1918 unter dem Decknamen »Michael« am 70 Kilometer breiten Frontabschnitt zwischen Arras und La Fère mit insgesamt 71 Divisionen. Bei Amiens sollen die britischen und französischen Verbände noch vor dem Eintreffen der Amerikaner voneinander getrennt werden. Paris wird mit Ferngeschützen unter Feuer genommen. Mit ungeheurer Energie gelingt, unterstützt durch eine überlegene Artillerie, ein Durchbruch von nahezu 60 Kilometern. Doch schon nach einer Woche kommt die Offensive infolge zunehmender Erschöpfung zum Stehen. Es fehlen frische Reservetruppen, die Artillerie ist wegen unzulänglicher Motorisierung zu immobil, und die Deutschen haben keine Panzerwaffe.

Nicht wesentlich anders verläuft eine zweite Offensive südlich von Ypern im April. Im Mai werden die Hügel des Chemin des Dames zwischen Soissons und Reims gestürmt, unterstützt von einer Kombination aus Trommelfeuer und Gasangriff. Nun scheint der Weg über die Aisne nach Paris frei. Am 29. Mai wird Soissons erobert, einen Tag später erreichen die Deutschen zwischen Dormans und Château-Thierry die Marne. Seit der Marne-Schlacht 1914 standen die Deutschen nicht mehr so nahe vor Paris. Wieder verläßt die französische Regierung die Stadt, um sich in Sicherheit zu bringen.

Der alliierte Oberbefehlshaber Ferdinand Foch ist jedoch so sehr davon überzeugt, daß die deutsche Offensive sich totläuft, daß er darauf verzichtet, zusätzliche Truppen von der Front in Flandern abzuziehen. Er wird recht behalten. Die deutsche Offensive an der Marne und in der Champagne im Juli bricht schon nach kurzer Zeit zusammen.

Der 8. August 1918 ist, nach den Worten von Ludendorff, der »schwarze Tag des deutschen Heeres in der Geschichte dieses Krieges«. 35 alliierte Divisionen haben an diesem Tag mit einer Gegenoffensive begonnen. Die Briten setzen dabei 360 schwere Tanks vom Typ Mark V Star und 96 leichte Panzerwagen vom Typ Whippet ein, die Franzosen verfügen über 90 Tanks und halten mit etwa 1000 Kampfflugzeugen die eindeutige Luftüberlegenheit. Frische amerikanische Truppen unterstützen wirkungsvoll den Sturmangriff, dem die Deutschen kaum noch etwas entgegensetzen können. »Der große Entente-Angriff, der Endkampf des Weltkriegs, begann«, notiert Ludendorff, intelligent genug, um das Gebot der Stunde sofort zu erkennen, »und wurde vom Gegner mit um so größerer Energie durchgeführt, je deutlicher unser Niedergang für ihn erkennbar wurde.«

Eigentlich ist der Krieg damit zu Ende, das weiß auch Ludendorff. Am 13. August kommt er mit dem Reichskanzler und Hindenburg in Spa im Hotel Britannique zu einer Lagebesprechung zusammen. »Ich gab ein Bild über die Kriegslage«, so Ludendorff, »den Zustand des Heeres und die Verhältnisse bei unseren Verbündeten und erklärte, daß es uns nicht mehr möglich sei, den Feind durch Angriff friedenswillig zu machen.« Jetzt, so der General, sei unvermeidlich die Stunde der Diplomatie gekommen.

Auch Österreich-Ungarn ist am Ende. Am 14. September richtet Wien eine Friedensnote an alle kriegführenden Mächte. Angesichts der fortgesetzten alliierten Angriffe an der Westfront drängen nun auch Ludendorff und Hindenburg Ende September mit Macht auf ein deutsches Waffenstillstandsgesuch. Um Verhandlungen zu erleichtern, fordert Ludendorff sogar eine Parlamentarisierung des Reichs und eine neue

Der Erste Weltkrieg hat nur in einem südwestlichen Teil des Elsaß und im nördlichen Ostpreußen auf deutschem Boden stattgefunden. Fotografie einer Vormarschstraße in Flandern aus dem Jahr 1916.

Verluste im Ersten Weltkrieg

Im Ersten Weltkrieg fallen mehr als 8,4 Millionen. Soldaten. Das sind 8,5 Prozent aller mobilisierten Männer. Die höchste Rate an Kriegstoten hat mit 27 Prozent der eingezogenen Soldaten Rumänien, gefolgt von Serbien (18 Prozent) und Frankreich (16 Prozent). Von den mehr als 13 Millionen deutschen Soldaten werden 7,5 Millionen. getötet oder verwundet.

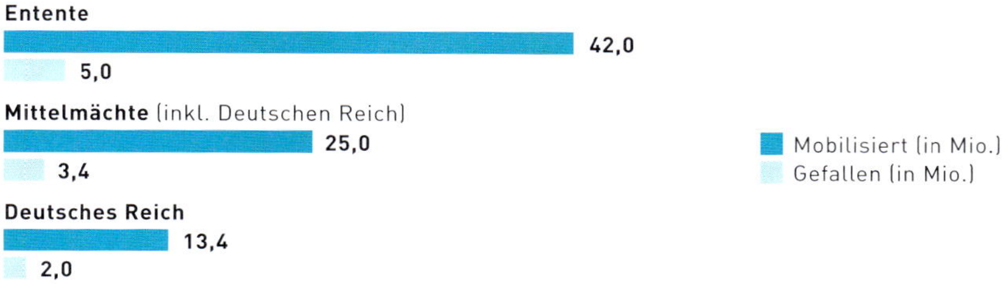

Land	Gefallene		Verwundete		Gefangene		Eingezogene	
	absolut*	in %	absolut*	in %	absolut*	in %	absolut*	in %
Deutschland	2037	24,4 %	5687	24,4 %	994	13,8 %	13 400	13,6 %
Österreich-Ungarn	1016	12,1 %	3600	12,1 %	1691	23,5 %	7800	7,9%
Türkei	236	2,8 %	770	2,8 %	145	2,0 %	2600	2,6 %
Bulgarien	78	0,9 %	152	0,9 %	11	14 %	1200	1,2 %
Mittelmächte	**3367**	40,2 %	**10 209**	44,2 %	**2840**	39 %	**25 000**	25,3 %
Britisches Empire	901	10,8 %	2087	9,0 %	190	2,6 %	8781	8,9 %
Großbritannien	702	8,4 %	1663	7,2 %	170	2,4 %	5704	5,8 %
Australien	54	0,6 %	155	0,7 %	4	0,1 %	417	0,4 %
Kanada	59	0,7 %	150	0,6 %	2	0,0 %	620	0,6 %
Indisches Kaiser-reich	62	0,7 %	67	0,3 %	12	0,2 %	1680	1,7 %
Neuseeland	17	0,2 %	41	0,2 %	1	0,0 %	129	0,1 %
Südafrika	7	0,1 %	12	0,1 %	2	0,0 %	231	0,2 %
Rußland	1800	21,5 %	4950	21,4 %	2500–3900	40,3 %	12 000	12,2 %
Frankreich	1385	16,6 %	4329	18,7 %	446	6,2 %	8660	8,8 %
Belgien	38	0,5 %	45	0,2 %	10	0,1 %	267	0,3 %
Italien	462	5,5 %	955	4,1 %	530	0,0 %	5900	6,0 %
USA	52	0,6 %	230	1,0 %	4	0,0 %	4355	4,4 %
Serbien	128	1,5 %	133	0,6 %	70–200	1,7 %	700	0,7 %
Portugal	7	0,1 %	14	0,1 %	7	0 %	200	0,2 %
Rumänien	220	2,6 %	120	0,5 %	60	1 %	800	0,8 %
Griechenland	5	0,1 %	20	0,1 %	1	0 %	280	0,3 %
Entente	**4998**	60 %	**12 883**	56 %	ca. **4400**	61 %	**41 943**	75 %
Alle Nationen	**8365**	100 %	**23 093**	100 %	ca. **7200**	100 %	**66 943**	100 %

* Angaben in Tsd.
Quelle: The World War I Databook, London, 2001/John Ellis und Michael Cox

Am 10. November 1918 geht Kaiser Wilhelm II., von Gottes Gnaden König von Preußen, Markgraf zu Brandenburg, souveräner und oberster Herzog von Schlesien, Großherzog vom Niederrhein und Posen, Herzog zu Sachsen, Westfalen und Pommern, zu Lüneburg und Bremen, zu Holstein, Schleswig und Lauenburg, Burggraf zu Nürnberg, Landgraf zu Hessen, Fürst zu Ostfriesland, Osnabrück und Hildesheim, zu Nassau und Fulda, Graf zu Hohenzollern, Herr zu Frankfurt, von seinem Hauptquartier im belgischen Spa in die Niederlande und erbittet und erhält dort Asyl. Seine sechs Söhne haben den Krieg überlebt. Das nächste deutsche Staatsoberhaupt wird Friedrich Ebert (hier am 9. November bei einer Kundgebung in Berlin), Sattler ohne Gesellenprüfung, Sohn eines Schneidermeisters aus Heidelberg. Seine Söhne Heinrich und Georg sind im Krieg gefallen.

Reichsregierung. Prinz Max von Baden wird am 3. Oktober neuer Reichskanzler.

Das Waffenstillstandsangebot einen Tag später ist an den amerikanischen Präsidenten Woodrow Wilson adressiert. Der fordert in seiner Antwortnote zunächst die Räumung der von den Mittelmächten besetzten Gebiete als Vorbedingung für weitere Verhandlungen, wozu sich die deutsche Reichsregierung am 12. Oktober bereit erklärt. Auch der U-Boot-Krieg, in dem Wilson ein schweres Kriegsverbrechen sieht, wird eingestellt. In einer dritten Note vom 23. Oktober fordert Wilson kaum verhüllt den Rücktritt des Kaisers. Zudem will er Garantien, die eine deutsche Wiederaufnahme der Kampfhandlungen unmöglich machen sollten.

Doch letzteres geht Ludendorff zu weit. Er will, und da ist er sich mit Hindenburg einig, lieber »den Widerstand mit äußersten Kräften fortsetzen«, obwohl sie beide wissen, daß der Gegner auf dem Feld weder zu besiegen noch zur Annahme von Friedensdiktaten zu zwingen ist.

Wilhelm II., mit dem sich Ludendorff am 25. Oktober berät, ist gegen diesen Durchhaltebefehl. Erst mit Ludendorffs Entlassung durch den Kaiser wird der Weg frei für eine letzte Note an Wilson, in der um konkrete Waffenstillstandsbedingungen nachgesucht werden kann.

Am 29. Oktober allerdings versucht die deutsche Seekriegsleitung noch einmal, Politik auf eigene Faust zu machen. Sie gibt den Befehl, die Flotte aus Kiel und Wilhelmshaven auslaufen zu lassen, um wenigstens auf hoher See gegen England noch einmal eine symbolische Schlacht gegen Woodrow Wilsons Waffenstillstandsbedingungen zu schlagen. Noch am gleichen Tag meutern Matrosen in Wilhelmshaven. Am 1. November erheben sich die Matrosen in Kiel, am 4. November ist die Hafenstadt an der Ostsee in ihrer Hand. Der Aufstand der Matrosen gegen die Seekriegsleitung schlägt am 7. November in der deutschen Provinz in eine offene Revolution um. An diesem Tag stürzt der Wittelsbacher Thron in München, in Braunschweig übernehmen Kieler Matrosen gemeinsam mit rebellierenden örtlichen Regimentern die Macht. In Köln regiert seit dem 8. November der Arbeiter- und Soldatenrat. Am 9. November erreicht die revolutionäre Welle Berlin. Morgens um 9 Uhr ruft Otto Wels namens der SPD zum Generalstreik auf. Um 11 Uhr erfährt die Hauptstadt, daß der Kaiser im belgischen Spa zurückgetreten ist und sich auf dem Weg ins holländische Exil befindet. Um 14 Uhr ruft der Sozialdemokrat Philipp Scheidemann vom Reichstag aus die »deutsche Republik« aus. Das Kaiserreich hat abgedankt.

Am 11. November unterzeichnen Marschall Foch und der deutsche Staatssekretär Matthias Erzberger in einem luxuriösen Eisenbahnwaggon im Wald von Compiègne den Waffenstillstand. Über zehn Millionen Tote hat der Krieg in den letzten vier Jahren gefordert.

Doch kaum ist der Friede eingekehrt, regt sich erneut der Widerspruch von gegen jede Erfahrung und Belehrung resistenten ewigen Kriegern. »Am 9. November sank Deutschland, bar jeder festen Hand und bar jeden Willens, seiner Fürsten beraubt, wie ein Kartenhaus zusammen«, ist Erich Ludendorffs Kommentar zu den Folgen seines eigenen Vabanquespiels. Und Paul von Hindenburg behauptet am 18. November 1919 vor dem Untersuchungsausschuß der Nationalversammlung über die Ursachen des militärischen Zusammenbruchs, eine heimliche und planmäßige »Zersetzung von Flotte und Heer« sei die Ursache des Niedergangs gewesen. Damit eine der nachhaltigsten Mythen der deutschen Rechten in der Weimarer Zeit begründend, gibt Hindenburg zu Protokoll, die deutsche Armee sei »von hinten erdolcht worden«. Unter den Parolen des Kampfs gegen die »Novemberverbrecher« und den »Dolchstoß« in den eigenen Rücken wird Deutschland nur wenig mehr als zwanzig Jahre später in einen neuen Krieg gestürzt werden.

ANHANG

Verwendete und zitierte Literatur

Ahrens, Helmut
Das Leben des Romanautors, Dichters und Journalisten Theodor Fontane. *Düsseldorf 1985*

Arndt, Ernst Moritz
Sämtliche Werke, 12 Teile. Hg. von A. Leffson und W. Steffens, *Leipzig 1912*

Auernheimer, Raoul
Metternich. *München 1978*

Avineri, Shlomo
Hegels Theorie des modernen Staates. *Frankfurt a.M. 1976*

Benz, Wolfgang
Was ist Antisemitismus? *München 2004*

Bismarck, Otto von
Gedanken und Erinnerungen, 3 Bde. *Stuttgart und Berlin 1921*

Blum, Robert
Briefe und Dokumente. *Leipzig 1981*

Brenner, Wolfgang
Walther Rathenau. Deutscher und Jude. *München 2005*

Craig, Gordon A.
Deutsche Geschichte 1866–1945. *München 1999*

Demandt, Alexander (Hg.)
Das Attentat in der Geschichte. *Köln 1996*

Diner, Dan
Das Jahrhundert verstehen. *Frankfurt a.M. 2000*

Eksteins, Modris
Tanz über Gräben. Die Geburt der Moderne und der Erste Weltkrieg. *Reinbek 1990*

Elias, Norbert
Studien über die Deutschen. *Frankfurt a.M. 1992*

Erzberger, Matthias
Meine Erlebnisse im Weltkrieg. *Stuttgart/Berlin 1920*

Feuchtwanger, E.J.
Preußen. Mythos und Realität. *München 1972*

Fichte, Johann Gottlieb
Werke, 8 Bde. Hg. von Immanuel Hermann Fichte. *Berlin 1971*

Fontane, Theodor
Tagebücher, 2 Bde. *Berlin 1994*

Gall, Lothar
Bismarck. *München 2002*

Gans, Eduard
Philosophische Schriften. *Berlin 1971*

Gerlach, Hellmuth von
Die große Zeit der Lüge. *Bremen 1994*

Görres, Johann Joseph
Gesammelte Schriften, 9 Bde. Hg. von M. Görres, *München 1854–74*

Greiffenhagen, Martin
Das Dilemma des Konservatismus in Deutschland. *Frankfurt a.M. 1986*

Günther, Ernst
Geschichte des Varietés. *Berlin 1978*

Hädecke, Wolfgang
Heinrich Heine. Eine Biographie. *München 1985*

Hegel, Georg Wilhelm Friedrich
Werke in zwanzig Bänden. Hg. von Eva Moldenhauer und Karl Markus Michel. *Frankfurt a.M. 1969 ff.*

Heine, Heinrich
Sämtliche Werke in zwölf Bänden. Hg. von Klaus Briegleb. *München 1976*

Herwegh, Georg (Hg.)
Einundzwanzig Bogen aus der Schweiz. *Leipzig 1989*

Horne, John und Alan Kramer
German Atrocities 1914. A History of Denial. *New Haven und London 2001*

Immermann, Karl
Memorabilien. *München 1966*

Hildebrandt, Klaus
Deutsche Außenpolitik 1871–1918. *München 1994*

Hindenburg, Paul von
Aus meinem Leben. *Leipzig 1920*

Hosfeld, Rolf
Die Welt als Füllhorn. Heine. *Berlin 1984*

Hosfeld, Rolf
Georg Wilhelm Friedrich Hegel. *Berlin 1988*

Hosfeld, Rolf
Operation Nemesis. Die Türkei, Deutschland und der Völkermord an den Armeniern. *Köln 2005*

Jäckel, Eberhard
Das deutsche Jahrhundert. *Frankfurt a.M. 1999*

Jasper, Will
Keinem Vaterland geboren. Ludwig Börne. Eine Biographie. *Hamburg 1989*

Keegan, John
Der Erste Weltkrieg. Eine europäische Tragödie. *Reinbek 2001*

Kielmannsegg, Peter Graf
Deutschland und der Erste Weltkrieg. *Stuttgart 1980*

Klotz, Volker
Die erzählte Stadt. *Reinbek 1987*

Körner, Theodor
Sämtliche Werke, 2 Bde. Hg. von E. Wildenow, *Leipzig o. J.*

Krockow, Christian von
Bismarck. Eine Biographie. *München 2000*

Krockow, Christian von
Kaiser Wilhelm II. und seine Zeit. *Berlin 1999*

Lewald, Fanny
Erinnerungen aus dem Jahre 1848. *Frankfurt a.M. 1969*

Löwith, Karl
Von Hegel zu Nietzsche. *Frankfurt a.M. 1969*
Ludendorff, Erich
Meine Kriegserinnerungen 1914–1918. *Berlin 1919*
Lübbe, Hermann
Politische Philosophie in Deutschland. *München 1974*
Lutz, Heinrich
Zwischen Habsburg und Preußen. Deutschland 1815-1866. *Berlin 1985*
Mann, Golo
Deutsche Geschichte des 19. und 20. Jahrhunderts. *Frankfurt a.M. 1958*
Mann, Golo
Friedrich von Gentz. Geschichte eines europäischen Staatsmannes. *Frankfurt a.M.-Berlin-Wien 1972*
Marx, Karl und Arnold Ruge
Deutsch-Französische Jahrbücher 1844. *Frankfurt a.M. 1973*
McLellan, David
Die Junghegelianer und Karl Marx. *München 1974*
Mannheim, Karl
Konservatismus. *Frankfurt a.M. 1984*
Mühsam, Erich
Tagebücher 1910 –1924. *München 1994*
Mommsen, Wolfgang J.
Bürgerliche Kultur und künstlerische Avantgarde 1870 –1918. *Frankfurt a.M.-Berlin 1994*
Mommsen, Wolfgang J.
Der Erste Weltkrieg. Anfang vom Ende des bürgerlichen Zeitalters. *Frankfurt a.M. 2004*
Mommsen, Wolfgang J.
Großmachtstellung und Weltpolitik 1970–1914. *Frankfurt a.M.-Berlin 1993*
North, Michael (Hg.)
Deutsche Wirtschaftsgeschichte. *München 2005*
Orieux, Jean
Talleyrand. *Frankfurt a.M. 1987*
Pepperle, Heinz und Ingrid (Hg.)
Die Hegelsche Linke. *Leipzig 1985*
Pöggeler, Otto (Hg.)
Hegel in Berlin. *Berlin 1981*
Reuth, Ralf Georg
Hitler. Eine politische Biographie. *München 2003*
Ribhegge, Wilhelm
Das Parlament als Nation. Die Frankfurter Nationalversammlung 1848/49. *Düsseldorf 1998*
Ribhegge, Wilhelm
Konservative Politik in Deutschland. Von der Französischen Revolution bis zur Gegenwart. *Darmstadt 1992*
Richard, Lionel
Cabaret. Von Paris nach Europa. *Leipzig 1993*
Pflanze, Otto
Bismarck, 2 Bde. *München 1997*
Plessner, Helmuth
Die verspätete Nation. *Frankfurt a.M. 1974*
Schivelbusch, Wolfgang
Geschichte der Eisenbahnreise. *Frankfurt a.M.-Berlin-Wien 1979*
Schöllgen, Gregor
Die Macht in der Mitte Europas. *München 1992*
Schutte, Jürgen und Peter Sprengel (Hg.)
Die Berliner Moderne 1885–1914. *Stuttgart 1987*
Schunck, Peter
Geschichte Frankreichs von Heinrich IV. bis zur Gegenwart. *München 1994*
Sengle, Friedrich
Biedermeierzeit, 2 Bde. *Stuttgart 1971*
Siemann, Wolfram
Vom Staatenbund zum Nationalstaat. Deutschland 1806–1871. *München 1995*
Simmel, Georg
Das Individuum und die Freiheit. Essays. *Berlin 1984*
Stern, Joseph Peter
Nietzsche. Die Moralität der äußersten Anstrengung. *Köln 1982*
Sternberger, Dolf
Panorama oder Ansichten vom 19. Jahrhundert. *Frankfurt a.M. 1974*
von Sternburg, Wilhelm
Als Metternich die Zeit anhalten wollte. Unser langer Weg in die Moderne. *München 2003*
Strachan, Hew
Der Erste Weltkrieg. *München 2003*
Strachan, Hew (Hg.)
The Oxford Illustrated History of the First World War. *Oxford 1998*
Straub, Eberhard
Drei letzte Kaiser. Der Untergang der europäischen Dynastien. *Berlin 1998*
Stürmer Michael
Das ruhelose Reich. Deutschland 1866–1918. *Berlin 1983*
Stürmer, Michael
Die Grenzen der Macht. Begegnungen der Deutschen mit der Geschichte. *Berlin 1990*
Toller, Ernst
Eine Jugend in Deutschland. *Reinbek 1963*
Tuchman, Barbara
August 1914. *Frankfurt a.M. 1990*
Ullrich, Volker
Die nervöse Großmacht 1871–1918. Aufstieg und Untergang des deutschen Kaiserreichs. *Frankfurt a.M. 1999*

Varnhagen von Ense, Karl August
Kommentare zum Zeitgeschehen. *Leipzig 1984*
Weber, Rolf (Hg.)
Revolutionsbriefe 1848/49. *Leipzig 1973*
Winkler, Heinrich August
Der lange Weg nach Westen, 2 Bde. *München 2002*
Winkler, Heinrich August
Streitfragen der deutschen Geschichte. *München 1997*
Wolff, Theodor
Die wilhelminische Epoche. Fürst Bülow am Fenster und andere Begegnungen. *Frankfurt a.M. 1989*
Zweig, Arnold
Erziehung vor Verdun. *Berlin und Weimar 1974*
Zweig, Stefan
Die Welt von gestern. Erinnerungen eines Europäers. *Frankfurt a.M. 1962*
Zweig, Stefan
Sternstunden der Menschheit. *Frankfurt a.M. 1950*

Verzeichnis der Kurztexte, Karten und Grafiken

Kurzbiografien

Alltag und Ereignisse

Karten

Grafiken/Statistiken

Personen-, Namen- und Ortsregister

Zweibrücken 90
Zweig, Arnold 469
Zweig, Stefan 30
Zwickau 320, 335, 357, 421, 434, 440

Bildnachweis

AdsD d. FES, Archiv der sozialen Demokratie der Friedrich-Ebert-Stiftung 156, 189, 209, 324, 395, 431, 486
Agfa-Gevaert Photo-Historama 2, 33, 111, 114, 134, 190, 244
Alte Nationalgalerie Berlin, Stiftung Preußischer Kulturbesitz 94
Altonaer Museum in Hamburg, Norddeutsches Landesmuseum 204, 205, 213
akg-images, Archiv für Kunst und Geschichte 8, 13, 14, 23, 52, 53, 77, 130, 139, 171, 354
Bayerisches Hauptstaatsarchiv, Geheimes Hausarchiv 167
Bibliothèque Historique de la Ville de Paris 242
Bildarchiv der Bayerischen Staatsbibliothek 12, 252
Bildarchiv Preußischer Kulturbesitz 137, 387
Bismarck-Museum im »alten Landhaus«, Friedrichsruh 169, 237, 305, 324, 351
Brauerei Beck & Co. GmbH KG, Archiv 286
Bomann Museum Celle 222, 223
Deutsches Historisches Museum, Berlin 234, 253, 254, 264, 314, 317, 364, 369, 370, 384, 390, 410, 415, 423, 441
Deutsches Wehrkundearchiv 218, 330, 331, 404, 424, 459, 461, 463, 467, 468, 479, 482, 484
Dr. August Oetker KG, Unternehmensarchiv 318, 379
Dresdner Stadtmuseum 158
Erich Maria Remarque-Archiv, Osnabrück 414
Friedrich-Ludwig-Jahn-Museum, Freyburg a. d. Unstrut 42, 43
Friedrich-Schiller-Universität Jena 45
Fürstliche Bibliothek Corvey (aus der Mappe »Der Deutsche Reichstag in Wort und Bild«) 271, 301, 315, 322, 323, 324
Gemeindearchiv Oberammergau 202, 272
Geschichtswerkstatt München Neuhausen e. V. 316, 429
GNU-Lizenz für freie Dokumentation 15, 16, 18, 20, 21, 24, 35, 41, 58, 65, 69, 72, 79, 84, 88, 91, 92, 97, 120, 240, 241, , 249, 302, 319, 326, 358, 476
Haus der Geschichte Baden-Württemberg Generallandesarchiv Karlsruhe 50, 51
hamburg.de GmbH & Co. KG 39, 40
Haniel-Archiv, Franz Haniel & Cie. GmbH 215, 311, 343
Heimatbibliothek des Heimatbundes für das Oldenburgische Münsterland, Vechta 346, 398, 400, 436, 454, 480

Die Wahrheit – 24mal in der Sekunde?

Das Wort »Fotografie« stammt von dem britischen Astronomen, Mathematiker und Chemiker John Herschel (*1792, †1871), der den Begriff 1839 zum ersten Mal benutzt. Er setzt sich aus den griechischen Begriffen »Licht« und »Schreiben« zusammen. Herschel benennt so eine Entdeckung der Franzosen Nicéphore Niépce und Louis Daguerre. 1835 fixiert Louis Daguerres »Kamera« eingespiegelte Ansichten auf eine lichtempfindliche Platte. Als »Schrift« des »Lichts« können damit Erscheinungen vor der Kamera direkt in eine sensible Schicht gebannt werden.

Die auf Daguerre folgenden Jahrzehnte bringen die stetige technische Weiterentwicklung des neuen Mediums. Allerdings bestimmt bis 1888 die Chemie die Fotografie so eindeutig, daß sie mit den »alten« Massenmedien Zeichnung, Stich und Lithografie nicht konkurrieren kann. Mit der Einführung der ersten Kodak-Kamera im Jahr 1889 erreicht die Entwicklung einen Stand, der im wesentlichen bis heute hält. Sie eignet sich jetzt auch als Medium für Laien und wird von diesen auch aktiv genutzt.

Das, was mit Licht geschrieben wird, ist zwar authentisch – ist es aber auch wahr? Und damit eine Quelle der Geschichtsschreibung? Ein Medium zur Vermittlung ist es mit Sicherheit. Und ein sehr emotionales. Der französische Philosoph und Semiotiker Roland Barthes (*1915, †1980) berichtet von der Erschütterung, die ihn beim Anblick einer Fotografie ergriffen hat, die Jerôme Bonaparte, den jüngsten Bruder Napoleons, im Jahr 1852 zeigt. »Ich sehe die Augen, die den Kaiser gesehen haben«, habe er sich damals gesagt.

Barthes' innerer Monolog vollzieht, was der französische Filmkritiker André Bazin (*1918, †1958) als Charakteristikum der Fotografie sieht: die »Übertragung der Realität des Objektes auf seine Reproduktion«. »Photographie, das ist die Wahrheit«, testiert Jean-Luc Godard in dem Kriegsdrama »Le petit soldat«. Um dann diese Ausstrahlung des Authentischen gleich in einer Steigerung für sein Medium Film zu reklamieren: »Und der Film ist die Wahrheit 24mal in der Sekunde.«

Wir erzählen in »Die Deutschen« Geschichte nicht nur aus schriftlichen Quellen und transportieren sie nicht nur mit Schrift. Wir akzeptieren die »abgelichtete« Reproduktion von Personen und Objekten als Quelle der Information und des Erkennens von historischen Vorgängen. Wir glauben, daß die »Lichtschrift« die Präsenz des Vergangenen im Bericht erhöht.

Die fotografische »Spur des Lichts« erweckt den Eindruck einer unmittelbaren Präsenz von Geschichte, gewesener Wirklichkeit, »einer überwältigenden Anwesenheit des Abwesenden«, wie der französischen Philosoph Paul Ricoeur (*1913, †2005) in seinen Studien zum Gedächtnis »Das Rätsel der Vergangenheit« schreibt. Dem Betrachter vermitteln Ablichtungen leicht, wie bei Barthes, den Eindruck der Berührung über Raum und Zeit hinweg.

Im ersten Band unseres Projektes »Die Deutschen« erzählen wir nicht nur mit unbewegten und bewegten Ablichtungen von Geschehenem, sondern auch mit Malerei, ihrer Reproduktion in Druckgrafik bzw. originärer druckgrafischer Produktion. Denn in den von uns gewählten mehr als hundertjährigen Zeitraum der Jahre von 1815 bis 1918 fallen alle bedeutenden Erfindungen der singulären und der Serienfotografie, die auch zum Film führt. Damit hat nicht nur das Jahrhundert der industriellen Revolution, bürgerlicher Emanzipationsbestrebungen, starker sozialer Auseinandersetzungen und nationaler Aufwallungen einen besonderen Stellenwert in einer tausendjährigen »deutschen« Geschichte. Es ist auch das erste Jahrhundert, von dem in zahlreichen Quellen optisch Zeugnis gegeben werden kann. Und auch deshalb setzt unsere »Deutsche Geschichte« in diesem Jahrhundert an. Die Durchsetzung der Lithographie zu Beginn des Jahrhunderts, die Erfindung der Fotografie in den 1830er und die der Kinematographie in den 1890er Jahren sind mindestens so wichtige Stationen dieser Geschichtserzählung wie die Befreiungskriege gegen Napoleon, die 1848er-Revolution, die deutschen Einigungskriege der 1860er Jahre und die Reichsgründung 1871.

Die Materiallage hat uns allerdings gezwungen, anders als bei den folgenden Bänden in der »filmischen« Erzählung vorzugehen. Bis ca. 1845 stehen uns keine oder nur wenige »Lichtzeichnungen« zur Verfügung. Wir greifen auf zeitgenössische und spätere Zeichnungen von Hand, ihre Replikation in grafischer Form oder auf lithographische Zeichnungen zurück. Diese transportieren deutlich mehr die Ideologie ihrer Auftraggeber und Schöpfer als die fotografischen Zeugnisse aus den frühen Jahren der Fotografie.

Diese Bildzeugnisse »animieren« wir mit heutigen digitalen Möglichkeiten oder mit den Mitteln der Montage in bewegte Bilder, deren naturalistische Anmutung wir durch das Hinzufügen von künstlichen Geräuschen, Zitaten und Musik der Zeit erhöhen.

Die Fotografie wird erfunden, als in der Malerei praktisch alle technischen Probleme zur vollkommenen Wiedergabe der Realität gelöst sind. Die begabten und technisch gut ausgebildeten Maler beherrschen zu Beginn des 19. Jahrhunderts die Perspektive ebenso wie das Licht- und Schattenspiel und die Anatomie des Menschen. In den Jahren, in denen Niépce und Daguerre fotografische Verfahren entwickeln, ist es den Malern längst möglich, die Natur mit den Mitteln der Malerei in ihrer gesamten Vielfalt perfekt abzubilden.

Die Medien »Handzeichnung« und »Fotografie« begleiten in der Geschichte Reproduktionstechniken, die nicht nur die Vermittlung, sondern auch die Bildproduktion beeinflussen. Sie hängen mit der Entstehung und Entwicklung der Buchdrucktechniken zusammen: dem Hochdruck, dem Tiefdruck und dem Flachdruck.

Den Hochdruck in Gestalt des Holzschnitts ist das erste und wichtigste Medium, mit dem Bilder transportiert werden. Beim Hochdruck bleiben diejenigen Teile des Druckstocks, die (schwarz) gedruckt werden sollen, erhaben stehen. An den Stellen, an denen das Papier nicht gefärbt werden soll, wird das Holz weggeschnitten. In der Fläche wird mittels einer Walze Farbe nur auf die erhabenen Partien des Druckstocks aufgetragen. Ein Papier wird aufgelegt und durch Pressen ein Abdruck hergestellt.

Im Gegensatz zum Hochdruck werden beim Tiefdruck diejenigen Materialpartien entfernt, die Farbe annehmen sollen. Der Kupferstich, eine Tiefdrucktechnik, wird wahrscheinlich um 1430 in Süddeutschland erstmalig angewendet. Der Kupferstecher schneidet Rillen direkt in eine Kupferplatte hinein. Im Kupfer können im Vergleich zum Holz sehr viel feinere und dichtere Linien geführt, es kann stufenlos vom zartestem Grau bis zum tiefen Schwarz schraffiert werden. Das »Stechen« des Kupfers erfordert eine enorme Kraft und eine geübte, ruhige Hand. Ein Fehlschnitt und der Prozeß der Herstellung der Vorlagen beginnt von Neuem.

Die Freiheit des Linienführung erhält das Verfahren des Tiefdrucks in dem Moment, da das Einschneiden des Kupfers nicht mit der Hand, sondern unter Einsatz von Säure erfolgt. Diese Tiefdrucktechnik ist die Radierung. Sie entsteht zu Beginn des 16. Jahrhunderts, ungefähr um 1515. Bei der Radierung wird auf der Platte eine säurefeste Schicht aufgetragen, die ohne größere Anstrengungen bearbeitet werden kann. Die Widerstandskraft des Mediums ist sehr viel geringer als beim Kupferstich. Die Radiernadel kann fast so leicht wie ein Bleistift geführt werden.

Mit dem Fortschritt der Bildmedien lassen sich die ursprünglichen Techniken der Bildproduktion wie die Zeichnung imitieren. Und das bei gleichzeitiger Massenreproduktion. Bei allen Formen von Hoch- und Tiefdruck bleibt die Abbildungsqualität aber eingeschränkt. Allein in der Fläche, also im Flachdruck, kann so reproduziert werden, wie man es von Zeichnungen auf Papier kennt.

Müssen im Druckobjekt unbedingt Bilder oder Noten vorhanden sein, muß man sie als Relief in eine Druckform einarbeiten. Das Problem löst eine »flache« Druckform, die schnell den traditionellen Verfahren des Hoch- und Tiefdrucks Konkurrenz macht: der Flachdruck. Der Erfinder des Verfahrens ist der Münchener Alois Senefelder (*1771, †1834). Senefelder selbst tauft seine Erfindung »Chemische Druckerey«, bekannt wird sie aber unter dem noch heute geläufigen Namen »Lithographie« vom altgriechischen lithos/Stein und graphein/schreiben.

Senefelders Erfindung macht sich einen natürlichen Vorgang zunutze: Wasser und Fett stoßen sich ab. Es beruht, wie Senefelder sich ausdrückt, auf der Abstoßung von »schleimiger Nässe« und »fetter Tinte«. Senefelder präpariert eine völlig ebene Steinplatte. Auf sie trägt er die gewünschten Schriftzüge und Bildmotive mit fetthaltiger Tusche oder Kreide seitenverkehrt direkt auf. Auf die Steinplatte streicht er anschließend mit Wasser befeuchtete und fetthaltige Farbe. Die Farbe bleibt natürlich nicht auf der nassen Oberfläche des Steins haften, wohl aber im Bereich der fetthaltigen Striche der Tusch- oder Kreidezeichnung.

Nun muß die Zeichnung stabilisiert werden. Die freien Flächen werden gegen die Druckfarbe unempfindlich gemacht. Dann wird der Stein mit Talk überwischt und eine Mischung aus Gummi arabicum und Salpetersäure aufgetragen. Als nächstes wird der ganze Stein mit Gummi arabicum überzogen. Diese Schicht wird dann von der Zeichnung herunterpoliert, verbleibt jedoch an den nicht »gezeichneten« Stellen des Steins. Der Stein trocknet. Jetzt wird die Farbe mit einem fetthaltigen Lösungsmittel wie Terpentin ausgewaschen, so daß die Zeichnung nur noch als Fettgrund auf dem Stein bleibt. Dann kann die ebenfalls fetthaltige Druckfarbe mithilfe einer Walze aufgetragen werden.

Der Siegeszug der Bildberichterstattung von Ereignissen beginnt mit der Verbreitung der Lithographie. Zu ihrer heutigen Bedeutung kommt es, als sich der Flachdruck mit der Fotografie verbindet.

Die Fotografie beginnt mit der »camera obscura«. Die Camera obscura liefert der Fotografie das Kameraprinzip – die technische Aufnahme. Das »Funktionsprinzip« der Camera obscura (auch Lochkamera) läßt sich wie folgt erklären: Licht fällt durch ein kleines Loch in einen dunklen Raum. Das Loch wirkt als Blende mit sehr begrenztem Öffnungswinkel. Es fallen nicht alle Lichtstrahlen in das Innere der Kamera, sondern nur ein kleiner Ausschnitt, der von einem anvisierten Objekt ausgeht. Das projizierte Bild ist verzerrungsfrei und um so schärfer, je weiter der Gegenstand entfernt ist. Das so erzeugte Bild steht aber auf dem Kopf und ist seitenverkehrt.

Das fotografische Prinzip

Die Camera obscura ist schon in der Antike bekannt. Mit der Erfindung des Linsenschleifens im Mittelalter ist es dann möglich, das kleine Loch in der Camera obscura zu vergrößern, so daß mehr Licht auf die Projektionsfläche fällt. Dieser Entwicklungsschritt ändert aber am Prinzip der Lochkamera nichts. Neben dem Kameraprinzip der Camera obscura ist das

Prinzip der Projektion die zweite wichtige Grundlage der Fotografie und damit auch des Films. Zum Ende des 17. Jahrhunderts wird in der Camera obscura ein Spiegel angebracht. Durch ihn kann das Bild nach oben auf eine Mattscheibe projiziert werden.

Das Projektionsprinzip entwickelt sich im 17. Jahrhundert aus dem Kameraprinzip heraus. Werden beim Kameraprinzip die Bilder auf die Rückwand der Kamera geworfen, so können mit der Laterna magica Bilder auf eine Projektionsfläche geworfen werden. Hierzu müssen die künstlich hergestellten Bilder auf einen transparenten Träger (aus Glas) aufgebracht werden.

Mit dem Kameraprinzip der Camera obscura und dem Projektorprinzip der Laterna magica stehen alle technisch-optischen Grundlagen der Fotografie (und des Films) zur Verfügung. Was fehlt, ist die Chemie, die die ersten 60 Jahre der Fotografie in ihrer unmittelbaren Handhabung prägt.

Zu Beginn des 18. Jahrhunderts entdecken Wissenschafter die Wirkung des Sonnenlichtes auf Silbersalze. Diese reagieren lichtempfindlich. Licht färbt z.B. das weiße, leicht ätzende Salz Silberchlorid schwarz. Der Chemiestudent Thomas Wedgewood (*1771, †1805) experimentiert schon 1790 mit lichtempfindlichen Stoffen. Er versucht, die Bilder der Camera obscura festzuhalten. Obwohl diese Versuche scheitern, findet Wedgewood eine Methode, Blätter, Insektenflügel u.ä. kameralos abzubilden.

Auch Joseph Nicéphore Niépce (*1765, †1833) versucht die Camera obscura als Ausgangspunkt zu nehmen, baut aber schließlich eine eigene Kamera und macht damit 1816 Bilder auf Chlorsilberpapier. Sie sind jedoch nicht lichtbeständig und verblassen schon nach kurzer Zeit. 1826 gelingt es Niépce, eine Zinnplatte durch Asphalt lichtempfindlich zu machen und den Blick aus einem Zimmer in seiner Geburtsstadt Chalon-sur-Saône festzuhalten. Das Bild wird dadurch fixiert, daß das verwendete Material durch das einfallende Licht aushärtet und somit haltbar wird. Die hellen Stellen werden durch erhärteten Judäa-Asphalt, die dunklen durch die Bleiplatte wiedergegeben. Es ist das erste Direktpositiv entstanden. Niépces Verfahren wird aber nicht den weiteren Weg der Fotografie bestimmen. Belichtungszeiten von bis zu acht Stunden erlauben anfangs nur die Fotografie von unbewegten Objekten wie z.B. Gebäuden. Die Auflösung, der Kontrast und vor allem auch die Schärfe der Bilder sind sehr gering.

1829 geht Joseph Nicéphore Niépce eine Partnerschaft mit Louis Daguerre ein, der auch nach dem Tod von Niépce weiterforscht. Louis Jacques Mandé Daguerre (*1787, †1851), ein erfolgreicher Theatermaler, hat von den Arbeiten Niépces erfahren und ist von ihnen so fasziniert, daß er sein Partner wird. Zusammen versuchen sie einen Weg zu finden, um die Belichtungszeiten zu verkürzen.

Nach jahrelangen Versuchen entdeckt Daguerre, daß schon durch kurze Belichtung einer mit Silber beschichteten Kupferplatte, die er mit Joddämpfen lichtempfindlich macht, ein latentes (nicht sichtbares) Bild entsteht. Das Verfahren entsteht durch Zufall. Louis Daguerre belichtet eines Tages eine Fotoplatte. Er bricht den Vorgang dann aber ab, weil das Wetter schlecht ist. Er lagert die Platte in seinem Chemikalienschrank. Als er sie später wieder herausholt, sieht er, daß sich auf ihr ein Bild abzeichnet.

Er vermutet, daß irgendetwas in seinem Schrank die Belichtungszeit der Platte verkürzt haben muß. Er entfernt nach und nach alle Chemikalien aus dem Schrank und legt immer wieder eine frische Fotoplatte hinein, um herauszufinden, welche der Chemikalien im Schrank den Effekt hervorgerufen haben könnte. Am Schluß bleiben nur noch ein paar Tropfen von – versehentlich verschüttetem – Quecksilber übrig. Er hat die Lösung gefunden.

Mit Quecksilberdämpfen behandelte Fotoplatten benötigen kürzere Belichtungszeiten als unbehandelte. Bei der Belichtung sind Silberkeime entstanden, die durch verdampfendes Quecksilber entwickelt werden. Das Silber reagiert mit dem Quecksilber zu weißem Silberamalgam. Es gelingt ihm nach vielen Versuchen, die Belichtungszeiten auf vier Minuten bei Sommerlicht und 15 Minuten bei winterlichen Lichtverhältnissen zu reduzieren.

1835 kündigt er im Pariser »Journal des Artistes« an, daß es ihm gelingen wird, fotografische Porträts herzustellen. Zu dieser Zeit hat er noch keine Möglichkeit gefunden, die Bilder zu fixieren. 1837 entdeckt Daguerre eine einfache Kochsalzlösung als gesuchtes Fixiermittel. Die Entdeckung Daguerres besteht darin, das nicht belichtete Silberiodid zu entfernen, wodurch ein dauerhaftes Bild entsteht. Bis 1851 bestimmt dieses Verfahren die Fotografie, da es als einziges scharfe Bilder liefert.

Am 14. Juni 1839 kommt es zu einem Vertrag zwischen Daguerre und der französischen Regierung. Die Regierung hat mit dem Ankauf der »Daguerreotypie« das Recht erworben, diese Erfindung der Öffentlichkeit zu übergeben. Die Tatsache, daß die Daguerreotypie vom Staat angekauft und der Öffentlichkeit frei zugänglich gemacht wird und nicht nach patentrechtlichen Bedingungen genutzt werden muß, ist für ihre rasche Ausbreitung entscheidend. Die Welle der Begeisterung über das neue Medium schwappt bis in die angrenzenden Nachbarländer und löst überall ein reges Interesse aus, aus dem wiederum viele technische Weiterentwicklungen der Fotografie entstehen.

Die auf Kupferplatten gebannten Fotografien Daguerres sind allesamt Unikate. Sie können nicht kopiert werden. Will man eine Kopie haben, so ist die nur dadurch herzustellen, daß man das Motiv gleich mit zwei Kameras ablichtet. Die Daguerrotypie ist zudem sehr kostenintensiv. Entwicklungsbedürftig ist vor allem die Belichtungszeit. Diese drei Umstände bringen das Verfahren bald an seine Grenzen. Aber die Daguerreotypie ist die erste verbreitete Form der Fotografie.

Mit Daguerre ist der Siegeszug der Fotografie praktisch eingeleitet: Das Repräsentationsbedürfnis des Bürgertum ebnet ihr den Weg. Porträtaufnahmen erfreuen sich nun zunehmend auch außerhalb adeliger Schichten wachsender Beliebtheit. Zu Beginn der Porträtfotografie ähneln die Bilder im Arrangement stark den gemalten Porträts.

In weiches Licht gehüllte, Ruhe ausstrahlende Landschaften und Städtebilder sind neben den Porträtfotos die gezwungenermaßen bevorzugten Motive der Fotografen. Trotz der anfangs stunden-, dann minutenlangen Belichtungszeiten ist es in weiterer Folge gerade die Bewegung, die die Fototechniker herausfordert. Hier bringt ein anderes fotografisches Verfahren, die Kalotypie von William Henry Fox Talbot, den Fortschritt. Braucht Daguerre Minuten, sind es bei Talbot Sekunden und bald nur noch Hundertstelsekunden, um ein Bild zu belichten.

William Henry Fox Talbot (*1800, †1877) ist ein englischer Privatgelehrter, Historiker, Sprachwissenschaftler, Mathematiker, Physiker und Parlamentsmitglied. Der Erfinder des Negativ/Positiverfahrens beginnt auf seinem Landsitz Lacock Abbey mit fotografischen Versuchen auf lichtempfindlichem Papier. Er bezeichnet das Verfahren als »photogenische Zeichnung«. 1835 fotografiert Talbot das Fenster seiner Bibliothek von innen und lässt verbreiten: »Und dies ist, wie ich glaube, der erste überlieferte Fall eines Hauses, das sein eigenes Porträt gemalt hat«. Dabei nutzt er eine acht Zentimeter kleine, mit einer Linse ausgestattete Kamera. Sein Papier tränkt er mit Silbernitrat und einer Salzlösung.

Als erstes stellt Talbot 1841 mit Silberiodid beschichtetes »Fotopapier« her. Dieses Papier belichtet er für eine Minute und entwickelt es dann mit einer Lösung aus Gallussäure, Silbernitrat und Essigsäure. Nach dem Fixieren mit einer Natriumthiosulfatlösung erhält er ein Negativ. Die Herstellung eines Positivs gelingt ihm, indem er einfach das Negativ auf ein weiteres lichtempfindliches Papier legt und es belichtet. So erhält er nach dem Entwickeln und Fixieren ein positives Bild. Das Negativ-Positiv-Verfahrens bezeichnet er als Kalotypie, was im Altgriechischen »schöner Druck« bedeutet.

Die Qualität und Brillanz dieses Verfahrens sind zwar zunächst nicht mit der »Daguerreotypie« zu vergleichen. Das Verfahren von Talbot hat eine niedrige Auflösung und ist grobkörnig. Aber dafür ist es möglich, von einem Bild mehrere Abzüge zu machen. Doch durch andauernde Verbesserungen nehmen die Fotografien von Talbot an Größe, Schärfe und Kontrast zu. Talbots Prinzip hat in der chemischen Fotografie noch heute seine Gültigkeit.

Bei Talbot ist die Maserung des Papiers immer noch deutlich sichtbar. Es ist Frederick Scott Archer, der 1851 eine neue Ära der Fotografie einläutet, indem er das »nasse Kollodiumverfahren« erfindet. Der Name stammt von der in Äther aufgelösten Baumwolle (Kollodium), die er dabei verwendet. Mit Kollodium trägt man das lichtempfindliche Material (Silberhalogenid) auf Glasplatten auf. Die Auflösung der Fotografien wird deutlich besser. Aber der chemische Aufwand bleibt enorm. Kollodium ist eine farblose, klebrige Masse, die an der Luft schnell aushärtet. Belichtung und Entwicklung müssen also erfolgen, bevor das Material trocknet.

Der größte Verdienst dieser neuen Technik: Die Belichtungszeiten verkürzen sich auf nur noch 2 bis 3 Sekunden. Auf diese Weise können völlig neue Motive abgelichtet werden. Porträts werden für die Beteiligten nicht mehr zur angespannten Geduldsprobe, bei der sie teilweise an Apparaturen festgeschnallt werden müssen. Die Welt der Bilder gewinnt an Natürlichkeit.

Der nächste fotografische Durchbruch gelingt 1871 Richard Leach Maddox. Er setzt statt der bisher verwendeten nassen Glasplatten Gelatine ein. Mit einer Bromsilber-Gelatine-Schicht hat er eine Trockenplatte entwickelt, die den Naßplatten an Empfindlichkeit in nichts nachsteht.

Voraussetzung bei diesem Verfahren ist jedoch, daß die Fotoplatten beschichtet, belichtet und entwickelt werden, während sie noch feucht sind. Das schränkt ihren Einsatz ein, da man eine große Menge an Ausrüstung genau am Ort des Fotografierens braucht. Versuche, die Zeitspanne zwischen der Aufnahme und der Entwicklung zu verlängern, führen zu einem Qualitätsverlust der Bilder. Deshalb führen alle Fotografen, die in der Natur nach diesem Verfahren fotografieren, immer ein dunkles Zelt mit sich.

Fotografien in Serie

Seit 1882 sorgt der Fotograf Ottomar Anschütz (*1846, †1907) aus Lissa im preußischen Posen, der zu dieser Zeit schon in Berlin lebt, dafür, daß die Fotografie kein Stilleben mehr ist, sondern der »Augenblick« fotografisch dargestellt werden kann. 1882 hat Anschütz eine Handkamera mit Schlitzverschluß entwickelt, mit der er Aufnahmen mit Belichtungszeiten bis zu 1/1000. sec machen kann. Im Jahr 1882 fotografiert Ottomar Anschütz das Kaisermanöver bei Breslau. Die Aufnahmen der Soldaten im Manöver und der kaiserlichen Beobachter sind dank des von Anschütz entwickelten Verschlusses scharf. Seine Erfindung wird bis 1888 von ihm geheimgehalten. 1888 wird die »Anschütz Handkamera mit Schlitzverschluß vor der Platte« patentiert. Sie ist die erste Pressekamera. Der Schlitzverschluß hat sich bis in die heutige Zeit gehalten.

Als Serienfotografie bezeichnet man eine Folge von fotografischen Aufnahmen, die zu einer Serie kombiniert werden. Entstehen die Aufnahmen in kurzer Folge, spricht man von »Hochgeschwindigkeitsfotografie« (auch Chronofotografie). Ihr Ziel ist es, Bewegungen in mehreren Phasen »einzufrieren«, um sie so für das träge menschliche Auge sichtbar zu machen. Dem gebürtigen Briten Eadweard Muybride gelingt 1878 in den USA so der Nachweis, daß ein Pferd im Galopp kurzzeitig mit allen vier Hufen vom Boden abhebt. Diese frühen Serienaufnahmen liefern wichtige Impulse für die Entwicklung der »bewegten Bilder« des Kinofilms.

Ab 1884 experimentiert Ottomar Anschütz mit der Chronofotografie. Anschütz' Fotografien überschreiten in der Qualität die Arbeiten von Muybridges um ein Vielfaches. Im Sommer 1886 reist er nach Hannover, um an der Königlichen Militärreitakademie Aufnahmen zu machen. Anschütz installiert eine Reihe von 24 elektrisch miteinander verbundenen Kameras. Mittels dieser verbesserten chronofotografischen Apparatur entstehen Bilder, die Bewegungsabläufe exakt wiedergeben. Definiert man den Film als die Projektion von Bewegung mit den Mitteln fotografisch reproduzierter Bilder, dann ist Anschütz derjenige, dem die Urheberschaft zusteht. 1886 entwickelt Anschütz ein Gerät zur Wiedergabe der Bewegung für kleine Besuchergruppen und zeigt mit seinem neu entwickelten »Elektrischen Schnellseher« 1887 im Kultusministerium in Berlin die ersten fotografisch gewonnenen »lebenden Bilder«.

Viele Wege zum bewegten Bild werden eingeschlagen, nicht alle führen zum Ziel. Einige erweisen sich, wie der »Schnellseher« von Ottomar Anschütz, als Sackgasse. Allen gemein ist die Erkenntnis, daß der natürliche Eindruck lebender Bilder mit einer Bilderfolge von 16 Einzelbildern pro Sekunde entsteht.

Am Beginn des Films aber, wie wir ihn heute kennen, steht der Rollfilm von George Eastman. Der Rollfilm ist es, der dem Erfinder und Unternehmer Thomas Alva Edison überhaupt erst die Entwicklung seiner Kinetograph-Kamera und die Aufstellung der Kinetoskop-Automaten ermöglicht.

1884 wird von George Eastman ein flexibler Film als lichtempfindliches Material erfunden. Eastman beschichtet dünne, transparente Folien aus Nitrozellulose mit lichtempfindlichen Silberteilchen und füllt diese, zerschnitten in Bahnen von etwa einem Meter Länge, in Fotoapparate. 1888 kommt die Boxkamera mit ihrem Rollfilm und der technischen Parole «The photographer does not make his picture – a machine does it all for him.«

Die Kodak No. 1 kostet 25 Dollar und wird mit einem standardisierten Entwicklungs- und Abzugsservice gekoppelt. Für seine ersten selbstentwickelnden Kameramodelle bietet er diese Arbeiten als Dienstleistung an. Den Fotografen wird erstmals der lästige und aufwendige Prozeß des Entwickelns und Abziehens abgenommen. Wer seinen Rollfilm voll »geknipst« hat, kann den ganzen Apparat an Kodak senden und erhält wenig später die Abzüge und eine mit einem frischen Film bestückte Kamera zurück. Das ist einer der wesentlichen Gründe, weshalb die Fotografie ab der Wende vom 19. zum 20. Jahrhundert immer beliebter wird.

Seit 1883 arbeitet in dem Laboratorien von Thomas Alva Edison in Menlo Park in New Jersey der schottische Ingenieur William Dickson (*1860, †1935). Er wird die entscheidenden Impulse für die Entwicklung des Films geben und für Edison den Kinematographen zur Aufnahme der Bilder und das Kinetoskop, einen Guckkasten, in dem die entwickelten Filmstreifen durch eine elektrische Glühbirne beleuchtet werden, zum Betrachten entwickeln – die ersten brauchbaren Geräte zur Aufnahme und Projektion bewegter Bilder.

In dem Unternehmen von Thomas Alva Edison ist der englische Ingenieur Dickson zwar nicht der Erste, der Filmstreifen zur Belichtung einsetzt. Aber Dickson perfektioniert die technische Umsetzung durch die Perforation der Filmstreifen. Als Edison und Dickson von Eastmans Rollfilm erfahren, beauftragen sie ihn, lange Bahnen dieser Filmstreifen zu gießen. Da die Tische in Eastmans Fertigungshalle maximal 60 Meter lang sind, ist dies in der Anfangszeit die Begrenzung der Filmlänge.

Der erste mit einem Kinematographen hergestellte Film ist der nur wenige Sekunden dauernde Streifen »Dickson Greeting«, in dem sich der Erfinder verneigt und den Hut zieht. Den ziehen auch wir vor Nicéphore Niépce, Louis Daguerre, William Henry Fox Talbot, Frederick Scott Archer, George Eastman, Ottomar Anschütz und William Dickson.

Quellennachweis der einzelnen Szenen

DIE DEUTSCHEN
1815 bis 1849

Wien, 1814
Der Wiener Kongreß. *Zeichnungen, Stiche, Lithographien und Gemälde verschiedener Künstler, u. a. von Thomas Lawrence, Joseph Kreutzinger und Johann Peter Krafft.*

Gaggenau, Baden, 1913
3. Gauturnfest des Murgtal-Turngaus. *Aufnahmen im Auftrag des Gewerbegesangsvereins Gaggenau.*

München, 1910
Turner auf dem Oktoberfest. *Ausschnitte aus »Wie München seine Feste feiert« der Produktionsfirma Bavaria.*

Lüblow, Mecklenburg, 1934
Ausflug der Marinekameradschaft Schwerin zur Stelle, an der Theodor Körner am 26. August 1813 gefallen ist. *Aufnahmen eines Filmamateurs.*

Lüblow, 1813
Der Dichter Theodor Körner fällt in den Befreiungskriegen. *Gemälde von 1815 von Georg Friedrich Kersting und Körners Schwester Emma.*

Ludwigsburg, 1907
Die »Gelben Ulanen«, das Ulanen-Regiment König Ludwig der Erste Nr. 2. *Originalquelle unbekannt.*

Leipzig, 1898 bis 1911
Bau- und Einweihung des Völkerschlachtdenkmals. *Fotografien des Ateliers Hermann Walter.*

Wien und Waterloo, 1814/15
Der Wiener Kongreß und die Schlacht bei Waterloo. *Zeichnungen, Stiche, Lithographien und Gemälde verschiedener Künstler, u. a. von Thomas Lawrence.*

Dresden, 1810er bis 1840er Jahre
Stadtansichten der sächsischen Hauptstadt Dresden. *Kolorierte Umrißradierungen des Dresdner Landschafts- und Architekturzeichners Johann Carl August Richter.*

Mannheim, 1819 bis 1820
Der Student Karl Ludwig Sand ermordet den Schriftsteller August von Kotzebue und wird dafür hingerichtet. *Zeitgenössische Kupferstiche, vermutlich von J.M.Volz, gedruckt in Nürnberg.*

Wien, 1814 bis 1828
Franz Schubert und sein Kreis. *Dokumente, Zeichnungen und Gemälde verschiedener Künstler, u. a. von Moritz von Schwind, Leopold Kupelwieser und Gábor Melegh.*

München, 1910
100 Jahre Oktoberfest. *Ausschnitte aus »Wie München seine Feste feiert« der Produktionsfirma Bavaria.*

München, 1835
25 Jahre Oktoberfest. *Stiche, Lithographien und Gemälde von G. Kraus und C. Klotz.*

Frankenberg, 1933
Südschwarzwald, 1938
Rechterfeld, 1938
Mürsbach, Oberfranken, 1940
Auf einer Hochalp, 1931
Teufelsmoor bei Bremen, ca. 1934
Landwirtschaftliche Verhältnisse wie im 19. Jahrhundert. *Aufnahmen von Filmamateuren und aus UFA-Kulturfilmen.*

Celle und Möglin, 1802 bis 1850
Der Begründer der Agrarwissenschaft Albrecht Daniel Thaer. *Dokumente, Stiche, Lithographien und Gemälde verschiedener Künstler.*

Gut Tellow bei Teterow, 1809 bis 1848
Der Nationalökonom Johann Heinrich von Thünen. *Dokumente, Zeichnungen und Gemälde verschiedener Künstler, u.a. von Thünens Sohn Hermann.*

Neustadt an der Haardt, Rheinkreis, 1832
Die Teilnehmer des Hambacher Fests fordern Einheit, Freiheit und Demokratie. *Zeitgenössische Lithographien und Stiche.*

Butzbach, 1906
Ausschnitte aus dem Film »Festzug in Hessen«. *Aufnahmen des Kronberger Filmpioniers Julius Neubronner.*

Großherzogtum Hessen, 1808 bis 1837
Ludwig Weidig und Georg Büchner veröffentlichen den »Hessischen Landboten«. *Lithographien, Zeichnungen und Gemälde verschiedener Künstler.*

Berlin, 1818 bis 1848
Ansichten der preußischen Residenz. *Gemälde des Berliner »Perspektivmalers« Eduard Gaertner.*

Kaiserreich Österreich, 1827 bis 1849
Das Bild des Biedermeiers. *Porträts und Genrebilder des Wiener Malers Ferdinand Georg Waldmüller.*

Anhaltische Staaten, 1821 bis 1863
Die Anhaltischen Staaten werden wiedervereinigt – Leben in Duodez-Herzogtümern. *Stiche, Lithographien und Gemälde verschiedener Künstler, u.a. von Jacobo Pozzi aus Dessau.*

Deutsche Staaten (ohne Kaiserreich Österreich), 1834
Der Deutsche Zollverein. *Lithographien, Stiche, Radierungen und Gemälde verschiedener Künstler.*

Deutsche Staaten, 1839–55
Frühe deutsche Fotografie. *Kalo- und Daguerreotypien, u. a. von August von Steinheil und Franz Ritter von Kobell aus München, Wilhelm Halffter aus Berlin, Joseph Beres aus Wien.*

Deutsche Staaten, 1843–57
Zeitgenossen des Vormärz. *Kalo- und Daguerreotypien verschiedener Fotografen.*

Gießen und München, 1825 bis 1873
Der Chemiker Justus von Liebig. *Dokumente, Zeichnungen und Stiche, Daguerreotypien verschiedener Fotografen, u.a. von Carl Reisser aus Gießen.*

Hamburg und Altona, 1842 bis 1848
Hamburg nach dem Brand 1842. *Daguerreotypien von Hermann Biow und Carl Ferdinand Stelzner.*

Nürnberg-Fürth, 1934/35 bzw. 1835
100 Jahre Eisenbahn Nürnberg–Fürth. *Aus dem Film »Das Stahltier« von Willy Zielke, hergestellt im Auftrag der Reichsbahndirektion München*

Deutsche Staaten, 1823 bis 1866
Von der Postkutsche zur Eisenbahn. *Stiche und Fotografien.*

Deutsche Staaten, 1837 bis 1877
Heinrich Hoffmann von Fallersleben, der Dichter des Deutschlandlieds. *Lithografien und Fotografien verschiedener Künstler.*

Düsseldorf, 1837 bis 1848
Biedermeierliche Genrebilder. *Gemälde des Düsseldorfer Malers Johann Peter Hasenclever.*

Köln, 1842 bis 1881
Der Kölner Dom wird vollendet. *Lithographien, Drucke und Fotografien verschiedener Fotografen.*

Essen/Ruhr, 1846 bis 68
Gußstahlfabrik Fried. Krupp. *Aus dem Firmenarchiv.*

Deutsche Staaten; französisches, belgisches und englisches Exil, 1836 bis 1848
Der Weg zum kommunistischen Manifest. *Dokumente und Fotografien verschiedener Fotografen.*

Neuruppin, 1848
Nachrichtenübermittlung per »Bild-Zeitung«. *Bilderbögen von Gustav Kühn aus Neuruppin.*

Berlin, 1848
Märzrevolution in Berlin. *Stiche, Lithographien und Gemälde verschiedener Künstler.*

Frankfurt 1848/1949
In der Paulskirche tagt die Deutsche Nationalversammlung. *Dokumente, Gemälde und Daguerreotypien vom Photographischen Institut Jacob Seib aus Frankfurt a.M. und von Philip Graff aus Berlin.*

Dresden, 1849
Der Dresdener Maiaufstand. *Lithographien und Gemälde verschiedener Künstler.*

Großherzogtum Baden, 1848/49
Revolution in Baden. *Dokumente, Stiche und Lithographien verschiedener Künstler.*

Vereinigte Staaten von Amerika, 1861 bis 1865
Die »Forty-Eighters« kämpfen im Civil War. *Visit-Fotografien verschiedener Fotografen.*

Schwäbische Alb, 1934
Das Burgenland der Schwäbischen Alb mit der Burg Hohenzollern. *Aufnahmen für die Ufa-Wochenschau.*

DIE DEUTSCHEN
1849 bis 1890

Lissa, Provinz Posen, und Hannover, 1886
Springreiter, Leichtathleten und Turner. *Fotografien für den »Schnellseher«*

Frankfurt a. M., 1860er bis 1880er Jahre
Stadtansichten. *Stereo-Fotografien, u.a. von Johann Friedrich Stiehm und Christian Hertel.*

Nürnberg, 1860er bis 1880er Jahre
Stadtansichten. *Aus Stereofotografien, u. a. von Johann Friedrich Stiehm aus Berlin und Christian König aus Nürnberg.*

Rhein bei Laufenberg, 1908
Rheinsalmfischerei. *Aufnahmen der Welt-Kinematograph Freiburg im Breisgau.*

Maxau bei Karlsruhe, um 1911
Schwimmende Eisenbahnbrücke. *Aufnahmen der*

Expreß Film GmbH Freiburg im Breisgau.

Mittelrhein, 1860er bis 1880er Jahre
Rheinansichten. *Aus StereoFotografien, u. a. von Johann Friedrich Stiehm aus Berlin, Laurentius Herzog aus Bremen und Theodor Creifelds aus Köln.*

Essen, 1860er bis 1890er Jahre
Gußstahlfabrik Friedr. Krupp. *Fotografien aus dem Unternehmensarchiv.*

Köln und Bonn, 1850 bis 1870
Stadtansichten. *Aus Stereofotografien, u. a. von Theodor Creifelds aus Köln.*

Köln und Elberfeld, 1836 bis 1865
Adolph Kolping. *Gemälde, Dokumente und Fotografien aus dem Archivbestand des Kolpingwerks Deutschland.*

Deutsche Staaten, 1850 bis 1900
Postwesen in deutschen Landen. *Gemälde, Lithographien und Fotografien.*

Königsberg, 1861
Königskrönung Wilhelms von Preußen. *Gemälde des Hofmalers Adolph Menzel.*

Berlin, 1862
Otto von Bismarck als preußischer Ministerpräsident. *Fotografien aus dem Nachlaß Otto von Bismarcks.*

Lübeck, 1921
Ehrung von Kriegsveteranen der drei Einigungskriege. *Aufnahmen im Auftrag der Freien und Hansestadt Lübeck.*

Schleswig, 1935
An der deutsch-dänischen Grenze. *Aufnahmen eines dänischen Filmamateurs für die »junge Grenzwehr«.*

Düppel, 1938
Die Düppeler Mühle. *Aufnahmen eines dänischen Filmamateurs.*

Flensburg und Schleswig 1860 bis 1866
Ansichten der Stadt und der Düppeler Schanzen. *Fotografien verschiedener Fotografen, u. a. von Friedrich Brandt aus Flensburg.*

Wien, Anfang der 1860er Jahre
Stadtansichten und Porträts der Habsburger-Dynastie. *Fotografien verschiedener österreichischer Fotografen, vor allem aus dem Bestand des Historischen Museums der Stadt Wien.*

Königreich Hannover, Langensalza, Gmunden, 1836 bis 1866
Das Ende des Königreichs Hannover. *Gemälde und Fotografien lokaler Fotografen aus dem Bestand von Museen in Celle, Göttingen und Hannover.*

Berlin, 1913
Hochzeit des Prinzen Ernst August von Braunschweig-Lüneburg mit Prinzessin Viktoria Luise von Preußen. *Aufnahmen aus »Bilder aus dem Leben der kaiserlichen Familie« der Deutsche Bioskop GmbH*

Frankfurt und Königgrätz, 1863 bis 1866
Der Deutsch-Deutsche Krieg. *Fotografien, Stiche, Lithographien und ein Gemälde des preußischen Hofmalers Anton von Werner.*

Fürstentum Liechtenstein, 1850 bis 1907
Das souveräne Fürstentum Liechtenstein. *Fotografische Porträts, Landschafts- und Stadtansichten aus Liechtensteiner Archiven.*

Die Wittelsbacher und München, 1850 bis 1890
Bilder der Wittelsbacher-Dynastie. *Fotografien von Bayern und München, Fotografien verschiedener Fotografen, u.a. der Familie Hanfstaengl aus dem Stadtarchiv und dem Stadtmuseum.*

Ems an der Lahn, 1870er Jahre
Die Stadt der »Emser Depesche«. *Aus Stereofotografien des Dornacher Fotografen Adolphe Braun.*

Hamburg, 1927
Reichspräsident Paul von Hindenburg trifft Veteranen der Befreiungskriege. *Aufnahmen im Auftrag der Freien und Hansestadt Hamburg.*

Frankreich, 1870/71
Schauplätze des Deutsch-Französischen Krieges. *Fotografien der Fotografen Paul Sinner, Hippolyte Blancard u.a.*

Versailles, 1871
Die Kaiserkrönung. *Fotografien des Ateliers Heinrich Schnaebeli & Co. und das Gemälde des preußischen Hofmalers Anton von Werner.*

Berlin, 1861 bis 1887
Die preußische Hauptstadt Berlin. *Aus Stereo-Fotografien des Berliner Fotografen Johann Friedrich Stiehm.*

Bethel bei Bielefeld, 1866 bis 1910
Heil- und Pflegeanstalt für Epileptische in Bethel bei Bielefeld. *Fotografien aus dem Archiv der von Bodelschwinghschen Anstalten Bethel.*

Stadthagen, Schaumburg-Lippe, 1927
Die letzte Pferdebahn in Deutschland. *Aufnahmen eines lokalen Filmamateurs.*

München, 1902
Die Pferdebahn in München. *Aufnahmen für Carl Gabriel, den ersten Münchner Kinobesitzer.*

Berlin, 1842 bis 1905
Die Unternehmen der Familien Siemens. *Fotografien aus dem Archiv der Siemens AG.*

Berlin, 1883 bis 1901
Die Allgemeine Elektrizitäts Gesellschaft (AEG). *Fotografien aus dem Unternehmensarchiv, heute im Besitz des Deutschen Technikmuseums.*

Zabrze, Oberschlesien, 1870 bis 1913
Die Donnersmarckhütte in Oberschlesien. *Fotografien verschiedener Fotografen im Auftrag der fürstlichen Verwaltung.*

Zabrze, Oberschlesien, 1890er Jahre
Die Borsigwerke in Oberschlesien. *Fotografien und ein Gemälde aus dem ehemaligen Unternehmensarchiv der Borsig AG, heute im Besitz des Deutschen Technikmuseums.*

Trier, 1909
Katholische Kirchgänger in der Rheinprovinz. *Aufnahmen im Auftrag des Inhabers der Trierer Germania-Lichtspiele Peter Marzen.*

Deutsches Reich, 1871 bis 1890
Industriearbeiter in Deutschland. *Fotografische Gruppenporträts verschiedener Fotografen.*

Deutsches Reich, 1877 bis 1890
Sozialistengesetzgebung. *Fotografien, Dokumente und Lithographien.*

Berlin, 1878
Der Berliner Kongreß. *Gemälde des Hofmalers Anton von Werner.*

Detmold, 1875–1910
Ernst von Bandel und der Bau des Hermannsdenkmals. *Fotografien verschiedener Fotografen.*

Detmold, 1925
Hermannslauf. *Aus einem Film der Deutschen Turnerschaft.*

Frankenhausen, Fürstentum Schwarzburg-Rudolfstadt, 1890er Jahre
Der Bau des Kaiser-Wilhelm-Denkmals auf dem Kyffhäuser. *Fotografien verschiedener Fotografen.*

Bayreuth, 1860 bis 1872
Richard Wagner läßt das Festspielhaus errichten. *Fotografien verschiedener Fotografen, u. a. Jules Bonnet und Fritz Luckhardt.*

Meiningen, ca. 1875 bis 1890
Das Hoftheater des Herzogtums Meiningen. *Fotografien, Dokumente und Gemälde aus Meininger Archiven.*

Oberammergau, 1877 bis 1900
Ansichten aus dem Dorf der Passionsspiele. *Fotografien des Oberammergauer Fotografen Korbinian Christa.*

Gera, 1865 bis 1886
Fürstentum Reuß jüngere Linie, Leben in einem Duodez-Fürstentum. *Fotografien verschiedener Fotografen.*

Donaustauf, 1924
Carl Benz wird vor der Walhalla geehrt. *Aus einem Film des Automobilclubs von Deutschland.*

Cannstatt und Mannheim, 1880er Jahre
Die Anfänge der Motorisierung in Deutschland. *Lithographien, Gemälde und fotografische Aufnahmen aus den Unternehmensarchiven von Daimler und Benz.*

Unterweser bei Brake, 1935
Arbeiten des Bauhofs der Weserkorrektion. *Aus einem Film der Wasserstraßendirektion Bremen.*

Unterweser, 1880er Jahre
Der Beginn der Weserkorrektion. *Fotografien der Familie Franzius, des Fotografen Louis Koch und der Deputation für die Unterweserkorrektion der Freien Hansestadt Bremen.*

Klein- und Groß-Raake, Niederschlesien, 1882
Kaisermanöver. *Aufnahmen des aus Lissa, Provinz Posen, stammenden Fotografen Ottomar Anschütz.*

Königreich Preußen, 1858 bis 1890
Drei deutsche Kaiser aus dem Hause Hohenzollern. *Fotografien verschiedener Hof-Fotografen aus Deutschland und Großbritannien und ein Gemälde des Hofmalers Anton von Werner.*

Berlin, 1889
Der alte Reichstag in der Leipziger Straße und seine Fraktionen. *Fotografien aus der Mappe »Der Deutsche Reichstag und sein Heim« des Berliner Hof-Fotografen Julius Braatz.*

Friedrichsruh im Sachsenwald, 1888 bis 1898
Ein Mythos entsteht – Otto von Bismarck in seinen letzten Lebensjahren. *Fotografien verschiedener Fotografen, u. a. des Münchner Malers Franz von Lenbach, aus dem Nachlaß Otto von Bismarcks.*

Hamburg, 1907
Enthüllung des Bismarck-Denkmals. *Aufnahmen eines Kameramanns für einen unbekannten Auftraggeber.*

DIE DEUTSCHEN
1890 bis 1918

Die Friedensjahre

Elberfeld (Wuppertal), 1909
Carl Duisberg im Elberfelder Bayer-Werk bei einer Filmvorführung. *Aus einem Bayer-Unternehmensfilm.*

Düsseldorf, 1911 bis 1913
Stadtspaziergang und Fahrt auf dem Rhein. *Aufnahmen des örtlichen Filmtheaterbesitzers Fritz Genandt.*

Berlin, 1896 bis 1900
Berliner Stadtansichten: Verkehr und Großstadttrubel in Berlin-Mitte. *Erste professionelle Aufnahmen der Berliner Filmpioniere Max und Emil Skladanowski.*

Bremerhaven, 1900
Ausfahrt sächsischer Korps zur Niederschlagung des Boxeraufstandes in China. *Aufnahmen des Chemnitzer Filmpioniers Guido Seeber.*

London, 1901
Beerdigung Queen Victorias, der Tante Kaiser Wilhelms II. *Aufnahmen der Wochenschau British Pathé.*

Koblenz, 1905
Kaiser Wilhelm II. besucht die Stadt aus Anlaß des Herbstmanövers. *Quelle unbekannt, wahrscheinlich aufgenommen im Auftrag des Magistrats der Stadt.*

Swinemünde auf Usedom, 1907
Zwei-Kaiser-Treffen: Wilhelm II. und Zar Nikolaus II. treffen sich im Seebad. *Aufnahmen von Julius Greenbaums Deutsche Bioscope GmbH für die Präsidial-Geschäftsstelle des »Deutschen Flotten-Vereins«.*

Ahlbeck auf Usedom, 1913
Kaiser Wilhelm II. und seine Frau kommen zur Eröffnung des örtlichen Kinderheims. *Aufnahmen aus »Bilder aus dem Leben der kaiserlichen Familie« der Deutsche Bioscope GmbH.*

Freie und Hansestadt Bremen, 1911/1913
Blick auf die Unterweser und Besuch Kaiser Wilhelm II. im Rathaus. *Aufnahmen der Wochenschau Gaumont-Actualités im Auftrag des Senats.*

Freie und Hansestadt Hamburg, 1912
Stapellauf der »Imperator«, getauft von Kaiser Wilhelm II. *Deutsche Bioscope GmbH, wahrscheinlich im Auftrag der Reederei HAPAG.*

Freie und Hansestadt Hamburg, 1912
Beerdigung des Hamburger Ersten Bürgermeisters Dr. Johann Heinrich Burchard in Anwesenheit Kaiser Wilhelm II. *Aufnahmen der Deutsche Bioscope GmbH, wahrscheinlich im Auftrag der HAPAG-Reederei.*

Freie und Hansestadt Hamburg, 1912
Einweihung der wiederaufgebauten Michaeliskirche. *Wahrscheinlich Aufnahmen eines Kameramanns im Auftrag des Senats.*

Freie und Hansestadt Lübeck, 1913
Besuch Kaiser Wilhelm II., begrüßt vom Bürgermeister Eschenburg. Stadtspaziergang. *Aufnahmen der Wochenschau Gaumont-Actualités im Auftrag des Senats.*

Königsberg, um 1912
Der Fischmarkt im Hafen. *Originalquelle unbekannt.*

Fürstentum Lippe, 1914
Fürst Leopold IV. zur Lippe paddelt. *Aus dem fürstlich-lippischen Privatbesitz.*

Detmold, 1905
Lippischer Thronfolgestreit: Amtseinführung des Grafen und edlen Herrn Leopold zu Lippe-Biesterfeld als Fürst Leopold der IV. *Aus dem fürstlich-lippischen Privatbesitz.*

Springe in der Provinz Hannover, um 1912
Kaiser Wilhelm II. auf der Jagd mit Adolf II. Fürst zu Schaumburg-Lippe. *Aufnahmen der Wochenschau Gaumont-Actualités im Auftrag des fürstlichen Hauses Schaumburg-Lippe.*

Schwerin, 1911
Der Großherzog Friedrich Franz IV. von Mecklenburg-Schwerin empfängt den dänischen König. *Aufnahmen der Wochenschau Gaumont-Actualités aus großherzoglichen Besitz.*

Friedberg und Bad Nauheim in der Wetterau, 1910
Stadtansichten und Ankunft der russischen Herrscherfamilie im Nobelkurort. *Wahrscheinlich Aufnahmen französischer Wochenschauen, aus russisch-polnischem Bestand.*

Hof in Oberfranken, 1910
100-Jahr-Feier der Stadt zur Angehörigkeit zur bayerischen Krone. *Aufnahmen eines Kameramanns im Auftrag des Stadtmagistrats.*

München, um 1913/14
König Ludwig III. von Bayern bei einer Truppenparade. *Originalquelle unbekannt.*

Mannheim, 1907
Eröffnung der »Internationalen Kunst- und großen

Gartenbau-Ausstellung«
zum 300-jährigen Stadtjubiläum mit Erbherzog Friedrich II. *Aufnahmen im Auftrag des Magistrats der Stadt Mannheim.*

Karlsruhe, 1907
Beerdigung des Großherzogs Friedrich I. von Baden unter Anteilnahme der deutschen Souveräne. *Schwedische Fassung einer Dokumentation der Deutsche Bioscope GmbH (Julius Greenbaum).*

Stuttgart, 1904
Auf dem Stuttgarter Schloßplatz. *Aufnahmen der Wochenschau Gaumont-Actualités.*

Donaueschingen, 1912
Fürst Max Egon II. zu Fürstenberg auf Fuchsjagd mit Kaiser Wilhelm II. *Privataufnahmen für den Fürsten zu Fürstenberg.*

Straßburg im Elsass, um 1900
Im Reichsland Elsaß-Lothringen: Stadtrundgang. *Aufnahmen der Wochenschau Gaumont-Actualités.*

Weißenburg im Elsaß, 1910
Stadtbilder. *Aufnahmen der Wochenschau Gaumont-Actualités.*

Trier, 1909 bis 1914
Stadtansichten und Blumenkorso. *Aufnahmen im Auftrag des Inhabers der Germania-Lichtspiele Peter Marzen.*

Krefeld, 1910
Rundfahrt durch die Stadt und durch den Krefelder Hafen. *Aufnahmen aus dem Stadtwerbefilm »Eine Rundfahrt durch Krefeld«.*

Erfurt, 1910
Stadtporträt in Form eines Stadtspaziergangs, Darstellung von Erfurt als Blumenstadt (Saatzucht). *Aufnahmen aus einem frühen Stadtporträt, Auftraggeber unbekannt.*

Rothenburg ob der Tauber, 1906
Rundgang durch die Stadt mit ihren vielen Toren und Türmen. *Aufnahmen einer niederländischen Filmproduktion.*

Berlin, um 1910
Großstadtleben rund um das Stadtschloß. *Wahrscheinlich Aufnahmen für die Messter Projection Berlin.*

München, 1912
Stadtansichten mit Viktualienmarkt und ein Besuch im Hofbräuhausgarten. *Aufnahmen aus dem Film »Münchner Originale« der Kopp-Film München.*

Helgoland, 1912
Mit dem Bäderschiff zur Nordseeinsel. *Aufnahmen wahrscheinlich im Auftrag der Reederei HAPAG.*

Ostfriesische Insel Mellum, 1911
Leben im Wattenmeer: Miesmuschelbänke und Vogelwärter bei ihrer Arbeit. *Aufnahmen im Auftrag der Oldenburger Naturforscher Heinrich Schütte und Karl Satorius.*

Starnberg, 1912
Fischerstechen und Festumzug der Starnberger Fischer. *Quelle unbekannt.*

Kronberg im Taunus, 1905
Karnevalsumzug. *Aufnahmen des örtlichen Filmpioniers Julius Neubronner.*

Krefeld, um 1910
Übung der örtlichen Feuerwehr. *Aufnahmen aus dem Stadtwerbefilm »Eine Rundfahrt durch Krefeld«.*

Oelsnitz im Erzgebirge, 1912
Schützenfest zum 50jährigen Jubiläum des Schützenvereins. *Aufnahmen für den örtlichen Kinobesitzer.*

Bernburg, 1913
Schützenfest. Rummelplatz mit Karussell und Jahrmarktsattraktionen. *Aufnahmen für den örtlichen Kinobesitzer Ottomar Tschakert.*

Detmold, 1910
Regimentsfeier des Infanterieregiments Graf Bülow von Dennewitz in Anwesenheit der fürstlichen Familie. *Aus dem Besitz des fürstlichen Hauses zur Lippe.*

Bei Potsdam
Manöver, wahrscheinlich auf dem Bornstedter Feld. *Wahrscheinlich Aufnahmen im Auftrag von Oskar Messter.*

Meppen im Emsland, um 1914
Schießplatz der Firma Krupp. Übungen mit der »Dicken Bertha«. *Aufnahmen im Auftrag der Friedr. Krupp AG.*

Krefeld, 1906
Einzug des 11. Husaren-Regiments in ihre Kaserne in Begleitung Kaiser Wilhelm II. *Wahrscheinlich Aufnahmen im Auftrag der Deutsche Bioscope GmbH.*

Oelsnitz im Erzgebirge, 1914
Zum Heimatfest besucht König Friedrich August III. die Bergbaustadt. *Aufnahmen für den örtlichen Kinobesitzer.*

Essen/Ruhr, um 1914
Rundgang durch die Gußstahlfabrik Krupp. *Aufnahmen im Auftrag der Friedr. Krupp AG.*

Lübeck-Herrenwyck, 1912
Einblick in den Betrieb eines Hochofenwerks. *Aufnahmen aus einem Unternehmensfilm der Hochofenwerk Lübeck AG.*

Korbach, 1913

Schichtwechsel in der Louis Peter AG und Besuch des Fürsten zu Waldeck und Pyrmont anläßlich der dritten »Waldeckischen Landwirtschaftlichen Ausstellung«. *Wahrscheinlich Aufnahmen im Auftrag des fürstlichen Hauses von Waldeck und Pyrmont.*

Görlitz/Neiße, 1911
Festumzug der Handwerksinnungen von Görlitz und Lauban. *Aufnahmen eines unbekannten Kameramanns, wahrscheinlich im Auftrags des Magistrats der Stadt.*

Zürich, 1913
Beerdigung des Sozialistenführers August Bebel und Trauerumzug. *Bericht der französischen Wochenschau »Éclair-Revue«.*

Breslau, 1910
Mit dem Pferdeomnibus durch die Stadt. *Aus einem Unternehmensfilm der Breslauer Straßenbahn AG.*

Kronberg im Taunus, 1907
Automobile Jugend: Seifenkistenrennen mit zwei hessischen Prinzen. *Aufnahmen des örtlichen Filmpioniers Julius Neubronner.*

Trier, 1903
Autofahrt zur Porta Nigra. *Aufnahmen im Auftrag des Filmpioniers und Lichtspieltheaterbesitzers Peter Marzen.*

Deutschland, 1910 bis 1912
Fortschritt im Automobilbau: Opel und Horch. *Aufnahmen aus frühen Unternehmensporträts.*

Frankfurt a. M., 1912
Fahrrad-Festumzug und Fahrradschau. *Aufnahmen aus einem Unternehmensfilm der Adam Opel GmbH.*

Dresden, um 1913/14
Flug mit einem Eindecker und Landung des Zeppelins »Sachsen«. *Aufnahmen aus dem Film »Die Eroberung der Luft« der Dresdener Firma Linke & Co..*

Saßnitz auf Rügen, 1909
Eröffnung der Eisenbahnfährverbindung zwischen Saßnitz und Trelleborg mit der »Deutschland«. Die erste Fahrt. *Wahrscheinlich Aufnahmen im Auftrag des Kgl. Preußischen Eisenbahnzentralamts.*

Bernburg, 1914
Kahnpartie auf der Saale und Stadtansichten. *Aufnahmen im Auftrag des örtlichen Kinobesitzers Ottomar Tschakert.*

Gaggenau, 1912 und 1914
Die Umzüge der traditionellen Kinderfeste. *Aufnahmen im Auftrag des Gewerbegesangsvereins Gaggenau.*

Eichkamp bei Berlin, 1912
Der deutsche Kronprinz zu Besuch beim »Deutschen Pfadfinderbund«. *Originalquelle unbekannt.*

Hoher Meißner in Hessen, 1913
Freideutscher Jugendtag aus Anlaß des Protestes gegen den patriotisch-militärischen Festakt zur 100-Jahr-Feier der Völkerschlacht bei Leipzig. *Aufnahmen eines unbekannten Kameramanns.*

München, 1914
Künstlerfest im Odeon-Casino. *Aufnahmen von Walter Schnackenberg.*

Oberhof im Thüringer Wald, um 1909
Wintervergnügen in einem Wintersportort. *Aufnahmen im Auftrag von Herzog Carl Eduard von Sachsen-Coburg und Gotha.*

Kronberg im Taunus, um 1907
Eislaufen auf dem Eisweiher und Schneeschuhlaufen auf dem Feldberg. *Aufnahmen des örtlichen Filmpioniers Julius Neubronner.*

Umgebung von Berlin, um 1913/14
Ausflug mit dem Dampfer auf der Oberspree und Besuch im Strandbad Wannsee. *Aufnahmen aus dem Film »Rings um Berlin« der Deutsche Bioscope GmbH.*

Swinemünde auf Usedom, um 1913
Besuch im berühmten Ostseebad: Strandszenen und Stadtansichten. *Originalquelle unbekannt.*

An der Ostsee bei Danzig, um 1911
Die Kinder des Kronprinzen spielen am Strand. *Aus dem Film »Bilder aus dem Leben der kaiserlichen Familie« der Deutsche Bioscope GmbH.*

Iffezheim bei Baden-Baden, 1914
Galopprennen um den Großen Preis von Baden-Baden in Anwesenheit des Kronprinzen. *Aus den Aufnahmen des Veranstalters »Internationaler Club Baden-Baden«.*

Roitzsch/Sachsen, um 1910
Familienleben auf einem landwirtschaftlichen Gut. *Aufnahmen eines Kameramannes im Auftrag der Besitzerfamilie.*

Pegau/Sachsen, 1912
Hochzeit des Lichtspielhaus-Besitzers Carl Rödel. *Aufnahmen von Max Gebauer für Carl Rödel.*

Berlin, 1913
Die geschmückte Friedrichstraße zum 25jährigen Regierungs-

jubiläum des Kaisers Wilhelm II. *Unbekannte Originalquelle, vermutlich ausländische Wochenschau.*

Auf See
Kaiser Wilhelm II. auf seiner Yacht »Hohenzollern«. *Aus dem Film »Bilder aus dem Leben der kaiserlichen Familie« der Deutsche Bioscope GmbH*

Wilhelmshaven, 1909
Stapellauf des Linienschiffs »Ostfriesland« in Anwesenheit Kaiser Wilhelms II. *Aufnahmen der Deutsche Bioscope GmbH für die Präsidial-Geschäftsstelle des »Deutschen Flotten-Vereins«.*

Danzig, um 1914
Die Kaiserliche Marine im Hafen von Danzig. *Aufnahmen der Deutsche Bioscope GmbH für den Film »Unsere Marine«.*

Görlitz, um 1914
Festumzug der Görlitzer Militärvereine. *Aufnahmen eines Kameramanns, wahrscheinlich im Auftrag des Magistrats der Stadt.*

Oelsnitz im Erzgebirge, 1914
Der letzte friedliche Sommer: Heimatfest. *Aufnahmen für den örtlichen Kinobesitzer.*

DIE DEUTSCHEN
1890 bis 1918

Die Kriegsjahre

Meiderich (Duisburg), 28. Juni 1914
Festumzug zum 25jährigen Jubiläum des örtlichen Artillerievereins. *Aufnahmen eines unbekannten Kameramanns, wahrscheinlich für einen örtlichen Kinobesitzer.*

Weißenburg im Elsaß, 1910
40-Jahr-Feier der Schlacht von Weißenburg. *Aufnahmen der Wochenschau Gaumont-Actualités.*

Am Oberrhein, ca. 1911
Pioniere überqueren in einer militärischen Übung den Rhein. *Unbekannte Quelle.*

Rußland, um 1914
Das zaristische Rußland und die Zarenfamilie. *Aufnahmen, wahrscheinlich für Hanzhonkov-Pathé (1914/15), aus dem Bestand der National Archives, Washington D.C.*

Wien, 1911
Stadtansichten. *Schwedische Fassung von Aufnahmen der Wiener Kunstfilm.*

Bad Ischl in Oberösterreich, 1910
Kaiser Franz Joseph I. begrüßt Kaiser Wilhelm II. am Bahnhof. *Aufnahmen aus dem Film »Die Welt von Einst. Eine Zeitschau aus den Jahren 1905–1917« von Walter Jerven.*

Triest, Juli 1914
Beerdigung des Thronfolgers Österreich-Ungarns, Erzherzog Franz Ferdinand und seiner Frau. *Aufnahmen aus dem Film »World War I. Actions« der Moviola Company, wahrscheinlich unter Verwendung von Aufnahme der Wiener Kunstfilm.*

Berlin und München, August 1914
Mobilmachungsbefehl Kaiser Wilhelms II. und Aufmarsch der Regimenter. *Aufnahmen für die Kurzdokumentationen »Dokumente zum Weltkrieg Serie I. und Serie II.« der Messter Film GmbH, Berlin.*

Berlin, August 1914
Aufbruch der Truppen aus der Stadt an die Front. *Aufnahmen für die Kurzdokumentationen »Dokumente zum Weltkrieg Serie I. und Serie II.« der Messter Film GmbH, Berlin.*

Luxemburg, August 1914
Besetzung Luxemburgs durch deutsche Truppen. *Aufnahmen für die Kurzdokumentation »Dokumente zum Weltkrieg« der Eiko-Woche, Berlin (Scherl-Verlag).*

Großbritannien, August 1914
Mobilmachung der beteiligten Kriegsteilnehmer. *Aufnahmen der British Pathé.*

Belgien, August 1914
Vormarsch deutscher Soldaten nach Belgien. Kampf auf offenem Feld und Einsatz des Roten Kreuzes. *Aufnahmen aus dem Film »World War I Actions« der Moviola Company, im Original wahrscheinlich Messter-Woche.*

Löwen in Belgien, August 1914
Deutsche Besetzung der Stadt: Zerstörungen und Einwohner auf der Flucht. *Aufnahmen der Eiko-Woche, Berlin.*

Mühlhausen im Elsaß, August 1914
Französische Truppen bei der Eroberung (nachgestellt). *Aufnahmen aus »German War Film 1914–1918«.*

Brüssel, August 1918
Deutsche Truppen besetzen Brüssel. *Aufnahmen für die Kurzdokumentation »Dokumente zum Weltkrieg« der Eiko-Woche, Berlin (Scherl-Verlag).*

Gumbinnen/ Ostpreußen, August 1914

Ostfront: Kämpfe und deutsche Bewohner auf der Flucht. *Aufnahmen aus russischer Produktion und für die Eiko-Woche, Berlin (Scherl-Verlag).*

Tannenberg/Ostpreußen, August 1914

Deutsche Truppen ziehen an die Ostfront. *Aufnahmen aus dem Film »German War Film 1914–1918«, wahrscheinlich unter Verwendung von Originalaufnahmen der Eiko-Woche und der Messter-Woche.*

Kreuznach, 1917

Paul von Hindenburg, der »Sieger von Tannenberg«, feiert seinen 70. Geburtstag. *Aufnahmen des Bild- und Filmamtes (Bufa) der Obersten Heeresleitung (OHL).*

Königsbrück/Sachsen, Herbst 1914

Russische Gefangene. Die ersten russischen Kriegsgefangenen aus Ostpreußen beziehen ein Arbeitslager. *Aufnahmen der Dresdener Firma Linke & Co.*

An der Marne, September 1914

Deutsche Soldaten werden von französischen Truppen zurückgedrängt. *Aufnahmen aus der amerikanischen Kurzdokumentation »German Troops in World War I«, wahrscheinlich unter Verwendung von Originalaufnahmen der Messter-Woche.*

Antwerpen/Belgien, Oktober 1914

Der »Wettlauf zum Meer«: Deutsche Truppen nehmen Antwerpen ein und werden von Kaiser Wilhelm II. ausgezeichnet. *Aufnahmen aus dem Film »German War Film 1914–1918«, wahrscheinlich unter Verwendung von Originalaufnahmen der Messter-Woche.*

Kiel, 1914

Die Kaiserliche Marine im Hafen der Stadt. Erster Einsatz von Unterseebooten. *Aufnahmen für die Kurzdokumentationen »Dokumente zum Weltkrieg Serie I. und Serie II.« der Messter Film GmbH, Berlin.*

Flandern/Belgien, November 1914

Stellungskrieg. Der Winter in den Gräben. *Aufnahmen für die Kurzdokumentationen »Dokumente zum Weltkrieg Serie I. und Serie II.« der Messter Film GmbH, Berlin.*

Württemberg, 1915

Kaiser Wilhelm II. mit König Wilhelm II. von Württemberg. *Aufnahmen der Eiko-Woche.*

Masuren, Winter 1914/15

Winter an der Ostfront. Besuch des Nordabschnitts durch Reichskanzler Bethmann Hollweg. *Aufnahmen aus dem Film »World War I Actions« der Moviola Company.*

Freiburg, 1915

Aufrüstungsappell des 5. Badischen Infanterie-Regiments. *Aufnahmen der Messter Film GmbH für die »Dokumente zum Weltkrieg«.*

Italien, Mai 1915

Italien erklärt Österreich-Ungarn den Krieg. Rüstung der Soldaten für die Gebirgsfront. *Aufnahmen aus den Filmen »Österreich-Ungarns Krieg im ewigen Eis und Schnee« der Messter Film GmbH, Berlin und »The Italian Army in combat 1914-1918« (USA, 1920).*

Nordsee, 1916

Handelskrieg. Ein deutscher Hilfskreuzer kapert ein gegnerisches Handelsschiff und erbeutet Kohle. *Aufnahmen aus dem Propagandafilm »Seekrieg« der Reichsanstalt für Film und Bild in Wissenschaft und Unterricht« aus dem Jahr 1931 unter Verwendung von Material der Militärischen Film- und Photostelle bei der Nachrichtenabteilung des Auswärtigen Amtes (1916).*

Türkei, 1915 bis 1916

Mustafa Kemal, der Sieger von Gallipoli, wird in Konstantinopel gefeiert. *Aufnahmen eines Tochterunternehmens der Deutschen Lichtbild-Gesellschaft (DLG, später Deulig) im Auftrag der Militärischen Film- und Photostelle bei der Nachrichtenabteilung des Auswärtigen Amtes.*

Im Skagerrak/Nordsee, Mai/Juni 1916

»Skagerrak-Schlacht«: Die deutsche Hochseeflotte kämpft gegen die britische Grand Fleet. *Aufnahmen aus dem Propagandafilm »Seekrieg« der Reichsanstalt für Film und Bild in Wissenschaft und Unterricht« aus dem Jahr 1931 unter Verwendung von Material der Militärischen Film- und Photostelle bei der Nachrichtenabteilung des Auswärtigen Amtes.*

Bremerhaven/Bremen, August 1916

Das Handels-U-Boot »Deutschland« kehrt nach erfolgreichem Durchbrechen der Seeblockade aus Amerika zurück. *Aufnahmen im Auftrag der Militärischen Film- und Photostelle bei der Nachrichtenabteilung des Auswärtigen Amtes.*

Neunkirchen/Saar, 1916/1917
Im Stahlwerk Gebrüder Stumm GmbH: Frauen in der Rüstungsindustrie. *Aufnahmen aus dem Film »Der eiserne Film – Bilder aus Deutschlands Kriegsschmiede«.*

An der Somme, Juni 1916
Vorstoß deutscher Truppen gegen französische und britische Einheiten an der Somme. *Aufnahmen eines Filmtrupps der Militärischen Film- und Photostelle bei der Nachrichtenabteilung des Auswärtigen Amtes.*

Montauban an der Somme, Juli 1916
Kampf um die Stadt zwischen Deutschen und Briten. *Aufnahmen aus dem Film »World War I Actions« der Moviola Company.*

Verdun aus der Luft, 1916
Angriff auf die Stadt mit einem deutschen »Bomber«. Manfred von Richthofen als erfolgreicher Jagdflieger. *Aufnahmen aus dem Film »German War Film 1914–1918« unter Verwendung von Aufnahmen der Militärischen Film- und Photostelle bei der Nachrichtenabteilung des Auswärtigen Amtes, wahrscheinlich erstellt von der Messter Film GmbH.*

Verdun, 1916
»Die Hölle von Verdun«. Der erbitterte Kampf um die Stadt und die vorgelagerten Forts. Der Gegenangriff der Franzosen. *Aufnahmen aus dem französischen Dokumentarfilm »La Revanche des Francaise devant Verdun«.*

Düsseldorf, Januar 1917
Schlußnagelung des Bergischen Löwen in Anwesenheit des Oberbürgermeisters. *Aufnahmen im Auftrag des Lichtspielhaus-Besitzers Fritz Genandt.*

München, Juni 1917
König Ludwig III. begrüßt auf dem Bahnhof den Zaren von Bulgarien, Ferdinand I. *Aufnahmen des Bild- und Filmamtes (Bufa) bei der Obersten Heeresleitung.*

Ostende/Belgien, 1917
Der uneingeschränkte U-Boot-Krieg: Beladung eines deutschen U-Boots und Ausfahrt aus dem Hafen. *Aufnahmen aus dem Propagandafilm »Der magische Gürtel« des Bild- und Filmamtes der Obersten Heeresleitung und »Deutsches U-Boot auf Kaperfahrt 1914–1918« der Reichsstelle für den Unterrichtsfilm (1931).*

Bernburg, Sommer 1917
Heimaturlaub eines deutschen Frontsoldaten. Glückliche Familienbilder. *Aufnahmen des Bernburger Kinobesitzers Ottomar Tschakert.*

Giengen an der Brenz und Stuttgart, Sommer 1917
Heimatfront. Familienbilder aus dem heimischen Garten. *Aufnahmen des Filmpioniers Hermann Hähnle.*

Berlin, 1917
Gleisarbeiterinnen der Berliner Hochbahngesellschaft und der Betrieb auf einem U-Bahnhof. *Aufnahmen des Filmpioniers Hermann Hähnle.*

St. Petersburg/Rußland, Sommer 1917
Nach der Revolution in Rußland und der Friede von Brest-Litowsk. *Aufnahmen von British Pathé.*

Ostfront, Dezember 1917
Verbrüderung von deutschen und russischen Soldaten an der Front. *Unbekannte Originalquelle.*

Südfront am Isonzo, Norditalien, Oktober 1917
Nach den Isonzoschlachten: Den k.u.k.-Truppen gelingt mit Hilfe deutscher Einheiten der Durchbruch zur Piave. *Aufnahmen aus dem Film »German War Film 1914–1918«, wahrscheinlich unter Verwendung von Aufnahmen des Bild- und Filmamtes der Obersten Heeresleitung und des »Kriegs-Journals« der Wiener Kunstfilm.*

Cambrai, Nordfrankreich, November 1917
Zerstörte britische Panzer. Deutsche Soldaten experimentieren mit dieser neuen Waffe. *Aufnahmen aus dem Film »German War Film 1914–1918«, wahrscheinlich unter Verwendung von Aufnahmen des Bild- und Filmamtes der Obersten Heeresleitung.*

Cambrai, 1917
Angriff von 400 britischen Panzern auf die deutschen Verteidigungsgräben der »Siegfriedstellung«. *Aufnahmen aus einem nachgestellten britischen Propagandafilm aus den 1920er Jahren, verwendet im Film »World War I Actions« der Moviola Company.*

In der Picardie, Nordfrankreich, Frühjahr 1918
Die Oberste Heeresleitung startet ihre letzte große Gegenoffensive »Michael«. *Aufnahmen aus dem Film »German War Film 1914–1918«, wahrscheinlich unter Verwendung von Aufnahmen des Bild- und Filmamtes der Obersten Heeresleitung.*

Vogesen, Westfront, Frühsommer 1918
Amerikanische Truppen halten ihre Stellung und werden in die Picardie verlegt. Gaskrieg. *Aufnahmen aus dem Film »Flashes of Action« der US Signal Corps.*

Esslingen bei Stuttgart, Sommer 1918
Verwundetenausflug der Lazarette Groß-Stuttgarts. *Aufnahmen des Filmpioniers Hermann Hähnle.*

Kronberg im Taunus, 1918
Hochzeit von Dodo Neubronner. *Aus den Familienaufnahmen des Filmpioniers Julius Neubronner.*

Europa, 1914–1918
Gegenoffensive der Entente. Bilder eines Weltkrieges. *Aufnahmen von Pathé Frères, British Pathé und des US Signal Corps.*

Siegfriedstellung, Westfront, September 1918
Die Alliierten durchbrechen die Abwehrlinie und nehmen zahlreiche deutsche Gefangene. *Szenen aus dem Film »How the british Army broke the Hindenburg Line« von William F. Jury.*

Cambrai, Oktober 1918
Deutsche Soldaten stecken die Stadt bei ihrem Rückzug in Brand. Einen Monat später ist der Krieg beendet. *Szenen aus dem Film »How the British Army broke the Hindenburg Line« von William F. Jury.*

Ostende und Lille, Oktober 1918
Die Bevölkerung bejubelt den Einzug der alliierten Befreier. *Szenen aus dem Film »How the British Army broke the Hindenburg Line« von William F. Jury.*

Wilhelmshaven, November 1918
Internierung der Kaiserlichen Marine. Überführung der deutschen Flotte zum Firth of Forth. *Wahrscheinlich Aufnahmen des US Signal Corps.*

Metz/Lothringen, November 1918
Französische Einheiten rücken in das Reichsland ein und werden jubelnd von der Bevölkerung empfangen. Elsaß-Lothringen ist wieder französisch. *Aufnahmen des US-Department of the Army.*

Düsseldorf, November 1918
Stadtbilder. Düsseldorfer empfangen heimkehrende Soldaten. *Aufnahmen des Lichtspielhaus-Besitzers Fritz Genandt.*